ORGANIZATION

조직학

-철학과 새 이론 탐색-

하 미 승

탭북스

이 책을 펴내면서

이 책은 조직학을 공부하는 학부생을 주된 독자로 하여 저술한 것이다. 그러나 조직학에 관심이 많은 학자, 대학원생, 일반 직장인에게도 도움이 될 수 있을 것으로 생각한다. 이 책의 주요 특징은 다음과 같다.

1. 이 책에서는 **조직관리의 철학,** 즉 조직이 추구해야 할 가치 지향성을 제시하고, 조직경영이 이에 따라 이루어져야 함을 강조하였다. 조직관리 전반에 적용되어야 할 기본적인 철학을 제1장에서 포괄적으로 제시한 후, 각 장에서 그 주제에 알맞은 구체적인 철학적 관점을 적시하였다.

2. 각 장의 주제별로 **새로운 탐색적 이론들**을 제시하였다. 특히, 각 주제별로 철학적 관점에 부합되는 규범적 이론들을 제안하고자 노력하였다. 이러한 제안은 완성되거나 정립된 것이라기보다는 새로운 이론의 모색을 위한 탐색적인 시도이다. 따라서, 독자들은 그 내용에 관해 함께 생각해보고, 비판적 의견이나 발전적 아이디어가 있으면 제시해 주기 바란다.

3. 이 책에서는 국내외 조직론 교과서에서 찾아보기 힘든 새로운 주제들을 3개 장에서 상세히 다루었다. **조직시민행동, 심리자본 또는 긍정조직행태, 조직사회자본** 등이 그것이다.

4. 이 책에서는 학부생들이 **조직관리와 조직행동 전반에 관해 알아 두어야 할 필수적이고 핵심적인 이론, 기법, 전략**을 적절한 사례와 함께 소개하였다. 저명한 학자들이나 선행연구에 의해 제시된 중요한 내용들을 종합적으로 논의하였다.

이 책이 나오기까지 필자에게 수많은 지적(知的) 자산을 제공해 주신 선대의 학자님들로부터 많은 은혜를 입었다. 그리고 이 책에 대한 사전적 검토와 피드백을 해주신 건국대 권용수 교수님과 전영상 교수님께 감사드린다. 항상 정신적인 지원과 성원을 보내준 가족들에게 고마운 마음을 갖는다. 이 책을 출간할 수 있는 기회를 주시고 아낌없이 지원해 주신 탑북스의 김광식 사장님, 정헌명 상무님, 그리고 이신정 주간님께 진심으로 감사를 드린다.

2015.1.1.

저자 하미승 씀

차 례

제1부 조직학 총론

제 1 장 조직의 철학과 목표

제2부 미시적 조직론

제 3 장 성격과 역량

제 5 장 가치, 태도, 감정

제 8 장 스트레스

제 9 장 조직시민행동

제 10 장 긍정조직행태

제3부 중범위 조직론

제 11 장 집단과 팀워크

제 12 장 리 더 십

제 13 장 의사결정

제 14 장 커뮤니케이션

제4부 거시적 조직론

제 17 장 조직구조

제 19 장
조직사회자본

제 20 장
조직환경

제 21 장 조직진단

제1부 조직학 총론

제1장 조직의 철학과 목표(philosophy & goal)

제2장 조직이론의 흐름(organization theories)

제1부 조직학 총론

제1장 조직의 철학과 목표
제2장 조직이론의 흐름

제2부 미시적 조직론
제3장 성격과 역량
제4장 지각과 판단
제5장 가치, 태도, 감정
제6장 학습과 창의성
제7장 동기부여
제8장 스트레스
제9장 조직시민행동
제10장 긍정조직행태

제3부 중범위 조직론
제11장 집단과 팀워크
제12장 리더십
제13장 의사결정
제14장 커뮤니케이션
제15장 권력과 정치
제16장 갈등관리

제4부 거시적 조직론
제17장 조직구조
제18장 조직문화
제19장 조직사회자본
제20장 조직환경
제21장 조직진단
제22장 조직의 변화·혁신

제1장 조직의 철학과 목표
(Philosophy & Goal)

제1절 조직과 조직학

1. 조직이란?

조직을 가장 간단하게 정의하면 "2인 이상의 협동체계"라고 할 수 있다. Barnard에 의하면 "조직은 두 사람 이상의 활동이나 능력을 의도적으로 조정하는 하나의 시스템"이라고 규정할 수 있다(Barnard, 1938: 73; Hall, 1982: 29). 하나의 수레를 움직이더라도 끄는 사람과 미는 사람이 필요하고, 그 두 사람이 잘 협력해야만 수레를 빨리 안전하게 끌고 갈 수 있다. 그만큼 조직은 기본적으로 두 사람 이상으로 구성된 사람들이 서로 힘을 합치고 노력을 체계적으로 조정하여 보다 나은 결과를 낳고자 하는 인간들의 집단이라고 할 수 있다.

다른 학자들의 다양한 정의를 살펴보자. George & Jones에 따르면, "조직은 매우 광범하고 다양한 목표들을 성취하기 위하여 서로 함께 일하면서 자신들의 활동을 조정하는 사람들의 집합"이라고 한다. 이 정의에서 보면 목표달성이 강조되고 있으며, 사람들간의 협력과 조정이 중시되고 있고, 조직이 사람들의 집합체라는 사실이 명확히 규정되고 있다(George & Jones, 2012: 31).

Etzioni(1964)는 "조직이란 구체적인 목표들을 추구하기 위하여 의도적으로 구성되고 재구성되는 사회적 단위들"이라고 정의하고 있다(Hall, 1982: 30). 이 정의에서도 조직이 어떤 목표를 구현하기 위한 집단이라는 점이 명시되고 있다. 그리고 조직이 하나의 사회적 단위체로서 사람들 간의 교류작용이 이루어짐을 강조한다. 이 정의의 특징적인 점은 조직이 한 번 구성되면 그것이 동일한 형태로 지속되는 것이 아니라 언제든지 재구성될 수 있는 유동적인 존재임을 나타내고 있다는 점이다.

Miles에 의하면 "조직은 이해관계집단들의 하나의 연합으로서, 공동의 자원기반을 갖고, 공동의 임무에 충실하면서, 그 정당성 확보 및 발전을 위해 대규모의 맥락적 구조에 의존하는" 실체라고 할 수 있다(Miles, 1980: 5-6). 이 정의는 조직의 정치적이고 상호작용적인 측면을 강조하고 있다. 인간 또는 그 집단들이 공동의 임무와 자원을 가지고 있지만 끊임없는 경쟁, 타협, 연합 등 상호작용을 통해 이해관계를 조정하면서 공통의 목표와 임무를 달성하는 존재라고 보는 것이다.

여러 학자들의 정의를 간명하게 다듬고 본 저자의 관점을 보충하여 하나의 **보편적 정의**를 내리면 "조직이란 일정한 목적을 달성하기 위하여 다양한 구조적 맥락하에서 2인 이상이 상호작용하는 사회적, 정치적, 문화적 실체"라고 규정할 수 있다. 조직은 특정한 목적 또는 목표를 가지고 있다고 보아야 한다. 목적 또는 목표가 없는 집단은 조직이라기보다는 개인들의 단순한 이합집산에 불과하다고 할 것이다. 그리고 다양한 구조와 맥락을 가지고 있다. Weber와 같은 학자는 조직의 공식적 구조를 중시했으며, Thompson 등은 비공식적 관계를 인지했고, Miles 등은 정치적 맥락을 강조하고 있다.

조직은 2인 이상 복수의 인간들로 구성된다. 만약 혼자서 일한다면 개인사업자는 될 수 있을지언정 조직을 구성했다고 할 수는 없을 것이다. 그래서 조직은 여러 인간들이 서로 교류하고 협력하는 사회적 공간이다. 1719년 Daniel Defoe가 쓴 모험소설에 등장하는 Robinson Crusoe에 의하면, 인간은 원래 사회적 동물(social animal)로서 혼자 살 수 없다고 한다. 조직도 사람들 간의 집합체로서 그 속에 존재하는 인간들의 관계형성과 교류작용이 끊임없이 이루어지는 장소인 것이다.

아울러, 조직은 개인들과 집단들이 서로 충돌하고 갈등을 겪으며 심지어 투쟁하는 정치적 경기장이다. 조직의 자원은 유한하기 때문에 각자가 자신의 권력, 이익, 가치를 추구하는 과정에서 보다 유리한 자원배분을 받기위해 경쟁, 협상, 타협, 연합, 합의 등의 정치적 작용을 하게 되는 것이다.

나아가, 조직의 뿌리는 문화라는 토양으로 둘러싸여 있다. Schein이 강조하는 것처럼 조직에 속한 사람들은 함께 외부에 적응하고 내부적으로 통합을 이루기 위해서 공동의 문화를 형성하게 된다. 동질적 문화를 가질 때 조직의 문제나 현상을 인식하고 사고하며 느끼는 바가 같아져서 하나의 동일체가 되는 것이다(Schein, 1985: 9; Wagner & Hollenbeck, 2005: 436).

현대적 조직정의는 조직을 **개방적 시각**에서 바라볼 때 비로소 완성된다. 개방적 관점에서 조직을 정의하면 "조직이란 일정한 목적을 달성하기 위하여 다양한 구조적 맥락 하에서 환경과 교류하면서 2인 이상이 상호작용하는 사회적, 정치적, 문화적 실체"라고 할 수 있다. 이는 보편적 정의의 내용에 더하여 환경과의 관계를 고려한 개념규정이라고 할 수 있다. 조직은 외부환경의 영향을 크게 받으며, 동시에 외부환경에 대하여 영향을 미친다. 즉, 조직은 하나의 개방체제(open system)이다. 조직은 외부환경에 성공적으로 적응하면 살아남고, 잘 적응하지 못하면 도태될 수도 있는 존재인 것이다. 나아가, 적극적으로 환경변화를 주도하고 전략적으로 관리함으로써 조직의 성장과 발전을 가져올 수 있는 것이다. 이러한 개방적 시각을 추가함으로써 조직에 대한 현대적이고 종합적인 개념을 정립하게 된다.

2. 조직이라는 실체

1) 공식적 실체로서의 조직

조직은 공식적인 목표와 구조 및 절차를 가지고 있는 실체이다. 조직은 대내외적으로 표명된 목표를 가지고 있다. 목표는 당해조직이 무엇을 위해 존재하는가를 나타내 준다. 또, 조직은 사적 관계가 아닌 공식적인 관계를 나타내는 수직적, 수평적 관계구소를 가지고 있다. 그리고 조직은 개인이 임의대로 무시할 수 없는 공식화된 절차와 제도 및 규정을 두고 있다. 조직은 이러한 공식적 체계에 의해 운영되는 것을 원칙으로 한다.

2) 사회적 실체로서의 조직

조직은 여러 개인들, 즉 조직구성원간의 관계로 이루어진 사회적 공간이다. 조직 내에는 하나 이상의 집단이 존재하며 집단은 바로 개인들의 집합체이다. 이러한 집단은 그 구성원들 간의 인간관계를 기초로 하여 움직인다. 개인간의 사회적 관계, 즉 상호작용이 존재하는 공간이 바로 조직이다.

3) 정치적 실체로서의 조직

조직은 여러 개인들 간, 집단들 간의 대립적이고 갈등적이면서도 상호의존적인 관계에 의해 운영되는 정치적 공간이다. 조직 내의 개인들과 집단들은 각자의 이익과 가치를 추구하며, 그러한 이익과 가치는 다른 개인들 또는 집단들의 그것과 합치될 수도 있고 충돌을 일으킬 수도 있다. 그런 상황 속에서 대립, 갈등, 협상, 타협, 연합, 합의 등의 다양한 정치적 과정을 거치게 되고, 그 과정에서 이익과 가치가 배분되고 공통의 문제가 해결될 수 있다.

4) 문화적 실체로서의 조직

조직은 독자적인 문화를 가지고 있는 공간이다. 모든 조직은 그 조직 나름으로의 독특한 문화적 특성을 가진다. 이러한 문화는 조직구성원의 행동에 끊임없이 영향을 미친다. 따라서, 조직구성원의 행동을 일정하게 유지하거나 변화시키기 위해서는 조직문화를 관리하고 변화시키지 않으면 안 된다. 그리고 흔히 외부의 도전적 환경에 구성원들이 함께 적응하고 내부적 결속을 다지기 위하여 공동의 문화를 형성하게 된다.

5) 체제, 유기체로서의 조직

조직은 하나의 체제, 특히 개방체제이다. 조직은 안으로는 여러 하위체제, 즉 구성요소로 이루어지고, 밖으로는 외부환경과 끊임없이 상호작용하는 열린 체제이다. 조직은 이러한 내부적, 외부적 상호작용을 통하여 그 존재를 유지하는 하나의 생명체이다. 특히 조직은 외부환경에의 성공적 적응을 통하여 그 생존을 보존하고 성장해야 하는 하나의 유기체로서의 성격을 갖는다.

6) 융합체로서의 조직

다양한 참여주체들의 가치와 이익의 융합이 일어나는 곳이 바로 조직이다. 조직 내의 각 개별주체의 역량도 중요하지만, 결국 조직전체의 성과를 높이려면 각 부서간, 구성원간, 그리고 하부체제간 조정과 협력이 필수적이다. 그러한, 조정과 협력을 통하여 하나의 전체로서의 힘을 결집, 극대화했을 때 조직은 목표를 성공적으로 달성할 수 있다. 즉, 다양한 요소들간의 시너지(synergy)를 만들어내는 융합적 실체가 바로 조직이다.

7) 자본 또는 자산으로서의 조직

조직은 그것을 구성하고 운영하는 주체에게 있어서 하나의 자본이며 자산이라고 할 수 있다. 기업에 있어서는 제품과 서비스를 생산하고 그것을 마케팅을 통해 판매함으로써 수익을 올리는 것이 목적인데, 그 목적을 달성하기 위해 먼저 투자해야 할 대상이 조직인 것이다. 즉, 투자를 통해 조직의 가치와 역량을 높였을 때 비로소 사업이 운영되고 그 목적을 달성할 수 있다. 정부에 있어서도 정책추진과 행정서비스 제공을 잘 하려면 각 행정기관의 가치와 역량을 높여야 한다. 이렇게 투자할만한 값어치를 가진 존재가 바로 조직이다. 가치와 역량을 가진 조직은 사업과 정책의 성공을 위해 결정적 역할을 하는 소중한 자본이고 자산인 것이다.

8) 지식학습체제로서의 조직

조직은 성공과 실패를 경험할 수밖에 없는 하나의 현실적 존재이다. 성공이란 기업조직의 경우에는 치열한 경쟁 속에서 사업을 성장시켜 수익을 창출하는 것이며, 정부조직의 경우에는 복잡하고 어려운 국가·사회적 과제들을 잘 해결하여 국민을 행복하게 하는 것이다. 그런데 조직의 성공과 실패는 조직의 문제해결 역량에 달려있다. 어려운 문제를 잘 풀어내고 헤쳐 나가면 성공할 수 있고, 그렇지 못하면 실패할 수밖에 없다. 그러한 문제해결 역량의 수준을 결정하는 하나의 핵심적 요소는 지식력(power of knowledge)이라고 할 수 있다. 지식력은 끊임없는 조직구성원의 학습에 의해 함양될 수 있다. 특히, 지식기반사회에서의 조직의 힘은 바로 지식과 학습능력에 달려있고, 조직은 그것을 추구한다는 점에서 하나의 지식학습체제라고 할 수 있다.

3. 학문으로서의 조직학

조직학은 왜 필요한가? 조직학은 조직에서 일어나는 모든 일에 관하여 평가와 이해를 하게 해 준다. 조직학은 정부조직이나 기업조직의 운영에 있어서 그 성공과 실패로부터 교훈을 얻을 수 있도록 논리적 틀과 판단기준을 제시해 준다. 조직 속 개인의 심리와 행동, 조직구조의 편성과 전환, 하위부서간 조정, 의사결정체계, 환경에의 적응 등 여러 측면에서 조직경영자들의 이해와 평가를 돕고 새로운 교훈을 도출할 수 있게 해주는 것이다(Daft, 1992: 5, 23). 뿐만 아니라, 조직학은 조직의 구성원으로 하여금 조직과 그 속의 개인간 및 집단간 상호작용의 메커니즘을 이해하고 성공적으로 적응할 수 있도록 도와준다. 나아가, 사회의 구성원 또는 시민까지도 정부조직과 기업조직에 관한 지식과 자료를 바탕으로 그 공과에 대하여 평가하고 비판할 수 있는 능력을 함양하게 해 줄 수 있다.

조직학은 학문으로서의 성격과 조건을 갖추고 있는가? 이 물음에 답하기 위하여 본래 학문이란 어떤 성격과 조건을 가져야 하는지 살펴볼 필요가 있다. 어떤 학술적 분야가 하나의 학문분야로서 독자적 패러다임(independent paradigm)으로서 인정받을 수 있는가에 관한 해답을 가장 명쾌하게 제시해 주는 모형으로는 Thomas Kuhn의 정상과학(normal science)이라는 개념을 들 수 있다. 그에 따르면, 하나의 학술적 분야가 정상과학으로서의 성격을 가지려면 세 가지 요소를 갖추어야 한다. 첫째, 고유한 목적론(logic of objective) 또는 철학(philosophy), 둘째, 독립적 대상범위(scope), 셋째, 독특한 방법론(methodology) 등이 그것이다.

그러면 조직학 특히 행정조직학은 정상과학으로서의 조건을 갖추었다고 볼 수 있는가? 첫째, 목적론 측면에서 '행정조직의 목표달성과 성과향상을 통한 공익(public interest) 추구'라는 고유한 목적과 가치를 가지고 있다. 둘째, 대상범위 측면에서 정부(government)의 기관, 즉 행정조직(public organization)이라는 독자적 연구대상을 갖고 있다. 셋째, 방법론 측면에서는 정치학, 경영학, 심리학 등 인문사회 분야에서 보편적으로 적용되는 있는 여러 가지 방법론을 활용하고 있다. 비록 행정조직학만의 독특한 방법론이 아닌 다양한 분석방법을 사용하고 있으나, 이는 다른 인근 학문분야의 경우에도 마찬가지이며, 관료문화 · 행정윤리 등 일부에 있어서는 독특한 개념, 변수, 분석기법 등을 가지고 있기 때문에, 세 번째 조건도 갖추었다고 주장할 수 있다.

학자에 따라서는, 하나의 '학'(scholarship)이 되기 위해서는 체계적이고 과학적이며 이론적인 기반을 갖고 있어야 하고, 연구, 교육, 현장실천이라는 세 가지 학문활동의 영역을 가져야 한다고 주장한다. 그리고 관련분야 학회, 학술지, 학술논문, 저서 들이 일정량 이상 존재해야 한다고 본다(이지영 · 김명언, 2008). 이러한 기준에서 보더라도 조직학은 하나의 '학'(scholarship)으로서의 요건을 갖추었다고 본다. 조직에 관한 학자들의 연구, 대학에서의 교육, 행정과 경영분야 등에서의 현장 실천이 광범하게 이루어지고 있다. 그리고 조직연구와 관련된 학회는 국·내외에 다수 존재하며, 학술지 역시 국내와 국외를 합쳐 수십 종에 달하고, 지난 한 세기 동안 수많은 조직 관련 논문과 저서가 발표되었다.

조직학이 성립되고 발전하는 데에는 행동과학이 기여한 바가 크다. 행동과학(behavioral science)이란 인간의 심리와 행동에 관하여 연구하는 학문분야를 말한다. Wadia에 의하면, 행동과학은 "인간행동의 방법(how), 인간행동과 그 전체적 환경과의 관계(what) 및 현재 그러한 행동을 하는 이유(why)에 관한 조직적 지식체계"고 할 수 있다(이종수, 2000). 여기에는 심리학, 정신분석학, 사회학, 사회심리학, 인류학 등이 포함된다.

심리학은 주로 조직학의 가장 미시적 분석단위인 개인수준(individual level)에서 인간의 심리와 행동에 관한 주제를 다룬다. 심리학에 기반을 둔 조직학 주제로는 성격, 학습, 동기부여, 지각, 감정, 직무만족 등이 있다. 사회심리학은 조직학의 중범위 분석단위인 집단수준(group level)의 주제들에 관해 이론적 기반을 제공한다. 여기에는 의사소통, 집단과정, 집단의사결정, 리더십, 권력, 갈등 등이 포함된다. 사회학과 인류학은 거시적 분석단위인 조직수준(organization level)에서 여러 주제들의 이론적 기초를 다룬다. 그 주요 주제로는 공식적 조직, 조직기술, 조직변화, 조직문화, 사회간 가치비교, 조직환경 등이 있다(Robbins & Judge, 2011: 12-14).

4. 조직학의 학문적 특성

조직학은 하나의 학문으로서 어떤 특성을 갖고 있는가? 여러 학자들의 견해를 종합하여 조직학의 성격을 제시하면 다음과 같다(Hodgetts, 1980; 박연호, 2000: 13-15; 황규대 외, 2001: 9; 김호섭 외, 2012: 19).

첫째, 가치지향적, 규범적 학문이다. 조직학은 바람직한 가치를 지향한다. 조직관리에 있어서의 합리성과 효과성, 인간적 존엄성, 사회적 책임과 윤리성 등 다양한 가치를 추구한다. 조직학은 목표달성을 위한 여러 가지 기법이나 수단적 대안을 찾으려고 노력하기 때문에 가치중립적, 수단적 측면도 가지고 있으나, 그 또한 일정한 가치를 구현하기 위한 것이기 때문에 조직학은 가치규범성을 갖는 학문이라고 할 수 있다.

둘째, 현실세계에 관한 실천적 학문이다. 조직학은 조직 내·외에서 일어나는 모든 문제를 다룬다. 조직의 관리적 문제를 다루기도 하며, 조직이 수행하는 사회정책적 문제와 관련된 조직적 접근법을 다루기도 한다. 현실개선에 기여하지 않는 학문은 그 존재의미가 적다. 조직학은 정부행정과 기업경영의 실제 문제를 해결하기 위한 실용적 학문이다.

셋째, 체계적이고 과학적인 학문이다. 조직학은 이론과 분석방법을 다룬다. 그리하여 엄격한 논리와 객관적 증거에 입각하여 이론을 전개하고 실증적 분석을 행한다. 정밀한 논리에 의해 가설을 제시해야 하고, 경험적 관찰과 정확한 분석에 의하여 그 가설을 검증해야 한다.

넷째, 종합적 응용과학으로서 학제적 성격을 가진다. 조직학은 행동과학 등 인접 학문의 영향을 받는다. 그리고 그러한 학문분야의 종사자와 함께 협력적이고 교류적인 연구를 빈번하게 수행한다. 한 마디로 여러 학문에 걸친 이론과 기법을 종합적으로 적용하고 응용하는 다차원적 학문이다.

제2절 조직의 유형

1. 목표를 기준으로 한 조직유형

조직은 그 목표를 기준으로 유형화할 수 있다. 여기서는 Kahn과 Katz(1966)의 4개 유형(이창원·최창현, 2001: 39)과 본 저자가 추가하는 1개 유형을 포함하여 5개 유형으로 나누어 볼 수 있다.

1) 생산적 또는 경제적 조직

이 부류의 조직은 인간의 가장 기본적인 욕구를 충족시켜 주는 재화와 서비스를 제공해 주는 조직이다. 이는 조직과 구성원 사이에 이익과 보상이 교환되는 조직을 말한다. 1차, 2차, 3차 산업조직이 그 예이다.

2) 유지기능적 조직

이 조직은 사람들을 사회화시켜 주고 사회적 규범을 통합적으로 달성하려는 조직이다. 이러한 조직은 사람들로 하여금 주어진 역할을 감당할 수 있도록 교육시켜 주거나, 사회 속에서 올바른 인간으로 적응할 수 있도록 지도해 주는 기능을 수행한다. 이에 속하는 조직의 예로는 학교, 교회, 복지·갱생조직 등을 들 수 있다.

3) 적응적 조직

이 조직은 지식을 창출하고 이론을 개발·정립·적용하며 정보를 수집하는 기능을 수행하는 조직이다. 문화와 예술을 창조하는 조직도 여기에 속한다. 그 예로는 대학, 연구소, 문화예술기관 등이 있다.

4) 관리적 또는 정치적 조직

이 유형의 조직은 사회에 존재하는 사람, 자원, 하위체제 등을 통제·조정하며, 권력을 창출하고 분배하는 기능을 수행한다. 즉, 국가나 사회의 권한 및 자원을 배분하거나 이해관계를 조정하는 역할을 한다. 그리고 국가나 사회가 안정적으로 유지되도록 통제하고 관리하는 기능을 한다. 대표적인 예로 정부행정기관, 국회, 정당, 노동조합, 준정부조직 등을 들 수 있다.

5) 시민참여조직

최근 그 활동이 증가하고 있는 NGO 등 시민조직은 참여와 비판을 목적으로 형성된다. 참여와 비판의 대상조직은 정부, 공공기관, 자치단체, 기업, 교육기관, 언론기관 등 거의 모든 조직이라고 할 수 있다. 이러한 조직은 비판대상 조직들의 정책결정, 자원배분, 공공서비스, 예산지출, 윤리 등에 관해 감시하고 그 행정 또는 경영 과정에 참여한다. 우리 사회에는 무수히 많은 시민단체들이 결성되어 있는데, 예를 들면 경제시민단체, 환경시민단체 등이 그것이다.

2. 수혜자를 기준으로 한 조직유형

Blau & Scott는 조직유형을 분류함에 있어서 수혜자를 그 기준으로 적용하고 있다. 즉, 호혜적 조직, 기업조직, 봉사조직, 공익조직 등으로 분류하였다(오석홍, 2011: 81-82).

1) 호혜적 조직

호혜적 조직은 조직 설립 참여자들 또는 구성원들이 상호이익을 위하여 구성하는 조직을 말한다. 조직운영의 혜택이 조직구성원 모두에게 돌아가는 조직이다. 이런 조직에서는 구성원들의 민주적 참여가 넓게 보장되고 중요한 의사결정이 구성원 전체 또는 그 대표자들의 합의에 의해 이루어지는 경우가 많다. 여러 유형의 조합, 정당, 노동단체, 협의체 등이 이에 속한다.

2) 기업조직

기업조직은 자본주의 사회의 대표적인 조직형태로서 경제적 수혜조직이다. 기업조직의 직접적이고 주된 수혜자는 당해 기업의 소유자 또는 주주라고 할 수 있다. 간접적으로는 제품이나 서비스를 향유하는 소비자, 그리고 경제성장의 혜택을 누리는 많은 국민들이 수혜자가 될 수도 있다.

3) 봉사조직

봉사조직은 조직의 혜택을 받는 수혜 대상자가 조직외부의 고객집단인 경우의 조직을 말한다. 이러한 조직에서는 수혜 대상자들에게 서비스 비용의 일부를 지불하게 하는 경우도 간혹 있지만, 본질적으로 조직 자체의 비용부담에 의해 서비스를 제공한다고 할 수 있다.

4) 공익조직

공익조직은 조직의 수혜자가 국민일반인 경우를 말한다. 국가 · 사회 내에 존재하는 불특정 다수인의 이익을 추구하는 조직이다. 주로 국민의 세금이나 공공적 성격의 수입을 기반으로 운영된다. 직접적인 정부기관 외에 공공기관으로서의 정부산하 기관이 이런 조직의 범주에 속한다. 공기업의 경우는 공익조직으로서의 성격과 기업조직으로서의 성격을 동시에 지닌 제3영역(the third sector)의 조직이라고 볼 수 있다

3. 존재형태를 기준으로 한 조직유형

1) 실체적 조직(Real Organization)

실체적 조직은 물리적, 현실적으로 존재하는 조직이다. 이러한 조직은 일정한 공간과 위치를 가진다. 조직구성원들이 한 곳에 집합하여 근무하는 형태를 갖는다. 누구나 조직의 존재를 알 수 있는 가시적인 조직형태이다. 예컨대, 정부청사에 기획재정부, 문화관광부 등이 존재하는 것과 같다. 실체적 조직에서는 조직구성원이 현실적으로 한 곳에서 근무하므로 관리자에 의한 직접적 통제가 가능하고, 의사소통, 집합적 의사결정, 인간관계 형성 등이 용이하게 이루어질 수 있다.

2) 사이버 조직(Cyber Organization)

사이버 조직은 물리적 공간이 아닌 가상적 공간에 존재하는 조직이다. 이러한 조직은 컴퓨터망의 연결을 통해 형성되는 조직이다. 조직의 사무실이 어느 특정한 공간이나 위치에 존재할 필요가 없다. 조지구성원들은 온라인망을 통해 정보교환, 의사소통, 집단의사결정 등을 행한다. 온라인상에서 교환되는 정보의 형태가 디지털이므로 이를 디지털 조직이라고 부르기도 한다. 최근 네트워크 조직이 새로운 조직구조 모형으로 등장하고 있는데, 이러한 조직의 경우에는 사이버 형태로 연결될 수 있다. 이러한 조직 하에서는 구성원에 대한 직접적 통제가 어렵고, 대면적 의사소통, 집합적 의사결정, 인간적 접촉 등이 상당히 제한된다.

3) 혼합적 조직(Blended Organization)

혼합적 조직은 실체적 조직과 사이버 조직의 양 성격을 동시에 가지는 조직이다. 본질적으로 실체적 조직의 형태를 가지면서도, 그 구성원들의 일부가 원격근무나

재택근무를 할 때 이를 혼합조직으로 볼 수 있다. 그리고 서로 원거리에 있는 실체적 조직간에 공동업무 수행이나 업무협의를 할 때 형성되는 조직도 그런 업무수행이 이루어지는 범위에 관한 한 사이버 조직이라고 할 수 있으므로, 전체적으로는 혼합조직으로 볼 수 있다. 이러한 조직형태는 공간적 제약을 극복하면서도 실질적인 통제, 협의, 의사소통, 집합적 의사결정 등을 업무내용이나 상황에 맞게 잘 조절하여 선택적으로 수행할 수 있다.

제3절 조직의 철학

1. 조직철학의 의의

보편적으로 철학이란 인간과 세계에 관한 사고와 판단의 기준이라고 할 수 있다. "철학은 우리 인간 자신을 포함하여 이 세상에 존재하는 사물과 현상에 대한 가치부여와 평가를 위한 사고적 틀을 의미한다. 특히 무엇이 인간과 세계에 관한 진정한 진리이며, 우리는 이에 관하여 어떤 사상을 가져야 하는가를 고민하고 논의하고 연구하는 정신적, 학문적 과정"이라 고 정의할 수 있다(최창호 · 하미승, 2012: 59).

철학은 가치지향성에 바탕을 두고 있는데, 가치란 바른 것, 옳은 것, 좋은 것, 의미 있는 것 등을 말한다. 모든 인간은 궁극적으로 이러한 가치를 추구한다. 이는 인간이 무엇을 위하여 살아야 할 것인가를 제시해 주는 지표이기도 하다. 이러한 인간의 가치는 사회적 가치로 환원된다. 즉, 인간은 사회를 구성하고 사회 속에서 살아가기에 인간이 가치 있다고 생각하는 것을 사회에 적용하게 된다. 인간의 집합체이면서 또한 사회적 단위의 하나인 조직도 인간이나 일반사회와 같이 어떤 바람직한 가치를 추구해야 한다.

조직의 철학은 조직이 지향해야 할 가치에 관한 사고와 판단기준이라고 할 수 있다. 조직철학은 조직에 대한 규범적 지향성을 나타낸다. 규범적 지향성이란 사물과 현상의 옳고 그름(good and/or right)을 가리려고 노력하는 것이다. 따라서, 조직에 대한 규범적 지향성은 조직의 운영이나 조직구성원의 행동의 옳고 그름을 판단하는 것을 말하는 것이다. 이는 바람직한 조직관리가 무엇인가에 관한 기준의 문제이며 가치판단의 영역에 속한다. 조직에 있어서의 가치판단이란 조직은 누구를 위하여, 그리고 무엇을 목적으로 이루어져야 하는가에 대한 당위적 판단을 말하는 것이다. 여기에는 어떤 조직목적이 정당한가, 어떤 조직체제가 좋은가, 어떤 조직운영방식이 옳은가, 그리고 조직구성원은 어떤 바람직한 행동을 해야 하는가 등의 물음에 대한 판단의 문제가 포함된다. 이런 판단을 위하여 조직체계의 구성·운영과 조직인의 행동에는 어떤 가치기준들이 적용되어야 하는데 이러한 가치준거가 곧 조직철학이다(최창호·하미승, 2012: 60).

2. 조직철학의 효용성

1) 조직의 목적 및 목표 설정의 기준

조직철학은 조직이 무엇을 위해 존재하는가, 어떤 목적을 수행해야 하는가, 그리고 그것을 추구하기 위하여 어떤 구체적 목표를 설정하고 달성하여야 하는가에 대한 하나의 궁극적 기준이 되어줄 수 있다. 예를 들어, 수익창출을 위해 보다 합리적, 효율적인 조직을 만들 것인가? 아니면 사회발전에의 기여를 위해 보다 책임성과 윤리성이 강한 조직을 만들 것인가? 등에 대한 해답을 줄 수 있다.

2) 조직의 전략적 방향의 지침

조직철학은 조직이 성공적으로 생존하고 번영하기 위해서는 어떤 전략을 통하여 경쟁력을 높여야 하는가에 대하여 기준을 줄 수 있다. 예를 들어, 조직을 개방화의 방향으로 이끌고 나가 급속한 환경변화에 적응하는 것, 또는 창조적 방향성을 기반으로 지식을 창출하고 이를 통해 경쟁력을 얻는 것과 같다.

3) 조직시스템 구성·운영의 준거

조직철학은 조직체계를 어떤 방향으로 구성해야 할지, 조직을 어떤 방식으로 운영해야 할지에 대한 준거를 제공해 준다. 가장 적은 비용으로 성과를 최대화할 수 있는 효율적 시스템을 지향할 것인가? 아니면 조직의 구성원을 인간적으로 대우하기 위하여 비효율을 감수하고서라도 근무의 자율성 부여와 복지 향상에 주력할 것인가? 등에 대한 해답을 줄 수 있다.

4) 조직구성원의 행동지침

Hill의 프리즘적 구조모형이론에 의하면, 인간은 모두가 그 자신의 독특한 가치체계, 지각양식, 규범, 태도, 지식, 능력 등을 갖는다. 이러한 가치구조 또는 지각구조는 인간의 행동을 결정하는 데 있어서 하나의 프리즘으로서의 역할을 하는 것으로 볼 수 있다(최창호 · 하미승, 2012: 60). 가치구조로서의 조직철학은 조직 자체 또는 조직관리에 관한 가치준거일 뿐만 아니라, 조직구성원 개개인의 행동에 관한 가치판단의 기준이 되어 준다. 예를 들면, 조직의 성과향상을 위해 비용-효과성 있는 경영에 주력(all-in)할 것인가? 아니면 사회적 책무성과 윤리성을 지키기 위하여 조직의 성과를 어느 정도 희생할 것인가? 등에 대한 지침을 제공해 줄 수 있다.

5) 조직평가의 기준 제공

Giovanni와 Carver에 의하면 철학적 측면인 가치체계, 신념체계, 자아개념 등은 일종의 평가적 네트워크(evaluation network)로 볼 수 있다(최창호 · 하미승, 2012: 60). 조직철학은 하나의 근원적 평가체계라고 할 수 있다. 조직이 올바른 방향으로 가고 있는지, 조직의 시스템과 그 운영은 정당한 것인지, 조직이 낳고 있는 산출과 그 결과는 바람직한 것인지 등을 평가하게 해 준다.

6) 미래 조직성장의 방향 제시

조직철학은 조직의 미래사회에 대비하여 어떤 준비를 해야 하는가? 그리고 미래의 치열한 경쟁적 환경 하에서 높은 위상을 유지하기 위하여 어떤 변화의 방향성을 가져야 할 것인가? 즉, 조직 혁신과 성장의 방향은 무엇이 되어야 할 것인가에 대한 가치지향성 및 발전지향성을 제시해 줄 수 있다.

3. 조직철학의 내용

1) 조직합리주의(organizational rationalism)

조직합리주의는 이성과 객관성의 철학에 바탕을 두고 있다. 조직은 어떤 가치 있는 목적을 달성하기 위한 수단이며 도구라는 관점이 그 중 하나이다. 즉, 조직의 목적을 가장 잘 달성할 수 있는 최적의 조직시스템은 무엇인가에 관심을 갖는 것이다. 이는 조직의 합리성과 효율성을 높일 수 있는 시스템과 운영방안의 도출에 역점을 둔다. 그리하여 과학적이고 능률적인 조직을 구성하는 데 노력을 기울인다.

이러한 이성주의와 과학지향성은 자연적 절대성과도 상통하는 것으로서 바로 모더니즘(modernism)의 사상과 일맥상통하는 것이다. 모더니즘은 인간을 우주의 중심에 두고, 인간의 이성과 객관적 판단에 기초하여 사물을 바라보고 평가한다. 그리하여 가장 합리적이고 과학적인 대안을 추구하는 것이다.

이러한 조직합리주의는 몇 가지 문제점을 갖는다. 조직합리주의는 조직을 어떤 목적에 대한 수단 또는 도구로 보는 결과, 어떤 목적에나 봉사하는 몰가치적 존재로 본다는 데 문제가 있다. 즉, 조직의 존재가치의 수준을 하향화하고 있다는 것이다. 그리고 지나치게 능률성 및 효율성을 추구함으로 인하여 조직의 인간적 측면이나 사회적 책임성, 윤리의식 등을 약화시킬 우려가 있다.

2) 조직인본주의(organizational humanism)

조직인본주의는 조직 속의 인간의 존엄성을 중요시하는 철학이다. 조직의 성과를 효율적으로 달성하는 것도 중요하지만, 그런 일을 수행하는 조직구성원의 가치와 목적도 중요하다는 것이다. 이는 주로 인간주의적 조직론을 제시한 학자들, 예컨대 McGregor, Davis, Golembiewski 등에 의해 강조되는 조직관리 철학이다. 이들은 조직 속에 존재하는 인간의 존엄성을 구현하기 위한 세부가치로서 자유(freedom), 자율성(autonomy), 선택권(right of choice), 삶의 질(QWL: Quality of Working Life), 복지(welfare) 등을 중시하고 있다.

이는 인간의 권리와 복지만을 편협하게 중시하는 철학은 아니며, 조직목표의 달성과 함께 개인목표의 달성도 중시하자는 것으로서, 조직과 인간의 양립가능성을 전제로 하는 것이다. 즉, 조직 속의 인간의 성장(human growth)을 통한 보다 효과적인 조직목적 달성을 주장한다.

3) 조직개방주의(ideology of openness)

조직은 진공 속에 존재하는 것이 아니다. 조직은 폐쇄체계가 아니라 개방체계이다. 따라서, 조직은 환경과 끊임없이 교류해야 하며, 환경변화에 적응하고 환경의 요구를 충족시켜 주어야만 생존할 수 있다. 조직개방주의는 하나의 생존철학이다. 환경 속의 적들과 경쟁하여 이겨야 하기도 하고, 그들과의 타협과 협력을 통하여 공존을 모색해야 하기도 한다. 조직이론에서는 이러한 학문적 흐름을 자연주의(naturism)라고 하기도 하고 생태주의(ecology theory)라고도 한다.

최근 급변하고 있는 글로벌 경쟁 상황 하에서는 환경의 새로운 수요를 충족시키기 위한 제품과 서비스의 생산, 그리고 그것을 가능하게 해주는 기술의 개발이 절실히 요구된다. 그리고 환경변화에 유연하게 적응할 수 있는 조직시스템 구축을 위해서는 관료제와 같은 경직적 조직체계를 타파하고 애드호크라시(Adhocracy)를 중시하는 방향으로 나가야 한다. 나아가, 끊임없이 달라지는 변화무쌍한 환경적 특성에 다양한 시스템과 방식으로 대응하기 위한 카멜레온 조직으로의 변신이 필요하다. 이러한 적응과 변화를 강조하는 사고가 바로 개방주의 철학 또는 생태주의 철학이다.

4) 서비스 지향주의(service orientation)

조직은 1차적으로 고객을 위해서 존재한다. 고객의 수요를 창조하고 그것을 충족시켜야만 조직의 존립을 보장받을 수 있다. 기업은 고객의 서비스 만족을 통해 계속 구매자를 확보하고 수익을 창출할 수 있어야 한다. 그래야만 2차적으로 회사의 주주를 만족시킬 수 있다. 정부조직의 고객은 국민과 이해관계집단들이다. 이들의 행정에 대한 서비스 수요를 충족시켜야만 조직의 역할과 존립을 유지할 수 있으며, 이를 통해 정권의 재창출이 가능해진다.

5) 사회적 책임주의(social responsibility)

조직은 자신의 목적과 이익을 추구하여야만 생존할 수 있지만, 아울러 사회가 필요로 하는 책임(responsibility)과 기여(contribution)를 다해야만 진정하게 살아남을 수 있다. 직접적으로 조직의 산출물에 대한 품질을 잘 유지하는 것은 물론이고, 소비자에 대한 보호정신을 가져야 하며, 사회가 요구하는 사업외적인 활동에도 기여하여야 한다. 아울러, 조직을 투명하고 깨끗하게 유지하여 부당, 불합리, 부정, 비리를 추방하는 윤리성(ethics)을 구현하는 일도 매우 중요하다.

6) 조직성과주의(organizational performance orientation)

조직이 안정적으로 유지되고 좋은 평가를 받기 위해서는 조직 내외부로부터 기대되는 성과를 창출하여야 한다. 성과는 기업의 경우 수익 창출, 매출실적 제고, 고객창출 및 고객만족, 기술개발 등이며, 정부의 경우에는 정책의 품질 제고, 행정서비스 만족도 제고, 국가경쟁력 강화, 정부에 대한 지지도 등이라고 할 수 있다. 조직은 1차적으로 이러한 성과를 올려야만 존속할 수 있고 위상을 높일 수 있다. 따라서, 조직은 성과창출을 위한 전략 및 시스템 구축과 구성원에 대한 동기부여에 주력해야만 한다. 이 때 성과를 향한 구성원간 경쟁과 성과결과에 따른 보상이 중요하다. 그러므로 경쟁의 규칙과 보상 시스템을 어떻게 설계·운영하느냐가 매우 중요한 조직관리 작업의 하나로 된다.

조직성과주의를 지향하면서 강조되어야 할 하나의 원칙은 선의의 경쟁에 따른 개인간 합리적 보상을 중시하되, 개인주의의 만연을 방지하기 위해서는 개인성과와 집단성과에 대한 보상을 서로 조화시키는 것이라고 할 수 있다. 그리고 조직성과주의가 가시적 조직성과만을 강조하여 개인의 존엄성 및 편안함을 저해하여서는 아니된다는 점이 강조되어야 한다. 즉, 조직성과주의는 중요하지만 아울러 조직인본주의와의 적절한 조화 속에서 추구되어야만 할 것이다.

7) 조직다원주의(organizational pluralism)

조직다원주의는 조직의 민주화, 분권화, 자율성 및 다양성의 가치를 중시하는 조직철학이다. 조직합리주의는 효율성을 주로 강조하다보니 조직의 목석날성에 가장 적합한 집중적인 시스템의 구축과 운영에 매몰될 위험성이 있다. 예를 들면, 가장 능률적으로 지시를 전달하고 보고를 받으며 구성원을 통제할 수 있는 피라미드형의 관료제 조직구조를 선호하게 된다. 이럴 경우 조직내부의 하위부서 및 구성원의 의사결정 참여기회가 줄어들고 권한이 약화되어 자발적인 노력과 성과창출을 유도하기 어렵다. 그리고 성과와 관계없이 당연히 보장되어야 할 개인의 자율성과 권리가 제약을 받게 된다. 이는 McGregor와 Davis가 주장하는 바와 같이 인간의 성장을 저해하는 것이다.

따라서, 조직은 다원화된 시스템을 가져야 한다. 다원화된 시스템은 업무권한이 하위부서나 구성원에게 많이 분산되고, 구성원의 자율성이 높으며, 여러 주체들의 참여와 다양한 개인가치 및 의사표현이 존중되는 시스템이라고 할 수 있다.

대외적인 면에 있어서도 효율성 중심으로 집중화된 시스템은 고객의 요구와 의사를 무시하기 쉬우며, 관련된 다른 조직과의 다원적이고 수평적인 관계의 형성을 저해하게 된다. 이와 달리, 조직다원주의는 다면적 사고를 갖고, 외부 고객집단들과 시민단체 등 여러 관련조직들과 소통하면서 활발하고 협력적인 시스템을 만들고자 지향하는 사고라고 할 수 있다.

조직다원주의는 이성적 객관성 및 절대성을 강조하는 모더니즘을 비판하면서 등장한 포스트모더니즘(post-modernism)과 관련성이 높다. 포스트모더니즘은 여러 주체의 참여를 강조하는 다원성, 그리고 시스템간・개인간・집단간의 유연한 권력관계를 중시하는 상대주의적 사고를 말한다. 아울러, 여러 주체들의 주관적 관점을 중시하며, 사회적 현실이 인간의 마음 속에서 구성된다고 보는 구성주의를 지지한다. 나아가, 합리적 도구라고 하는 조직과 사회구조로부터의 '해체'와 '탈피'를 주장하는 해방주의적 성향을 갖고 있다(최창호・하미승, 2012: 58).

8) 조직융합주의(organizational fusionism)

조직융합주의는 조직과 관련되는 모든 요소들의 적절한 통합과 조화를 통하여 조직의 시너지(synergy)를 최대화해야 한다는 조직철학이다. 미국사회를 "fusion society"라고 하듯이 인종이 다르고 출신국적이 다른 수많은 사람들과 결사체들이 하나로 뭉쳐 세계 최고의 민주적 국가를 형성한 것은 바로 국가차원의 융합적 정책 덕분이라고 할 수 있다. 이러한 융합 개념을 조직에도 적용해야 한다. 그리하여 인간과 인간간, 집단과 집단간, 하부조직과 하부조직간, 업무와 업무간, 그리고 과정과 과정간에 융합을 이루어내고, 이를 통해 조직전체의 시너지를 높여야 한다.

먼저, 조직 속의 인간과 인간의 융합을 보자. 서로 성격이 다르고, 출신배경이 다르며, 집안 경제력에 차이가 있고, 각자의 능력이 다르고, 또 다문화 가정 출신과 같이 문화적 배경이 다른 사람들이 모여 사는 조직에서 이들 간의 융화를 가져오도록 하는 조직관리 노력은 매우 중요하다. 이들 간의 융합을 이루어낸다면 화합과 단결을 통하여 조직의 응집성을 높이고 업무상의 협력체계를 강화할 수 있는 것이다.

다음으로, 하위부서간의 융합을 보자. 상하 계층간, 하부조직간, 그리고 라인

(line)과 스탭(staff) 간에 각각 정책방향성의 차이, 이익의 상충, 의견 불일치 등이 존재하겠지만, 각 단위체간의 타협과 균형과 조화를 통하여 공조체계를 구축하고 조직전체의 총합적 성과를 높일 수가 있을 것이다. 조금 차원이 다르긴 하나, 조직개편으로 여러 조직이 통폐합된 경우에 그 하부체제간의 융합을 기하기 위한 조직융합관리(PMI: Post Merger Integration)가 최근 강조되고 있는데(예: 안전행정부), 이런 사례는 융합의 중요성을 실제 조직관리에서 보여주는 것이다.

9) 조직창조주의(organizational creativity orientation)

미래사회는 급격한 환경변화와 치열한 조직간 경쟁으로 인하여 한 조직의 계속적인 생존과 번영을 장담하기 어려운 사회가 될 것이다. 이러한 변화 속에서 지속가능한 성장(sustainable growth)을 이루어 내려면 각 조직은 그 유지와 발전을 가능하게 해 줄 무엇인가를 끊임없이 창조해야 한다. 여기서 그 무엇이란 새로운 제품과 서비스일 수도 있고, 새로운 사회적 역할과 기여일 수도 있으며, 새로운 지식과 기술일 수도 있고, 새로운 인재 또는 인적자원일 수도 있다. 이러한 요소들의 창조(creation) 또 재창조(re-creation)는 조직의 유지와 성장에 매우 필수적이고 핵심

[그림 1-1] 조직철학의 구성도

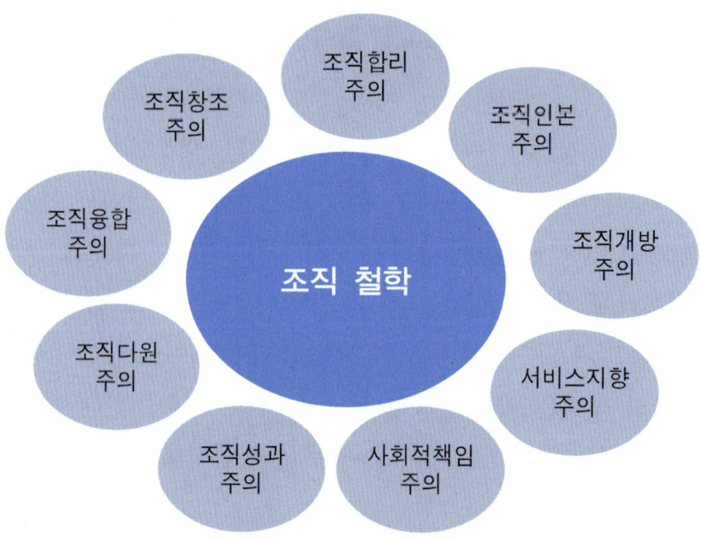

적인 조건이다. 창조에는 상상력(imaginative power)이 필요하다. 그래서 미래사회는 상상의 사회(imaginative society)가 될 것이다. 미래의 지식기반사회에서 조직창조주의는 절대적인 생존철학이 될 것이다.

4. 조직철학간의 조화방안

일반적으로 여러 가치가 충돌할 때에는 우선순위(priority)를 정하여 상대적으로 보다 중요한 가치부터 먼저 적용하게 된다. 그러나 위에서 논의한 조직의 철학들은 하나하나가 너무도 소중한 가치를 내포하고 있고, 어느 가치가 다른 가치보다 항상 높거나 낮다고 보편화하여 말할 수 없는 가치들이므로 일률적인 우선순위를 사전적으로 설정하기는 어렵다. 따라서, 어떤 실제상황에서 조직철학 또는 조직가치의 현실적 적용의 우선순위나 조화방안을 찾아야 한다. 이를 위해서는 몇 가지 적용기준이 필요해 보인다. 그러한 우선순위 적용기준으로는 상황적 판단, 자원의 풍부성 또는 한계성, 절대 최저한의 가치기준 등을 생각해 볼 수 있다.

먼저, 상황적 판단의 예를 들면, A기업의 경우 매출과 수익 부진으로 재정악화를 겪는 등 조직이 쓰러져 가는데도 사원의 근무조건을 완화하고 복지혜택을 높일 수 있을 것인가? 여기에서는 조직성과주의, 조직인본주의, 그리고 조직다원주의의 가치들이 서로 충돌하고 있다. 이런 상황에서는 조직을 살리는 것이 우선이므로 조직의 성과를 높이기 위한 근무조건의 강화(생산근로시간 확대), 그리고 재정상황을 호전시키기 위한 급여 및 복지혜택의 축소가 불가피할 것이다. 즉, 조직의 생존을 위한 조직성과주의가 구성원의 근무조건과 복지를 위한 조직인본주의보다 우선시될 것이다. 그러나 그러한 상황대처의 과정에 있어서는 조직다원주의의 적용을 통하여 노동조합과 협의, 협상, 대화를 통해 참여적 의사결정 과정을 거쳐서 합의에 도달하는 것이 중요하다.

다음으로, 자원의 풍부성 또는 한계성을 예로 들면, B기업이 많은 흑자를 내고 있는 경우 그 조직은 조직성과주의, 조직인본주의, 사회적 책임주의 등의 가치를 동시에 추구할 수 있다. 즉, 현재의 조직관리 시스템을 유지하면서 조직성과를 지속적으로 달성하고, 동시에 구성원에 대한 성과급여 및 복지혜택을 높여 조직인본주의를 구현할 수 있으며, 나아가 여유자금을 활용하여 사회복지에 대한 기금투자를 확대함으로써 사회적 책임주의를 추구할 수도 있다. 반대로, 수익적자 등 자원의 한계가 존재할 때는 좀 더 조직성과주의에 집중하고, 조직인본주의와 사회적 책임주의의 추구를 다음으로 미룰 수밖에 없다.

마지막으로, 절대 최저한의 가치기준은 결코 어겨서는 아니 되는 절대적 준거를 말한다. 기업이 수익측면에서 어려운 상황에 있더라도 부당하고 불법적인 사원의 해고는 금지되며(절대 최저한의 조직인본주의), 조직의 이익이 중요하다고 하여 제품과 서비스의 품질에 문제를 일으키거나 소비자를 위험에 빠뜨리거나 부정 · 비리를 저질러서는 아니 된다(절대 최저한의 서비스 지향주의, 사회적 책임주의 또는 윤리주의).

위에서 여러 양 극단의 상황을 예로 들어 철학간의 적용 우선순위를 논의해 보았는데, 대부분의 순조로운 조직상황에서는 여러 철학 또는 가치간의 균형 있는 조화가 필요하다. 보편적으로 정부조직 및 공기업의 경우 또는 사업이 잘되는 기업의 경우에는 이러한 안정적 상황이 유지된다. 이런 경우에는 여러 가치들을 최대한 일정한 수준으로 끌어올려 실현할 수 있도록 조직의 책임자와 관리자, 그리고 구성원들이 함께 노력해야 한다. 일반적으로 어떤 하나의 요인이 극단적인 상황을 가져오지 않는 한 가치간의 조화와 균형을 위한 적용원칙은 바로 상호교환적 조정(trade-off)이 되어야 할 것이다. 이는 어느 하나의 가치만을 극단적으로 추구하거나 희생하는 것이 아니라, 여러 가치들이 어느 일정수준에서 대등하게 추구될 수 있도록 양보와 타협을 통해 균형과 조화를 이루는 것을 말한다. 이것이 일반적 조직상황에서의 철학 또는 가치의 궁극적인 적용원리가 되어야 한다.

제4절 조직의 목표

1. 조직목표란?

조직의 목표는 조직이 이루어내고자 하는 그 무엇이다. 조직의 목표란 조직이 그 존재목적을 달성하기 위하여 추구하는 어떤 바람직한 상태라고 정의할 수 있다. Bedeian(1980: 78)은 조직목표를 "현재 조직이 지향하는 미래의 바람직한 결과 상태"라고 정의한 바 있다(이창원 · 최창현, 2010: 426). 다르게 정의하면, 조직목표는 주어진 시간적 범위 내에 도달해야 할 어떤 상태 또는 지점이라고 할 수 있다.

조직의 목표는 여러 가지 중요성 또는 기능을 갖는다(오석홍, 2011: 254; Daft, 2004; 59; 이창원 · 최창현, 2010: 427).

첫째, 조직목표는 조직의 존재와 활동을 사회 내에서 인정받을 수 있는 정당성(legitimacy)을 부여해 준다. 바람직한 목표를 추구하고 달성하는 조직은 존재가치가 있다.

둘째, 조직전략의 방향설정에 대한 기준점을 제시해 준다. 조직의 전략은 정당한 조직의 목표를 가장 잘 달성할 수 있는 방향으로 수립되어야 하기 때문이다.

셋째, 조직구성원의 행동에 대한 지침을 제공하고 동기를 부여한다. 조직구성원은 목표를 가장 잘 달성할 수 있는 방향으로 활동과 노력을 하게 된다. 특히 여러 행동대안 중 목표달성에 가장 유리한 대안을 선택함에 있어서 선택기준이 된다. 나아가, 조직의 목표설정 및 그 달성을 위한 노력의 과정에서 동기부여를 해 준다. McClleland의 성취동기이론이나 Locke의 목표설정이론에 의하면, 조직구성원은 무언가 많은 것을 이루기 위해 도전적 목표를 설정하게 되고, 그 목표가 개인적 성취의 중요한 수단이 되므로 열심히 노력하게 만드는 동기요인으로 작용한다.

넷째, 조직의 효과성 평가의 기준이 되어 준다. 조직의 목표가 얼마나 잘 달성되었느냐를 측정하는 것은 조직의 성공여부를 평가하는 가장 중요한 지표의 하나이다. 나중에 살펴 볼 조직의 효과성 개념도 기본적으로 목표의 달성 정도를 나타낸다.

2. 조직목표의 유형

조직의 목표는 그 차원과 수준에 따라 다양한 형태를 갖는다. 여기서는 이론적으로 의미 있고 실제 조직관리에서 잘 구분하고 있어야 할 유용한 목표유형 분류로서 아래 세 가지 구분형태를 살펴본다.

1) 사회적 목표, 산출목표, 체지유지 목표, 제품목표, 파생적 목표

목표유형론 중 인상적인 분류를 보여주고 있는 Perrow의 목표유형 구분을 살펴본다(Perrow, 1970: 133~174; 이창원 · 최창현, 2010: 434~436). 사회적 목표는 사회가 기대하는 요구를 충족시키는 데 필요한 목표를 말한다. 예컨대, 경제적 생산조직인 기업은 사회의 경제적 수준과 소비자 후생을 높이는 것이 그 목표일 것이다. 정부조직은 사회와 국민을 잘 통합하여 국가를 형성하고 국력과 복지수준을 높이는 것이 그 목표가 될 것이다. 산출목표는 조직의 고객들과 관련되는 목표로서 고객을 위해 보다 구체적으로 무엇을 해 줄 것인가에 관한 목표이다. 기업은 구매자가 원하는 어떤 제품과 서비스를 얼마나 제공할 것인가에 대한 목표를 가지게 되며, 정부조직은 어떤 정책프로그램이나 어떤 행정서비스를 국민에게 제공할 것인가에 대한 목표를 가지게 된다. 체제유지적 목표는 조직이 환경 속에서 살아가는 하나의 유기체로서 생존, 유지, 성장을 목적으로 추구하는 목표들을 말한다. 예컨대, 기업이 생존하기 위해 시장점유율을 일정률 이상 유지하는 것, 정부조직이 국민의 지지도 유지를 위해 일정수준 이상의 복지프로그램을 운영하는 것과 같다. 제품목표는 산출목표의 하위목표로서 중간관리층 이하에서 관심을 갖는 매우 구체적인 목표를 말한다. 여기서는 산출물의 수량과 질, 종류, 디자인 등을 선정하는 것을 포함한다. 즉, 구체적인 양적, 질적 목표가 설정되는 것이다. 파생적 목표는 조직의 본원적 목표 외에 주변적 목표를 추구하는 것이다. 즉, 조직의 본질적 목표를 추구하는 과정에서 발생한 여유자원을 활용하여 본질적 목표가 아닌 다른 목표의 달성을 시도하는 것이다. 예컨대, 기업이 수익창출이라는 목표 외에 정치인 후원을 통한 정치력 향상을 도모하거나 복지재단을 설립하여 사회기여 목표를 추구하는 것과 같다.

2) 결과적 목표, 과정적(산출) 목표, 투입목표

결과적 목표(outcome, result)는 조직의 궁극적인 목표이며 최종적으로 달성하고자 하는 목표이다. 결과적 목표는 조직의 여러 가지 전략이나 방책을 통해서 달성하고자 하는 효과목표(effect)라고 할 수 있다. 이에 비해, 과정적 목표(procedural goal)는 최종목표에 이르기 위한 중간단계의 목표를 말한다. 많은 경우에 있어서 과정목표는 중간단계의 산출목표(output)를 의미한다. 그 이전의 단계에서 이루어지는 자원이나 수단의 투입목표(input)를 중간목표로 보기도 한다.

예시적으로 설명하면, 기업의 경우 마케팅부문의 최종목표는 매출액의 신장이라고 할 수 있다. 그런데 높은 매출액을 달성하려면 시장점유율을 먼저 높여야 하는데 이것이 바로 과정목표 또는 산출목표라고 할 수 있다. 그 이전단계에서 일정수준의 홍보실적(예: 매스컴 홍보건수)을 올리려고 할 경우 그것은 투입목표가 될 수 있다.

정부의 경우 경찰조직을 예로 들면, 치안정책의 최종목표 또는 최종효과는 범죄율의 저감을 통한 안전한 사회의 건설이다. 그런데 범죄율을 저감시키려면 범죄자 검거실적을 높이거나 범죄예방실적이 먼저 나와야 되는데 이것이 산출목표이다. 그 이전단계에서는 범죄자 검거 및 범죄예방을 위해 경찰인력을 일정인원까지 늘리고 정기적 순찰회수를 늘여야 되는데, 이런 수준의 목표를 투입목표라고 한다.

전체적으로 보면, 투입목표-산출목표-결과목표의 순서로 달성되는데, 이들 간에는 인과관계가 성립된다. 즉, 투입목표가 잘 달성되어야 산출목표가 달성되고, 산출목표가 잘 달성되어야 결과목표가 달성될 수 있다.

3) 개인목표, 팀목표, 부서목표, 조직목표

조직 내의 각 목표는 분명히 어떤 주체에게 귀속되어야 한다. 그래야만 각 주체가 그에게 주어진 목표를 책임성 있게 달성할 수 있다. 그리고 그 목표가 달성되었을 때 그에 따른 보상을 해당주체에게 제공할 수 있다. 이렇듯 각 목표는 그 추진주체를 갖는데, 조직의 경우 그 주체는 가장 좁게는 개인, 그 중간에는 팀 또는 부서, 그리고 가장 넓게는 조직 자체가 된다. 결국, 조직의 목표는 개인목표, 팀목표, 부서목표, 그리고 조직목표로 구성된다.

수직적으로 보았을 때, 이들 목표간에는 목표-수단 연쇄(goals-means chain) 관계가 성립한다. 조직목표는 최상위목표로서 그 달성수단으로 부서목표 또는 팀목표를 두며, 부서목표 또는 팀목표는 그 달성수단으로 개인목표를 두게 된다. 그리하여 이들 목표간에는 인과관계가 이루어진다. 개인목표가 잘 달성되면 팀목표 또는 부서목표가 잘 달성되고, 팀목표 또는 부서목표가 잘 달성되면 조직전체의 목표가 잘 달성될 수 있다.

예를 들면, 중소기업청 소속 벤처창업지원팀의 경우, 개인 A의 창업상담 목표, 개인 B의 투자자금 중개목표, 그리고 개인 C의 기술사업화 지원목표가 잘 달성될 때, 벤처창업지원팀의 벤처기업 창업유발 실적이라는 목표가 잘 달성될 수 있으며, 궁극적으로 중소기업 육성이라는 중소기업청의 목표가 잘 구현될 수 있는 것이다.

이러한 목표유형 구분을 다르게 표현하면, 전략목표와 전술목표로 나타낼 수 있다. 전략목표는 조직 상위계층에서 추구하는 넓은 범위의 근본적 목표이며, 전술목표는 조직의 하부계층에서 추진하는 좁은 범위의 구체적인 목표이다. 역시 이들 목표간에는 목표-수단 연쇄관계가 존재한다.

3. 조직목표의 내용

조직의 목표를 실체적 관점(substantive perspective)에서 그 내용을 살펴보는 일은 매우 유익한 작업이다. 주로 우리의 연구대상은 정부조직과 기업조직이므로 이들 조직에 해당하는 실질적, 내용적 목표들을 한 번 알아보기로 한다.

1) 기업조직의 목표

먼저, 보편성을 확보하기 위하여 기업조직의 목표내용부터 알아보자. 기업의 존재목적은 이윤추구(profit seeking)에 있다. 이윤은 기업의 투자자이며 실질적 주인이라고 할 수 있는 주주들에게 투자에 대한 이익의 환원(return of investment)을 해 줌으로써 기업의 존립목적을 달성하려는 것이다. 이 목적이 달성되지 않으면 투자자가 자금을 모두 회수하거나 주식을 모두 팔아버릴 것이므로 기업의 존속이 어렵게 된다. 따라서, 이윤추구 또는 수익창출은 기업조직의 가장 본원적인 최상위의 목표가 될 것이다.

이러한 최상위목표의 달성을 위해서는 어떤 제품 또는 서비스를 잘 선택·생산해야 하며, 좋은 품질을 유지해야 한다. 이것이 그 다음 수준의 목표가 된다. 즉, 품질 높은 제품의 개발 및 생산, 그리고 서비스의 질 제고를 통한 고객만족도(customer satisfaction) 향상이 중심적인 목표가 된다. 아울러, 이러한 제품과 서비스가 잠재고객들에게 잘 알려져 구매자를 늘리고 시장을 확충해야 하는데, 이것이 바로 마케팅을 통한 시장점유율(market share) 제고가 될 것이고, 이 또한 중요한 핵심적 목표가 될 것이다.

그리고 그 다음 수준의 다양한 구체적 목표들을 생각해 볼 수 있다. 새로운 제품 및 서비스 생산을 위한 신기술 개발, 시장점유율을 높이기 위한 가격전략과 홍보전략의 효과성 향상 등이 그 예가 될 수 있겠다.

2) 정부조직의 목표

그러면 정부조직에서는 어떤 목표를 추구하는가? 정부조직 전체의 궁극적인 목표는 국민의 삶의 질 향상 및 국력신장이라고 할 수 있을 것이다. 그리고 여러 정부조직에 공통적으로 적용되는 본원적 목표로는 ① 정책의 품질 향상, ② 행정서비스의 질 향상, ③ 정부경쟁력 제고, ④ 정부에 대한 국민신뢰도 제고 등이라고 할 수 있다.

다음으로, 정부의 각 부문별 목표는 정책분야별, 행정기능별로 매우 다양하다. 예를 들면, 안보부문에서는 국가안보의 강화, 외교부문에서는 외교력 향상 및 국가위상 제고, 경제부문에서는 경제성장률 향상, 사회부문에서는 국민안전 강화, 보건복지부문에서는 국민복지 수준 향상, 교육부문에서는 교육경쟁력 강화, 문화부문에서는 국민의 문화향유 수준 향상 등이 될 것이다.

그리고 각 개별부처별로는 부처 내 하위부서별 정책목표 또는 행정서비스 목표가 매우 다양하고 구체적으로 존재한다. 예를 들어, 문화관광부 소속 부서인 문화컨텐츠실 영상컨텐츠정책과의 목표로는 영상컨텐츠 제작 · 보급률 향상, 영상컨텐츠의 저작권 보호 강화, 영상예술가 창작지원 확대 등이 있다.

이러한 부처별, 하위부서별 목표는 성과목표와 성과지표로 구체화된다. 주로 주기적인 성과평가에 맞추어 연간 추진목표가 계량적으로 설정되는데, 예를 들면, 환경부 수질보전국의 경우 4대강 수질의 개선도 10% 향상을 들 수 있겠다. 모든 정책분야 또는 행정서비스 분야에 공통적으로 흔히 적용되는 성과목표 또는 성과지표로는 국민 또는 고객의 만족도를 들 수 있다. 예를 들면, 국민권익위원회의 온라인 국민신문고 이용자의 만족도를 연간 5% 향상시키겠다는 것과 같은 것이다.

4. 조직목표와 개인목표

1) 조직목표와 개인목표의 관계

조직목표와 개인목표간의 대립과 갈등을 완화하고 이 두 가지를 조화시키는 일은 조직관리의 영원한 숙제이다. 조직의 성과제고를 위해 경쟁과 효율 중심의 조직관리를 하게 되면, 개인의 자율성 및 직장 삶의 질이 떨어질 수 있다. Argyris의 성숙-미성숙이론에서 보듯이 조직의 목표달성을 위해 조직구성원에 대한 통제와 규율을 강화하게 되면 인간적 성장을 저해하게 된다. 반대로, 조직구성원에 대한 동기부여와 근무환경 조성을 지나치게 지향하게 되면 비용의 증가와 함께, 조직성과에 대한 불확실성이 높아지게 될 수 있다. 조직목표와 개인목표간에는 다양한 관계가 존재한다.

강한 대립관계는 조직목표와 개인목표가 정반대 방향에 가까운 상태를 말한다. 예컨대, 과거 정부조직의 경우 조직 측에서는 노동조합의 결성을 강하게 반대하는 반면, 공무원 측에서는 노동조합제도의 합법적 도입을 강력하게 요구한 것과 같다.

[그림 1-2] 조직목표와 개인목표의 강한 대립관계

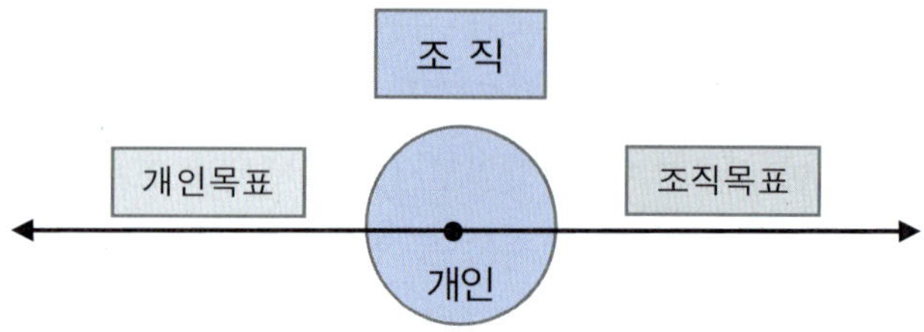

* 출처: 박민생 외, 2006: 39.

약한 대립관계는 조직목표와 개인목표가 한편으로는 일치하나, 또 다른 한편으로는 일치하지 않는 상황을 말한다. 예를 들면, 정부가 조직의 효율성 제고와 국가재정 압박 완화를 위해 총액인건비제도를 실시하는 경우, 인건비 예산을 자율적으로 편성할 수 있다는 점에서는 조직과 개인의 목표가 일치하나, 예산범위를 초과하는 인력증원이나 급여인상을 할 수 없다는 점에서 양측 목표가 상치된다.

[그림 1-3] 조직목표와 개인목표의 약한 대립관계

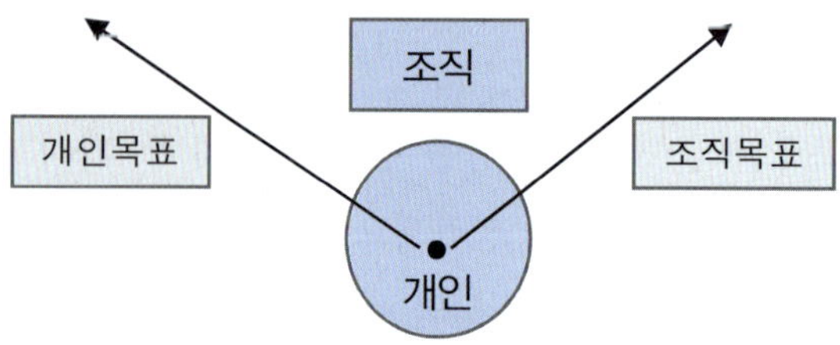

* 출처: 박민생 외, 2006: 40

중립적 관계는 조직목표와 개인목표가 일치하지도 않고 대립하지도 않는 상태이다. 예컨대, 외교부에서 특정 국가와의 FTA 협상을 진행하고 있을 때 그 협상 타결여부가 개인성과에 거의 반영되지 않는 경우와 같다.

[그림 1-4] 조직목표와 개인목표의 중립관계

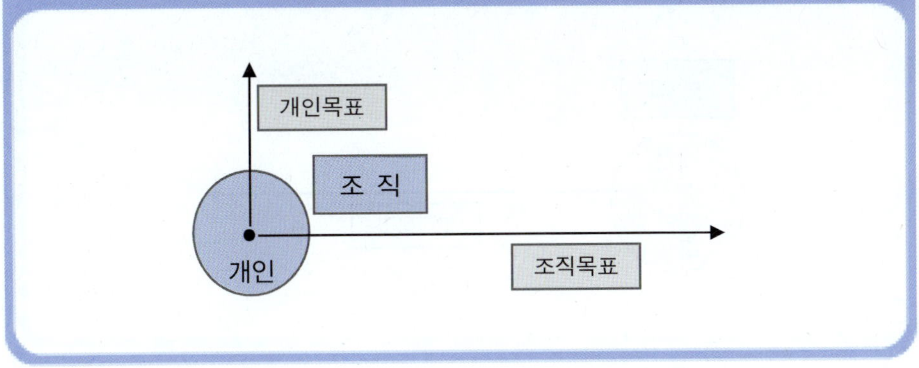

* 출처: 박민생 외, 2006: 41

양립관계는 조직목표와 개인목표가 거의 일치 또는 유사하여 양측 목표가 비슷한 방향으로 움직이는 상태이다. 조직이 성공하면 개인도 이익을 볼 수 있는 상황을 말하는 것이다. 예를 들면, 기업의 높은 이윤창출로 회사원이 높은 보너스를 받는 경우, 또는 정부조직의 경우 연간 성과목표(예: 식품안전검사에 대한 국민만족도 10% 제고) 달성으로 소속 공무원의 근무평가 상향 및 성과급 지급이 이루어지는 경우와 같다.

[그림 1-5] 조직목표와 개인목표의 양립관계

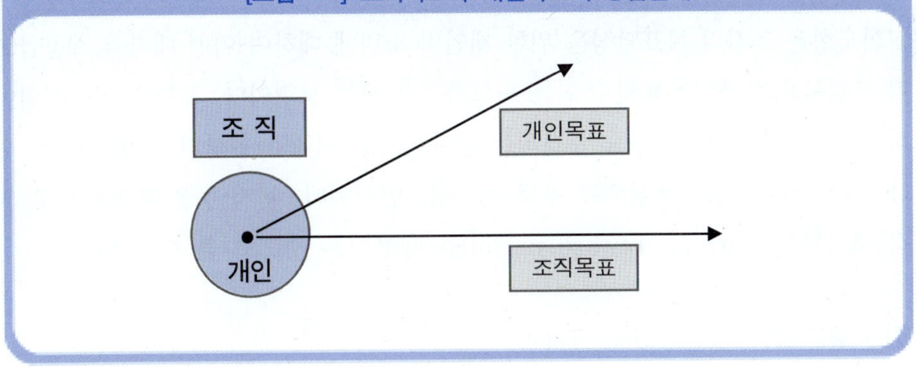

* 출처: 박민생 외, 2006: 41

동일성 관계는 조직목표와 개인목표가 분리될 수 없는 경우로서 개인목표가 전적으로 조직목표에 매몰되거나 종속되는 상태를 말한다. 이런 사례는 종교단체, 카리스마적 1인 경영체계 등에서 찾아볼 수 있다.

[그림 1-6] 조직목표와 개인목표의 동일성 관계

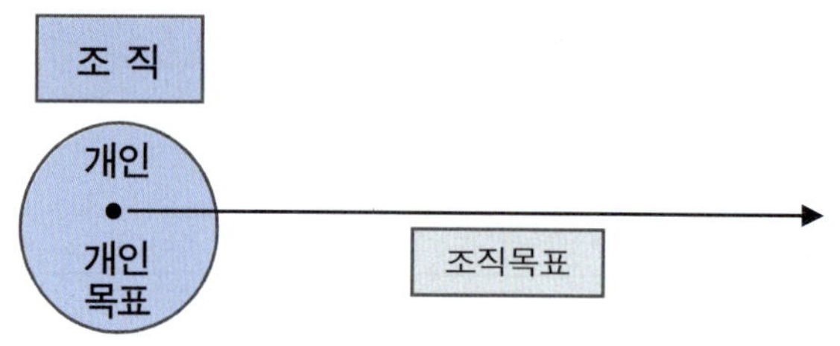

* 출처: 박민생 외, 2006: 42

2) 조직목표와 개인목표의 통합모형

양측 목표가 대립하는 상황에서 두 목표를 양립 또는 통합시키기 위한 방안에 관해서는 몇 가지 이론모형이 제시되고 있다. Barrett(1970), 오석홍(2011: 257-258), 이창원 · 최창현(2010: 429~431), 송교석 · 윤두열(2005: 56~59) 등에 의하면, 조직목표와 개인목표의 통합을 위한 이론모형으로는 교환모형, 사회화 모형, 그리고 수용모형을 들 수 있다.

(1) 교환모형(exchange model)

교환모형은 조직의 목표달성을 위한 개인의 노력에 대하여 어떤 대가를 제공함으로써 조직목표와 개인목표의 조화를 도모하고자 하는 모형이다. 교환관계는 개인이 조직목표를 위해 기여한 만큼 보상하는 관계이므로 거래와 협상의 관계라고 할 수 있다. 교환모형에서는 보상으로 주로 성과급, 인사혜택, 복지 등을 활용하므로 외재적 보상모형(extrinsic reward model)을 활용하는 것으로 볼 수 있다.

(2) 사회화 모형(socialization model)

사회화 모형은 조직 내 개인이 조직목표를 달성하는 방향으로 노력하도록 교화 또는 사회화시키는 것이 유효할 것이라고 보는 이론모형이다. 조직목표에 부합되는 행동은 가치가 있고, 그렇지 않은 행동은 무가치한 것이라고 교육을 하고 설득하는 과정, 즉 감화과정(influence process)이 중요시된다.

사회화에는 적극적 사회화와 소극적 사회화가 있다. 적극적 사회화는 누군가가 조직을 위해 일하는 좋은 모범을 보이고 합리적 설득을 통하여 조직목표를 개인목표화하도록 감화하는 과정이다. 소극적 사회화는 조직목표에 방해가 되는 개인목표를 포기하도록 감화하는 과정이다. 이러한 사회화는 조직관리자에 의해 이루어지기도 하고(리더 사회화, leader socialization), 또는 동료에 의해 이루어지기도 한다(동료 사회화, peer socialization).

(3) 수용모형

수용모형은 개인목표를 조직목표 속에 담아내는 목표통합의 전략을 중시하는 모형이다. 이 모형에 따르면, 조직의 목표를 설정함에 있어서 개인목표를 충분히 고려하고, 목표를 추구하는 과정과 방법에 있어서도 개인의 의사와 이익을 반영하여야 한다. 이러한 관점에서의 목표관리방식으로 MBO(Management by Objectives)가 있다(이에 관하여는 아래에서 논의한다). 개인의 욕구와 동기를 주어진 것, 즉 상수로 간주하고 조직목표를 추구하는 과정에서 이러한 욕구와 동기가 충족되도록 하는 데 그 중점이 있다. 이렇게 한다면 조직 속의 개인은 조직목표가 곧 자신의 목표와도 합치되고, 조직목표가 자신의 노력을 투입할 만큼 가치 있는 것이라고 느끼게 될 것이다. 이러한 목표통합모형은 조직구성원의 자유와 선택권, 자율성, 그리고 복지 등을 강조하는 조직인본주의(organizational humanism) 입장에서의 조직관리방식에 해당한다고 평가할 수 있겠다.

(4) 모형간의 조화

위 세 가지 모형 중 가장 조직구성원 쪽에 무게를 두고 있는 모형은 수용모형이며, 가장 조직 측에 중심을 두고 있는 모형은 사회화모형이다. 그런데 조직목표와 개인목표를 동시에 가장 잘 달성할 수 있을 것으로 기대되는 모형은 수용모형이므로 조직관리자는 수용모형을 구현하도록 최대한 노력해야 한다. 그리고 조직의 물질적, 경제적 자원이 풍부하고 조직구성원이 외재적 인센티브를 주로 선호하는 경우에는 거래모형을 많이 적용할 수도 있다. 조직의 자원이 부족한 상태에서 구성원들이 소극적인 직무태도를 가지고 있을 경우에는 사회화모형을 적용할 수밖에 없을 수도 있다. 요컨대, 궁극적으로 수용모형을 추구하되, 상황적 조건에 따라 그에 알맞은 모형을 유효적절하게 활용하는 전략이 좋을 것이다.

5. 목표에 의한 관리(MBO)

1) 목표관리제의 개념

Carroll & Tosi(1973)는 목표관리제(MBO)에 관해 "복잡한 조직 내에 근무하는 조직구성원들이 서로 공통의 목표를 인지하고, 그들의 노력을 조직의 전체적 목표를 잘 성취하는 방향으로 조정하는 과정"이라고 정의하고 있다. 여기서 강조되는 중요한 포인트는 미래, 변화, 시간, 그리고 조정이다(Mol & Birkinshaw, 2008: 158).

오석홍(2003: 628)은 목표관리제를 "참여의 과정을 통해 조직의 목표를 명확하고 체계 있게 설정하고, 그에 따라 생산활동을 수행하도록 하며, 활동의 결과를 평가 · 환류시키는 관리체계"라고 정의하고 있다.

이와 같이, MBO는 상사와 부하, 동료의 공동참여에 의해 목표를 설정하고, 그 목표에 따라 자발적으로 업무를 수행하며, 그 결과에 대하여 평가와 보상을 받고 스스로 책임을 지는 제도라고 할 수 있다.

2) 목표관리제의 철학

목표관리제에 내재되어 있는 철학 또는 의미는 두 가지로 규정할 수 있다. 하나는 목표조화의 차원이며, 하나는 참여와 책임의 차원이다.

첫째, 복잡한 대규모 조직에 있어서는 많은 구성원들이 다기적인 목표를 가지고 있으므로, 상사와 부하 및 동료가 함께 참여하여 목표를 설정함으로써 목표간의 조화를 도모하려고 하는 것이다. MBO 과정은 자연스럽게 부서간, 개인간 목표를 조정하는 효과를 가져오게 된다(Carroll & Tosi, 1973; Mol & Birkinshaw, 2008: 158).

둘째, 더욱 의미 있는 철학으로서, MBO는 조직구성원의 자율통제와 참여에 의해 조직목표를 자발적인 노력으로 달성하도록 하는 데 그 의의가 있다. 즉, 조직목표와 개인목표를 조화시킨다는 의미를 가진다.

Drucker가 제시한 목표관리의 관점에서도 상사로부터의 지시나 통제보다 자기통제를 중시하고, 목표에 대하여 상사와 부하 및 동료가 협의 · 협력하는 과정을 강조한다(이창원 · 최창현, 2010: 453). 그리고 개인의 능력과 책임감을 충분히 발휘하도록 하는 데 역점을 두고 있다. 특히, Drucker는 업무에 대한 통제가 '보스'(boss)에 의해서가 아니라 '성과목표'(objectives of performance)에 의해 이루어져야 함을 역설하였다(Drucker, 1954; Mol & Birkinshaw, 2008: 158).

X · Y 인간관이론을 제시한 McGregor도 MBO에 대한 이론적 근거를 제공한 것으로 볼 수 있다. 그는 인간관에 대한 Y이론에서 조직구성원의 자율성, 자기책임, 자기통제를 강조하였는데, 이는 바로 MBO가 추구하는 가치이며 의미인 것이다.

3) 목표관리제(MBO)의 과정

목표관리제(MBO)의 진행단계를 보면, 목표설정단계, 행동계획의 개발단계, 업무행동 실행단계, 평가 · 보상 · 환류의 단계로 구분할 수 있다.

(1) 목표설정단계

이 단계에서는 상사와 부하 및 동료가 공동으로 참여하여 일정기간(주로 1년간) 개인이 추구하고 달성해야 할 목표를 설정한다. 부하가 먼저 자기 스스로 자신이 달성하고자 하는 목표를 수립하여 상사에게 제출하고, 이 목표의 내용과 수준에 대해 상사 및 동료와 상호협의한 후, 목표를 확정한다. 우리나라 정부의 고위공무원에게 적용되는 성과계약제와 같은 경우에는 장관과 고위간부간 상호협의 하에 설정된 목표치를 계약으로 체결하기도 한다.

(2) 행동계획의 개발단계

이 단계는 목표를 달성하기 위한 행동계획을 설계하는 단계로서, 목표를 가장 효과적으로 달성할 수 있는 정책대안 또는 집행대안을 선택하고 구체적인 행동계획(action plan)을 수립한다. 행동계획에는 목표 달성시기와 추진일정, 필요한 자원(인력, 예산, 기술, 시설, 장비 등), 업무분담방안, 장애극복방안 등이 포함될 것이다.

(3) 직무행동 실행단계

행동계획이 수립되면 이를 직무행동으로 실행에 옮기는 단계로 들어가게 된다. 이 단계에서는 행동계획에서 정한 일정과 행동대안에 따라 직무를 실제로 수행하게 된다. 이 과정에서 동료직원 및 관련부서와의 협조가 이루어지며, 주기적으로 업무추진 상황을 점검(checking)하게 된다.

(4) 평가 · 보상 · 환류의 단계

MBO의 마지막 단계는 연초에 설정한 목표의 달성여부와 정도를 평가하고, 그 결과에 따라 보상하는 단계이다. 목표가 초과달성 되거나 또는 예상목표 수준이 달성된 경우에는 근무평가에서 높은 등급을 받음과 함께 많은 성과급을 받게 될 것이다. 반대의 경우에는 그러한 혜택이 없거나 책임추궁을 받게 될 것이다.

중요한 것은 결과에 대한 책임을 스스로 진다는 것이다. 즉, 자기책임이 중시된다. 그리고 평가결과에 관한 정보를 다음 주기의 업무수행에 환류(feedback)시켜 직무수행 방법이나 태도의 수정을 기하게 한다. 환류는 꼭 마지막 단계에서만 이루어지는 것은 아니며, 업무추진 중간단계에서도 주기적인 점검과 평가를 실시하여 그 평가정보를 당해 주기내의 업무수행 과정에 환류하는 것이 중요하다.

목표관리제(MBO)는 왜 이렇게 강조되는가? 어떤 강점이 있는가? 그 효용성 또는 장점은 매우 다양하게 제시될 수 있다.

첫째, 상사, 부하, 동료가 함께 참여하여 목표를 설정하므로 다기화된 개인목표들을 상호조정하여 조직전체의 목표달성을 높일 수 있다.

둘째, 구성원이 직접 참여하여 목표를 설정하기 때문에 그 목표를 잘 수용할 수 있고, 이를 정당한 목표로 간주하게 되어 노력을 집중하게 된다. 그리고 설정된 목표를 자기자신의 목표로 생각하기 때문에 직무만족도가 높아지고, 목표에 의한 동기부여가 된다.

셋째, 상사와 부하와의 상호협의 과정을 통해 목표설정을 하기 때문에 의사소통이 개선되고, 상호이해를 증진시켜, 상하간 및 동료간에 업무협력을 증진시킬 수 있다(이창원 · 최창현, 2010: 460).

넷째, 직원에 대한 평가와 보상의 근거를 명확히 할 수 있으며, 중요한 것은 그 평가와 보상의 결과에 대하여 직원이 잘 납득 · 수용할 수 있다는 것이다. 이것이 자기책임 시스템의 장점이다.

그러나 비판점도 있는데, 목표설정 및 미래의 결과예측에 필요한 자료를 과다하게 요구하여 비효율성을 낳을 수 있고, 빠르고 확실하게 달성할 수 있는 목표, 가시적인 목표에만 집중함으로써, 다원적이고 비가시적인 중요한 목표들을 소홀히 할 위험이 있다(Mol & Birkinshaw, 2008: 159).

6. 목표관리의 철학

1) 가치 · 목표의 공유철학: 인본주의, 성과주의, 융합주의

조직의 존재목적과 비전을 잘 구현하고 좋은 성과를 달성하는 데 있어서 기본적 조건의 하나는 조직의 대다수 구성원들이 공통된 지향점을 갖는 것이다. 그러한 지향점을 결정하는 요소는 바로 조직 및 그 구성원이 추구하는 가치와 목표이다. 따라서, 조직 내 각 하위부서와 구성원들로 하여금 조직이 지향하는 가치와 목표를 공유(sharing values and goals)하도록 하는 기본적 방향성이 조직의 성공과 발전을 위한 목표관리 철학으로 정립되어야 한다. 이는 조직인본주의, 조직성과주의 및 조직융합주의 철학과 상통한다. 구성원 개인의 참여와 목표설정을 통해 구성원의 가치를 조직에 반영하고, 조직목표의 협력적 달성을 통해 최종적이고 총합적인 성과를 제고해야 하는 것이다.

조직의 하위부서와 구성원들로 하여금 가치와 목표를 공유하도록 만들기 위해서는 조직의 가치와 목표를 설정하는 과정에 하위부서들 및 구성원들이 직접 참여하게 하여 자신들이 추구해야 할 가치와 목표를 스스로 설정하게 해야 한다. 스스로 설정한 가치와 목표는 자기 자신의 것으로 간주되며, 그러한 가치와 목표를 실현하기 위하여 자발적인 직무수행 노력을 경주하게 된다. 이는 조직과 그 가치 및 목표에 대한 주인의식(owning)을 갖게 하는 효과가 있다. 이는 조직 속 개인의 가치와 권리 및 참여를 보장한다는 점에서 인본주의적 지향성을 보여주는 목표관리 전략이라고 할 수 있다.

그리고 목표관리 과정에서 융합적 조정을 추구해야 한다. 융합적 프로세스는 가치와 목표의 공유를 촉진한다. 하위부서간, 개인간의 상호작용에 따른 조직목표의 참여적 · 협의적 설정은 목표간의 융합화와 조화를 이룰 수 있다. 조직구성원들이 다함께 목표 설정과정에서 상호소통을 통해 가치와 목표의 공유를 이룰 수 있다. 그리하여 모든 하위부서들과 구성원들이 하나의 방향으로 움직이게 된다. 이러한 목표의 융합화는 다기화된 하위목표간의 모순과 충돌을 제거해 준다. 이는 구성원과 구성원간, 그리고 하위부서와 하위부서간의 목표에 대한 상호 협의와 동의에 의해서 가능해진다. 결과적으로 하위목표들 또는 부문목표들이 상호조화를 이루도록 하여 조직의 최고목표 내지 궁극적 목표와 동일한 방향성을 갖도록 해준다.

공유의 철학은 목표달성 및 성과보상 배분에까지 미쳐야 한다. 즉, 조직시스템의 설계와 적용에 있어서 총합적 성과를 중시해야 한다. 이는 성과평가 및 보상배분에 있어서 개인 자신의 목표달성 뿐만 아니라, 팀, 부서, 조직전체의 집합적 목표달성을 중시해야 함을 의미한다. 이는 전체성과에 대한 개인, 팀, 부서의 기여도를 평가하는 데서 이루어질 수 있다. 공유적 목표관리는 구성원들의 조직전체에 대한 기여도를 높이는 방향으로 작용하게 될 것이다.

7. 새 목표이론 탐색: 목표네트워크이론

1) 목표의 공유 · 연계모형

목표관리와 관련하여 본 저자가 제시하는 하나의 탐색적 이론은 목표의 공유와 연계를 강조하는 목표네트워크이론(goals network theory)이다. 목표에는 조직전체 목표, 하위부서 목표, 팀목표, 개인목표 등이 있는데, 이들 목표들은 조직의 궁극적 목적을 가장 잘 달성하는 방향으로 일관성 있게 설정되어야 한다. 여러 수준의 다양한 목표들이 존재하는데 이러한 목표들이 제각기 다른 방향으로 설정되거나 따로 놀아서는 안 된다. 목표들이 하위부서간, 팀간, 개인간에 상호 공유되고 연계되어야 한다. 즉, 목표의 교집합이 필요하다. 조직외부에 존재하는 연관조직의 목표와도 이와 동일한 논리가 적용되어야 한다.

구체적으로, 하위목표는 상위목표를 잘 달성하는 방향으로, 부서목표 또는 팀목표는 다른 부서 및 팀의 목표와 상호부합하는 방향으로 설정되어야 한다. 개인목표는 다른 개인의 목표와 상호보완적이어야 하며, 모순과 충돌을 일으켜서는 안 된다. 조직외부의 연관조직들의 목표와도 이러한 상보적 관계가 이루어져야 한다.

따라서, 목표네트워크이론에서는 조직내부의 모든 계층과 부서 및 개인간, 그리고 외부 연관조직과의 관계에서 목표의 수직적, 수평적, 그리고 대각적 네트워크를 구성하여 목표간의 상보성(complementary relationship)을 유지하는 목표관리를 중시해야 함을 강조한다. 그리하여 각 개별목표의 부분적 성과만을 극대화하기보다 조직전체의 총합적 목표달성을 최대화해야 한다는 것이다. 이러한 관점에서 아래에서는 목표 네트워크의 구성, 목표조정을 위한 프로세스, 목표 · 수단간 조절메커니즘, 나아가 목표달성에 대한 성과지표 설정과 평가 · 보상과의 관계 등을 제시한다.

2) 목표 네트워크의 구성

목표의 네트워크는 연관되는 조직, 부서, 팀, 개인의 목표 사이에 종합적으로 구성되어야 한다. 여기에는 조직내부 목표 네트워크와 조직외부 목표 네트워크가 모두 포함된다. 우선, 조직내부의 목표 네트워크는 수직적 목표 네트워크, 수평적 목표 네트워크, 그리고 대각적 목표 네트워크 등으로 구성되어야 한다.

수직적 목표 네트워크는 조직의 계층을 따라 상위-중간-하위목표들 간에 연결되는 네트워크이다. 조직전체 목표에 가장 가까운 상위목표와 그것을 달성하기 위한 수단이자 부분적 목표인 중간-하위목표는 목표-수단 연쇄(goals-means chain) 관계에 있다. 따라서, 논리적으로 수직적 목표들간에는 모순과 충돌이 있을 수 없다. 각 계층별 관리자와 구성원 개인은 자신의 목표가 상위목표와 모순되거나 배치되지 않는 것은 물론, 상호 일관성과 이론적·기술적 인과관계를 갖도록 목표를 설정해야 한다. 예를 들어, 국민권익위원회의 전체목표는 '국민의 권익 향상'인데, 이를 위한 하위목표의 하나로 '국민고충민원 처리에 대한 민원인 만족도 향상'을 설정할 수 있고, 이 하위목표는 조직전체 목표를 논리적으로 모순 없이 구현해야 하는 관계에 있어야 하는 것이다.

수평적 목표 네트워크는 하위부서, 팀, 그리고 개인의 목표들 상호간에 구성되는 네트워크이다. 수평적인 목표 네트워크에서는 부서간, 팀간, 그리고 개인의 목표간에 어떤 연관성이 있을 경우 상호 모순과 충돌이 없고 동일한 방향성을 가져야 한다. 그리고 업무 또는 과제의 연관성에 따라 서로 공유(share)되는 부분이 있어야 한다. 예컨대, 국민권익위원회의 제도개선국의 한 직원이 건설행정 분야의 '제도개선율 제고'라는 목표를 가지고 있을 경우, 그에 연관되는 과제를 맡고 있는 국민고충처리국의 건설민원 담당직원의 '제도개선과제 발굴건수 증가율 제고'라는 목표가 서로 상호보완적이 되어야 하고 상당부분이 공유되어야 한다. 그리고 공유적 목표의 달성을 위해 협업(co-work)을 하여야 한다.

대각적 목표 네트워크는 수직적 네트워크 및 수평적 네트워크라는 2차원적 네트워크를 뛰어넘어 서로 다른 부서의 상위목표와 하위목표간에 형성되는 제3의 내부 네트워크이다. 서로 소속 부서가 달라도 업무상 연관성이 있다면 목표의 연계성을 가져야 하고 공유되는 부분이 있어야 한다는 것이다.

외부 연관조직과의 목표 네트워크는 조직 내부 목표와 외부조직의 목표 간에 연계성을 갖는 것을 말한다. 비록 조직은 다르지만 정책 및 사업 영역의 연관성이 있다면 목표는 상당부분 공유될 수 있고, 서로 모순과 충돌 없이 상호보완적으로 목표의 추구가 이루어져야 하는 것이다. 예를 들어, 농림부의 '농산물 소득 향상'이라는 목표와 중소기업청의 '동네수퍼 자영업자 유통수익 향상'이라는 목표는 대형마트에 대한 농산물 판매 억제라는 정책을 두고 서로 연관되는데, 이 경우 양자의 목표는 서로 모순과 충돌을 일으켜서는 안 되는 것이다.

[그림 1-7] 목표 네트워크의 단순모형도

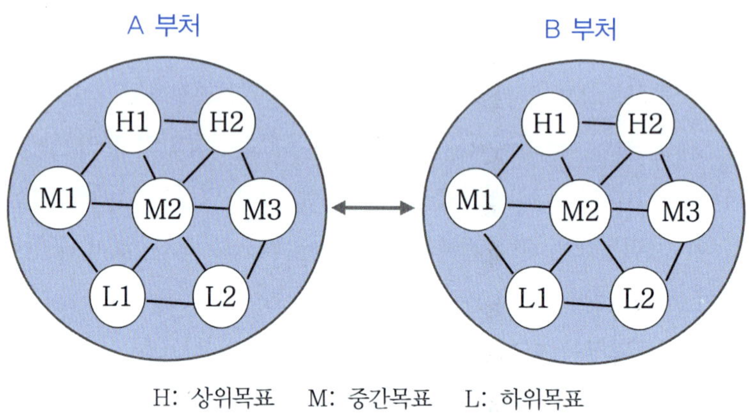

3) 목표조정 프로세스

목표 네트워크를 구축하는 이유는 바로 목표의 상보성을 유지하고, 서로 모순 및 충돌을 회피하는 데 있다. 이러한 목표간의 상보성을 유지하기 위하여는 목표간의 조정과정(coordination process)이 필요하다.

수직적인 네트워크상의 목표간 조정은 MBO 등 목표관리를 통하여 상사와 부하가 함께 참여하여 목표를 수립할 수 있으므로 비교적 목표의 일관성을 가지기 쉽다. 이와 같이 상위-하위 목표 간의 조정을 위해서는 목표-수단 연쇄(goals-means chain) 체계에 의해서 이론적·기술적 인과관계를 갖도록 하여야 한다. 즉, 하위목표가 상위목표를 실제로 달성할 수 있는지를 논리적으로 검토하여야 한다.

수평적, 대각적 목표 네트워크 및 외부 연관조직 목표 네트워크상의 목표간 조정을 위해서는 연관되는 조직, 부서, 팀의 대표와 개인이 공동으로 참여하는 목표합의 과정이 설계·운영되어야 한다. 자기 부서 또는 개인의 목표를 각각 제시하고 상호 모순과 충돌되는 부분을 제거 또는 완화해야 할 뿐만 아니라, 상호 상승적 작용을 하도록 목표를 설정하여야 한다. 이러한 목표조정 프로세스를 진행함에 있어서는 적어도 두 가지 시스템이 유용성을 가질 것으로 생각된다. 하나는 BRM(Business Reference Model)의 활용이다. BRM은 행정조직 전체에서 상호 연관되는 기능을 찾아내는 정부기능 연계모델이다. 이를 활용하여 공동으로 목표를 설정하고 추진해야 할 조직, 부서, 팀, 그리고 개인을 찾아내야 한다. 또 하나는 목표에 관한 집단학습체계를 구축하는 것이다. 연관되는 조직, 부서, 팀의 대표와 개인들이 공동으로 목표학습팀(goals study team)을 구성하여 참여와 토론 등 집단학습을 전개하는 것도 매우 유용한 목표 창출 및 조정의 기제(mechanism)가 될 것이다. 이는 바로 목표설정 프로세스를 공유하는 일이며, 자연스럽게 목표간 상호조정을 이루어내는 기회가 될 것이다.

4) 목표-수단 조절메커니즘

목표조정에 있어서는 조정의 프로세스(process)도 중요하지만, 실질적으로 조정을 이루어내기 위해서는 목표 및 그 달성을 위한 정책수단의 내용(content) 측면에서 조정을 이루어내지 않으면 안 된다. 즉, 목표간 충돌회피를 위한 정책 메커니즘을 고안해야 한다. 앞선 사례에서, 농림부의 A팀은 '농산물 유통증진을 통한 농민소득 향상'이라는 목표를 가지고 대형마트에 농산물을 대량으로 납품하고자 하는 반면, 중소기업청의 B팀은 '동네수퍼 자영업자의 수익성 향상'이라는 목표를 가지고 대형마트를 통한 농산물 판매 억제라는 정책을 추진하고 있다고 하자. 이 경우 양자의 목표는 서로 모순과 충돌을 일으키고 있는 것이다. 이때 목표의 상호조정이 이루어지려면 양자의 목표를 동시에 충족시킬 수 있는 정책수단이 나와야 한다. 예컨대, 대형마트에 대한 농산물 납품은 여전히 허용하되 물량조절을 한다든지, 동네수퍼에 대한 농산물 유통·배달 서비스를 농산물유통공사 또는 지방자치단체가 제공해 주는 방안 등을 고안해 내야 하는 것이다. 이는 대형마트에서의 농산물 판매를 가능하게 하여 농림부 A팀의 목표도 달성하면서, 동네수퍼에 대한 신선한 농산물 배달을 통하여 중소기업청 B팀의 목표도 달성하게 하는 대안이 될 수 있다. 이것이 바로 목표의 조화 또는 타협을 위한 실현수단의 조절메커니즘이 되는 것이다.

5) 평가지표 공유 및 성과배분체계

목표의 공유와 연계는 그 결과의 평가를 위한 성과지표에 있어서도 그 공유・연계 부분만큼 공동성(commonality)을 가지고 있어야 한다. 공동의 과제를 추진하는 경우는 성과지표의 전부를, 그리고 부분적으로 연계되는 과제를 수행하는 경우에는 성과지표의 일부를 공유하여야 한다. 그리고 실제 결과로서의 성과에 대하여도 그 비율만큼 공유하여야 한다. 자연히, 성과배분 및 보상도 그 공유되는 비율에 따라 이루어져야 한다. 이러한 전체적 과정은 목표설정 단계에서부터 출발한다. 즉, 초기부터 공유적, 연계적 목표관리가 필요한 것이다.

이러한 목표 네트워크 관리는 팀워크의 향상을 가져오고, 공동적 동기부여를 통한 집합적 성과를 높일 수 있게 해 준다. 그 결과로서 조직전체의 총합적 목표 달성을 최대화할 수 있을 것이다. 이는 조직전체의 목표 달성, 부서 및 팀의 목표 달성, 그리고 업무상 연관되는 다른 개인의 목표 달성이 곧 자신의 목표 달성으로 이어지기 때문에 가능하다. 나아가, 목표의 공유・연계는 물론, 이렇게 공유・연계되는 목표의 달성도를 측정하기 위한 성과지표들까지도 서로 일치성 또는 공동성을 가질 때 가장 높은 총체적 동기부여 제고효과를 가져올 수 있다.

제5절 조직의 효과성

1. 조직효과성의 개념 및 구성요소

조직의 효과성(effectiveness) 또는 유효성(efficacy)은 보편적으로 "조직목표의 달성 정도"를 의미한다. Barnard(1938)는 조직을 특정한 목표달성을 위한 인간의 협동체제로 규정하고, 그러한 협동행위의 유효성은 목표의 달성 정도에 의해 표시된다고 하였다(송교석 외, 2005: 62). Etzioni도 조직의 효과성을 목표달성 정도로 정의하고 있다.

그러나 학자들은 보다 다양하게 조직효과성의 개념범주를 제시하고 있다. 대표적으로 Bennis(1966)는 조직의 유효성을 "조직의 건강"이라는 개념으로 규정하면서,

(i) 문제해결이나 환경적응을 잘하는 적응력(adaptability), (ii) 조직의 목표, 역할 등을 잘 인식하는 정체성 인식력(a sense of identity), (iii) 조직의 환경을 잘 인지하고 해석하는 현실검증능력(capacity to test reality), 그리고 (iv) 조직의 하위 체제간 조화로운 상호작용을 확보하는 통합력(integration) 등을 유효성의 요소로 들고 있다(송교석 외, 2005: 62).

2. 조직효과성의 측정기준

1) Gibson의 조직유효성 측정기준

Gibson et al.(1982)은 조직의 유효성 기준을 설정함에 있어서 시간개념을 도입하고 있다. 그리하여 단기적으로는 생산성 · 효율 · 직무만족을 들고 있고, 중기적으로는 적응성 · 발전을 중시하며, 장기적으로는 유지존속이 중요함을 지적하고 있다.

이러한 지표설정 기준을 보면, 단기적 시간개념에서는 직접적으로 조직성과를 높이는 일에 집중하고, 중 · 장기적인 시간개념에서는 환경변화에 대한 적응과 발전전략을 통하여 조직이 살아남고 번영하는 데 더 무게를 두고 있는 것으로 볼 수 있다.

표 1-1. 조직유효성의 시간차원 모델

시간차원	단기	중기	장기
측정기준	• 생산성 • 효율 • 직무만족	• 적응성 • 발 전	• 유지존속

* 출처: Gibson et al., 1982: 31

2) Steers의 조직유효성 측정기준

Steers(1975)은 조직유효성의 측정기준으로 적응성 및 유연성, 생산성, 만족, 수익성, 자원획득, 환경통제, 개발, 능률, 종업원 유지, 성장, 통합, 개방적 의사소통 등을 들고, 17개 조직을 대상으로 그 사용빈도를 조사하였다.

조사결과를 보면, 조직의 적응성-유연성이 가장 중요시되며, 그 다음으로 생산성, 만족, 수익성, 자원획득의 순서로 나타났다. 그 외, 종업원 유지, 의사소통 등도 함께 추구되어야 할 효과성 지표로 보고 있다.

표 1-2. 조직유효성 측정기준별 사용빈도

평가기준	빈도(N=17)	평가기준	빈도(N=17)
적응성-유연성	10	개발	2
생산성	6	능률	2
만족	5	종업원 유지	2
수익성	3	성장	2
자원획득	3	통합	2
환경통제	2	의사소통	2

* 출처: Steers, 1975: 548

3. 조직효과성의 접근모형: 경쟁가치모형(CVM)

Quinn & Cameron(1979), Quinn & Rohrbaugh(1983), Robbins 등은 Campbell (1977)이 제시한 다양한 조직효과성 측정기준들 중에서 상호공통적인 요소들을 서로 묶어서 세 가지 차원으로 범주화하여 경쟁가치모형(CVM: Competing Value Model)을 개발하였다.

CVM의 세 가지 차원은 ① 유연성–통제의 차원, ② 조직–인간의 차원, ③ 목표–수단의 차원으로 구분된다. 유연성–통제(flexibility vs. control)의 차원은 혁신 · 적응성 · 변화 등의 유연성이 권위 · 질서 등 통제와 갈등관계에 있다는 것을 나타낸다. 조직–인간(organization vs. humanbeing)의 차원은 조직측면이 과업 · 생산성 등에 초점을 두는 반면, 인간측면은 구성원의 복지 · 성장 등에 중점을 둚으로써 서로 상치됨을 나타낸다. 목표–수단(goals–means) 차원에서는, 목표가 달성되어야 할 가치를 지향하는 반면, 수단은 업무과정을 강조하므로 이들이 서로 대치됨을 나타낸다(이창원 · 최창현, 2012: 370~371).

이러한 세 차원의 하부요소들을 조합하면 〈표 1–3〉에서 보는 것과 같은 여덟 가지의 효과성 기준을 얻게 된다. 그리고 앞에서 설명한 첫 번째 차원(유연성–통제)과 두 번째 차원(조직–인간)을 결합하면 4가지 모형이 도출된다.

표 1-3. 경쟁가치모형의 조직효과성 기준

모 형	가치기준 (강조점)	효과성 기준	
		수 단	목 표
개방체계모형	조직, 유연성	유연성, 신속성	성장, 자원 획득
합리목표모형	조직, 통제	계획, 목표, 평가	생산성, 효율성, 이윤
내부과정모형	인간, 통제	정보관리, 조정	안정성, 균형유지
인간관계모형	인간, 유연성	응집성, 사기	인적자원 가치 개발

* 출처: 송교석 외, 2005; 73; 이창원 · 최창현, 2012: 371

(1) 개방체계모형

개방체제모형은 조직 자체를 조직 내의 인간보다 중시하면서 조직구조에서는 유연성을 강조하는 모형이다. 조직의 성장과 자원 획득을 주요 목표로 하며, 그것을 달성하기 위한 수단으로 유연성 및 신속성을 유지하고자 한다. 이 모형은 환경과의 관계를 잘 정립하여 조직의 생존과 성장을 유지하려는 모형으로서 조직개방주의라는 생존철학과 일맥상통한다.

(2) 합리적 목표모형

합리적 목표모형은 조직 자체를 인간보다 중시하면서 조직구조에서는 통제를 강조하는 모형이다. 조직의 주된 목표로는 생산성, 효율성 및 이윤을 추구하며, 이를 달성하기 위해 계획, 목표설정 및 평가를 중요시한다. 이는 조직을 합리적, 효율적으로 운영하는 것을 강조하는 조직합리주의에 입각하고 있는 모형이라고 할 수 있다.

(3) 내부과정모형

내부과정모형은 조직 그 자체보다 조직 내의 인간을 더 중시하며 조직구조에서는 통제를 강조한다. 조직목표로는 안정성 및 균형을 추구하며, 이를 달성하기 위해 정보관리와 조정과정을 중요시한다. 이 역시 조직의 안정적이고 합리적인 운영을 강조하는 점에서 조직합리주의와 합치되는 모형이다.

(4) 인간관계모형

인간관계모형은 조직 자체보다도 조직 속의 인간을 더 중시하며 조직구조에서는 유연성을 강조한다. 조직목표로는 인적자원의 가치를 높이는 데 두며, 이를 달성하기 위해 응집성 제고와 사기 유지를 중요시한다. 이는 조직인본주의라는 조직관리 철학과 일맥상통하는 모형이다(Daft, 2004: 71~72; 송교석 외, 2005: 73; 이창원 · 최창현, 2012: 371~372).

[그림 1-8] 경쟁가치모형

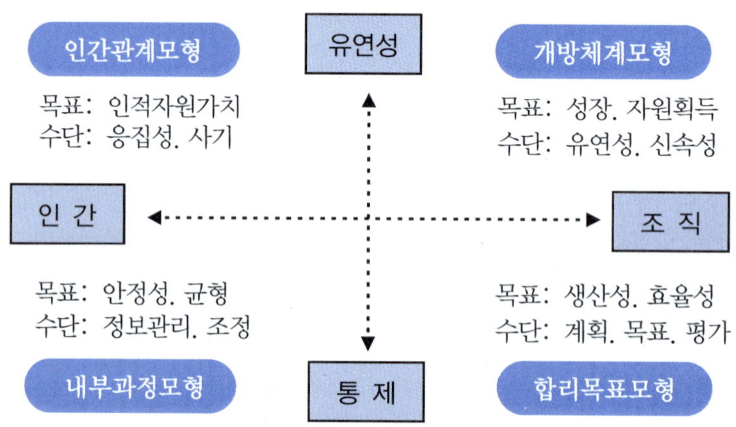

* 출처: 송교석 외, 2005: 73; 이창원 · 최창현, 2012: 372

조직효과성에 관한 4가지 모형을 각각 어느 상황에서 적용해야 하는가?

Quinn & Cameron(1983)은 조직의 성장단계에 따라 적절한 모형을 활용해야 한다고 하였다. (i) 조직의 창업단계에서는 혁신과 창의성 및 자원획득이 중요시되므로 개방체제모형이 적합하다. (ii) 공동체 형성단계에서는 비공식적 의사전달과 가족의식 및 협동심 등이 강조되므로 인간관계모형을 활용해야 한다. (iii) 공식화 단계에서는 규칙과 절차 및 안정성과 효율성 등이 강조되므로 합리적 목표모형과 내부과정모형이 적용되어야 한다. (iv) 구조의 정교화 단계에서는 새로운 환경변화 속에서 조직의 적응과 혁신을 이루어 나가야 하므로 다시 개방체제모형의 활용이 요청된다(송교석 외, 2005: 73; 이창원 · 최창현, 2012: 373).

그러나 경쟁가치모형은 **몇 가지 한계**를 지니고 있다.

① 경쟁가치모형에 관한 실증적 연구가 부족하여 4가지 모형의 명확한 구분은 가능한지, 구체적 효과성 기준이 실제로 어떤 상황에서 적합한지를 아직 충분히 규명하지 못했다.

② 조직관리자가 조직의 수명주기 및 발전단계를 정확히 판단하기 어려우므로 어떤 모형이 어떤 단계에서 적용되어야 할지에 관하여 정확한 해답을 얻기 어렵다(송교석 외, 2005: 74; 이창원 · 최창현, 2012: 373).

4. 조직철학과 새 효과성이론 탐색: 균형적 효과성이론

위에서 조직의 효과성에 관한 여러 가지 측정기준들과 대표적인 접근방법을 살펴보았는데, 이 책에서는 좀 더 근원적이고 총체적인 효과성 모델을 생각해 본다. 조직의 효과성은 '조직의 바람직한 방향성과 그 결과'를 나타내 주는 것이기 때문에 조직이 지향하는 가치에 근거하여 그 기준을 설정하는 것이 가장 타당할 것이다. 그리하여 이 책에서 앞서 제시한 것과 같은 조직철학을 바탕으로 추구해야 할 가치와 그에 근거한 효과성 기준을 제시할 수 있을 것이다. 조직이 추구하는 가치는 매우 다양하기 때문에 그에 따른 효과성 기준도 아주 다양하게 도출될 수밖에 없다. 본 저자는 조직철학에 근거하여 30개의 효과성 기준을 제시한다. 그리고 철학간의 균형과 조화가 필요하듯이 조직의 효과성 기준들도 상호간에 균형과 조화가 필요하다.

1) 조직합리주의: 효율성, 질서 · 안정, 예측가능성

모더니즘에 바탕을 둔 조직합리주의의 관점에 의하면, 조직은 목표를 가장 잘 달성할 수 있는 합리적 도구로 간주된다. 여기서 '합리적'이란 가장 적은 자원을 투입하여 가장 높은 목표를 달성하는 것으로 본다. 최선의 구조적 시스템과 프로세스 및 업무수행방식을 통하여, 최소의 비용으로 최대의 성과를 내는 것이다. 이는 바로 효율성을 의미한다. 따라서, 조직의 가장 기본적인 유효성의 기준은 효율성(efficiency)이 되어야 한다. 다음으로, 조직합리주의에서는 계층적인 위계를 기본요소로 보는데, 이는 조직 내의 질서(order)와 안정(stability)을 강조하는 것이다. 아울러, 조직합리주의에서는 조직업무의 공식화와 표준화를 통하여 일관성 있고 앞

날을 내다볼 수 있는 행정을 중시하는데, 이는 예측가능성(predictability)이 효과성 기준의 하나가 되어야 함을 나타낸다.

2) 조직인본주의: 인간의 자유, 권익보호, 행복지수, 개인성장

조직인본주의는 조직내부 구성원의 개인적 권리를 신장하고 후생복지를 향상시켜 주고자 한다. 개인이 스스로 자신의 일과 업무방식, 그리고 근무조건 등을 선택할 수 있게 해 주려고 하며, 권리와 이익을 보호해 주고, 재난으로부터의 안전과 삶의 질을 개선해 주는 방향으로 조직관리를 추구한다. 구성원의 자발적 노력과 성취에 의한 자아실현과 성장을 도모한다. 이러한 내용들을 근거로 할 때, 조직인본주의로부터 도출되는 효과성 기준은 개인의 자유, 권익보호, 후생복지와 행복지수, 개인 성장기회 등이 될 수 있을 것이다.

3) 조직개방주의: 생존력, 적응성, 대응성, 대외적 균형

조직개방주의는 조직이 스스로를 대외적으로 개방하고, 급변하는 환경에 잘 적응 또는 대응하여 조직의 생존을 도모해야 한다는 철학이다. 그래서 조직이 살아남는 방향으로 잘 움직이고 있는가를 나타내는 효과성의 기준으로는 스스로를 생존시킬 수 있는 역량, 환경변화에 잘 적응하는 능력, 적극적으로 환경변화를 주도하는 대응역량, 그리고 외부세력들과의 우호적 관계와 균형을 유지하는 능력 등을 적용하여야 한다.

4) 서비스 지향주의: 고객만족, 호감도, 지지도

서비스 지향주의는 조직의 고객을 중시하고 잘 봉사해야 한다는 철학이다. 이러한 철학에 근거할 때, 조직의 효과성 기준은 고객의 만족도, 조직의 이미지와 조직에 대한 호감도, 그리고 조직의 정책과 사업에 대한 지지도가 될 수 있다.

5) 사회적 책임주의: 소비자 보호, 사회기여, 윤리성, 투명성

사회적 책임주의는 정부나 기업이 한 국가 또는 사회의 책임 있는 주체로서 그 책임에 합당한 행정이나 사업을 수행해야 한다는 철학이다. 기업은 소비자의 이익과 안전을 보호해야 하며, 사회복지 등을 위한 기여를 하여야 한다. 정부는 공공성이라는 이념과 책임의식을 갖고 사회약자를 위한 정책을 추진해야 한다. 기업이나 정부 모두 부정・비리 없이 윤리적으로 깨끗해야 하고, 모든 사업내용을 투명하게 공개해야 한다. 이러한 요소들이 바로 효과성 기준으로 채택되어야 한다.

6) 조직성과주의: 목표달성, 경쟁력, 합리적 보상

조직성과주의는 조직의 주된 목표를 잘 달성하는 것을 강조하는 철학이다. 기업의 경우 수익의 창출을, 정부의 경우 정책문제의 해결과 행정서비스의 제공을 성공적으로 해 내는 것이다. 따라서, 목표달성은 효과성의 중심개념이 될 정도로 가장 중요한 효과성 기준이다. 그리고 목표를 잘 달성하려면 조직 자체와 그 구성원의 경쟁력이 있어야 하며, 성과의 달성에 대하여는 그에 합당한 보상이 제공되어야 동기부여가 잘 이루어지므로, 경쟁력 제고와 합리적 보상이 효과성 기준으로 되어야 한다.

7) 조직다원주의: 분권, 자율성, 참여, 다양성, 포용

포스트모더니즘을 기반으로 하는 조직다원주의는 절대적 기준보다 상대성의 원리를 인정하며, 여러 주체들의 의사와 결정을 존중하는 철학이다. 이 철학에 따라 조직의 권력은 여러 계층으로 분산되어야 하고, 구성원의 자율성이 높아져야 하며, 다수의 참여와 견해제시가 쉬워야 한다. 그리고 개인의 다양한 성격, 전공, 출신배경과, 서로 다른 문화적 풍토가 서로 존중되고 포용되어야 한다. 조직의 효과성 기준도 이에 맞추어 설정되어야 한다.

8) 조직융합주의: 조직전체 시너지, 균형과 조화

조직융합주의는 조직 내・외부의 다양한 요소들간의 긍정적인 결합을 통하여 조직전체의 역량과 성과를 최대화하는 것을 강조하는 철학이다. 꼭 같은 자원을 가지고도 그것을 어떻게 유효하게 결합하여 상승적 작용을 일으키는가에 따라 그 결과는 달라질 수 있다. 이 철학으로부터 조직의 시너지 제고, 그리고 요소들 간의 균형과 조화라는 효과성 기준을 도출할 수 있다.

9) 조직창조주의: 지속적 성장, 발전가능성

조직창조주의는 새로운 것의 창조를 통해 조직의 지속적인 생존과 성장을 도모해야 한다는 철학이다. 그것은 새로운 정책, 사업, 제품, 서비스, 인재의 개발, 그리고 이를 위한 지식의 창출을 통해 가능하다. 이 철학으로부터 지속적 성장 및 발전가능성이라는 유효성 기준을 도출해 낼 수 있다.

[그림 1-9] 조직철학 관점의 효과성 모델

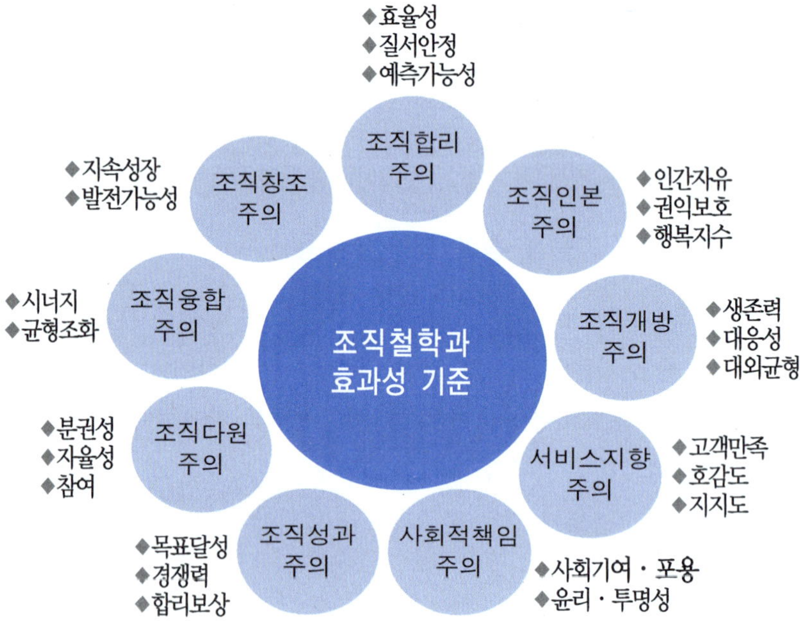

10) 효과성 기준간의 균형과 조화

효과성 기준간의 우선순위와 그 조화방안은 기본적으로 위 조직철학의 논의 부분에서 제시한 조정방향 또는 적용방안을 따를 수 있다. 여러 철학 또는 가치간의 균형 있는 조화가 필요하듯이, 그로부터 연원되는 효과성 기준간에도 균형과 조화가 이루어져야 한다.

원론적으로 말하면, 여러 가치들 또는 효과성 기준을 최대한 일정한 수준으로 끌어울릴 수 있도록 노력해야 한다. 즉, 총합적 효과성의 최대화가 필요하다. 이는 각 측면별 개별적 효과성을 가능한 한 최대한도로 끌어 올리려고 노력할 때 가능해진다. 그 집합이 곧 총합적 효과성이기 때문이다.

그러나 현실 속에서는 여러 가지 제약조건이 각 측면별로 다르게 존재한다. 즉, 각 개별 효과성별 조건이 일률적으로 존재하지 않는다. 예컨대, 조직인력의 전문성이 높아서 조직의 효율성을 높이는 일은 쉬운데, 조직의 재정적 자원이 부족하여 구성원에 대한 복지향상이 어려울 수 있다. 이 경우 효율성 향상만을 최대화하고 복지향상은 최소화해도 되는가? 또는, 조직의 상위관리층의 역량과 리더십이 강하여 CEO 중심의 의사결정을 하면 전략적 성과를 높일 수 있는데, 이 경우 하부 구성원들의 의사결정 참여는 무시되어도 좋은가? 이런 상황에서 어느 몇 가지 측면의 효과성만을 최대화하고 나머지 효과성 측면들을 도외시한다면 조직의 중장기적 안정의 유지와 발전을 기대하기 어려울 것이다. 언제인가는 효과성이 낮은 어느 부문의 실패 또는 문제발생으로 조직전체의 불안정 내지 발전저하를 가져올 것이다. 따라서, 주어진 자원과 여건 하에서 최대한 여러 효과성 측면간의 균형을 유지하도록 최선을 다해야 한다. 자원과 여건에 따라 완전한 균형(perfect balance)은 달성하기 어려우나 현실적으로 허용 가능한 최대한의 균형(actually allowable balance), 즉 제한적 균형은 가능할 것이다.

일반적으로 어떤 하나의 측면에서 극단적인 문제상황이 존재하지 않는 한 효과성 기준간의 조화와 균형을 위한 적용원칙은 조직철학의 경우와 같이 상호교환적 조정(trade-off)이 되어야 할 것이다. 이는 어느 하나의 효과성 기준만을 극단적으로 추구하거나 희생하는 것이 아니라, 여러 효과성 기준들이 어느 일정수준에서 대등하게 추구될 수 있도록 양보와 타협을 통해 균형과 조화를 이루는 것을 의미한다. 이것이 일반적 조직상황에서의 철학, 가치, 그리고 효과성 기준의 궁극적인 적용원리가 되어야 할 것이다.

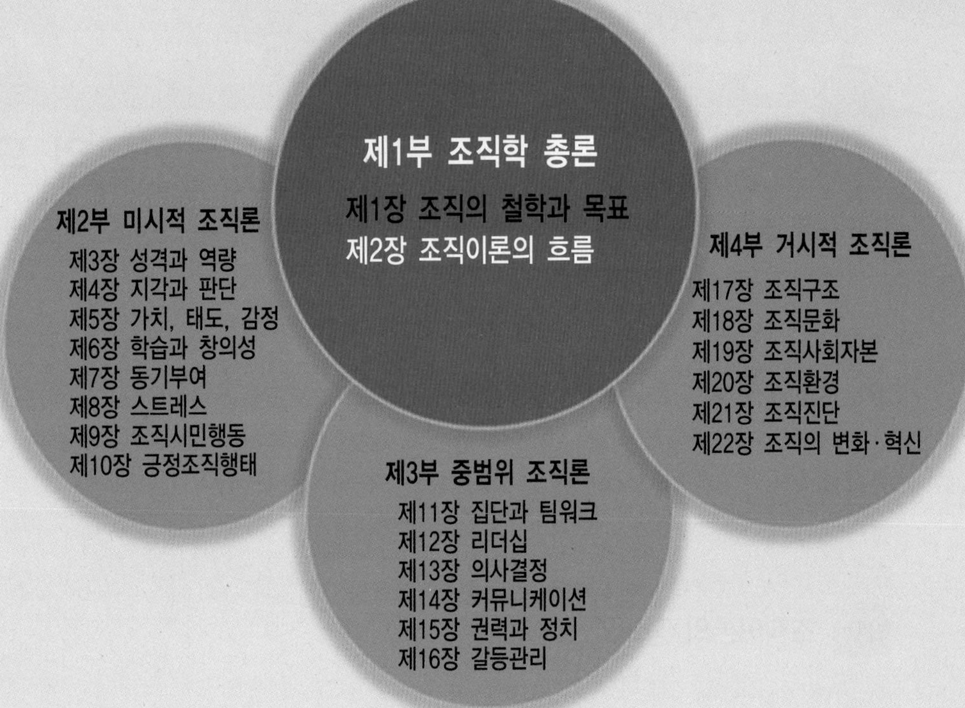
제1부 조직학 총론
제1장 조직의 철학과 목표
제2장 조직이론의 흐름
제2부 미시적 조직론
제3장 성격과 역량
제4장 지각과 판단
제5장 가치, 태도, 감정
제6장 학습과 창의성
제7장 동기부여
제8장 스트레스
제9장 조직시민행동
제10장 긍정조직행태
제3부 중범위 조직론
제11장 집단과 팀워크
제12장 리더십
제13장 의사결정
제14장 커뮤니케이션
제15장 권력과 정치
제16장 갈등관리
제4부 거시적 조직론
제17장 조직구조
제18장 조직문화
제19장 조직사회자본
제20장 조직환경
제21장 조직진단
제22장 조직의 변화·혁신

제2장 조직이론의 흐름
(Flow of Organization Theory)

제1절 조직이론의 의의와 분류

1. 조직이론의 정의와 3가지 수준

조직이론은 조직에 관한 여러 가지 관점과 접근방법을 말한다. 즉, 조직을 무엇으로 보는가, 어떤 시각을 갖고 보는가, 그리고 조직을 어떤 방법에 의해 분석하고 연구하는가 등에 관한 것이다. 예컨대, 조직을 인간·사회·국가의 목적달성을 위해 업무를 수행하는 도구로 보는가, 아니면 조직을 인간적 행복을 위한 삶의 터전으로 보는가에 따라 도구적 이론이 나올 수도 있고 인간적 이론이 나올 수도 있다. 또는, 연구의 초점을 조직 속의 인간행동에 두는가, 아니면 조직의 구조설계에 두는가에 따라, 행동적 연구방법과 구조적 연구방법이 있을 수 있다. 학자들의 조직이론 정의를 살펴보자.

Denhardt(1984: 9)에 의하면, 조직이론은 '조직이라는 하나의 세계(organizational world)를 이해하는 방법'이라고 하고 있다. 특히, 조직 속의 인간들의 행동을 보다 명료하게 이해하는 것이라고 보았다.

Daft의 정의에 따르면, 조직이론이란 '조직에 대한 일종의 사고방식으로서 조직을 바라보고 분석하는 방법'이다(이창원·최창현, 2001: 57). 즉, 조직을 무엇이라고 생각하며, 조직의 구조와 구성원의 행동은 어떤 모습인지를 살펴보고 평가·비판하는 학문이라는 것이다.

조직이론에 대한 저자의 정의를 제시하면, "조직이론이란 조직의 설계와 구성원의 행동에 관한 규칙성을 발견하고 설명하며, 그로부터 현실개선방안을 탐색하는 것"이라고 할 수 있다.

조직이론은 그 목적과 성격에 따라 **3가지 수준**으로 나누어 볼 수 있다.

첫째, 서술적 수준(description level)은 조직에 관한 현실을 있는 그대로 표현하는 것을 말한다. 이 수준에서는 객관적 사실과 현상을 정확하게 관찰하고 기술하는 것이 중요하다.

둘째, 설명적 수준(explanation level)은 조직에 관련된 변수들 간의 인과관계를 밝혀내어 제시하는 것을 말한다. 여기서는 어떤 현상이 왜 일어나는지 그 원인을 탐색하고, 이유를 설명하며, 의미를 해석하는 것이 중요하다.

셋째, 처방적 수준(prescription level)은 조직에 관련된 현실적 문제를 해결할 수 있는 대안을 제시하는 것을 말한다. 여기서는 서술적 수준과 설명적 수준에서 규명된 문제를 명확히 하고, 그 문제에 대한 실질적인 개선방안을 탐색·개발·제안하는 것이 핵심이 된다.

2. 조직이론의 분류

조직이론은 조직의 존재와 조직행동의 의미를 어떻게 보느냐에 따라 **합리적, 자연적, 현상학적 조직관**으로 나누어 볼 수 있다(Scott, 1987; 이창순, 1994, 2009; 이창원·최창현, 2010: 59).

합리적 조직관은 조직을 '특정의 목적을 효율적으로 달성하기 위한 합리적 도구'라고 생각하는 관점이다(이창순, 2009: 24). 조직의 목적을 가장 효율적으로 달성할 수 있는 체제가 무엇인가에 그 논의의 초점을 둔다. 예를 들면, 조직의 업무를 가장 빠르고 정확하게 달성할 수 있는 조직구조의 설계·편성이나 직무수행방법 개발 등에 관심을 기울인다. 주로 조직 속의 인간의 행동에 대한 통제와 조정의 틀을 구축하는 데 역점을 두는 조직관이다. 의도적으로 설계된 공식적 구조를 중시하며, 의도되지 않은 측면, 즉 자연스러운 인간관계나 비공식적 측면은 별로 고려하지 않는다. 이런 관점에서 제시된 대표적 이론으로는 Weber의 관료제이론, Taylor의 과학적 관리론, Gulick 등의 공식적 행정관리이론 등을 들 수 있다.

자연적 조직관은 합리적 조직관과 상반되는 이론적 관점을 가지고 있다. 이 조직관은 조직 내외에서 자연스럽게 발생하는 측면에 주된 관심을 둔다. 조직 내부적으로는 구성원들 간의 인간관계 형성이나 비공식적(자생적) 집단의 역할을 중시하고, 조직 외부적으로는 환경 속에서 조직이 어떻게 살아나가느냐, 즉 체제생존의 문제에 관심을 둔다. 이러한 조직관에서는 의도되고 계획된 조직설계보다는 의도되지 않은 인간의 행동현상이나 다기화된 환경과의 상호작용에 관하여 주로 연구한다. 그 예로서, Mayo 등이 주축이 되었던 인간관계론이나 McGregor의 X · Y이론, Argyris의 인간성숙이론, Parsons, Selznick 등 학자들이 제시한 환경이론들이 여기에 속한다.

현상학적 조직관은 인간의 주관적 인식과 이해를 중시하는 관점이다. 그리하여 조직구성원들이 조직의 시스템이나 조직관리자의 감독행위에 대하여 어떻게 생각하고 어떤 의미를 부여하는가에 관심을 둔다. 특히, 구성원간의 상호작용 속에서 주고 받는 의미, 즉 간주관성 또는 상호주관성(intersubjectivity)을 강조한다. 여기에는 Weick의 조직화이론, Meyer & Rowan의 신제도이론 등이 포함된다.

저자의 새로운 조직이론 분류체계와 이론적 흐름

본 저자는 새로운 조직이론 분류체계를 제시한다. 조직이론을 각 이론군(group of theory)의 독특한 관점과 시각에 따라 10개 접근방법으로 구분한다. 즉, (i) 합리적 접근방법, (ii) 인간적 접근방법, (iii) 인지적 접근방법, (iv) 상황적 접근방법, (v) 개방적 접근방법, (vi) 해석학적 접근방법, (vii) 경제적 접근방법, (viii) 제도적 접근방법, (ix) 초합리적 접근방법, (x) 지식론적 접근방법으로 분류하고자 한다.

첫째, **합리적 접근방법**은 조직과 그 속의 인간을 일정한 목적달성을 위한 수단으로 보는 관점이다. 조직목표의 효율적 달성 및 조직성과의 제고를 위한 조직 시스템 구축에 관해 여러 가지 설계적, 관리적 이론을 제시한다. 여기에는 관료제이론, 과학적 관리론, 그리고 행정관리학파가 포함된다.

둘째, **인간적 접근방법**은 조직 속 개인의 행복과 성장에 관심을 두는 이론들을 말한다. 이 접근법은 조직구성원을 만족시키고 인간의 심리적, 사회적 욕구를 충족시켜 주는 인간관리방식을 중시한다. 그리고 조직 속 개인의 권리와 자유, 자발적 성취를 위한 관리시스템의 개발에 역점을 둔다. 여기에는 초기의 인간관계론과 후기의 인적자원이론이 포괄된다.

셋째, **인지적 접근방법**은 인간의 두뇌작용과 정보처리에 관심을 두는 이론들이다. 특히, 의사결정 과정에 있어서의 인간심리와 관리모형에 관한 이론의 도출에 집중하는 접근법이다. 여기에는 Simon의 의사결정이론이 해당되며, 최근에는 정보과학이 발달함으로써 인간의 정보처리와 관련된 다양한 이론모형(예컨대, Shannon의 정보통신모형)들이 제시되어 왔다.

넷째, **상황적 접근방법**은 조직이 처한 다양한 상황적 요인들이 조직의 설계나 운영전략에 큰 영향을 미친다는 것을 강조하는 관점이다. 합리적 접근법이 조직구조 설계나 운영기법에 '유일 최선의 방법'이 있음을 전제하고 있는 반면, 상황적 접근법에서는 조직관리에 유일 최선의 방법이란 없으며, 상황에 따라 조직의 설계나 운영은 달라져야 함을 역설한다. 즉, 상황에 알맞은 적절한 조직구조와 관리방식이 적용되어야 한다는 것이다. 여기에는 Pfeffer, Woodward, Burns & Stalker, Lawrence & Lorsch 등의 구조적 상황이론과 Thompson, Fiedler 등의 종합적 상황이론이 속한다.

다섯째, **개방적 접근방법**은 조직이 진공 속에 존재하는 것이 아니며 조직을 둘러싸고 있는 환경과 끊임없는 교류작용을 한다는 점을 강조한다. 조직은 환경의 영향을 끊임없이 받기 때문에 환경과의 상호작용을 통해서 자신의 생존과 성장을 도모해야 한다는 것이다. 한 마디로 조직을 개방체제(open system)로 보는 관점이다. 이 관점에서는 조직이 살아남으려면 환경에 잘 적응해야 한다고 보며, 나아가 조직이 성장 · 발전하려면 자기이익의 관점에서 적극적으로 환경을 조정하고 관리해야 한다고 본다. 여기에는 체제이론, 조직군 생태이론, 자원의존이론(전략적 선택이론), 혼돈이론(카오스이론) 등 다양한 이론들이 포괄된다.

여섯째, **해석학적 접근방법**은 사회와 조직의 현상에 대하여 사람들이 자기 나름으로 주관적인 의미를 부여하고, 그러한 주관을 다른 사람과 나누는 것을 강조하는 관점이다. 조직현상 그 자체의 객관적 실재보다 그에 대한 주관적 의미부여를 더 중요시한다. 조직의 체제에 대하여 그것이 갖는 의미를 해석하고 평가 · 비판을 행하며, 그것을 근거로 조직체제의 선악과 공과를 규정한다. 이 접근법으로 분류할 수 있는 조직이론으로는 Weick의 조직화이론, Cohen, March & Olson의 무정부적 조직이론을 들 수 있다.

일곱째, **경제적 접근방법**은 조직을 경제학적인 개념과 관점에 의해 분석하는 방법이다. 조직의 설계 및 운영과 관련하여 비용의 문제에 관심을 가지며, 시장성의 유무가 조직에 어떤 영향을 주는가에 초점을 둔다. 여기에는 Moe의 조직경제학, Williamson의 거래비용이론 등이 포함된다.

여덟째, **제도적 접근방법**은 조직의 설계, 규칙, 운영방식, 전략 등을 제도(institution)로 간주하고, 이러한 제도가 어떤 요인에 의해 결정되고 변화되는가에 관심을 기울이는 이론들을 말한다. 여기에는 조직 자체의 합리적 판단에 의한 의도적인 제도의 채택을 강조하는 합리적 선택주의 신제도이론과, 역사적으로 정립되어 온 관습과 제도가 현재의 제도 변화를 결정한다는 역사적 제도이론, 그리고 조직을 둘러싸고 있는 사회의 요구와 압력이 제도의 내용을 좌우한다는 사회문화적 신제도이론이 포괄된다.

아홉째, **초합리적 접근방법**은 근대적 합리주의와 계몽주의에 바탕을 둔 합리적 조직이론을 비판하면서 등장한 접근법이다. 합리적 접근법이 조직의 목표달성을 위한 일관된 조직체계나 효율적인 관리방식을 강조하는 데 반하여, 초합리적 접근법은 다원적이고 분산화된 조직시스템을 중시한다. 합리적 접근법이 조직의 목적달성과 같은 가치를 절대적인 것으로 받아들이는 데 비하여, 초합리적 접근법은 하부계층의 자율성, 구성원의 개인적 자유, 사회문화적 다양성 등 다원적 가치도 존중되어야 한다고 본다. 이러한 접근법의 대표적 사상과 이론은 포스트모더니즘(postmodernism)과 이에 바탕을 둔 조직이론(예: 구성주의 조직론, 탈관료제론 등)이다.

열 번째, **지식론적 접근방법**은 지식기반사회 속에서 조직의 성장과 발전을 위해 가장 중요한 자산은 지식이라고 보는 이론이다. 경쟁이 격화되는 환경 하에서 경쟁력을 확보하고 '지속가능한 성장'(sustainable growth)을 하기 위해서는 학습조직화를 이루어야 한다. 학습조직은 실패로부터 배우며 실패를 되풀이하지 않는 지능적 조직이다. 이러한 학습조직 구축의 핵심은 조직의 지식력(knowledge power)을 키우는 것이다. 지식창조야말로 학습조직화를 이루고 조직의 경쟁력을 높여 치열한 환경 속에서 살아남는 왕도이다. 이러한 관점에서 연구를 진행한 조직이론으로는 Senge의 학습조직이론, Kettl의 학습조직이론, Nonaka의 지식창조이론 등이 있다.

지금까지 살펴본 조직이론의 다양한 접근방법과 그 각각에 속하는 구체적인 이론들을 종합적으로 정리하면 [표 2-1]과 같다.

표 2-1. 새로운 조직이론 분류체계

접근관점	이론
합리적 접근방법	관료제 이론, 과학적 관리론. 행정관리학파
인간적 접근방법	인간관계론, 인적자원이론
인지적 접근방법	의사결정이론
상황적 접근방법	구조적 상황이론, 종합적 상황이론
개방적 접근방법	체제이론, 조직군 생태이론. 자원의존이론, 혼돈이론
해석학적 접근방법	조직화 이론, 무정부적 조직이론
경제적 접근방법	조직경제학, 거래비용이론
제도적 접근방법	합리적 신제도이론, 역사적 신제도이론, 사회적 신제도이론
초합리적 접근방법	포스트 모더니즘
지식론적 접근방법	학습조직이론

제2절 합리적 접근방법

1. 관료제이론(Weberian Model)

Max Weber의 관료제이론은 근대적 조직이론의 효시이며, 조직이론의 아버지라고 할 만큼 조직이론에서 차지하는 의미가 크다. 조직론의 많은 이론들이 관료제를 논의의 출발점으로 하면서 그와 대비되는 수많은 이론들을 제시해 왔다는 점이 그런 사실을 말해 준다. 관료제이론의 핵심적 내용과 그에 대한 평가와 비판에 대해 살펴본다.

1) 세 가지 권위유형

Weber는 인간사회에서 다른 사람들을 다스리기 위한 정당한 근거로서 작용해 온 3가지 권위유형을 제시하였다. 전통적 권위, 카리스마적 권위, 그리고 합리적 권위가 그것이다(Henderson & Parsons, 1947, 1975; Boone & Bowen, 1980: 6-18).

전통적 권위(traditional authority)는 어떤 집단이나 사회에서 관습적으로 인정되어 온 권한을 가진 사람이 그 집단 또는 사회를 지배하는 것을 말한다. 동양에서의 가부장제, 서양에서의 봉건영주제도가 그것이다.

카리스마적 권위(charismatic authority)는 특정 개인의 인간적 특성에 대해서 사람들이 그 개인을 신봉하고 영웅시하며 존경할 때 형성되는 권위를 말한다. 특정 시대에 특정 인물이 나타나 한 나라를 크게 변화시키거나 성공 또는 몰락시킨 사례들이 이러한 권위의 작용을 나타내 준다.

합리적 권위(rational authority)는 사람들이 일반적으로 옳다고 믿는 정당한 규칙이나 규범을 따를 때 나타나는 권위를 말한다. 집단, 사회, 국가의 구성원들이 서로 동의하여 성립된 법규를 따르는 것은 바로 이러한 권위가 존재하기 때문이다. 이러한 권위유형은 합법적 권위(legal authority) 또는 법의 지배(rule of law) 등으로 표현할 수 있다.

Weber가 제시한 관료제모형은 바로 합리적, 합법적 권위를 바탕으로 하는 조직모형이다. 즉, 규칙에 의해 움직이는 합리적 시스템을 이상적인 조직모형으로 제시한 것이다. 아래에서 Weber의 이념형 관료제에 관하여 살펴본다.

2) 이념형 관료제(Ideal Type of Bureaucracy)의 내용

첫째, 계층제적 조직구조모형이다. 관료제이론에서는 조직목표를 효율적으로 달성할 수 있는 합리적 조직구조의 설계를 강조한다. 바로 피라미드형(pyramid type)의 계층제적 구조를 말한다. 이 조직구조는 수직적으로 상·하 계층의 구분이 명확하고, 수평적으로 여러 업무를 분담하는 부서들로 구성된다. 여기서 중요한 원칙은 단일화된 지휘명령체계이다. 상사는 지시를 내리고 부하는 그의 지시에 복종하는 관계를 말한다. 그런데 그 지시의 권한과 복종의 의무는 합법적 권위에서 나온다. 맹목적이고 개인적인 지시와 복종의 관계가 아니고, 조직의 합리적 규칙에 근거한 관계인 것이다. 그리고 이것이 안정적인 능률적 조직체계라고 주장한다.

둘째, 법규와 규칙에 근거한 권한과 업무수행이다. 업무의 모든 권한과 관할범위는 법규 또는 규칙에 의해 결정된다. 어떤 직원도 법규에 의하지 않고서는 권한을 자의적으로 행사할 수 없다.

[그림 2-1] 관료제의 피라미드 구조모형

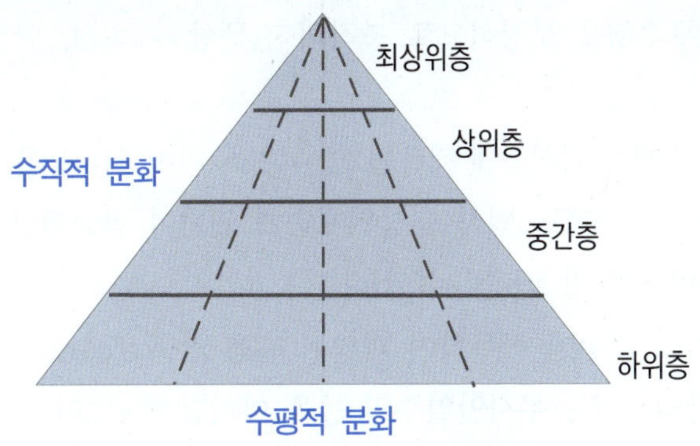

셋째, 공식적 관계가 중시된다. 조직과 구성원, 그리고 구성원과 구성원의 관계는 공식적(formal)이고 비개인적(impersonal)인 것이다. 기본적으로 조직과 그 구성원은 법률적인 계약관계에 의해 성립된다.

넷째, 객관적 기준에 의한 선발과 평생고용을 원칙으로 한다. 조직구성원의 선발은 객관적 능력에 기초하며, 한 번 고용된 직원은 평생근무를 예정한다. 사적인 관계에 의한 채용은 허용되지 않으며, 기술적 능률성에 바탕을 둔 공식적 채용이 원칙이다(Henderson & Parsons, 1947, 1975; Shafritz & Whitbeck, 1987: 37-42; Boone & Bowen, 1980: 6-18)

3) 관료제의 순기능과 역기능

이념형 관료제는 한 마디로 합법적인 공식적 계약관계를 바탕으로 한 근대적인 조직관리 시스템으로서, 그 원리가 제대로 지켜진다면 다음과 같은 순기능을 가질 수 있다.

(1) 수직적, 수평적으로 업무분담이 잘 되고 명확한 지휘체계를 가지므로 행정이 효율적으로 이루어질 수 있다.

(2) 권한과 의무가 합리적 준거에 의해 부여·행사되므로 정치적 권력과 사적 관계에 의한 자의적인 권한행사나 업무수행을 방지할 수 있다.

(3) 구성원간의 관계가 공식적인 것이므로 개인적 감정 등의 인간적 요소에 의한

사사로운 업무행동이나 개인이익의 추구가 감소될 수 있다.

(4) 기술적 업무능력을 갖춘 자를 채용하고, 전임직 또는 경력직으로 임용하여 평생 지속적인 직무수행을 보장하므로 조직의 전문성, 계속성, 안정성을 유지하기 쉽다.

반면, 이념형 관료제가 엄격하게 적용될 경우 여러 가지 역기능을 가져올 수 있다.

(1) 피라미드형의 계층제로 인하여 상위계층에 권한이 집중되고, 하부계층 직원들의 참여와 의사반영이 잘 안 될 수 있다.

(2) 법령과 규칙의 준수에 몰두하여 과잉된 순응성(overconformity), 법규만능주의, 목표와 수단의 도치, 무사안일주의 등을 야기할 수 있다.

(3) 수평적 업무분담과 지나친 전문화로 인해 시야가 좁아지고 다른 분야에 대한 몰이해를 초래할 수 있다.

(4) 전임직과 경력직 중심의 인사제도로 인해 행정의 안정성과 자기신분 유지(status quo)에 과도하게 집중하고 변화에 대해 저항하기 쉽다(유종해, 1988: 177-178; 이창원, 2001: 61). 특히, Tosi et. al.(1976, 1980)의 비판에 의하면 관료제는 다양하고 복잡한 환경적 구조와 변화에 잘 적응하기 어려운 시스템으로 볼 수 있다.

이러한 비판에 직면하여 매우 다양한 수정적 이론이 나왔으며, 대안적인 조직모형들이 다수 제시되어 왔다. 아래에서는 관료제의 대표적인 대안적 모형이라고 할 수 있는 애드호크라시(Adhocracy)에 관하여 살펴본다.

4) 대안적 시스템: 애드호크라시(Adhocracy)

지금까지 많은 학자들이 전통적 관료제의 대안 또는 수정형태로서 제시해 온 시스템이 애드호크라시이다. 애드호크라시의 개념을 한 마디로 규정하면, 임시적, 기동적, 동태적인 조직시스템이라고 할 수 있다. 이러한 시스템은 "환경변화나 문제의 성격에 따라 유연하고 탄력적인 대응활동을 펼쳐 나갈 수 있는 조직체계"를 말한다.

애드호크라시는 Ad Hoc이라는 용어에서 유래하는데, 이는 탐색적이고 임시적이며 시행착오적으로 어떤 일에 접근해 나가는 과정을 의미한다. 정형화된 문제의 경우에는 해법이 이미 존재하지만, 새롭고 비정형적인 문제에 직면하는 경우에는 미리 정립된 해법이 없기 때문에 새로운 해법을 찾아야 한다. 이러한 문제해결 과정 및 방법이 Ad Hoc 접근법이다. 이러한 용어의 의미를 조직시스템에 적용한 것이 바로 애드호크라시이다.

애드호크라시의 구조적 형태에 관하여 Robbins(1990)는 방계형 조직, 태스크포스, 위원회, 대학형 조직 등이 있다고 한다(이창순, 2009: 82-84). 여기서는 애드호크라시의 구체적인 구현형태로서, 수평조직(flat organization), 팀조직(team), 위원회 조직(committee), 매트릭스조직(matrix organization), 특수전문조직(special professional organization) 등을 들기로 한다.

(1) Flat 조직

플랫조직은 수직적 계층성이 완화되고 수평적인 업무분담이 넓게 이루어지는 조직구조이다. 이는 조직의 계층수가 너무 많으면 권한의 집중현상, 의사결정의 지연, 상・하간의 거리(관리적 격차), 그리고 환경에의 적응성 저하를 초래하기 때문에, 이러한 문제를 완화하고 조직의 유연성을 증대시키기 위해서 추구하는 조직설계라고 할 수 있다. 예를 들면, 장・차관–실장–국장–부장–과장–팀장–직원 등 7개 계층을 장・차관–본부장–팀장–직원 등 4개 계층으로 완화하는 것과 같다.

[그림 2-2] 다계층 조직과 Flat 조직의 구조도

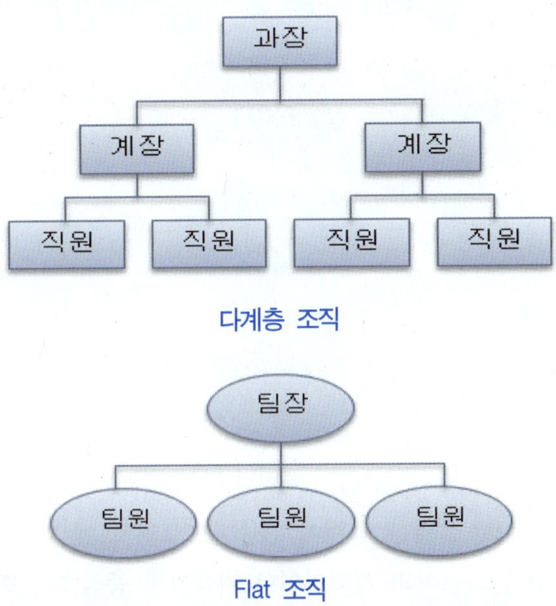

이러한 구조에서는 (i) 권한이 하부로 분산되어 분권화가 이루어지고, 신속한 의사소통과 의사결정이 가능하며, (ii) 하부계층의 자율성이 증대되어 개인의 자유가 증진되고, (iii) 급속한 환경변화와 복잡다양한 상황에 기동성 있게 적응할 수 있다.

(2) Team 조직

팀 조직은 Project Team, TF(Task Force) 등을 말하는데, 특정 과업을 전담하거나 특별한 문제를 해결하도록 하기 위하여 구성되는 독립된 단위집단을 말한다. 상시적인 직원으로 전담조직을 만들 경우 이는 프로젝트 팀(Project Team) 조직에 해당하고, 특별과제 또는 여러 부처 관련 과제를 해결하기 위해 여러 기관으로부터 직원을 파견 받아 하나의 팀을 구성할 경우에는 이를 주로 태스크 포스(Task Force)라고 부른다.

프로젝트 팀 조직을 예로 들면, 새로운 제품이나 서비스 개발을 위한 신기술개발팀, 특정 고객층의 수요분석을 전담하는 특별수요조사팀 등을 들 수 있다. 태스크 포스의 예로는, 강원도 동강댐 건설과 관련하여 국토부, 환경부, 수자원공사 등의 직원으로 구성된 수자원작업단을 들 수 있다.

[그림 2-3] 팀 조직의 구조도

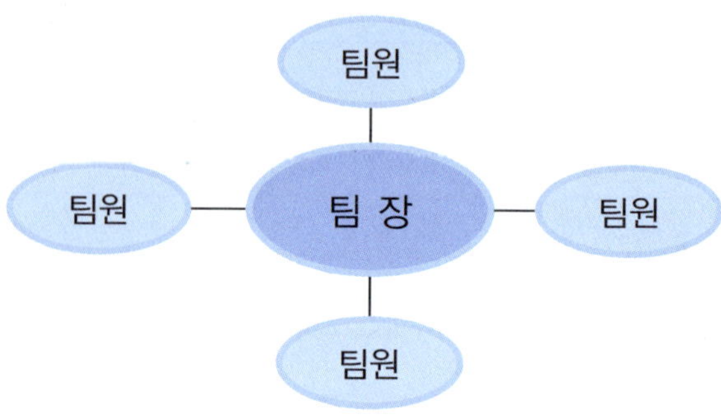

이러한 조직구조는 (i) 특별한 과제에 집중함으로써 그에 대한 문제해결 능력을 높일 수 있으며, (ii) 전문분야의 지식인이나 기술자를 중심으로 팀을 구성함으로써 업무의 전문성을 높일 수 있고, (iii) 변화하는 외부요구에 보다 유연하게 적응함으

로써 조직의 대응성, 응답성을 제고할 수 있다.

* 팀 조직에 대한 보다 자세한 논의는 제17장 조직구조론을 참조하기 바란다.

(3) 위원회 조직

위원회 조직은 여러 부서의 대표자 또는 외부로부터의 전문가를 중심으로 문제검토 및 의사결정을 행하는 합의제적 조직을 말한다. 임시위원회 형태나 상임위원회 형태를 둘 수 있다.

임시위원회는 일시적으로 사회적 이슈 또는 문제가 된 사안을 다루기 위한 특별한 한시적 위원회이다. 예컨대, 낙동강 페놀 사태에 따른 환경분쟁조정 특별위원회 같은 것을 들 수 있다.

상임위원회는 평상시에 어떤 분야의 과제 또는 업무를 계속적으로 다루기 위한 위원회이다. 예를 들면, 경제개발과 환경보존을 양립적으로 추진하기 위한 지속가능발전위원회, 노동자들의 권익보호 과제를 다루기 위한 근로기준위원회 등을 들 수 있다.

[그림 2-4] 위원회 조직도

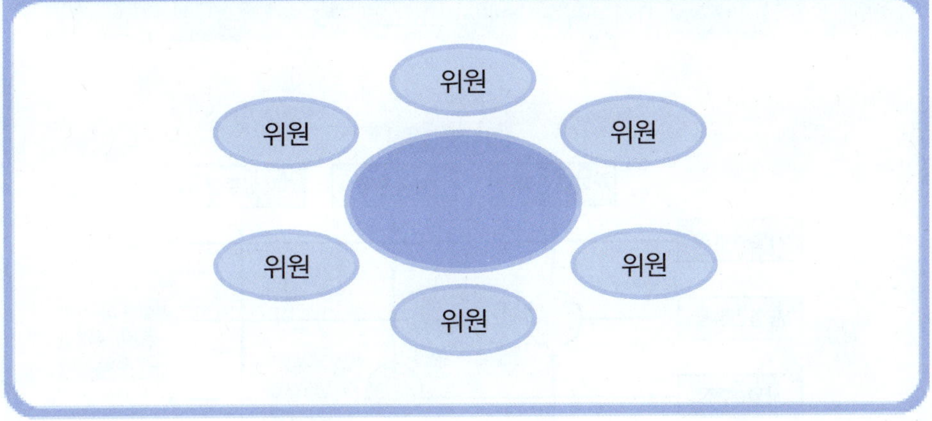

위원회 조직은 (i) 특정 주제나 문제가 존재할 때 신축적으로 구성할 수 있으며, (ii) 전문가들의 다양한 지식과 견해를 활용하여 질 높은 대안을 발견할 수 있고, (iii) 다양한 주체의 참여를 통하여 민주적 의사결정을 할 수 있다.

(4) 매트릭스 조직(Matrix Organization)

매트릭스 조직은 전문기능 중심의 조직구조(U형 구조)와 사업부문 중심의 조직구조(M형 구조)를 혼합한 조직형태이다. 관료제 조직에서는 주로 전문기능 중심으로 기능적 조직(U형)을 편성한다. 예컨대, 기획부, 생산부, 영업부 등으로 구성한다. 이러한 조직구조는 전문성을 살릴 수 있지만, 서로 전문기술이 다르고 벽을 쌓고 있어서 의사소통이 잘 되지 않는다. 또, 사업부문별로 여러 전문기능들이 통합되기 어렵다.

반대로, 정책부문별 또는 사업부문별 조직(M형)은 주로 정책, 제품 및 서비스의 영역별로 조직을 편성한다. 예컨대, 문화관광체육부를 정책부문별로 문화정책국, 관광정책국, 체육정책국 등으로 구분한다. 그리고 각 정책국 아래에 기능적 조직을 편성한다. 이러한 조직구조는 부문별로 기능의 통합은 잘 되지만, 각 부문마다 동일한 기능들이 중복 편성되어 자원낭비를 초래한다.

이러한 문제를 해결하기 위하여, 기능적인 효율성과 정책·사업별 통합성을 동시에 추구하면서도, 환경에 대한 민감성을 높일 수 있는 조직형태로서 매트릭스 조직을 구성할 수가 있는 것이다.

[그림 2-5] 매트릭스 조직 구조도

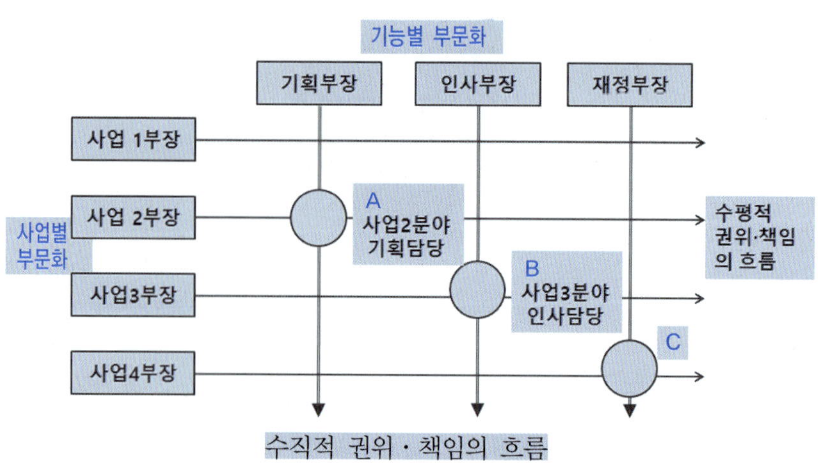

(5) 특수전문조직(Special Professional Organization)

특수전문조직은 특정한 국책사업이나 특수분야의 중・대형사업을 수행하도록 하기 위하여 설치하는 특별한 전문조직을 말한다. 특별한 과업을 다룬다는 점에서는 프로젝트팀과 유사한 성격을 가지나, 그 규모나 독립성 면에서는 차이가 있다. 특수전문조직은 하나의 팀으로는 감당하기 어려운 중・대형 과업을 수행하며, 따라서 상당한 크기를 가진 독립기관(agency)으로서의 성격을 갖는다. 이런 조직은 상시기구로 존속할 수도 있고, 일정기간 사업이 완료될 때까지 한시적으로 운영되는 일몰조직(sunset organization)으로서의 성격을 가질 수도 있다.

정부조직의 사례를 들면, 세종시의 건설을 위해 도시계획이나 신도시 건설 분야의 전문행정가와 기술자를 중심으로 "행복도시건설청"을 국토부 산하의 독립기관으로 설치・운영한 것과 같다.

이러한 조직형태는 (i) 특정 분야의 전문행정가와 기술자를 집중적으로 배치하여 행정의 전문성을 최대한 살릴 수 있고, (ii) 과업수행 기간 동안 한시적으로 운영된 후 폐지되므로 정부조직 또는 회사조직의 비대화를 막을 수 있고, 상설 조직화될 경우에도 전문화된 조직으로 특화시킬 수 있다.

2. 과학적 관리론

1) 과학적 관리의 정신

1911년 Taylor가 제시한 과학적 관리법은 근로자 업무의 비효율성을 개선하고 최선의 업무수행방식을 찾아야 한다는 이론이다. 경영관리에 관한 Taylor의 기본정신은 과학적 관리방법에 의해 일하는 방식을 혁신하고, 그를 통해 생산성을 높이며, 그 혜택을 소비자인 시민들이 누리게 할 뿐만 아니라, 경영자 측과 근로자 측이 모두 이익을 보게 하자는 데 있다. 이러한 과학적 방법은 새로운 발명(invention)이라기보다는 정신적 혁명(mental revolution)이라고 역설하였다. 여기서 정신적 혁명이란 과거의 방식으로 일을 하여 생산과 판매를 하고 비용을 지불한 후 남는 적은 이익을 경영자와 근로자가 나누어 갖기 위하여 다투는 일을 반복할 것이 아니라, 생산방식의 혁신을 통해 비용을 줄이고 수익을 늘려 경영자와 근로자가 모두 종전보다 더 높은 이익을 갖겠다는 새로운 생각으로의 변화를 말하는 것이다

(Taylor, 1916).

2) 과학적 관리의 원리

첫째, 최선의 일하는 방식(the best way of doing work)을 찾아야 한다는 것이다. 가장 효율적으로 일하는 방식을 찾기 위해서는 "시간과 동작 연구"(time and motion study)를 수행하여야 한다. 시간과 동작 연구는 작업에 필요한 행동요소들과 그에 소요되는 시간을 분석하여 최단시간 내에 가장 많은 생산량을 얻을 수 있는 작업방식을 찾는 것이다.

둘째, 근로자의 선발과 능력개발을 새롭게 하는 것이다. 직무에 맞는 좋은 인재를 뽑아야 하며, 질 높은 업무수행을 할 수 있도록 교육훈련을 시키고, 업무수행 능력이 좋아진 직원에게는 더 높은 급여를 지급해야 한다.

셋째, 생산실적에 따른 차별성과급제도를 적용해야 한다. 일정한 시간 내에 생산해 낼 수 있는 표준작업량을 설정하고, 그 표준을 초과하여 산출한 생산량에 대하여는 추가적 급여를 지불한다(Taylor, 1911; 김성국, 2000).

넷째, 과학적인 방법과 근로자를 함께 결합시켜야 한다. 과학적 방법을 적용하는 대신 그만큼 근로자도 좋은 것을 얻어야 한다. 예를 들면, 근로자에 대한 우호적 태도, 욕구에 대한 고려, 의사표현의 기회 부여 등이다.

다섯째, 경영자와 근로자간 업무분담을 통해 민주성과 상호협력을 실현해야 한다. 종래에는 근로자가 모든 일을 다 했지만, 새로운 과학적 관리체제에서는 경영자가 해야 할 의무 또는 경영자에게 적합한 업무(예: 사업구상, 기획 등)는 경영자가 담당해야 한다(Taylor, 1916).

과학적 관리이론은 경영의 효율성이 중시되고 근로자와의 갈등이 고조되던 시대에 나온 신선한 체계적 경영원리였다고 할 수 있다. 과학적 관리론은 같은 시대를 풍미했던 포드시스템(Ford System)과 함께 대량생산체계를 가져와 산업적 자본주의의 전성시대를 일구는 데 일조하였다.

그러나 과학적 관리론은 여전히 생산의 효율성을 가장 중시했으며, 근로자의 작업방식을 공학적 측면에서 접근하여 인간을 기계적 존재로 파악하였다. 또, 노사양측의 공동이익의 증진을 표방하였으나, 생산의 극대화는 결국 경영자의 이윤증가라는 가치에 봉사한 것이다(이창순, 1994).

3. 공식적 조직이론(행정관리학파)

공식적 조직이론은 관리자가 공식구조를 설계·수립할 수 있도록 하거나, 조직을 합리적으로 관리할 수 있도록 하는 보편적 원칙들을 도출하는 데 주된 관심을 두었다. 여기서 보편적 원칙이란 그 조직유형이 어떠하든 대부분의 조직에 적용되어야 할 일반적이고 필수적인 관리원리를 말한다.

1) 보편적 관리원리

(1) 분화의 원칙

분화(division of work)는 조직 내의 다양한 활동들을 가장 효과적으로 과제단위나 부문으로 부서화시키는 것이다(departmentalism). 업무를 여러 부서 또는 사람이 분담하는 이유는 서로 성격이 다른 업무를 서로 다른 능력과 기술을 가진 사람 또는 부서가 나누어 함으로써 업무의 전문성과 효율성을 높일 수 있기 때문이다(Gulick, 1937).

(2) 조정의 원칙

조정(coordination)은 조직 내 여러 하위부서에 흩어져서 수행되는 활동들을 하나의 같은 방향으로 묶어주는 일이다. 분화의 원리에 의해 조직의 업무가 여러 갈래로 나누어져서 수행되다보면, 서로 모순이 생기기도 하고, 방향이 서로 다르게 되기도 하기 때문에, 그러한 모순을 없애주고 방향을 바로잡아 주는 과정이 조정이다. 구체적인 원칙은 아래와 같다.

첫째, Scalar의 원칙이다. 조직은 하나의 피라미드 구조를 형성하여 권위·명령·통제의 권한이 조직상부로 차등적으로 집중되는 위계구조를 가져야 한다. 상부에서는 지시와 명령을, 하부에서는 보고를 하는데, 이 과정이 조직계층을 따라 단계적으로 행하여진다(Mooney, 1930; Fayol, 1949).

둘째, 단일명령(unity of command)의 원칙이다. 조직의 어떤 개인도 둘 이상의 상위자로부터 명령을 받지 않는다. 이는 명령체계의 일관성을 유지하여 지시가 서로 다른 데서 오는 혼란을 방지하기 위한 것이다(Fayol, 1949).

셋째, 통솔범위(span of control)의 원칙이다. 어떠한 상위관리자도 적정수 이상의 부하직원을 감독하지 않도록 해야 한다.

넷째, 예외의 원칙이다. 상위관리자들은 모든 일상적 활동을 수행하는 하급자들과 달리 일상적 방법에 의해 대처할 수 없는 예외적, 비정형적인 사안에 전념하여야 한다.

2) 조직관리의 과정

공식적 조직이론은 조직의 공식적 구조에 관한 원리 뿐만 아니라, 조직의 관리과정에 관한 이론까지도 제시하였다. 조직과정이란 '조직과 단위부서 내에서 사람들에 의해 일이 수행되는 과정'이다. 일반적으로 기획 · 조정 · 통제(plan-do-see)의 과정이 관리자의 기본적 활동이다.

Gulick은 이른바 POSDCORB라는 조직관리 과정모형을 제시하였다. 이는 행정의 기본적 기능을 의미하기도 하는데, 관리계층에 의한 조직관리는 다음과 같은 일곱 가지 활동으로 이루어져야 함을 주장한다.

P(Planning)는 기획기능을 의미한다. 이는 조직의 업무가 이루어져야 하는 아웃라인과 조직목적을 달성하는 방법을 고안하는 과정이다.

O(Organizing)는 조직화를 뜻한다. 이는 조직의 공식적 구조를 설계하고 하위부서를 편성하는 것이다.

S(Staffing)는 인력관리 활동을 말한다. 이는 직원을 채용하고 훈련시키며 좋은 업부환경을 조성하는 일이다.

D(Directing)는 지시·지휘를 의미한다. 이는 의사결정을 하고, 구체적이거나 포괄적인 지시를 내리는 등 리더의 활동과정을 말한다.

CO(Coordinating)는 조정과정을 말한다. 이는 조직의 여러 부문을 상호 연관시키고 일관된 방향성을 유지하는 활동이다.

R(Reporting)은 보고활동을 뜻한다. 이는 조직의 관리계층에게 보고가 잘 이루어지게 하고, 그 부하들에게도 기록 · 연구 · 조사를 통해 충분히 정보가 제공되는 것을 말한다.

B(Budgeting)는 예산편성 과정을 의미한다. 이는 재정계획을 수립하고 회계관리와 통제(control)를 행하는 것이다(Gulick, 1937).

공식조직이론은 여러 조직유형에 상당히 보편적으로 적용될 수 있는 일반적인 관리원칙들을 종합적으로 제시해 주었다는 데 큰 의미가 있다.

그러나 다양한 비판에 직면해 왔다. 첫째, 공식조직이론이 제시하는 보편적 관리원칙이라는 것이 보편적이지 못한 전제에 바탕을 두고 있다(오석홍, 1990: 23; 이창원, 2001: 68). 예컨대, 관리자들은 작업의 필요를 미리 예측할 수 있어서 과제에 대한 효율적인 배열을 능히 할 수 있다는 전제와 같다. 둘째, 공식적 조직론의 관리원칙은 단순히 일반론이거나 상식론에 불과하다. 즉, 원리들이 경험적으로 검증되지 않았다(이창원, 2001: 68). 셋째, 관리의 과정을 공식적 측면에서만 다룰 뿐, 인간적・행태적・비공식적 측면과 환경적・조직외적 요인들에 대한 고려가 없다.

제3절 인간적 접근방법

1. 인간관계론

인간관계론은 Mayo의 호손실험에서 촉발된 이론으로서, 인간으로서의 조직구성원의 개인적 심리와 구성원간의 관계를 중시한 이론이다. 조직의 성과, 즉 조직구성원의 생산성은 합리적 조직구조 설계나 과학적 업무방식에 의해 좌우되기도 하겠지만, 구성원 자신이 어떤 정서적 심리상태와 직무태도를 갖고 있는가, 그리고 자기가 소속된 자생집단의 분위기가 어떠한가 등이 큰 영향을 미친다고 본다. 따라서, 조직관리자는 개인의 심리적, 사회적 요인을 고려하여 인간적인 감독과 관리를 추구해야 한다는 것이다.

1) 호손실험(Hawthorne Experiment)

하바드대학교의 Mayo 교수와 Roethlisberger, Whitehead, Dickson 등 연구원을 중심으로 수행된 호손실험은 당초에는 근무환경 개선을 위한 목적으로 수행되었다. 그러나 점차 실험이 진행되면서 인간적, 심리적, 사회적 요인이 중요하게 작용함을 발견하게 되었다.

미국 서부전기회사(Western Electric Company)의 호손공장에서 수행된 조명 실험은 작업자들의 근무환경을 개선하고 생산량을 높이기 위해 이루어졌는데 당혹스러운 결과를 보여주었다. 즉, 조명을 개선시킨 작업집단과 개선하지 않은 작업집단의 생산성에 차이가 나지 않았던 것이다.

이러한 조명실험의 실패에 따라, 실험팀은 모든 공학적 · 산업적 측면의 현상과 물리적 · 의학적 변화, 그리고 사회적 · 인류학적인 변화까지도 측정하게 되었다. 새로운 실험은 두 국면으로 이루어졌다(Mayo, 1945).

첫 번째 국면은 근무조건을 변화시키는 실험이었는데, 업무시간 단축 등 근무조건을 변화시킴에 따라 생산량이 증가하는 것으로 나타났다. 그러나 보다 중요한 발견은 실험에의 적극적 협조를 구하는 과정에서 6명의 근무자가 자연스럽게 하나의 팀을 구성하여 실험에 협조하였으며, 그러한 협력은 그 집단의 비공식적 리더에 의해 주도되었다.

두 번째 국면에서는 직원에 대한 인터뷰 프로그램을 진행하였는데, 여기서는 회사의 문제보다 자신들의 개인적 상황을 많이 토로하였으며, 개인적 경험과 문제를 회사 및 감독자들과 연관시켜 생각하고 있음을 발견하였다. 즉, 개인적인 정서를 표출하고자 하는 욕구를 가지고 있었으며, 개인적 경험에 따른 심리상태와 태도가 모든 문제에 연관되어 있음을 발견하였다.

특히, 이 실험에서는 비공식 집단의 역할이 중요함을 일깨워 주었다. 개인의 산출량은 거의 전적으로 작업집단에 의해 결정되고 있었다. 그 이유는 개인의 안전과 확실성에 대한 느낌이 소속집단에 대한 확고한 멤버십으로부터 나오고 있었기 때문이다(Mayo, 1945).

2) 인간관계론의 핵심원리

심리적 요인과 개인태도: 조직구성원이 조직과 직무에 대해 어떤 태도를 갖는가 하는 것은 개인의 심리적 요인에 의해 크게 좌우된다. 개인이 어떤 경험을 하고, 어떤 감정, 느낌, 가치, 인식, 그리고 만족과 불만을 갖고 있느냐에 따라 조직 및 직무와 감독자에 대한 태도가 달라진다. 그리고 이러한 태도 여하가 조직의 생산성 및 성과에 영향을 준다.

비공식적 집단과 사회체계: 조직구성원들은 자신이 속한 비공식 집단의 멤버십과 규범 및 정서에 의해 행동이 크게 좌우된다. 자생적 집단과 같은 사회적 기제(social mechanism)는 개인의 사회적 욕구와 감정을 충족시켜 주는 중요한 요소이다. 그리고 공식적 조직이 해결해 주지 못하는 여러 가지 문제에 대한 처방을 주기도 하고, 반대로 공식적 조직의 처방과는 반대되는 길로 가면서 저항하기도 한다(Tompkins, 2005: 166).

인간적 리더십: 조직구성원의 심리적 요인이 그의 직무태도에 미치는 영향이 크므로 조직의 리더는 구성원의 목소리에 귀를 기울이고 그의 감정 및 정서를 잘 이해해야 한다(Tompkins, 2005: 166).

인간관계 훈련과 카운슬링: 조직에서는 인간적, 사회적 요소가 중요하므로 이러한 요소를 리더와 직원이 습득하도록 하기 위해 훈련 및 상담 프로그램을 제공할 필요가 있다(Tompkins, 2005: 167-169).

인간관계론은 산업화의 진전과 조직의 대규모화에 따른 인간의 질식상태에 대한 하나의 돌파구를 제공했다. 특히, 생산성의 증대와 그를 위한 공학적, 기술적 직무수행을 강조하는 시대에 있어서 근로자를 정서적으로 이해해 주고, 정신적으로 해방을 가져다주려 했다는 점에 의의가 있다.

그러나 인간관계론은 '젖소사회학'(cow sociology)이라는 표현에서 보듯이 일을 더 잘하게 만들기 위한 인간조작의 기술을 발전시킨 것이라는 비판을 받았다(Braverman, 1974: 139-151; 이창원, 2001: 75). 그리고 Argyle의 주장과 같이, 조직구성원의 직무만족이 반드시 생산성 향상으로 이어지지는 않는다는 비판도 있다(이창순, 1994).

2. 인적자원이론

조직관리에 관한 인적자원이론은 인간적 접근방법의 초기이론으로 등장한 인간관계론을 넘어서는 통합적 인간관리이론이다. 즉, 인간의 욕구충족과 동기부여 및 능력발휘를 중시하며, 조직 속에서의 인간의 자유와 성장을 추구한 이론들을 말한다. 여기에는 Maslow의 욕구체계론을 비롯한 동기부여이론, Likert의 참여적 관리이론, McGregor의 XY이론, Argyris의 성숙·미성숙이론, Schein의 복잡한 인간모형, 그리고 Golembiewski의 인간성장이론이 포함된다. 이러한 이론들은 공통적으로 인간의 욕구와 가치를 존중하고, 자율적인 업무수행과 자존심·성취감을 중시하며, 조직의 속박으로부터의 자유를 강조하였고, 조직 속에서의 인간적 성장을 추구하였다. 그리고 인간의 만족(개인목표)과 조직의 성과(조직목표)를 조화시킬 수 있는 관리방식이야말로 가장 이상적인 조직관리임을 주창하였다(최창호·하미승, 2012: 385).

1) 참여적 관리이론(Likert의 이론)

Likert(1961, 1967)는 의사결정과정에서의 구성원 참여(participation)와 높은 성과 달성을 위한 자발적 목표설정(high performance goals)을 강조하였다. 그리고 인적자원이론의 핵심요소인 인간적 성장의 중요성을 일깨워 주었다(Tompkins, 2005: 287).

Likert는 조직관리자의 리더십 스타일이 어떠한가에 따라 4가지 관리시스템을 설정하고 비교분석하였다. 리더십 스타일이 얼마나 독재적(autocratic)인가, 아니면 민주적(democratic)인가에 따라 (i) 시스템 1: 착취적 권위주의 유형, (ii) 시스템 2: 호의적 권위주의 유형, (iii) 시스템 3: 협의적 유형, (iv) 시스템 4: 참여적 유형으로 분류하였다(Likert, 1967: 13-26).

이 분류에 따라 조직구성원들을 대상으로 한 실증적 분석을 수행하였으며 가장 생산성이 높은 시스템은 시스템 4: 참여적 관리방식(participative pattern)이라는 사실을 밝혀내었다. 참여적 관리방식은 높은 생산성을 창출하거나 유지하는 데 있어서 가장 우월한 관리시스템으로 확인되었다. 이 시스템 하에서는 모든 계층의 조직구성원들이 목표설정, 의사결정, 그리고 문제해결 과정에 적극 참여하도록 요청된다. 구성원들이 다수 참여하는 집단적 의사결정방식은 모든 구성원들로 하여금 의사결정에 관여하도록 함으로써 정서적·사회적으로 성숙한 조직인이 되게 하고, 이를 통해 효과적인 상호작용, 주도적 자세, 그리고 지도성을 갖도록 유도할 수 있다는 것이다(Likert, 1961: 14; Tompkins, 2005: 282).

Likert의 참여적 관리이론은 조직구성원의 참여와 자발적 목표설정, 그리고 지원적 리더십이 가져오는 효과를 발견하고, 이를 통해 생산성을 높일 수 있는 리더십 유형과 조직관리방식을 제시했다는 데 의미가 있다. 그러나 개인과 집단의 자율성을 지나치게 강조하여 리더의 적극적인 역할(예: 직원에 대한 방향제시, 지도)을 상대적으로 경시한 것으로 볼 수도 있다.

2) X · Y 이론(McGregor의 이론)

McGregor(1960)는 조직구성원의 속성과 유형에 바탕을 둔 적절한 인간관리방식을 강조하였다. McGregor는 모든 인간에게 공통적으로 일정한 관리방식이나 리더십 스타일이 적용될 수 있다는 전제에 대하여 의문을 가졌다. 그는 조직구성원의 인간적 특성은 서로 다르다고 전제한 뒤, 각 구성원의 특성에 맞는 관리방식 또는 리더십 스타일을 적용해야 한다고 주장하였다.

X이론적 인간관과 관리전략: X이론의 관점에서 본 인간의 속성은 다음과 같이 가설적으로 설명할 수 있다.

① 인간은 선천적으로 일을 싫어하며 가능하면 일을 회피하려고 한다.
② 대부분의 사람들은 일을 싫어하므로 강제적으로 일을 시키거나 처벌을 하지 않으면 조직목표를 달성하기 위한 일을 하지 않으려 한다.
③ 그러한 인간은 야망이나 책임감이 없으며, 창의력도 발휘하지 않으려 한다(McGregor, 1960: 39).

인간을 이러한 X이론의 관점에서 바라볼 때에는 어떤 관리전략 또는 리더십 스타일이 적합할까? 첫째, 일을 잘 하는지 직접 관찰하고 근접된 감시와 감독을 하는 것이 필요하다. 즉, 통제 중심적 관리가 주효하다고 본다. 둘째, 일을 하면 물질적 · 경제적 보상을 하되, 그렇지 않으면 처벌을 한다. 즉, 신상필벌의 원칙이 중요하다고 본다. 셋째, 업무의 목표나 지침, 일하는 방법 등을 구체적으로 일러 주어야 한다. 즉, 지시적 리더십(directive leadership)이 보다 효과적일 것이다.

Y이론적 인간관과 관리전략: Y이론적 관점에서 본 인간의 속성은 다음과 같이 가설적으로 설명될 수 있다.

① 사람이 일을 한다는 것은 마치 노는 것과 같이 자연스러운 것이다.
② 사람들은 자신이 추구하는 목표를 충실히 달성하기 위해서 자기지시와 자기통제를 행한다.
③ 인간은 적절한 조건하에서는 스스로 일의 책임을 받아들일 뿐만 아니라 적극적으로 추구할 수도 있다.
④ 많은 인간들은 문제의 해결을 위해서 상당한 수준의 상상력과 천재성, 그리고 창의력을 발휘할 수 있다
⑤ 인간은 경제적·물질적 동기 외에 심리적 · 사회적 · 자기실현적 동기를 가지고 있다(McGregor, 1960: 47-48).

이러한 Y이론적 관점에서 인간을 바라볼 때에는 X이론적 관점에서와는 사뭇 다른 관리전략이 주효할 것으로 본다. 첫째, 구성원 스스로 업무의 목표설정이나 의사결정을 주도하도록 해주는 참여적 관리방식 또는 참여적 리더십(participative leadership)이 효과가 있을 것이다. 둘째, 자신의 가치와 자존감을 세워주는 동기부여방식이 요구된다. 인간의 다양한 욕구 중 자아실현적 욕구와 성취동기를 충족시켜야 한다.

McGregor는 인간자원의 잠재력을 최대한도로 발휘하도록 조직구성원을 관리하고 지도 · 육성하는 일이 매우 중요하다고 강조하면서 6가지 관리기법을 다음과 같이 소개하고 있다(Tompkins, 2005: 303-309).

첫째, 권한의 분산과 위양이다. 상위관리자들은 조직의 전략에 집중하고 운영에 관한 의사결정은 직원에게 맡겨 책임성을 높여야 한다.

둘째, 통제의 폐지 또는 완화이다. 직원에 대한 간섭과 모니터링 및 일방적 지시를 자제하여, 직원으로 하여금 자기지시와 자기통제를 통해 능동적, 창의적으로 업무를 수행하게 만들어야 한다.

셋째, 내재적 보상(intrinsic rewards)을 중시해야 한다. 정신적, 심리적 동기부여를 위해, 직원이 자기 스스로 중요한 결정을 내리고 자발적으로 업무수행을 하여 성취감, 자긍심을 높이도록 한다.

넷째, 목표에 의한 관리(MBO: Management by Objectives)가 중요하다. 자기 스스로 자신의 업무목표를 설정하게 한다면 자기결정, 자기통제를 통하여 스스로의 책임성 제고 및 성취감 고취라는 효과를 얻을 수 있다.

다섯째, 직무 풍부화(job enrichment)이다. 직무 재설계를 통해 직무내용을 보다 풍부하고 완성도가 높은 상태로 바꾸어 성장욕구를 충족시켜 준다.

여섯째, 자율관리 작업팀(self-managing work teams)을 활용해야 한다. 업무상 상호관련성을 가진 직원들을 하나의 팀으로 엮어서, 스스로 업무계획 수립, 성과표준 설정, 품질관리, 성과평가 등을 수행하게 한다. 이는 직원들의 자율성 · 책임성을 높여주고, 역량발휘를 통한 성장욕구 충족을 가져온다.

McGregor의 X · Y이론은 인간의 속성을 분류하고 그 유형에 따라 적절한 맞춤형 관리전략을 적용할 수 있는 프레임워크를 제시했다. 그러나 인간의 속성을 2가지 유형으로만 분류한 문제, 특히 이분법적인 관점에 의해 양극단의 경우를 상정하고 있다는 점은 무리한 상황설정이라고 할 수 있다.

3) 성숙 · 미성숙 이론(Argyris의 이론)

Argyris(1957)는 조직구성원의 인간적 성장과 조직과의 관계에 초점을 둔 이론을 제시하였다. 그는 인간을 미성숙 상태(immaturity)와 성숙 상태(maturity)로 구분하고, 공식적 조직의 구조와 관리방식이 인간의 성숙화 내지 성장을 방해한다는 사실을 지적하였다. 이러한 상황을 회피하기 위해서는 인간의 성장욕구를 충족시켜 줄 수 있는 다양한 관리방식을 채택해야 함을 강조하고 있다.

먼저, Argyris는 인간이 미성숙(infancy) 단계에서 성숙(adulthood) 단계로 변화해 가려 한다는 점을 지적하고 있다(Argyris, 1957: 50).

① 유아로서의 수동적 상태로부터 성인으로서의 보다 능동적 상태로.
② 다른 사람들에 대한 의존상태로부터 상대적인 독립상태로.
③ 한 두 가지 단순한 행동으로부터 서로 다른 다양한 행동으로.
④ 임시적이고 얕은 관심으로부터 보다 깊은 관심으로, 그리고 성공적인 도전에 따른 보상을 얻는 방향으로.
⑤ 단기적인 시간적 관점으로부터 훨씬 더 장기적인 시간적 관점으로.
⑥ 가정 및 사회 속에서의 복종적 위치로부터 동등하거나 좀 더 지배적인 위치로.
⑦ 자신에 대한 의식이 결여된 상태로부터 자신에 대한 의식과 통제력을 갖는 방향으로.

그런데 공식적이고 관료적인 조직의 구조와 관리체계는 인간의 성장욕구 충족을 저해하며, 스스로 성장할 수 있는 능력의 발휘를 방해한다고 주장하고 있다. 그가 문제시하고 있는 공식조직의 원리에는 직무의 전문화, 지휘체계, 명령의 통일성, 통솔범위 등이 포함된다.

첫째, 직무의 전문화(task specialization)는 조직구성원으로 하여금 너무 협소한 범위에서 미리 정해진 방식으로 일을 하게 만들기 때문에, 자기방식에 따른 업무수행과 자아실현을 방해한다.

둘째, 지휘체계(chain of command)는 조직 속 개인들로 하여금 리더에게 의존하게 하고 수동적으로 만든다. 이는 그들을 종속적인 지위에 있게 함으로써 자신의 직무와 업무환경에 대한 자기통제를 어렵게 만든다.

셋째, 지시의 통일성(unity of direction)은 목표설정 등 의사결정의 권한을 최고관리층이 갖게 함으로써, 조직구성원으로 하여금 자신의 내부적 욕구를 충족시킬 수 있는 자기목표 결정권을 갖지 못하게 만든다.

넷째, 통솔범위(span of control)의 제한은 상사가 적은 수의 부하를 직접 감독할 수 있게 함으로써, 조직구성원으로 하여금 상사에게 의존적·수동적이 되도록 만든다. 이는 직원의 에너지와 잠재적 역량을 충분히 발휘하지 못하게 하는 요인이 된다(Argyris, 1957: 60-64; Tompkins, 2005: 313-314).

이와 같은 공식조직의 관리체계상 문제를 개선하기 위한 방안으로 Argyris는 관리층의 의사결정 방식 변화, 대인관계적 역량 강화, 그리고 신뢰적 관계 형성 등을 제안하였다.

첫째, 구성원 지향적인 의사결정(employee-oriented decision making)을 해야 한다. 즉, 참여자인 조직구성원의 욕구와 감정을 고려하고, 동기와 의도를 잘 인식함으로써, 의심과 오해를 갖지 않도록 해야 한다.

둘째, 대인관계적 역량(interpersonal competence)을 강화해야 한다. 관리자와 직원과의 열린 관계형성이 중요하다. 이는 직원들로 하여금 직무에 대한 새로운 아이디어와 위험부담에 대한 개방적 자세를 갖게 한다.

셋째, 신뢰적 관계(authentic relationship)를 형성해야 한다. 관리자와 직원간, 직원 상호간의 신뢰는 서로의 생각과 감정을 공유하게 하고, 새로운 아이디어의 실험을 하도록 용기를 북돋아 준다(Tompkins, 2005: 315-316).

Argyris의 성숙·미성숙이론은 조직 속 개인의 인간적 성장문제에 착안하여 성숙 상태와 미성숙 상태를 명확하게 식별해 주었고, 인간의 성장을 방해하는 공식조직의 관리체계를 개선할 수 있는 관리방식을 제안했다는 데 의의가 있다. 그러나 조직인의 성장을 가져오도록 할 수 있다는 그 방책의 범위가 한정적이고 다양하지 못하다는 한계가 있다.

4) 복잡성 인간모형(Schein의 이론)

지금까지 살펴본 조직이론 속에서 인간의 모습은 다양한 형태로 묘사 또는 전제되고 있다. 관료제이론과 과학적 관리론, 그리고 공식적 조직이론에서는 인간이 규칙과 원리를 잘 지킬 수 있는 합리적 존재(rational man)라고 간주하고 있다. 특히, 과학적 관리론에서는 조직구성원을 성과에 따른 인센티브에 의해 좌우될 수 있는 경제적 인간(economic man)으로 본다. 이에 비하여, 인간관계론에서는 동료, 특히 비공식 집단 내 멤버와의 관계를 중시함으로써 사회적 인간(social man)의 모습을 잘 그려내고 있다. 나아가, 인적자원이론에서는 인간의 자율성과 책임성을 존중하고, 성숙된 인간으로의 성장을 중시하며, 참여에 의한 자기목표 설정과 그 결과의 성취를 강조함으로써 자아실현적 인간(self-actualizing man)의 모습을 지향하고 있다.

Schein(1980)은 선행이론에서 제시된 인간관을 합리적·경제적 인간관, 사회적 인간관, 자아실현적 인간관으로 분류한 뒤, 자신은 복잡성 인간관을 제시한 바 있다. 그는 각 인간관과 그에 따른 조직관리전략을 다음과 같이 제안하였다(민진, 2000).

첫째, 합리적·경제적 인간관은 인간이 자기이익을 중심으로 행동하고, 조직구성원이 경제적 유인에 의해 동기가 부여됨을 전제로 하고 있다. 이러한 가정 하에서의 관리전략은 (i) 합리적인 조직설계와 직무수행방식 부여, (ii) 성과에 따른 경제적 보상 제공 등이라고 한다.

둘째, 사회적 인간관은 인간을 자신의 감정과 다른 사람과의 관계를 중시하는 심리적, 사회적 존재로 본다. 이러한 인간 가정에 따른 관리전략으로는 (i) 구성원의 감정 청취·이해 및 정서의 표출 기회 제공, (ii) 구성원간 인간관계 형성 지원, (iii) 자생집단의 영향 인식 및 우호적 지지·활용 등이다.

셋째, 자아실현적 인간관은 자율성 및 자기책임성을 강조하고, 스스로 능력을 발휘하여 수행한 업무와 그 성과에 따른 성취욕구를 중시한다. 이러한 인간 가정에 따른 관리전략은 (i) 경제적 보상 등 외재적 보상(extrinsic rewards)보다는 능력발휘와 성취에 대한 칭찬, 인정, 평가 등 내재적 보상(intrinsic rewards)을 제공하고, (ii) 목표설정 등 의사결정과정에 참여할 기회를 적극적으로 부여하는 것이다.

넷째, 복잡성 인간관은 인간을 매우 다양한 동기와 욕구를 가진 복잡한 존재로 보는 것이다. 즉, 인간은 그의 욕구발달단계나 생활상황 등에 따라 각기 다른 욕구 및 동기를 가지며, 그런 욕구와 동기는 서로 상호작용을 하여 더욱 복잡한 동기유형, 가치, 그리고 목표를 유발하게 된다. 나아가, 인간은 자신이 소속된 조직과 직무의 성격, 자신의 능력과 경험, 근무 분위기 등에 따라서도 많은 영향을 받는다. 이러한 인간관에 따른 관리전략으로는 (i) 상황조건에 따른 적절한 인간관리, (ii) 상황과 부하의 특성을 파악하기 위한 진단 실시, (iii) 부하의 욕구, 능력 등의 차이 인정 및 그 차이에 따른 상이한 관리 등이다.

Schein의 복잡성 인간모형은 선행이론들이 인간의 어느 한 측면만 보고 이론을 전개한 데 반하여, 인간의 다면적 모습을 바라보면서 각 측면에 알맞은 관리전략을 제시했다. 즉, 다면적 측면을 동시에 충족시킬 수 있는 복합적 관리전략의 제시를 시도했다. 그러나 그의 이론은 앞서 제시된 여러 인간관 이론을 통합화한 이론으로서 독창성이 미약하다는 비판을 받는다.

5) 인간자유와 도덕적 관리이론(Golembiewski의 이론)

Golembiewski는 행정학 또는 조직론 분야에서의 새로운 미니패러다임(mini-paradigm)으로 조직발전론(OD: Organization Development)을 제시한 학자이다. 특히, 조직관리의 인간적 접근방법과 관련하여 그는 조직과 인간과의 관계에 관하여 많은 논의를 하였다. 그 중에서도 대표적인 주장을 들면, 모든 조직은 그 속의 인간의 자율성(autonomy)과 자유(freedom)를 확대하기 위해 도덕적 관리(moral management)를 해야 한다는 것이다.

그는 공식적 조직이론들이 개인의 자유문제를 다루는 데 실패했으며, 그로 인해 근로자 개인과 조직의 도덕적 자세에 대해 둔감성(insensitivity)을 노정했다고 비판하고 있다. 그러면서 조직과 개인의 도덕적 민감성(moral sensitivity)은 조직의 산출량을 증대시키고 구성원의 만족도를 높이는 일과 깊은 상관관계가 있다고 한다(Golembiewski, 1967; 53; Denhardt, 1984: 102). Golembiewski는 개인의 직무생활과 관련하여 5가지 도덕적 가치를 제시하고 있으며, 이들이 조직구성원에 대한 인간관리에 적용되어야 함을 제안하였다. 첫째, 직무는 개인에 의해 심리적으로 받아들일 수 있는 것이어야 한다. 둘째, 개인은 자신의 직무수행과 관련하여 자기 자신의 재능과 능력을 개발할 수 있도록 허용되어야 한다. 셋째, 개인은 자기직무의 수행에 관하여 상당한 자기결정(self-determination)의 권리를 가질 수 있어야 한다. 넷째, 개인은 자기직무의 수행에 관한 한 환경적 요소를 통제할 수 있는 권한을 가져야 한다. 다섯째, 조직은 구성원 행동의 유일하고 최종적인 조정자가 되어서는 안 되고, 조직이든 개인이든 외부의 도덕적 명령에 따라야 한다(Golembiewski, 1967; 53). 이러한 원리들의 제시는 한 마디로 조직관리에 있어서 조직구성원의 재량성을 보다 많이 확대해 주고 개인적 자유를 증대시켜야 함을 강조한 것이다(Denhardt, 1984: 102; 김병섭, 2000).

이러한 조직 속 개인의 자유를 확대하기 위한 핵심적인 도덕적 조직관리전략으로 Golembiewski가 제시한 것은 조직의 분권화(decentralization)라는 조직구조 설계방안이다. 조직의 분권화는 조직의 상위 관리계층에게 집중된 권한을 하부계층의 조직구성원에게 나누어 주는 것이다. 그는 조직의 도덕적 문제를 논함에 있어서 권한의 집중화와 분산화의 문제를 다루고 있다(Denhardt, 1984: 102). 즉, 권한의 분산이 바로 조직관리에 있어서는 도덕적 조직화의 중심적 요소라는 것이다. 이는 아마도 조직의 권한이 구성원에게 많이 부여되면 개인의 직무자율성이 확대되고, 다양한 선택의 권리가 행사될 수 있으며, 그것이 궁극적으로 개인의 자유가 확대되는 길이라고 믿었기 때문일 것이다.

이러한 분권화의 방향성에 대하여 Denhardt(1984: 103)는 두 가지 중요한 함의가 있다고 주장한다. 첫째, 조직과 개인의 관계는 관리적 기술성의 측면보다는 도덕적, 정치적인 관점에서 해결되어야 한다. 둘째, 조직은 생산성 및 물질적 혜택을 유지하면서도 분권화에 따른 도덕적 혜택을 더 확대해야 한다는 것이다. 한 마디로 Golembiewski가 주창한 분권화 전략은 조직의 생산성도 높이면서 구성원의 자유도 확대할 수 있는 매우 도덕적인 조직관리방안이라고 볼 수 있다.

Golembiewski의 인간자유이론은 조직구성원의 자율성, 선택권, 자기결정권, 자기규제력 등을 도덕적 관리의 차원에서 주창함으로써 인간적 조직이론의 중요한 하나의 축을 형성했다. 그러나 그가 제시한 가치와 준거가 매우 광범위한 데 비하여, 민주주의와 같은 기본적 가치와의 관계를 포괄적으로 논의하기보다는 분권화 전략이라는 특정한 주제에 치중하였다는 지적이 있다(Denhardt, 1984: 103).

제4절 인지적 접근방법

1. 의사결정이론(Simon의 만족모형)

Simon의 이론에서는 (1) 과학적 관리론이 가정하는 완전한 객관적 합리성이라는 것에 반대하는 동시에, (2) 인간관계론과 같이 감정적 측면을 강조하고 비합리성을 허용하는 입장에도 반대한다. 조직의 구성원이란 단순한 생산도구가 아니라 의사결정자이며 문제해결자라는 입장에서, 조직구성원의 의사결정 과정에서의 지각과 인지과정에 초점을 둔다.

1) 제한된 합리성

Simon(1957)에 의하면, 인간은 우리 세계의 매우 복잡한 문제들에 잘 반응하고 그를 해결할 정도의 충분한 능력을 갖고 있지 못하다고 본다(Denhardt, 1984: 76). 이러한 전제를 가진 Simon이론의 문제의식은 이 세계의 복잡한 의사결정 환경과 개인의 인지적 능력의 한계가 의사결정에 부정적 영향을 미친다는 점에 두어져 있다. 그러한 영향 또는 한계가 바로 조직구성원의 의사결정에 대한 사회심리적 제약으로서의 "제한된 합리성"(Bounded Rationality)의 개념이다. March & Simon (1958)에 따르면, 인간은 그렇게 합리적이지 못하며 "의도적으로 합리적" (intendedly rational)일 뿐이라고 한다. 합리적이 되려고 시도하지만, 자신의 능력상 한계로 인하여 완전한 합리성에 근접하기가 어렵다는 것이다(Perrow, 1979: 141).

2) 합리성의 요건과 불충족 문제

일반적으로 의사결정에 있어서 완전한 합리성(complete rationality)으로서의 객관적 합리성을 갖기 위해서는 몇 가지 요건이 충족되어야 한다.

(1) 그 첫 번째는 행위의 모든 가능한 대안에 대한 완전한 정보가 있어야 한다. 모든 가능한 대안을 발굴하고 열거할 수 있어야 한다.

(2) 두 번째는 각 대안이 가져올 결과에 대한 완벽한 예측이 가능해야 한다.

(3) 세 번째는 각 대안의 결과들에 대한 완전하고도 일관성 있는 선호체계가 제시될 수 있어야 한다.

그러나 실제로는 (i) 탐색해야 될 대안들의 숫자가 너무 많아 모든 대안을 열거할 수 없다. 그리고 (ii) 대안들의 결과를 정확하게 예측할 수 없다. 예상할 수 없거나 의도되지 않은 결과가 얼마든지 나올 수 있다. 또한 (iii) 각 대안의 효과를 일일이 평가하기 위해서는 방대한 정보가 필요한데 이를 충족시키기 어렵다. 나아가 (iv) 모든 대안들의 발굴과 효과분석에는 비용이 따른다(Simon, 1957; Perrow, 1979: 141; 이창순, 1994).

3) 의사결정의 만족모형

위에서 살펴본 것처럼 합리적인 의사결정은 현실적으로 불가능하다. 즉, 제한된 합리성 하에서의 의사결정을 할 수밖에 없다. 그리하여 합리성의 극대화가 아닌 대체적으로 '만족할만한' 수준에서의 의사결정에 그쳐야 한다. 이를 의사결정의 만족모형(satisficing model)이라고 한다. 이러한 모형 하에서는 대안에 대한 제한된 탐색을 할 수밖에 없다. 즉, 잘 알려지고 친숙한 방법과 절차를 거쳐 일부 대안만을 검토하며, 어느 정도 만족할만한 대안이 발견되면 그것을 결정안으로 채택하게 된다. '최적화'(optimize) 대신에 '만족화'(satisfice)를 시키는 것이다(March & Simon, 1958; Perrow, 1979: 142-143; 김종순, 2000).

4) 관리적 인간

인간은 합리성의 정도에 있어서 한계를 갖고 있기 때문에, 이를 극복하기 위해서는 개인의 차원을 넘어서는 집단과 조직의 도움을 받을 필요가 있다. 집단의 힘과 조직의 체계를 이용한다면 여러 사람의 결합된 능력을 활용하여 이 세계의 복잡한 문제에 효과적으로 대응할 수 있는 것이다.

이러한 상황에서 개인의 가치는 조직의 가치로 대체되며, 개인 자신의 판단은 조직의 의사결정 과정으로 대체될 수밖에 없다. 개인은 조직의 목적을 자신의 의사결정에 있어서의 가치전제로 받아들일 수밖에 없으며, 조직 내 다른 구성원의 영향을 받고, 그 속에서 자신의 안정적 역할을 기대할 수밖에 없다(Denhardt, 1984: 76). 이러한 조직 속의 개인을 Simon은 경제적 인간과 대비시켜 '관리적 인간'(administrative man)이라고 불렀다.

Simon의 의사결정이론은 조직의 가장 중요한 활동의 하나인 의사결정과정을 주제로 하여 인간의 인지적 능력 또는 정보처리능력의 문제를 다루었다는 점에서 큰 의미가 있다. 그리고 합리적 모형에 비하여 보다 현실적인 만족모형을 제시한 공로가 인정된다. 그러나 Simon은 조직의 의사결정 문제를 개인의 차원으로 제한시켰다(이창순, 1994). 물론, 개인의 인지적 능력의 한계를 보완하기 위하여 집단과 조직의 활용을 강조했으나, 여전히 의사결정의 단위를 개인으로 삼고 있다.

제5절 상황적 접근방법

1. 구조적 상황이론

1) 구조적 상황이론의 본질

상황이론은 조직의 구조를 편성함에 있어서 단 하나의 보편적인 합리적 원리를 추구하는 것은 비현실적이라고 보는 이론이다. 즉, 상황적 조건에 따라 조직의 적합한 구조가 달라져야 한다는 것이다. 관료제이론과 과학적 관리론은 조직목표나 생산성을 가장 효율적으로 달성할 수 있는 최선의 합리적인 조직구조모형 또는 업무수행방식을 주창한 바 있다. 그러나 그러한 최선의 구조설계 또는 업무방식은 설사 존재한다고 하더라도 항상 일정하지 않으며, 다양한 상황적 요인에 따라 달라질 수밖에 없다는 것이다.

Pfeffer(1972)에 의하면, 조직구조에 영향을 주는 변수로는 조직의 규모, 기술, 환경, 권력관계 등이 있다고 한다. 여기에 더하여 Tompkins(2005: 260-261)는 자원의존 상태, 공공책임성 등도 조직구조의 형태에 영향을 주는 요인으로 본다. 이러한 요소들의 영향을 받는 조직구조의 하위변수들로는 구조적 분화, 공식화 수준, 집중화 정도, 관리파트의 크기, 통제범위 등이 있다.

[그림 2-6] 구조적 상황이론의 인과모형도

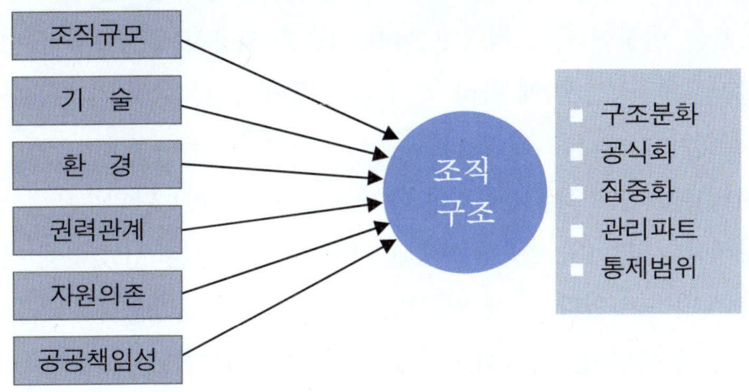

2) 구조중심의 상황이론

구조중심의 상황이론은 조직구조 형태에 영향을 미치는 상황변수로 조직의 규모(size)를 중요시한다. Pugh et al.(1969)에 의하면 조직규모와 그 구조형태 사이에는 다음과 같은 관계가 있다고 한다(Tompkins, 2005: 259). 조직의 규모가 커질수록 (i) 구조적 분화(하위부서 다수 설치 등) 및 전문화가 증대하고, (ii) 조직의 공식화 및 표준화의 정도가 높아지고, (iii) 관리부문(기획, 인사, 재정 등 지원부서)의 비율이 상당히 커진다는 것이다. 반면, (iv) 권한의 중앙집중화 정도와는 관계가 약하다고 한다.

여기서 조직규모가 조직구조에 영향을 미친다고 보는 중요한 이유는 조직통제(organizational control)라는 측면에 있다. 즉, 조직규모가 커질수록 조직을 효율적으로 통제관리해야 할 필요성이 증대함으로써 구조적 분화, 공식화, 관리비중의 확대 등 현상을 가져온다. 왜냐하면, 직원의 효율적 통제를 위해서는 일정한 통솔범위(span of control)를 유지해야 하기 때문이다. 전체적 조직규모가 커지면 각 하위부서의 통솔범위를 일정하게 유지하기 위하여 하위부서의 설치를 증가시키게 되고, 하위부서의 수가 증가하면 이들을 그룹핑하여 관리하기 위해 상위계층을 설치하게 됨으로써 계층의 수가 증가하는 것이다.

3) 기술적 상황이론

이 이론은 조직이 사용하는 핵심기술이 조직구조의 형태변화를 야기하는 주요 상황변수라고 보는 입장이다. 조직에서 어떤 기술을 사용하느냐에 따라 정보의 양과 복잡성이 달라지게 되고, 이에 따라 각기 다른 통제양식을 요하기 때문에 조직구조의 다양한 형태가 나타나게 된다.

Woodward(1958, 1965)는 기업조직의 기술을 (1) 소규모 단위주문생산 기술, (2) 대규모 대량생산 기술, (3) 연속공정생산 기술 등으로 구분하고, 이에 따른 조직구조의 차이를 설명하고 있다. 그에 따르면, 이들 3가지 기술성격에 따라 관리수준(관리계층의 높이), 통솔범위, 공식화, 그리고 기능의 전문화에 차이가 있다고 한다(Tompkins, 2005: 258).

기술적 복잡성이 증가하면(예: 단위생산 → 대량생산 → 연속공정생산), 관리기능들의 분화 또는 전문화의 정도가 증가하고, 계층의 수가 늘어난다. 통솔범위는 대량생산 기술의 경우에 최대가 되고 연속공정기술에서는 다시 감소하는 경향이 있다(Woodward, 1958).

4) 환경중심의 상황이론

환경적 상황이론은 조직구조에 영향을 미치는 중요한 상황적 조건, 즉 맥락적 변수로 환경이란 요인에 주목한다. 최선의 조직구조란 개개조직이 속한 환경의 특성에 따라 달라진다는 것이다. 즉, 조직구조는 환경의 요구에 가장 적합한 적응형태가 되어야 한다.

Burns & Stalker(1961), Lawrence & Lorsch(1969) 등에 의하면, 환경의 불확실성(environmental uncertainty) 정도가 조직구조의 형태에 영향을 미친다. (1) 비교적 안정되고 불확실성이 적은 환경에서는 중앙집중적, 관료적인 기계적 구조(mechanistic structure)가 적합하다. 즉, 조직의 공식화, 표준화, 역할 전문화의 정도가 높아진다. 반대로, (2) 유동적이고 불확실한 환경에서는 분권적이고 구성원의 참여도가 높은 적응적 형태로서의 유기적 구조(organic structure)가 적합하다고 한다. 즉, 공식화와 표준화가 낮아지고, 공식적 보상 및 통제 시스템에 대한 의존성이 줄어든다. 계층구조에 의한 관리보다는 컨설팅과 같은 기법에 더 의존하게 된다(Tompkins, 2005: 257).

5) 전략적 상황이론

이 이론은 조직의 전략과 권력관계가 조직구조를 결정하는 중심적 변인이라고 하는 입장이다. Chandler(1962) 의하면 "구조는 전략을 따른다(structure follows strategy)"고 한다(Tompkins, 2005: 260).

환경의 영향은 조직전체에 동일하게 미치는 것이 아니라, 조직의 각 부문에 다르게 미친다. 그리고 조직의 각 하위부문이 환경에 대응하는 능력에는 차이가 나며, 이것이 권력분화로 이어진다. 이러한 상황에서 조직권력을 둘러싼 각 부문의 여러 가지 전략과 경쟁의 결과로서 조직구조의 변형을 가져오게 된다는 것이다(이창순, 1994).

예컨대, 환경의 영향을 크게 받는 어느 하위부서의 경우 환경대응을 위한 노력을 경주하게 된다. 다양하고 중요한 전략들을 개발하여 환경에 대처한 결과 성공을 거둔다면 조직내부에서의 영향력이 확대될 수 있고, 이를 통하여 당해 하위부서의 조직규모 확대와 인력 증가도 가져올 수 있을 것이다.

[그림 2-7] 전략적 상황이론의 적용사례: 산업통상부

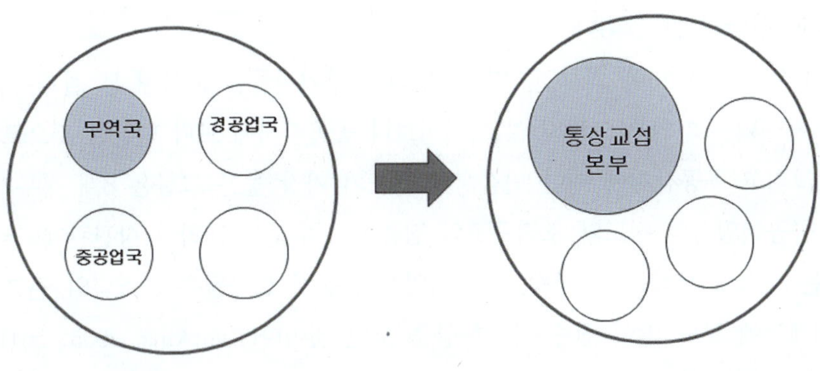

6) 자원의존적 상황이론

이 이론은 조직의 구조에 영향을 주는 요인으로 자원에 대한 조직의 의존성을 중요시 한다. Tompkins(2005: 260)에 의하면, 조직의 구조는 그 목표달성과 생존을 위해 필요한 재정적, 물질적, 인적 자원과 정치적 지지에 의존하여 형성됨을 지적하고 있다. 정부조직의 경우 재정지원기관, 인적자원 제공기관, 고객과 소비자, 노

동조합, 이해관계집단, 규제기관, 감사기구 등의 영향을 받게 된다는 것이다.

Thompson(1967), Pfeffer & Salancik(1978) 등 학자도 그들의 자원의존이론에서 조직들이 외부적 환경의 요구를 충족시키기 위하여 조직구조와 대외관계를 잘 조응시켜야 함을 강조하고 있다. 특히, 조직구조와 관련하여, 외부의 불확실성으로부터 조직의 내부적 운영 및 이익을 보호하기 위해서 새로운 하위부서들(subunits)을 설치해야 한다는 것이다. 공립대학의 사례를 보면, 졸업생의 취업이 어려워질 경우 커리어 서비스 부서를 두게 되며, 입법기관과의 우호적 관계를 위해 법률관계 부서를 두기도 하고, 교직원 노동조합의 활동 강화에 대비하여 인사노무 부서를 두는 것과 같다.

7) 공공책임성 상황이론

행정기관을 비롯한 공공조직의 경우에는 기관장과 같은 상위관리자들이 외부의 평판과 감시에 매우 민감하다. 민간기업도 마찬가지이지만, 특히 공공조직의 경우에는 그 역할의 공공성으로 인하여 높은 사회적 책임성이 요구된다. 이러한 상황하에서는 대외적인 책임성의 정도가 조직구조에 미치는 영향(예: 고위층으로의 권한 집중화)이 상당히 클 것이다.

Pugh et al.(1969)에 의하면, 민간기업과 정부기관들을 조사해 본 결과, 주식이 공개·거래되는 기업은 그렇지 않은 기업보다 공공감시에 보다 민감한 것으로 나타났다. 그리고 공공감시에 대한 민감성의 정도가 가장 높은 그룹은 8개 정부기관이었다. 공공책임성의 정도와 조직구조의 집중화의 수준은 명확한 상관관계(r = 0.64)를 갖는 것으로 분석되었다. 즉, 공공책임성이 높게 요구될수록 조직의 권한이 최고관리계층에 보다 많이 집중되는 현상을 보인 것이다(Tompkins, 2005: 261).

구조적 상황이론은 조직구조에 영향을 줄 수 있는 조직 내·외부의 다양한 요인들을 인지하고, 그들과 조직구조의 관계가 어떠한지, 그리고 그 관계가 어떻게 잘 정립되어야 하는지를 보여준 것으로 평가할 수 있다. 그러나 구조적 상황이론이 조직구조에만 초점을 맞추었다는 점에서 아쉬움이 있다. 왜냐하면, 조직 내·외부의 여러 요인들은 조직구조뿐만 아니라 조직의 다양한 시스템 요소들과 운영 및 관리 전략에 다각적인 영향을 미칠 수 있기 때문이다. 좀 더 종합적이고 포괄적으로 변수들간의 관계를 파악해야 할 것이다.

2. 종합적 상황이론(Contingency Theory)

1) 상황적합적 관점

조직의 효과적 관리를 위해서는 조직에 관련된 모든 요소들을 고려해야 한다. 그리고 그러한 요소들이 상황에 알맞게 적용되어야 한다. 조직 속의 인간행동을 합리적으로 관리하거나 조직시스템을 효과적으로 설계 · 운영하기 위해서는 인간행동과 조직체계에 영향을 미치는 모든 요소들을 적절하게 고려하여야 하고, 그러한 요소들 간의 상호정합성(mutual fitness)을 유지하여야 한다. 또한, 예기하지 못한 우발적 요소들(unexpected factors)과 상황적 변화(situation)에 잘 맞추어 대응해야 한다.

Kast & Rosenzweig(1979)는 상황적응적 관점을 제시하면서, 조직관리에 있어서는 하위체제간의 상호의존성을 이해하는 동시에, 조직과 환경과의 관계도 이해해야 한다고 주장하였다. 즉, 조직의 다변수적 성질을 인식하고, 변수들 간의 관계와 현상을 잘 파악해야 한다고 강조한다. 그리하여 특정한 상황에서 관련변수들이 어떻게 작용하는가에 따라 그에 가장 적합한 조직의 설계와 관리행위를 해야 한다는 것이다(김병섭, 2000).

2) 미시적 상황이론

미시적 종합상황이론은 조직의 주요 변수 중 그 초점을 인간관리와 같은 개인(individual) 또는 집단(group) 단위의 변수에 두는 이론이다. 이는 미시적 변수인 인간관리를 함에 있어서 조직 속의 인간의 행동에 영향을 미치는 모든 요소들을 종합적으로 고려해야 한다는 것이다.

대표적으로, 상황적 리더십이론(situational leadership theory)은 리더십의 효과성이 리더의 개인적 자질에 의해 좌우되기도 하지만 여러 가지 상황에 따라 달라진다는 점을 강조한다. 여러 유형의 리더십 스타일 중 어떤 스타일 또는 어떤 리더 행동이 더 적합한가 하는 것은 많은 부분 상황적 요소에 달려 있다는 것이다. 즉, 부하의 특성, 부하와의 관계, 직무의 성격, 역할의 명료성 여부, 집단의 응집력 등에 따라 적합한 리더십 스타일은 달라져야 한다는 것이다(Fiedler, 1965).

그런데 여기서 매우 중요한 포인트는 조직 속의 인간의 문제를 미시적 단위인 인간에 관한 고립적 문제로 다루어서는 안 된다는 것이다. 인간에게 미치는 구조적 요소, 문화적 요소, 환경적 요소 등을 종합적으로 고려해야 한다. 즉, 미시적 변수를 관리하는 경우에도 그에 영향을 주는 거시적 변수들을 고려해야 한다. 예컨대, 구성원의 직무만족도를 높이기 위해서는 개인성격, 직무특성, 인간관계 등 미시적 요인도 고려해야 하지만, 동시에 집권성과 분권성, 의사결정 및 의사소통 체계 등 구조적 요인도 보아야 하고, 집단문화 등 조직에 내재된 문화적 풍토도 반영해야 하며, 외부적 경쟁압력의 정도나 고객의 지지도 등 환경적 요인도 고려해야 하는 것이다.

3) 거시적 상황이론

거시적 종합상황이론은 조직의 관리전략 형성에 있어서 내부적, 외부적 체제요소들을 망라하여 고려해야 한다는 총체적인 상황이론이다. 여기에는 내부체제 요소들 간의 정합성(internal fitness)은 물론, 조직과 외부체제 요소들 간의 정합성(external fitness)이 모두 강조된다.

조직의 여러 가지 변수들은 상호 연관되어 있어서 여러 요소들을 동시에 일관성 있게 고려하여 관리해야 한다. 즉, 조직의 시너지 효과를 높이려면 종합적이고 체제적인 접근방법이 필요하다. 조직 내부적으로는 구조적, 기술적, 행태적, 문화적 접근방법의 조화와 결합을 통하여 조직의 효과성(effectiveness)을 높임과 아울러, 대외적으로는 고객의 요구, 사회적·정치적 환경 등에 대응함으로써 조직의 적응성(adaptiveness)을 높이는 것이 필요하다. 즉, 체제내적인 요소와 체제외적인 요소의 상호작용을 중시하면서 조직체제 전체(organization as a whole)의 생존력과 적응성을 높여야 하는 것이다.

Warwick 등은 미국 연방정부 중앙부처들을 대상으로 조직관리와 대외적 통제간의 관계를 분석한 바 있다. 그 결과, 입법부로부터의 정치적 지지와 예산의 승인이 불확실한 상황일수록 조직운영에 있어서 보다 많은 체킹과 확인, 보다 강한 감독을 수행하고 있었으며, 조직의 의사결정을 정당화하기 위한 보다 많은 규칙을 가지고 있었다(Tompkins, 2005: 261). 이는 외부의 정치적, 권력적 상황과 공공감시가 조직의 운영 및 관리 전략에 영향을 미치고 있음을 보여주는 것이다.

종합적 상황이론에 대한 보편적인 비판은, 종합적 상황이론이 모든 요소를 고려해야 한다는 포괄적이고 추상적인 주장만을 내세우고, 구체적으로 무엇을 어떻게 해야 하는지에 관한 구체적인 대안을 제시하지 못한다는 점이다. 그러므로 종합적 상황이론이 유효한 조직이론으로 정립되려면, 총론적인 논리에서 뿐만 아니라, 시스템 요소들 간의 구체적인 상호영향관계와 그들간의 효과적인 매칭전략(matching strategy)을 조직성과와 연관시켜 제시하는 연구가 이루어질 필요가 있다.

4) 시간적 · 우발적 상황이론

조직을 상황에 알맞게 적절하게 운영·관리해 나가려면 시간적 관점(time perspective)을 갖는 것이 중요하다. 아울러, 조직의 안정적 영위를 위해서는 예기하지 못한 우발적 상황(unexpected situation)에 대한 대응이 긴요한 요소로 인식되어야 한다.

먼저, 시간적 관점(time perspective)에 관하여는 시간의 흐름(flow of time)과 상황적 변화(situation)라는 요인이 조직의 운영적, 설계적, 관리적 전략과 잘 부합되어야 한다는 것이다.

시시각각으로 내부적 갈등, 고객의 요구, 외부여론, 정치적 상황 등이 급변하는 경우에는 초단기적인 조직운영이 가능한 시스템을 갖추어야 한다. 예를 들면, 조직구조를 특정 문제 발생상황을 직접 기동성 있게 다룰 수 있도록 팀제(team unit) 중심으로 운영해야 한다. 의사소통 및 의사결정 체계도 즉시 대응이 가능한 사이버 시스템으로 전환해야 한다. 직무행동 및 그에 대한 성과평가도 짧은 시간적 프레임(time frame)에 의해 수행해야 할 것이다.

반면, 조직의 미래를 향한 지속가능한 발전과 성장을 도모하기 위해서는 긴 시간적 프레임에 입각해서 미래 예측 및 설계를 내용으로 하는 전략적 기획(strategic planning)에 역점을 두어야 한다. 미래전략팀과 같은 장기적 안목의 조직구조 단위체를 활용해야 하고, 성과의 측정도 장기적 프레임에 입각해서 진행해야 한다.

다음으로, 우발적 요소(unexpected factors)에 관해서는 예상하지 못한 사건의 발생이나 여러 가지 상황변화에 알맞은 대응조치, 조직설계, 그리고 관리전략의 적용이 유효하다고 볼 것이다.

우발적 관점에서 중요한 조직구조 설계로는 정보의 흐름에 민감성을 가진 상황파악팀(예: 종합상황실, 특정분야 집중조사팀), 그리고 즉각적인 해결조치를 취할 신속대응팀 등의 가동이 필요하다. 그리고 직무설계로는 여러 가지 발생가능한 상황의 예측에 따른 조직구성원 행동이나 대응방안을 미리 수립해 두는 상황대처 시나리오(scenario for each situation), 주요 우발적 상황에 대비한 계획(contingency plan)의 준비와 연습이 필요하다.

우발적 상황이 많이 발생하는 조직에서는 그 조직문화조차도 내·외부 정보에 대한 민감성이 높은 방향으로 형성되어야 한다. 조직구성원의 행동이나 조직화의 민첩성이 중요시되는 문화, 감각이나 감수성이 강한 문화를 조성할 필요가 있을 것이다.

시간적, 우발적 관점에서의 상황적 이론과 전략은 국가안보나 재난안전 정책을 담당하는 정부조직에서 반드시 우선순위가 두어져야 할 요소이다. 나아가, 문화예술행사나 체육대회 등을 많이 주관하는 지방자치단체 등 현장중심 조직에서도 매우 중시되어야 할 측면이라고 할 수 있다.

제6절 개방적 접근방법

1. 시스템이론

1) 체제의 개념

체제이론은 Von Bertalanffy와 Boulding(1956)의 일반체제이론으로 성립되고, Kahn & Katz, Parsons 등에 의하여 사회체제이론으로 도입되었다. 그 후 Thompson, Selznick, Sharkansky 등에 의하여 행정체제이론으로 적용되었다. 체제이론은 조직을 하나의 체제(system)로 보는 이론이다. 그리하여 효율적인 조직관리를 하려면 체제의 관리원칙을 적용해야 한다는 것을 강조하는 이론이다.

그럼 체제란 무엇인가? 체제란 일반적으로 "하나의 목적을 달성하기 위하여 환경과 교류하는 상호관련된 요소들의 집합"이라고 정의할 수 있다(Shafritz, 1978: 119).

여기서 체제란 환경과 교류가 없는 폐쇄체제(closed system)가 아니라, 환경과 끊임없이 교류하는 개방체제(open system)를 의미한다. 인간이나 조직과 같은 존재는 끊임없이 환경으로부터 무언가를 공급받으며, 환경에 대하여 무언가를 제공해 준다. 즉, 투입과 산출이 존재한다. 그러한 상호작용이 원활하고 균형을 이룰 때 인간이나 조직은 생존할 수 있다.

2) 체제의 구조

하나의 전체로서의 체제(a system as a whole)는 체제 그 자체인 단위체계가 중심을 이룬다. 단위체계(a unitary system)란 외부요소와 교류작용을 하는 독립된 하나의 체제 그 자체이다. 조직체계의 경우 조직(organization) 그 자체가 하나의 단위체계이다.

단위체계의 아래로는 하위체계와 체제요소로 구성된다. 하위체계(subsystem)는 조직의 1차적 하부 구성체로서 인력하위체계, 재정하위체계, 정보하위체계, 사회하위체계, 문화하위체계 등으로 구성된다.

체제내부의 체제요소(system component)는 단위체계를 구성하는 하위요소들 중 최하위의 구성요소를 말한다. 예컨대, 문화하위체계의 경우 그것을 구성하는 조직의 로고(logotype)는 조직체계 내에 존재하는 가장 작은 하나의 체제요소이다.

[그림 2-8] 체제의 구조도

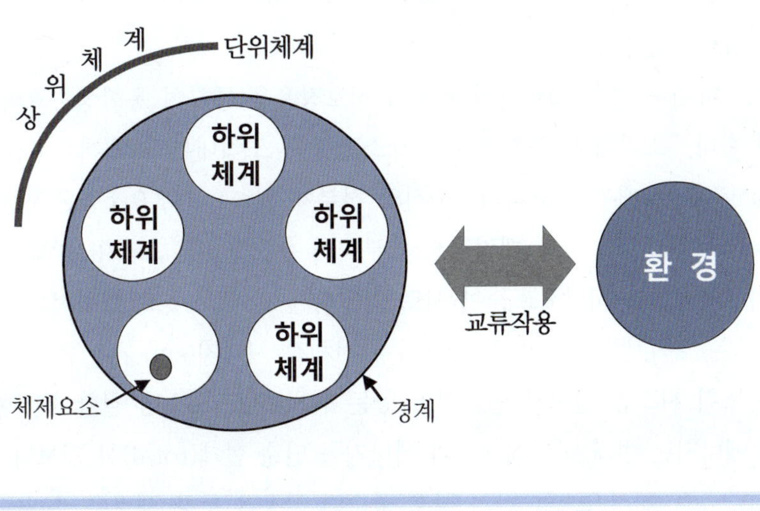

단위체계 위로는 상위체계가 존재한다. 조직(예: 하나의 행정부처)의 경우 그 상위체계로는 정부체계가 있고, 그 위에는 다시 차상위체계로서의 국가체계가 있다.

하나의 체제는 외부적으로 경계를 통하여 환경과 교류작용 관계를 갖게 된다. 경계(boundary)란 단위체계와 외부환경과의 구획선을 말하며, 체제관리에 있어서는 이 경계의 관리역할(boundary spanning role)이 매우 중요하다. 환경(environment)은 단위체계를 둘러싸고 있는 외부의 다양한 주체 또는 요소들이다. 여기에는 경쟁조직 등 각종 외부조직은 물론, 여러 가지 자원, 고객의 지지, 시민단체의 비판 등이 포함된다. 그리고 조직과 환경과의 관계를 인터페이스(interface)라고 하며, 이를 통한 상호교류작용이 매우 중요하다(하미승, 1996: 165).

3) 체제관리의 원칙

(1) 부(負)의 엔트로피 원칙

엔트로피(entropy)는 불안정 또는 혼란상태를 말한다. 이런 상태에서 체제, 즉 조직은 안정될 수 없기 때문에 엔트로피를 감소시키는 방향으로 노력해야 한다. 엔트로피를 감소시키기 위해 체제는 환경과의 원활한 상호작용을 통해서 균형(balance)을 유지해야 한다. 원칙적으로 균형은 투입과 산출이 동등할 때 잘 이루어질 수 있다. 예컨대, 행정조직은 국민으로부터 세금을 받는 만큼 좋은 품질의 행정서비스를 제공해야 한다. 이렇게 이루어지는 안정상태를 Thompson(1967)은 Homeostasis, 즉 자기안정성(self-stabilization)이라고 규정하였다.

(2) 시너지의 법칙

체제는 하위 구성요소들 간의 효율적 상호작용을 통하여 통합상승효과를 극대화시켜야 한다. 조직체계 하부의 구성요소간, 즉 조직내부의 체제요소간 상호작용(interaction)은 매우 중요하다. 조직의 하부체계들과 하부요소들은 상호보완적으로 작용할 수도 있고 서로 대립적으로 부딪칠 수도 있다. 조직이 원활하게 작동하려면 하부체제들과 하부요소들이 서로 긴밀하게 관계를 맺고 협력적으로 작용해야 한다. 이는 조직전체의 능력을 강화시켜 전체적 시너지(synergy)를 높이게 된다.

이는 소위 시스템 철학과 연관성이 있는 원칙이다. 시스템 철학이란 한 체제의 전체적 에너지는 여러 하위체계들의 에너지를 단순 합계(total)한 것보다 커야 한다는 것이다. 즉, 하부요소들 간의 상호 상승적 작용을 통해 새로운 추가적 효과(+알파 에너지)를 창조해 내야 한다는 것이다.

(3) 필수적 다양성의 법칙

조직 내의 하위체계와 그 구성요소는 조직이 직면하고 있는 환경의 다양성만큼 충분히 다양해져야 한다(이창원 · 최창현, 2001: 83). 환경은 다양한 요소들로 구성되어 있고, 그 요소들 간의 다면적 관계로 인하여 복잡성을 갖고 있다. 그럴수록 환경의 영향은 조직에 다각적으로 미친다. 환경의 다양하고 복잡한 영향을 조직이 잘 견디어내고 그에 대응하기 위해서는 조직 역시 다양하고 충분한 하위체계와 요소들을 갖추어야 한다. 가장 기본적인 하위체계를 예시하면, 환경의 다양성 및 복잡성을 읽어내기 위한 환경감지체계, 급속한 기술변화에 대비하기 위한 신기술개발체계, 조직이미지에 대한 고객인식의 변동성에 대처하기 위한 고객관계관리체계(CRM: Customer Relationship Management) 등을 구축해야 한다.

(4) 시스템 스트레스 국지화의 원칙

조직은 외부세력의 부정적 영향을 완화하기 위하여 외부적 요소가 시스템에 미치는 부정적 충격을 특정영역으로 최소화시켜야 한다(하미승, 1996: 187). 외부의 부정적 충격이 조직내부 전체로 확산되면 조직의 생존이나 안전을 위협할 수 있다. 이를 방지하기 위하여 가급적 외부요소의 영향이 조직 내 어느 일부의 영역에만 한정되도록 하는 시스템 설계가 필요하다. 그러한 설계방식의 하나가 시스템의 모듈화(modular design)이다. 모듈화란 시스템의 하위 구성요소들을 서로 독립성을 갖도록 설계하여, 어느 한 모듈에 미치는 영향이 다른 모듈로 전염되지 않도록 하는 방식이다.

(5) 균종성(equifinality)의 법칙

이는 Von Bertalanffy가 발견한 원칙으로서, 체제에서 사용되는 수단이나 대안은 다양하더라도 그 결과는 동일할 수가 있다는 것이다(Crozier, 1964; Katz & Kahn, 1966; 하미승, 1996).[1] 조직은 어떤 문제를 해결하거나 상황에 대처하기 위하여 여러 가지 대안을 채택 · 활용할 수 있으며, 동일한 결과를 얻을 수 있다. 즉, 하

1) Von Bertalaffy(1940)의 생물체 연구에 의하면, 바다의 성게는 단일 알, 분리된 1/2개의 알, 또는 두 개의 융합된 알 등에서 동일하게 탄생하는 것을 발견하였다(Crozier, 1964; Katz & Kahn, 1966).

나의 목적을 달성하기 위하여 다양한 대안들을 상황에 맞게 개발하여 사용할 수 있다는 뜻이다. 이는 체제의 설계나 운영전략을 어느 특정한 방안에 한정시키지 말고 다양한 사고와 고안을 창조하기를 권하는 의미이기도 하다.

(6) 분화 및 진화의 법칙(differentiation & progress)

Katz & Kahn(1966)에 의하면, 체제는 시간의 흐름에 따라, 그리고 내부요소들 간 및 외부환경과의 상호작용을 통하여 분화되고 정교화되어야 한다. 감각기관은 원시적인 신경세포로부터 다원화된 신경계 시스템으로 진화했다. 그리고 인간의 조잡하던 정신적 체계는 매우 계층적으로 구조화되고 분화된 신념체계와 정서적 시스템으로 발전했다. 이와 같이, 사회조직도 기능의 전문성 확대와 함께 그 역할이 배가되고 정밀화된다. 조직체계도 그 구성요소들 간의 역동적인 상호작용과 다기화된 환경의 영향에 대한 대응을 통해서 진화하지 않으면 안 된다. 제약적 조건의 변화에 대한 적응이나 작동 메커니즘의 재조정을 통해 등전위(equipotentiality) 상태를 깨뜨리고 새로운 시스템으로 혁신해 나가야 한다는 것이다.

4) 개방체제의 과정

체제는 환경과의 관계에서 투입, 전환과정, 산출, 그리고 환류의 과정을 거쳐 작동된다. 이를 Katz & Kahn(1966)은 에너지 투입-산출체계(energic input-output system)라고 불렀다. 그들에 따르면, 개방체계에서는 환경으로부터 들어오는 에너지의 투입(input)을 조직이 산출(output) 에너지로 전환(conversion)시켜 환경으로 내보내고, 그 산출이 다시 추가적 투입 에너지로서 체제내부로 들어오게 된다. 이러한 과정은 반복적인 사이클 형태로 이루어지며, 그 결과물(outcome)이 새로운 사이클의 새로운 에너지를 제공하게 된다. 환류(feedback) 과정은 투입, 전환과정, 산출을 평가하고, 어느 요소 또는 과정에 문제가 있을 경우 그 문제정보를 보내주어 시정하게 하는 작용이다.

개방체계의 과정모형을 행정조직체계에 적용하여 설명하면 다음과 같다. 행정조직에서의 투입은 사회의 환경으로부터 정부조직으로 들어오는 것들로서 재정자원, 인적자원, 국민의 지지여론 등을 들 수 있다. 행정조직에서의 산출은 정부가 국민과 사회에 내보내는 결과물로서 정책, 법, 제도, 행정서비스 등을 말한다. 행정조직에서의 전환과정은 사회로부터 들어 온 투입을 산출로 바꾸어주는 과정으로서, 정책수립 및 행정집행 과정을 말한다. 행정조직에서의 환류과정은 행정에 대한 감사, 시민단체의 감시와 비판, 국민과 언론의 평가 등으로 이루어진다(이창원 · 최창현, 2001: 85).

[그림 2-9] 개방체제의 과정도

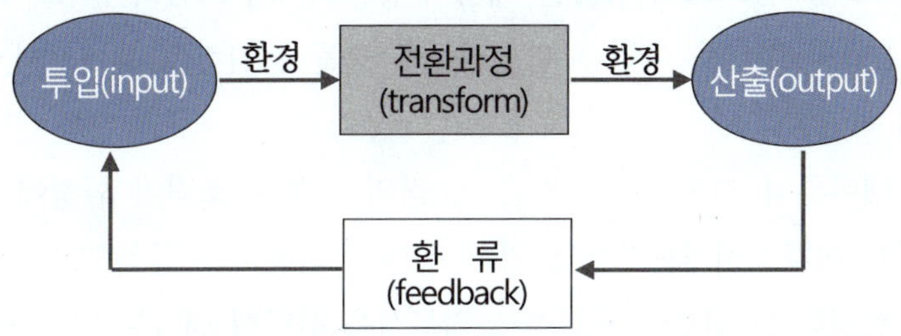

5) 평가와 비판

체제이론은 그 내부적 체계의 구성과 상호작용, 그리고 환경과의 교류관계에 관한 종합적인 이론적 틀을 제공했다는 점에 의의가 있다. 이는 조직에 관한 개방적인 관점과 거시적인 시각을 제시한 이론으로서, 조직과 관련된 내 · 외부의 요소들을 한 눈에 바라보고 분석 및 평가할 수 있는 프레임워크라고 평가할 수 있다.

그러나 체제이론은 추상성, 복잡성, 그리고 정태론으로서의 한계를 갖고 있다(오석홍, 2011: 50; 이상진, 1990: 33; 이창원 · 최창현, 2001: 85). 첫째, 체제이론은 거시적 조직체계에 관한 총설적 이론으로서 추상성이 높아 구체적이고 실용적인 조직설계 지침이나 관리전략을 제시주지 못했다. 둘째, 상당히 복잡한 이론으로서 다수의 체제요소나 다면적 상호작용을 포괄하고 있으므로, 이를 구체적인 인과관계로 나타낸다면 너무 많은 가설과 매우 복잡한 분석을 필요로 할 것이다. 셋째, 균형이론으로서 안정성을 강조하는 정태적 관점이므로, 보다 적극적이고 동태적으로 시스템을 변화 · 혁신시켜 나가야 한다는 논리가 상대적으로 약하다고 할 수 있다.

2. 조직군 생태이론(population ecology theory)

Freeman(1977), Aldrich(1979) 등은 소위 조직군 생태이론을 제시했는데, 이는 비교적 동질적인 조직들의 집합인 조직군의 생성과 소멸 과정을 설명하고 있다(이창원 · 최창현, 2001: 92). 여기서 조직군(群)이란 같은 분야, 같은 유형의 조직들을 묶어서 하나의 조직그룹으로 취급하는 개념이다. 예컨대, 보험회사라고 하면 A보험, S생명보험, L화재보험 등 여러 보험조직들을 통틀어 일컫는 용어로서, 이는 하나의 조직군에 해당한다.

조직군 생태이론의 기본적인 주장은, 조직의 변화는 조직이 환경에 능동적으로 대응하는 데서 이루어지기보다는 환경의 선택에 의해서 피동적으로 이루어진다는 것이다. 즉, 환경이 그 환경에 적합한 조직특성을 선택해 낸다는 것이다. 다르게 말하면, 환경에 수동적으로 잘 적응하면 살아남고 그렇지 못하면 쓰러질 수 있다는 환경적응이론(environmental adaptation theory)이라고 할 수 있다. 이 이론은 조직변동의 과정을 사회문화적 진화론(Socio-cultural Darwinism)의 논리에 따라 변이, 선택, 보전이라는 세 단계로 나누어 설명한다(Aldrich & Pfeffer, 1976; 이창순, 1994).

① **변이**(variation)

새로운 조직군이 출현하거나 조직형태가 변화되는 것을 말한다. 사회적 요구나 시대적 변화는 새로운 조직군, 즉 새로운 유형의 회사들이나 공공조직들이 탄생하게 만든다.

② **선택**(selection)

조직군이 환경에의 적합성 여부에 따라 선택되는 것을 말한다. 이는 자연선택이론이나 자연도태설(natural selection theory)에 바탕을 두고 있는 현상이다. 조직군 전체가 선택될 수도 있고, 조직의 부분적 형태가 선택될 수도 있다.

③ **보전**(retention)

환경에 의해 성공적으로 선택된 조직군 또는 조직형태가 지속되고 계승되는 단계이다. 환경에 의해 선택된 조직군 또는 조직형태는 환경의 요구를 충족시키기 때문에 계속 생명을 유지하는 것이다. 이는 고객이 원하는 제품과 서비스를 제공하고, 그 덕택으로 고객의 높은 선호도와 지지도를 확보할 수 있기 때문이다.

조직군 생태이론은 환경이 조직에 미치는 영향과 조직의 환경에 대한 적응(adaptation)을 강조한 이론으로서, 조직의 생존과 사멸 현상을 논리적, 현실적으로 잘 설명한 이론이다. 그러나 이 이론은 환경이 조직의 생사를 결정한다는 환경결정론(environmental determinism)으로서 조직에 관한 운명론이며 숙명론이라는 비판이 많다.

3. 전략적 선택이론(자원의존이론)

전략적 선택이론은 자원의존이론(resource dependence theory)이라고도 하는데, 이 이론은 환경결정론적 입장을 비판하고, 조직의 능동성과 자율성을 부각시키면서 등장한 이론이다. 조직이 다양한 자원을 보유하고 있는 외부환경에 능동적으로 대응(cope with)하고, 나아가 외부환경을 적극적으로 통제(control)하기 위해 다양한 전략을 구사해야 한다는 것이다.

Thompson(1967), Pfeffer & Salancik(1978) 등 자원의존이론가들은 조직이 생존하기 위해서는 자원을 제공하는 환경의 요구를 충족시킬 수 있도록 조직의 구조적 변화를 꾀하고, 자원의존성을 부과하고 있는 외부조직들과 보다 좋은 업무관계를 유지해 나가야 한다고 주장한다(Tompkins, 2005: 260). Pfeffer & Salancik(1978)에 의하면, 환경은 조직에게 다양한 자원(정보, 재원, 물리적 자원, 사회적 정당성 등)을 제공해 주는 원천이다. 조직은 생존과 번영에 필수적인 이런 자원들을 반드시 획득해야만 한다. 그리고 이러한 자원의 획득을 위해 각 자원을 통제하고 있는 주체들과 우호적 관계를 맺고 상호작용을 해야 한다.

Pfeffer & Salancik(1978)은 조직은 자원을 보유한 환경에 단순히 반응(react)만 할 것이 아니라, 환경 자체를 조직에 유리하게끔 만들어(enact)가야 함을 강조한다. 조직이 생존 및 발전하기에 가장 좋은 환경을 스스로 만들어 놓고, 그 환경을 적극 활용해야 한다는 것이다(이근주, 2000).

조직이 환경에 능동적이고 적극적으로 대응하기 위한 다각적 전략으로는 다음과 같은 여러 가지가 제시되고 있다.

(1) Pfeffer & Salancik이 제시한 전략으로는 조직의 차별화, 다원화, 그리고 규제완화를 들 수 있다(이근주, 2000). 차별화(differentiation) 전략은 조직구조의

설계에 있어서 각 하위부서의 업무를 다르게 하여 상호의존성을 낮추는 것이다. 이는 특정 하위부서가 직면하는 환경의 영향을 그 부서에만 한정시키고, 이를 통해 조직전체의 환경에 대한 의존성을 완화할 수 있다. 다원화(diversification) 전략은 조직이 수행하는 활동을 다양화하는 것이다. 이는 환경의 영향을 여러 부서에 분산시키고, 강력한 어느 특정 환경이 미치는 영향의 상대적 비중을 줄이는 효과를 가져올 수 있다. 규제완화(deregulation)는 정부 등 외부조직의 규제와 간섭을 줄이기 위해 로비 등을 행하는 전략이다.

(2) Selznick, Williamson 등이 제시한 전략으로는 흡수전략, 협력관계 형성 등이 있다(이창순, 1994). 먼저, 흡수전략은 외부조직이나 외부인물을 자기 조직으로 끌어들이는 전략이다. 여기에는 합병과 겸임이사제도가 포함된다. 합병은 자원의존관계에 있는 외부조직을 자기조직 내로 합병하는 것이다. 이는 조직의 대외적 의존성 및 거래비용을 줄이는 효과가 있다(Perrow, 1985: 238). 겸임이사제도는 Selznick (1957)이 제안한 Cooptation 전략의 하나로서, 조직에 위협이 되는 외부요소를 부분적으로 조직내부로 흡수하는 전략이다.

다음으로, 협력관계는 현실적으로 존재하는 자원의존관계에서 타조직과 협상적, 타협적 관계를 유지해 나가는 전략이다. 예컨대, 지방자치단체들이 지방재정 교부금을 배분하는 행정자치부와 좋은 관계를 유지하려는 것과 같다.

전략적 선택이론은 조직이 환경에 수동적으로 반응하는 데 그치지 않고 능동적인 대응과 통제를 하는 등 적극적 전략을 펼치도록 하는 이론적 근거를 제공했다. 그러나 환경대응전략들이 대부분 조직구조의 조정이나 관계형성에 한정되어, 조직 자체의 내재적 역량으로 환경에 대처하기 위한 전략들, 예컨대 프로세스 혁신, 인적 자원 육성 등 다양한 전략들을 제시하지 못했다.

4. 혼돈이론: 카오스(Chaos)이론

1) 복잡시스템으로서의 조직

조직은 수많은 행위자들(actors)과 단위부서 · 업무 · 기술 · 문화 등 다양한 요소들로 구성되고, 급속하게 변화하는 환경들로부터 크고 작은 영향을 받는 복잡한 시스템(complex system)이다. 조직 내 다수의 행위자들은 서로 경쟁 · 갈등 · 협력하는 등 상호작용을 하며, 외부환경 속의 다양한 조직들과도 치열한 경쟁을 하거나 협력관계를 형성해야 한다.

조직은 안정성(stability)을 향한 힘과 불안정성(instability)을 향한 힘이 혼재하고 서로 동시에 작용하는 동태적 공간이다. 평상시의 조직은 부(負)의 피드백을 통해 균형상태를 유지하고 일정한 방향으로 선형적 변화(linear change)를 할 수도 있다. 그러나 많은 경우 요소들 간의 충돌이나 외부환경의 충격적 영향으로 인해 불균형 상태가 나타나며, 초기변화가 예측하지 않는 방향으로 불규칙하게 확산되어 나가는 비선형적 변화(nonlinear change)를 가져오게 된다. 이러한 상태를 카오스(chaos) 상태라고 하며, 이 경우 조직은 하나의 비선형적 다이내믹 시스템(nonlinear dynamic system)이라고 할 수 있다(Stacy, 1992, 1996; 임창희, 2000). 조직이 속한 업종이나 분야에 따라서는 안정적 상태에 있는 조직들도 많이 있으나, 대부분의 대규모 조직들은 복잡 다기화된 동적 상태, 즉 카오스 상태에 있는 경우가 많다.

2) 균형모형의 문제

기존의 조직이론가들은 조직을 하나의 단순한 안정적 시스템으로 취급하여 균형과 질서만을 주로 강조하였다. 이러한 균형이론 또는 기계론적 관점에서는 조직의 움직임과 그 구성원의 행태가 법칙성이 있고 예측 가능한 것이라고 보았다(Stacy, 1992, 1996; 임창희, 2000).

[그림 2-10] 균형모형에서의 변화형태

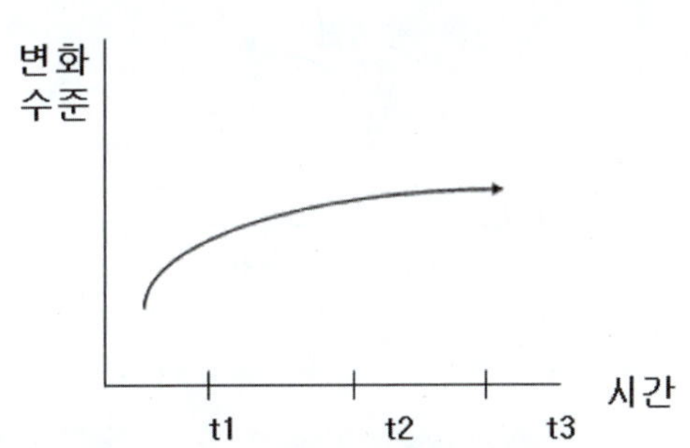

특히, 종래의 일반적인 환경이론들인 체제이론, 조직군 생태이론, 자원의존이론(전략적 선택이론) 등은 조직을 균형모형 관점에서 보았다. 균형모형에서는 '질서정연함 속의 질서'(order in orderliness)을 전제로 하고 있다(이창원 · 최창현, 2001: 96). 균형모형에서는 미래의 변화를 예측 가능한 것으로 보고 있다. 균형모형은 안정적인 변화를 가정한다.

3) 비균형모형과 조직혁신

현실적 상황은 균형모형이 가정하는 것보다 훨씬 복잡 다기화 되어 있고 급속히 변화한다. 모든 체제는 끊임없이 요동치고 있는 종속적인 체제를 내포하고 있기 때문에 안정적인 질서가 아니라 '혼돈으로부터의 질서'(order out of chaos)를 추구해야 한다(Prigogine & Stengers, 1984; Stacy, 1992, 1996; 이창원 · 최창현, 2001: 93).

환경으로부터의 위기가 존재하는 상황에서는 환경변화의 예측가능성이 낮고 항상성을 유지하기 곤란하다. 이러한 상태를 보여주는 순간을 '분기점'(bifurcation point)이라고 하며, 변화의 향방을 예측하기가 매우 어렵다. 이 순간에는 체제가 혼돈 속으로 와해될지 요동을 통한 새로운 질서로 도약할지 알 수 없다(Leifer, 1989; 이창원 · 최창현, 2001: 95). 이러한 예측 불가능의 상태를 현실적 상황으로 가정하는 이론이 비균형모형이다.

[그림 2-11] 비균형모형에서의 변화형태

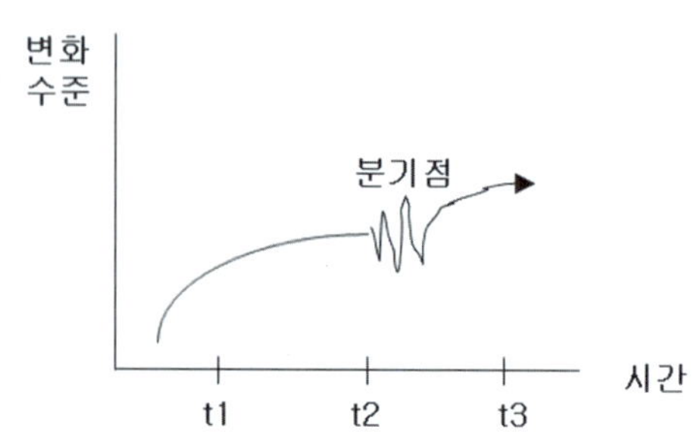

체제가 예측하기 어려운 방향으로 변화를 확산시켜 나가는 현상을 설명하는 개념으로 나비효과라는 것이 있다. 나비효과(butterfly effect)[2]는 일정한 곳에서의 미세한 초기변화가 나중에 다른 곳에서 엄청나게 큰 변화를 가져오게 하는 현상을 말한다. 이를 초기조건 민감성이라고 표현하기도 한다.

비균형모형에서는 이러한 변화의 순간을 카오스(chaos) 상태라고 하며, 조직은 오히려 카오스 영역을 의도적으로 창조해야 함을 강조한다(Stacy, 1992, 1996; 임창희, 2000). 즉, 혼돈의 상태를 자기혁신의 기회로 인식하여 조직을 혁신해야 한다는 것이다. 비균형 상태에서는 새로운 질서를 가져올 수 있는 자기조직화의 노력을 기울여 복잡하고 급변하는 상황에서도 살아남을 수 있는 자생적 조직(viable organization)을 구축해야 한다는 것이다.

4) 자생조직모델: 자기조직화의 원리

자생조직(viable organization)이란 복잡하고 급변하는 위기상황 속에서도 능히 살아남을 수 있는 조직을 말한다. Beer(1989)에 의하면, 조직과 그 하위조직 및 조직구성원은 위기상황을 스스로 감지하고 그에 대처하는 방법을 찾아 문제를 해결하는 능력을 가져야 한다. 이때의 자생조직은 스스로 판단하고 행동하는 하나의 생명체로 이해된다.

자생조직의 구축을 위해서는 급속히 변화하는 상황에 대한 탄력적 대응, 분산적 구조, 하위단위와 구성원의 독립성 확보, 그리고 새로운 문제를 해결하는 창조적 능력의 배양 등이 강조되어야 한다(박희봉, 2000). 특히, 자생조직은 스스로 변화를 거듭하면서 새로운 조직 시스템을 조성해 나간다는 점에서 자기조직화 체계(self-organizing system)라고 할 수 있다(Beer, 1989; 박희봉, 2000; 이창원 · 최창현, 2001: 96; 최창현, 2012: 155-159).

이러한 자기조직화 설계를 위한 방안을 제시하면 다음과 같다. 여기서는 여러 학자들의 자기조직화 설계방안들을 종합하여 8가지 설계원칙의 형식으로 제시한다.

---

2) 나비효과는 미국의 기상학자 Edward Lorentz가 제시한 개념으로서, 브라질에 있는 나비들의 작은 날개짓이 미국 텍사스에 토네이도를 가져올 수 있을 것인가에 관하여 논의함에 따라 등장한 용어이다. 초기조건의 미세한 차이가 시간의 흐름에 따라 점점 커져서 엄청난 결과를 초래할 수도 있다는 충격적 효과를 나타내 주는 개념이다.

(1) 창발적 조직설계 원칙

환경이 복잡하고 급변하는 상황에서는 복잡한 문제에 바로바로 대응할 수 있는 시스템으로서의 특성을 가져야 한다. 그리고 새롭게 떠오르는 문제들을 능히 해결할 수 있는 체제역량을 갖추어야 한다. 이러한 체제의 특성을 창발적 또는 위기직면적 특성(emergent property)이라고 한다. 그리고 각 하위체계, 즉 단위시스템은 스스로 각 부분적 환경특성에 대응할 수 있도록 독립성 · 자율성 및 자발적 통제력을 가져야 하고(Beer, 1989; 박희봉, 2000), 문제해결 중심 조직을 구축해야 한다.

(2) 필수적 다양성의 원칙

하나의 체제로서의 조직은 환경의 복잡성에 충분히 대응할 수 있도록 충분히 다양한 체제적 요소를 갖추어야 한다(Beer, 1989; 박희봉, 2000; 이창원 · 최창현, 2001: 96; 최창현, 2012: 155-9).

(3) 최소한의 구체화 원칙

조직의 적응력을 높이기 위해서는 절대적 핵심사항 외에는 세부적 SOP (Standard Operating Procedure)를 지정해 주어서는 안 된다(Beer, 1989; 박희봉, 2000; 이창원 · 최창현, 2001: 96; 최창현, 2012: 155-159).

(4) 자생적 학습의 원칙

변화하는 복잡한 환경 속에서는 어떤 사전적 의도나 목표 없이 자연스럽고 우발적으로 학습을 해야 한다. 누가 구체적으로 특정한 프로그램을 만들이 가르쳐주지 않더라도 조직구성원 스스로 복잡상황에 직면하여 문제의 해결책을 터득해야 한다(Stacy, 1992, 1996; 임창희, 2000). 특히, 현존하는 규범이나 제도 또는 체제의 적절성을 끊임없이 도전적으로 검토하여 바꾸어 나가는 이중적 순환고리 학습(DLL : Double-Loop Learning)을 해야 한다(Morgan, 1986: Beer, 1989; 박희봉, 2000; 이창원 · 최창현, 2001; 최창현, 2012: 155-159).

(5) 독립 소규모 단위조직의 원칙

급격하게 변화하고 부분적으로 특성을 달리하는 각 환경에 탄력적으로 대응하려면 각 하부조직은 경량화 또는 기동화 되어야 한다. 각 하부 단위조직이 독립적인 조직으로서 소규모 단위로 설계될 필요가 있다(Stacy, 1992, 1996; 임창희, 2000). 소규모 단위조직은 부분적 환경에 대한 맞춤식 대응, 독특한 업무프로세스 개발 등 이점이 있다.

(6) 복합다기능화의 원칙

환경이 전체적으로 복잡하게 얽혀있고 여러 부분적 환경들이 상호 연계되어 있을 경우에는 여러 기능을 수행하는 복합다기능팀(multi-functional team) 또는 교차기능팀(cross-functional team)을 활용하는 것도 좋은 조직설계 전략이 될 수 있다(Stacy, 1992, 1996; 임창희, 2000).

(7) 전체체제와 부분체계 간의 정합성 원칙

자생조직모델은 체제의 전체와 부분 간의 정합성을 강조한다. 조직 내 각 하위시스템이 각 환경의 부분적 특성에 맞게 독립적으로 작동하더라도, 결국 전체적 시스템의 궁극적인 목표나 성과를 달성하는 데 기여해야 한다. 이를 위해서는 전체적 체계와 부분적 체계 간에는 반복 또는 재귀(recursion)라는 속성이 유지되어야 한다(Beer, 1989; 박희봉, 2000). 이를 프랙탈 구조(fractal structure)라고 한다.

(8) 가외적 기능의 원칙

복잡한 환경변화와 긴급한 상황발생 속에서는 안전하고 확실한 대처와 문제해결이 요구된다. 그런데 하나의 기관이 주어진 기능을 확실하고 안전하게 완결시켜 줄 수 있을지는 아무도 장담할 수 없다. 이러한 경우에는 가외적 조직설계가 필요하게 된다. 즉, 하나의 기관이 제대로 기능하지 못할 경우 다른 기관이 이를 대치할 수 있도록 설계한다(Landau, 1969). 즉, 기능의 중첩성과 중복성을 부여한다.

제7절 해석학적 접근방법

해석학적 조직이론이란?

Husserl, Schutz, Harmon 등에 의해 주장된 해석학적, 현상학적 이론은 사회실재를 '사회정의적으로 생성되어 나오는 간주관적으로 공유된 의미'로 보는 시각이다(Denhardt, 1984; 이창순, 1994).

여기서 사회정의적이란 "어떤 상황을 실재라고 정의하면 그것은 결과에 있어서 실재가 된다"는 것을 의미한다. 즉, 사회현상이란 그것을 어떻게 정의하느냐에 달려있다. 또, 간주관적(intersubjective)이란 개인과 개인간의 상호이해를 바탕으로 하는 교류작용을 뜻한다. 즉, 자아와 자아의 교류에 의하여 어떤 의미를 공유했을 때 그 의미가 실재로 된다는 것이다.

대부분의 조직이론들은 개인의 의식과는 독립된 외적 구조로서의 조직의 객관적 실재성을 전제로 한다. 즉, 조직구성원의 의식은 객관적으로 존재하는 공식구조, 권위체계 등에 의해 관리되는 대상일 뿐이며, 객관적인 조직구조에 대한 개인의 영향력은 제한적이라고 본다.

이에 비해, 현상학적 시각에서는 조직이란 구성원들 간의 상호작용 속에서 유사한 의미가 부여되는 실재이다. 외부적, 객관적으로 관찰되는 행위(behavior) 자체보다도 그 행위에 관하여 행위자 자신이 부여하는 의미(meaning)를 더 중요시한다. 이와 같이 의미가 부여된 행동(action)은 객관적으로 관찰된 행위(behavior)와 구별되는 것이다. 즉, 행위 속에 함축된 의식적 지향성과 해석이 중요하다. 그리하여 의미의 세계(world of meaning)에 대한 연구에 초점을 두어야 한다. 한 마디로 구성원의 의식, 의도, 주관적 해석을 중요시하는 이론이다.

1. 조직화이론

조직화이론은 환경에 대한 해석과 적응과정을 통한 조직의 학습을 중요시하는 이론이다. Weick(1979)과 Daft & Weick(1984)은 조직관리에 있어서 중요한 것은 '조직화'(organizing)라고 한다. 여기서 조직화란 (i) 환경에 대한 해석, (ii) 그 해석에 바탕을 둔 대응, 그리고 (iii) 그 결과에 대한 확인 등을 통하여 학습하는 과정이다. 이 이론에서 가장 핵심적인 내용은, 조직구조 설계나 전략 수립은 조직이 직면하고 있는 문제나 기회를 조직의 의사결정자들이 어떻게 해석하느냐에 달려 있다는 것이다. 이러한 해석이 이루어지면 조직이 어떻게 대응할 것인가를 결정하게 되고, 그 결과를 통해서 조직은 학습을 하게 된다는 주장이다(이창순, 1994; 이창원 · 최창현, 2001: 89-90).

2. 무정부적 조직이론 -쓰레기통 모형-

해석학적 접근법에 포함시킬 또 하나의 조직이론으로 무정부적 조직이론 또는 의사결정의 쓰레기통 모형을 들 수 있다. 이 이론은 조직의 목표와 선호 및 의사결정체계의 불명확성으로 인하여 그 조직의 실질적 목표, 선호, 의사결정체계를 파악하려면 구성원들과 분석가들의 의미부여(해석)를 필요로 하므로 현상학적 접근으로 본다.

1) 쓰레기통 모형이란?

Cohen, March & Olsen(1972)이 제시한 의사결정의 쓰레기통 모형(garbage can model)은 조직의 목표와 선호가 불명확한 상황 하에서의 의사결정 현상을 설명하고 있다. 이 이론에 의하면, 많은 조직들은 잘 조직화되고 명확한 의사결정체계를 가진 관료제적 조직과 달리 합리적 의사결정을 잘 하지 못한다. 즉, 많은 조직들이 의사결정의 불확실성 상황과 비합리적인 측면을 가지고 있다(Perrow, 1979: 158).

2) 조직화된 무정부 상태

이 이론에서는 의사결정의 불확실성 상황을 '조직화된 무정부 상태'(organized anarchy)라고 부른다. 이러한 불확실성 상황 또는 무정부 상태란 어떤 현상이며, 왜 나타나는가? Cohen, March & Olsen(1972)은 다음 세 가지 이유를 제시하고 있다.

첫째, 문제성 있는 선호체계(preference map)이다. 즉, 조직의 선호체계가 일관성 없고 모호하다는 것이다. 의사결정이 이루어지려면, 즉 하나의 대안을 선택하려면, 각 대안이 가져올 결과를 의사결정자가 얼마나 좋아하는지, 여러 대안 중 어느 대안을 가장 좋아하는지 분명해야 한다. 그런데 조직의 목표가 불명확하고 최고 의사결정자가 상황을 지배하지 못할 때에는 분명하고 일관성 있는 선호체계가 성립되기 어렵다.

둘째, 불명확한 기술적, 이론적 관계(technical, theoretical relationship)이다.

즉, 조직목표와 대안간의 인과관계가 불명확하다는 점이다. 하나의 대안을 채택할 때 과연 그 대안이 목표를 잘 달성할 수 있는지 확신하기 어렵다.

셋째, 유동적인 참여자(participants)이다. 의사결정에의 참여자가 자꾸 바뀔 수 있다는 것이다. 일정한 참여자가 있어도 상황에 따라서 의사결정 회의에 참석하기도 하고 불참하기도 한다.

이러한 혼란상황에서는 합리적이고 일관성 있는 의사결정이 이루어지기 어렵다. 이런 유형의 조직으로는 대학형 조직(collegial organization)을 들 수 있다.

3) 의사결정의 4요소와 그 현상.

그러면 조직화된 무정부 상태 하에서 의사결정 현상은 어떻게 나타나는가? 합리적인 의사결정이 아니라, 여러 가지 요소들이 뒤죽박죽된 상태에서 우연적으로 의사결정이 이루어진다. 즉, (i) 문제, (ii) 해결책, (iii) 참여자, (iv) 선택기회 등 4가지 요소의 우연적 만남에 의하여 결정이 이루어진다.

첫째, 문제(problem)가 시간적 흐름에 따라 떠돌아다닌다. 어떤 문제가 지속적으로 다루어지는 것이 아니라, 어떤 주체에 의해 다루어지다가 다른 주체에게 넘어가거나, 문제들이 섞여지기도 한다(Perrow, 1979: 158).

둘째, 해결책(solutions)이 시간과 함께 흘러 다닌다. 처음부터 의도되거나 기대된 해결책이 없거나, 심지어는 아무런 해결책이 없을 수도 있다. 여러 가지 유용한 해결책들이 있음에도 어떤 이유에선가 채택되지 않고 있을 수도 있다.

셋째, 참여자들(participants)이 왔다 갔다 한다. 의사결정에 참여하는 사람들이 일정하지 않고 바뀌며, 일정한 참여자도 늘 참석하지 않는 경우가 많다.

넷째, 선택기회(opportunities)가 나타나기도 하고 나타나지 않기도 한다. 선택기회란 선택이 이루어질 수 있는 의사결정의 모임, 공간, 사건 등이다.

이상과 같은 네 가지 요소가 시간적 흐름에 따라 돌아다니다가 우연적인 만남이 있게 되면, 즉 쓰레기통(garbage can)에서 한 번에 만나게 되면, 그 때 전격적으로 의사결정이 이루어지게 된다. 이는 예측가능성이 낮고 합리적일 가능성이 높지 않은 의사결정이 되는 것이다.

[그림 2-12] 쓰레기통모형의 의사결정 상황도

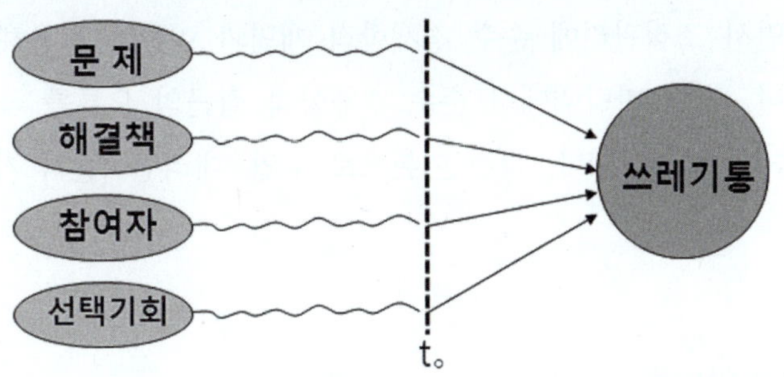

여기서 하나의 개입요소로 점화계기(triggering event)의 작용을 들 수 있다. 이는 의사결정을 촉발시키는 하나의 충격적이거나 중대한 사건을 말한다. 문제가 존재하고, 해결책이 제시되어 있는데도, 그 해결책을 채택하지 않고 있는 상황에서, 어떤 중대한 사태가 발생하여 당해 문제의 심각성을 사회가 인식하게 되었을 때, 의사결정 참여자들은 의사결정의 기회를 찾아, 그 문제의 해결책을 채택하는 의사결정을 갑자기 하게 된다는 것이다.

제8절 경제적 접근방법

조직경제학은 경제학에서 개발된 개념 및 이론과 그 한계점에 착안하여 조직관리이론을 도출하고자 하는 접근방법이다. 경제학의 기본적 가정은 모든 개인이 자신의 이익과 효용을 극대화하는 방향으로 행동한다는 것이다. 순수 경제학적 접근은 조직이 개인의 이기적 속성을 이해하고 이러한 이해에 바탕을 둔 조직관리(예: 자유경쟁, 인센티브 등)를 했을 때 조직성과를 제고함과 아울러, 조직구성원에 대한 합리적인 보상을 기할 수 있다고 주장한다. 이러한 전제는 조직 내・외에서 누구나 거래에 참여할 수 있는 완전경쟁시장이 형성될 수 있다는 조건, 그리고 거래 참여자들은 완전한 정보를 획득할 수 있다는 조건 위에 성립될 수 있는 것이다.

그러나 현실세계(real world) 속에서는 완전시장에 대한 가정이 잘 성립되지 않는다. 어떤 거래에 모든 경쟁자들이 참여하지도 않으며, 완전한 정보를 획득하기도 어렵고, 정보획득이나 거래성사에는 비용이 소요된다. 조직경제학은 이러한 현실적 한계를 직시하면서 조직관리에 순수 경제학적 개념과 이론을 적용해 보고자 하는 시도를 비판하며, 그런 바탕위에서 순수 경제학적 접근의 오류를 극복할 수 있는 조직관리이론을 제시하고 있다. 그런 이론으로 주인-대리인이론과 거래비용이론을 들 수 있다.

1. 주인-대리인이론(Principal-Agent Theory)

1) 주인-대리인 관계란?

주인-대리인이론은 주인과 대리인간의 관계에서 발생하는 현상을 조직에 적용하여 그 관계상의 문제와 그 해결을 위한 조직관리 전략을 제시한 이론이다. 이 이론에 관하여는 Alchian & Demsetz(1972), Fama(1980), Jensen(1983), Moe(1984), Perrow(1986) 등 많은 학자들이 논의를 제공하고 있다.

주인(principal)이란 다른 사람 또는 기관에게 일을 맡기는 위임자이며, 대리인(agent)이란 주인의 위임을 받아 재화나 용역을 제공하는 공급자 또는 수탁자라고 할 수 있다. 주인-대리인의 관계는 대리인이 무엇을 해야 하고, 그 대가로 주인은 무엇을 해야 하는지를 적시한 하나의 계약에 의해 지배된다(Perrow, 1986: 224). 예를 들면, 사용자-근로자, 국민-대통령, 국민-행정관료 등은 서로 주인-대리인의 관계를 형성하고 있다.

2) 주인-대리인 관계가 왜 조직관리에서 문제가 되는가?

많은 조직에서는 일을 맡긴 자(위임자)와 일을 맡은 자(수탁자)가 서로 관계를 맺고 있다. 그런데 수탁자가 위임자를 위하여 온전하게 일을 해 주지 않는 상황이 많이 발생한다. 즉, 대리인이 주인의 이익을 높이는 방향으로 최선을 다하여 노력을 기울이지 않는다는 것이다. 이러한 현상이 일어나는 근본적인 원인은 일반적으로 주인이 대리인만큼 전문지식과 정보를 갖고 있지 못한 데 있다. 주인-대리인 관계에 있어서의 구체적 문제를 살펴보면 다음과 같다(Perrow, 1986: 228-229; 김병섭 외,

2001: 564–565).

(1) 정보의 불평등

주인은 대리인보다 정보가 부족하다. 이를 정보의 비대칭성(information asymmetry)이라고 한다. 이로 인해 대리인은 주인을 속일 수 있으며, 주인의 이익에 반하는 행위를 할 수 있다.

(2) 역선택(adverse selection)

주인이 대리인에 대한 충분한 정보를 갖고 있지 못하기 때문에 유능하고 정직한 대리인보다 무능하고 부정직한 대리인을 선택할 수 있다. 즉, 자기의도와는 거꾸로 가는 선택을 할 수 있다.

(3) 도덕적 해이(moral hazard)

이는 대리인이 주인을 위해 최선의 업무수행을 하지 않는 현상을 말한다. 즉, 대리인이 주인을 위한 업무를 기피하거나 게을리 하는 것이다.

(4) 기회주의적 속성

이는 대리인이 주인의 이익보다 자신의 이익을 추구하는 현상을 말한다. 대리인은 정보의 비대칭성을 악용하여 자신의 효용, 즉 사익을 극대화하는 경향이 있다.

3) 주인–대리인 문제를 해결할 조직관리 메커니즘은?

주인–대리인 문제는 불성실하거나 부정직한 피고용인(조직구성원)이 그에게 급여를 지급하는 고용인(조직 또는 국민)에게 제대로 봉사하지 않는 문제라고 할 수 있다. 그러면 대리인인 조직구성원으로 하여금 조직을 위하여 성실하고 정직하게 일하도록 만들 조직관리 기법 또는 전략은 없는가? 학자들(권순만 · 김난도, 1999: 84–85; 김병섭, 2001: 565–566)이 제시한 다양한 메커니즘 중 대표적인 것을 설명하면 아래와 같다.

(1) 인센티브의 제공

주인의 이익에 비례하여 대리인의 이익이 늘어나게 한다. 주인을 위해 최선을 다하는 것이 자신에게도 이익이 되는 시스템을 만드는 것이다.

(2) 경쟁 강화

다수의 대리인을 고용하여 상호경쟁을 유도함으로써 주인의 이익을 창출한다. 비용문제로 다수의 대리인을 고용하기 어려울 때에는 대리인에 관한 정보를 바탕으로 보다 나은 대리인을 선택한다.

(3) 정보체계 구축

대리인의 업무내용을 잘 파악할 수 있는 조직 내 정보시스템을 마련하여, 대리인의 감독에 필요한 정보 · 지식을 원활하게 확보한다.

(4) 통솔범위 제한

통솔범위를 가급적 좁게 잡아서 대리인의 행동을 세밀하게 관찰한다.

주인-대리인이론은 경제학적 개념과 가정을 조직구성원의 행동성향에 적용하여 조직관리상의 근본적인 문제를 인식시켜 주었고, 그러한 문제에 대한 해결대안을 제시해 주었다. 그러나 주인-대리인이론은 구성원 개인의 이기적인 행동 측면에 주의를 집중하는 반면, 조직생활의 협력(cooperation) 측면에 관하여는 충분한 관심을 기울이지 않았다. 그리고 정보의 비대칭성을 기반으로 개인(대리인)이 야기하는 이익의 불균형 문제에 초점을 둔 결과, 관료제적 조직에 내재하는 권력의 비대칭성(power asymmetry)에 의해 관리자(주인측)가 초래할 수 있는 구조적 착취에 대하여는 무시하고 있다(Perrow, 1986: 235).

2. 거래비용이론(Transaction Costs Theory)

거래비용이론(TCE)은 시장(a market) 중심의 지배력이 조직 계층제(a hierarchy) 중심으로 옮겨간 현상을 설명하는 이론이다(Williamson, 1983; Perrow, 1986: 236). TCE는 경제학처럼 효율성(efficiency)을 중시하는 접근법이다. 그러나 그 효율성이 시장(market)에 의해서보다도 거대조직들(giant organizations)에 의해 더 잘 달성될 수 있다는 것이다(Perrow, 1986: 236).

1) 거래비용이란?

거래비용이란 구매자와 판매자가 거래를 하는 과정에서 발생하는 비용을 말하는데, 여기에는 사전적 거래비용과 사후적 거래비용이 있다.

사전적 거래비용에는 (i) 상품이나 서비스의 질을 정확하게 파악하기 위한 측정비용, (ii) 구매자를 발견하거나 정직한 판매자(공급자)를 발견하기 위한 정보비용, (iii) 계약을 맺는 과정에서의 협상비용 등이 있다.

사후적 거래비용에는 (i) 계약내용을 잘 실행하도록 만들기 위한 이행비용, (ii) 계약한 내용대로 잘 실행하는지 감시하기 위한 정보비용 등이 있다(김병섭, 2001: 551).

그러면 이 거래비용이 조직에서 왜 문제인가? 신고전파 경제학자들은 완전경쟁시장을 전제로 하면서 거래비용이 존재하지 않는다는 가정(거래비용 = 0)을 하였다. 그러나 Coase(1937)와 같은 조직경제학자들은 완전경쟁시장이 여러 가지 이유로 성립되기 어려우며, 기업 등 조직에서는 거래비용이 필연적으로 발생한다는 점을 지적하였다(Williamson, 1975, 1985, 1996; 김병섭 외, 2001: 550-551). 그리하여 이러한 거래비용을 줄이는 방향으로 조직관리를 해야만 효율적인 조직관리가 된다는 점을 제시하였다.

2) 거래비용이론의 조직전략 제안

거래비용이론(TCE)에서 제안하는 조직구조적 전략은 바로 외부조직의 내부조직화(internalization)이다. 내부조직화란 당해 조직과 거래하는 외부조직을 자기조직 속으로 끌어들이는 것을 말한다. 시장(market)이라는 제도 하에서는 거래비용이 과다하게 소요되기 때문에 대안적 시스템이 필요한데, 그 대안적 시스템이 바로 내부조직화이다. 즉, 계층제적 조직시스템이 시장보다 거래비용을 훨씬 더 줄일 수 있기 때문에 거래대상 조직을 흡수·결합하여 자신의 내부조직으로 만드는 것이 좋다는 것이다.

[그림 2-13] 내부조직화 모형도

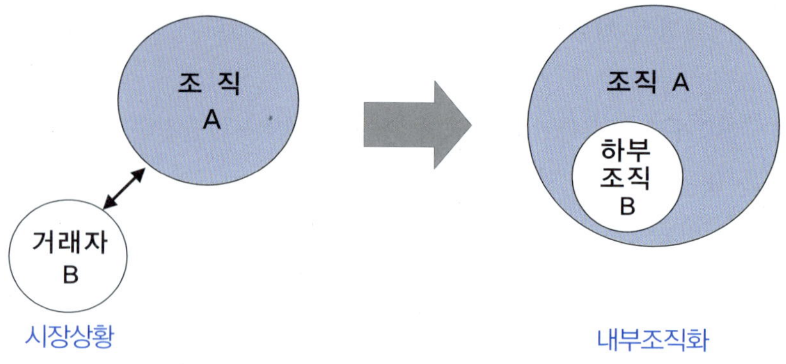

3) 내부조직화의 이점

TCE에서 주장하는 내부조직화는 어떤 점에서 유리한가? 물론 기본적인 이유는 앞에서 핵심 요인으로 설명한 것처럼 시장보다 거래비용을 줄일 수 있다는 점이다. 그 외에도 몇 가지 장점이 존재한다. 첫째, 시장에서는 각 개인의 이익을 주로 추구하나 조직에서는 조직전체 이익이 강조된다. 둘째, 내부조직에서는 조직 내 구성원에 대한 감시가 용이하고 의사소통이 많이 이루어져 정보의 편재성이 비교적 적다. 셋째, 시장에서는 분쟁해결 비용이 많이 들지만, 내부조직에서는 명령이나 조정을 통해 해결할 수 있다(김병섭, 2001: 555).

거래비용이론은 주인-대리인이론과 함께 경제학적 개념과 이론을 조직관리 문제에 적용함으로써 종전의 이론과는 사뭇 다른 새로운 조직이론의 패러다임을 제시했다. 아울러, 지난 수 십 년간에 걸쳐 작은 기업조직들이 감소하고 큰 규모의 조직들이 증가한 논리적 근거를 보여주고자 했다(Perrow, 1986: 240-241). 그러나 TCE는 비용의 축소를 통한 조직의 효율성 제고를 강조했으나, 외부조직들을 획득·통합하는 데 드는 비용을 고려하지 않았으며, 외부조직이 내부로 들어와 내부 부서들과 상호작용함에 따른 비효율성 증가문제를 경시했다. 그리고 조직내부에서의 정보획득이나 통제는 정치적, 개인적 문제를 수반하므로 시장에서보다 더 비용이 증가하거나 신뢰성이 낮을 수도 있다(Perrow, 1986: 244-245).

제9절 제도적 접근방법

1. 합리적 선택 신제도주의

일반적으로 제도(institution)의 개념은 "정치와 경제 각 부문에서 개인들간의 관계를 구조화시키는 공식적 규칙, 순응절차, 그리고 표준화된 관행"이라고 할 수 있다(Hall, 1986: 19). 합리적 선택 신제도주의 학자들은 제도의 개념을 행위자들이 지켜야 할 '게임의 규칙'(rule of game)으로 본다(하연섭, 2008: 44; 박계옥, 2013: 211).

합리적 선택 신제도주의는 인간이나 조직의 의사결정, 행동, 조직설계, 그리고 전략의 형성에 영향을 주는 요인으로 인간의 선호(preference)와 그에 따른 합리적 선택(rational choice)을 중요시한다. 아울러, 집단이나 조직 내에 형성되어 있는 제도가 개인의 합리성에 영향을 주어 합리적인 선택과 결정을 하게 만들어 줄 수 있다고 한다. 합리적 선택 신제도주의에는 경제학적 신제도주의와 정치학적 신제도주의가 있다.

경제학적 신제도주의는 Coase, Williamson, North 등이 제시한 거래비용이론(transaction costs theory)으로 대표된다. 이들은 기업조직의 효율성, 즉 수익성을 높이기 위해서는 다른 조직들과의 거래비용을 감소시켜 비용최소화를 꾀해야 한다고 주장했다. 그리하여 거래비용 최소화를 위한 조직구조 설계전략으로 내부조직화(internalization of organization)라는 제도를 제안했다(North, 1990; Ostrom, 1996; 박계옥, 2013: 216).

정치학적 신제도주의는 Hall & Taylor, Ostrom 등에 의해 제시된 이론으로서, 경제학적 합리주의 이론을 기본적으로 받아들이되, 정치적 제도라는 구조와 맥락 속에서 인간의 행동을 설명한다. 이들은 인간의 행동이 개인적 선호와 합리적 선택에 의해 결정된다는 사실을 인정하면서도, 인간 또는 집단의 행동이 정치적 제도에 의해 큰 영향을 받는다는 점을 중시한다.

예컨대, 미국 의회의 상임위원회에서 어떤 의안에 관해 의결을 하고자 할 때, 의회의 규칙과 절차들이 개인의 선택기회의 범위, 가용한 정보자원 등에 가이드라인을 제공하고, 다른 의원들의 행동반응이 개인의 선택에 영향을 미친다. 이는 의회 내의 정치적 제도가 집단행동(합의 · 의결)의 문제에 직면하여 개인적 합리성과 사회적 합리성(집단 합리성)의 양립을 가져온다는 사실을 보여준다(Hall & Tayor, 1996; 김병섭 외., 2001: 574-575).

합리적 선택 신제도주의는 인간의 합리적 선택이 행동과 전략을 결정하는 요인임을 강조했다는 점에서 인간의 자발적 · 적극적 선택의 의미를 부각시켰다. 그러나 실제로 개인의 행동이나 조직 · 국가 · 사회의 제도가 합리적 요인이 아닌 다른 다양한 요인들에 의해 결정될 수 있음을 경시한 인상이 짙다.

2. 역사적 신제도이론

역사적 신제도주의에서 제도란 “장기간에 걸친 인간행동의 정형화된 패턴”이다. 이는 개인과 집단 또는 조직의 행위나 전략 · 정책의 선택 등에 영향을 주는 외적인 제약요인이라고도 규정할 수 있다(하연섭, 1999).

역사적 신제도주의에 의하면 인간과 조직의 행동은 제도(institution)에 의해 형성되거나 제약을 받는다. 그런데 바로 이 제도는 역사(history)의 산물이라고 본다. 역사적 신제도주의에서는 제도의 지속성(durability)과 경로의존성(path dependence)을 강조한다. 제도는 갑자기 발생하고 소멸하기보다는 연속성을 갖고 변한다는 것이다. 앞선 시점에서 형성된 제도는 다음 시점에서의 선택과 변화방향을 제약하게 된다. 제도는 그 형성단계에서는 종속변수이지만 다음 제도의 형성단계에서는 그 다음 제도에 영향을 주는 독립변수가 된다(Krasner, 1988: 67-82; 하연섭, 1999).

[그림 2-14] 제도의 연속성 및 경로의존성

1단계 : A° (독립변수) → A_1 (종속변수)

2단계 : A_1 (독립변수) → A_2 (종속변수)

제도는 역사적 발전과정에서 특정한 경로(path)를 따른다. 이로 인하여 다른 경로를 선택할 기회가 배제된다. 즉, 특정 시점의 선택이 미래의 선택을 제약하기 때문에 최적의 적응을 못하게 할 수도 있다.

역사적 신제도주의는 주로 제도가 행위자에게 미치는 영향을 강조하나, 그 반대 방향의 영향도 인정한다. 제도는 개인의 행위와 개인간·집단간의 관계에 큰 영향을 미치나, 동시에 제도 역시 개인과 집단의 상호작용에 의해 탄생하는 산물임을 인식하고 있다. 즉, 제도와 행위자는 각각 독립변수이면서도 종속변수라고 할 수 있다(Thelen & Steinmo, 1992: 10; 하연섭, 1999).

역사적 신제도주의는 제도가 형성·유지되는 실질적 현상을 잘 설명하고 있다. 즉, 현실적으로 인간사회의 시스템들이 역사적 경로를 쉽게 벗어날 수 없음을 냉엄하게 기술하고 있다. 그러나 역사적 신제도주의는 경로의존성을 강조함으로써 새로운 제도의 선택이나 창조의 중요성을 경시하고 있다.

3. 사회문화적 신제도이론

사회적 신제도주의는 조직의 체계, 정책, 활동에 영향을 미치는 요인으로 사회문화적 변수(sociocultural variables)를 강조한다. 사회문화적 변수란 사회의 규범, 가치, 의식, 신념체계 등을 말한다. 조직은 사회 속에서 합리화되고 정당화된 지배적 개념이 정의하는 실행과 절차를 선택하게 되는데, 이렇게 합리화되고 정당화된 실행과 절차가 '제도'이다(Meyer & Rowan, 1977: 340-363; 배병룡, 1999).

이 이론에 의하면, 조직은 조직 내의 공식적 규칙이나 권위 또는 합리적 행위규범에 의해 관리·통제되기보다는 사회의 문화적 규범(social cultural norms)에 의해 통제된다. 조직은 사회적 정당성과 지지를 확보하고 생존하기 위하여 조직의 산출, 서비스, 기법, 정책, 프로그램 등을 선택함에 있어서 포괄적인 제도적 환경 속의 문화적 규범, 가치, 신념 등을 따른다. 즉, 조직의 구조나 체제는 과제수행에서 나타나는 기술적 필요 또는 능률성보다는 사회적 정당성(social legitimacy)에 입각해서 설계되거나 실행된다. 조직의 구조설계나 전략수립에 있어서 조직은 그 자체 또는 개인의 의지보다는 조직외부 사회의 제도화된 환경의 기대를 보다 많이 반영한다(이창순, 1994).

조직들은 사회 속의 제도화된 환경의 특성을 반영하여 그 체제가 상호유사하게 닮아간다. 이를 상호유질동형화(isomorphism)라고 한다.

사회적 신제도주의가 적용된 정책사례는 매우 다양하게 찾아볼 수 있다. 예컨대, 대학평가제도는 교수에 대한 강의평가, 대학의 재정평가 등을 통해 경영성과를 높이기 위하여 채택되기도 하지만, 사실은 사회적 압력에 의해 어쩔 수 없이 도입된다.

사회문화적 신제도주의는 사회환경 속에서 널리 공유되고 있는 문화적 규범이나 가치 등을 조직체제에 반영하도록 함으로써 사회적 정당성을 갖도록 유도하는 의미를 가지고 있다. 그러나 이 이론은 사회문화적 변수들의 결정력을 너무 강조한 결과, 조직의 전략적 행동의 중요성을 약화시키고 있다(Oliver, 1991: 145-179; 배병룡, 1999).

제10절 초합리적 접근방법

1. 포스트모던 조직론

1) 모더니즘과 포스트모더니즘

먼저, 모더니즘(modernism)은 계몽주의 시대 이후에 나타난 사조로서 객관주의적이며 자연과학적인 세계관이다. 인류는 중세의 암흑기를 거치면서 종교가 정치, 사회, 학문, 그리고 예술을 지배하는 어려운 시대를 겪어야 했다. 그 후 세계는 정치와 종교의 분리, 과학의 발전 등 새로운 시대변화를 맞으면서 학문과 예술의 자유를 구가할 수 있는 르네상스를 이루었으며, 이 시대에 형성되었던 새로운 사조가 바로 근대적 사고주의, 즉 모더니즘인 것이다. 모더니즘은 자유와 진리를 추구하는 사상이다. 이는 영원하고 안정된 존재(being)와 그에 바탕을 둔 진리(truth)에 대한 신념이다. 인간과 자연의 분명한 존재와 그 원리를 존중한다. 모더니즘은 이성주의적 사고로서 실제로 존재하는 사물(thing), 현상(phenomenon), 결과(outcome)를 강조한다. 인식론적으로 인간을 만물의 중심에 놓고 세계를 이해한다. 신으로부터의 해방과 현대 기술문명을 강조한다(Cooper & Burrell, 1988; 장승권, 2000).

포스트모더니즘(postmodernism)은 모더니즘에 대한 반명제로 대두된 사조로서 상대주의적, 다원적 세계관이다. 인간과 사회가 절대적 이성주의에 따른 사고와 시스템에 갇혀버리는 것을 거부한다. 객관적 사실주의보다는 주관적 구성주의(constructivism)를 중시한다. 즉, 실제 눈에 보이는 객관적 실체보다도 인간의 마음속에서 생성되는 주관적 사고를 강조한다. 그리고 하나의 기준에 의해 지배되기보다는 여러 기준이 존재할 수 있음을 인정한다.

포스트모더니즘은 결과보다는 변화하는 과정(process), 행동(action), 생성(becoming)을 강조한다. 진리와 존재는 단지 사건(event)으로 인식되며, 항상 다시 쓰여지고 재해석된다고 한다(Cooper & Burrell, 1988; 장승권, 2000). 무언가 기존의 존재와는 다른 새롭고 다양한 존재를 기대한다.

포스트모더니즘을 인간의 정치적, 사회적 시스템에 적용한 대표적인 이론으로 Derrida의 탈구성론(deconstruction) 또는 해체론을 들 수 있다. 탈구성이란 계층적으로 만들어진 기존의 위계서열을 비판적으로 보자는 것이다. 이성은 중심부(상부)에 있고 비이성은 주변부(하부)에 있다는 모습을 '뒤집기'(overturning)하자는 것이다. 또, 이를 바꾸어 '원래로 되돌리기'(un-do)를 할 수도 있다고 주장한다(Cooper, 1988; 장승권, 2000).

[그림 2-15] 탈구성론의 모형도

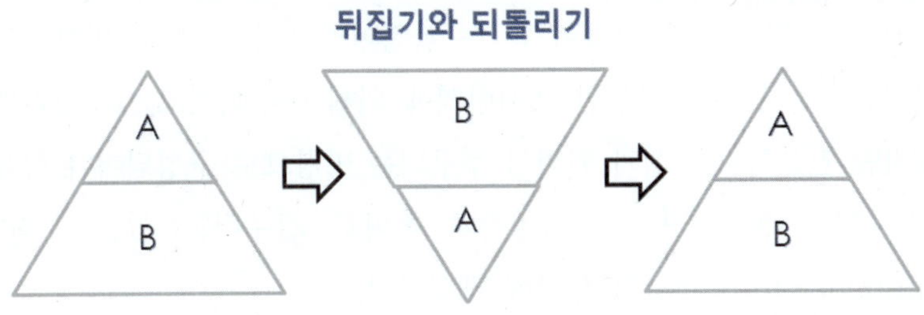

이와 같이, 포스트모더니즘은 기존의 정치적, 사회적 시스템이 항상 옳은 것은 아니며, 개인 또는 집단이 비판적 성찰을 통하여 새로운 시스템으로 재구성할 수 있음을 강조한다. 즉, 인간을 기존의 시스템으로부터 해방시키고, 문제 있는 체제

를 새로운 체제로 혁신할 수 있다는 가능성을 인간과 사회에 열어놓은 사고라고 할 수 있다.

2) 조직연구에의 적용

우선, 모더니즘에서의 조직관은 다분히 합리주의적 사고에 바탕을 두고 있다. 모더니즘의 입장에서 조직은 사회적 도구이며 인간의 합리성의 확장이라고 본다. 조직이란 불확실성을 줄이는 도구이며, 인간행동의 합리성에 바탕을 둔 예측 가능한 사회적 실재이다(Cooper & Burrell, 1988; 장승권, 2000).

이와 달리, 포스트모더니즘적 조직관에서는 조직을 결코 인간의 계획적인 사고와 계산된 행위의 표현으로 보지 않는다. 조직은 안정된 질서를 위협하는 어떤 힘에 대해 수동적으로 반응함에 의해 생겨난 대응물로 본다(Cooper & Burrell, 1988; 장승권, 2000).

포스트모더니즘에서는 세상이란 근본적으로 불확정적인 것으로 보고 있으며, 지배력과 피지배력 사이에서 권력의 밀고 당기기가 존재한다고 본다. 그러한 권력행사 과정에서 조직행위가 나타난다고 보는 것이다. 포스트모더니즘에서는 이런 과정을 '조직하기'(organizing)로 규정한다. '조직'(organization)이라는 결과물보다 '조직하기'라는 행위와 과정을 중시한다(Cooper & Burrell, 1988; 장승권, 2000).

그런 과정을 거쳐 인간의 마음속에서 구성된 주관적, 평가적 사고가 조직구조 설계에 반영되어야 한다고 보는 것이다. 조직이란 완성된, 그리고 정체된 물체와 같은 것이 아니라 계속적으로 만들어져가는 과정이라고 인식할 수 있다. 그리고 그 과정은 구성원들의 참여와 다양한 의사반영에 의해 이루어지고, 그 결과물은 영원하지는 않지만 인간의 자율성과 권익이 추구되는 방향으로 구성되어야 함을 강조하는 것이다. 이는 본 저자가 조직철학의 하나로 간주하고 있는 조직다원주의(organizational pluralism)의 사고에 해당한다.

포스트모던 조직이론은 근대적 합리주의라는 이름으로 능률적, 획일적인 시스템 설계를 강조했던 계층제적 조직이론에 대한 하나의 도전으로 볼 수 있다. 질서와 안정을 위해 상부계층에 의한 지배를 합리화하고 있는 기존의 조직체계와 그를 정당화시켜주고 있는 조직이론들에 대한 비판적 관점을 제공하고 있다. 그리하여 좀 더 많은 구성원들의 다양한 생각과 의사가 반영되는 참여적, 다원적, 탈계층적 조직설계의 가능성에 대한 사상적 기초를 제공했다. 그러나 기존의 모든 조직체계는 항상 비판받아야 하고 마치 타도되어야 할 대상인 것처럼 인식되게 하는 이론적 함의를 갖고 있는 점에 대하여는 주의를 요한다. 조직은 효율성을 추구하는 건전한 합리주의와 함께, 다양한 구성원의 참여와 자율성을 허용하는 다원주의가 통합적으로 반영되는 균형적 시스템으로 발전되어 나가야 하는 것이다.

제11절 지식론적 접근방법

1. 학습조직이론

1) 학습조직이란?

학습조직이론은 조직의 지식지향성(knowledge orientation)을 강조한다. 조직은 지식의 공유(sharing)와 창출(creation)을 통해 끊임없이 혁신되어 나가야 한다는 것이다. 학습조직(learning organization)이란 새로운 것을 배움으로써 보다 역량 있는 조직으로 끊임없이 성장할 수 있는 조직을 말한다. 즉, 지식의 획득, 공유, 창출, 활용 등 효과적인 지식활동을 배가함으로써 조직의 성장·발전·능력증대를 가져오도록 작동하는 조직이라고 할 수 있다(양창삼, 2001: 228).

2) Senge의 조직학습 원리

조직들은 학습조직으로 거듭나야 한다. 조직이 하나의 학습조직으로 구축된다는 것은 효과적인 조직학습(organizational learning)을 통하여 보다 경쟁력 있고 지속적인 성장(sustainable growth)이 가능한 조직으로 변화된다는 것을 의미한다. 그러면 이러한 효과적인 조직학습이 이루어지도록 하기 위한 학습원칙은 무엇인가? Senge(1994)의 다섯 가지 학습원칙(five disciplines)을 보면 다음과 같다.

첫째, 공유비전(shared vision)이다. 조직이 추구하는 목표와 방향, 가치와 사명에 대하여 모든 조직구성원들이 공감대를 형성해야 한다.

둘째, 정신적 모델(mental model)이다. 이는 종합적이고 균형 잡힌 사고를 강조한다. 기존의 준거틀, 전제, 마인드 세트(mind set)와 같은 사고체계의 변화를 가져와야 한다.

셋째, 개인적 숙련(personal mastery)이다. 이는 구성원이 스스로 노력하여 자기개발, 자기학습(self learning)을 꾀하는 것을 말한다.

넷째, 팀 학습(team learning)이다. 이는 팀 구성원들 간의 공동학습을 강조한다. 팀 학습에서는 지식의 교환, 대화와 토론, 업무공동체 형성 등이 중요시된다.

다섯째, 시스템적 사고(system thinking)이다. 이는 부분적이거나 머물러 있는 현상을 보는 것이 아니라 전체적이고 동태적인 상황을 바라보는 총체적인 관점을 말한다(양창삼, 2001: 230-232).

3) Nonaka의 지식창조모형

Nonaka 등은 지식창조의 SECI모형을 제시했다. Nonaka는 지식을 암묵지(tacit knowledge)와 형식지(explicit knowledge)로 나누고, 이들 간의 지식변환이 바로 지식창출의 과정이라고 역설하였다. (i) 암묵지가 암묵지로 전환되는 것을 사회화(S: Socialization), (ii) 암묵지가 형식지로 바뀌어지는 것을 외부화(E: Externalization), (iii) 형식지가 형식지로 변환되는 것을 결합화(C: Combination), 그리고 (iv) 형식지가 암묵지로 전환되는 것을 내재화(I: Internalization)라고 한다. 이러한 지식변환이 원활하게 이루어지도록 지식교류 공간을 제공하는 것이 중요한데, 이러한 지식 공유 및 창조의 공간을 '장'(Ba, 場)이라고 불렀다. 이러한 장(Ba)으로는 아이디어 창발을 위한 회의실, 휴게실, 사교장 등을 들 수 있는데, 이는 한 마디로 지식창조적 사무실의 설계를 의미하는 것이다(Nonaka & Takeuchi, 1995; 정명호, 2000).

4) 학습조직과 지식관리

조직으로 하여금 환경에 성공적으로 적응하고 높은 경쟁력을 갖도록 만들기 위해서는 지식관리가 필수적으로 요구된다. 지식관리(KM: Knowledge Management)란 학습조직의 구축 또는 조직의 학습역량 제고를 위하여 지식의 공유와 창출을 비롯한 다양한 지식활동을 증진시키는 것을 말한다. 조직에서의 보편적인 지식관리

프로세스는 지식수요분석, 지식포착・획득, 지식창출, 지식공유, 지식축적, 지식활용 등으로 이루어질 수 있다(하미승, 2001; 최창호・하미승, 2012).

[그림 2-16] 지식관리 사이클 모형도

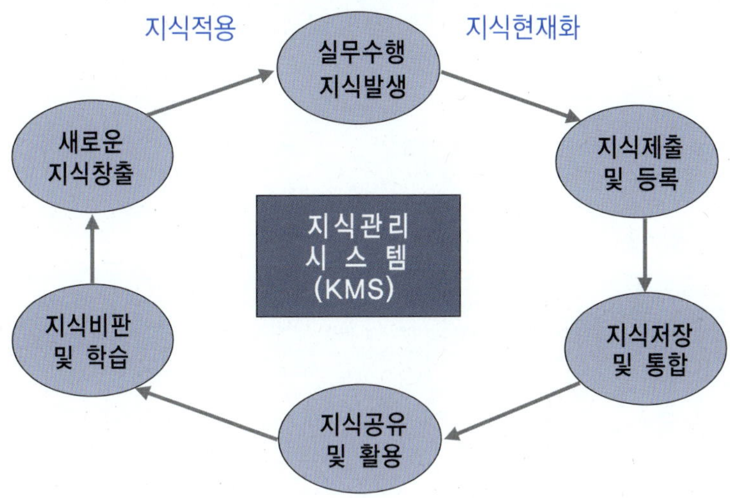

* 출처: 하미승, 2001; 최창호・하미승, 2012: 367.

제2부 미시적 조직론

Micro Organization Behavior

–개인 심리와 행동–

제3장 성격과 역량
(Personality & Ability)

제1절 성격관리

1. 성격이란?

성격이란 한 마디로 '타인과 구별할 수 있는 개인적 특질'이라고 할 수 있다. Allport에 의하면, 성격이란 "개인이 환경에 적응하는 독특한 형태를 결정해 주는 심리적 기제"라고 정의하고 있다(Allport, 1937: 48; Robbins & Judge, 2011: 135). Hodgetts의 개념에 따르면, 성격은 "사람들간에 유사성과 차이성을 결정하는 비교적 안정적인 일련의 특성과 경향성"이다(Hodgetts, 1984: 80; 박연호, 2000: 46-47).

최근 George & Jones(2012: 64)에 따르면, 성격이란 "개인이 느끼고 생각하고 행동하는 방법 속에서 관찰되는 어떤 패턴"이라고 한다. Robbins & Judge(2011: 135)는 "개인이 타인에 대하여 반응하고 또 타인들과 상호작용하는 여러 가지 방법들의 총합"을 성격이라고 규정하고 있다.

종합하면, "성격은 타인과 구별할 수 있는 개인적인 심리적 특질로서, 타인을 비롯한 환경에 대하여 반응하는 정신적, 행동적 특성"이라고 할 수 있다. 이러한 성격은 어느 정도 지속적으로 나타나므로 한 순간의 행동과는 구별된다. 그리고 성격 자체는 외부적으로 직접 관찰되지는 않지만, 외적인 행동의 관찰을 통하여 유추할 수가 있다. 성격은 여러 가지 정신적, 행동적 반응들을 통하여 엿볼 수 있는 어떤 규칙성을 가진 개인의 심리적 특성이라고 이야기할 수 있다.

2. 성격관리의 효용성

조직에서 구성원의 성격을 파악하고 관리해야 하는 이유 또는 의미는 어디에 있는가? Schneider에 의하면, 성격을 조직 전체의 특성을 결정짓는 요인으로 볼 수 있다고 한다. 즉, 조직은 구성원들의 개인적 성격들의 산출물이라고 본다. 구성원들이 조직에 입직하고 적응하며 함께 일하는 과정에서 유사한 성격들을 갖게 되고 그 유사성이 바로 조직의 특성이라고 보는 것이다(George & Jones, 2012: 68).

첫째, 개인의 성격을 안다는 것은 그 개인에 대한 이해의 기본이 된다. 성격 파악을 통하여 그 사람의 행동패턴과 배경을 이해할 수 있고, 그 사람의 미래의 행동을 예측할 수 있다. 그리하여, 그가 조직에 조응하고 기여하면서 행복할 수 있도록 하기 위해 어떻게 관리해야 하는지를 알게 해 준다.

둘째, 인간의 성격을 과학적으로 측정하여 인재를 적합한 직위에 배치할 수 있다(박연호, 2000: 43). 개인의 특성에 맞는 적합한 직무의 부여는 조직성과를 제고하는데 있어서 매우 중요한 조건이다.

셋째, 개인의 성격에 따라 적절한 동기부여방안을 적용할 수 있다. 동기부여에 작용하는 요인은 개인에 따라 다르다. 개인 성격을 기반으로 한 동기부여는 그 개인에게 가장 적합한 동기부여책이 될 수 있다.

넷째, 각 개인과 관리자는 자신과 동료의 성격에 잘 맞추어서 좋은 인간관계를 맺을 수 있다. 서로를 잘 알고 이해한 상태에서는 상호 맞춤형 관계형성과 함께, 우호적인 정서에 바탕을 둔 협력과 단합을 도모할 수 있다.

3. 성격의 결정요인

1) 유전(heredity)

일반적으로 사람들의 외모, 체격, 생리적 조건 등은 부모로부터 물려받는 것으로 인정되고 있다(Robbins & Judge, 2011: 135; 박연호, 2000: 49). 이러한 신체적 특성과 아울러 정신적 영역에서도 유전의 영향이 크다. Canter et al.에 의하면, 태어난 후 멀리 격리된 상태에서 성장한 일란성 쌍둥이들의 성격적 상관관계는 0.91인 것으로 나타났다(Canter et al., 1973: 589-601; 황규대 외, 2001: 212).

2) 환경(environment)

가정적, 사회적, 문화적 요인 등이 성격형성에 지대한 영향을 미친다.

첫째, 가정적 요인으로 부모를 비롯한 가족들 속에서 어떤 것을 보고 느끼고, 어떤 지도를 받고 자랐느냐에 따라 성격이 달라질 수 있다.

둘째, 사회적 요인으로 학교교육의 영향, 이웃의 영향, 직장에서의 사회화 과정 등을 들 수 있다.

셋째, 문화적 요인으로 문화권마다 수용되는 사고, 태도, 가치관 등이 다르기 때문에 성격형성에 영향을 미친다(황규대 외, 2001: 213).

세계 각국의 문화권의 차이가 성격에 미치는 영향을 연구한 사례로 Hofstede의 문화비교연구가 있다. 그는 1960년대 말에서 1970년대 초에 72개국을 대상으로 아래와 같은 문화특성 변수들을 선정하여 그 차이를 비교분석한 바 있다(Colquitt, 2011: 311).

① 개인-집단 중심성	② 권력 중심성(권력격차)
③ 불확실성 회피성향	④ 남성-여성 중심성
⑤ 시간적 지향성: 단기, 장기	

이 연구에서 우리나라는 개인 중심성보다는 집단 중심성을 갖고 있으며, 권력격차는 큰 편이고, 불확실성 회피성향이 높으며, 남성적 특성보다는 여성적 특성을 상대적으로 더 강하게 갖고 있는 것으로 나타났다. 더 최근에는 GLOBE 프로젝트를 통해 62개 문화권에서 참여한 170여명의 연구자들이 각국의 문화적 가치의 영향을 측정했다. 그 대상은 1991년 이후에 설립된 951개 조직의 17,300명에 달하는 조직관리자들이었다. 이 연구에서 관리자들의 가치관이라고 할 수 있는 성평등의식, 미래지향성, 성과지향성, 인본주의 등 성격이 문화권에 따라 차이가 있는 것으로 분석되었다(Colquitt, 2011: 311).

3) 상황(situation)

개인의 성격은 일반적으로 안정적이고 지속적이긴 하지만 상황에 따라 변화할 수 있다. 다른 상황에서 다른 요구는 개인적 성격의 다른 면을 요구한다(박연호, 2000: 49; 황규대 외, 2001: 213; 김호섭 외, 2002: 93). 예컨대, 성장과정에서 성취욕구가 높아진 젊은이가 공무원으로 입직한 후, 특정한 행정기관 내의 권위적, 관료적 상황에 직면했을 경우, 그의 성격은 좌절하거나 또는 공격적이 될 수도 있다.

[그림 3-1] 성격의 결정요인

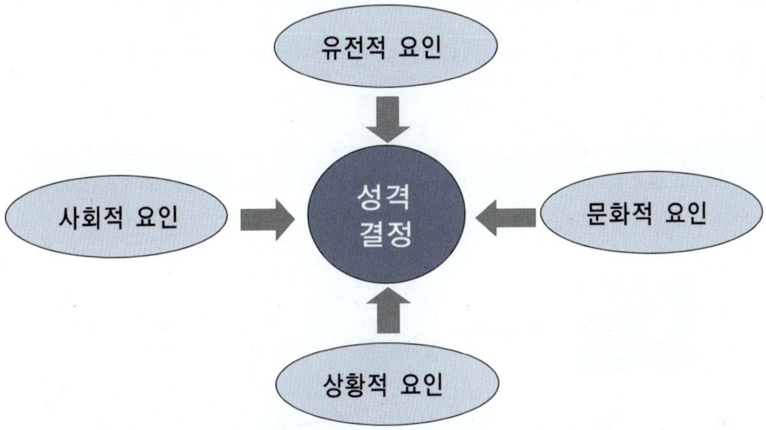

* 출처: 김호섭 외, 2002: 89

4) 생활경험(life experience)

생활경험이 쌓여서 그것이 성격을 형성하는 요인이 될 수 있다(박연호, 2000: 50). 반복적인 경험을 되풀이하게 되면 그 경험에 부합되는 성격이 발달한다. 예를 들어, 민원실에서 서비스 업무를 오랫동안 수행한 사람은 보다 친절성이 높은 성격의 소유자가 될 수 있다.

4. 성격형성의 이론

1) 특성이론

특성이론에 의하면, 개인의 성격은 타고난 것으로 볼 수 있고, 본래부터 인간에게 내재하고 있는 어떤 특질이 성격을 형성시켜 준다. Allport의 특질론이 그 대표적인 이론이다. 그에 의하면, 인간의 특성은 세 가지 특질 차원으로 구분된다. 즉, 기본특질, 중심특질, 2차적 특질이 그것이다. 기본특질은 인간의 가장 본질적인 부분으로서 행동을 지배하는 가장 중요한 성향이다. 중심특질은 그보다 덜 핵심적인 부분이나 여전히 중요한 특질부분이며, 2차적 특질은 제한된 방식으로 행동에 영향을 주는 주변적 특질이다(Allport, 1937:; 박연호, 2000: 50; 김호섭 외, 2002: 101).

[그림 3-2] Allport의 특질론 구성도

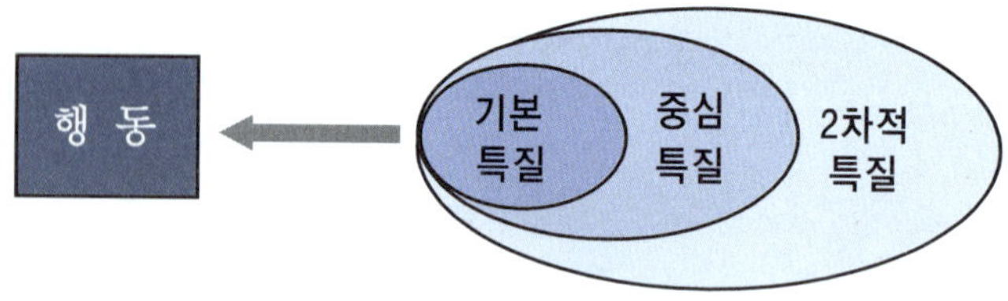

다음으로, Cattel의 16개 변인모델에 관하여 살펴본다. 그에 의하면, 인간의 성격은 16개 성격변수에서 각각 대비되는 기본적 특질을 가지고 있다(Cattel, 1965, 1973; 김호섭 외, 2002: 95). 예를 들면, 내성적 성격 대 외향적 성격, 겁이 많은 성격 대 모험적인 성격, 실제적 성격 대 상상적 성격 등을 대비시켜 볼 수 있다. 실제 개인의 성격은 각 성격변수별 연속선(continuum)에서 양극단의 중간에 위치하게 된다. Cattel은 이러한 성격분류방식으로 16,000여 가지의 성격적 특성을 발견한 바 있다.

[그림 3-3] Cattel의 성격 특성 구성도

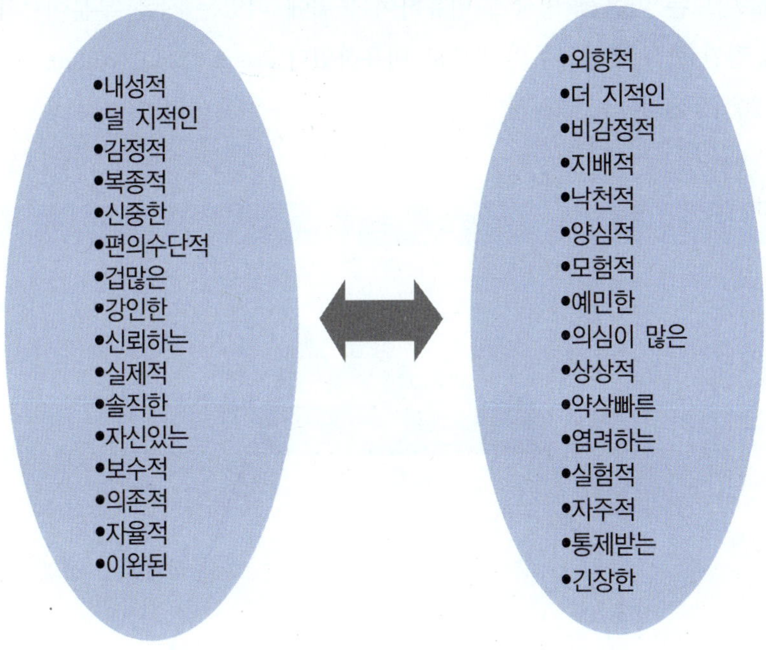

* 출처: Cattel, 1973; 김호섭 외, 2002: 95 수정작성

2) 욕구이론

욕구는 개인의 열망을 나타내는 내적 상태이다. 충족되지 않은 욕구는 인간의 내부에 긴장을 야기한다. 이로 인해 인간은 욕구충족을 위한 행동을 하게 된다(박연호, 2000: 51). 이때 욕구충족을 위한 행동이 반복되면 그것이 일정한 성격을 형성할 수 있다는 것이다.

3) 정신역동이론

정신역동이론 또는 정신분석학파에 의하면 인간의 성격은 개인 내부의 상황과 갈등에 의해 형성된다고 한다. 그러면 개인 내부의 요소와 그 작용은 무엇인가? 여기서는 Freud의 빙산모형과 자아 · 초자아이론에 관하여 살펴본다.

먼저, Freud의 빙산모형에 관해 살펴보자. 프로이드는 인간의 행동이 무의식에 의해 지배된다고 보고, 인간행동이 어떻게 표출되는지를 빙산모형을 통해 설명하였다. 프로이드는 마음을 빙상에 비유하여 물위에 떠있는 작은 부분이 '의식'이라면 물속의 훨씬 큰 부분을 '무의식'으로 비유하였다(Freud, 1949; Williams, 1978; 황규대 외, 2001: 210).

[그림 3-4] 프로이드의 빙산모형

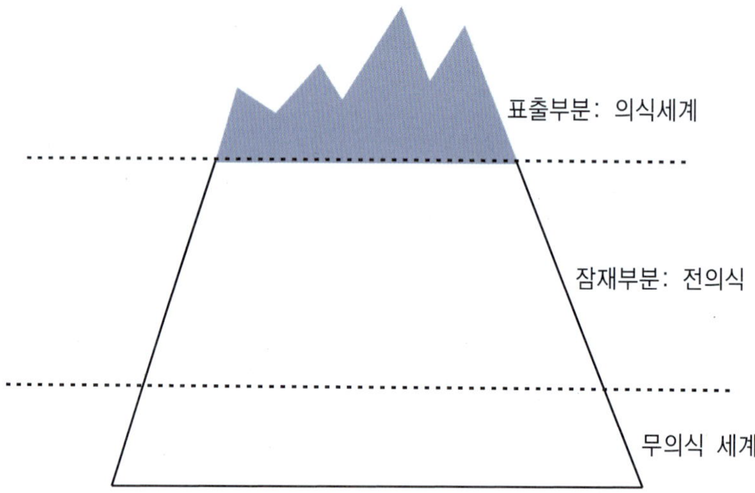

* 출처: Williams, 1978: 8; 황규대 외, 2001: 210. 수정

구체적으로, 인간의 마음은 (i) 표출부분(의식), (ii) 잠재부분(전의식), 그리고 (iii) 무의식 세계로 이루어져 있다고 한다. 그리하여 인간의 의식적 사고와 행동은 무의식에 의하여 좌우된다고 한다. 따라서, 성격의 차이는 이 무의식에 의한 기본적인 충동을 어떻게 처리(해소, 발산)하느냐에 따라 발생하게 된다는 것이다.

다음으로, Freud의 자아·초자아이론에 대해 살펴보자. 성격형성에 영향을 주는 세 부분의 심리적 요소는 원초아(id), 자아(ego), 초자아(superego) 등이다. 원초아(id)는 무의식적, 본능적 부분으로 자기만족과 쾌락만을 추구한다. 성적 본능이나 공격적 본능은 여기에 속한다. 자아(ego)는 현실적, 이성적 요소로서 본능적 충동을 억제하고 욕구충족과 도덕적 가치를 조화시키는 역할을 한다. 초자아(superego)는 이상적, 규범적 요소로서 양심에 해당한다(Freud, 1949; Williams, 198; 박연호, 2000: 51; 황규대 외, 2001: 210; 김호섭 외, 2002: 103-104).

인간의 성격은 원초아와 초자아간의 계속적인 갈등과 상호작용의 결과로 형성된다. 즉, 본능적으로 욕구만을 충족시키고자 하는 원초아와 도덕성을 추구하고 양심을 지키려는 초자아의 사이에서, 자아가 어떻게 양자를 조절하는가에 따라 한 사람의 성격이 형성된다는 것이다.

[그림 3-5] Freud의 자아 · 초자아 이론

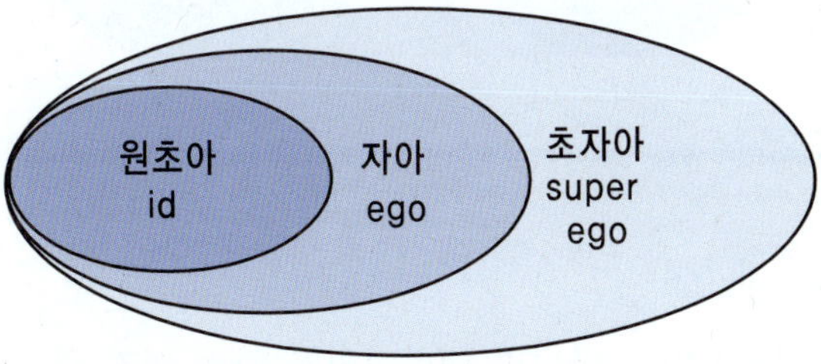

5. 성격유형과 조직관리

1) 5대 성격모델(Big Five Model)과 조직행동

성격이론에서 소위 "Big Five"라고 알려진 다섯 가지 성격 차원이 있다. 최근의 심리학 또는 조직행동론에서는 이 다섯 가지 성격 차원을 기반으로 하는 연구가 중심적 이슈로 되어 있다(Hugh et al., 1990; Wagner & Hollenbeck, 2005: 48). 이들 연구에 의하면, 다섯 가지 중요한 성격 차원은 외향성, 신경성, 성실성, 친화성, 경험에 대한 개방성 등이다(Barrick & Mount, 1991; Wagner & Hollenbeck, 2005: 49; George & Jones, 2011: 68; Colquitt, 2011: 295-304). 흔히 각 성격차원의 영문자 표기의 첫 글자들을 모아 OCEAN 모델이라고도 부른다.

[그림 3-6] 5대 성격모델의 구성도

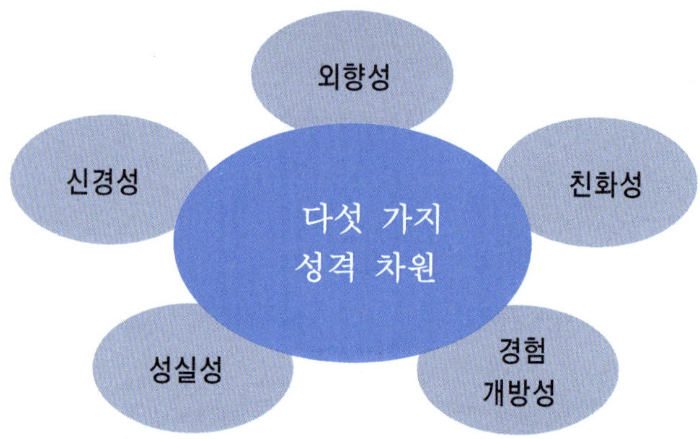

(1) 외향성(extroversion)

이 성격 차원은 외향적인가 아니면 내향적인가 하는 성격 구분을 말한다. 외향적인 성격의 소유자는 다른 사람과의 관계(relationship)를 중시한다. 즉, 다른 사람들과 이야기하기를 좋아하고, 자기주장이 강하며, 사교적이다(Colquitt, 2011: 302; Robbins & Judge, 2011: 138). 반면, 내향적 성격의 소유자는 말수가 적고 우유부단하며 조용하고 신중하다.

이러한 성격은 조직행동에 어떤 영향을 주는가? Robbins & Judge(2011: 139)에 의하면, 외향성은 보다 나은 대인관계 기술, 사회적 지배력, 그리고 정서적인 표현력을 갖도록 해주며, 그 결과로 보다 높은 조직성과, 리더십, 그리고 직무만족이나 생활만족을 가져올 수 있다고 한다.

이들은 긍정적 효과만을 주장하고 있는데, 부정적 측면도 발견할 수 있다. 외향적 성격은 좀 더 공격적이어서 다른 사람들에게 정서적 상처를 줄 수 있고, 열정적으로 업무를 추진하다보면 오류나 실수를 범할 가능성이 있다. 이에 비해, 내향적 성격의 소유자는 의사결정과 업무추진에 신중하고 치밀하여 실수를 범할 가능성이 낮다.

(2) 신경성(neuroticism)

신경성은 외향성과 대조되는 성격 차원으로서 외향성이 긍정적 감정상태라면 신경성은 부정적 감정상태라고 볼 수 있다. 이런 성향의 사람은 우울한 감정을 가지고 있으며 자기 자신과 세상을 부정적인 시각에서 바라본다(George & Jones, 2012: 70). 이는 주변상황에 신경을 쓰며 화가 나있고 억눌린 심정과 불안감을 갖는다. 이와 대조되는 성격 유형은 정서적 안정성(emotional stability)으로서 감정이 편안하고 자신감이 있으며 안정감을 느낀다(Robbins & Judge, 2011: 138).

신경성과 정서적 안정성이 조직행동에 미치는 영향은 어떠한가? 먼저, 정서적 안정성을 가진 사람은 부정적 사고나 감정 또는 불안감을 갖지 않으므로, 조직과 직무에 대한 스트레스를 적게 받고, 직무만족과 생활만족의 정도가 높다(Robbins & Judge, 2011: 139). 반대로, 신경성을 가진 사람은 조직 속에서 스트레스를 많이 받고 다른 직원들과의 관계가 안정적이지 못하다. 그리고, 미래에 대한 불안감으로 자신 있게 의사결정을 하지 못하거나 안정적인 업무추진에 몰입하지 못할 가능성이 있다.

(3) 친화성(agreeableness)

친화성은 다른 사람들이나 그들의 의견에 대하여 잘 동조하는 성격을 말한다. 이런 성향을 가진 사람은 다른 사람에게 협조적이고 따뜻하며 신뢰성을 갖는다.

친화성을 가진 조직구성원은 다른 직원들이 선호하며 서로 순응하고 잘 받아들인다. 이로 인해, 조직 내에서 표준을 벗어난 행동을 잘 하지 않으며, 보다 높은 직무성과의 달성이 가능하다(Robbins & Judge, 2011: 139).

(4) 성실성(conscientiousness)

성실성은 인간이 얼마나 주의 깊고 양심적이며 인내하느냐 하는 성격기준이다. 높은 성실성을 가진 사람은 잘 조직화 · 정돈되어 있고 자기수련이 강하다. 반대로, 성실성이 낮은 사람은 올바른 방향성이 결여되고 자기통제가 잘 되지 못한다(George & Jones, 2012: 71).

성실성이 조직행동에 미치는 영향을 보자. 성실성이 높은 조직구성원은 직무노력을 많이 기울이고 일관성이 있으며, 좀 더 철저히 직무를 추진하고, 기획이나 조직화를 잘 수행한다(Robbins & Judge, 2011: 139). 결과적으로 조직의 목표달성 수준이 높으며, 직무의 성공적 수행에 따른 높은 성취감을 맛보는 경우가 많다.

(5) 경험에 대한 개방성(openness to experience)

경험에 대한 개방성은 창의적이고 광범한 외부자극을 잘 받아들이며, 다양한 관심과 함께 위험부담도 잘 감수하는 성향을 말한다. 이런 성격을 가진 사람은 호기심이 강하고, 자기개발을 잘하며, 새로운 것을 배우고자 한다(George & Jones, 2012: 71; Quick & Nelson, 2013: 75). 그 반대는 보수주의적 성향으로서, 관습적인 것을 잘 따르고, 업무루틴을 지키며, 변화를 싫어한다.

경험에 대하여 개방적인 조직구성원의 행동과 그 결과는 어떠한가? 보다 유연하고 새로운 일을 즐기며, 남보다 앞서가는 리더십을 가질 수 있다(Robbins & Judge, 2011: 139). 그리하여 개인학습의 증대와 함께 조직학습을 활성화시킬 수 있으며, 변화하는 상황에 적응하여 혁신적인 조직을 만들 수 있을 것이다.

2) 다양한 성격유형과 직무적합성

(1) 타입 A와 타입 B

타입 A는 보다 적은 시간에 보다 많은 것을 달성하고자 하는 성격이다. 야심이 크고 높은 목표를 설정한다. 시간적 압박감 속에서 경쟁을 지향한다. 타입 B는 많은 목표의 달성이나 이를 위한 활동에 크게 매달리지 않는다. 평균적인 성취로 족하다고 생각하며 다른 사람과의 조화를 중시한다(황규대 외, 2001: 218; Schermerhorn et al., 2005: 82).

타입 A는 조직의 사활이 걸린 전략적 업무 또는 기획업무를 담당하거나, 주어진 시간 내에 완성해야 할 사업 또는 프로젝트를 담당하기에 적합하다. 그리고 일반적으로 높은 조직성과를 가져오며, 그로 인해 높은 보상을 받고 성취감을 맛볼 가능성이 높다. 그러나 업무과중이나 조급한 성격으로 인하여 직무상 질병 등의 우려가 있다. 반면, 타입 B는 안정되고 편안한 조직생활을 하면서 평균적인 성과달성이 가능하다. 그러나 높은 성과달성 및 보상이나 성취감을 맛보기는 어렵다.

(2) 내재적 통제론자와 외재적 통제론자

Rotter에 의하면, 인간의 성격은 통제의 소재(locus of control)를 어떻게 인식하느냐에 따라 내재적 통제론자와 외재적 통제론자로 나뉜다. 이는 인간이 자기 자신이나 환경에서 일어나는 사건의 원인이 어디에 있다고 보느냐(귀인)에 따른 성격 구분이다(Colquitt, 2011: 304).

내재적 통제론자는 자신을 자율적인 인간으로 보고 자신의 운명과 상황을 스스로 통제할 수 있다고 믿는 인간형이다. 외재적 통제론자는 자신의 삶과 운명이 외부적 요소에 의해 결정된다고 보는 인간형이다(박연호, 2000: 55). 외재적 통제론자는 뉴러티시즘 또는 신경성이 강한 성격의 소유자로 간주된다(Colquitt, 2011: 304).

이 성격유형과 조직행동 및 직무성과와의 관계를 보자. 내재적 통제론자는 자주성 및 자기책임성이 강하고, 적극적・참여적이어서 동기부여 수준이 높고, 그 결과로 좋은 조직성과를 달성할 가능성이 높다. 반면, 외재적 통제론자는 정서가 불안하고, 쉽게 스트레스를 받으며, 직무참여에 소극적이어서 대형 프로젝트 추진 등에 어려움을 겪을 수 있다.

(3) 위험선호경향

위험선호경향(risk-taking propensity)이란 위험을 부담하거나 아니면 위험을 회피하고자 하는 개인의 성향을 말한다(황규대 외, 2001: 220; Moorhead & Griffin, 2004: 95). 즉, 위험부담을 기꺼이 감당하고자 하는 심리적 수준을 나타낸다. 위험선호경향이 강한 관리자는 약한 관리자보다 빨리 의사결정을 하고, 의사결정에 필요한 정보를 보다 적게 필요로 한다. 위험선호경향이 약한 관리자는 보다 많은 정보를 가지고도 천천히 의사결정을 한다.

양자의 의사결정의 정확도는 다른가? Taylor & Dunnette의 실험결과에 따르면, 양자의 의사결정의 정확도는 같다는 흥미로운 결과가 나왔다. 그러나 여전히 양자의 의사결정 태도가 다를 것이라는 이론은 유효하다고 사료된다. 위 실험에서 의사결정 결과가 유사하게 나온 것은 성격유형 구분이 무의미해서가 아니라, 실험대상 관리자들이 이미 경영조직에 들어와 스스로 위험관리를 하면서 의사결정을 수행할 수 있는 검증된 사람들이기 때문에 그러한 연구결과가 나온 것으로 해석된다.

이 성격유형과 직무적합성과의 관계는 어떠한가? 외환딜러, 외교업무, 재난관리, 대테러 업무와 같이 긴급한 상황에서 신속하게 의사결정을 해야하는 직무에는 위험선호경향이 높은 사람이 적합할 것이다. 인사, 회계, 경리 등 치밀하고 안정적인 관리를 요하는 업무에는 위험선호경향이 적은 사람이 보다 적합할 것이다.

(4) 나르시시즘(narcissism)

나르시시즘은 자기도취주의, 자기중심주의를 말한다. 즉, 자기의 중요성에 대한 과대한 생각, 과도한 자기평가, 자신의 자격·권리에 대한 집착 등 교만한 생각을 갖는 성향이다(Robbins & Judge, 2011: 142). 조직에서 보면, 자기중심주의자들은 자기 자신이 다른 동료들보다 우수하다고 생각하는 반면, 상사들은 그들을 오히려 다른 동료들보다 열등하다고 평가하는 경우가 많다. 그리고 이기적인 성격으로서 다른 사람들을 이용하며, 다른 사람들이 자신의 혜택을 위해 존재하는 것으로 생각하는 경향이 있다.

이런 성격이 조직행동과 조직성과에는 어떤 결과를 가져올까? 자신의 능력을 과신하여 자기업무 수행에 대한 냉철한 평가나 성찰을 잘 하지 않으므로 업무역량의 개발이 어려울 것이다. 그리고 성과에 대해 과도한 성취감에 사로잡혀 그에 대한 객관적인 보상에 대하여 늘 불만을 가질 것이다. 또한, 동료들을 과소평가하고 자기 일의 수단으로 생각하므로 건전한 신뢰감 조성과 협력관계 유지가 어려울 것이다.

(5) 자기모니터링(self-monitoring)

자기모니터링은 자신의 행동을 외부적, 상황적 요소에 알맞게 잘 조정하는 성향을 말한다. 자기모니터링 성향이 높은 사람은 다른 사람이 어떤 큐(cue)를 보내느냐에 따라 그에 잘 맞추어 주는 경향이 있다. 자기모니터링 성향이 낮은 사람은 외부의 큐(cue)에 맞추기보다는 자신의 믿음, 생각, 감정, 태도를 그대로 표현한다(Robbins & Judge, 2011: 142; George & Jones, 2012: 75-76).

이 성향은 조직에서 어떤 영향을 받을까? 자기모니터링이 높은 사람은 다른 직원, 특히 상사의 의사에 잘 순응하며, 높은 근무평가를 받고, 자신의 경력을 더욱 발전시킨다. 그리고 조직에서 중심적 직위를 차지하며, 승진을 더 많이 하고, 결국 리더로 떠오를 가능성이 높다(Robbins & Judge, 2011: 1420).

직무적합성과 관련해서는, 자기모니터링 성향이 높은 직원은 대외업무, 영업, 컨설팅 등 업무에 적합할 것이다. 반면, 자기모니터링 성향이 낮은 직원은 조직 내 다른 직원의 업무에 대한 체킹(checking) 역할이나 냉철한 평가역할이 더 적합할 것이다(George & Jones, 2012: 75-76).

6. 성격의 철학

1) 개성존중 철학 vs 균형 · 조화의 철학

조직에서 성격관리는 어떤 철학적 관점에서 이루어져야 할까? 본 저자가 제시하는 두 가지 철학적 관점은 (i) 개성존중과 (ii) 성격간의 균형 및 조화이다. 전자는 조직인본주의와 다원주의에 속하고, 후자는 조직융합주의에 해당한다. 이 두 가지는 서로 충돌하면서도 상호 조화시켜야 할 가치들이다.

첫째, 조직구성원 각자가 지니고 있는 개성은 존중되어야 한다. 조직구성원 중에는 보다 외향적인 사람도 있고 보다 내향적인 사람도 있다. 보다 현실적인 구성원도 있고 보다 모험적인 구성원도 있다. 이러한 성격들은 그 형성이론에서 살펴본 것처럼 타고난 성품일 수도 있으며, 환경과 상황에 의해 오랜 세월을 거쳐 굳어져 온 성향일 수도 있다.

따라서, 성격은 쉽게 바꿀 수 있는 것이 아니다. 그리고 각 성격은 장단점을 가지고 있다. 그리하여 각자의 성격을 조직의 각 부문에 적합하게 잘 활용한다면 조직에 기여하는 방향으로 관리해 나갈 수 있다. 나아가, 자신의 성격을 스스로 지키려고 하는 의지는 개인의 권리에 속한다고 할 수 있다. 그러므로 원칙적으로 조직 내 각 구성원의 개인적 성격은 존중되어야 한다.

둘째, 조직의 성공적 인간관리를 위해서는 서로 충돌하고 있는 여러 성격간의 균형과 조화를 도모하여야 한다. 앞에서 지적한 것처럼 개인의 성격은 존중되어야 하나, 각 개인의 성격이 조직 및 직무의 특성과 잘 맞지 않을 경우가 있으며, 각 개인의 성격이 다른 구성원의 성격과 충돌을 일으키는 상황이 많이 발생할 수 있다. 심지어, 개인 내부에서 여러 성격 측면간에 갈등을 일으킬 수도 있다. 이는 조직적 차원에서 개인의 성격관리를 적절하게 해 나갈 필요성이 있음을 말해준다.

그러면 어떤 가치와 방향성을 갖고 성격관리를 해 나가야 할 것인가? 바로 성격의 적합화와 성격간의 균형 · 조화라고 할 수 있다. 개인의 성격이 직무 및 조직의 특성과 잘 어울리게 관리해야 한다. 그리고 조직구성원으로 하여금 자신의 성향이 다른 여러 구성원들의 다양한 성격과 잘 어우러져 원만한 관계형성과 협력이 이루어지도록 해야 한다. 더불어, 각 구성원 자신의 여러 성격적 특성간에도 균형을 이루도록 해야 한다.

7. 새 성격이론 탐색: 성격조화이론

철학적 관점에서 개성존중과 성격간의 균형·조화가 모두 추구되어야 할 가치임을 살펴보았는데, 그러면 바람직한 성격관리를 추구하기 위하여 어떤 이론적 프레임워크(theoretical framework)와 관리전략을 가지고 접근해야 할까? 저자가 탐색하고자 하는 이론적 프레임워크는 균형적 성격조화이론이다.

성격조화이론(Theory of Personality Harmony)은 개인성격과 조직 및 직무간의 조화, 각자의 성격과 다른 구성원들의 성격과의 조화, 그리고 자기 내부의 다양한 성격적 특성간의 균형을 지향한다. 이를 위해, 각 개인의 성격을 각 성격 차원별로 양 극단으로부터 균형점으로 향하도록 조절해야 함을 중시한다. 이 탐색적 이론에서는 세 가지 원리를 제시한다.

1) 성격-직무특성 적합성의 원리

이 원리는 개인성격에 관한 조직학적 연구 및 관리에 있어서 궁극적인 목표의 하나로서, 조직구성원에게 그의 성격에 적합한 직무를 부여해야 한다는 것이다. 외향성을 가진 사람에게는 대외적 교섭업무, 영업 또는 마케팅 업무, 정치적 업무 등을 부여하고, 내향적인 사람에게는 재무회계업무, 내부운영업무, 기록관리 등을 맡기는 것이 그 예이다. 또는, 타입 A에게는 높은 열정 및 추진력과 성취를 요구하는 전략적 기획업무를, 타입 B에게는 차분하고 안정적이며 치밀한 업무처리를 요하는 재무회계업무를 담당하게 하는 것이 적절하다.

[그림 3-7] 성격과 직무의 적합화 예시

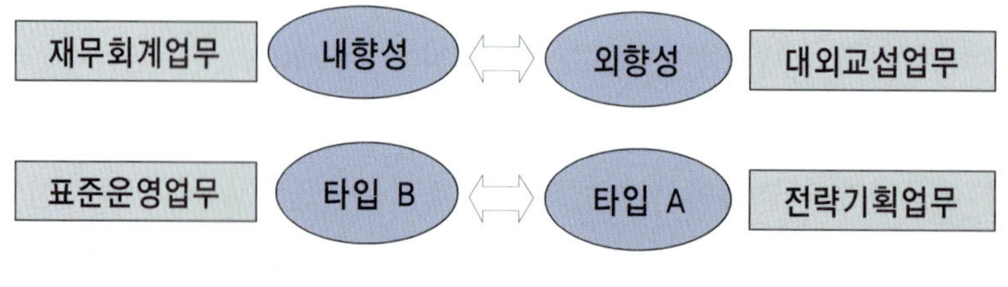

그리고 또 하나 중요한 성격관리의 역할은 조직 및 직무 특성에 맞는 성격을 함양하는 일이다. 조직은 어느 개인들만을 위해 존재하는 곳이 아니므로, 개인의 성격적 특성에만 맞추어 조직관리나 직무관리를 할 수는 없다. 개인 역시 조직이나 직무 특성에 맞추어 자신의 성격변화를 추구하여야 한다. 이러한 개인의 성격변화를 지원하고, 조직 및 직무에 보다 적합한 성격적 요소들을 함양해 주는 일이 조직관리자에게 요구된다. 예를 들면, 대외적 교섭업무 담당자에게 즐거운 외부적 친분관계를 경험하게 해주고, 교섭이나 협상과정에서의 성공경험을 주지・칭찬해 주어, 자연스럽게 대외관계를 선호하는 성향으로 만들어줄 수 있을 것이다.

나아가, 성격관리를 통하여 직무성취동기 등 동기부여 역할을 강화해야 한다. 이는 직무동기 수준을 높여주는 방향으로 성격을 함양하거나 고무시켜 주는 것이다. 예를 들면, 직무를 양심적으로 수행하면서 끈기와 인내심을 발휘하는 성실성 또는 책무성을 높여주거나, 타입B 직원들에게 타입A의 성격적 요소를 강화시켜 줌으로써 직무성과 향상에 따른 성취동기를 높여줄 수 있을 것이다.

2) 구성원간 성격조화의 원리

조직은 다양한 성격을 가진 다수의 개인이 함께 어우러져 일하는 공간이므로 이들 개인간의 성격적 조화가 매우 중요하다. 물론, 앞선 논의에서 개성존중도 매우 중요한 가치로 제시했지만, 이와 함께 개인들 간의 성격충돌에 따른 갈등과 대립 등 조직적 문제를 해결・예방하기 위하여 구성원간 성격조화는 또 다른 하나의 핵심가치로 다루어져야 한다.

구성원간의 성격조화를 위해서는 상호간 가치교류, 의사소통, 인간관계 형성, 공동업무 수행 등 공통적 경험의 과정을 통하여 성격의 상호 수렴(mutual equilibrium of personality)이 이루어져야 한다. 특히, 중요한 요소는 문화의 공유이다. 문화는 인간의 정신적, 상징적 주변요인으로서 인간의 성격형성에 깊은 영향을 준다. 따라서, 조직구성원들이 공통의 문화적 체험과 생활을 통하여 조직과 환경에 반응하는 심리적, 행동적 성향이 점차 유사해져 가는 현상을 이끌어낼 수 있을 것이다.

구성원간 성격의 조화와 수렴에 있어서 중요한 역할을 하는 심리적 기제는 성격의 심리적 수용범위(psychological acceptance zone)라고 할 수 있다. 이것은 조직의 구성원 각자가 다른 구성원의 성격적 특성에 대하여 '그 정도는 괜찮다'(all right)라고 심리적으로 허용하는 범위를 말한다. 이런 범위는 각 성격 차원마다 각자의 마음속에서 형성된다.

[그림 3-8]에서 보듯이, 각 성격 차원별로 성격적 특성의 양 극단이 존재하며, 각 개인은 그 중간의 어느 위치에 해당하는 성격적 특성을 갖게 된다. 이런 상황에서 구성원들이 서로 받아들일만한 심리적 수용범위는 그림에서 설정한 것과 같은 범주로 인식될 수 있다. 그 범위는 조직의 특성, 문화적 풍토 등에 따라 넓을 수도 있고 좁을 수도 있다. 넓을수록 자유롭고 개방적이며 창의적인 조직이고, 좁을수록 동질적이고 폐쇄적이며 보수적인 조직이다. 각 개인은 그 수용범위 내의 어느 특정 영역(A, B, C)에 해당하는 자기 나름으로의 성격적 특성범위를 갖게 된다.

이러한 심리적 수용범위는 직원 상호간에 유사하게 성립되어야 하며, 그 범위의 공유가 매우 중요하다. 공유가 잘 될수록 상호이해, 소통, 그리고 협력이 증가한다. 조직관리자는 그 범위와 각자 특성에 관하여 직원들과 끊임없이 의사소통 및 정신적 교류를 해야 하며, 직원들에게 심리적 피드백과 함께, 정신적 컨설팅 및 멘토링을 해 주어야 한다.

[그림 3-8] 성격의 심리적 수용범위

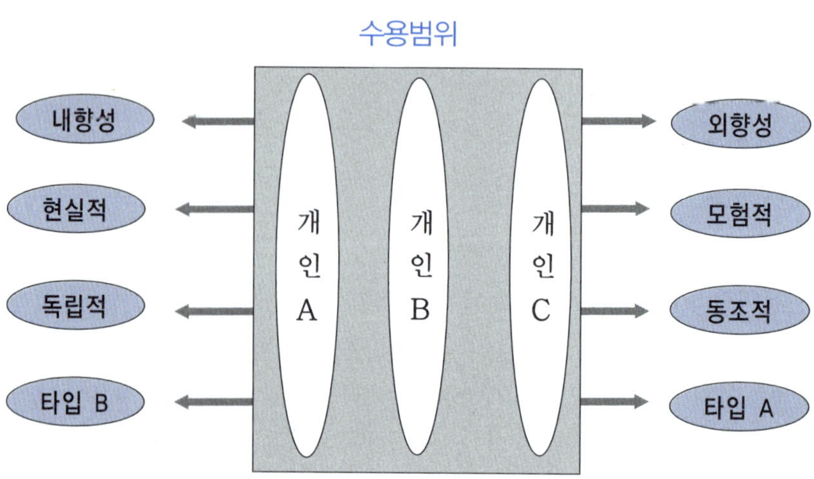

3) 개인 내 성격특성 균형의 원리

어떤 개인이든 자기 자신의 심리적 내부에서 여러 성격적 특성간에 갈등을 일으킬 수 있다. 외향적이고 사교적이어서 사람들과 좋은 인간관계를 맺고 있지만, 모험심이나 위험선호경향이 부족하여 창의력의 발휘나 적극적 업무추진을 잘하지 못할 수 있다. 또는, 조직구성원들에 대한 지배력이 강하여 팀이나 부서를 장악하고 있지만, 너무 신중하고 실제적이고 상상력이 부족하여 새로운 전략을 개발하지 못할 가능성이 있다.

이러한 성격적 불균형을 해소하기 위해서는 각 개인의 성격적 특성간에 균형과 조화를 도모하여야 한다. 어떻게 균형과 조화를 이룰 것인가? 각 개인의 성격적 특성이 다양한 각 성격 차원별로 양 극단으로부터 균형점으로 수렴하도록 성격을 새롭게 형성하거나 성격교정이 필요하다.

여기서 균형점이란 어떤 포인트를 말하는가? 첫째, 조직 및 직무 특성에 알맞은 범위 내로 개인의 성격을 조절해 주는 것이다. 마케팅 조직에서 대외적 영업업무를 수행하는 직원이 다소 내향적이라면 직무의 전환을 해주거나, 그것이 어려워 계속 당해 업무를 맡기려면 외향성을 확대해주는 노력이 요구된다. 둘째, 타인의 심리적 수용 범위 내로 각 개인의 성격적 특성을 교정 또는 조절해 나가는 것이 필요하다. 셋째, 긍정적 성격특성을 가급적 확대하는 것이 바람직하다(예: 정서적 안정성, 성실성 또는 양심성, 친화성, 개방성 등).

전체적으로, [그림 3-9]에서와 같이 각 개인의 성격적 특성이 각 성격 차원별로

[그림 3-9] 개인 내 성격특성의 균형원리

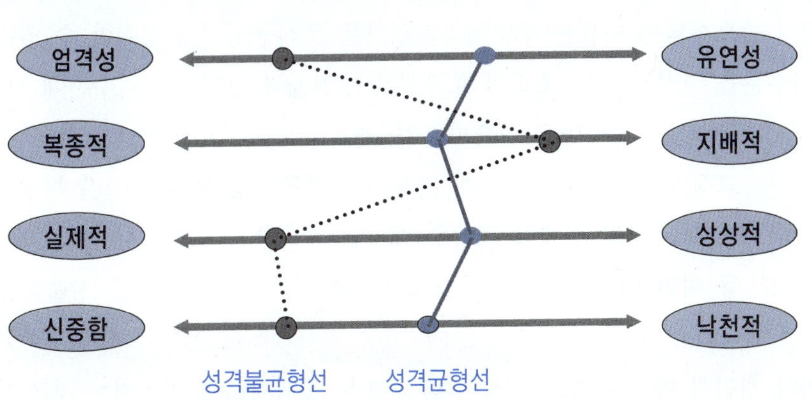

양 극단으로부터 중심성을 갖는 방향으로 조절되거나, 또는 조직생활에 부합되는 바람직한 성격의 경우에는 그 방향으로 성격이 발달하도록 성격함양의 노력을 기울여야 한다. [그림 3-9]에서 성격균형선은 대체로 중심성을 가지면서도 바람직한 성격적 특성을 다소 강화하는 방향으로 움직이고 있음을 볼 수 있다. 반대로, 성격불균형선은 바람직하지 못한 성격적 특성을 포함해서 비교적 양 극단으로 치우치는 현상을 볼 수 있다.

제2절 역량관리

1. 역량이란?

조직구성원에게 적용되는 능력(ability) 또는 역량(competency)이란 조직의 다양한 문제를 해결하거나 직무를 수행하는 데 필요한 지식, 기술, 경험, 사고력, 판단력 등을 말한다. Corbin(1993)에 의하면, 역량은 "특정 역할을 성공적으로 수행하고 바람직한 성과나 목표를 달성하는 데 필요한 지식, 기능, 가치, 태도"라고 한다(김기혁, 2006: 66; 하미승 · 권용수 · 전영상, 2007). George & Jones(2012: 79)는 능력이란 "한 개인이 행할 수 있는 그 무엇"이라고 하고, Robbins & Judge(2011: 51)는 능력을 "한 개인이 어떤 직무의 여러 가지 작업을 수행할 수 있는 현재적 역량"이라고 정의하고 있다.

역량이 중요시되는 이유는 무엇인가? 역량은 조직구성원이 성취할 수 있는 개인의 성과수준을 결정하는데, 조직의 효과성은 개인들의 전체적 성과수준에 의존한다는 점에서 개인의 역량은 매우 중요하다(George & Jones, 2012: 79). 일반적으로 좋은 역량은 "고성과자에게서 일관되게 관찰되는 행동특성"으로서 이런 특성을 가진 구성원이 많아야 조직의 전체적 역량을 제고할 수 있다. 조직에서는 개인의 지식, 스킬, 태도 등 여러 역량요소들이 상호작용하여 결과적으로 성과를 창출하는 것이다(박천오 외, 2010: 251).

그러나 개인의 역량이 바로 조직의 역량 또는 성과창출로 이어지는 것은 아니다. 개인들의 다양한 역량들이 서로 시너지를 내는 방향으로 조정되고 조직화되었을 때 조직전체의 역량과 성과를 높일 수 있다. 이러한 융합적 역량관리는 바로 조직관리자의 중요한 역할의 하나이다.

2. 역량의 구성요소

역량의 구성요소를 3개 주요 영역별로 살펴본다. 첫째는 인지적 능력 부문, 둘째는 관리적 능력 부문, 셋째는 감성적 능력 부문이다.

1) 인지적 역량요소

인지적 역량요소는 사물 또는 상황에 대한 인식, 사고, 지식, 판단 등의 인지적 활동을 해낼 수 있는 두뇌적, 정신적 역량을 일컫는다. 여기에는 언어적 능력, 계량적 능력, 논리적 능력, 그리고 공간지각 능력 등이 포함된다(Nunnally, 1978: 59-61; Wagner & Hollenbeck, 2005: 53).

언어적 능력(verbal ability)은 다른 사람의 말이나 문헌에 나타나는 글을 효과적으로 이해하고 사용할 수 있는 능력을 말한다. 조직은 다수의 구성원으로 이루어져 있고, 외부고객 등과 끊임없이 관계를 맺게 되어, 커뮤니케이션이 매우 중요하므로 언어적 능력이 중요한 기초가 된다.

계량적 능력(quantitative ability)은 조직의 여러 통계치를 이해·해석하거나 필요한 계산 및 예측 등을 행하는 능력이다. 조직에서는 재무회계업무나 고객의 수요패턴 분석·예측에 계량적 능력이 매우 중요시된다.

논리적 능력(reasoning ability)은 연역적, 귀납적으로 문제를 추론하거나 해결책을 도출하는 능력이다. 조직에서는 문제해결을 위해 논리적, 체계적 사고를 해야 하며, 다른 사람을 설득해야 할 상황이 많기 때문에 논리적 능력이 매우 중시된다.

공간지각 능력(spatial ability)은 어떤 사물의 모양·위치에 대한 정확한 인지, 시각적 이미지에 대한 다각적 인식 등 공간 및 시각과 관련된 능력이다. 조직에서는 직무분야에 따라 공학적, 생산적 활동이 많이 필요하고, 건축적, 예술적 디자인과 관련된 업무도 많으므로, 특히 과학자, 기술직, 광고직 등 직원에게는 공간지각 능력이 중요시된다.

2) 관리적 역량요소

관리적 역량은 조직의 목표 달성을 위해 조직 내 상위 또는 중간 관리자가 갖추어야 할 다양하고 중요한 능력요소들을 총칭한다. 특히, 조직관리 역량은 조직의 넓은 범위의 업무를 관장하면서 조직구성원을 리드해야 하는 조직관리자에게 요구되는 구조적, 과정적, 사회적 능력을 말한다.

개념적 · 구조적 역량(conceptual, structural competency)은 하나의 시스템으로서의 조직을 전체적으로 이해하고, 조직의 상황적 맥락을 인식하며, 조직의 목표를 잘 달성할 수 있는 능력을 말한다. 특히, 조직의 성장과 발전, 그리고 경쟁력 제고를 위한 전략적 구상 및 기획 능력이 중시된다.

인간적 · 사회적 역량(human, social competency)은 조직구성원들과 우호적이고 신뢰성 있는 관계를 유지하고, 그들을 효과적으로 동기부여하며 안정적이고 행복하게 일하도록 해주는 능력이다. 이 역량에는 조직 내 구성원들 간의 화합과 협력을 증진시켜 주고, 공정한 처우와 보상을 유지하는 능력이 포함된다. 대외적인 협력관계 형성능력도 이에 속한다.

지적 · 기술적 역량(knowledge & technical competency)은 조직의 업무수행과 관련되는 지식, 기술, 방법, 절차 등을 잘 알고 있는 능력을 말한다. 관리자의 역량요소 중 가장 구체적이고 가시적인 요소이다. 이는 실무를 담당하는 일반직원들에게 있어서 더욱 중요시되는 요소이나, 상위의 관리자들도 구체적인 직무에 대한 지식이나 노하우를 갖고 있어야만 직원들의 업무를 지도, 통제, 모니터링 및 평가할 수 있기 때문에 상당히 중시되는 요소라고 할 수 있다.

우리 정부조직의 관리자에 대한 역량평가에서는 상위 관리자의 역량을 크게 사고역량, 업무역량, 관계역량으로 구분한다. 그리하여 사고역량에는 문제인식역량과 전략적 사고역량을, 업무역량에는 성과지향역량과 변화관리역량을, 그리고 관계역량에는 고객만족역량과 조정통합역량을 포함하고 있다(행정안전부, 2010).

3) 감성적 역량요소

감성적 역량(emotional ability)은 자기 자신과 다른 사람의 느낌이나 정서를 이해하고 관리할 수 있는 능력을 말한다. 이러한 감성적 역량은 개인에 따라 차이가 있다. 조직구성원은 감성적 관리를 잘함으로써 자기 자신과 다른 구성원으로 하여금 보다 효과적으로 일하게 하며 정신적 행복감을 갖도록 도와줄 수 있다(George & Jones, 2012: 82). 이는 조직인의 인간적, 사회적 역량을 높여주는 중요한 심리적 요소이다.

감성적 역량과 관련되는 용어로 감성지수(EQ: Emotional Quotient)가 있다. 감성지수(EQ)는 지능지수(IQ)와 대비되는 개념으로서, 자신과 타인의 감정 및 정서를 이해하고 조절할 줄 아는 능력의 수준을 의미한다. 인간이 조직과 사회 속에서 살아감에 있어서는 합리적이고 이성적인 능력만으로는 부족하다. 자기감정의 통제나 표현, 타인에 대한 따뜻한 배려, 열정과 용기, 유머감각 등이 조직생활이나 사회생활에서 매우 유용한 힘이 되어주는 것이다.

그러면 **감성적 역량은 조직구성원의 직무행동 및 조직성과에 어떤 영향을 미치는가?** 감성적 역량이 좋은 사람은 자기감정을 잘 통제하거나 조절함으로써 직무상황이 어렵더라도 잘 극복할 수 있을 것이다. 그렇지 못한 사람은 어려운 직무나 상황에 직면하여 분노나 스트레스를 겪게 될 것이다. 그리고 정서적 역량은 조직구성원 간의 관계형성에 많은 영향을 줄 수 있다. 다른 사람의 감정을 이해하고 그에 알맞게 행동해 줌으로써 정서적 교감과 함께 우호적인 인간관계를 만들어낼 수 있다.

감성적 역량은 다양한 측면에서 직무성과 및 조직성과를 높이는 데 도움이 된다고 한다. 실증적 연구에 의하면, 자기와 상대방의 감정을 잘 관리하는 사람, 특히 낙관적인 사람은 그렇지 못한 사람보다 높은 보험가입이나 상품판매 실적을 보이는 것으로 조사분석한 결과들이 있다(George & Jones, 2012: 82).

특히, 조직관리자와 같은 리더들에게는 감성적 역량이 더욱 중요하다. 리더들은 팔로우들(followers)의 감정과 정서를 잘 이해해야 한다. 그래야만 그들과 좀 더 잘 소통할 수 있고, 좀 더 열정적으로 직무수행을 하도록 그들의 마음을 움직일 수 있다. 리더 자신들 역시 좀 더 강한 에너지를 갖고 정열적으로 업무추진을 하려면 자기감정에 대한 고무적 역할을 스스로 수행해야 한다(George & Jones, 2012: 82).

3. 역량의 철학

1) 다양성 · 균형성 철학 vs 탁월성 철학

조직에서의 역량관리에 있어서 추구해야 할 가치 또는 철학은 다양성, 균형성,

탁월성 등이라고 할 수 있다. 다양성은 조직다원주의에, 균형성은 조직융합주의에, 그리고 탁월성은 조직합리주의와 조직창조주의에 해당한다.

다양성(diversity)은 조직의 직원들을 구성함에 있어서 우수한 역량을 가진 인재들로만 채우지 않고 다양한 역량을 가진 다양한 인재들로 구성함을 의미한다. 조직의 효율성과 성과만을 생각한다면 우수한 인재 중심으로 인력의 풀을 구성해야 하지만, 조직은 사회통합을 위해 다양성의 가치를 추구해야 할 책무가 있으므로, 사회로부터 다양한 배경을 가진 인재들을 유입해야 한다. 여성, 지역출신, 다문화 가정 출신 등을 인재 풀에 흡수해 주어야 한다.

균형성(balance)은 조직구성원의 역량을 개발하고 인재를 육성함에 있어서 여러 가지 능력요소를 균형 있게 함양하고 활용하는 것을 의미한다. 조직구성원은 공통적으로 필요한 기본적인 역량을 골고루 갖출 필요가 있다.

탁월성(excellence)은 다양한 인재구성보다는 우수성이 높은 인재를 중심으로 조직을 구성하고, 각 구성원의 능력요소에 있어서도 여러 가지 능력요소보다는 수월성을 갖는 핵심역량을 중심으로 개발·함양하는 것을 말한다. 조직의 성과를 극대화하고, 특히 조직의 성패를 가를만한 전략적인 핵심부문에서 좋은 결과를 가져오려면 특화역량의 수월성 제고가 긴요하다고 할 수 있다. 아울러, 각 구성원을 중심으로 볼 때, 각자가 가진 강점 또는 우수한 역량은 이를 최대한도로 함양해 줄 필요가 있다.

이들 세 가지 가치는 모두 조직이 적극적으로 추구해야 할 중요한 가치들이다. 그런데 이들 중 다양성 및 균형성은 탁월성과 상반되는 가치라고 할 수 있다. 어떻게 조화를 이루어야 할까? 첫째, 사회적 다원성에 비례하는 정도의 다양성을 유지해야 한다. 둘째, 최소한의 균형성을 유지해야 한다. 대부분의 조직구성원이 기본적이고 공통적으로 갖추어야 할 역량들에 관해서는 일정수준을 균형적으로 유지하도록 한다. 셋째, 핵심역량과 특화역량에 대하여는 최대한의 탁월성을 추구해야 한다. 조직의 성패에 영향을 주는 중심적, 전략적 역량에 관해서는 최대한 수월성을 높이도록 집중적인 노력을 기울여야 한다.

4. 새 역량이론 탐색: 역량 포트폴리오 이론

1) 역량 포트폴리오(portfolio) 제1의 원칙

역량관리를 함에 있어서 제1의 원칙은 기본적 공통역량의 기저(basis) 원칙이다. 조직구성원이 공통적으로 갖추어야 할 필수적 역량들을 최소한 일정수준까지는 골고루 함양하도록 한다. 공통적 필수역량을 예시하면, 기획능력, 정보수집 · 분석능력, 업무집행 능력, 인간관계 역량, 고객만족 역량 등이다. 이런 역량들은 최소필요수준(minimum required level) 이상으로 반드시 유지하되, 가능하면 대부분의 공통역량들의 수준을 최대한으로 끌어올리는 것이 좋다. 균형은 지속적으로 유지하도록 한다. 전반적으로 균형점이 계속 올라가도록 역량의 개발 및 함양을 위해 노력해야 한다. 이는 역량관리 철학에 있어서 균형성의 가치를 추구하는 것이다.

[그림 3-10] 균형적 공통역량 포트폴리오

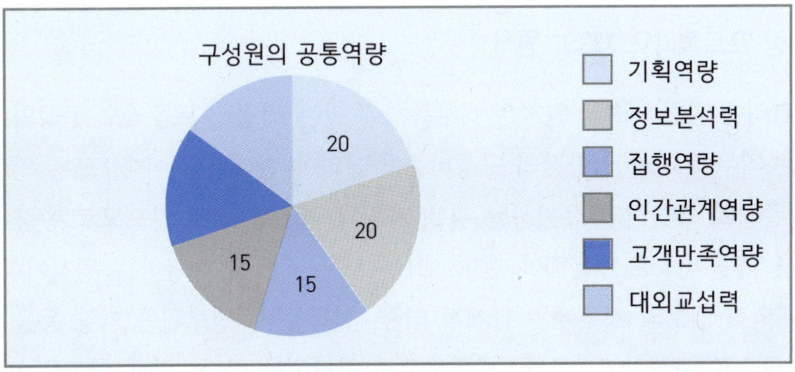

2) 역량 포트폴리오 제2의 원칙

역량관리의 제2의 원칙은 특화역량 극대화(maximization) 원칙이다. 각 구성원이 가진 특성적인 역량, 즉 강점을 가진 역량은 이를 더욱 강화시켜 특정 역량부문에서 수월성을 갖도록 한다. 특성화 역량에 관한 한 추종을 불허할 정도로 집중적인 투자와 노력이 필요하다. 예컨대, 전략적 기획의 재능을 가진 직원은 이 역량을 최대한 개발 · 함양하도록 조직적 지원과 지도가 필요하다. 이는 역량관리 철학으로서 탁월성의 가치를 추구하는 것이다.

[그림 3-11] 탁월한 핵심역량 중심의 포트폴리오

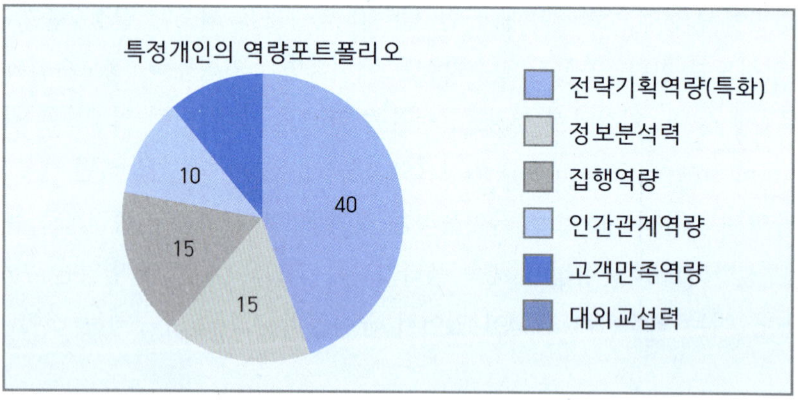

3) 역량 포트폴리오 제3의 원칙

역량관리에 관한 제3의 원칙은 직무특성에 맞는 적정 포트폴리오 구성의 원칙이다. 이는 직무에 따라 역량간의 구성비중이 달라야 한다는 것이다. 모든 역량을 다 높은 수준으로 개발하고 유지하는 것은 자원의 한계상 쉽지 않으므로 총량적 역량 에너지를 효율적으로 배분해야 한다. 이는 모든 직무에 해당하는 원칙이다. 예를 들어, 대외적 업무의 경우에는 관계적 역량, 설득능력, 정보획득 역량 등을 강하게 높은 비중으로 구성하고, 이를 중점적으로 함양해야 한다. 다른 역량은 필요최소한도의 일정한 수준을 유지한다. 전략적 기획업무의 경우에는 시스템 사고역량, 변화관리 또는 혁신역량, 조정 · 통합 역량 등을 강하게 높은 비중으로 구성해야 한다. 이러한 직무별 핵심역량은 최대한 함양하도록 적극적인 노력을 집중해야 한다. 이는 "선택과 집중"의 전략으로서 균형성과 탁월성의 가치를 동시에 추구하는 것이다.

[그림 3-12] 직무특성별 역량 포트폴리오

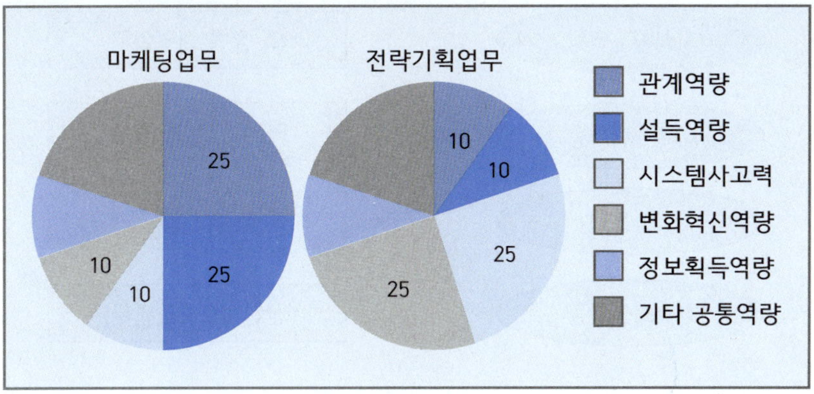

4) 역량 포트폴리오 제4의 원칙

역량관리에 관한 제4의 원칙은 탁월성을 갖는 특수역량과 특수직무의 매칭(matching) 원칙이다. 이는 조직 내 특수부문 인력을 소수정예화 하되, 이런 부문에서는 최고의 탁월한 특수역량을 갖는 인재를 배치하고, 아울러 그 인재의 탁월성을 더욱 높여주기 위한 조직적 육성전략이 필요하다. 이는 제3의 원칙과 달리 특수직무에만 해당하는 원칙이다. 예를 들면, 지식창출력이 탁월한 인재에게는 새로운 정책・사업 개발업무를 부여한다. 네트워킹 역량이 탁월한 인재에게는 전략적 PR 및 CRM(customer relation management) 업무를 부여하고, 협상능력이 탁월한 직원은 정치적 업무에 종사하도록 한다. 그리고 정보수집력과 보안능력이 탁월한 인재는 정보보호업무를 수행하게 한다. 조직의 고위관리자 및 인적자원관리(HRM) 담당자는 탁월한 역량과 특수한 직무간의 끊임없는 매칭 창출 작업을 해나가야 한다. 이는 역량관리 철학 중 주로 탁월성의 가치를 추구하는 원칙이다.

[그림 3-13] 탁월한 특수역량과 특수직무의 매칭(matching)

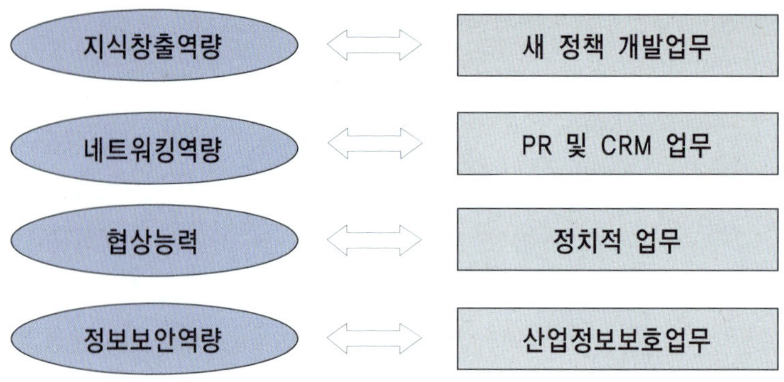

네 가지 역량 포트폴리오의 원칙들은 서로 상반되지 않게 운영하는 것이 중요하다. 제1의 원칙은 균형성을 추구하고, 제2원칙 및 제4의 원칙은 탁월성을 지향한다. 제3의 원칙은 균형성과 탁월성을 동시에 추구한다. 조직 및 직무에 따른 역량 수요와 개인들이 실제로 갖추고 있는 역량이 서로 일치하지 않을 수도 있다. 결국, 필요최소한도의 균형성을 지키면서 최대한의 탁월성을 구현하고, 개인의 역량을 최대한도로 육성하여 조직과 직무에 가장 유효적절하게 활용하는 것이 역량관리의 궁극적 지향점이라고 할 수 있다.

제4장 지각과 판단
(Perception & Judgement)

제1절 지각 · 판단의 개념과 과정

1. 지각과 판단의 개념

지각(perception)이란 환경으로부터의 자극을 느끼고 해석하는 과정이다. 지각은 외부의 자극 또는 정보를 관찰하거나 감지한 후 그에 대하여 의미를 부여하고 판단 및 반응을 보이는 과정이라고 할 수 있다.

지각은 인간의 인지적 과정(cognitive process)의 하나로서, 사람이 정보를 어떻게 받아들이고 어떻게 처리하는가 하는 심리적 작용이다. 이러한 지각은 인간의 판단과 의사결정 및 행동에 지대한 영향을 미친다. 인간은 주어진 상황을 어떻게 지각하느냐에 따라 그에 대한 판단과 행동을 달리하게 된다.

[그림 4-1] 자극, 지각, 판단, 행동과의 관계도

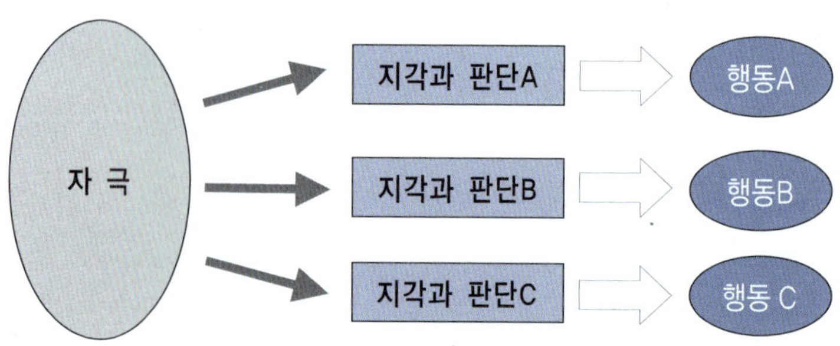

* 출처: 김호섭 외(2002): 35 수정

2. 지각과 판단의 중요성

사람의 지각능력 및 지각성향의 차이는 인간의 판단, 의사결정 및 행동, 그리고 조직의 결정과 대응에 큰 차이를 가져올 수 있다. 특정 대상이나 상황에 대해 어떤 사람은 민감하게 반응하고, 어떤 사람은 둔감하게 반응한다. 어떤 사람은 대상이나 상황을 정확하게 파악하고, 어떤 사람은 과장되거나 축소하여 파악한다. 아예 현상이나 상황 자체를 지각하지 못하는 경우도 있다.

올바른 지각은 편견 없는 객관적 지각, 그리고 긍정적 지각이라고 할 수 있다. 특정 대상이나 현상에 대하여 오류나 편견 없이 객관적이고 정확하게 인식하고 판단하는 일이 중요하다. 특정 대상이 인간이나 조직일 경우에는 긍정적이고 우호적인 인식을 하는 것이 바람직하다. 그리고 상황에 대하여는 무디지 않고 게으르지 않은 지각과 빠르고 올바른 판단이 중요하다. 특히, 위기와 위험에 대한 신속하고 정확한 지각과 판단은 개인, 조직, 국가에게 매우 중대한 영향을 미칠 수 있다.

3. 지각과 판단의 과정

지각은 관찰, 선택, 조직화, 해석 및 판단, 그리고 반응행동 등 여러 단계의 인지적, 심리적 과정을 거쳐 이루어진다.

(1) 관찰은 환경으로부터의 자극을 감각기관을 통해 감지하는 단계이다.

(2) 선택은 환경으로부터의 자극 또는 정보 중에서 특정한 부분만을 선택적으로 감지하는 과정이다. 이 선택단계에서부터는 개인의 평소 사고방식이나 인식의 틀이 영향을 미치게 된다. 예컨대, 자신의 선호나 기대에 합치되는 정보만을 선택할 수 있다.

(3) 조직화는 선택된 자극이나 정보를 자기 나름으로 의미 있는 패턴으로 체계화하는 것이다. 여러 가지 잡다한 정보들을 자신의 관심이나 의도에 따라 논리적으로 나열해 보거나 정리해 보는 과정이다.

(4) 해석과 판단은 자신이 감지한 자극 또는 정보의 내용에 대하여 나름대로의 어떤 의미를 부여하고 평가하는 과정이다. 그리고 감지되고 해석된 내용에 따라 어떤 대응이나 전략이 필요할지 판단을 내리는 과정이다.

(5) 반응행동은 해석된 내용과 판단결과에 따라 어떤 태도를 표명하거나 대응적 행동을 보이는 것을 말한다. 즉, 의사결정이 이루어지고, 그에 따라 행동을 실행에 옮기는 단계이다.

[그림 4-2] 지각의 과정

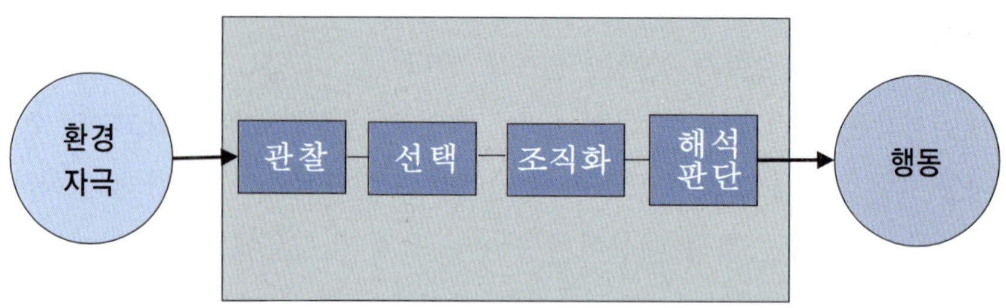

제2절 지각 · 판단의 대상영역과 초점

인간은 이 세상의 수많은 사물과 현상에 대해 지각하고 판단한다. 그 중에서도 조직구성원에 의해 자주 이루어지고 조직관리에서 중요시되는 지각 및 판단에는 (i) 정보에 대한 지각과 판단, (ii) 사람에 대한 지각과 판단, (iii) 조직에 대한 지각과 판단, 그리고 (iv) 상황에 대한 지각과 판단 등이 있다. 이러한 지각대상 영역의 차이에 따라 지각 및 판단의 구체적인 메커니즘이나 좋은 지각 · 판단의 전략이 달라질 수 있다. 아래에서는 각 지각 및 판단의 영역별 특성과 그에 맞는 지각 · 판단 전략에 관해 살펴본다.

1. 정보에 대한 지각과 판단

조직 내 구성원은 많은 정보를 접하게 된다. 다른 사람이 말하는 정보, 문서나 컴퓨터에서 제공되는 정보, 방송이나 신문을 통해 접하는 정보 등 무수한 유형의 정보가 있다. 그러한 정보의 내용은 그것을 지각하는 사람에 따라, 또는 상황에 따라 다르게 인식될 수 있다. 이때, 오류나 편견이 없는 정확한 지각과 판단이 중요한데, 이를 객관적 지각 · 판단(objective perception & judgement)이라고 할 수 있다.

2. 사람에 대한 지각과 판단

사람에 대한 지각, 즉 대인지각은 자기주변의 사람에 대한 인식이다. 조직 내 다른 구성원이 어떤 특성을 가진 사람인지, 어떤 의도를 갖고 어떤 행동을 하는지를 지각하는 것이다. 다른 사람이 적극적인 사람인지 아니면 소극적인 사람인지, 특정 업무에 유능한 사람인지 아니면 부족한 사람인지, 특히 자신에게 우호적인지 아니면 적대적인지 등 매우 중대한 인식과 판단을 하게 되는 것이다.

학자에 따라서는 대인지각을 사회적 지각 · 판단(social perception & judgement)으로 규정하면서, 이는 다른 사람에 관한 정보를 해석하고 판단하는 것이라고 정의하고 있다. 그리하여 많은 조직관리 활동이 개인 또는 그의 행동에 대한 인식 또는 평가에 바탕을 두고 있다고 한다(Quick & Nelson, 2013: 87).

이때에도 일반정보에 대한 지각과 같이, 오류나 편견이 없는 객관적 지각 · 판단(objective perception & judgement)이 중요하다. 아울러, 조직구성원이 서로 호의적 관계를 가지려면 서로 우호적이고 좋은 방향으로 인식하고 평가하는 것이 중요한데, 이는 긍정적 지각 · 판단(positive perception & judgement)이라고 할 수 있다.

3. 조직에 대한 지각과 판단

조직에 대한 지각도 구성원에게 매우 중요한 인식의 영역이다. 조직에 대한 지각에는 조직 그 자체(존재목적, 가치, 이미지, 상징성 등)에 대한 지각과 판단, 조직이 추구하는 정책이나 제도에 관한 지각과 판단, 조직의 근무환경에 대한 지각과 판단 등 다양한 지각영역이 있다.

이 지각영역에서도 대인지각에서와 같이 긍정적인 지각 · 판단(positive perception

& judgement), 즉 우호적인 인식과 평가가 매우 중요시된다. 왜냐하면, 조직구성원이 조직과 그 관리방식 또는 정책에 대하여 긍정적 지각과 평가를 하게 되면, 조직에 대한 애착과 충성심이 커지기 때문이다.

4. 상황에 대한 지각과 판단

인간은 끊임없이 수많은 상황을 경험하게 된다. 자신의 직무와 직접 관련된 상황은 물론, 조직내부 및 외부환경 등에서 다양하고 급변하는 많은 상황에 직면하게 된다. 이러한 상황을 잘 감지하고 현명하게 판단하여 효과적으로 대응하는 일은 매우 중요하다.

특히, 자기 자신의 직무 및 조직에 관련되는 중요한 상황에 대하여는 이를 놓치지 않고 지각 및 판단해야 한다. 그리고 미래에 일어날 사건이나 상황변화를 미리 예측하는지의 여부는 자기 자신과 조직의 사활에 결정적인 영향을 미칠 수 있다. 상황에 대한 지각영역에서 가장 중요한 일은 위기와 위험에 대한 사전적 지각과 정확한 판단 및 신속한 대응이라고 할 수 있다.

한 마디로 조직상황에 대한 지각에 있어서는 민감성 있는 지각 및 판단(sensitive perception & judgement)이 중요하다. 즉, 중요사항을 놓치지 않고 탐지 및 인식하고, 상황을 더디지 않게 시의적절하게 파악하고 판단하여 대응해야 한다. “게으르지 않은 지각”이 상황지각의 메타포(metaphor)라고 할 수 있다.

◆ 위기와 위험에 대한 지각 및 판단의 실패사례들을 살펴보자.

사례 1. 용산참사와 국토교통부, 서울시, 경찰청

무리한 재개발 추진에 따른 현지 거주민 또는 상인의 극렬한 반대 문제에 대하여 안이하게 대처하였다(원천적 정책갈등 해결 실패). 그리고 시너 등 위험물질을 소지한 시위단체의 행동을 사전에 인지(1차적 지각)를 하고서도 사고발생에 대한 정확한 예측과 사전대비를 하지 못한 판단(2차적 지각)의 실패로 인하여 엄청난 화재·폭발 사고 및 인명 피해를 초래하였다.

사례 2. 연금재정 위기와 안전행정부(현 인사혁신처), 보건복지부

근본적으로 연금재정위기의 심각성에 대해 둔감하였고, 선제적인 정책적 대응이 결여되었다. 특히, 언론 및 여론의 예상되는 비난에 대한 사전감지에 실패했고, 그에 대한 조기대응을 효과적으로 하지 못했다.

◆ 위기 · 재난의 가능성을 사전에 지각 · 판단하지 못한 원인은 무엇인가?

① 평상시의 상태가 그대로 지속될 것이라는 안정성에 대한 과신
② 과거의 사례에 비추어 "별일 없을 것"이라는 무사안일한 자세
③ 징후가 있음에도 위험요소를 식별하지 못하는 민감성의 오류
④ 위험요소를 인지하고도 조직에 대한 영향을 도출하지 못하는 해석 및 판단의 오류

제3절 지각 · 판단의 영향요인

사람은 특정한 대상에 대하여 지각을 강하게 하기도 하고 약하게 하기도 한다. 그리고 동일한 대상을 사람에 따라 다르게 지각하기도 한다. 그것은 지각대상(target)의 특성 자체가 다르기 때문일 수도 있고, 대상을 인식하는 지각자(perceiver)의 마음 또는 사고가 다르기 때문일 수도 있다. 또한, 지각하는 순간의 상황(situation)에 의해서도 영향을 받는다(Robbins & Judge, 2011: 168).

지각에 영향을 미치는 대상(target)의 특성을 외부적 요인이라고 하고, 지각자(perceiver)의 인간적 심리를 내부적 요인이라고 한다. 그리고, 지각에 영향을 주는 특정한 시간, 공간, 배경, 사건 등을 상황적 요인이라고 한다.

[그림 4-3] 지각에 대한 영향요인

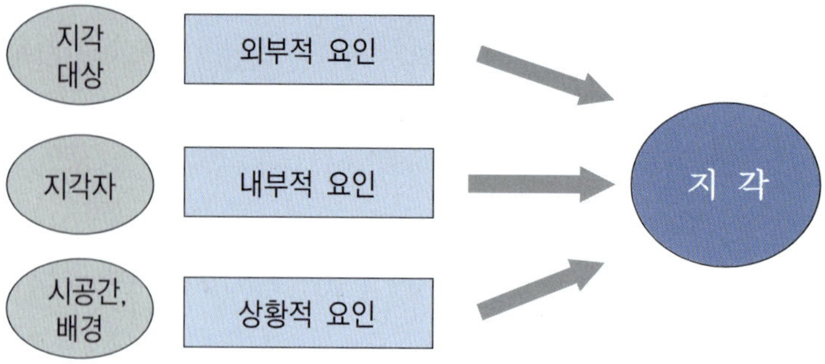

1. 외부적 요인

외부적 요인은 지각 대상이 갖는 특성들을 말한다. 그런 특성들을 예시적으로 설명하면 다음과 같다(박연호, 2000: 73; Robbins & Judge, 2011: 169).

첫째, 자극의 강도에 따라 지각이 달라질 수 있다. 외부의 자극이 강하면 강할수록 지각이 잘 된다. 큰 소리는 작은 소리보다, 강한 냄새는 약한 냄새보다, 밝은 빛은 옅은 빛보다 잘 지각된다.

둘째, 규모의 영향을 받는다. 사물이 크면 클수록 지각이 잘된다. 보고서 작성시 큰 글씨가 작은 글씨보다 잘 인식되고, 신문의 광고란이 클수록 광고효과가 더 크다.

셋째, 반복 여부가 영향을 미칠 수 있다. 반복적인 외부자극은 일회적인 자극보다 더 많은 관심을 끌 수 있다. 상사의 반복적인 지시, 교사의 반복적인 교육, 언론의 지속적인 광고 등은 더 큰 인식효과를 줄 수 있다.

그 외에도, 정태적인 사물보다는 움직이는 물체가 더 주의를 끌 수 있고, 일상적이고 보편적인 것보다 특이한 것이 더 잘 지각되며, 친밀한 대상은 그렇지 않은 대상에 비하여 더 잘 지각되는 경향이 있다.

2. 내부적 요인

지각자인 인간의 마음속에서 작동하는 심리적 요인들이 지각에 영향을 준다(박연호, 2000: 74-75; Robbins & Judge, 2011: 169).

첫째, 동기요인이 있다. 인간에게 결핍된 욕구가 있을 경우 그것을 충족시키려는 쪽으로 보다 많은 의식을 하게 된다. 행정고시에 합격하고 싶은 사람은 행정고시 모집광고를 더 빨리 인지한다.

둘째, 성격요인이 작용할 수 있다. 낙관적 성격의 소유자는 상황을 보다 긍정적으로 인식하고, 비관적 성격의 소유자는 부정적으로 인식한다.

셋째, 학습요인이 작용한다. 과거 경험이나 학습은 일정한 지각구조를 형성하게 되고, 사람들은 그 패턴에 따라 대상을 지각하게 된다. 특정한 대학에서의 감동적인 학술대회 참가경험이 그 대학에 대한 긍정적 인식을 가져오고, 탁월한 어느 시장의 연설에 대한 기억이 행정가라는 직업에 대한 좋은 지각을 하게 만드는 것이다.

넷째, 이해관계도 지각에 영향을 줄 수 있다. 이해관계가 크면 클수록 특정 사안에 관하여 강하게 반응한다. 정부기관의 구성원에 대한 성과급 배분기준에 관하여 공무원들은 민감하게 지각한다.

3. 상황적 요인

지각 대상이나 지각자의 측면이 아닌 제3의 요인, 즉 상황적 요인이 지각과 판단에 영향을 미치기도 한다. 이때 상황적 요인이란 장소, 시간, 배경, 관련사건, 선행사례의 결과, 사회적 맥락 등과 같은 모든 환경적 요소를 포함한다(Robbins & Judge, 2011: 169).

선행사례의 결과(result of preceding example)를 예시적으로 보면, 어느 기업체의 직원이 그 회사의 재난안전 시스템을 어떻게 인식·판단하는지는 그 시스템 자체의 특성에 의해서도 영향을 받겠지만, 과거 유사한 근무현장에서 어떤 재난사고가 발생했는가, 그리고 그 결과 실제로 어떤 피해가 있었는지의 여부가 매우 중대한 영향을 줄 것이다.

대인지각 · 평가의 경우 사회적 맥락(social context)도 중요한 영향요소이다 (Quick & Nelson, 2013: 90). 어떤 직원이 상사의 인품이나 능력을 인식함에 있어서 그 상사가 고향의 선배인가 아닌가, 그리고 그 상사를 만나는 장소가 공식적 사무실인가 비공식적 술자리인가에 따라 다를 수 있다.

제4절 지각 · 평가의 오류와 객관화

1. 지각적 · 평가적 오류

지각적 · 평가적 오류란 무엇인가? 지각 및 평가에 있어서의 오류란 왜곡된 지각 · 평가, 객관적이지 못한 지각 · 평가, 부정적인 지각 · 평가 등을 말한다. 인간은 외부로부터 주어지는 자극 또는 정보를 선택하고 해석 · 판단하는 과정에서 여러 가지 오류를 범한다. 특히, 해석과 판단의 과정은 다분히 주관적 과정이라는 점, 추론의 과정이라는 점, 직관이 개입될 수 있다는 점 등에서 지각자의 자기선호가 반영되어 정확한 지각과 판단을 어렵게 만들 수 있다.

1) 준거 틀에 따른 선별적 지각 · 평가(selective perception & evaluation)

환경으로부터의 모든 자극, 외부로부터 주어지는 정보를 다 감지하지 않고 자신의 준거 틀(frame of reference)에 따라 유리한 자극만을 수용하려는 경향이다(박연호, 2000: 81; 김호섭 외, 2012: 55). 우리는 모든 정보를 다 인지하고 그에 맞추어 반응하기는 어렵기 때문에 특정한 자극, 현상 또는 사실만을 채택할 수밖에 없다 (Robbins & Judge, 2011: 171). 그래서 자기에게 좋은 방향의 생각과 유리한 쪽의 정보만을 채택하고, 자기견해와 다른 의견 또는 불편하게 하는 관점(Quick & Nelson, 2013: 90)은 무시해 버리는 것이다.

그 예시를 생각해 보자. 행정조직의 경우 정책수립 과정의 민주성, 정책 산출의 증가, 국민의 만족도 등 다각적 측면에서 그 유효성을 평가해야 함에도 그 중 당해 행정기관에 유리한 기준만을 가지고 정책의 성공여부를 평가하려는 경향이 있다.

2) 스테레오 타이핑(Stereotyping)

스테레오 타입의 지각현상은 상동적 태도라고도 하는데, 한 그룹의 사람들에 대한 일반화(generalize)의 지각오류이다(Quick & Nelson, 2013: 91). 이는 지각대상을 범주화하고 그 범주에 속하는 집단 구성원들의 일반적 특성을 공통적 특성으로 간주하여 그 집단 속의 한 개인에게 적용하여 평가하려는 경향이다(Robbins & Judge, 2011: 173; 박연호, 2000: 81; 김호섭 외, 2012: 56).

예를 들면, 경찰공무원은 권위주의적이라는 일반적 인식을 바탕으로 경찰직을 모두 그런 집단으로 간주한 다음, 어느 한 경찰관의 행동을 세밀하게 객관적으로 관찰·평가하지 않고, 경찰직 일반에 대한 인식을 토대로 그 경찰관은 권위주의적인 사람이라고 간주하는 것과 같다.

3) 대비효과(Contrast Effect)

인간은 어떤 사람이나 사물을 지각·평가할 때 다른 사람이나 사물과 대비시켜서 평가하려고 한다. 어떤 사람을 평가할 때 그를 고립시켜 인식하기보다 다른 사람과 비교하여 인식하는 것이다. 예컨대, 프리젠테이션 심사평가에 있어서 발표능력이 뛰어난 발표자를 본 직후에 평범한 발표자를 보게 되면 대비가 되어서 낮은 평가를 하기 쉽다(Robbins & Judge, 2011: 173).

4) 해바라기 효과(Halo Effect)

해바라기 효과는 지각대상의 어느 두드러진 특성을 중심으로 대상전체를 인식하는 경향이다. 현혹될만한 한 두 가지의 주요 특성을 가지고 대상에 대한 전반적 평가를 해버리는 현상이다. 현혹효과라고도 한다(박연호, 2000: 81; 김호섭 외, 2012: 56). 이는 바로 일반적 시각을 갖고 구체적인 부분을 오염시키는 일반화의 오류라고 할 수 있다(Robbins & Judge, 2011: 173).

예를 들면, 어떤 정치인이 연설을 잘할 경우 그 정치인은 정책추진도 잘하고 리더십도 있을 것이라고 인식하거나, 프리젠테이션을 잘하는 직원을 보고 기획력과 창의력도 있을 것이라고 인식하는 경우는 이에 해당한다.

5) 기대(expectancy)와 자기실현적 예언

기대라는 지각오류는 사람이나 사물의 특성에 관해 미리 가진 기대에 따라 무비판적으로 대상을 지각하는 현상이다(박연호, 2000: 82; 김호섭 외, 2012: 57). 예를 들면, 신임연구원을 선발하는 연구원장이 자신이 신뢰하는 교수가 우수한 대학원 학생이라고 소개한 연구원 지망생에 대하여 무조건 유능한 연구원이 될 것이라고 간주하는 것과 같다.

여기서 기대라는 지각오류는 자기실현적 예언(self-fulfilling prophecy) 또는 피그말리온 효과(Pygmalion Effect)라는 현상과 밀접한 관계가 있다(Quick & Nelson, 2013: 92). 이는 평가자의 기대가 피평가자에게 반영되어 실제로 그의 행동으로 나타나게 하는 효과를 말한다. 피평가자는 평가자가 무엇을 기대하고 있는지를 알면 그 기대에 부응하려는 경향이 있다.

6) 미디어(media) 중심의 지각

미디어 중심의 지각은 개인의 옷차림이나 신체적 특징 등 표면적으로 나타나는 요소들을 통하여 그 개인을 지각하는 현상을 말한다(박연호, 2000: 83; 김호섭 외, 2012: 58). 인간의 여러 측면에 대한 구체적이고 다각적인 인식을 하지 않고 겉으로 드러난 모습만을 보고 평가함으로써 진정한 인간성에 대한 객관적 평가를 하지 못하는 현상이다.

외모가 수려한 영화배우를 보고 그의 모든 면이 존경스러워 보인다거나, 패션디자이너의 옷차림을 보고 예술감각이 뛰어나다고 간주하는 것과 같다.

7) 첫 인상(first impression)

첫 인상의 오류는 어떤 사람의 행동, 사물, 현상을 처음 접했을 때, 짧은 순간 관찰한 내용을 갖고 인식을 하며, 그 인상을 좀처럼 바꾸지 않는 오류를 말한다(Quick & Nelson, 2013: 92).

예컨대, 어떤 사업가와의 짧은 대면과정에서 받은 첫 인상에 따라 중요한 투자를 결정하는 것과 같다.

◆ 인상관리기법(Impression Management)

인상관리기법은 특정한 조직구성원이 다른 구성원들로부터 좋은 인상을 받기 위하여 자신의 이미지를 관리하는 것을 말한다. Quick & Nelson에 의하면 인상관리를 위해 3가지 유형의 기법을 활용할 수 있다고 한다(Quick & Nelson, 2013: 93-94).

첫째, 자기고양(self-enhancing)의 기법이다. 이는 자기 자신의 위상을 스스로 높이거나 자기 모습을 개선하는 방법이다. 구체적으로 (i) 중요 인물과의 관계를 언급하거나, (ii) 자기 외모를 주의 깊게 관리하거나, (iii) 자신의 긍정적 특성에 관해 서술하는 방법 등이 있다.

둘째, 타인고양(other-enhancing)의 기법이다. 이는 다른 구성원을 타겟으로 하여 자신을 인정하게 하고 자신에 관해 좋은 이야기를 하도록 만드는 방법이다. 구체적으로 (i) 다른 구성원에게 듣기 좋은 이야기를 해주거나, (ii) 다른 구성원의 견해에 동의해 주거나, (iii) 다른 구성원이 보다 편안하게 느끼도록 해주는 방법 등이 있다.

셋째, 사회적 신분 또는 소속(social identity)에 바탕을 둔 기법이다. 이는 자신에게 불리한 신분 또는 소속에 따른 행동이나 모습이 잘 나타나지 않도록 주의를 기울이는 방법이다. 소수인종인 구성원이 다수인종인 것처럼 행동하거나, 또는 여성이 남성스러운 주제와 견해를 다루는 것과 같은 방법이다.

이런 방법들이 사소해 보이긴 하지만 자신의 인상과 이미지를 높여줌으로써 채용이나 근무평가, 나아가 대외적 관계의 개선에 어느 정도 효과를 가져다준다고 한다. 그러나 진실성이 적거나 과도한 인상관리는 오히려 조작적이거나 불성실하다는 부정적 영향을 줄 수 있다(Quick & Nelson, 2013: 93-94).

좋은 인상관리를 위해서는 Quick & Nelson이 제시한 것과 같은 세밀한 기법들의 활용도 필요하나, 보다 근본적인 인상관리 또는 이미지 제고의 방안은 자신의 성실성, 신뢰, 협조성, 그리고 근무성과를 높이는 일이라고 할 수 있다. 자신의 책무를 성실하게 수행하고, 타인에게 약속을 잘 지키는 등 신뢰감을 주며, 이기적이기보다는 이타주의적으로 일하면서 다른 직원의 업무에 협조를 잘 하고, 그 결과로 조직의 성과를 제고하는 데 실제로 기여했을 때 자신의 이미지는 확고하게 높아질 수 있다. 차후에 논의하게 될 조직시민행동(organizational citizenship behavior)을 스스로 창조하고 실천하는 일은 매우 효과적인 자기 이미지 고양방안이라고 생각된다.

2. 지각 · 평가의 객관화 방안

위에서 여러 가지 지각적 오류를 살펴보았는데, 이러한 오류는 객관적이고 편견 없는 지각과 평가 · 판단을 방해하는 요인들이기 때문에 이러한 현상을 극복하려는 노력이 필요하다. 아래에서는 Randolph가 제시한 5가지 오류감소방안과 그 외의 추가적인 방안에 관하여 살펴본다(Randolph, 1985: 101-102; 박연호, 2000: 83-84; 황규대, 2001: 251-252).

첫째, 지각과정에 대한 인식이 중요하다. 지각의 오류는 여러 단계를 거쳐 이루어지는 지각의 과정 중 어느 지점에서 일어나는 것이다. 따라서, 자신의 지각과정이 어떻게 작용하는지를 단계적으로 잘 살펴봄으로써 지각적 오류가 어디에서 발생하는지를 발견할 수 있다.

둘째, 타인의 지각과 비교하는 노력이 필요하다. 자신의 지각과 타인의 지각을 비교해 봄으로써 자신의 지각오류를 감소시킬 수 있다. 이를 위해 의사소통을 증대시켜야 한다.

셋째, 타인의 관점에 대한 이해가 요구된다. 자신의 관점, 기준, 틀에만 얽매이지 않고 타인의 관점, 기준, 틀을 이해하고 받아들이는 노력을 통하여 자신의 지각을 객관화할 수 있다.

넷째, 새로운 정보에 기초한 지각의 변화를 꾀하여야 한다. 새로운 정보를 접하면 기존의 자기 자신의 지각을 기꺼이 바꾸어야 한다는 것이다. 새로운 상황에 대한 파악과 판단을 위해서는 지각대상에 대한 최신 정보를 많이 수집해야 한다.

다섯째, 동태적 관점을 가져야 한다. 세상 또는 상황은 언제나 변화하므로 지금까지의 자신의 관점은 옳지 않을 수 있다. 변화하는 세계의 새로운 상황과 경향 또는 패턴에 맞추어 자신의 관점, 준거 틀을 언제든지 바꿀 각오를 하여야 한다.

여섯째, 자기이해와 자기인정이 필요하다(황규대, 2001: 251-252). 자기이해는 자기 자신을 포함하여 조직구성원은 누구나 지각의 오류를 범할 수 있다는 점을 인식해야 한다는 것이다. 그리하여 자신이 범하고 있는 지각적 오류가 없는지 항상 성찰하는 자세가 요구된다. 자기인정은 다른 사람과 마찬가지로 자기 자신에게도 바람직하지 않은 특성과 성격 및 관점이 있을 수 있음을 인정해야 한다는 것이다. 이는 단순한 오류의 차원과 달리 자신의 사고, 가치관, 준거 자체가 다른 사람들로부터 인정받기 어려운 측면이 있을 수 있음을 깨닫는 것이다.

일곱째, 의식적 정보처리와 객관성 테스트를 충실하게 수행하여야 한다(황규대, 2001: 252). 의식적인 정보처리란 지각과정에서 객관적 사실을 정확하게 확인하기 위하여 여러 정보를 주의 깊게 검토하는 것이다. 예를 들어, 정보목록을 작성하고, 정보를 체계적으로 선택하며, 이를 객관적으로 분석 · 검토하여야 한다.

제5절 지각의 철학과 새 이론

1. 지각의 철학

1) 민감성, 객관주의, 긍정주의, 융합주의

먼저, 지각에 있어서의 민감성은 개인과 조직에 있어서 현재상황과 위험성을 놓치지 않고 잘 감지하거나 미래의 상황 및 환경변화를 사전에 예측해야 함을 강조하는 것이다. 인간과 조직은 수많은 상황을 끊임없이 경험하게 되는데, 이러한 상황은 개인의 신변 및 직무수행과 조직의 유지 · 발전에 많은 영향을 미치게 된다. 따라서, 조직구성원은 현재와 미래의 상황을 잘 감지하고 현명하게 판단하여 효과적으로 대응해야 한다. 중요사항을 놓치지 않고 탐지 · 인식하고, 상황을 더디지 않게 파악하고 판단하여 대응한다는 원칙이 요구된다. 민감성은 조직개방주의와 상통한다.

지각에 있어서의 객관주의는 개인, 직무, 조직 등 특정한 대상에 관한 편견 없는 지각을 중시하는 철학이다. 어떤 대상에 대하여 본질이나 실제 특성과 다른 지각, 사실과 무관한 지각 등 지각의 오류를 범하는 일은 그 대상을 오해하거나 과대 · 과소평가 함으로써 올바른 판단을 하기 어렵게 만든다. 따라서, 특정 대상에 관한 정확하고 편견 없는 지각이 매우 중요하다. 정확한 지각은 올바른 판단을 낳는다. 객관성은 조직합리주의에 속한다.

지각에 있어서의 긍정주의와 융합주의는 특정 대상을 긍정적이고 우호적으로 지각하면 자신의 만족과 함께 개인간 융화와 조직의 성과 및 시너지를 높일 수 있다는 철학이다. 긍정적 지각이 필요한 대상으로는 다른 개인, 자기 직무, 근무조건, 조직정책 등이 있다.

먼저, 주변인물에 대한 긍정적 지각은 상호간 신뢰관계 및 협조체제의 구축으로 생산성을 향상시킬 수 있다. 다음으로, 자기 직무에 대한 긍정적 지각은 자신의 일을 사랑하게 하여 직무몰입과 직무만족을 가져올 수 있다. 특히, 직무만족은 주관적 성격을 가지므로 직무만족에 영향을 주는 요인들(직무자체, 급여수준, 승진기회, 근무조건 등)에 대하여 긍정적 지각을 가지면 실제 조건에 비하여 훨씬 높은 직무만족을 느낄 수 있다. 끝으로, 조직에 대한 긍정적 지각은 구성원의 조직몰입을 증대시킨다. 조직의 사명이나 역할이 사회에 기여하고 있다고 믿거나, 조직이 직원의 삶의 질 향상을 위해 노력하고 성과에 대한 공정한 보상을 시행하고 있다고 지각한다면, 그렇지 않은 경우에 비하여 조직에 대한 애착과 충성심이 훨씬 높아진다.

2. 새 지각이론 탐색: 긍정지각이론

1) 긍정적 대인지각원리: 거울이론(Mirror Theory)

조직구성원이 다른 구성원을 어떻게 지각 또는 인식하느냐 하는 것은 구성원간의 관계형성과 직무수행 및 화합 · 협력에 큰 영향을 미친다. 그러한 대인지각은 객관적 지각 차원과 함께 긍정적 지각 차원에서 고찰될 수 있다.

첫째, 구성원이 다른 구성원을 인식함에 있어서 객관적이고 정확한 지각과 판단을 하여야 한다. 즉, 오류와 편견이 없어야 한다. 객관적이지 않거나 정확하지 못한 지각 · 판단은 오해에 따른 갈등, 직무에 대한 평가 왜곡, 능력발휘의 저해 등 심각한 문제를 야기할 수 있다. 이는 상사와 부하간, 그리고 동료직원 상호간에 모두 발생할 수 있는 문제이다.

예컨대, 상사가 부하의 기획안 작성능력의 부족만을 강하게 지각하여 부하의 전반적인 정책추진 능력을 저평가하고, 그 결과로 업적평가와 보상에까지 부정적 영향을 주는 상황이 발생할 수 있다. 이는 정확하지 못하거나 편협한 지각 및 평가로서 직원에 대한 동기부여를 약화시키고 역량발휘를 저하시킬 수 있다.

둘째, 조직구성원간에 상호 우호적인 지각·평가를 하는 것이 좋다. 하나의 사실이나 직원특성에 대하여 객관적으로 인지하는 것은 물론이고, 인지된 객관적 사실 또는 특성에 대하여 긍정적인 해석을 하고, 우호적인 반응을 보여주는 것이 바람직하다. 우호적인 반응이란 객관적인 사실에 대해 좋은 측면이 있음을 강조하고, 긍정적 평가, 칭찬, 격려를 해 주는 것을 말한다. 그리고 부족한 점에 관하여는 멘토링, 코칭, 어드바이스 등 실질적 도움을 주고, 잘 할 수 있다는 자신감을 부여함과 함께, 힘을 북돋아 주는 등 정신적 지원을 아끼지 말아야 한다. 이는 주로 조직관리자의 역할이기도 하지만, 모든 구성원들의 도덕적 의무이다.

조직구성원들은 상호간에 거울(mirror)의 역할을 한다. "상대방은 자신의 거울, 자신은 상대방의 거울"이다. 자신의 특성을 상대방이 지각하고, 상대방의 특성을 자신이 지각한다. 그 거울은 상대방의 장점(밝은 빛)을 많이 반사하면 긍정적 거울(밝은 거울)이 되고, 단점(어두운 빛)을 많이 반사하면 부정적 거울(어두운 거울)이 된다. 따라서, 모든 구성원과 조직관리자는 서로 밝은 거울이 되도록 노력해야 한다. 객관적이고 긍정적인 지각을 높이고 왜곡된 지각이나 부정적 지각을 줄이고자 노력하는 것이다. 그러한 긍정적 지각 태도는 직원간의 신뢰(trust)에 바탕을 둔 협력·협업·협동을 잘 이루어 나감으로써 조직의 전체적 성과를 높일 수 있다.

2) 긍정적 조직지각원리: 우호적 태도이론

조직지각은 조직 그 자체와 조직의 관리방식 등에 관한 구성원의 인식을 말한다. 조직에 관한 여러 차원의 인식은 조직구성원의 태도와 직무수행 및 조직성과에 큰 영향을 미칠 수 있다. 조직에 대한 구성원의 인식 및 태도가 우호적이면 조직과 구성원간의 일체화 또는 융합화에 기여함으로써 직무성과를 높일 수 있다.

첫째, 조직 자체에 대한 우호적 지각·평가가 중요한데, 이는 조직의 존재목적, 추구하는 가치, 이미지, 상징 등 본질적 요소에 대하여 구성원이 어떻게 인식하느냐 하는 것이다. 구성원이 조직의 본질적 요소에 대하여 우호적 인식을 갖고 동의 및 수용할 때, 조직에 대해 지지하는 마음과 자부심을 갖게 되고, 구성원간에 일체감을 느끼면서 조직을 위해 충성하게 된다.

둘째, 직원에 대한 조직의 관리정책에 대한 긍정적 지각 · 평가도 중요하다. 여기서는 직원에 대한 직무부여, 인사관리, 급여, 복지, 의사결정 참여기회, 의사소통 시스템 등이 지각의 대상이 된다. 구성원이 조직의 관리방식, 정책, 시스템 등에 대해 긍정적으로 인식하게 되면 조직과 관리자에 대해 호의적 태도를 갖게 될 것이다. 그리하여 좀 더 동기부여가 잘 되고 감사하는 마음으로 조직을 위해 직무노력을 경주하게 될 것이다.

셋째, 조직의 근무분위기와 문화적 풍토에 대한 수용적 인식 · 태도도 중요시 된다. 조직의 근무분위기와 문화적 풍토는 구성원의 정신적 측면에 영향을 미친다. 자유롭다고 느끼는가 아니면 제약을 받고 있다고 느끼는가, 재미있게 느끼는가 아니면 딱딱하다고 느끼는가 · · · 이런 측면에 대한 구성원의 긍정적 인식은 심리적 안정감과 함께 조직생활의 즐거움과 행복감을 가져다 줄 수 있다.

조직에 대한 구성원의 지각과 태도를 우호적인 것으로 만들려면 홍보전략과 이미지 제고전략이 유효할 것이다. 홍보전략은 조직구성원을 대상으로 조직의 존재목적, 추구가치, 관리방식, 정책 등의 내용이나 취지에 관하여 잘 알려주는 전략이다. 이미지 제고전략은 조직의 좋은 이미지 형성을 위해 상징이나 메타포(metaphor) 등을 활용하는 전략이다. 이러한 전략들을 적극적으로 구사하여 조직구성원의 호의적 지각과 태도를 가져온다면, 조직에 대한 신뢰가 쌓이게 되고, 조직에 대한 애착 · 사랑 · 지지도가 증가하며, 결과적으로 구성원의 직무성과가 높아지게 될 것이다.

3) 융합적 상황지각원리: 신경망이론

상황에 대한 지각 · 판단 및 대응을 빈틈없이 수행함과 아울러 구성원간, 하위부서간 우호적 협력을 증진시키기 위해서는 조직 내에 융합적인 신경망 시스템(fused neuron system)을 구축할 필요가 있다. 조직 내 구성원 개개인은 자신의 직무 또는 조직전체와 관련된 정보를 모두 다 잘 인지하기는 어렵다. 자신의 정보원천(information source) 외에 다른 구성원의 정보원천도 활용해야 하고, 다른 구성원이 제공하는 정보를 이용해야 한다. 이를 위해서는 구성원 간에 효율적인 정보망(information network)을 구축해야 한다. 이 정보망이 직원 상호간의 정보 제공과 교환에 매우 중요한 역할을 할 수 있다.

개인간 뿐만 아니라, 하위 부서간에도 정보망의 구축이 요구된다. 여러 하위 부서들 간에는 업무상 연관성이 있어서 정보교환이 요구될 뿐만 아니라, 업무 관련성을 뛰어넘는 일반적 정보에 대한 상호공유도 이루어져야 한다.

이상과 같이 개인간, 그리고 부서간에 연결되는 정보의 교환체계가 바로 조직 내 정보 네트워크이다. 어떤 조직에서나 상황파악 및 상호연락을 위한 네트워크가 구축되어 있어야 한다. 이러한 정보 네트워크는 개인과 개인, 그리고 부서와 부서를 서로 묶어주는 융합적 역할을 한다. 한 마디로 상황지각의 네트워크를 통하여 우호적 협력과 조직융합을 증진시킬 수 있다.

제2부 미시적 조직론

제 3 장 성격과 역량
제 4 장 지각과 판단
제 5 장 가치, 태도, 감정
제 6 장 학습과 창의성
제 7 장 동기부여
제 8 장 스트레스
제 9 장 조직시민행동
제10장 긍정조직행태

제1부 조직학 총론

제1장 조직의 철학과 목표
제2장 조직이론의 흐름

제4부 거시적 조직론

제17장 조직구조
제18장 조직문화
제19장 조직사회자본
제20장 조직환경
제21장 조직진단
제22장 조직의 변화·혁신

제3부 중범위 조직론

제11장 집단과 팀워크
제12장 리더십
제13장 의사결정
제14장 커뮤니케이션
제15장 권력과 정치
제16장 갈등관리

제5장 가치, 태도, 감정
(Values, Attitude & Emotion)

제1절 가 치

1. 가치란?

조직에서 적용되어야 할 가치를 조직구성원과 조직관리자가 잘 인식하는 일은 매우 중요하다. 이는 조직에서 추구되어야 할 올바른 규범과 지향성을 그 구성원과 관리자가 항상 실천해야 하기 때문이다.

보편적으로 가치란 사람이 인생에서 무엇을 위해 살아야 하고 어떻게 행동해야 하는가에 대한 개인적 믿음을 뜻한다(George & Jones, 2012: 93). 가치는 인간이 궁극적으로 추구하는 그 무엇으로서, 인간이 의미 있다고 여기며 바람직하다고 생각하는 그 무엇이라고 할 수 있다(최창호 · 하미승, 2012: 62).

조직에서의 가치는 조직 속의 개인 또는 조직 그 자체가 추구하는 어떤 바람직한 지향성을 의미한다고 볼 수 있다. 조직 속 개인이 의미 있게 생각해야 할 가치에는 직무가치(work values)와 윤리가치(ethical values)가 있다(George & Jones, 2012: 93). 뿐만 아니라, 조직 그 자체가 추구하는 조직가치(organizational values)가 있다.

조직과 연관되는 가치의 구성체계를 보면 [그림 5-1]과 같다. 가장 큰 분류로서 조직관련 가치는 직무가치, 윤리가치, 그리고 조직가치로 구분할 수 있다. 첫째, 직무가치는 조직 속 개인이 직장에서의 삶의 질을 향유하기 위해 추구하는 가치로서, 내재적 직무가치와 외재적 직무가치가 있다. 둘째, 윤리가치는 개인의 권리와 이익을 위해 옳은 것을 추구하는 가치로서, 공리적 가치, 도덕적 권리 가치, 공정성 가치 등으로 구분된다(George & Jones, 2012: 93). 셋째, 조직가치는 조직의 사명과 임무를 달성하기 위해 추구해야 할 가치로서, 국가 · 사회 가치와 국민 · 고객 가치로 나눌 수 있다.

[그림 5-1] 조직과 연관된 가치의 구성체계도

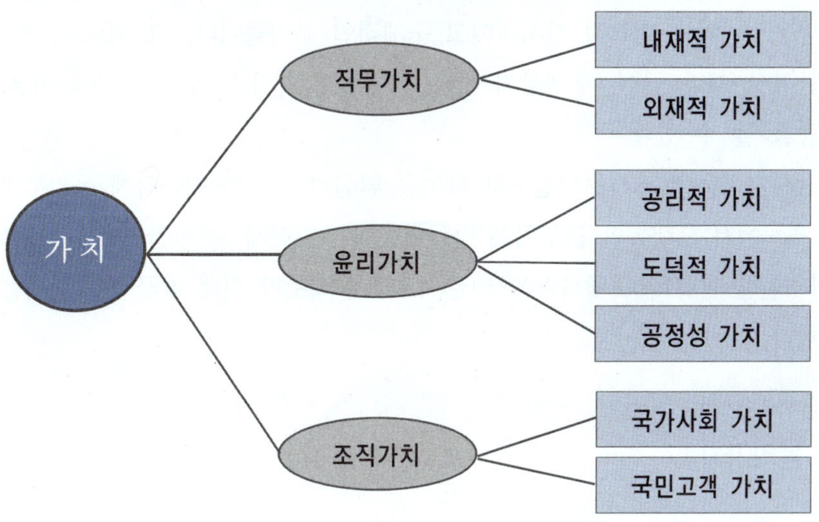

* 출처: George & Jones, 2012: 93 그림의 수정 · 확장

2. 직무가치

직무가치는 조직구성원이 자신의 직무수행으로부터 기대하는 결과물에 대한 믿음이며, 어떻게 직무를 수행해야 하는가에 대한 확신이다(George & Jones, 2012: 93). 직무가치는 조직구성원이 직장생활을 함에 있어서 행복감을 느끼게 해주는 것이고, 조직생활을 영위하게 해주는 에너지의 원천이라고 할 수 있다. 개인은 직무가치가 자신의 직장 삶을 통해 실현될 수 있다고 믿을 때 비로소 그 직장을 선택하며 조직에 소속되어 업무를 수행하게 된다.

그럼, 직무가치에는 어떤 것들이 존재할 수 있는가? 내재적 직무가치와 외재적 직무가치가 있다(George & Jones, 2012: 93).

내재적 직무가치(intrinsic work values)는 직무 그 자체로부터 얻어질 수 있는 정신적인 가치들을 말한다. 직무의 성격 자체가 흥미롭고 의미가 있어야 하며, 새로운 것을 배울 수 있고, 자신의 잠재적 역량을 발휘할 수 있어야 한다. 그리고 그 직무의 성취를 통하여 스스로 보람을 가질 뿐만 아니라, 조직을 위해 기여할 수 있을 때 이 가치는 높아질 수 있다.

외재적 직무가치(extrinsic work values)는 조직에서의 근무 또는 직무수행으로부터 얻을 수 있는 비교적 가시적이고 구체적인 가치들이다. 그 예로서, 직업으로서의 안정성, 높은 급여, 후생복지 혜택, 가족들과 가질 수 있는 시간적 여유, 취미생활 등을 들 수 있다.

이러한 가치들은 조직구성원으로 하여금 열심히 직무수행을 하게 동기부여를 해주고, 조직에서 오랫동안 근무하게 만들어 준다. 따라서, 조직관리자들은 직원들이 직무가치들을 향유하고 행복감을 느낄 수 있게 해주기 위해 적극적인 노력을 기울여야 한다.

3. 윤리가치

조직에서 윤리적 가치는 무엇이 옳고 그른가, 어떤 행동을 하는 것이 올바른 것인가에 대한 조직구성원의 개인적 신념을 말한다(George & Jones, 2012: 94). 이 가치는 조직구성원으로 하여금 옳은 의사결정을 하도록 가이드하고 스스로의 행동에 관해 평가하게 해준다. 이는 주로 조직구성원의 개인적 양심과 행동에 관한 규범이라고 할 수 있다.

윤리가치에는 공리적 가치, 도덕적 권리 가치, 그리고 공정성 가치 등이 있다(George & Jones, 2012: 93).

공리적 가치(utilitarian values)는 최대다수의 최대이익을 추구하는 가치이다(George & Jones, 2012: 95). 이는 주어진 자원의 한계 내에서 가급적 가장 많은 사람들이 가장 많은 이익을 누리도록 해야 한다는 가치기준이다. 이 가치는 J. Bentham과 J. S. Mill의 공리주의 사상에 의한 최대다수의 최대행복의 원리에 바탕을 두고 있다. 이 가치를 구현하려면 자원활용을 효율화·극대화함과 아울러, 자원 자체의 증대를 위해 노력해야 한다. 조직구성원이나 조직의 영향을 받는 사람들이 보다 많은 이익과 행복을 누리도록 의사결정과 노력을 해야 한다.

도덕적 권리 가치(moral rights values)는 조직에 관련된 사람들의 기본적 권리와 특권을 최대한 보호해야 한다는 규범이다. 여기에는 자유, 안전, 프라이버시 보호 등이 포함된다(George & Jones, 2012: 95). 조직성과의 제고나 개인이익의 증진도 중요하나, 그런 목표는 개인의 권리와 존엄성이 보장되는 범위 내에서 추구되어야 한다. 조직구성원의 모든 의사결정과 행동이 도덕적 권리를 유지하거나 또는 침해하지 않는 방향으로 이루어져야 함은 자명한 규범적 지향성이라고 할 수 있다.

공정성 가치(justice values)는 조직구성원을 포함한 사람들 사이에 이익과 혜택이 균등하게 할당되어야 한다는 가치기준이다(George & Jones, 2012: 95). 조직 내부에서는 역량과 경력에 따라 승진이나 보직 기회가 평등하게 부여되어야 하며, 성과에 따른 평가와 보상도 공평하게 이루어져야 한다. 조직 외부적으로는 조직에 관련되는 사람들을 차별 없이 처우해야 하고, 사람들이 받는 수혜나 감당해야 할 부담을 대등하게 해야 한다.

4. 조직가치

위에서 살펴 본 직무가치는 개인이 한 사람의 직장인으로서 추구하는 가치를 나타내고, 윤리가치는 조직구성원 개인과 그의 직무에 의해 영향을 받는 사람들의 권리 및 이익과 관련된 가치들이 중심을 이룬다. 그런데 조직은 그 구성원과 그에게 관련된 사람들을 위해서 존재할 뿐만 아니라, 국가·사회와 조직 그 자체를 위해 존재한다. 따라서, 조직은 구성원 및 그와 관련된 사람들의 권리와 이익 및 행복을 추구함과 동시에, 국가·사회와 조직 자체의 가치를 추구해야 한다.

조직이 규범적으로 지향해야 할 가치, 그리고 현실적으로 추구하는 가치는 조직의 존재목적 및 사명에 따라 다양하다. 민간기업의 경우에는 수익창출, 소비자의 행복, 국민경제 향상, 사회에의 기여 등이 될 것이다. 정부조직의 경우에는 국민의 삶의 질(국민행복), 정책의 품질, 행정서비스의 질, 국력, 정부경쟁력 등이 될 것이다.

조직구성원들은 자신들의 개인적 가치를 높이는 데 노력함은 물론, 조직 그 자체가 추구해야 할 가치를 구현하기 위해 최선을 다해야 한다. 개인의 가치와 조직의 가치는 모두 소중하기 때문이다. 이는 앞에서 논의한 바 있는 개인목표와 조직목표의 조화라는 이슈와 일치하는 것이다.

개인적 가치와 조직적 가치를 조화롭게 추구하기 위해서는 양 측면을 연계시켜 주는 조직관리 메커니즘이 필요하다. 그 가장 대표적인 메커니즘이 개인가치 달성과 조직가치 달성을 동시에 이룰 수 있는 보상 시스템이라고 할 수 있다. 그러나 조직가치를 달성하는 모든 일이 개인의 이익과 연계될 수 있는 것은 아닐 것이다. 그런 경우 조직구성원은 자신의 이익과 직결되지 않더라도 조직가치를 높이기 위해 사명을 다해야 한다.

제2절 태 도

1. 태도란?

보편적으로 태도는 어떤 사람, 사물, 사건 등에 대한 특정인의 긍정적이거나 부정적인 평가적 표현을 말한다(Robbins & Judge, 2011: 72). 조직에서의 태도는 "특정한 대상(개인, 집단, 조직, 직무 등)에 대하여 갖는 비교적 지속되는 신념, 감정, 행동경향"을 말한다(박연호, 2000: George & Jones, 2012: 97).

조직인의 태도는 조직의 성패를 좌우할 수 있다. 조직 속의 인간이 자기 조직이나 직무에 대하여 긍정적인 태도를 갖느냐, 그렇지 않느냐 하는 것은 조직의 목표달성에 큰 영향을 미칠 수 있다. 그리고 동료들에 대하여 호의적인 태도를 갖느냐, 아니면 부정적인 태도를 갖느냐의 여부는 구성원간의 인간관계 형성과 조직의 분위기 조성에 중요한 요인으로 작용할 수 있다.

태도의 중요성을 일깨워주는 사례를 하나 알아보자. 미국에서 "마법의 왕국"이라고 불리는 기업으로 Walt Disney World가 있다. 이 회사는 "마법의 일터"라는 칭송을 받고 있다. 이 기업이 이렇게 불리는 이유는 "마법의 성"(magic kingdom)이라는 상징적 시설물이 있기 때문이기도 하지만, 연간 수 천만 명의 고객들로부터 최고의 찬사를 받게 하는 경영의 마법, 서비스의 마법에 있다. 고객의 마음을 사로잡는 이러한 마법은 바로 조직구성원들의 긍정적 태도에 있다. 자신의 직무와 조직을 사랑하고 헌신하는 자세에 있다는 것이다. 이런 자세는 어디서 오는가? 회사의 경영철학과 기업가치에 대해 호감을 가진 사람만 선발하고, 태도조사를 통해 회사원의 감정과 생각이 어떠한지를 살펴보며, 내부승진 · 성과보상 등을 통해 회사에 대한 우호적인 태도를 갖도록 해주기 때문이다(황규대 외, 2001: 35).

2. 태도의 구성요소

태도의 성격을 잘 이해하기 위해서는 하나의 태도를 구성하는 요소들을 알아볼 필요가 있다. 태도의 구성요소로는 인지적 요소, 정의적 요소, 그리고 행동적 요소가 있다(Robbins & Judge, 2011: 72; Quick & Nelson, 2013: 108).

인지적 요소(cognitive component)는 특정 대상에 대한 인식과 평가를 말한다. 이러한 인지적 요소는 어떤 대상에 대하여 '그렇다' 또는 '아니다'라고 생각하는 믿음이나 신념이라고 할 수 있다.

정의적 요소(affective component)는 어떤 대상에 대한 감정을 나타내는 것이다. 즉, 특정한 대상에 대하여 유쾌함이나 불쾌함, 또는 애정이나 증오 등을 나타낸다. 이 경우 '좋아 한다' 또는 '싫어 한다'라는 표현이 사용된다.

행동지향적 요소(behavioral component)는 어떤 대상에 대하여 어떤 행동을 하려는 의도를 말한다. 즉, 행동지향적 요소는 어떤 대상에 대한 인지 및 감정을 근거로 하여 어떤 행동을 하겠다는 자세를 나타낸다.

Quick & Nelson(2013: 108-109)은 태도가 인지, 감정, 행동의도의 세 가지 요소로 구성된다는 이론을 ABC 모델이라고 부르고 있다. 이는 세 가지 구성요소의 알파벳 첫 자인 A(affect), B(behavioral intention), C(cognition)를 묶어서 일컫는 것이다.

인지적 요소, 정의적 요소, 행동지향적 요소 등 3자간의 관계와 실제행동과의 인과관계를 알아보자. 인지적 요소는 정의적 요소에 영향을 주고, 정의적 요소는 행동지향적 요소에 영향을 미쳐서, 결국에는 실제 행동으로 나타날 수 있다. 반대로, 어떤 요인에 의하여 먼저 이루어진 실제 행동이 인지적 요소와 정의적 요소에 역방향으로 영향을 미칠 수도 있다. 이는 행동의 정당화 과정이라고도 할 수 있다.

[그림 5-2] 태도요소간의 인과관계

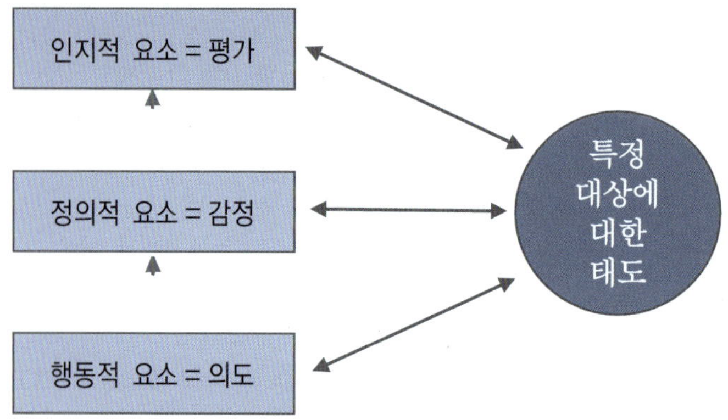

* 출처: Robbins & Judge, 2011: 73

3. 태도의 유형

1) 사람에 대한 태도

조직구성원에게 있어서 가장 중요하고 직접적인 태도는 주변 사람들, 즉 조직 내 다른 구성원이나 고객과의 관계에서 형성되고 표출된다. 사람들과의 관계에서 나타나는 다양한 태도들을 유형화하여 서로 대비시켜 보면 다음과 같다.

① 상대방에 대한 부정적 태도와 긍정적 태도
② 상대방에 대한 적대적 태도와 우호적 태도
③ 상대방에 대한 폐쇄적 태도와 개방적 태도
④ 상대방에 대한 권위적 태도와 민주적 태도
⑤ 상대방에 대한 불신의 태도와 신뢰의 태도
⑥ 상대방에 대한 경쟁적 태도와 협력적 태도

조직관리자는 구성원간의 태도와 고객관계에서의 태도를 면밀히 파악해야 하고, 이를 긍정적인 방향으로 바꾸어 주는 노력을 기울여야 한다. 나중에 살펴볼 태도형성 요인을 잘 진단하고, 다양한 태도변화 전략들을 잘 구사하여 개인 상호간의 태도를 바람직한 방향으로 전환시켜 주는 관리적 역할이 요구된다.

2) 직무에 대한 태도: 직무만족, 직무몰입

직무에 대한 태도는 자신이 수행하는 업무를 어떻게 생각하느냐 하는 것이다. 긍정적으로 생각할 수도 있고 부정적으로 생각할 수도 있다. 만족과 행복을 주는 요소로 인식할 수도 있고, 불만족스럽고 어려움을 주는 요인으로 인식할 수도 있다. 그리하여 자신의 직무에 열중할 수도 있고 반대로 피하고 싶은 경우도 있을 것이다. 직무에 관련된 대표적인 태도 개념으로 직무만족과 직무몰입을 들 수 있다.

직무만족(job satisfaction)이란 자기직무와 직무여건에 대하여 가치를 느끼는 것을 말한다. 직무만족은 "자신의 직무나 직무경험에 대한 좋은 평가로부터 획득하는 즐겁고 긍정적인 정서적인 상태"라고 정의할 수 있다(Locke, 1976; Quick & Nelson, 2013: 112).

직무만족에 영향을 주는 요인으로는 다음과 같은 것들이 있다(Colquitt et al., 2011: 106; 박연호, 2000: 109).

① 직무자체 : 직무의 가치, 중요성, 자율성, 책임성 등
② 급여 : 봉급의 수준, 공정성, 지급방법 등
③ 감독방식과 리더십 : 관리자의 인간관리능력, 직원 배려 등
④ 승진 : 승진기회, 승진심사의 공정성 등
⑤ 인간관계 : 상사 및 동료의 우호적 태도, 협력관계 등
⑥ 물리적 조건과 작업환경 : 사무공간, 편의시설, 건강 및 안전도 등
⑦ 조직의 정책 : 조직의 비전과 목표, 직원참여제도, 이익배분제도 등
⑧ 이타주의: 다른 사람에 대한 도움, 도덕적 동기 등
⑨ 지위: 위신, 자존감, 권력, 명성 등

이러한 직무만족의 요인들을 기준으로 직무만족 수준을 측정하기 위한 도구가 많이 개발되었다. 그 중 대표적인 것이 미네소타 만족 설문지 MSQ(Minnesota Satisfaction Questionnaire)이다. 이 설문지는 20개의 직무 단면별로 5개 항목씩, 전체적으로 100개의 항목으로 구성되어 있다. 예컨대, 자신의 직무와 관련하여 직무안정성, 직무에 대한 보상, 작업조건, 승진기회 등에 관해 어떻게 생각하는지 묻고 있다. 일반적으로 불만족-약간불만족-보통-만족-매우만족 등 5점 척도로 측정된다(황대규 외, 2001: 51).

직무몰입(job involvement)은 직원이 참여한 직무 및 그 성과와 자신을 동일시(identification)하는 것을 말한다. 다르게 표현하면, 조직구성원이 "자신의 직무에

대하여 심리적으로 일체감을 느끼는 정도"를 말한다(Robbins & Judge, 2011: 76-77; 박연호, 2000: 109). 한 마디로 직무를 자신의 것으로 생각하고 애착을 느끼는 것이다. 직무몰입이 강한 구성원은 직무가 자신에게 매우 중요할 뿐만 아니라, 그 성과를 통하여 자아가치(self-worth)를 경험하게 된다고 한다(Robbins & Judge, 2011: 77).

직무몰입을 구체적으로 나타내는 조작적 정의, 즉 측정요소들을 예시하면 다음과 같다.

(i) 나에게 일어나는 중요한 일은 직무와 관련이 있다.
(ii) 나는 나의 직무에 많은 관심을 기울인다.
(iii) 나의 개인적 삶의 목표는 직무와 연관되어 있다.

3) 조직에 대한 태도: 조직몰입

조직몰입(organizational commitment)은 "자신이 속해 있는 조직에 대해 심리적으로 동화되어 있는 상태"를 말한다. 이는 '조직 자체'에 대한 동일시 및 일체감을 나타낸다는 점에서 조직 속의 '자기직무'에 관해 동일시를 의미하는 직무몰입과 구별된다. 조직몰입은 구체적으로 아래와 같은 개념을 포함한다.

① 조직의 목표 및 가치를 자신의 것으로 느끼는 일체감
② 조직의 업무에 전념하려는 마음
③ 조직에 대한 충성심
④ 조직에 대한 진실한 참여 열망
⑤ 조직을 자아의 핵심요소로 여기는 정신
⑥ 조직을 삶의 중심요소로 여김

조직몰입에는 대체로 3가지 하위개념이 있다. 규범적 조직몰입, 정의적 조직몰입, 그리고 지속적 조직몰입 등이 그것이다(Robbins & Judge, 2011: 77; Quick & Nelson, 2013: 116-117).

규범적 조직몰입(normative commitment)은 조직을 위해 일하고 헌신하는 것이 도덕적이고 윤리적이라고 생각하는 마음을 말한다. 조직을 위해 열심히 노력하

는 것이 당연한 도리이며 의무라고 생각하는 것이다.

정의적 조직몰입(affective commitment)은 조직에 대하여 정서적으로 좋은 감정을 갖고 조직을 사랑하는 것을 말한다. 회사에 대한 직원의 호감도를 이야기할 때는 대체로 정의적 몰입을 의미하는 것으로 볼 수 있다.

지속적 조직몰입(continuance commitment)은 조직에 계속 남아서 근무하고 싶은 생각을 말한다. 대체로 조직을 좋아하면 계속 근무하고 싶은 마음이 생기므로, 정의적 몰입이 강하면 근속적 몰입도 강해진다고 볼 수 있다.

조직몰입에 대한 영향요인으로 어떤 것이 있는가?

① 개인적 요인으로 연령, 직급, 근무년수, 교육년수 등이 영향을 미칠 수 있다. 예를 들면, 근무년수가 많을수록 조직에 대한 노력과 시간의 투자가 많았고, 새 직장으로의 이동이 어렵기 때문에 조직몰입도는 높을 것으로 예상할 수 있다.

② 역할 요인으로 역할과중, 역할갈등, 역할모호성 등을 들 수 있다. 일반적으로 역할 관련 문제가 적을수록 조직몰입도가 높을 것이다.

③ 조직특성 요인으로 조직규모, 노조의 존재 여부, 분권화 정도 등이 영향을 줄 수 있다. 예를 들면, 조직의 구조가 분권적일수록 직원들의 의사결정 참여기회가 많아서 조직몰입도는 높을 것이다.

4. 태도와 조직성과

조직 및 직무와 관련된 태도요인과 조직의 성과, 즉 생산성과의 관계는 어떠한가? 직무태도와 조직성과간의 일반적인 인과관계를 모형으로 나타내면 [그림 5-3]과 같다.

[그림 5-3]에서 보듯이, 여러 가지 개인적 요인, 직무특성 요인, 직무환경 요인, 그리고 조직적 요인들이 직무만족도와 조직몰입도에 영향을 미친다. 이어서 직무만족도와 조직몰입도는 조직의 성과, 즉 생산성에 영향을 미칠 수 있다. 그리고 직무태도 변수 내에서 직무만족도는 조직몰입도에 영향을 줄 수 있다.

[그림 5-3] 직무태도와 조직성과 간 인과관계 모형도

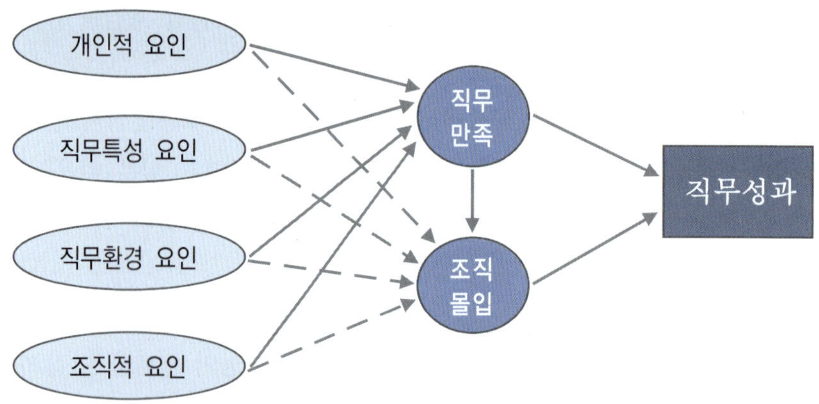

직무만족과 조직몰입 등 태도변수가 조직성과에 어떤 영향을 미치는가에 관해서는 여러 가지 가설과 실증적 분석결과가 있을 수 있다.

먼저, 직무만족과 조직성과의 관계를 보자. 보편적으로 행복한 직원은 보다 생산적인 근무자가 될 수 있다. 어떤 학자들은 직무만족과 근무성과의 관계가 신화에 불과하다고 한다. 그러나 300여개의 실증적 연구결과에 따르면 직무만족과 근무성과와의 상관관계는 상당히 높다는 사실을 보여준다. 이러한 긍정적 인과관계는 개인성과 수준에서나 조직전체 성과수준에서 모두 발견된다(Robbins & Judge, 2011: 85).

다음으로, 조직몰입과 조직성과의 관계를 보자. 일반적으로 조직에 보다 많이 몰입하는 직원은 좀 더 열심히 일하는 것으로 볼 수 있다. 실증적 연구에 의하면, 조직몰입 중 정의적 몰입은 근무성과와 약하나마 긍정적인 관계를 가지고 있다. 직원의 정의적 몰입수준이 높으면, 그가 조직을 위해 좋은 일을 하고자 하는 의사가 그렇지 않은 직원보다 강할 것이다. 이와 달리, 근속적 몰입은 평균을 초과하는 근무성과를 내지는 못한다고 한다. 그 이유는 대체적으로 근속적 몰입이 조직가치에 대한 신념보다 자신의 개인적 필요(자기생계 유지)에 바탕을 둔 경우가 많기 때문이다(George & Jones, 2012: 115).

종합적으로, 조직관리자는 조직의 성과를 제고하기 위해 구성원들의 직무만족과

조직몰입을 높이는 노력을 적극적으로 전개해야 한다. 의사소통의 확대를 통하여 직원들이 무엇을 원하는가, 어떤 애로를 겪고 있는가를 주기적으로 파악하여, 그들이 원하는 것을 충족시켜 주고, 애로사항을 해소해 주어야 한다. 조직 시스템을 보다 자율화·분권화·민주화하고, 인사·급여·보상 등 동기부여 요인을 잘 활용하여 근무의욕과 행복감을 높여주어야 한다. 그리고 합리적인 직무설계를 통해서 조직구성원 각자가 자신의 직무에 대한 가치의식, 보람, 성취감을 갖고 일하도록 도와주어야 한다.

5. 태도형성의 요인

성격, 이념, 가치관(personality, ideology, value)은 개인의 태도가 형성되는 과정에 있어서 정신적으로 가장 깊은 곳에 자리 잡고 있는 요인이다. 성격은 한 사람의 기본적인 정신적 특질로서 그의 태도에 많은 영향을 준다. 예컨대, 내성적 성격의 소유자는 폐쇄적이거나 소극적인 태도를 취하고, 외향적 성격의 소유자는 개방적이거나 적극적인 태도를 취한다. 이념은 국가, 사회, 정치, 경제, 공공정책 등에 대한 태도를 형성하는 데 영향을 미친다. 예를 들어, 보수이념을 중시하면 생산지향적 태도를, 진보이념을 중시하면 복지지향적 태도를 갖는다. 가치관은 한 개인이 어떤 가치를 강하게 지향하느냐 하는 것인데, 경제적 가치를 지향하면 금전적 보상을 선호하고, 자아실현의 가치를 중시하면 성취지향적 태도를 갖게 될 것이다.

행동과 경험(behavior & experience)은 대상에 대한 직접적 태도형성 요인이다(박연호, 2000: 101). 어떤 인물을 직접 상대해보고 그와 같이 일을 해 본 경우, 그런 경험에 따라 그 인물에 대해 우호적 또는 비우호적 태도를 갖게 된다. 어떤 직무를 직접 수행해 본 경우, 그 직무에 대해 애착을 가지거나 그 반대로 회피적 태도를 보일 수 있다.

이미지와 인상(image & impression)은 특정 인물, 집단, 조직이 사람들에게 어떤 모습으로 비춰지느냐 하는 것이다. 눈에 보이는 인상 또는 시간을 두고 형성된 이미지가 긍정적이고 친근감을 줄 경우 사람들은 그 대상에 대하여 선호 또는 지지하는 태도를 가지게 된다.

사회화(socialization)는 사람의 성장과정이나 조직에서의 적응과정에서 태도형성에 큰 영향을 준다. 사회화란 자신을 둘러싸고 있는 사회적 집단의 규범, 가치, 문화, 관례 등을 습득하고 그것에 적응하는 과정을 말한다. 일반적으로 개인은 가족, 학교, 교회, 또래집단, 직장 등 사회화 기관들 속에서 태도를 형성한다(박연호, 2000: 101). 이를 사회적 학습(social learning)이라고도 하는데, 실질적인 사회적 학습은 모델학습(modeling)을 통해 이루어지는 경우가 많다(Quick & Nelson, 2013: 109). 모델학습은 모범 또는 롤 모델(role model)이 될 만한 인물과 그의 행동을 모방함으로써 이루어진다.

가치표현(value expression)은 특정한 개인이나 집단이 자신의 가치를 외부에 나타내고자 하는 것이다. 이러한 가치표현의 시도를 하는 과정에서 어떤 태도를 형성하게 된다. 특히, 전문가 집단은 자기 직업의 가치를 다른 사람에게 나타내고자 하는 그런 유형의 태도를 흔히 갖기 쉽다(박연호, 2000: 102). 예를 들면, 과학자들은 자신들의 직업적 가치에 충실하고자 논리나 실험에 기초한 진리만을 받아들이는 태도를 갖게 된다.

직무(job)의 성격과 환경이 조직구성원의 직무에 대한 태도를 형성하는 데 직접적 영향을 준다. 우리가 앞에서 살펴본 직무만족과 직무몰입은 바로 직무의 성격과 환경에 대한 태도를 나타내는 것이다. 직원이 선호하는 직무특성과 환경은 당연히 높은 만족과 몰입을 가져올 것이다.

조직(organization)의 정책과 관리 스타일은 조직 자체에 대한 직원들의 태도를 형성하는 데 직접적으로 작용한다. 조직이 추구하는 가치, 구성원에 대한 복지정책, 조직의 구조와 감독방식, 리더십 등 관리적 시스템이 어떠한가에 따라 조직몰입과 같은 긍정적, 우호적 태도가 높아질 수도 있고 낮아질 수도 있다.

6. 태도변화의 전략과 과정

1) 태도변화의 방향

조직관리자는 조직구성원의 태도를 바람직한 방향으로 변화시키는 역할과 책임을 가지고 있다. 이러한 태도변화의 전략과 노력은 왜 필요한가? 직원의 태도는 조직의 성과에 큰 영향을 미치기 때문이다. 직원의 긍정적이고 적극적인 태도는 조직의 목표달성을 보다 용이하게 한다. 이와 같이 조직구성원의 태도를 긍정적이고 적극적인 방향으로 변화시키는 데는 효과적인 변화전략과 전문적인 관리기법이 필요하다.

일반적으로 조직에서의 태도는 어떤 방향으로 변화되어야 하는지 생각해 보자. 아래에서는 구성원의 태도를 바람직하지 않은 것으로부터 바람직한 것으로 변화시켜야 하는 방향성을 나타내고 있다.

① 부정적 태도 → 긍정적 태도	② 소극적 태도 → 적극적 태도
③ 폐쇄적 태도 → 개방적 태도	④ 권위적 태도 → 민주적 태도
⑤ 경쟁적 태도 → 협력적 태도	⑥ 불신하는 태도 → 신뢰하는 태도

OD(Organization Development) 접근법을 발전시킨 Golembiewski가 조직발전을 위해 조직구성원이 가져야 할 태도로 제시한 내용을 보면 다음과 같다.

(1) 개방성(openness)

자신을 자기 자신과 다른 구성원에게 노출시켜 다른 사람들의 피드백을 받고, 자신을 성찰하여 스스로를 변화시켜 나가야 한다. 즉, 자신의 모습에 대해 자기 자신과 타인이 모르고 있는 닫힌 영역(closed area)을 축소하고 열린 영역(open area)을 확대해야 한다.

(2) 신뢰(trust)

구성원 상호간의 믿음이 매우 중요하다. 신뢰는 다른 직원과의 정직한 의사소통과 상호 협력적인 업무자세에 달려 있다.

(3) 주인의식(owning)

자신이 속한 조직 및 팀과 자신이 수행하는 직무에 대해 소유의식을 갖는 것이 필요하다. 이는 자기 조직, 팀과 직무에 대해 스스로 책임성을 갖는 것이다.

(4) 위험회피(risk avoiding)

이는 다른 구성원과의 관계를 위험한 상황으로 빠뜨리지 않도록 해야 한다는 것을 말한다.

아울러, 조직구성원의 태도를 직무만족, 직무몰입, 조직몰입이 높아지는 방향으로 변화시켜야 한다. 이는 직무 및 조직에 대한 우호적인 태도를 의미하는 만큼 우선적으로 전개되어야 할 태도변화의 기본적인 방향인 것이다.

2) 태도변화의 유도전략

(1) 설득과 인식변화

설득은 논리적인 주장과 사실의 제시를 통하여 설득대상자의 태도를 변화시키는 과정이다. 이 과정에서 언어, 문서, 영상 등 다양한 메시지와 매체들을 활용할 수 있다(Quick & Nelson, 2013: 118-120; 박연호, 2000: 106).

[그림 5-4] 설득을 통한 태도변화 과정

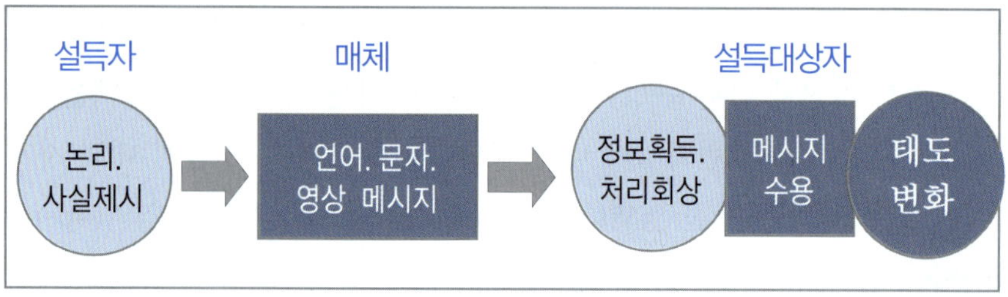

* 출처: Quick & Nelson, 2013: 119 ; 황규대 외, 2001: 44 수정 및 확장

(2) 이념, 가치 등 선행조건의 타파

태도를 형성하는 데 있어서 인식의 기초를 형성하고 있는 기본관념, 가정조건, 기초지식, 이해관계 등을 먼저 변화시키는 것을 말한다. 여기에는 정치사회적 이념, 성장과정에서 형성된 마인드, 자신이 관련된 이해관계 등이 포함된다.

(3) 사회적 압력(social pressure)

이는 개인이 소속된 집단의 압력에 의해 그 집단이 표방하는 태도의 방향으로 개인태도가 변화되도록 하는 것이다. 가시적인 압력과 비가시적인 압력이 모두 작용할 수 있다(박연호, 2000: 106).

(4) 인지의 조화(cognitive consistency)

인지 부조화를 인지 조화의 상태로 바꾸는 과정에서 태도변화를 일으킬 수 있다. **인지부조화**(cognitive dissonance)란 무엇인가? 개인이 갖고 있는 태도와 태도 사이에, 혹은 태도와 행동 사이에 불일치가 발생하는 경우를 말한다. 사람은 자신의 태도와 태도 사이, 또는 태도와 행동 사이에 불일치가 있게 되면 긴장과 갈등을 느끼게 된다(Quick & Nelson, 2013: 111). 이 갈등을 없애기 위해 두 개의 모순되는 요소를 일치하는 방향으로 바꾸려고 노력하게 된다. 이러한 조화 시도의 과정에서 태도변화를 야기한다.

(5) 참여기회 부여

참여는 중요한 의사결정 과정에 자신의 의견을 반영시키는 것을 말한다(박연호, 2000: 107). 인간은 중요한 변화를 야기하는 결정과정에 직접 참여한 경우 그 변화를 보다 쉽게 수용하게 된다. 예컨대, 비정규직의 정규직화에 관한 고용노동부의 정책회의에 참석한 산업통상부 국장이 당초의 거부적 태도를 동조적 태도로 바꾸는 것과 같다.

(6) 제도개혁

개혁적인 제도가 조직구성원의 의식 및 태도의 변화를 선도할 수 있다. 조직을 개혁하기 위한 시스템의 새로운 도입은 조직구성원의 근무자세와 행동변화를 가져올 수 있다. 아울러, 특정한 제도에 대하여 부정적, 저항적 태도를 가지고 있던 구성원들도 실제로 제도가 시행되면 그 제도에 적응하고 손해를 보지 않기 위해 그 제도를 수용하는 태도로 바꾸게 된다.

(7) 직무 재설계 및 근무환경 개선

조직구성원의 직무 관련 태도를 바꾸려면 그에 직접적 영향을 주는 요소를 변화시켜 주어야 한다. 그러한 직접적 요인으로 직무 재설계 및 근무환경 개선을 들 수 있다. 직무 재설계를 통해 직무특성을 구성원이 선호하는 방향(예: 다양화, 고급화, 자기책임성 및 자율성 확대 등)으로 바꾸어주면 직무만족 및 직무몰입을 높일 수 있다. 근무환경을 보다 편안하고 안전하고 쾌적하게 개선해 주는 일도 그러한 효과를 가져 올 수 있다.

(8) 조직정책 및 관리전략의 변화

조직에 대한 조직구성원의 우호적 태도는 근무의욕과 직무성과를 높이는 매우 중요한 요소이다. 조직에 대한 구성원들의 태도에 큰 영향을 미치는 요인으로 직원에 대한 조직의 정책과 관리전략을 들 수 있다. 조직과 직원들이 가치를 공유하게 하고, 직원의 육성 및 동기부여 전략을 강화하며, 복지혜택과 성과이익 배분의 시스템을 합리화하는 것 등이 그런 정책 또는 관리전략이 될 것이다.

3) 계획적 태도변화와 과정

계획적 변화(planned change)란 구성원의 태도를 그대로 내버려두거나 자연스러운 변화를 단지 지켜보는 것이 아니라, 조직이나 개인의 관점에서 바람직한 방향으로의 변화를 의도적, 의식적으로 추진하는 것을 말한다. 이는 구성원의 태도를 조직의 가치와 목표에 보다 적합하게 변화시키는 것이다. 즉, 가치지향적이며 목표지향적인 변화를 시도하는 것이다.

계획적 변화에 있어서는 변화주도자(change agent)의 개입(intervention)과 역할이 중요하다. 변화주도자는 조직의 혁신관리자일 수도 있고, 외부전문가인 컨설턴트(consultant)일 수도 있다. 변화주도자는 변화의 필요성(need)을 인지하고, 새로운 비전과 변화의 아이디어를 개발하며, 변화과정을 집행(implement)하고, 바람직한 결과(outcome)를 창출해 내는 역할을 수행한다(Myers et al., 2012: 253).

계획적 변화에서는 변화를 효과적으로 이끌어낼 수 있는 변화프로그램(program for change)의 설계와 적용이 그 핵심이다. 예를 들면, 실험실적 교육훈련 프로그램을 통해 팀 형성(team building)을 가져오고, 이를 통해 폐쇄적이고 냉소적이던 구성원 상호간의 태도를 보다 개방적, 교류적, 협력적인 태도로 바꿀 수 있다.

계획적인 태도변화는 적절한 과정을 거쳐서 진행되어야 한다. 태도변화를 포함한 조직변화의 과정(process)에 관한 가장 대표적인 모델은 Lewin의 3단계 모형이다. Lewin은 조직변화의 과정을 해빙단계, 변화단계, 그리고 재결빙단계로 나누어 설명했다(Lewin, 1947; 박연호, 2000: 107; Moorhead & Griffin, 2004: 528).

① **해빙단계**(unfreezing)는 태도변화의 준비단계이다. 태도변화를 가져오기 위해서는 먼저 구성원으로 하여금 기존 태도의 문제점을 스스로 인식하고 개선의 필요성을 자각하게 하는 것이 중요하다. 특히, 개인이 갖고 있는 기존의 인식구조와

감정상태를 녹여 내리고 파괴해야 하는 것이다.

② **변화단계**(changing)는 실제로 변화가 이루어지는 단계이다. 태도변화를 위한 프로그램을 개발하고 그것을 현실에 맞게 적용해야 한다. 그 결과로 태도의 변화가 일어나고 새로운 행동이 실행되어야 한다.

③ **재결빙단계**(refreezing)는 새로이 획득한 태도를 자신의 진정한 태도로 정착시키는 단계이다. 새로운 태도의 안정화 단계라고 할 수 있다. 새롭게 습득된 바람직한 행동이 시간의 흐름과 함께 쉽게 소멸되지 않도록 해야 한다. 그러나 이 단계를 너무 강조하면 더욱 새로운 태도로의 변화를 방해하게 된다. 어느 시점에서의 새로운 태도라는 것은 시간이 흐르면 언젠가는 시대에 맞지 않는 태도로 낡아 빠지기 마련이기 때문이다.

제3절 감 정

1. 감정이란?

감정이란 "어떤 구체적이고 분명한 사건 또는 상황에 대한 비교적 짧고 집중적인 반응"이다(Quick & Nelson, 2013: 120). 또는, 감정이란 "그 무엇 또는 누군가를 향한 직접적인 느낌"이다(Robbins & Judge, 2011: 100). 이런 감정에는 기쁨, 즐거움, 슬픔, 노여움, 분노, 자존감, 적대감 등이 포함된다.

감정은 불합리한 요소인가? Carl Sagan에 의하면, 우리가 너무 감정을 강하게 가지게 되면 바보 같은 자신에게 의존해야 한다고 한다. 즉, 감정은 사람으로 하여금 비합리적인 행동을 하게 만들 수 있다. 그러나 여러 연구에 의하면, 감정이 실제로는 합리적인 사고에 중요한 영향을 줄 수도 있다. 왜냐하면, 감정은 우리 주변의 세계와 사람들을 보다 잘 이해하게 해 주어 보다 좋은 의사결정을 하게 만들어 준다. 좋은 의사결정은 사고(thinking)와 함께 느낌(feeling)도 중요하게 고려해야 하기 때문이다(Robbins & Judge, 2011: 104).

감정은 왜 중요한가? 감정은 조직에서의 구성원의 태도와 행동에 큰 영향을 미치기 때문이다. 예컨대, 기분 좋은 일로 인하여 좋은 감정을 갖게 되면, 인지적 · 심리적 기능이 원활해지고 신체적 · 정신적 건강과 함께 조직에서의 업무 대처능력이 좋아진다. 반대로, 기분 좋지 않은 일로 인하여 부정적 감정을 갖게 되면, 그러한 감정은 일할 의욕을 감퇴시키고 직무만족과 직무몰입의 수준을 저하시키게 된다 (Quick & Nelson, 2013: 121).

2. 무드(mood)란?

무드는 "어떤 분명한 이유 없이 나타나는 비교적 지속적인 느낌의 상태"이다 (Quick & Nelson, 2013: 121). 감정과의 차이를 보면, 무드는 감정에 비하여 구체적인 요인을 잘 알기 어려우며 좀 더 지속적으로 유지된다는 점이다. 무드는 감정보다 덜 집중적이고 맥락적 자극의 내용이 분명하지 않다(Robbins & Judge, 2011: 100). 일반적으로 감정들이 모이고 쌓여서 비교적 긴 기간의 무드를 형성하게 된다고 볼 수 있다.

무드는 조직생활에서 감정보다 더 중요하다. 왜냐하면, 감정보다 더 지속적이며 여러 요인들이 복합적으로 작용하기 때문이다. 긍정적 무드는 직무성과를 좀 더 높이며 일탈행동을 방지하는 데 기여하는 반면, 부정적 무드는 근무의욕을 떨어뜨리고 결근이나 이직을 불러일으킬 수 있다(Quick & Nelson, 2013: 121).

3. 감정의 전염

조직 내에서는 감정의 전염현상이 많이 나타날 수 있다. 감정전염(emotional contagion)은 한 사람의 감정이 다른 여러 사람들에게로 이전되거나 퍼져나가는 것을 말한다(Quick & Nelson, 2013: 121). 이러한 감정전염은 의식적으로 또는 무의식적으로 이루어질 수 있다.

Quick & Nelson(2013: 121)은 감정전염이 주로 비언어적으로 모방(mimicry)에 의해 이루지는 것으로 보고 있다. 그 예로 표정, 신체언어, 목소리 톤 등을 들고 있다. 그러나 실제로는 감정을 유발하거나 이전 또는 전파시키는 현상은 언어적 표현이나 그에 따른 감정소통을 통해 더 구체적이고 빠르게 전염될 수도 있다.

감정전염의 영향은 조직에 있어서 매우 중요하다. 긍정적 감정의 전염은 조직구성원을 기분 좋게 만들고 사기를 높이며 일에 대한 동기와 의욕을 높여 줄 것이다. 부정적 감정의 전염은 그 반대현상을 가져올 것이다.

4. 감성지능(EI)

감성지능(EI: Emotional Intelligence)이란 자기 자신과 타인의 감정을 적절하게 인지하고 관리할 수 있는 능력을 말한다(Quick & Nelson, 2013: 122). EI에 포함되는 요소로는 감정에 대한 지각과 이해, 감정이완, 감정통제 등이 있다(Quick & Nelson, 2013: 122).

감성지능이 높은 조직구성원은 다른 사람의 감정을 잘 이해하고 정서적으로 상호교감을 원활하게 함으로써 좋은 인간관계를 형성할 수 있다. 그리고 자신의 감정을 잘 통제·조절함으로써 어려운 상황을 슬기롭게 극복할 수 있다. 그러나 감성지능이 너무 높으면 감정의 영향을 필요 이상으로 받아 합리적이고 이성적인 판단과 행동을 하는 데 방해를 받을 수도 있을 것이다.

감성적 지능은 다양한 측면에서 근무성과 및 조직성과를 높이는 데 도움이 된다는 실증적 연구가 있다. George & Jones(2012: 82)에 의하면, 자기 자신과 상대방의 감정을 잘 관리하고 낙관적인 성향을 가진 사람은 그렇지 못한 사람보다 더 높은 영업실적(예: 보험가입, 상품판매 실적)을 보인다고 한다.

5. 감정노동과 감정부조화

감정노동(emotional labor)은 조직의 근무자가 자신의 느낌과 감정에 대한 표현을 직무수행 중에 억제하는 것을 말한다. 이는 자신에 대한 감정통제의 한 유형이라고 할 수 있다(Quick & Nelson, 2013: 122).

감정노동은 상사나 동료와 좋은 관계를 유지하기 위해 이루어질 수도 있고, 고객의 불만족이나 부정적 평가를 유발하지 않기 위하여 이루어질 수도 있다. 주로 고객을 상대하는 서비스 직종의 경우에 보다 많은 감정노동이 요구된다. 예컨대, 행정기관의 민원직, 사회복지사 등과 같다.

감정노동의 하위변수로는 감정표현의 빈도와 다양성, 표면행위, 내면행위, 감정표현의 부조화 등을 들 수 있다. 고객 등 타인을 만족하게 만들기 위한 감정표현이 얼마나 자주 일어나는가, 그리고 얼마나 다양한 표현을 하는가 하는 것이 감정노동의 밀도를 나타낸다. 그리고 표면행위와 내면행위는 감정표현의 중요한 두 차원을 나타낸다.

표면행위(surface acting)는 근무자의 실제 감정과 관계없이 외부적으로 좋은 감정을 표현하는 행동이다. 이는 진정한 내부감정을 숨기고 표면적으로만 좋은 표현을 행하는 속이기(faking)와 다름없는 행동이다(Quick & Nelson, 2013: 122-123). 이런 행위는 근무자의 스트레스와 심리적 탈진(psychological burnout)을 유발하고, 심지어는 결근과 이직을 초래하기도 한다.

내면행위(deep acting)는 근무자가 타인에게 좋은 감정표현을 하면서 마음속으로도 진정으로 좋은 느낌을 갖는 행동이다. 이 경우에는 자신의 마음과 감정표현이 일치하므로 기분도 좋아지고 스트레스도 적게 받는다. 진실한 감정이 고객에게 전이되어 진정으로 만족도를 높여줄 수 있으며, 서비스의 질에 대한 좋은 평가를 받을 수 있다.

이와 같은 감정노동의 두 차원 중 표면행위가 심각하게 나타나는 경우 감정의 부조화를 가져오게 된다. 감정부조화(emotional dissonance)는 근무자가 외부적으로 표현해야 할 감정과 자신이 진실로 느끼는 감정 사이에 불일치가 존재하는 현상을 말한다(Robbins & Judge, 2012: 109; Quick & Nelson, 2013: 122). 근무자가 실제로 느끼며 표출하고 싶은 부정적 감정(예: 화가 나거나 미워하는 등)을 억제할 경우 심리적 탈진은 급격히 증가할 수 있으며, 그에 따라 근무의욕과 직무성과가 크게 저하될 수 있다.

조직관리자는 이러한 감정노동과 감정부조화 문제를 완화 또는 해소하기 위한 관리방식을 개발하여 적용해야 한다. 많은 서비스 기업(예: 항공사)의 경우를 보면, 서비스 직원들을 내부고객으로 간주하여 그들을 만족시키려는 노력을 많이 시도한다. 내부고객이 만족해야만 진정으로 외부고객도 만족시킬 수 있다는 전제를 가지고 있다.

6. 감정의 관리전략

감정의 관리를 위한 기본적인 전략으로 Quick & Nelson(2013: 121-122)은 "연민의 리더십"(compassionate leadership)을 들고 있다. 즉, 직원이 어려운 사건이나 상황, 또는 근무환경으로 인하여 정서적인 어려움을 갖고 있을 때, 조직관리자는 직원을 잘 이해해 주고, 동일한 감정을 가져주며, 깊이 위로해 주는 따뜻한 관리가 요구된다. 이러한 전략은 조직의 비극적 사건, 어려운 상황이나 까다로운 근무조건으로 인하여 구성원들의 전반적인 감정이나 무드가 저하되어 있을 때 특별히 효과가 있을 것이다. 즉, 힐링(healing)의 효능이 있으리라고 본다.

그러나 조직의 통상적인 상황 하에서는 구성원들에 대한 긍정적, 적극적 감정 관리가 더욱 중요하다. 구성원들로 하여금 즐겁고 신바람이 나도록 그 감정과 무드를 북돋아 주는 노력이 필요하다. 소위 "신바람 경영"이 필요하며, 이를 위해 필요한 관리전략은 "펀 리더십"(fun leadership)이라고 생각된다. 이에 관하여는 리더십 이론 부분에서 상세히 논의한다.

조직구성원의 감정관리를 위한 중요한 전략으로 인지적 전략과 상호조절 전략을 생각해 볼 수 있다.

먼저, 감정의 상호인지 메커니즘(co-recognition mechanism)의 개발과 운영이 필요하다. 이는 구성원의 감정에 대한 상호간의 이해와 공감을 추구하기 위한 전략이다. 조직 내에서 직무수행 중간이나 특정한 시간대를 정해서 "대화와 공감의 자리"를 만들거나, CAN 미팅, MT 등을 통하여, 다른 구성원의 감정에 대한 이해와 공감을 증가시키도록 하고, 서로간의 감정에 대한 소통 및 정신적 지원을 활성화시켜야 한다.

다음으로, 감정의 집단조절 메커니즘(collective adjustment mechanism)이 중요하다. 이는 집단 내에서 구성원간의 긍정적 감정조절을 유도하고 부정적 감정의 확산을 방지하기 위한 전략이다. 즉, 긍정적 감정의 전이 및 전파를 활성화하고, 부정적 감정의 전염을 억제하는 것이다. 이를 위한 관리적 장치와 대안을 다양하게 발굴·활용해야 한다. 그 예로서 "오늘의 기쁜 일 널리 소개하기," "직원과 관리자와의 개인대면" 등을 들 수 있겠다.

나아가, 감정노동과 감정부조화 문제를 해결하기 위한 대안을 제시해 본다. 첫째, 전문가적 감정몰입(professional emotional commitment)을 제고해야 한다. 이는 근무자들이 서비스 전문가로서의 자부심을 갖도록 하는 것이다. 직원으로 하여금 감정노동을 비롯한 서비스 역량과 태도를 직업적 전문성의 핵심적 요소로 보는 인식과 자세를 정립시켜 주어야 한다. 좋은 서비스 및 긍정적 감정표현은 자신이 잘 해낼 수 있는 역량요소라는 점을 스스로 인식하고 몰입하도록 그 정신과 가치관을 함양해야 한다.

둘째, 감정부조화 힐링(healing) 기법을 개발해야 한다. 감정부조화는 일종의 정신적 애로이며 심리적 병리현상이라고 볼 수 있다. 이에 대하여는 직원의 자기감정에 대한 스스로의 자각 및 전문가의 진단을 거쳐 감정조화(emotional accordance)를 이룰 수 있는 치유방법을 찾아야 한다.

제4절 가치, 태도, 감정의 철학과 새 이론

1. 가치, 태도, 감정의 철학

1) 가치공유 철학

조직의 비전 달성과 함께 내부적 결속 및 협력관계의 증진을 위한 가장 핵심적인 정신적 기반은 조직구성원간의 가치공유(value sharing)이다. 조직구성원이 추구해야 할 가치에는 직무가치, 윤리가치, 조직가치 등이 있으며, 그러한 전반적인 가치 프레임(value frame) 하에서 각 구성원은 자신의 개인적 가치를 추구한다. 이러한 상황에서 가치의 전체적 프레임과 각 개인의 가치가 동질적인 방향으로 움직인다면, 조직의 비전 달성이 보다 용이해지고, 조직과 개인간, 그리고 개인 상호간의 협력과 융합이 잘 이루어질 수 있을 것이다. 가치공유 철학은 조직성과주의 및 조직융합주의와 관계된다.

특히, 조직과 개인 사이의 가치공유가 매우 중요하다. 이는 조직비전 구현과 개인에 대한 정신적 동기부여, 그리고 개인-조직간의 융합을 위한 전제조건이다. 개인가치와 조직가치가 동시에 추구되어야 한다. 조직이 추구하는 가치에 대해 구성원들이 공감하고 그 가치를 추구하기 위한 노력을 자발적으로 기울인다면 조직의 비전 달성과 함께 성과 제고가 보다 잘 이루어질 수 있다.

2) 긍정태도 철학

조직구성원의 태도 측면에서 중시되어야 할 철학은 자신의 태도를 다른 개인과 조직이 선호하는 바람직한 상태로 발달시키고 유지해야 한다는 것이다. 바람직한 태도, 특히 다른 개인과 조직에게 긍정적인 영향을 주는 태도에는 우호적 태도, 개방적 태도, 신뢰하는 태도, 협력적 태도 등이 포함된다. 이는 조직개방주의 및 조직융합주의와 관련되는 철학이다.

우호적 태도는 자신이 소속된 조직, 부서, 집단과 주변 동료들에 대해 긍정적 태도 또는 호감을 갖는 것이다. 개방적 태도는 다른 구성원이나 집단에 대해 열린 마음, 열린 자세를 갖는 것이다. 가슴을 열고 다른 구성원 또는 집단과 활발하게 소통하면서 좋은 관계를 형성할 때 조직 내 협력체계가 잘 구축될 수 있다. 신뢰의 태도는 조직, 부서, 집단의 리더와 그 주변 동료의 도덕성 및 업무능력을 믿는 것이다. 신뢰를 하게 되면, 함께 공유하는 지식, 정보, 협의사항이 늘어나게 되며, 연관되는 업무를 깊이 있는 수준까지 상의하고 함께 수행하게 된다. 협력적 태도는 우호적, 개방적, 신뢰적 태도에 따라 자연스럽게 조성되는 직무태도이다. 이러한 태도는 호감과 신뢰의 긍정적인 관계를 조직 내부에 형성함으로써 업무수행에 있어서의 상호협력을 가져오고 조직전체의 성과를 높이게 되는 것이다.

3) 공감의 감정철학

인간은 감정의 동물이다. 구성원이 좋은 감정을 가지고 있을 때 다른 사람이나 집단 및 조직을 신뢰하게 된다. 그리고 기쁘고 즐거운 감정을 느낄 때 조직을 위해 기꺼이 열성적으로 일하게 된다. 특히, 좋은 감정은 서로를 믿고 함께 하고자 하는 마음의 원천이므로 조직 내 주체들 간의 융화와 화합을 위한 가장 기본적인 정서적, 심리적 요소라고 할 수 있다. 따라서, 조직구성원의 긍정적 감정은 배가시키고 부정적 감정은 완화・해소시키는 감정관리가 요구된다. 이는 인간의 감정을 존중하는 조직인본주의, 서로 열린 마음으로 조화를 이루려는 조직개방주의 및 조직융합주의와 관련되는 철학이다.

이를 위한 가장 기본적인 감정관리 전략은 구성원간 감정의 상호 이해와 공감의 수준을 높여주는 것이라고 할 수 있다. 이를 위해, 감정의 상호인지 메커니즘(co-recognition mechanism)을 구축해야 한다.

다음으로, 집단적 감정의 긍정적 조성을 지향해야 한다. 좋은 감정은 확산시키고 나쁜 감정은 약화 또는 소멸시키는 전략이 요구된다. 이를 위해 감정의 집단조절 메커니즘(collective adjustment mechanism)이 필요하다.

나아가, 조직구성원들이 서로 공감하는 긍정적 마인드를 직무수행과 연계시켜 신바람 나게 일할 수 있는 분위기를 조성하는 것도 좋은 감정관리의 방향성이라고 할 수 있다. 특히, 한 마음이 되어 하나의 가족으로서, 하나의 공동체로서 조직과 자신을 위해 일하는 풍토를 만들어야 한다. 이때 조직의 정신적 화합 수준은 매우 높아질 수 있을 것이다.

2. 새 태도이론 탐색: 자아몰입이론

조직구성원의 좋은 태도로는 주로 직무몰입과 조직몰입이 강조되어 왔다. 그런데 직무몰입과 조직몰입 못지 않게 자아몰입도 매우 중요시되어야 한다는 관점에서 본 저자는 자아몰입이론(self commitment theory)을 제시한다.

1) 자아몰입이란?

자아몰입(self commitment)이란 자신의 가치와 특성을 사랑하고, 자기 역량을 인정하며, 자신의 조직 내 역할을 긍정적으로 평가하는 태도를 말한다. 자아몰입은 자신의 삶, 특히 자신의 조직생활에 대하여 재미와 보람을 느끼며, 자신의 보다 나은 역할과 성취를 위하여 스스로 자기개발에 힘쓰는 자세를 갖는 것이다. 무엇보다도 중요한 것은 항상 자신의 사고, 태도, 행동을 되돌아보고 스스로를 성찰하는 자세이다. 자아몰입의 키워드는 자아가치, 자기사랑, 자기개발, 재미(fun), 자아성찰, 자아성취 등이다.

자신의 가치를 추구하고 자기를 사랑하고 자아성취를 중시한다는 점에서 이러한 태도가 자칫 자기중심적이고 이기적인 성향으로 비칠 수 있을지 모르나, 자아몰입은 자기중심주의 및 이기주의와는 완전히 다른 개념이다. 자신을 긍정적으로 평가하되, 자신의 문제와 약점을 스스로 성찰하고, 자신의 사고와 행동을 보다 개선하기 위하여 노력하는 태도가 바로 자아몰입이라고 할 수 있다. 오히려 자기역량과 자신감을 바탕으로 동료배려, 역량기부, 협력주도 역할을 중시하며, 이타주의와 같은 긍정적 조직행태와도 상통할 수 있다.

2) 자아몰입의 이론모형

자아몰입의 이론모형을 자아몰입의 생성변수와 효과변수를 중심으로 제시해 본다. 자아몰입을 증대시켜 주는 생성변수로는 성격특성, 역량수준, 타인의 인정, 직책의 중요도, 임파워먼트, 자율적 조직구조, 창의적 조직문화 등을 들 수 있다. 자아몰입의 효과변수로는 자기효능감, 성취동기 부여, 직무몰입, 역량기부, 자기책임, 셀프리더십, 자아성장 등을 들 수 있다.

[그림 5-5] 자아몰입의 생성과 효과의 인과모형도

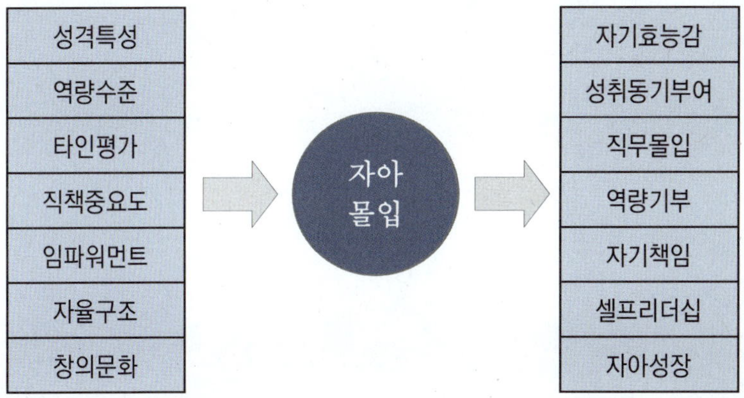

제2부 미시적 조직론

제 3 장 성격과 역량
제 4 장 지각과 판단
제 5 장 가치, 태도, 감정
제 6 장 학습과 창의성
제 7 장 동기부여
제 8 장 스트레스
제 9 장 조직시민행동
제10장 긍정조직행태

제1부 조직학 총론

제1장 조직의 철학과 목표
제2장 조직이론의 흐름

제4부 거시적 조직론

제17장 조직구조
제18장 조직문화
제19장 조직사회자본
제20장 조직환경
제21장 조직진단
제22장 조직의 변화·혁신

제3부 중범위 조직론

제11장 집단과 팀워크
제12장 리더십
제13장 의사결정
제14장 커뮤니케이션
제15장 권력과 정치
제16장 갈등관리

제6장 학습과 창의성
(Learning & Creativity)

제1절 학 습

1. 학습이란?

학습(learning)은 사람이 배움을 통하여 자신의 행동을 변화시키는 것을 말한다. 학습은 스스로의 경험을 통해 이루어질 수도 있고, 다른 사람의 행동에 대한 관찰이나 인지 등을 통해서도 이루어질 수 있다.

학습은 이론적으로 "연습이나 경험의 결과로 발생되는 비교적 영구적인 지식 또는 행동의 변화"라고 정의할 수 있다(박연호, 2000: 85; George & Jones, 2012: 155). 학습의 개념 속에는 몇 가지 키 포인트(key points)가 들어 있는데, 변화, 지속성, 경험 등이 그것이다(George & Jones, 2012: 155). 즉, 학습은 행동의 변화를 가져오는 것이고, 그 변화는 지속적이어야 하며, 연습이나 경험에 바탕을 둔 것이어야 한다.

이러한 정의는 학습을 경험적 학습에 한정하고 있는데, 현대적 학습개념은 보다 넓은 의미를 포함하고 있다. 즉, 경험에 의하지 않고도 관찰이나 두뇌적 과정을 거쳐 광범하고 다양한 형태의 학습을 할 수 있으므로, 이런 학습의 의미가 개념정의에 포괄되어야 한다. 그런 뜻에서, 본 저자의 학습개념은 "경험이나 인지의 과정을 통해 새로운 지식과 행동을 습득하거나 기존의 지식 또는 행동을 혁신하는 과정"이라고 정의할 수 있다.

학습은 의사결정과 연계시킬 수 있다. Colquitt et al.(2011: 259)에 의하면, 학습은 조직구성원간에 지식의 공유를 증대시켜 조직에서 보다 좋은 의사결정을 하도록 진작시킨다. 조직구성원이 보다 많은 지식과 기술을 보유할수록 보다 정확하고 건전한 의사결정을 할 수 있다.

[그림 6-1] 학습의 개념도

학습에 관하여는 왜 연구하는가?

학습을 연구하는 이유는 조직구성원의 지식과 행동을 바람직한 방향으로 변화시키기 위해서 학습이라는 메커니즘을 이용하려는 데 있다. 예컨대, 바람직한 행동을 하면 보상을 받는다는 경험을 부여해 줌으로써 바람직한 행동을 강화하고, 바람직하지 않은 행동을 하면 처벌을 받을 수 있다는 경험을 부여해 줌으로써 그러한 행동을 수정 또는 변화시키려는 것이다. 또는, 새로운 지식의 습득을 통해 새로운 행동을 형성하고 이를 바탕으로 조직을 혁신해 나가도록 하려는 것이다. 한 마디로 조직구성원의 지식 또는 행동을 바람직한 방향으로 수정 · 변화 · 혁신시켜 궁극적으로 조직의 성과를 제고하려는 것이 학습이다.

학습에는 크게 두 가지 영역 또는 유형이 있다. 행태론적 학습과 인지론적 학습이 그것이다. 전자는 직접적 경험에 의한 학습이고, 후자는 경험이 아닌 관찰과 두뇌적 과정에 의한 학습이다.

2. 행태론적 학습: 강화이론

1) 경험과 강화

행태론적 학습(behavioral learning)은 직접적 경험을 통해서 배우고 그 결과로 행동변화를 가져오는 것을 말한다. 자극-반응이론(stimulus-response theory)에 의하면, 인간은 어떤 자극에 대해 반응을 하는 과정에서 행동의 변화를 가져온다. 이러한 과정을 작동적 조건형성이라고 하는데, 작동적 조건형성은 인간으로 하여금 어떤 행동을 적극적으로 수행하도록 조건을 형성해 주는 것을 말한다. 인간이 작동적이 된다는 것은 학습자가 환경에 반응하여 움직인다는 것, 환경에 대하여 어떤 행동을 보여준다는 것이다.

이러한 행동지향적 학습의 논리적 근거를 제시해 주는 이론을 강화이론(reinforcement theory)이라고 한다. 강화이론에 의하면, 인간의 행동은 그 행동을 자극해 주는 어떤 요인, 즉 강화물에 의하여 촉발된다고 한다. 조직에서의 대표적인 강화물로 보상을 들 수 있다. 조직에서는 구성원의 긍정적 행동(반응)을 유도하기 위하여 그런 행동에 대한 보상을 해 줌으로써 - 즉, 강화를 통하여 - 그러한 긍정적 행동을 증가시킬 수 있다. 대표적 사례가 바로 직무성과에 따른 인센티브제도라고 할 수 있다.

2) 행동강화의 요인

강화란 어떤 요인을 통해 자극과 반응 사이의 연계성을 높이는 과정이다. 즉, 강화요인을 제공함으로써 어떤 행동을 유발 내지 증가시키는 작용을 말한다. 예컨대, 경제적 보상을 통해 바람직한 직무행동을 증대시키는 것과 같다. 아래에서는 학자들에 의해 오랫동안 제시되어 온 다양한 강화요인 또는 강화방안에 관해 살펴본다(Colquitt et al., 2011: 261-263; Quick & Nelson, 2013: 175-178; 박연호, 2000: 91-93; 김호섭 외, 2012: 72-75).

(1) 바람직한 행동의 유도 메커니즘 -긍정적 강화와 부정적 강화-

긍정적 강화(positive reinforcement)란 바람직한 행동의 증가를 위하여 행위자가 선호하는 강화물을 적극적으로 제공하는 것이다. 긍정적 강화요인의 대표적인 것으로 승진, 희망보직, 선호직무, 직위명칭, 성과급, 해외연수 기회, 격려와 칭찬 등이 있다.

긍정적 강화의 효과가 잘 나타나게 하려면 적절한 운영원리를 적용할 필요가 있다. 그러한 원리로서 (i) 행동조건성, (ii) 즉시성, (iii) 규모의 충분성, (iv) 희소성 등을 들 수 있다(박연호, 2000: 91).

첫째, 행동조건성(behavior as a condition)은 반드시 바람직한 행동이 실제로 존재해야만 보상하는 것이다. 둘째, 즉시성(timeliness)은 바람직한 행동이 일어나자마자 빠른 시일 내에 보상을 해야 한다는 것이다. 이러한 시간적 조건은 행동과 강화물 사이의 연계성을 더욱 높이고 강화효과를 확실히 할 수 있게 한다. 셋째, 규모의 충분성(sufficiency of scale)은 강화요인의 규모가 개인의 행동에 영향을 줄 만큼 충분히 커야 한다는 원리이다. 넷째, 희소성(scarcity)은 강화요인의 제공이 너무 흔해서는 가치가 없고 엄선된 개인들에게만 부여되어야 그 효과가 나타난다는 원리이다.

부정적 강화(negative reinforcement)란 바람직한 행동의 증대를 위하여 개인에 대한 부정적 결과 또는 불유쾌한 자극을 제거해 줌으로써 긍정적 행동을 유도하는 것을 말한다. 예컨대, 부과되고 있던 처벌을 중단하는 것과 같다. 여기에는 징계나 벌과금의 해제, 불만의 제거, 부담스런 의무의 해소와 같은 것이 포함된다.

이는 소위 회피적 학습(learning for avoidance)의 개념과 관련된다. 인간은 불유쾌한 조건이나 결과를 회피할 수 있는 방향으로 행동을 선택한다는 것이다.

(2) 바람직하지 않은 행동의 억제 메커니즘 -소거와 처벌-

학습은 바람직한 행동을 증대시키는 방향과 함께, 바람직하지 않은 행동을 억제하는 방향으로도 이루어져야 한다. 바람직하지 않은 행동을 방지하기 위한 강화의 방법으로 소거와 처벌을 들 수 있다. 소거와 처벌은 조직구성원의 바람직하지 않은 행동의 빈도를 감소시키거나 완전히 제거하기 위한 것이다.

소거(extinction)는 이미 제공되고 있던 강화물을 중단하는 것이다. 즉, 보상을 철회하는 것과 같다. 여기에는 승진계획의 취소, 주요 보직의 중단, 보너스 지급의 철회, 해외연수기간의 중지 등이 포함될 수 있다.

처벌(punishment)은 바람직하지 못한 행동의 빈도를 감소시키기 위하여 불편한 자극을 부과하는 것을 말한다. 처벌에는 불유쾌한 물리적 처벌과 대인적 처벌이 포함된다. 일반적으로 조직 내에서는 대인적 처벌이 많이 적용된다. 공무원 징계를 기준으로 하여 대인적 처벌의 유형을 살펴보면, 견책, 감봉, 정직, 면직, 파면 등과 같은 것이 있다.

그러나 처벌은 예기하지 못한 부작용 또는 역효과를 낳을 수도 있다. 첫째, 처벌은 창의적 행동을 제약할 수 있다(Costello & Zalkind, 1963; 김호섭 외, 2002: 76).

처벌은 개인으로 하여금 처벌이라는 결과를 가져올 가능성이 있는 행동을 회피하게 함으로써 적극적인 정책개발이나 과감한 투자 등을 위축되게 만들 수 있다. 둘째, 대리처벌 상황과 조건화된 공포심이라는 문제를 가져올 수 있다(Costello & Zalkind, 1963; 김호섭 외, 2002: 76). 대리처벌 상황은 다른 사람이 어떤 행동을 하여 어떤 처벌을 받는지를 관찰하고 그러한 유형의 행동이 가져올 수 있는 상황을 두려워하게 만드는 현상이다. 이는 조직에 필요한 행동을 위험 가능성이 있다는 이유로 스스로 억제하게 만드는 문제가 있다.

따라서, 조직관리자는 처벌의 부작용을 인식하고, 보다 바람직한 대안을 활용할 필요가 있다. 예를 들면, 조직구성원의 직무성과가 좋지 않을 경우 담당직무를 본인의 적성에 맞는 것으로 전환시켜 주거나, 근무환경을 보다 적절하게 바꾸어주는 방법 등이 적용될 수 있다.

(3) 내재적 강화요인과 외재적 강화요인

강화요인은 바람직한 행동을 유발하거나 아니면 반대로 억제하는 작용을 한다. 개인의 행동을 유발하거나 억제하는 요인에는 내재적 요인과 외재적 요인이 있다.

내재적 강화요인(intrinsic reinforcer)은 조직구성원의 직무수행과 직접 관련된 요인이다. 즉, 직무 자체와 관련된 요인이다. 조직구성원은 직무 자체를 선호하고 사랑하는 것만으로도 그 직무를 적극적으로 수행하게 된다. 그리고 직무수행의 결과로서 높은 성과를 올리게 되면 그로 인해 보람과 성취감을 느끼게 되어, 직무성과를 높이기 위한 노력을 더욱 기울이게 된다.

이러한 내재적 요인의 작용과 효과를 감안할 때, 조직에서는 직무설계와 직무-성과보상간 연계화에 대한 적극적인 관리노력을 기울여야 한다. 직무설계(job design)는 직무의 성격과 내용을 보다 가치 있고 흥미롭게 만들어 주는 것이다. 보편적으로 직무의 양적 적정화 및 다양화를 추구하거나, 직무의 질적 고급화를 도모하는 작업을 하게 된다. 직무-성과보상 연계화(job-performance linking)는 말할 것도 없이 높은 직무성과를 거두었을 때에는 반드시 정신적, 심리적 보상을 통해 성취욕구와 자아실현욕구를 충족시켜 주어야 함을 강조하는 관리활동이라고 할 수 있다.

외재적 강화요인(extrinsic reinforcer)은 직무 자체가 아닌 직무외적인 강화요인이다. 대표적으로 경제적 보상을 포함하며, 주로 물질적이고 환경적인 요인들을 말한다. 외재적 요인을 살펴보면, 급여수준 인상, 연말 보너스 지급, 시간외 초과근무수당 지급, 근무시간 축소, 휴가기간 부여, 복지혜택 제공, 쾌적한 사무실 또는 안전한 근무환경 조성 등을 들 수 있다.

3. 인지론적 학습: 사회학습이론

인지론적 학습이론(cognitive learning theory)은 인간의 학습에 있어서 인지과정의 역할을 중시하는 학습이론이다. 인지과정이란 인간의 두뇌에서 이루어지는 생각의 과정을 말한다. 인지적 학습은 인간의 두뇌적 사고과정을 통해 무언가를 배우고 습득하는 활동이라고 할 수 있다. 즉, 머릿속의 생각이나 판단, 그리고 어떤 대상 또는 자료에 대한 관찰·기억·회상 등 정보처리과정을 통하여 학습을 하는 것이다. 한 마디로, 인지론적 학습은 직접 경험에 의하지 않고도 관찰과 인지를 통해 행동변화를 가져오는 것이다.

1) 관찰학습: 모델학습

관찰학습은 자신의 행동변화 과정에 타인의 경험을 반영하는 학습을 말한다. 즉, 타인이 어떤 행동을 수행하여 어떤 결과를 가져오는가를 관찰하고, 그 관찰에 바탕을 두어 자신의 행동을 결정한다는 것이다. 대리학습, 모델학습 등으로 표현된다. 이러한 학습의 존재와 효용성을 강조하는 이론이 바로 사회적 학습이론(social learning theory)이다. Bandura는 행태론적 학습에 대한 하나의 대안으로 다른 사람, 특히 롤 모델(role model)에 대한 관찰과 모방에 의해 행동의 학습이 가능하다는 사회적 학습이론을 제시한 바 있다(Quick & Nelson, 2013: 178).

일반적으로 관찰학습은 보상, 즉 강화과정을 수반하지 않는 학습이지만, 행동에 대한 사후적 지지를 위해 보상이나 유인책을 제공할 수도 있다. 이는 학습의 효과를 극대화하는 데 필요한 유익한 메커니즘이 될 수 있다.

2) 순수 인지학습

순수한 인지학습이란 직접 경험하지도 않고, 또 관찰하지 않고도 머릿속으로 지식이나 행동을 배우는 과정을 말한다. 강의, 독서, 인터넷 등을 통하여 학습하는 것이 바로 순수 인지학습이다. 어떤 주제에 관한 개념이나 이론의 학습을 통하여 어떤 행동이 바람직한가를 인식하고 그러한 행동을 배운다는 것이다.

인지학습은 어떤 효용성과 한계가 있는가? 인지학습은 직접적 경험이나 관찰 · 모방 등의 실행과정을 거치지 않기 때문에 시행착오를 최소화할 수 있다. 그리하여 학습비용을 최소화하면서 많은 양의 다양한 학습을 할 수 있다. 즉, 학습의 효율성이 매우 높다고 할 수 있다. 그러나 인지학습은 행동의 강화 자체를 보장하지는 못한다. 많은 경우에 있어서, 머릿속으로 학습이 잘 되었다고 하여 실제 행동까지 잘 변화되는 것은 아니기 때문이다.

4. 자기주도학습: 자기효능이론

자기주도학습(SDL: Self-Directed Learning)은 자기 스스로 학습의 목표와 방향을 정하고 자신이 선택한 방법에 의해 학습을 진행하는 것이다. 목표설정이론에 의하면, 학습의 목표와 방향을 자신이 스스로 설정한 경우 성취지향적 동기의 작용이 매우 강할 것이라고 볼 수 있다. 그리고 학습의 기법과 수단을 자기 자신이 선정하는 만큼 자신의 역량수준이나 행동특성에 알맞은 방법을 선택할 수 있다. 아울러, 학습결과에 대하여도 스스로 책임을 지는 만큼 자율성, 자기책임성 및 주인의식(owning)의 제고도 가능하다.

자기주도학습이 성공하기 위해 필요한 가장 핵심적인 요소는 자기효능감(self-efficacy)이다. 자기효능감이란 학습과정에 있어서 어떤 행동을 성공적으로 수행할 수 있다는 자신의 능력에 대한 믿음이라고 할 수 있다(George & Jones, 2012: 167). 자기효능감이 높은 개인은 자신이 어떤 특정한 직무를 완전하게 해 낼 수 있다고 확신하게 된다(Wagner & Hollenbeck, 2005: 118). 학습에 있어서의 자기효능감은 자신이 획득하고자 하는 지식, 역량, 행동을 잘 습득할 수 있으며, 새로운 행동변화를 분명하게 가져올 수 있다는 신념이라고 할 수 있다. 이러한 신념이 있는가 없는가에 따라 학습효과에는 큰 차이가 있을 것이다.

자기효능감이 높은 사람은 보다 높은 학습목표 또는 직무목표를 설정하며, 자신의 노력이 좋은 결과를 가져올 것으로 믿고 보다 많은 노력을 투입하는 경향이 있다(George & Jones, 2012: 167). 그리고 자기효능감이 있는 개인은 학습이나 업무수행의 과정에 있어서 발생하는 어떤 장애요인이라도 능히 극복할 수 있다는 심리적 상태를 갖는다(Wagner & Hollenbeck, 2005: 118).

이러한 자기효능감은 어떤 요인에 의해 강해질 수 있는가? 과거의 성취 경험, 롤 모델에 대한 관찰, 언어적 설득, 논리적 실증 등이 자신의 능력과 가능성에 대한 믿음을 높여줄 수 있다(Wagner & Hollenbeck, 2005: 119; George & Jones, 2012: 168).

첫째, 학습자가 과거에 어떤 학습이나 업무수행에서 성공하는 체험(past accomplishments)을 한 적이 있다면 자기효능감은 높을 것이다.

둘째, 롤 모델이 성공한 사례(case of role model)를 관찰하고, 롤 모델의 특성 및 상황과 자신의 그것이 유사하다고 판단될 때는 자신도 성공할 수 있다고 믿게 된다.

셋째, 누군가가 "당신은 잘 해낼 수 있다"고 설득(verbal persuasion)할 경우 자신의 성공예감은 커질 수 있다. 이때 커뮤니케이션은 효과적으로 이루어져야 하며, 설득하는 사람은 신뢰성을 가진 사람이어야 한다.

넷째, 논리적인 사고나 실증(logical verification)이 존재하는 경우에는 자신의 성공 가능성에 대한 믿음이 증가할 수 있다. 예를 들면, 새로운 과업과 과거에 마스터한 과업 사이에 체계적 연관성이 있는 경우와 같다.

5. 조직행동수정(OB MOD) 프로젝트

1) 행동수정의 이론적 근거

조직행동의 수정이란 학습의 원리와 과정을 조직에 적용하여 조직구성원의 행동을 바람직한 방향으로 변화시키는 노력을 말한다(박연호, 2000: 95; George & Jones, 2012: 161). 행동수정은 조직구성원의 행동을 변화시킬 수 있는 전략, 제도, 프로그램을 개발·적용하는 활동을 중심으로 한다. George & Jones(2012: 161)는 이러한 활동을 OB MOD(Organizational Behavior Modification)라고 부르고 있다.

조직행동수정은 어떤 사고와 이론에 근거를 두고 있는가? 행동수정의 이론적 근거는 강화이론을 비롯해서, 인지적·사회적 학습이론, OD(organization development) 접근법, 실천적 학습이론 등에 바탕을 두고 있다.

먼저, 강화이론(reinforcement theory)에 의하면, 조직을 변화시키려면 행동의 수정이 있어야 하는데, 개인은 기본적으로 수동적 · 반응적이어서 외부의 자극이 있어야 한다. 행동의 항구적인 변화는 강화의 결과에 의해서만 가능하다고 본다(박연호, 2000: 95).

대부분의 학자들은 조직행동 수정의 이론적 기반으로 강화이론에 관해서만 논의하는 경향이 있는데, 조직행동 변화의 이론적 논거는 강화이론 차원보다 더 확장되어야 한다.

우선, 인지적 · 사회적 학습이론이 적용되어야 한다. 사회적 학습이론에 따른 모델학습이나 관찰학습은 실제로 조직구성원의 행동을 변화시켜 줄 가능성이 상당히 높다. 그리고 순수 인지학습도 자기주도적 학습을 비롯한 다양한 학습방법을 통하여 스스로 자신의 행동을 변화시켜 나갈 가능성이 존재한다. 이러한 학습과정을 조직의 제도와 프로그램을 통해서 촉진시키고 지원해 줄 때 많은 행동의 변화를 유도해 낼 수 있을 것이다.

나아가, OD(organization development) 접근법에 의한 계획적 행태변화이론도 조직구성원의 행동수정을 가이드할 수 있는 매우 중요한 이론이다. 이 이론은 다양한 행태변화 기법들을 통해 행동수정을 시도한다.

2) 행동수정 프로젝트의 단계

여러 학자들이 제시하고 있는 행동수정의 단계는 중심행동 확인, 행동빈도 측정, 행동기능분석, 개입전략과 프로그램 개발, 성과개선 평가 등이다(George & Jones, 2012: 161-162; 박연호, 2000: 96-98).

(1) 행동진단과 목표행동 설정

조직구성원들의 행동을 변화시키려면 현재 그들이 어떤 행동성향을 보이고 있는지에 대한 진단이 필요하다. 어떤 바람직한 행동과 바람직하지 않은 행동을 실제로 행하고 있는지 체계적인 행태분석을 실시하는 것이다. 이러한 진단을 거쳐야 그 진단을 토대로 어떤 행동을 더 고무시키고 어떤 행동을 억제해야 하는지를 판단할 수 있다. 전자는 바람직한 행동이며, 후자는 바람직하지 않은 행동이다.

바람직한 행동(desirable behavior)으로 George & Jones(2012: 161)는 생산성 향상, 매출 제고, 성실한 출근, 시간준수, 안전한 업무수행, 고객 서비스, 품질관리 등을 제시하고 있다. 행정조직의 경우 바람직한 행동유형으로는 새로운 정책개발, 충실한 정책집행, 정책의 품질 및 효과성 향상, 양질의 행정서비스, 공정한 행정처분, 민원처리기간의 준수 등이 있다.

바람직하지 않은 행동(undesirable behavior)으로는 기업조직의 경우 영업활동의 태만, 매출 부진, 대고객 서비스 불량 등을 들 수 있다. 행정조직의 경우에는 정책개발 노력 부족, 정책실행 부진, 업무개선 기피, 불친절한 서비스 태도 등을 지적할 수 있다.

이러한 행동진단을 토대로 목표행동을 설정하는 작업이 필요하다. 실제로 모든 행동을 다 식별하고 변화시키기는 어렵기 때문에 조직의 성과에 중대한 영향을 미치는 핵심적 행동을 중심으로 목표행동(target behavior)을 설정하는 것이 좋다. 이는 변화시키고자 하는 핵심적 행동을 설정하는 과정이다. 여기서는 관찰가능하고 측정할 수 있는 행동을 그 중심적 대상으로 하여야 한다.

(2) 행동의 측정

관찰가능하고 측정할 수 있는 목표행동을 설정한 다음에는, 그 목표행동을 측정할 수 있도록 해야 한다. 바람직한 행동과 바람직하지 않은 행동이 현재 상태에서 얼마나 자주 발생하고 있는지, 즉 행동빈도(frequency of behavior)를 측정하는 것이다. 이는 현재의 핵심적 행동에 대한 객관적인 빈도자료를 갖고 행동변화 프로그램 적용 후의 변화를 비교측정하기 위한 것이다.

(3) 행동의 인과관계 분석

행동수정에 효과적으로 작용할 수 있는 개입전략과 프로그램을 개발하려면 행동에 관한 인과관계 분석이 필요하다. 행동의 인과관계 분석이란 어떤 행동의 선행조건과 결과를 알아내는 것이다. 즉, 바람직한 행동과 바람직하지 않은 행동의 원인 또는 자극요인을 파악하고, 행동과의 함수관계를 도출하는 작업이다. 여기서 중요한 사실은 행동은 결과의 함수라는 것이다. 즉, 행동은 그 결과인 보상에 따른다.

B = f(O) {B: Behavior, O: Outcomes}

(4) 행동개선 프로그램의 개발 · 적용

행동수정 프로젝트의 하이라이트는 조직구성원의 행동을 원하는 방향으로 바꾸기 위한 개입전략과 프로그램을 개발하는 것이다. 즉, 바람직한 행동을 강화하고 바람직하지 못한 행동을 약화시킬 수 있는 행동변화 프로그램을 도입하는 것이다. 여기서는 위에서 논의한 여러 가지 학습이론의 기반에 따라 다양한 범주의 프로그램을 설계할 수 있다.

먼저, 강화적 개입 프로그램으로 가시적 또는 비가시적 보상 시스템 또는 프로그램을 개발할 수 있다. 가장 대표적으로 바람직한 행동과 그에 따른 성과를 달성했을 때 인사, 급여, 포상 등 가시적 보상과 인정, 칭찬, 격려 등 비가시적 보상을 제공해 주는 제도를 도입할 수 있다. 예를 들어, 적극적인 행정수행으로 정책만족도 5% 향상시 인센티브 10% 인상과 같다.

다음으로, 모델학습 프로그램을 개발 · 적용할 수 있다. 이는 조직구성원으로 하여금 롤 모델의 행동을 배우도록 촉진해 주는 행동변화 프로그램이다. 예를 들면, 최근 조직인재의 육성 프로그램 중 가장 실질적 효과가 큰 것으로 인정받고 있는 코칭(coaching)과 멘토링(mentoring) 기법을 모델학습에 적용하는 방법이 있다.

그리고 인지학습 프로그램의 다양하고 폭넓은 활용도 얼마든지 가능하다. 대부분의 보편적인 교육훈련 프로그램은 인지학습의 형태를 띠고 있다. 매우 다기화된 학습의 교재와 기법을 조직구성원이 활용하도록 지원하되, 자기주도적 학습이 이루어지도록 유도하는 전략이 주효할 것이다.

아울러, OD프로그램을 통하여 행동변화를 학습할 수 있다. 실험실 훈련, 팀 구축 프로그램에 조직구성원을 참여시키고, 개방, 자아발견, 신뢰형성 등의 과정을 거쳐 조직과 팀, 그리고 자아성장을 위한 바람직한 행동을 창출하도록 유도할 수 있다.

(5) 프로젝트의 성과평가

OB MOD의 최종적인 단계는 프로젝트의 결과 또는 성과를 평가하는 작업으로 이루어진다. 이는 행동수정 프로젝트에 의해 채택 · 시행된 프로그램의 효과를 측정하는 것이다. 즉, 프로그램을 실시하기 전의 행동적 상태와 프로그램 실시 후의 행동적 상태를 비교하여 행동의 개선효과를 평가하는 것이다.

성과평가는 4가지 수준에서 이루어질 수 있다(박연호, 2000: 97-98).

첫째, 반응(reaction) 수준에 대한 평가는 개입전략 및 프로그램에 대한 조직구성원의 반응을 체크하는 것이다. 그 반응은 지지, 관심, 지원 등 긍정적으로 나타날 수도 있고, 거부, 무관심, 비판 등 부정적으로 나타날 수도 있다. 둘째, 학습 여부에 대한 평가는 실제 행동변화가 발생했는지의 여부를 검증하는 것이다. 셋째, 행동변화 수준에 대한 평가는 프로그램을 적용하기 전과 적용한 후의 행동상태를 비교하는 것이다. 바람직한 행동과 바람직하지 않은 행동의 증가 또는 감소의 정도를 측정한다. 그러한 변화는 행동도표를 통해 나타낼 수 있다.

[그림 6-2] 행동도표(Behavior Chart)

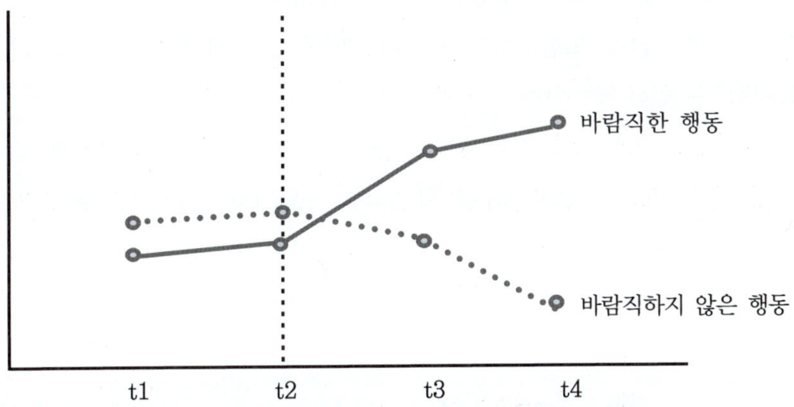

넷째, 조직성과 향상 정도에 대한 평가는 행동수정의 궁극적 목적인 실제 조직성과의 향상 정도를 평가하는 것이다. 행정조직의 경우에는 정책개발 증가, 정책 효과성 제고, 행정 서비스 향상, 불공정한 행정처분 저감, 공직비리 감소 등의 평가지표를 들 수 있겠다.

3) 조직행동 수정의 윤리적 이슈와 비판

첫째, 조직행동 수정의 비윤리성 문제이다(George & Jones, 2012: 161). 조직 지배자가 구성원들의 행동을 자기조직의 이익을 위해 조작·통제할 우려가 있다(황규대 외, 2001: 170). 특히, 비윤리적 조직의 경우 위험이 크다.

둘째, 개인차를 무시하는 문제이다. 행동수정을 위해 획일적인 프로그램을 적용하는 일은 조직 내 개인들의 욕구, 가치, 능력 등이 상이함을 고려하지 않은 것이다(황규대 외, 2001: 170).

셋째, 내재적 강화요인을 덜 중요시하는 문제이다. 행동수정이론은 다분히 화폐적 보상 등 외재적 보상을 중시하고 있다(황규대 외, 2001: 170). 직무의 가치와 보람 부여 등 내재적 보상의 중요성도 강조되어야 한다.

넷째, 자생집단의 규범을 무시하는 문제가 있다. 행동수정 프로젝트는 집단의 '생산량 제한 신드럼'과 같은 집단규범의 발생으로 인하여 구성원의 저항을 불러 일으키고 오히려 성과를 떨어뜨리는 요인으로 작용할 수 있음을 간과하고 있다.

다섯째, 종래의 행동수정 계획은 대리적 강화와 자기강화를 행동수정 프로젝트에 담아내지 못하고 있다. 조직구성원은 다른 사람의 강화과정을 보고 새로운 행동을 배울 수 있다(대리강화). 또한, 자기 자신의 행동을 스스로 평가하고 새로운 행동으로 변화시킬 수 있다(자기강화).

이 책에서는 이러한 점을 감안하여 행동변화 프로젝트에서 유용하게 적용할 수 있는 학습이론과 프로그램의 범주를 모델학습 프로그램, 인지학습 프로그램, 자기주도 프로그램, OD 프로그램 등으로 크게 확대하여 종합적인 시각에서 다루었다.

제2절 창의성

1. 창의성이란?

창의성(creativity)에 대한 가장 폭넓은 정의에 의하면, "창조성은 유용한 공동의 선(common good)을 만들어 내는 인간 고유의 능력이며, 상상력과 연상능력 등의 두뇌활동을 수반하는 학습과정의 산물"이라고 할 수 있다(손태원, 2004: 15). 조직에 적용한 창의성은 "새로운 가치 있는 것을 만들어 내는 능력으로서, 조직 내 직무의 목적을 달성하기 위하여 독자적인 발상을 하고 혁신적으로 행동하는 것"이다(박연호, 2000: 202). 또한, 창의성은 참신하고 유용한 아이디어를 창조하는 것으로서 개인, 집단, 조직의 성과와 번영에 기여하는 잠재적 역량이라고도 할 수 있다(George & Jones, 2012: 169).

여기서 창조의 대상을 참신하고 유용한 아이디어라고 했는데, 이 속에는 새로운 지식, 기법, 기술, 전략, 정책, 시스템, 행동양식, 문제해결 대안 등이 포함된다. 창조(creation)는 인간의 상상력을 통해 전혀 새로운 내용과 방식을 만들어내는 것과 함께, 기존의 내용이나 방식을 큰 폭으로 개선(improve) 또는 개량(ameliorate)하는 것을 의미한다.

창의성과 창조는 조직의 혁신(innovation)을 위한 핵심적인 요소이다. 조직의 시스템이나 구성원의 행동을 획기적으로 변화시키는 일이 혁신인데, 이러한 혁신을 이룰 수 있는 새로운 시스템이나 행동의 대안을 개발하는 활동과 작업이 바로 조직의 창조적 과정이라고 할 수 있다. 원천적으로 창조는 어떤 컨텐츠(contents)나 패턴(pattern) 또는 원형(prototype)을 구상(conception)하고 잉태(inception)하는 과정이다. 그 대상은 조직의 가치와 비전, 구조설계, 구성원의 행태, 업무 프로세스, 내부 사회체제, 조직문화 등 조직의 관리적 요소는 물론, 조직의 정책, 제품, 서비스, 마케팅, PR, 고객관리 등 조직직무의 모든 영역을 포괄하는 것이다.

2. 창의적 프로세스

George & Jones(2012: 169-170)에 의하면, 창의적 프로세스는 (i) 문제인지, (ii) 정보수집, (iii) 창의적 아이디어 생산, (iv) 아이디어 선택, (v) 아이디어 집행의 순서로 진행된다. 이와 달리, Krogh, Ichijo, Nonaka(2000: 82-92)에 의하면 조직에서의 가치창조는 지식창출을 통하여 일어나며, 새로운 지식의 창출 단계는 (i) 초기적 암묵지(tacit knowledge)의 공유, (ii) 새로운 컨셉(concept)의 창조, (iii) 컨셉의 정당화, (iv) 원형의 구축, (v) 지식의 보편적 확산 · 적용 등의 과정으로 이루어진다고 본다(최창호 · 하미승, 2012: 369-370).

이러한 단계모형들을 종합적으로 고려한 통합적 창조 프로세스 모형(integrated creative process model)을 제시하면 다음과 같다.

첫째, 기존 시스템 · 행동의 한계 인식단계이다. 이 단계는 현재의 조직 시스템이나 구성원의 행동양식이 새로운 환경변화를 따라가지 못하고 있음을 깨닫고 새로운 아이디어의 발상에 대한 욕구와 충동을 느끼는 단계이다.

둘째, 암묵적, 잠재적 지식·정보의 발굴·수집단계이다. 이 단계에서는 지식의 미시적 공동체(microcommunity)인 집단 내부의 밀도 있는 사회화 과정을 통하여 암묵지를 공유하거나, 조직 외부의 선진 시스템에 관한 직접적 관찰, 모방, 실험, 비교, 공동수행 등을 통하여 잠재적 지식·정보를 발굴한다.

셋째, 컨셉의 창조단계(creating concepts)이다. 이는 새로운 구상과 아이디어를 만들어 내는 과정을 말한다. 하나의 컨셉은 경험과 상상이 혼합된 내용을 포착해 낸 것이며, 이미 존재하던 아이디어를 내버림으로써 형성될 수 있다. 여기에는 원형의 구축(building a prototype) 작업이 포함된다. 원형은 컨셉의 가시적 형태로서, 새로운 실체로서의 대상물, 산출물, 절차, 서비스 등을 외부적으로 표현한 것이다(최창호·하미승, 2012: 369-370).

[그림 6-3] 통합적 창조 프로세스 모형도

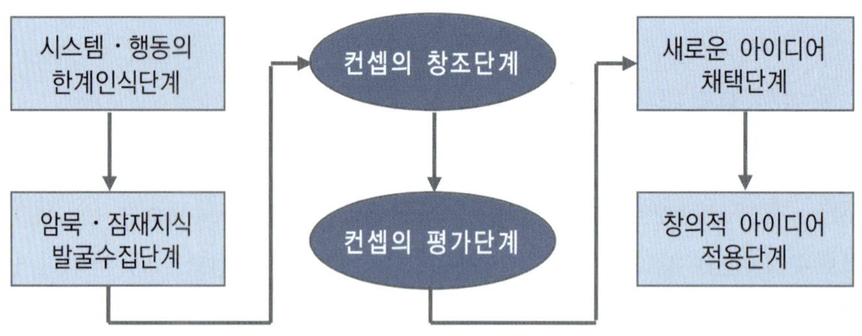

넷째, 컨셉의 평가단계(evaluating concepts)이다. 이는 일단 창조된 컨셉에 대하여 조직구성원으로부터 인정과 평가를 받는 과정이다. 컨셉의 창출자는 컨셉을 제안·발표하고 구성원간에 대화·토론의 장을 마련하여 지지와 비판의 과정을 거친다(최창호·하미승, 2012: 369-370).

다섯째, 새로운 아이디어의 채택단계(selecting new ideas)이다. 여기서는 구성원의 평가와 인정을 받은 새로운 컨셉 및 원형과 그에 바탕을 둔 실천적 아이디어를 참신하고 유용한 것으로 판단하여 새로운 대안으로 선택한다.

여섯째, 창의적 아이디어의 적용단계(applying creative ideas)이다. 이는 창의적 프로세스의 마지막 단계로서, 새롭게 채택된 창의적 아이디어를 조직의 시스템 혁신과 행동변화를 위해 실제로 적용하는 것이다.

3. 창의성의 향상 기법

1) 창의성 발휘의 촉진조건 부여

조직구성원으로 하여금 창의적으로 사고하고 새로운 것을 상상하게 하며 문제해결책을 고민하게 만들려면 그것을 가능하게 해 줄 조건의 부여가 필요하다. 이러한 창의성 발휘의 조건으로 다양한 자극방안을 생각해 볼 수 있다(최재화, 2010: 106-107).

첫째, 창조의 목표의식(intention)을 부여할 필요가 있다. 조직의 전략에 따라 추구하고자 하는 목표에 대한 조직의 지향성을 구성원들이 인식해야 한다. 이는 구성원의 목표에 대한 몰입을 가져와 지식 · 기법 · 해결대안 등 새로운 아이디어의 창출에 대한 구성원의 열망과 의욕을 증진시킬 수 있다.

둘째, 자율성(autonomy)을 부여하는 것이 좋다. 구성원이 자율성을 갖고 업무를 수행하는 경우 자신이 예기치 않은 기회나 문제를 가질 수 있으며, 그 기회를 살리거나 문제를 해결하기 위해서 새로운 대안 창출의 동기를 갖게 되는 것이다(예: 3M 성공사례).

셋째, 창의적 혼돈(creative chaos)의 상황을 조성하는 것도 한 가지 방법이다. 조직이 내외부의 급격한 환경변화로 혼돈에 빠지는 경우 조직구성원들은 조직과 자신들이 스스로 변화해야 함을 직감한다. 그리하여 자신들이 갖고 있는 체제, 업무방식, 관습 등을 바꾸고자 노력한다. 조직의 관리자는 새롭고 도전적인 비전 · 목표를 구성원에게 제시하거나 어려운 문제를 부과하여 구성원들에게 위기감을 조성하는 소위 **"의도된 혼란"**(intended chaos)을 통해 새로운 해결책의 창출을 촉진할 수 있다.

넷째, 정보의 중복 제공(information redundancy)을 통해 창의적 활동을 자극할 수 있다. 정보중복은 특정 업무를 담당하는 구성원에게만 그 업무에 관한 정보를 제공하는 것이 아니라, 그 정보를 다른 구성원에게도 제공하는 것을 말한다. 조직 내 구성원간 정보중복은 지식의 공유와 커뮤니케이션의 기회를 확대시킨다. 이는 부서간, 구성원간 아이디어의 교환을 촉진시켜서 새로운 대안의 탐색과 창출을 자극하는 효과가 있다. 이를 침투에 의한 학습(learning by intrusion)이라고 한다.

2) 아이디어 창조의 전략적 요소

조직구성원으로 하여금 새로운 지식, 아이디어, 문제해결책을 창의적으로 발견하고 제안하도록 하기 위한 다양한 전략들을 소개하면 다음과 같다(최재화, 2010: 107-109).

첫째, 전제조건의 제거전략(non-precondition)이다. 사람이 무언가를 생각하려고 할 때 어떤 제약조건이나 방향성 같은 것을 미리 제시해 버리면 그 사람의 생각의 범위가 주어진 제약조건이나 방향성 내로 제한되고 만다. 따라서, 인간으로 하여금 창의적인 아이디어나 지식을 마음껏 생각해 내도록 만들기 위해서는 사전적인 전제조건이나 방향을 미리 부여해서는 안 된다.

둘째, 비밀 실험실(skunk works)의 제공이다. 인간은 어떤 환경이 자신을 둘러싸고 있으면 그 환경의 제약을 받는다. 특히, 조직관리자 또는 다른 멤버가 지켜보고 있거나 간섭·관찰이 존재할 경우 자신의 자유로운 아이디어나 지식을 마음껏 탐색하고 도출하는 데 대하여 겸연쩍어 하거나 부담을 느낄 수 있다. 따라서, 직원의 자유로운 창조를 유도하려면 독자적인 또는 비밀스런 공간을 제공해 주는 것도 한 가지 좋은 전략이 될 수 있다. 속박이 없는 환경 하에서는 예상치 못한 즉흥적이고 기발한 아이디어가 잘 생각나게 되어 있고, 지식에 대한 이니셔티브를 바로 자기 자신이 쥐고 새로운 창조를 주도할 수 있다.

셋째, 우연적 기회 부여(serendipity)이다. 인간은 업무를 수행하는 도중에 또는 실험을 하다가 운 좋게 새로운 지식이나 아이디어를 발견할 수 있다. 조직원으로 하여금 자기 업무는 물론 다른 직원의 업무도 수행해 볼 수 있게 순환적 근무를 허용해 주고, 업무와 직접 관련 없는 다른 일 또는 다른 교육훈련 등 여러 기회를 부여해 줌으로써 새로운 것의 발견을 장려할 수 있다.

넷째, 재미(fun)를 느끼게 해 주어야 한다. 흔히, 땀 흘려 노력하는 사람도 열정적으로 몰입하는 사람보다 더 많은 성과를 내지 못하며, 열정적으로 몰입하는 사람도 재미있게 즐기면서 일하는 사람만큼 좋은 성과를 내지는 못한다고 한다. 즉, 재미와 즐거움이 창조를 가져온다. 창의성 유발에 있어서도 새로운 상상, 아이디어를 내는 일이 신나고 즐겁도록 만들어 주는 전략이 매우 효과적일 것이다. 예컨대, 지식게임과 같은 방법은 어떨까?

제3절 학습, 창의성의 철학과 새 이론

1. 학습과 창의성의 철학

1) 상호작용적 지식창출 철학

조직구성원의 학습은 개인 단위, 팀 단위, 조직 단위 등 여러 수준에서 수행될 수 있다. 학습은 이러한 다양한 범주에서 이루어져야 한다. 그럼에도 오늘날 가장 효과적인 지식창출과 행동변화를 이끌어낼 수 있는 학습의 방향은 개인간, 팀간의 상호작용적 학습을 증진시키는 것이다.

탁월한 한 개인이나 집단의 학습에 의한 지식탐구도 매우 유용한 학습과정이라고 할 수 있으나, 현대 지식기반사회에서는 환경변화가 급격하고 변화의 요소들이 매우 높은 복잡성을 띠고 있으므로, 단일주체에 의한 학습으로는 높은 지식창출의 성과를 가져오기 어렵다. 따라서, 다양한 지식기반과 아이디어를 가진 여러 개인간, 그리고 팀간의 공동학습과 협력학습을 장려하는 전략이야말로 가장 효과적인 지식창조의 길이라고 할 수 있다. 상호작용적 학습은 지식의 창출과 함께 융합을 지향하는 학습이다. 따라서, 이는 조직창조주의와 조직융합주의를 구현할 수 있는 구체적인 철학이기도 하다.

2) 성찰과 변화의 학습철학

조직구성원의 학습을 행동변화 과정이라고 볼 때, 개인의 행동변화를 보다 근본적으로 이끌어내는 방법은 구성원 스스로의 자각에 의한 자율적인 학습의 유도라고 할 수 있다. 구성원 스스로가 자신의 사고, 지식 및 행동의 문제점을 발견하고 고쳐나갈 결심과 실천을 해준다면 이것이야말로 가장 바람직한 행동변화의 방향이라고 할 수 있다.

조직이나 그 관리자의 강제적 또는 유도적 전략에 의해 구성원의 행동을 변화시키는 일은 비용도 많이 들고 효과도 장담하기 어렵다. 이에 비해 자기성찰과 자기교정에 의한 자기혁신의 전략이야말로 조직의 노력도 적게 들이면서 근본적인 행동

변화를 이끌어내는 방향이라고 할 것이다. 이는 조직에 의한 강제 또는 유인이 아니라 자기 스스로의 판단과 행동을 존중한다는 의미에서 조직인본주의 가치와 상통한다고 하겠다.

2. 새 학습이론 탐색 I: 공동체 학습이론

위 학습철학에서 지적한 것처럼 현대 지식기반사회는 환경의 동태성 및 복잡성을 그 특성으로 한다. 이러한 환경은 매우 복잡하고 다양한 지식과 아이디어를 필요로 하며, 빠른 주기의 수정과 변화를 요구한다. 따라서, 효과적인 학습의 전략은 공동적, 협력적인 학습이라고 할 수 있다. 개인간, 팀간 상호작용에 위한 공동학습 또는 융합학습의 증진이야말로 사회의 문제와 지식의 복잡성에 대응하는 매우 효과적인 학습방향이다.

먼저, 집단 구성원들이 함께 추구하는 팀 학습(team learning)이 증진되어야 한다. 학습팀은 하나의 학습네트워크(learning network)이자 학습공동체(learning community)로서 팀원간 지식의 창출, 공유, 융합의 핵심적 단위체가 될 수 있다. 팀 학습은 경험공유, 지식교환, 인간적 교류 등 창조를 위한 공동노력의 과정에서 새로운 지식과 행동을 창조할 수 있다. 더불어, 구성원간의 응집력, 단결력, 그리고 협력적 태도를 함양하게 된다.

나아가, 조직에서는 개인과 집단의 학습을 넘어서서 조직전체 수준의 학습이 잘 이루어져야 하는데, 이것이 조직학습이다. 조직학습(organizational learning)은 모든 조직구성원들이 조직의 효과성과 경쟁력을 높이기 위해 함께 학습하는 자세를 갖고 지식과 경험을 창조해 나가는 것을 말한다. 특히, 조직학습에서는 개인 및 팀 단위를 초월하는 조직차원의 광범하고 수준 높은 지식을 필요로 하므로, 그에 알맞은 지식과 행동의 창조 노력이 요구된다.

Senge가 제시한 조직학습의 원칙들 중 조직수준의 지식과 행동 창출의 효과성을 높여줄 수 있는 두 가지 요소는 비전공유(sharing vision)와 시스템 사고(system thinking)이다(George & Jones, 2012: 174-175). 첫째, 조직전체의 가치와 비전을 전체 구성원들이 공유할 때 조직전체의 지향성에 부합하는 지식과 행동을 이끌어 낼 수 있다. 둘째, 구성원들이 체계적인 사고, 즉 총체적 관점(wholistic thinking)

을 가질 때 조직의 한 단면이나 한 개인의 이해관계만을 보지 않고 조직전체의 목표와 공동의 이익을 가져올 수 있는 새로운 정책, 대안, 그리고 행동유형을 만들어 낼 수 있다.

OD 프로그램을 통한 학습 역시 조직학습의 상호작용적 효과성을 높여주는 중요한 요소이다. OD 접근법에 의한 다양한 행태변화 기법들은 자기노출, 개방성, 상호 피드백, 자아교류, 상호이해 등을 통하여 팀 구축(team building)을 지향한다. 팀 구축은 팀의 공동목표를 달성하기 위한 핵심적 전략 그 자체이다. 나아가, 한 개 팀에 속하는 팀원간의 협동수준을 넘어서서 여러 팀들간의 협력과 협업을 증진시키기 위한 메타팀 구축(meta team building)은 좀 더 거시적인 차원에서의 학습전략이 될 수 있다.

3. 새 학습이론 탐색 II: 성찰적 행동변화이론

조직에 있어서 학습은 구성원의 행동을 바람직한 방향으로 수정하거나 변화시키기 위한 것이다. 그렇다면 조직구성원이 스스로 자신의 행동을 되돌아보고 바람직한 행동변화를 가져오도록 노력을 기울이는 것이 가장 이상적인 학습전략이 아닐까? 이러한 관점에서 여기서 탐색해보고자 하는 새로운 학습이론은 성찰적 행동변화이론이다. 이 이론에서는 가장 이상적인 학습으로 자아성찰적 학습을 제안한다.

자아성찰적 학습(self reflective learning)이란 조직구성원이 자신의 가치관, 성격, 사고방식, 역량, 행동성향 등을 스스로 진단 · 인식 · 반성하고 자신의 행동을 바람직한 방향으로 변화시키는 것을 말한다. 이러한 학습은 적어도 3단계 과정을 거쳐 이루어져야 한다.

첫째, 현재 자신의 행동경향에 대한 객관적 인식과 그러한 행동을 유발하는 정신적, 심리적 요소에 대한 진단과 평가를 행한다.

둘째, 자신의 행동과 그를 뒷받침하는 가치관, 사고, 역량 등이 어떤 방향으로 나아가야 할 것인지에 관한 행동방향성을 정립한다. 이때 조직의 비전, 가치, 방향과 자신의 희망, 가치, 목표 등이 조화를 이루어야 한다.

셋째, 자신이 스스로 정립한 행동방향에 관한 주변의 검증을 거쳐 그러한 행동과 그 바탕이 되는 가치의식, 정신적 자세, 역량 등을 증대시키는 노력을 실천에 옮긴다.

[그림 6-4] 자아성찰적 학습과정

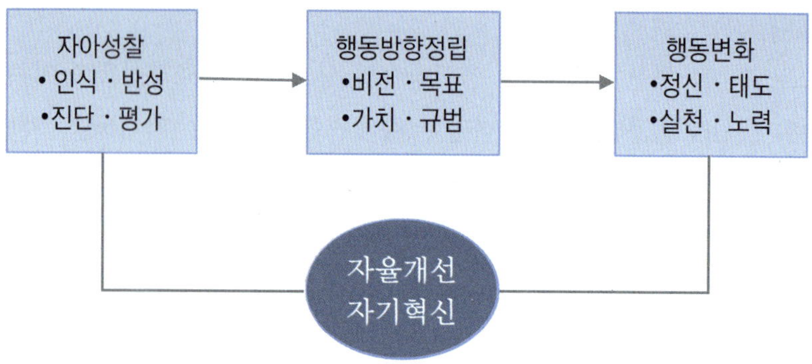

이 이론의 의미는 어디에 있는가? 종래의 학습이론들은 조직의 보상시스템이나 교육프로그램 등을 통하여 구성원의 행동을 타율적 · 획일적인 방법으로 수정 또는 변화시키려 했지만, 자아성찰적 학습이론은 구성원 자신의 반성과 깨달음에 따라 스스로 자신의 행동을 바람직한 방향으로 개선해 나가는 것을 중시한다. 이는 구성원 개인의 자율적 변화와 자기혁신(self innovation)을 통해 궁극적으로 조직변화를 지향하는 것이다. 이러한 학습은 자율규제, 자기책임성, 자아성장 등을 중시한다는 점에서 매우 도덕적이고 인간적인 학습철학이며 변화전략이라고 생각된다.

4. 새 창의성이론 탐색: 지식융합이론

창의적인 프로세스는 흔히 독립성, 자율성, 자유분방함을 강조함으로 인해 매우 개인적인 과정으로 볼 수도 있는데, 이 프로세스를 융합적으로 운영함으로써 조직지식의 전체적 창조력을 훨씬 더 높일 수 있다. 조직은 조직학습의 증대를 위해 지식융합(fusion of knowledge) 또는 아이디어의 결합(linkage of ideas)을 증진시켜야 한다. 일반적으로 실험실적 연구개발이 독립된 시스템에 의해 지식이나 아이디어의 개발을 장려하는 방안이라면, 융합(fusion)은 지식이나 아이디어 창조의 시너지를 높이기 위해 복잡성과 충돌 및 혼란을 의도적으로 조장하는 전략이다.

이를 위해, 다른 관점을 가진 사람들을 하나의 문제해결 과정에 참여시켜 통합적인 해답이나 아이디어를 찾도록 하는 것이 좋다. 특정한 한 두 가지 해법에 조급하게 이르지 않도록 다양한 관점이 지식창출이나 아이디어 개발에 반영되도록 해야 한다. 아이디어나 의견의 일치가 아니라 오히려 상호간의 지적 불일치(knowledge inconformity) 또는 서로 다른 정신적 모델간의 충돌을 조장한다. 이를 창조적 마손(creative abrasion)이라고 하며, 이러한 과정을 통해 지식과 아이디어를 서로 결합시키고 창의적 융합이 일어나게 한다.

최근 한국정부의 새로운 부처로 미래창조부를 신설했는데, 폭넓은 지식융합을 위해서는 IT기술+방송+기업+고용+경제의 융합 뿐만 아니라, 정치+가치+이념+이해관계+갈등관리의 융합까지 추구해야 한다. 진정한 조직융합의 범주와 관점을 폭넓게 검토하고 높은 수준(mega level)에서 정립하는 일이 중요하다.

창의적 지식융합의 기회를 증대시키기 위한 하나의 중요한 이슈는 지식생태계(knowledge ecosystem)의 정립이다. George Por가 제시한 지식생태계는 지식의 창조와 관련하여 휴먼 네트워크(human network), 지식 네트워크(knowledge network), 그리고 기술 네트워크(technology network)를 결합시킨 융합의 장(場)을 만들어 내자는 개념이다. 자연생태계에서는 종(種)의 다양성이 높을수록 공동체가 강하고 수명도 길다. 지식생태계에서도 아이디어, 정보, 영감, 통찰력 등을 교류

[그림 6-5] 지식생태계 모형도

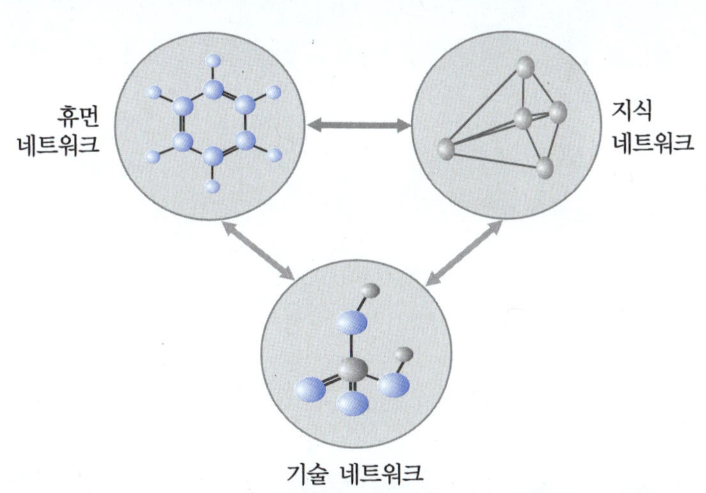

할 수 있는 생태적 네트워크가 다양할수록 지식의 융합적 창출이 증대될 수 있다. 이러한 네트워크에서는 조직구성원, 실무공동체(CoP), 고객, 이해관계자, 공급자 등이 서로 관계를 맺고 지식과 아이디어를 교류·공유하면서 상호협력과 시너지(synergy)를 창출할 수 있다(최재화, 2010: 72-73).

제7장 동기부여
(Motivation)

제1절 동기부여의 개념과 메커니즘

1. 동기부여란?

동기(motive)란 개인의 행위를 어떤 목적을 위하여 어떤 방향으로 작동시키는 내적인 심리상태라고 할 수 있다(Berelson & Steiner, 1964: 240 ; 이창원 · 최창현 2001: 160). 이러한 동기를 유발시키고 강화하는 과정이 동기부여이다.

동기부여(motivation)에 대해 Quick & Nelson(2012: 144)은 "목표지향적인 행동을 불러일으키고 유지하는 과정"이라고 한다. Colquitt et al.(2011: 179)은 동기부여를 "근무자의 내면과 외면에서 비롯되는 활기찬 힘으로서 직무관련 노력을 이끄는 요소"라고 정의하고 있다. 본 저자가 정의하는 동기부여란 조직구성원으로 하여금 조직의 목표를 성취하는 방향으로 행동을 유발시키는 과정이라고 할 수 있다. 또, 다르게 정의하면, 동기부여는 조직구성원이 조직의 직무를 자발적 · 적극적으로 수행할 수 있도록 의욕을 불러 일으키는 과정이라고 할 수 있다.

동기부여의 개념요소는 여러 학자들의 정의와 본 저자의 생각을 종합할 때 다음 5가지로 정리할 수 있다(Robbins & Judge, 2011: 204; Colquitt et al., 2011: 179).

① **행동의 작동**(energize): 행동을 유발하는 동작화의 의미를 지닌다.

② **행동의 방향성**(direction): 목표달성의 방향으로 행동을 이끈다.

③ **행동의 집중성**(intensity): 직무성공을 위한 노력의 강도를 뜻한다.

④ **행동의 지속성**(persistence): 목표지향 행동이 계속 유지되어야 한다.

⑤ **행동의 자발성**(voluntariness): 스스로 선택하는 행동이어야 한다

2. 동기부여의 기본적 메커니즘

동기부여가 이루어지는 인간의 심리적 작용과 이러한 작용을 유발하는 조직의 메커니즘을 생각해 보자.

(1) 인간은 욕구가 결핍되거나 충족되지 못한 기대·욕망을 갖고 있으면 내적인 불균형 상태를 느끼게 된다.

(2) 이러한 불균형 상태는 자신의 욕구·기대를 충족시켜 줄 수 있는 어떤 보상(목표)을 가져다 줄 행동(목표지향적 행동)을 요구하게 된다.

(3) 행동요구가 이루어진 상태가 심리적으로 동기화된 상태이다. 이러한 심리상태는 실제적 행동을 가져오게 하며, 행동은 기대한 보상을 가져오게 된다. 즉, 목표를 달성하게 된다.

(4) 이 과정에서 매우 중요한 요소는 조직에 의한 동기부여 메커니즘이다. 조직 관리자는 구성원의 행동을 유발할 수 있는 제도 또는 시스템을 개발·적용해야 한다. 예를 들면, 행동과 그 결과에 대한 인센티브 제도를 설계하고 시행한다. 이때 조직 또는 관리자의 약속이 중요한데 그것이 신호(signal)이다. 신호는 확실하고 신뢰할 수 있어야 한다.

[그림 7-1] 동기부여 메커니즘

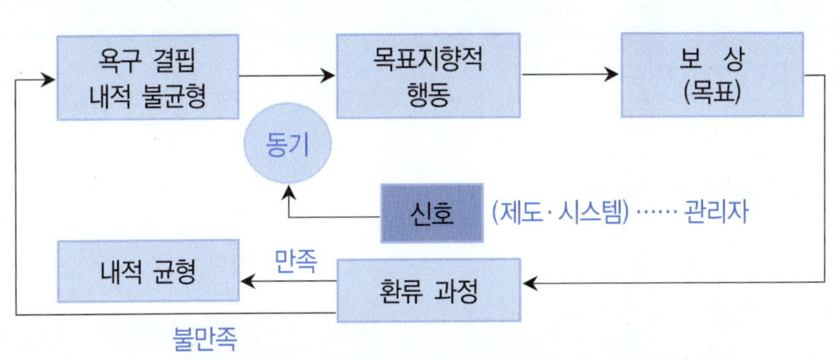

(5) 다음에는 행동에 대한 보상이 충분하고 만족스러운 것인지를 알게 해주는 환류과정(feedback)이 뒤따르게 된다. 만약 만족스럽다면 개인은 내적 균형상태에 들어가게 되며 기존의 행동을 지속한다. 만약 여전히 불만족스럽다면 욕구결핍이 존재하는 불균형 상태가 되어 동기부여를 위한 과정을 처음부터 되풀이하게 된다.

제2절 욕구중심 동기부여이론

욕구중심 동기부여이론은 동기부여를 시켜주는 주된 요인이 인간의 내면적 욕구라는 점을 중시하는 이론이다. 이를 동기부여의 내용이론(content theory)이라고도 한다. 이런 동기부여이론들은 인간이 무엇(what)에 의해 동기부여 되는가에 초점을 맞춘 이론들을 말하는데, 일반적으로 인간에게 충족되지 못한 욕구가 있을 경우 그 욕구를 충족시키기 위해 동기부여된다는 이론이 그 중심이 되고 있다.

[그림 7-2] 욕구중심 동기부여이론의 개념도

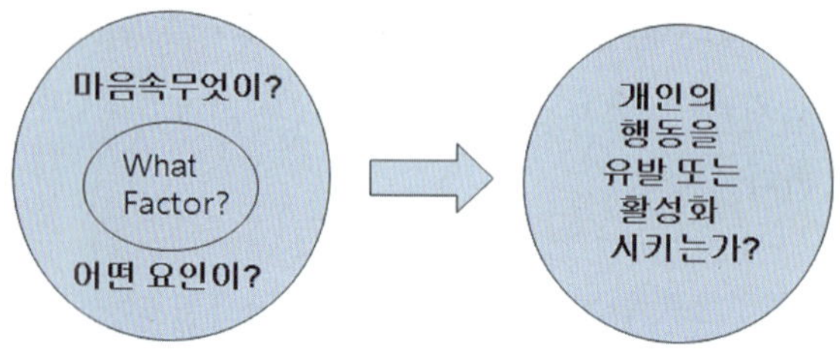

* 출처: 김호섭 외. (2012): 117 수정

1. Maslow의 욕구체계론

1) 기본적 관점과 욕구 5계층

Maslow(1943: 370~396)의 욕구체계론이 제시하는 기본입장은 다음과 같다.

첫째, 인간은 5가지의 기본적 욕구를 가지며, 이러한 욕구충족을 위해 동기가 부여된다. 여기서 5가지 기본적 욕구란 생리적 욕구, 안전의 욕구, 사회적 욕구, 존경의 욕구, 자아실현의 욕구를 말한다.

둘째, 이러한 욕구들은 계층성을 가지며, 하위욕구가 충족되어야만 순차적으로 상위의 욕구가 작동하여 동기부여의 요인이 된다.

셋째, 일단 충족된 욕구는 더 이상 동기요인으로 작용하지 않는다.

5가지 욕구 중 생리적, 안전, 사회적 욕구는 하위욕구로 간주되고, 존경 및 자아실현 욕구는 고급욕구로 분류된다. Quick & Nelson(2013: 148)에 의하면, 생리적 욕구 및 안전의 욕구는 McGregor의 X이론과 관련되고, 사회, 존경, 자아실현 욕구는 Y이론과 관련된다.

[그림 7-3] 욕구 5계층과 충족과정

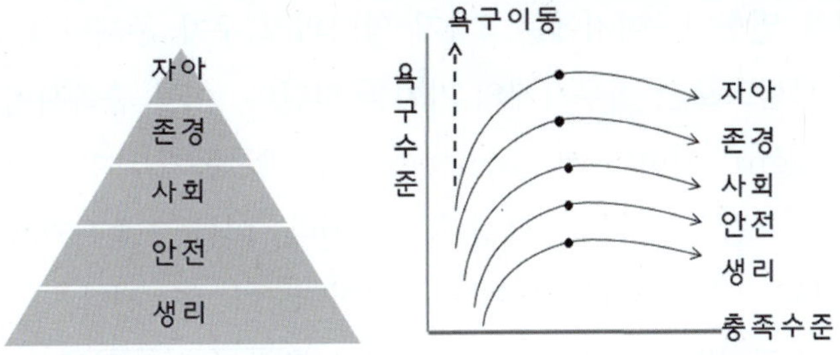

2) 욕구별 내용과 동기부여 방법

생리적 욕구와 그 충족 방법을 보자. 생리적 욕구는 인간이 가지고 있는 가장 기초적인 욕구로서 물리적, 물질적, 육체적 욕구를 말한다. 여기에는 의, 식, 주, 성, 수면 등이 포함된다. 생리적 욕구는 인간이 가지는 최하위의 욕구이며, 욕구 중 가장 강도가 높다(이창원 · 최창현, 2010: 169). 이 욕구를 충족시키기 위하여 조직에서는 경제적 보상을 제공하여야 한다. 경제적 보상에는 기본적으로 급여(봉급)가 있다.

안전의 욕구와 그 충족수단을 보자. 안전의 욕구는 모든 위험으로부터 자유로워지고 싶은 욕구를 말한다. 여기에는 육체적 안전에 대한 욕구와 심리적 안전에 대한 욕구가 포함된다. 전자는 생명의 위험, 사고, 재난, 전쟁, 질병 등을 당하지 않을 자유와 관련된다. 후자는 직업이나 신분 등과 관련하여 안정성을 가지고자 하는 심리와 관련된다. 조직에서는 이 욕구를 충족시키기 위하여 후생복지제도와 신분보장제도라는 2가지 흐름의 동기부여제도를 유지한다.

사회적 욕구와 그 충족방법에 관해 알아보자. 사회적 욕구는 애정의 욕구 또는 소속의 욕구로서 다른 사람들과 친교를 맺고 싶어 하는 욕구를 말한다. 인간은 소외되면 심리적 불안감을 느끼게 된다. 조직에서는 이러한 욕구를 충족시키기 위하여 소집단, 친목회, 동호회 등을 장려한다.

존경의 욕구와 그 충족수단에 관해 살펴보자. 존경에 대한 욕구는 자신의 위치에 대하여 긍지를 느끼고 높이 평가를 받으며, 다른 사람으로부터 중요인물로 인정받고 싶은 욕구를 말한다. 이러한 욕구를 충족시켜 주기 위한 제도적 장치로는 승진제도, 경력발전제도(CDP), 대외직명 부여제도, 포상제도 등이 있다.

자아실현욕구와 그 충족방법에 관해 살펴보자. 자아실현의 욕구는 업무의 성취와 직무의 보람으로부터 만족을 얻고자 하는 욕구와 끊임없이 자신을 발전 · 성장시키고자 하는 욕구를 말한다. 여기에는 3가지 영역의 욕구가 존재한다.

첫째, 직무의 보람으로서 직무자체의 가치를 말한다. 이를 충족시키기 위해 직무재설계(job redesign), 권한의 부여(empowering) 등 동기부여 전략이 필요하다.

둘째, 업무의 성취감으로서 업적달성과 관련된다. 이를 충족시키기 위하여 목표에 의한 관리(MBO), 성과급제도 등의 동기부여제도가 요청된다.

셋째, 자신의 성장 및 발전과 관련된다. 이를 충족시키기 위해서는 능력발전을 위한 교육훈련, 유학, 파견, CDP 등의 프로그램이 유용한 수단이 된다.

3) 평가와 한계

Maslow의 욕구체계론은 첫째, 인간의 다양한 욕구를 종합적, 체계적으로 인식시켜 주고 있다. 둘째, 하위욕구 충족시 상위욕구가 강해진다는 욕구체계의 특성을 보여 준다. 셋째, 욕구수준에 따른 동기부여의 수단에 관한 많은 함의와 시사점을 던져 준다.

반면, 욕구체계이론의 여러 가지 한계에 대한 비판도 존재한다(오석홍, 2011: 154; 이창원 · 최창현, 2010: 172-173; Robbins & Judge, 2011: 206). 비판점들을 나열해 보면, (i) 욕구계층의 고정성에 대한 비판, (ii) 어느 욕구의 충족시 그것이 더 이상 동기부여 요인으로 작용하지 않는다는 주장의 비현실성, (iii) 하나의 욕구가 하나의 행동을 유발한다는 주장에 대한 비판, (iv) 인간의 행동이 항상 욕구충족을 위해서만 나타나는 것은 아니라는 점, (vi) 어떤 욕구가 충족되면 새로운 레벨의 욕구로 진행한다는 사실의 인정 문제 등이다.

2. Herzberg의 2요인이론

Herzberg는 직원이나 부하에게 일을 시키고 동기를 부여하는 방법으로서의 KITA(kick in the pants)에 대한 문제를 제기하면서 새로운 동기부여이론을 제시하였다. KITA에는 부정적인 물리적 KITA, 부정적인 심리적 KITA, 그리고 긍정적인 KITA가 있다고 한다. 앞선 두 가지 KITA는 강제성이나 압박감을 부과하는 방법으로서 일시적 효과만 있을 뿐 바람직하지 않다고 한다. 긍정적 KITA는 주로 강화요인을 사용하는 동기부여 방법인데, 이는 경제적 인센티브 중심의 동기부여 전략으로서 지속적인 효과성에 의문이 있다고 한다. 이러한 문제제기를 바탕으로 Herzberg는 2요인 이론(two-factor theory)를 제시하였다(Herzberg, 1968: 53-63).

1) 욕구충족 2요인의 작용

Herzberg는 직무만족 또는 직무 불만족과 관련되는 변수로서 위생요인과 동기요인을 구분하여 제시했다. 위생요인은 직무 불만족(job dissatisfaction)과 연관되는 요인이며, 동기요인은 직무만족(job satisfaction)을 증진시키는 요인이다. 아래에서 두 요인에 관해 설명한다.

위생요인(hygiene factors)은 인간의 외부적 환경에 관한 요인으로서 조직구성원이 불만족을 느끼게 하거나 그것을 해소하는 데 관련되는 요인을 말한다. 이 요인은 조직구성원의 불만족을 해소할 수는 있지만, 적극적으로 직무만족을 높이거나 열성적으로 일하도록 유도하는 동기적 요인은 되지 못한다. 여기에 속하는 요인으로는 일 자체가 아닌 처우, 작업환경, 근무조건과 같은 외재적 요소(extrinsic factors)들을 들 수 있다.

구체적인 위생요인들로는 회사의 정책과 지침, 관리통제, 급여, 신분의 안정, 상사·동료 및 부하와의 관계, 물리적 근무환경, 직장의 재난안전 등이 있다. 개인의 인생과 같은 생활요인도 여기에 속한다.

동기요인(motivators)은 조직구성원에게 직무만족을 주고 열정적으로 직무수행을 하도록 적극적으로 동기를 부여하는 요인을 말한다. 이러한 요인의 핵심적 요소는 직무 그 자체이다. 직무수행과 직접적으로 관련된 요인들이 여기에 속한다. 이러한 요인을 내재적 요소(intrinsic factors)라고 한다.

구체적인 동기요인으로는 직무성격, 직무의 보람, 성취감, 인정감, 책임감, 승진, 개인의 발전 등이 있다. 주로 정신적 요인들이거나, 이러한 정신적 요인을 충족시켜 줄 수 있는 제도적·관리적 요인들이 여기에 속한다.

[그림 7-4] Herzberg의 2요인 구성도

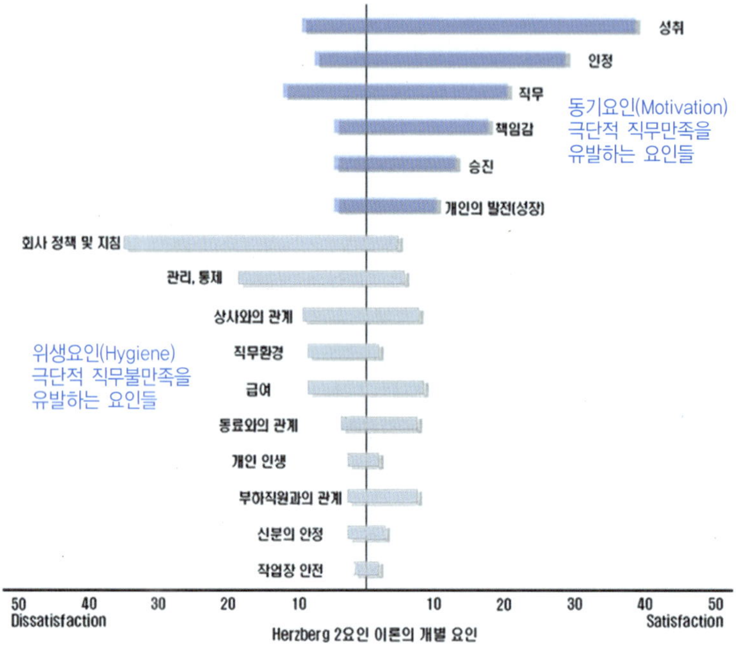

* 출처: Herzberg, 1968; Robbins & Judge, 2011: 204. 변형.

2) 동기요인 충족전략

Herzberg의 관점에 입각한 동기부여의 전략으로는 어떤 것이 있는지 알아보자. Herzberg는 직무 중심의 동기요인을 중요시하므로 동기부여 전략도 직무를 중심으로 수립되어야 한다.

첫째, 보람 있는 직무의 부여를 위한 직무 재설계(job redesign) 전략이 가장 유효하다. 직무 재설계의 구체적인 방안으로는 두 가지 범주가 있다. 양적인 방안으로 직무의 확대 및 다양화(job enlargement)가 있고, 질적인 방안으로 직무의 고급화 또는 충실화(job enrichment)가 있다. 직무설계와 관련하여 Herzberg는 의미 없는 직무들을 보태기만 하는 수평적 업무부담(horizontal job loading)은 동기부여 효과가 없고, 도전적이고 의미 있는 고급업무를 부여하는 수직적 업무부담(vertical job loading)이야말로 구성원에 대한 동기부여와 함께 심리적 성장을 가져오는 좋은 방안이라고 주장하고 있다(Herzberg, 1968: 53-63).

둘째, 개인의 자율성, 책임감, 참여의식을 높여주기 위한 목표관리(MBO: management by objectives)가 매우 효과적인 방책이 될 수 있다. 즉, 스스로 목표를 설정하게 하고 그 결과에 대하여도 자신이 책임지게 하는 것이다.

셋째, 개인의 직무성과에 따른 보상을 중시하는 성과지향적 관리(performance oriented management)가 중요하다. 성과에 따른 보상의 제공은 경제적 보상과도 연관되지만, 그러한 물질적 보상보다는 정신적 보상이 훨씬 더 동기부여 효과가 있다고 본다. 성과에 따른 보상은 개인의 성취감을 높여준다.

넷째, 개인에게 보다 많은 능력발전의 기회를 부여하는 성장관리(growth management)가 주효해 보인다. 교육훈련, 해외연수, 다양한 보직경로 체험(CDP) 등을 통해 조직구성원의 역량이 높아지도록 해 주고, 그를 기반으로 보다 나은 직무수행을 하게하여 성취감과 성장감(feeling of achievement and growth)을 느끼도록 해 줄 필요가 있다.

3) 평가와 한계

Herzberg의 2요인이론은 통상적으로 동기요인으로 간주되지만 단지 불만 해소요인으로만 작용하는 요인과 진정한 동기부여 효과를 갖는 요인을 명확하게 구별해 주었다. 그러나 학자들은 몇 가지 비판점을 제기하고 있다(Moorhead & Griffin,

2004: 126-127; 이창원 · 최창현, 2010: 185-186; Robbins & Judge, 2011: 209). 그 내용을 보면, (i) 어떤 요인을 전적으로 만족에만, 또는 불만족에만 작용하는 요인으로 구분하기 어렵다는 점, (ii) 직원이 직무성과 등 내재적 요인에 대해서는 자신의 공적으로 삼으면서, 실패에 대해서는 외재적 요인을 탓하는 성향이 있어서 Herzberg의 조사결과가 정확하지 않을 수 있다는 점, (iii) 만족과 동기부여를 동일개념으로 취급하는 이론적 오류, (iv) 만족과 생산성과의 관계를 중시하면서도 만족에 대한 연구만 하고 생산성에 대한 고찰을 하지 않은 점 등을 들 수 있다.

제3절 인지적 동기부여이론

인지적 동기부여이론은 인간이 동기부여 되는 심리적, 사고적 작동 메커니즘에 중점을 둔 이론들을 말한다. 이는 동기부여 되는 '과정'에 중점을 두므로 과정이론(process theory)이라고도 한다. 무엇(what)이 아니라 왜(why) 동기부여가 되는가에 대한 해답을 얻고자 한다. 일반적으로 인간의 인지적, 판단적, 결정적 요소와 그 과정이 해답을 주는 것으로 본다. 인지적 요소의 대표적인 것은 계산(calculation)과 기대(expectancy)라는 개념이다. 인간은 자기행동의 결과가 자기에게 무엇을 가져다 줄 것인지에 대한 계산을 하며, 어떤 기대를 가질 수 있을 때 행동에 착수하게 된다는 것이다.

[그림 7-5] 인지적 동기부여이론의 개념도

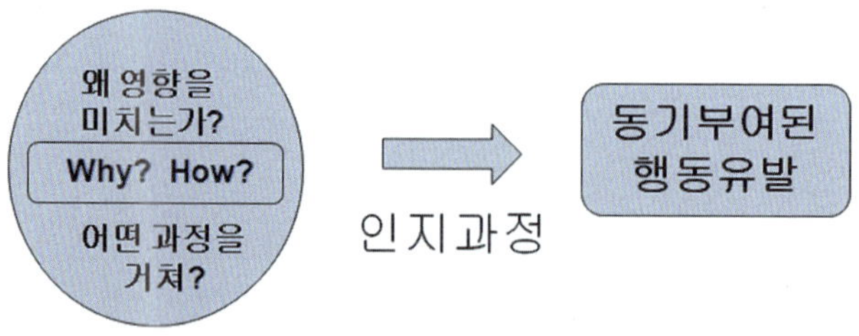

* 출처: 김호섭 외. (2012): 128

1. 공정성 이론(Equity Theory)

1) 사회적 교환과 공정성 이론

동기부여의 공정성 이론은 사회적 교환이론에 바탕을 두고 있다. 사회적 교환이론(social exchange theory)은 개인과 환경간의 교호작용에 초점을 둔 이론이다. Etzioni에 의하면, 인간은 조직에의 관여에 있어서 3가지 범주의 관계를 갖는다고 한다. 첫째, 몰입적 관계(committed relationship)는 조직구성원이 조직에 매우 긍정적인 집중을 하는 도덕적 관계이다. 둘째, 계산적 관계(calculated relationship)는 조직과 그 구성원이 서로 주고받는 관계로서 긍정적이거나 부정적인 집중성이 비교적 낮다. 셋째, 소외적 관계(alienated relationship)는 조직으로부터 격리된 관계로서 부정적인 집중의 정도가 높다. 이들 중 계산적 관계가 바로 사회적 교환관계에 해당한다(Quick & Nelson, 2013: 157-158).

사회적 교환관계(social exchange)는 어느 일방이 다른 당사자로부터 무언가를 요구하며 그 대신 다른 당사자에게 무언가를 제공해 주는 관계, 즉 요구(demands)와 기여(contributions)의 관계이다. 조직과 구성원간에는 바로 이러한 관계가 형성되는 것이 일반적이다. 조직은 구성원에게 조직의 임무와 목표달성, 직무수행 등을 요구하며, 구성원은 조직으로부터 신분, 소속감, 직무만족, 급여, 복지 등을 요구한다. 조직은 리더십, 조직문화, 고용정책, 성과제도 등을 개인에게 제공하고, 개인은 조직에 대하여 지식, 기술, 능력, 열정, 전문적 네트워크 등을 제공한다(Quick & Nelson, 2013: 157-158).

그런데 사회적 교환관계는 양자간의 요구와 기여의 정도가 서로 균형을 이룰 때 유지될 수 있다. 양자간의 요구와 기대가 서로 잘 반영되어 상호간에 혜택(benefits)을 누릴 수 있을 때 그 관계는 지속된다. 반대로, 양자간의 요구와 기대 사이에 불균형이 노출되거나, 어느 일방 또는 양자 모두에게 손실(losses)이 발생할 때는 갈등이 일어나고 관계가 깨지게 된다. 즉, 양자 관계의 균형(equilibrium)이야말로 사회적 교환관계를 유지시켜 주는 핵심적 요인이다. 이러한 균형이 조직과 그 구성원 사이, 나아가 구성원과 구성원 사이에 유지되어야 한다는 동기부여이론이 바로 공정성 이론이다.

2) Adams의 공정성 이론

공정성 이론의 대표적인 것이 Adams의 공정성 이론이다(Adams, 1963). Adams는 공정성보다 불공정성이 동기부여에 미치는 영향이 더 크다고 했고, 어떤 학자들은 불공정성 이론이라고 부른다(Quick & Nelson, 2013: 159).[1]

Adams는 인간에 대한 가정(assumption on human being)을 상대적인 공정성 또는 불공정성이라는 차원에서 제시하고 있다. 첫째, 인간은 자신의 기여 또는 역할수행에 부합하는 공정하고 형평성 있는 보상이 무엇인지에 관해 큰 관심을 갖는다. 둘째, 인간은 자신의 노력에 대한 보상을 타인의 그것과 비교하는 경향이 있다. 셋째, 자신과 타인의 보상을 비교해 본 결과 불공정성을 느끼면 공정성을 얻는 방향으로 행동을 유발하게 된다고 한다(Adams, 1963; 이창원 · 최창현, 2010: 199).

공정성 평가를 위한 비교의 기준(criteria of comparison)으로는 투입과 산출, 그리고 비교대상 인물이 적용된다. 투입(inputs)은 조직업무를 위해 개인이 제공하는 노력, 직무수행, 지식, 기술, 능력, 교육훈련, 경험 등이다. 산출(outcomes)은 조직이 개인에게 업무대가로 제공하는 직무, 급여, 복지혜택, 직명, 신분상징, 특전, 근무환경 등이다. 비교대상 인물(comparison target)은 보상과 관련하여 자신과 비교하는 인물로서, 직급이나 근무연한 등이 비슷해야 한다. 자신과 비교대상 인물의 투입 대비 산출의 비율을 상대적으로 비교해 보는 것이 공정성 판단의 기준이라고 할 수 있다.

표 7-1. 투입과 산출의 유형

투입(inputs)	산출(outcomes)
목표달성 노력	가치 있는 직무
직무수행	직위, 직명, 신분상징
지식, 기술, 능력	급여, 복지혜택
교육투자(학위취득)	해외연수 기회
직무훈련	우호적 감독, 지원
근무경력, 경험	포상
연구, 창의력 발휘	좋은 근무환경

*출처: Colquitt et al., 2011: 194. 수정

1) Adams 본인의 논문들에서도 그 제목을 계속 '불공정성'(inequity)이라는 용어로 표현하고 있다.

다음에는 비교결과에 따른 공정성 상태 및 불공정성 상태와 그에 대한 조직구성원의 반응적 정서에 관해 살펴보자.

먼저, 공정성(equity) 상태와 반응적 정서를 보면, 공정한 상태는 자신의 투입에 대한 산출의 비율이 비교대상 인물의 투입에 대한 산출의 비율과 동일하다고 지각하는 상황을 말한다. 공정한 관계는 [그림 7-6]과 같이 나타낼 수 있다. 이 관계는 누구나 인정하는 객관적 비교결과라기보다는 개인이 스스로 지각하는 주관적 판단의 결과라고 할 수 있다.

[그림 7-6] 공정성 상태

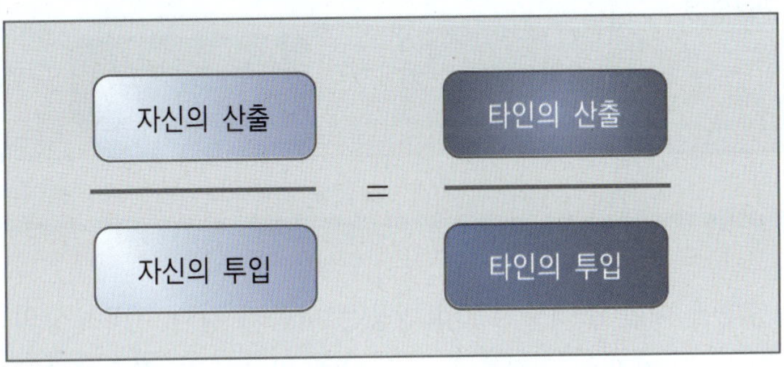

이러한 상태에 대한 조직구성원의 정서적 반응은 스스로 공정성을 느끼고 만족하게 되며, 자신의 투입활동을 계속하게 된다는 것이다. 분배적 정의(distributive justice)에 대한 개인의 믿음이 확실해지며, 조직의 보상체계에 대한 신뢰감을 느끼게 된다. 이 경우 조직관리자는 직원의 믿음을 확인해 주면서, 신뢰받는 보상제도를 계속 유지하고자 노력해야 한다.

다음으로, 불공정성(inequity) 상태와 반응적 정서를 보면, 불공정한 상태는 자신의 투입에 대한 산출의 비율이 비교대상 인물의 투입에 대한 산출의 비율과 다르다는 사실을 지각하는 상황을 말한다. 여기에는 과소보상과 과다보상이 있다. 과소보상은 자신의 투입에 대한 산출의 비율이 비교대상 인물의 그것보다 낮은 것이며, 과다보상은 그 반대의 상태이다.

[그림 7-7] 불공정성 상태

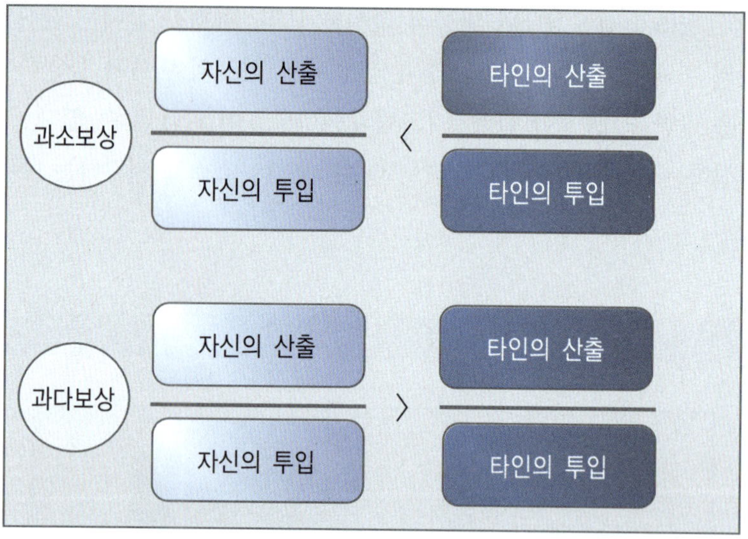

불공정성 상태에 대한 조직구성원의 반응은 다음과 같다. (i) 보상의 불공정성을 지각하고 개인 내에 긴장을 초래한다. (ii) 이때 긴장의 크기는 불공정하다고 느끼는 지각의 정도에 비례한다. (iii) 개인은 조직 내에서 분배적 정의가 이루어지지 않고 있는 데 대하여 분개하거나 죄책감을 느낄 수 있다. 과소보상의 경우에는 분노를, 과다보상의 경우에는 죄책감을 경험하게 될 것이다. (iv) 개인은 조직 내 보상의 불공정성 문제를 해결하는 방향으로 노력을 시도한다(황규대 외, 2001: 107).

그러면 조직구성원은 어떻게 불공정성에 대한 해결책을 시도할 수 있는가? 여기에는 다각적인 행동적 변화 또는 인지적 변화가 수반된다(황규대 외, 2001: 108-109; 이창원·최창현 2010: 202). 아래에서는 과소보상 상황에서의 불공정성 해소대책을 알아본다.

① **투입의 변경**: 자신의 직무수행 시간 및 노력 등 투입을 낮추게 된다.
② **산출의 변경**: 자신의 보상을 증가시켜 불리한 상황을 만회하고자 한다.
③ **비교대상 인물의 투입 변경**: 비교대상자의 직무노력을 증가시킨다.
④ **비교대상 인물의 산출 변경**: 비교대상자의 보상수준을 낮추고자 한다.

⑤ **인지적 왜곡**(cognitive distortion): 자신의 투입이나 자신에게 주어진 산출을 왜곡시켜 인지한다. 즉, 과소보상 상황에서는 자신의 투입을 낮추어 평가하거나, 자신의 보상에 대해 보다 높은 가치를 부여한다(Colquitt et al., 2011: 195).

⑥ **비교대상의 변경**: 비교대상 인물을 자신의 비교대상에서 제외한다. 즉, 자신보다 특별히 유리한 위치나 특이한 상황에 있는 인물로 간주하여 비교 자체를 하지 않는다.

⑦ **조직 이탈**: 조직 내에서 보상에 대한 불공정성을 시정하기 어렵거나 불만을 해소하지 못할 경우 다른 조직으로 옮길 수도 있다.

과다보상인 경우에는 위에서 설명한 것과 반대되는 방향으로의 행동적, 인지적 대책을 세우게 될 것이다.

Adams의 공정성 이론에 대하여는 평가와 비판이 공존한다.

공정성이론은 조직에서 보상에 대한 상대적 공정성의 유지 및 분배적 정의(distributive justice)의 달성이 매우 중요함을 인식시켜 주었다. 이러한 공정성 이론은 실증적인 연구에 의해 상당부분 검증이 되고 있다. 그러나 Adams의 공정성 이론은 분배적 정의 또는 공정성을 인식하고 측정하는 메커니즘을 개인의 지각(cognition)이라는 매우 주관적인 요소에 근거하여 제시하고 있다. 그리고 분배적 정의 또는 불공정성의 문제와 그 해결책을 개인적인 정서적 반응과 개인 차원의 일부 행동적, 인지적 변화에 한정시키고 있다. 분배적 정의와 공정성의 문제는 조직 차원의 이슈이며 조직관리의 핵심적 과제이다. 그렇다면 이 이슈를 조직의 구조적, 맥락적, 제도적, 관리적, 전략적 차원에서 종합적으로 다루어야 한다. 이런 이유에서 본 저자는 아래에서 불공정성 해결전략을 조직 차원에서 종합적으로 제안한다.

3) 공정성 추구 전략

공정성을 확보하기 위한 다양한 전략을 미시적, 중범위적, 거시적 차원에서 종합적으로 제시해 본다. 즉, 개인, 집단, 조직 차원의 전략들이다.

첫째, 인지적 전략(cognitive strategy)이다. 공정성 이론은 조직구성원의 지각 또는 인식을 중시하므로, 이런 차원에서 직원의 공정성 의식 제고전략이 필요하다. 무엇보다도 조직구성원이 자신에 대한 보상의 근거 및 기준이 무엇인지 알고, 보상

수준을 납득·수용하도록 해야 한다. 그리고 조직구성원들은 자신의 보상에 대해 여러 측면에서 지각하므로 다각적인 면에서 공정성을 유지해야 한다. 유형의 보상뿐만 아니라, 무형의 보상, 사소한 보상에 있어서도 직원간에 공정성이 유지되도록 해야 한다(이창원·최창현, 2010: 205). 이를 위한 하나의 중요한 작업은 보상에 대한 조직구성원의 지각상태 조사를 실시하는 것이다.

둘째, 제도적·절차적 전략(institutional, procedural strategy)을 제시한다. 제도적 측면에서 엄격하고 객관적인 성과평가와 보상배분을 위해 중립적인 보상결정기구를 설치해야 한다. 그 기구의 형태는 합의제적인 위원회형이 좋을 것이다. 그리고 보상결정의 적정한 절차(due process)를 정립해야 한다. 무엇보다도 중요한 절차는 보상결정 과정에 구성원이 참여할 수 있는 기회를 부여해야 한다는 것이다. 직원들이 자신의 의견과 요구를 제시할 수 있고, 보상에 불만이 있을 때 이의신청을 할 수 있도록 허용해야 한다.

셋째, 맥락적 역학관계 전략(contextual power-relations strategy)을 제시한다. 이 차원에서는 불공정성을 야기하는 역사적, 권력적, 이해관계적인 차원의 문제들을 차단해야 한다. 우선, 역사적 경로의존성에서 비롯되는 불공정한 관행의 탈피가 이루어져야 한다. 대표적으로 연공서열주의 관행을 버리고, 객관적인 실적과 성과에 바탕을 둔 평가 및 보상 시스템을 정착시켜 나가야 한다. 그리고 보상배분에 있어서의 권력작용 및 특수관계의 배제가 요구된다. 조직구성원에 대한 보상은 직무수행 노력과 그 결과에 대한 대가이지 권력자의 시혜대상이 아니다. 따라서, 보상권력자들의 고결성을 높여야 하며, 그들의 보상배분 결정에 대한 감시와 비판이 이루어져야 한다. 또한, 이권·이해관계의 배척이 필요하다. 조직관리자들이 직원에 대한 보상을 자기 이익 추구나 거래·협상의 도구로 이용하지 않도록 하기 위해 스스로 윤리의식을 함양해야 하며, 조직 내 직원들이 내부고발자(whistle-blower)로서의 역할을 수행하도록 해야 한다. 더불어, 압력집단의 역할 전환이 요청된다. 노동조합, 전문가 집단 등이 자기 집단의 기준과 이익만을 추구하는 집단이기주의에서 탈피해야 하며, 오히려 집단 구성원의 객관적인 기여와 평가에 상응하는 정당한 보상배분이 이루어지도록 주도(initiate)하는 역할로 전환해야 한다.

넷째, 문화적·환경적 전략(cultural, environmental strategy)도 중요하다. 조직 내부에서는 직무노력에 상응하는 정당한 보상을 중시하는 합리문화 및 성과주의 문화를 정착시켜야 한다. 외부환경 측면에서는 청탁문화와 온정주의를 벗어나서 조직구성원에 대한 엄격한 평가와 공정한 보상배분이 이루어지도록 여론을 환기하고 감시·비판하는 시민의식을 함양해야 한다.

다섯째, 공정성 평가·환류 전략(evaluation & feedback strategy)이 수립되고 시행되어야 한다. 배분적 정의의 달성과 공정성 유지는 조직의 매우 중요한 과제이므로, 공정성 수준과 그에 관련되는 시스템 전반을 평가하고 환류하는 체계를 갖추는 것이 좋을 것이다. 내부 조직관리자, 외부 전문가 등이 참여하여, 조직의 공정성 평가기준을 마련하고, 주기적인 평가를 실시한 후, 그 결과정보를 조직 관리자 및 보상 담당자에게 피드백(feedback) 시켜주는 과정이 필요할 것이다.

2. 기대이론(Expectancy Theory)

1) 인지적 사고와 기대이론

조직구성원에 대한 동기부여와 관련하여 인지적 사고와 판단의 과정을 중시하는 이론이 바로 기대이론이다. 기대이론에 의하면, 인간의 행동은 자신의 행동이 어떤 결과를 가져올 것인가에 대한 기대(expectancy)에 의해 결정된다고 한다. 기대는 자신의 행위와 그 결과의 관계성에 대한 계산(calculation)의 산물이다. 조직구성원은 자신의 행동결과에 대한 사전적 인지에 따라 행동 여부를 선택하고 그 강도를 결정하는 것이다. 그래서 이를 인지적 동기부여이론(cognitive motivation theory)이라고 한다. 이 이론에서는 행동의 동기가 그 결과에 대한 기대의 수준과 그 결과의 매력에 달려있다고 주장한다(Robbins & Judge, 2011: 225).

대표적인 기대이론으로는 Vroom의 기대이론과 Porter & Lawler의 기대이론을 들 수 있다. 두 이론 모두 조직구성원의 직무행동을 유발시키는 메커니즘으로서 기대라는 변수를 가장 강조한다. 즉, 구성원의 직무노력이 성과를 가져올 것이라는 기대와 그 결과로 가치 있는 보상이 주어지리라는 믿음에 의해서 동기부여가 된다는 주장이다.

2) 기대이론의 기본모형

Vroom의 기대이론, Porter & Lawler의 기대이론 등 여러 기대이론들은 그 구체적인 내용에 있어서 다소 차이가 있지만, 여기서는 그들이 제시하고 있는 모형들을 집약하여 그 공통적 요소를 중심으로 기본적 모형을 소개한다.

기대이론의 모형은 노력, 성과, 보상이라는 기본변수들과 기대감, 수단성, 유의성이라는 관계적 변수들로 구성된다. 인간의 동기부여는 자신이 노력하면 성과가 있을 것이라는 기대감(expectancy)과 성과가 있으면 보상이 주어지리라는 수단성(instrumentality), 그리고 보상에 대한 가치부여, 즉 유의성(valence)에 의해 유발된다. 이때 성과에는 개인의 능력, 특성, 역할인식, 환경 등이 영향을 미친다.

[그림 7-8] 기대이론의 기본모형도

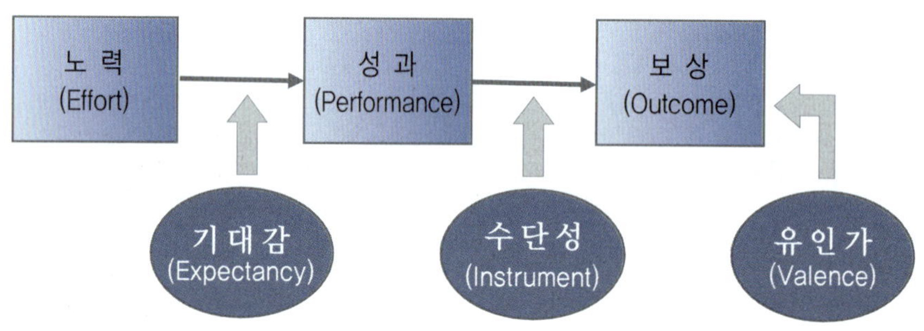

3) 핵심변수들과 그 개념

노력(effort)은 조직의 목표달성을 위해 개인이 투입하는 에너지의 총량이다. 기대이론의 모형에 있어서 노력은 동기부여 메커니즘의 시작점이자 종착점이다. 동기부여란 직원의 직무수행 노력을 이끌어 내거나 높이고자 하는 과정이므로, 직무노력의 수준이 종착점인데, 그 종착점을 향한 인지적 사고의 과정에서는 시작점이 된다. 그 노력이 어떤 결과를 가져올 것인지에 대한 계산과 기대에서부터 동기부여는 시작되기 때문이다.

성과(performance)는 직무수행 노력, 즉 행동의 결과로서 나타나는 조직의 목표달성도이다. 기업의 경우 매출규모나 수익창출이 증가하는 것이며, 행정조직의 경우 정책의 효과성이나 행정서비스의 만족도가 높아지는 것과 같다.

보상(outcomes)은 개인의 성과에 대하여 조직이 부여하는 여러 가지 대가를 말한다. 여기에는 긍정적 보상과 부정적 보상이 있다. 긍정적 보상으로는 승진, 보직

부여, 임금 인상, 표창 등 가시적 · 물질적인 것과 격려, 칭찬, 인정감 부여 등 비가시적 · 정신적인 것이 있다(George & Jones, 2012: 191). 부정적 보상으로는 피로, 스트레스, 휴식 부족, 기회비용 등 육체적, 정신적, 경제적인 것이 있다(이창원 · 최창현, 2010: 208).

기대감(expectancy)이란 노력–성과간 관계로서 직무노력을 기울이면 업무성과를 가져올 수 있을 것이라는 가능성에 대한 믿음의 정도이다(Robbins & Judge, 2011: 226). 이는 주관적 확률의 개념으로서 그 수치 범위는 0~1이다(George & Jones, 2012: 193; 이창원 · 최창현, 2010: 207). 기대감은 동기부여를 가져오게 할 핵심적 변수이다. 직무노력을 기울였을 때 그에 따른 성과가 나올 것이라는 믿음이 강할 때에만 그러한 노력을 투입하게 될 것이다.

수단성(instrumentality)은 성과–보상간 관계로서 업무성과를 달성하면 어떤 보상이 주어지리라고 믿는 정도를 말한다(Robbins & Judge, 2011: 226). 주관적 개념이며, 그 값의 범위는 −1 ~ +1이다(George & Jones, 2012: 191; 이창원 · 최창현, 2010: 207). 부정적 보상에 대한 완전한 믿음은 −1이 되고, 긍정적 보상에 대한 완전한 믿음은 +1이 된다.

유의성 또는 유인가(valence)란 행동의 결과로 주어진 보상에 대하여 근무자가 가치를 부여하는 정도를 말한다. 이는 보상–개인가치간 관계라고 할 수 있다. 이는 보상 또는 결과가 근무자에게 얼마나 바람직한 것인가(desirability)를 의미한다(George & Jones, 2012: 190). 이 역시 주관적인 값이며, 그 수치의 범위는 −n ~ +n이다(이창원 · 최창현, 2010: 208). 꼭 같은 보상이라도 어떤 사람은 높은 가치를 부여하고, 다른 사람은 낮은 가치를 부여할 수 있다. 직무노력과 성과의 결과로 얻어지는 보상에 대한 가치부여가 높을수록 보다 많은 직무노력을 기울이게 될 것이다.

4) 동기부여의 수준 결정

동기부여의 수준은 (i) 개인이 노력하면 성과가 있을 것이라는 기대감과, (ii) 성과가 있으면 보상이 주어질 것이라는 수단성, 그리고 (iii) 보상에 대하여 개인이 부여하는 유인가의 크기에 따라 결정된다.

따라서, 동기부여의 강도가 높아지려면, 기대감, 수단성 및 유의성의 세 가지 요소 모두가 높아야 한다. 이는 기대감, 수단성 및 유의성이 결합된 전체적 효과(combined effect)라고 할 수 있다(George & Jones, 2012: 194).

[그림 7-9] 동기수준 결정 공식

$$M = \Sigma\{\text{기대감} \times \Sigma(\text{수단성} \times \text{유의성})\}$$

M: Motivation Level, Σ: 여러 값의 집합

5) 개입변수들의 영향

Vroom의 기대이론 모형에서는 구성원의 능력과 환경이라는 두 변수가 그의 직무성과에 영향을 주는 요인이라고 보고 있다(이창원 · 최창현, 2010: 206). 구성원이 아무리 열성적으로 직무노력을 기울여도 그의 능력이 뒷받침되지 않는다면 업무성과를 가져오기 어려울 것이다. 그리고 근무조건이나 조직의 업무지원 등 환경적 요소가 잘 갖추어져 있을 때 직무노력에 상응하는 성과가 나타날 수 있을 것이다.

Porter & Lawler의 기대이론 모형에서는 직원의 능력, 개인적 특성, 역할인지 등이 직무성과에 영향을 주는 것으로 설명하고 있다. 직무노력과 업무성과 사이에는 높은 정(+)의 상관관계가 있을 것으로 전제하고 있지만, 그 관계에 대하여 이들 세 변수가 개입적, 조절적 영향을 줄 수 있다는 것이다. 이러한 변수들의 영향을 고려한 이론모형을 Porter & Lawler는 기대이론의 확장모형이라고 불렀다(Porter & Lawler, 1968: 165; 황규대 외, 2001: 136-137).

6) 동기부여 전략

먼저, E→P 관계 향상 전략이 요구된다. 직무노력(E)을 하면 그에 따라 업무성과(P)가 발생할 것으로 기대해야만 조직구성원은 노력을 기울이게 된다. 따라서, 동기부여 전략의 중요한 포인트는 직무노력과 직무성과와의 연계성을 향상시켜 주는 것이다. 이를 위한 구체적인 방안으로, 직원에 대한 교육훈련 및 역량향상 프로그램 강화, 업무수행에 대한 관리자의 지원 및 지도, 특히 코칭(coaching)과 멘토링(mentoring) 기법의 활용, 목표설정이나 의사결정 과정에 대한 직원의 참여 확대 등을 기할 필요가 있다.

다음으로, P→O 관계 향상 전략이 필요하다. 직무성과(P)가 있을 때 긍정적 보상(O)이 주어지리라는 믿음이 있어야 직무수행 노력을 기울이게 되므로, 직무성과

와 보상간의 관계성 및 그에 관한 인식을 높여 주어야 한다. 이를 위해서는 직무성과에 따른 다양한 보상수단을 개발·제공해야 한다. 승진, 근무평가, 성과급, 해외연수 기회 등 주요 보상은 물론, 짧은 휴가, 작은 선물, 격려, 칭찬, 금일봉 등 크지 않은 보상도 다양하게 활용하여 그 때 그 때의 성과에 따른 보상을 실시하는 것이 좋을 것이다. 그리고, 매우 중요한 하나의 포인트는 업무성과가 있으면 반드시 보상이 주어진다는 확신(conviction)을 심어 주어야 한다는 점이다. 제도만 존재해서는 아니 되며, 그 제도의 실제 집행이 중요하다.

마지막으로, V의 제고 전략이 요청된다. 보상이 제공된다는 것 자체도 중요하지만, 그 보상이 진정으로 직원에게 가치 있는 것이어야 한다. 그래야만, 직무동기를 유발할 수 있다. 보상의 유인가(V)에 대한 인식 제고를 위해서는 보상과 개인적 가치와의 연계성을 높여주어야 한다. 이는 본질적으로 인지적 전략(cognitive strategy)에 해당한다. 조직구성원들이 스스로 가치 있다고 느끼는 보상책을 많이 발굴하고 적용해야 한다(George & Jones, 2012: 190). 이를 위해 직원들이 실제로 원하고 좋아하는 보상이 무엇인지 광범위하고 주기적인 선호도 조사를 실시해야 한다.

7) 기대이론의 평가와 한계

기대이론은 인간이 인지적 판단에 근거하여 행동의 여부와 강도를 선택한다는 인지적 학습이론을 동기부여 과정에 잘 적용한 이론이다. 이는 인간의 보편적 심리를 잘 간파한 이론이며, 실질적인 혜택과 인간의 계산을 잘 조합시킨 현실성 있는 동기부여이론이다. 그러나 이 이론은 인지적, 지각적 측면을 강조하므로 주관적 요소의 작용에 크게 의존하고 있다. 또한, 인간이 매우 계산적·공리적이라는 전제를 갖고 있는데, 현실세계에서는 충성심, 직무윤리, 인간적 의리, 근무 습성 등에 의하여 일할 수도 있는 것이다.

제4절 동기부여의 철학과 새 이론

1. 동기부여의 철학

■ 개인효용주의 철학 vs 조직융합주의 철학

지금까지 학계에서 소개해 온 동기부여이론들은 기본적으로 개인에 대한 행동유발과 개인단위의 성과보상에 초점을 두었다. 이러한 개인행동과 개인보상은 개인적 만족을 가져오며, 개인적 동기에서 비롯된 자발적인 직무노력의 향상을 가져올 수 있다.

그러나 개인효용 차원의 동기부여이론과 이에 바탕을 둔 동기부여 메커니즘은 개인의 이기주의(egoism)를 강화시키는 문제가 있다. 이는 개인간의 경쟁을 격화시키고, 조직구성원간의 협력을 저해할 수 있다. 절대적인 성과지표에 따른 보상제도를 적용하는 경우에는 개인성과와 팀성과 및 조직전체의 성과가 비례하지만, 상대적인 평가 시스템을 적용하는 경우에는 개인간의 경쟁, 갈등, 비협력 등의 문제를 야기할 가능성이 매우 높다. 그리하여 조직의 융합성 및 시너지를 높이지 못하고 조직전체의 성과를 극대화하지 못할 수 있다. 따라서, 새로운 동기부여의 철학적 방향성은 개인효용주의를 넘어서서 조직융합주의를 강화하는 방향으로 조절되어야 한다.

그렇다고 하여 개인효용주의를 너무 약화시켜서는 안 된다. 결국 인간은 자신의 이익에 대한 인식과 계산을 바탕으로 자기 행동을 결정하기 때문이다. 그렇다면 최선의 동기부여 철학은 무엇인가? 개인적 이익의 추구와 함께, 조직목표 달성, 즉 조직의 총합적 성과를 동시에 구현할 수 있는 동기부여 철학이 되어야 하는 것이다. 즉, 개인효용주의와 조직융합주의의 결합과 조화라고 할 수 있다.

2. 새 동기부여이론 탐색 I: 총합적 동기부여이론

개인 차원의 동기부여이론이 조직의 시너지 창출을 가져오지 못하는 문제를 가지고 있다면, 이를 극복하고 조직의 융합성 및 전체적 성과를 높이는 방향으로 이론을 정립하고 관리전략을 수립할 필요가 있다. 본 저자는 개인의 이익과 조직의 전체적 성과를 함께 높일 수 있는 동기부여이론으로 총합적 동기부여이론을 제시한다. 총합적 동기부여이론(wholistic motivation theory)은 개인의 행동이 팀 및 조직의 전체적 성과를 최대화하는 방향으로 자발적으로 유발되도록 동기부여 메커니즘을 수립해야 한다는 이론이다. 이 이론의 요체는 개인간, 팀간, 부서간 성과·보상의 공유(co-owning)를 통하여 개인의 성과 및 보상과 함께, 집단적 성과와 보상을 높이고, 이를 통해 조직전체의 성과와 목표달성을 극대화해야 한다는 것이다. 이는 조직의 총체적 성과 향상과 조직목표 달성의 시너지를 창출하기 위한 이론이다.

팀과 조직전체의 성과를 높이는 방향으로 개인의 행동을 유발하기 위해서는 정신적 교화나 팀몰입 또는 조직몰입의 강조만으로는 아니 되며, 실질적으로 개인의 행동에 대한 자발적 동기부여가 이루어져야 한다. 이를 위해서는 개인의 직무행동 및 그 성과가 팀 및 조직전체 수준으로 확장되게 함과 아울러, 조직전체의 성과에 따른 혜택이 팀을 거쳐 개인에게 부여되게 해야 한다. 그리고 동료 및 연관부서와의 관계에서 성과와 보상의 공유가 이루어지게 해야 한다. 그러한 목적의 동기부여 메커니즘으로 3방향 융합적 성과보상 시스템(three-directional performance reward system)을 생각해 볼 수 있다. 이 시스템에서는 수직적, 수평적 성과관리를 3개 방향으로 분류·체계화한 후 통합적으로 운영함으로써 구성원에 대한 융합적인 동기부여를 지향한다.

수직적 성과관리로서의 양방향적인 성과관리 메커니즘으로 상향적 성과관리와 하향적 성과관리를 통합적으로 설계한다. 보다 구체적으로 설명하면, 상향 확장적 평가관리(bottom-up expanding evaluation management)를 통하여 개인성과와 함께 팀 및 조직전체에 대한 개인의 기여도를 종합적으로 평가한다. 모든 개인의 성과 및 기여도가 팀, 부서 등 상위부서와 조직전체 수준으로 올라가면서 합산된다. 이와 함께, 하향 수혜적 보상관리(top-down beneficial reward management)를 철저하게 실시한다. 이는 조직전체의 성과 향상 또는 목표달성으로 인하여 창출된 결과(수익, 정책만족도 제고, 정부지지도 향상 등)와 그에 근거한 보상을 개인의 기여도에 따라 확실하게 배분하는 것을 말한다. 기업의 경우 수익배분제도를, 정부의 경우 성과예산 및 성과급여 배분제도 등을 적용할 수 있다.

수평적 성과관리에 있어서는 개인간, 팀간, 부서간 협력을 가져올 수 있는 공유적 성과평가 및 보상(sharing of performance evaluation & rewards)을 실시한다. 개인별 성과 뿐만 아니라, 협업에 따른 성과를 평가하고 보상한다. 이런 시스템이 구축되면, 각 구성원이 이기적으로 업무수행을 하는 것이 아니라, 다른 구성원과의 업무협조를 충실히 할 것이며, 이를 통해 팀, 부서, 그리고 조직전체의 성과를 높이는 데 기여할 것이다. 융합이란 바로 조직구성원간, 그리고 부서간의 협동·협력·협업을 통하여 조직전체의 시너지를 높이는 것이다.

이러한 융합적 차원의 평가 및 보상을 위해 필요한 하나의 작업은 공통적 업무 및 성과지표를 많이 개발하고 활용하는 것이다. 구성원간, 부서간 협업을 통해 직무를 수행하는 것이 목표달성에 유리하다면 그러한 협동직무를 많이 개발하고, 이 경우 여러 구성원 및 부서에 공통적으로 적용할 성과지표를 설정하여 공동의 성과평가 및 보상을 실시하는 것이다.

3. 새 동기부여이론 탐색 II: 조직시민행동적 동기부여이론

조직전체 성과를 지향하는 융합적 동기부여를 위한 또 하나의 이론으로 조직시민행동적 동기부여이론을 생각해 볼 수 있다. 조직시민행동(OCB: organizational citizenship behavior)이란 공식적인 역할 시스템에 의하여 직접적이고 명확하게 식별되지 않는 자발적이고 모범적인 개인행동으로서 조직의 효과성을 증진할 수 있는 행동을 말한다. 여기에는 이타적인 행동, 양심적인 행동, 정당한 행동, 예의 있는 행동, 참여적 행동 등이 포함된다. 조직전체의 성과를 지향하는 동기부여와 관련해서 본 저자가 주목하는 조직시민행동은 이타적 행동(altruistic behavior)이다. 이타적 조직시민행동이 조직구성원의 공유적 동기를 유발할 수 있다고 보는 가설이 바로 조직시민행동적 동기부여이론(OCB motivation theory)이다. 이타적 행동은 자신의 업무수행을 어느 정도 희생하면서도 동료의 업무를 위해 시간과 노력을 투입하는 행동이다. OCB 동기부여이론은 개인적 동기부여의 차원을 넘어서서 조직전체에 기여하는 융합적 동기부여를 위해서 조직구성원의 이타적인 직무행동을 유발할 수 있는 동기부여 시스템을 지향해야 한다는 점을 강조한다.

그러면 과연 이타적 행동을 비롯한 조직시민행동이 조직의 전체적 성과를 높이는 데 기여할 수 있는가? Organ(1988)에 의하면, 조직시민행동은 조직에서 직접적으로 보상받지는 못하지만 전체적으로 조직의 효과성을 높여줄 수 있다고 한다. 문제는 조직시민행동이 조직전체 성과에는 긍정적인 영향을 주지만, 각 개인의 직무성과에는 부정적 결과를 가져올 수 있다는 점이다(김동환 · 양인덕, 2008). 이타적 행동이라는 조직시민행동이 타인의 성과에 영향을 미쳐 조직전체 성과에는 긍정적 영향을 줄 수 있으나, 자신의 직무에 대한 시간과 노력을 감소시키기 때문에 개인성과에는 부정적 영향을 가져올 수도 있다는 것이다. 개인은 이런 사실을 알고 자기성과를 위해 자신의 직무에만 몰입할 것이기 때문에 결과적으로 조직전체 성과의 향상에는 기여하기 어렵다는 것이다.

이런 상황에서 융합적 관점에서의 동기부여 시스템 설계는 매우 중요해진다. 어떻게 융합지향적 동기부여 메커니즘을 설계할 수 있을까? 성과평가 및 보상 제도를 구성함에 있어서 이타적 행동을 비롯한 조직시민행동을 개인 평가 및 보상 항목에 포함시키는 것이 하나의 대안이라고 볼 수 있다. 조직에서는 OCB에 대한 평가를 상당히 높은 비중으로 개인성과 평가에 반영할 필요가 있다. 이러한 시스템은 OCB에 의해 조직전체 성과와 함께 개인의 성과와 보상에도 긍정적 효과를 미치게 함으로써, 조직구성원으로 하여금 OCB를 자발적이고 적극적으로 수행하도록 동기를 유발할 수 있는 것이다. OCB 동기부여이론은 개인성과와 조직성과 모두에 긍정적으로 작용할 수 있는 또 하나의 융합지향적 행동을 일깨워주는 이론이라고 볼 수 있다.

제2부 미시적 조직론

제 3 장 성격과 역량
제 4 장 지각과 판단
제 5 장 가치, 태도, 감정
제 6 장 학습과 창의성
제 7 장 동기부여
제 8 장 스트레스
제 9 장 조직시민행동
제10장 긍정조직행태

제1부 조직학 총론

제1장 조직의 철학과 목표
제2장 조직이론의 흐름

제4부 거시적 조직론

제17장 조직구조
제18장 조직문화
제19장 조직사회자본
제20장 조직환경
제21장 조직진단
제22장 조직의 변화·혁신

제3부 중범위 조직론

제11장 집단과 팀워크
제12장 리더십
제13장 의사결정
제14장 커뮤니케이션
제15장 권력과 정치
제16장 갈등관리

제8장 스트레스
(Stress)

제1절 스트레스의 개념과 분석모형

1. 스트레스란?

인간은 조직생활을 하면서 많은 정신적, 신체적 부담과 압박감 및 피로감을 경험하게 된다. 이러한 정신적, 신체적 현상을 스트레스라고 할 수 있는데, 이러한 스트레스는 가정생활이나 일반적인 사회생활보다 조직생활의 경우에 더 강하게 작용한다. 그것은 조직이라는 비교적 엄격하고 공식적인 체제와 질서 속에서 의무적으로 부과되는 많은 업무를 수행해야 하기 때문이다. 더더구나 조직은 다양한 성향과 배경을 가진 여러 사람들로 구성되어 있어서 복잡한 인간관계를 형성하고 유지해야 하는 부담을 안고 있다. 조직에서는 여러 이유들로 인하여 많은 심리적 스트레스를 야기하게 되는데, 이러한 스트레스는 개인에게 무력감이나 에너지 고갈, 심지어는 정신적 병리까지도 초래할 수 있기 때문에, 그 현상을 잘 진단하고 슬기롭게 대처해야 한다.

일반적 개념으로서의 스트레스는 “개인의 능력이나 자원의 한계를 벗어나는 환경적 요구에 봉착한 개인이 경험하는 긴장상태”라고 정의할 수 있다(Berkman & Neider, 1987: 343; Colquitt et al., 2011: 144; 박연호, 2000: 166). 그러나 현대적인 스트레스 개념은 자극과 반응의 차원에서 정의되고 있다.

자극개념(stimulus-definition)에 의하면, 스트레스는 개인에게 심리적, 물리적 요구를 가하는 외부적 압력이다. 즉, 개인의 심리적, 생리적 항상성을 파괴하는 외부적 조건이다(Magolis et al., 1974; 황규대 외, 2001: 471; 하미승 · 권용수, 2002). 이는 개인에게 압박을 가하는 외부적 환경의 영향이 개인에게 도달할 때까지의 단계에 해당한다.

반응개념(response-definition)의 스트레스는 환경적 자극, 즉 외부적 조건에 의해 유발되는 생리적, 심리적 반응이다(Cherry, 1978; 황규대 외, 2001: 471; 하미승 · 권용수, 2002). 이는 외부적 환경의 압력에 대하여 개인이 어떤 반응을 보이게 되는가에 초점을 둔 개념정의로서, 주로 외부압력에 적절하게 대응하지 못하는 부적응적인 반응을 말한다.

자극-반응개념(stimulus-response definition)에 따르면, 스트레스는 환경과 개인의 상호작용 과정에서 발생하는 외부의 요구와 개인의 반응간의 지각된 불균형 상태를 말한다(McGrath, 1976; 황규대 외, 2001: 471; 하미승 · 권용수, 2002). 이는 외부환경의 자극단계나 그에 대한 반응단계만으로는 스트레스 개념을 규정할 수 없으며, 외부압력에 대해 개인이 얼마나 적절하게 아니면 부적절하게 대응하느냐 하는 그 상대적 관계에 의해서 비로소 스트레스 개념을 정의할 수 있음을 나타내 준다.

자극-반응 개념의 스트레스가 발생하는 세 가지 지각조건은 다음과 같다(McGrath, 1976; 황규대 외, 2001: 472). (i) 스트레스를 받는 사람이 환경의 외부적 요구를 지각해야 한다. (ii) 외부조건과 자기능력간의 차이 또는 괴리(gap)를 지각해야 한다. (iii) 외부조건에 성공적으로 대처했을 경우 또는 실패했을 경우 얻게 되는 결과를 지각해야 한다.

2. 스트레스의 분석모형

스트레스의 분석모형이란 스트레스가 어떤 요인에 의해 발생하는가, 어떤 수준을 나타내는가, 그리고 그러한 스트레스는 조직이나 개인에 대해 어떤 결과를 초래하는가 하는 데 관한 전반적인 관계를 진단하고 파악하기 위한 모형을 말한다. 즉, 스트레스의 원인변수(독립변수), 스트레스 변수(매개변수), 스트레스 결과변수(종속변수) 사이의 인과관계를 나타내는 모형을 말한다.

[그림 8-1] 스트레스 분석 모형도

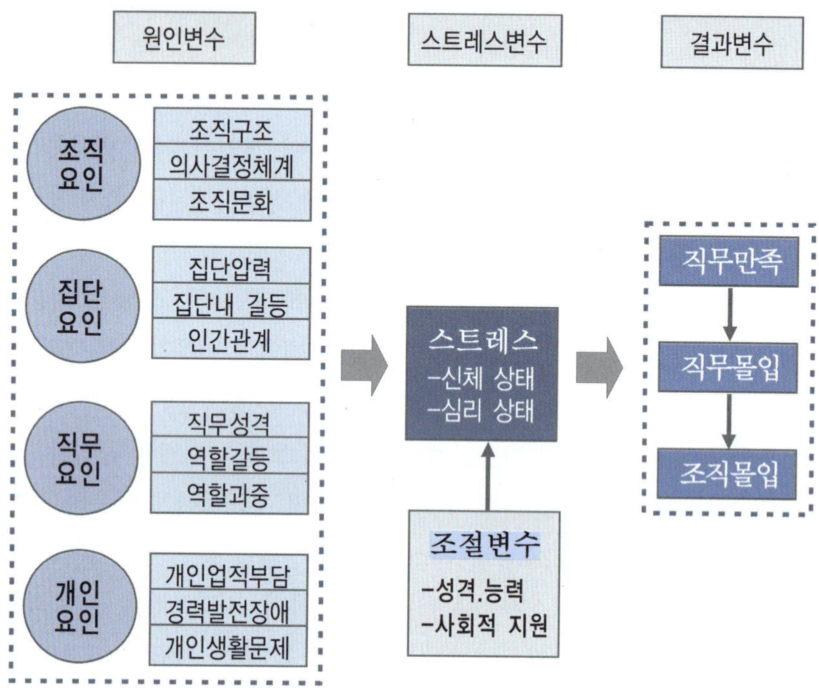

분석모형에서 보면, 조직차원, 집단차원, 직무차원, 그리고 개인차원의 여러 가지 요인들이 조직구성원에 대하여 스트레스를 야기한다. 그러한 스트레스는 부정적인 신체적 또는 심리적인 현상을 가져 온다. 그리고 이러한 스트레스는 직무만족, 직무몰입, 조직몰입 등을 저하시키고 종국적으로 조직의 효과성 및 성과를 저해하는 결과를 가져오게 된다.

아래에서는 이와 같은 분석모형에 입각하여 조직구성원의 스트레스를 야기하는 원인들에 대하여 살펴보고, 이어서 스트레스 현상과 그 영향이 어떠한지 논의한다. 아울러, 그러한 스트레스를 해소 또는 극복할 수 있는 다각적인 전략에 관해 알아본다.

제2절 스트레스의 유발요인

1. 조직차원의 스트레스 요인

조직적 요인은 스트레스를 야기하는 조직수준에서의 다양한 요인을 말한다. 여기에는 조직구조, 제도, 관리체계, 조직문화, 근무환경 등이 포함된다.

1) 조직구조

조직이 구조적으로 지나치게 집권화, 경직화되어 있어서 위계질서가 엄격할 경우에는 하부 직원에 대한 정신적, 심리적 압박감이 많이 발생할 우려가 있다.

2) 인사체계

승진, 보직 등과 관련하여 다른 경쟁자보다 유리해지기 위해서, 또는 불리해지지 않기 위해서 과도하게 신경을 집중할 경우, 그리고 인사의 불공정성을 인식할 경우에는 스트레스가 배가될 수 있다.

3) 보상체계

조직의 급여수준이 낮거나 후생복지 혜택이 다른 조직보다 적으면 불만이 누적될 수 있다. 그리고 실적과 성과에 상응하는 보상이 제공되지 않을 때에는 보상의 공정성에 대한 부정적 지각이 발생하게 된다.

4) 의사소통체계

상하간, 동료간 등 조직구성원간에 자유롭고 개방적인 의사소통이 이루어지지 않으면 직원들의 불만이 누적될 수 있다. 자신들의 마음과 의견을 충분히 분출하지 못하는 직원들은 높은 스트레스지수를 보일 수 있다.

5) 의사결정체계

의사결정이 독단적이거나 집권적으로 이루어지는 경우, 그리하여 직원들에게 참여기회가 부여되지 않는 조직에서는 직원들의 욕구불만이 높을 수밖에 없다.

6) 조직문화

조직의 분위기와 풍토, 지배적인 문화가 권위주의적으로 형성되어 있는 경우에는 직원들의 긴장도가 높을 것이다. 그리고 지나치게 경쟁적이고 성과지향적인 조직의 경우에도 정신적 압박감을 야기할 것이다.

7) 근무조건 · 환경

근무 시스템이 지나치게 엄격하여 근무시간의 준수, 초과근무, 제한된 장소에서의 근무 등이 요구되는 조직에서는 긴장도가 높다. 아울러, 쾌적하지 못한 사무공간, 안전하지 않은 작업장, 불충분한 냉난방 등도 직원들의 불만과 근무의욕 감퇴를 일으키는 요인들이다.

2. 집단차원의 스트레스 요인

1) 집단응집력의 결여

직무설계상의 문제, 감독자에 의한 제약, 동료와의 융화 부족 등으로 팀 내부 응집력이 떨어질 경우 조직구성원의 심리적 안정감이나 가족적인 느낌을 약화시키게 된다(Luthans, 1989: 200; 박연호, 2000: 169; 황규대 외, 2001: 477; 김호섭 외, 2012: 149).

2) 집단내 · 집단간 갈등

집단 내에서 같이 일하는 구성원간의 갈등은 스트레스를 가중시킨다. 상사의 관심 결여, 부하 및 동료와의 불협화음, 파벌의 형성 등이 갈등을 야기한다. 서로 다른 팀간, 부서간의 협조 부족과 갈등현상도 인간 내에 긴장을 초래한다.

3) 집단압력

집단 내에서 구성원에게 작용하는 압력이 수용의 한계를 초과하는 경우에는 심적 압박감을 많이 느끼게 될 것이다. 대표적으로, 자신의 가치·욕구와 맞지 않는 집단규범과 집단문화에 대하여 순응을 요구받는 개인은 높은 정신적 스트레스를 경험하게 될 것이다.

4) 인간관계의 부조화

인간관계를 원활하게 맺지 못하거나 갈등이 존재할 때 직원은 긴장하게 된다. 조직 내부의 상사, 동료, 부하와의 관계가 원만하지 못하거나, 업무상 관련성을 맺고 있는 외부조직의 인사들 또는 고객과의 관계가 매끄럽지 못할 때 불안감, 소외감, 무력감 등을 느끼게 될 것이다.

3. 직무차원의 스트레스 요인

1) 직무성격

부적절한 직무설계로 직무가 개인의 성격, 능력, 희망과 부합되지 않을 때, 직무의 난이도가 역량에 비해 너무 높거나 낮을 때 직무에 대한 부담이 발생할 수 있다. Quick & Nelson(2013: 213)은 직무의 산출과 결과에 직접적인 영향을 미치지 못하거나, 직무의 자율성이 낮을 때, 즉 자기업무에 대한 통제(job control) 수준이 낮을 때 보다 높은 스트레스를 경험하게 된다고 한다.

2) 역할갈등(role conflict)

역할갈등은 세 가지 개념을 갖는다. 첫째, 직원에 대한 직무요구가 개인의 능력, 요구, 가치관과 상반되는 것, 둘째, 한 가지 역할을 수행하는 것이 다른 역할을 수행하는 것과 상충되는 것, 셋째, 업무방식의 혼선, 지침의 모순, 상반된 정책으로 행동에 혼란을 겪게 되는 것 등이 있다. 이런 상황에서는 스트레스를 경험하게 된다.

3) 역할 모호성(role ambiguity)

역할 모호성이란 역할의 불확실성, 즉 자신의 역할이 명확하게 부여되지 않은 상황을 말한다. 역할 모호성은 부적절한 교육훈련, 빈약한 의사소통, 동료나 감독의 정보왜곡 등에서 비롯된다(Colquitt et al., 2011: 145-146; Quick & Nelson, 2013: 214; 박연호, 2000: 170-171).

4) 역할과중(overload), 역할과소(underload)

역할과중은 제한된 시간 내에 너무 많은 업무량을 수행하도록 요구받거나, 또는 자신의 역량과 의욕을 초과하는 업무를 부과 받을 때 발생한다. 역할과소는 너무 적은 업무량, 업무의 다양성 부족, 책임의 중요성 약화 등으로 인하여 자신의 존재감이 결여되고 무력감을 느끼는 현상을 말한다.

[그림 8-2] 역할과 스트레스와의 관계도: V자형

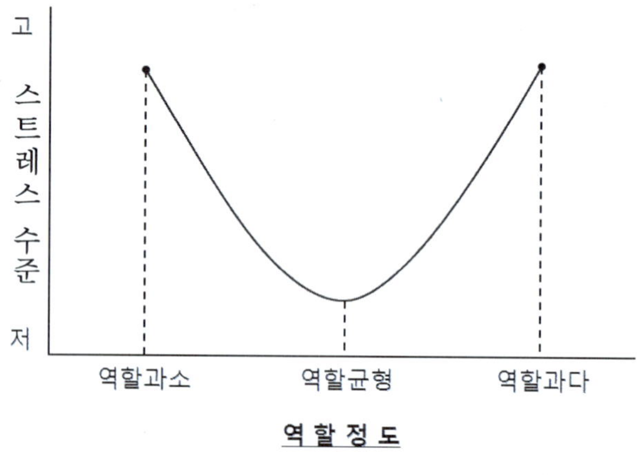

4. 개인차원의 스트레스 요인

개인차원의 스트레스 요인으로는 조직 내에서의 개인적 성장과 관련된 변수들과 가정 및 사회에서의 개인적인 생활변수들이 있다.

1) 개인업적 평가

조직구성원은 주기적으로 근무평가 또는 성과평가를 받으며, 그 결과에 따라 승진, 보직, 급여 등이 결정된다. 따라서, 자신의 업적이 잘 달성될 것인지 불확실한 상황에서는 높은 긴장감을 갖게 되며, 실제로 업적이 낮은 것으로 나타난 상황에서는 실망과 좌절감을 맛보게 된다.

2) 경력발전 장애

직장에서의 경력발전과 관련하여 가장 심각한 상황으로 경력정체(career gridlock)를 들 수 있다. 경력정체는 글자 그대로 "경력의 덫과 그물에 걸려 오도 가도 못하는 상태"라고 할 수 있다. 이런 상황은 다른 조직으로 옮기지도 못하고 상위수준으로 승진하지도 못하며, 특히 조직의 구조조정이나 새로운 기술도입 등으로 중간관리 계층이 얇아질 때 흔히 발생한다(Quick & Nelson, 2013: 219).

3) 개인생활 요인

가정 및 사회에서의 개인생활에 따른 여러 가지 문제나 이벤트가 다양한 수준의 스트레스를 안겨 준다. 가족이 질병이나 사고를 당하는 경우, 개인투자 실패로 채무를 지는 경우 등 불행한 사건의 발생은 물론, 결혼 · 휴가 · 여행 등 즐거운 이벤트도 상당한 수준의 긴장과 당혹감, 피로감을 주는 것으로 알려져 있다.

■ 스트레스와 개인차, 사회적 지원: 조절변수의 역할

많은 경우에 있어서 스트레스는 외부적 요인 그 자체만으로 야기되기보다도 개인의 특성이 그 외부적 요인과 상호작용함으로 인하여 나타난다. 이러한 상호작용을 하는 요인들을 조절변수(moderating variables)라고 한다. 조절변수에는 성격적 요인, 능력상 요인 등 개인적 특성변수가 주로 포함된다. 그 외에도 사회적 지원(social support)이 조절변수의 하나로 추가될 수 있다.

(1) 성격요인(Personality Factors)

① **타입A vs 타입B**: 짧은 시간 내에 많은 것을 성취하고자 하는 A형 인간은 그 성격상 원천적으로 스트레스를 많이 받는다. 특히 목표에 비하여 성취가 부족할 경

우 더 심한 스트레스를 느끼게 된다. B형 인간은 여유롭고 낙천적인 성격이므로 업무성취에 관련된 스트레스를 적게 받는다(Colquitt et al., 2011: 155).

② **내향성과 외향성**: 역할갈등이 존재할 때 내향적인 사람은 덜 사교적이고 고립적이기 때문에 갈등에 적극 대처하지 못한다. 반면, 외향적인 사람은 활발한 대화나 관계 형성을 통해 갈등문제를 보다 잘 해소할 수 있다.

③ **내부귀인 vs 외부귀인**: 내부귀인을 하는 사람은 일이 잘못된 탓을 자신에게 돌리기 때문에 스트레스를 많이 받는다. 외부귀인을 하는 사람은 문제를 남의 탓으로 돌리기 때문에 스트레스를 적게 받는다고 한다.

(2) 능력요인(Ability Factors)

① **조직적응능력**: 각 개인이 조직의 속성과 환경에 얼마나 잘 적응하느냐의 여부에 따라 그 개인이 느끼는 스트레스의 수준은 달라진다. 적응력이 높은 사람은 다양한 조직적 상황이나 환경적 변화 속에서 보다 잘 살아남고 긴장이나 좌절감을 덜 느낀다.

② **직무수행능력**: 개인의 직무수행 능력이 직무요구에 얼마나 잘 상응하느냐에 따라 그가 실제로 느끼는 스트레스 수준이 달라진다. 아무리 어려운 직무나 과제가 부여되더라도 그것을 능히 감당할 역량이 있다면 두려움이나 긴장감이 적을 것이다.

(3) 사회적 지원(Social Support)

사회적 지원이란 스트레스를 받는 사람에게 도움이 될 만한 타인 또는 사회적 네트워크(예: 가족, 교회목사, 사회단체, 전문가 등)를 통해서 정신적 위로와 경제적 지원 등을 해 주는 것이다(George & Jones, 2012: 288; Quick & Nelson, 2013: 227). 이러한 사회적 지원이 조직 내·외적으로 존재하는가의 여부 또는 그 지원수준에 따라 조직구성원이 느끼는 스트레스의 정도가 달라질 수 있다. 사회적 지원이 많을수록 스트레스를 적게 느끼게 되고, 사회적 지원이 적을수록 스트레스를 많이 느끼게 된다.

제3절 스트레스의 영향

1. 조직성과에 미치는 전반적 영향

일반적으로 스트레스는 빈약한 생산성, 높은 불만, 무기력한 업무수행 등으로 조직성과를 서서히 감소(decrement)시키는 결과를 가져 온다. 그러나 낮은 성과를 심각하게 인식한 직원들이 스트레스를 받게 되면 오히려 성과를 회복하기 위한 노력을 더 많이 기울이도록 동기부여 되는 효과도 있다(Quick & Nelson, 2013: 219).

스트레스의 강도에 따른 직무성과 수준의 변화를 국면별로 나누어 살펴본다(박연호, 2000: 174-175). 제I, II국면에서는 스트레스가 서서히 증가하고, 제III국면에서는 최적점에 달하며, 제IV국면에서는 과도해지는 모습이다.

[그림 8-3] 스트레스와 성과와의 관계모형

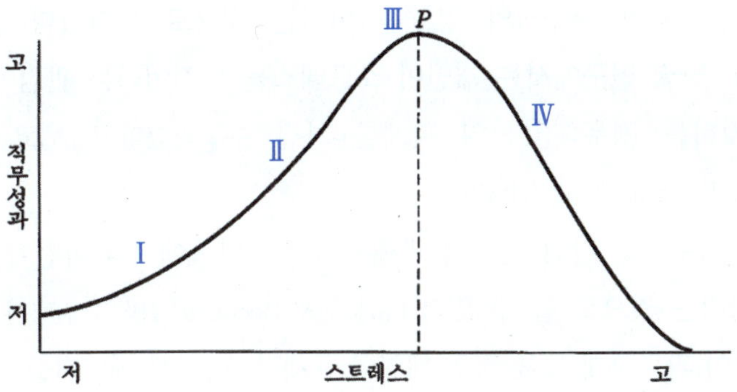

* 출처: Davis & Newstrom, 1989: 489; 박연호, 2000: 174.

제 I 국면: 스트레스가 거의 없는 경우에는 직무에 대한 도전이 없게 되어 조직의 성과가 낮게 된다. 인간은 외부자극이 없으면 무사안일해지고 게을러져서 발전을 위한 노력을 기울이지 않게 된다.

제Ⅱ국면: 스트레스가 점차 증가함에 따라 조직성과도 점점 높아지게 된다. 적당한 스트레스는 업무에 대한 노력의 증대 및 재능의 발휘를 요구하게 된다. 외부자극은 그에 도전하고 위기를 극복하기 위한 문제해결의 노력과 창의성을 발휘하게 만든다.

제Ⅲ국면: 스트레스가 적정선에 이르렀을 때에는 조직성과가 최고조에 이른다. 스트레스의 강도와 성과수준이 최적점에서 수렴된다.

제Ⅳ국면: 스트레스가 적정수준을 초과하면 개인의 능력발휘를 저해하게 되어 조직성과를 저하시킨다. 스트레스는 무기력한 상태, 직무의욕 감퇴, 낮은 사기 및 약한 동기유발 등의 문제를 가져온다.

2. 직무만족과 조직몰입에 미치는 영향

스트레스는 신체적, 정신적 긴장과 압박을 거쳐 직무태도에 영향을 미친다. 대표적인 직무태도에는 직무만족, 직무몰입, 그리고 조직몰입이 있다. 스트레스가 이러한 태도변수에 어떤 영향을 미치는지 살펴본다(하미승 · 권용수, 2002).

스트레스와 직무만족간의 관계에 관한 대부분의 실증적 연구에서 스트레스의 강도는 직무만족 수준에 부(−)의 영향을 미치는 것으로 나타났다(옥원호 · 김석용, 2001). 그러나, 몇몇 연구에서는 개인이 스트레스를 도전이라는 관점에서 긍정적인 자극으로 지각하는 경우 정(+)의 관계를 가질 수도 있다고 보고 있다(Hall & Lawler, 1971; Bhagat et al., 1985).

스트레스와 직무몰입 간의 관계에 관해서도 직무만족에서와 마찬가지로 부(−)의 상관관계를 가지는 것으로 볼 수 있다(Parker & Decotiis, 1983; 김병섭, 1994). 이는 스트레스 수준이 과도하게 높을 경우 개인의 육체적, 정신적 에너지를 그 스트레스의 표출과 해소에 쏟아 부어 직무에 집중하기가 어렵기 때문이라고 한다(김병섭, 1994).

스트레스와 조직몰입간의 관계에 대하여도 상호 부정적(−) 관계를 갖는 것으로 실증적 연구결과들이 나오고 있다(조경호, 1993; 옥원호 · 김석용, 2001). 부(−)의 관계가 나타나는 이유는 조직 내에서의 역할갈등, 인간관계의 부조화, 보상의 공정성 결여 등이 조직구성원의 조직에 대한 신뢰를 약화시키고 이로 인해 조직에 대한 충성심과 열의가 줄어들기 때문이다.

3. 개인에게 미치는 영향

조직구성원에게 발생하는 스트레스는 그의 신체적, 심리적, 그리고 행태적 측면에 대하여 심각한 영향을 미칠 수 있다.

1) 신체적 문제

개인의 과도한 스트레스는 육체적 건강상태를 악화시키는 결과를 가져오게 된다(Cummings & Cooper, 1979; 황규대 외, 2001: 478). 대표적으로 고혈압, 높은 콜레스테롤, 심장 압박, 위궤양 등을 초래하기 쉽다.

2) 심리적 문제

구성원의 지나친 스트레스는 정신적, 심리적으로 여러 가지 장해현상을 가져오게 된다. 불안, 소외감, 무기력증, 권태, 자신감 결여, 그리고 심화될 경우 심리적 탈진 등 심대한 정신적 애로를 가져올 수 있다(황규대 외, 2001: 478). 심리적 탈진(psychological burnout)이란 스트레스가 매우 과도하여 육체적인 활동은 물론 정신적인 기능을 수행할 수 있는 에너지를 고갈시켜 정상적인 조직생활을 어렵게 만드는 상태를 말한다. 그러한 증상의 대표적인 현상으로서 직무에 대한 자신감의 결여, 근무의욕의 감퇴, 조직·업무·관계·경력발전 등에 대한 냉소적 태도, 자신에 대한 효용감 상실 등을 들 수 있다(Organ & Bateman, 1991: 383; 박연호, 2000: 167).

3) 행태적 문제

높은 스트레스는 개인의 생활상의 행동이나 습관에 부정적인 영향을 야기한다. 과다식사, 음주, 흡연, 약물남용 등을 초래한다(황규대 외, 2001: 478). 문제성 있는 행태로 공격성, 자살, 과소비, 위험한 행동 등을 초래할 수 있다. 그리고 개인의 직무행동이나 직무태도에 대하여 중대한 문제를 가져올 수 있다. 스트레스가 심하면 결근, 이직 등이 증가할 수 있다(Porter & Steers, 1973; 박연호, 2000: 176).

제4절 스트레스의 관리전략

스트레스에 대한 관리전략은 스트레스를 사전에 방지(hinder)하는 방안과 사후적으로 해소(remove)하는 방안으로 나누어진다. 그리고 스트레스의 어떤 측면에 초점을 두는가에 따라 인지적 대처(cognitive coping), 행동적 대처(behavioral coping), 문제중심 대처(problem-focused coping), 정서중심 대처(emotion-focused coping) 등을 들 수 있다(Colquitt et al., 2011: 150-152). 또한, 대응주체 및 적용대상 범주에 따라 개인적 전략과 조직적 전략으로 구분할 수도 있다. 여기서는 개인차원의 관리전략과 조직차원의 관리전략으로 나누어 스트레스 대응방안을 논의한다.

1. 개인차원의 관리전략

1) 정신의학적 진단과 관리

조직구성원의 스트레스는 본질적으로 심리적인 현상이므로 정신적 측면에서 주기적인 진단을 실시하고 해법을 적용할 필요가 있다. 그러한 진단기법으로 주기적인 스트레스 검사나 바이오 피드백을 들 수 있다. 주기적인 스트레스 검사는 조직구성원에게 알맞은 스트레스 진단도구(설문지 형태)를 설계하여 일정기간마다 또는 대형과제의 수행기간에 심리적 상태를 측정・진단하는 것이다. 그 검사결과를 바탕으로 스트레스가 심한 직원에 대하여는 그 상태에 알맞은 정신적 치료기법을 적용할 수 있다. 바이오 피드백(biofeedback)은 스트레스의 영향을 받는 신체 및 생체리듬을 측정하여 본인에게 정보를 제공하고 자기조절이 가능하도록 해 주는 방법이다. 이 기법을 이용하여 맥박, 혈압, 뇌파 등을 의학적으로 정교하게 측정하고, 이상이 있을 경우 정상적인 상태로 개선하여 스트레스를 저감시켜 줄 수 있다(George & Jones, 2012: 288; 박연호, 2000: 177).

2) 인지심리적 기법(Cognitive Psychology)

이는 인간의 정신적 불안이나 근심, 괴로움 등을 감소 또는 해소시키는 데 인지적 기법을 사용하는 것이다. 인지적 기법은 바람직한 정신작용을 통해 마음을 순화하고 생각을 조절하는 것이다. 아래에서 구체적인 기법들을 살펴본다.

첫째, 긍정적 사고(positive thinking)가 있다. 긍정적 사고전략은 조직생활이나 개인생활에 있어서의 좋은 일과 나쁜 일에 대하여 낙관적인 해석과 전망을 하도록 하는 방법이다(Quick & Nelson, 2013: 228).

둘째, 정신적 이미지 기법(mental imaging)이 있다. 이 기법은 자신을 포근하게 감싸줄 수 있는 마음의 그림을 상상하는 것을 말한다. 머릿속의 그림을 통하여 마음을 정화하고 평온한 느낌을 갖도록 한다.

셋째, 지각의 재구성(perceptive recomposition)이 있다. 이는 부정적으로 지각된 부분은 머릿속으로 지워버리고, 긍정적으로 지각된 부분만을 기억하는 방법이다. 특히, 충격적이고 부정적인 경험은 오랫동안 망령처럼 떠오르는 경향이 있으므로 이러한 부정적 기억을 대체할 수 있는 긍정적 기억을 설정・재생시키도록 한다.

3) 행태적 조절기법(Behavioral Planning)

자기 자신의 행동을 스스로 조정하는 것이다. 사람들은 자신의 행동과 그 결과를 신중하게 관리함으로써 자기조절력을 가질 수 있다(박연호, 2000: 178). 구체적으로, 자신의 능력을 평가하고, 자기능력에 맞는 바람직한 수준의 목표를 설정한 후, 그 달성을 위해 적절한 행동계획을 수립・실천해 나가는 것이다.

4) 사회적 지원 및 네트워킹(Social Support & Networking)

사회적 지원이란 자신의 정신적 문제를 타인에게 터놓고 자유롭게 상의함으로써 타인의 위안과 지원을 받는 방법이다. 사회적 지원은 사회적 네트워크(예: 가족, 교회목사, 사회단체, 전문가 집단 등)를 통해서 스트레스를 받는 사람에게 정신적, 물질적 위로를 하여 안정을 찾도록 해 주는 것이다(George & Jones, 2012: 288; Quick & Nelson, 2013: 227).

[그림 8-4] 사회적 지원 네트워크

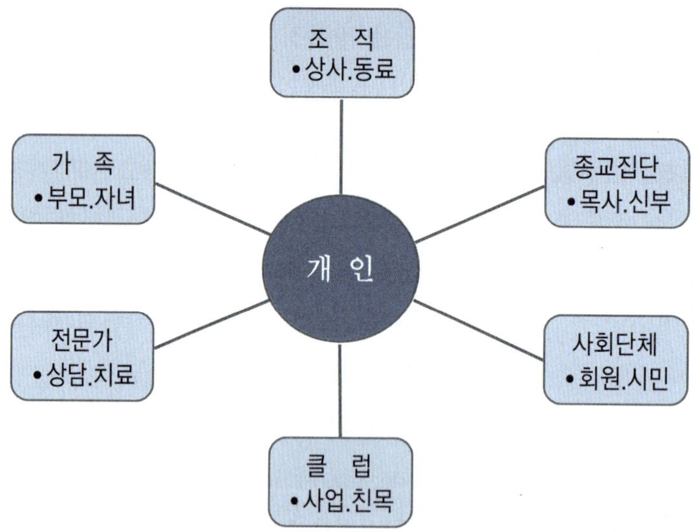

* 출처: Quick et al., 1997: 198. 수정·확대

5) 멘토링(Mentoring)

멘토(mentor)의 도움을 받는 것도 중요하다(George & Jones, 2012: 287). 멘토링이란 스트레스 등 문제를 가진 직원에게 상사 또는 선배가 정보를 제공하고 지도 및 조언을 해주는 활동을 말한다.

6) 레저타임 활동(leisure-time activities)

레저 또는 여가선용 활동은 개인으로 하여금 조직이나 가정에서의 긴장된 생활로부터 벗어나서 휴식과 회복을 할 수 있도록 도와준다. 그러나 레저나 휴가는 특정 조직인의 "서서히 사라짐 효과"(fade-out effect)를 초래할 수도 있다(Westman et al., 1997; Quick & Nelson, 2013: 229).

2. 조직차원의 관리전략

1) 자율적 · 참여적 관리

대규모의 공식적 조직이 갖고 있는 경직적이고 비인간적인 조직풍토를 완화시켜 주어야 한다(박연호, 2000: 179). 이는 조직을 민주적이고 유연한 시스템으로 전환하는 것을 말한다. 특히, 자율적이고 참여적인 관리가 조직풍토를 개선하는 데 도움이 된다.

2) 직무재설계(Job Redesign)

스트레스를 야기하는 기존의 직무형태를 조직구성원의 능력과 적성에 맞게 개선 또는 재설계해 주어야 한다(George & Jones, 2012: 290; Quick & Nelson, 2013: 226; 박연호, 2000: 179). 구체적으로 세 가지 직무재설계 방안이 있다. 첫째, 직무확대(job enlargement)는 직무의 다양성을 높이고 권한범위를 확대하는 것이다(양적 확장). 둘째, 직무충실화(job enrichment)는 직무의 중요성을 높이고 의미를 부여하며 고급화하는 것이다(질적 제고). 셋째, 직무공유(job sharing)는 '일 나누기'로서 다른 구성원과 균형 있게 직무를 분배하는 것이다(George & Jones, 2012: 290, 292).

3) 역할조정(Role Adjustment)

조직관리자는 직원의 역할과중, 역할갈등 및 역할 모호성을 감소시키고, 조직 내에서 개인의 역할과 직무가 명확해 지도록 조직의 개인별 직무를 관리해야 한다(Quick & Nelson, 2013: 227; 박연호, 2000; 180). 먼저, 역할과중 및 역할갈등에 대한 대책으로는 (i) 일련의 역할을 체계적으로 잘 엮어서 수행하는 방법을 체득해야 하며(역할 portfolio 구성), (ii) 각 역할의 우선순위에 따라 시간과 노력을 균형 있게 배분하여야 한다. 다음, 역할 모호성에 대한 대책으로는 직무기술서, 상사 및 동료와의 상의, 교육훈련과 지도 프로그램 강화 등이 있다.

4) 시테크(Time-Tech) 또는 시간관리(Time Management)

조직구성원이 시간적 압박에서 벗어나기 위해서는 시간관리 기법을 활용해야 한다(George & Jones, 2012: 287; Quick & Nelson, 2013: 229). 조직에서 수행해야 할 여러 가지 직무에 대하여 우선순위를 정하고, 그에 따라 투입시간을 균형 있게 배분하여야 한다. 정보여과와 사소한 일의 생략도 중요하다.

5) 치료적 카운슬링(Clinical Counselling)

카운슬링은 개인의 목표달성에 대한 방해를 극복할 수 있는 행동과정을 선택하는 데 도움을 줌으로써 좌절을 감소시키고 스트레스를 완화할 수 있다(George & Jones, 2012: 288).

6) 개방적 의사소통(Open Communication)

상사와 부하간, 그리고 동료와 동료간에 격의 없는 대화와 소통의 기회를 많이 제공함으로써 스트레스와 인간소외를 예방할 수 있다. MT, CAN 미팅과 같은 이벤트는 그러한 기회를 만들어 낼 수 있다.

7) 종업원 지원 프로그램(EAP)

EAP(Employee Assistance Program)는 개인에게 관련된 모든 문제를 해결해 주기 위한 종합적 지원 프로그램으로서 선진국에서는 많은 조직에서 관례화되어 있다. EAP는 조직구성원이 개인적으로 해결하기 어려운 문제를 조직의 심리치료자 또는 상담자가 전문적인 지원을 통해 해결 또는 완화해 주는 프로그램이다. 미국의 Society for HRM의 조사에 의하면 거의 70%의 조직이 EAP를 도입・시행하고 있다(George & Jones, 2012: 294). 그 문제의 범주로는 음주, 흡연, 약물남용, 건강이상, 음식습관, 비만치료, 인간관계, 갈등문제 등 매우 다양하다.

8) 팀 구축(Team Building)

스트레스는 개인의 소외현상이나 구성원간의 갈등에서 비롯되는 경우가 많으므로 이런 문제를 해결하는 데 있어서는 팀 구축 기법이 유효한 방안이 될 수 있다

(Quick & Quick, 1984: 207-209; 황규대 외, 2001: 484). 스트레스 해소 목적의 팀 구축에 있어서는 팀 내부의 대인관계, 갈등문제, 폐쇄성 등 집단 내 스트레스 원인을 분석하고 그에 대한 해결책을 도출하는 방법으로 프로그램을 진행할 수 있다.

제5절 스트레스 관리의 철학과 새 이론

1. 스트레스 관리의 철학-회피 vs 힐링 vs 창조-

스트레스는 회피의 대상인가, 힐링(healing)의 대상인가, 아니면 오히려 적극적인 직무수행 과정에서 창조적으로 직면해 나가야 할 대상인가?

기존의 많은 연구들은 구성원들의 스트레스를 예방할 수 있는 조직관리가 최선이라고 여겨온 것 같다. 그리고 최대한 스트레스를 예방하되, 일단 발생한 스트레스에 대하여는 효과적으로 해소하고 치유하는 것이 당연한 것으로 보고 그 해소·치유기법들을 제시하는 데 주력하여 왔다.

그러나 본 저자는 보다 적극적이고 창조적인 스트레스 관리의 철학이 요구된다고 본다. 스트레스 관리에 있어서 창조의 철학이란 스트레스를 두려워하지 않고 적극적으로 직무를 수행하면서 그로부터 달성되는 성취감을 통하여 스트레스를 스스로 극복하는 것이 최선이라고 보는 사고이다. 도전적인 직무수행 과정에서 발생하는 스트레스를 긍정적으로 평가하고 그 도전의 좋은 결과를 통하여 스트레스를 자연스럽게 소화하는 것이다. 도전-결과-성취의 과정에서 얻어지는 새로운 에너지의 창출은 스트레스를 원천적으로 발생하지 않게 만들거나 스트레스를 압도하게 된다.

2. 새 스트레스이론 탐색: 창조적 스트레스이론

스트레스는 비자발적 스트레스와 자발적 스트레스로 나누어 볼 수 있다. 비자발적 스트레스는 자신의 의지에 관계없이 조직의 잘못된 시스템이나 관리방식으로부터 야기된다. 자발적 스트레스는 자신이 설정한 목표의 추진과 관련하여 발생한다.

한편, 스트레스는 소모적 스트레스와 재생적 스트레스로 구분해 볼 수 있다. 소모적 스트레스는 인간의 정신적, 신체적 에너지를 일방적으로 빼앗아가는 스트레스인 반면, 재생적 스트레스는 직무생활 속에서 조직인의 정신적, 신체적 에너지의 사용을 요구하지만 나중에 그러한 에너지를 되돌려 줄 수 있는 스트레스이다. 본 저자는 자발적, 재생적 스트레스를 성취지향적 스트레스 또는 창조적 스트레스라고 정의한다.

조직구성원은 조직의 목표 달성과 자신의 성취를 위하여 정신적, 신체적으로 일정한 에너지를 투입해야 한다. 그리고 이러한 과정에서 불가피하게 스트레스가 발생하게 된다. 그러나 이러한 스트레스는 성취지향적이고 창조적인 스트레스로 만들어 나갈 수 있으며, 오히려 이러한 스트레스를 활용하여 조직과 개인을 위한 새로운 가치를 창출할 수 있다.

여기서 중요한 포인트는 조직구성원이 스스로 스트레스를 감당할 생각으로 이니시어티브를 갖고 도전적인 목표설정과 창의적인 직무수행을 이끌어 나간다면 바로 창조적 스트레스를 통한 조직적, 개인적 가치의 창출이 가능하고, 그러한 스트레스는 자연적으로 스스로 흡수할 수 있다는 것이다. 자발적인 창조적 스트레스는 조직의 성과를 제고하고 어려운 문제를 해결하며, 새로운 조직가치와 정책효과 및 서비스를 창출하는 원천인 것이다. 조직구성원이 도전정신을 갖고 조직의 목표달성과 자신의 성취를 위해 적극적으로 에너지를 투자한다면, 그 투자에 대해서는 가치의 환원이 있기 마련이다. 적극적인 에너지의 투자는 조직이익이나 개인성취와 같은 새로운 가치를 창출하고, 그러한 긍정적 결과에 대한 만족으로부터 새로운 에너지를 창출하게 된다. 즉, 에너지와 가치의 선순환 구조를 만들어 낼 수 있는 것이다. 이러한 선순환 구조를 도형으로 나타내면 [그림 8-5]와 같다.

[그림 8-5] 창조적 스트레스의 선순환 구조도

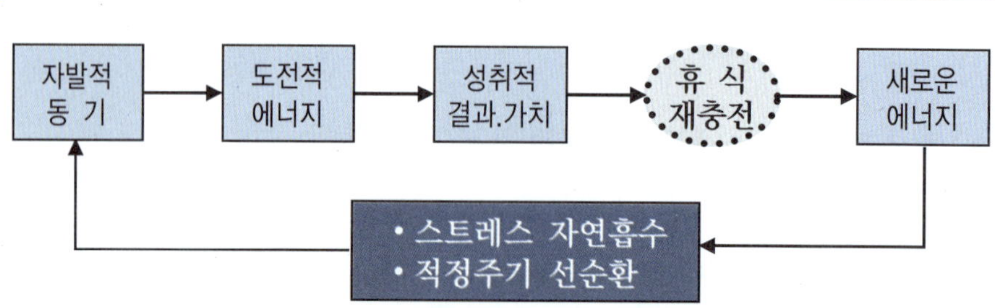

창조적 스트레스의 선순환 구조에 따른 진행단계를 제시하면 다음과 같다. 첫째, 자발적 동기 단계는 조직구성원이 스스로 조직성과의 제고와 개인적 성취를 위하여 그에 요구되는 직무를 성공적으로 수행하겠다는 마음의 자세를 갖는 단계이다. 둘째, 도전적 에너지 투입 단계는 조직구성원이 조직과 자신을 위해 도전적인 목표를 설정하고 적극적인 직무수행을 위해 높은 수준의 에너지를 투자하는 단계이다. 셋째, 성취적 결과·가치 단계는 직무수행 노력과 에너지 투입의 결과로서 조직이익과 개인성취 등 새로운 가치를 창출하는 단계이다. 넷째, 휴식·재충전 단계는 긍정적인 성과를 이루어낸 후에 휴식을 제공하는 단계이다. 집중적인 에너지의 투입 후에 주기적, 규칙적인 휴식을 제공하는 일은 매우 중요하며, 이는 개인의 원기회복(refresh & recover) 및 재생을 위한 준비단계이다. 다섯째, 새로운 에너지 창출 단계는 성취적 결과에 따라 얻어지는 만족과 그에 뒤따르는 휴식의 과정을 거쳐 새로운 활력이 부여(revitalize)되는 과정이다. 세 번째의 성취적 결과 단계가 새로운 가치 창조의 단계라면 이 단계는 새로운 에너지의 환원 단계이다. 적극적 직무수행을 위해 투자되었던 에너지를 되돌려 주는 과정이다. 높은 성취로 인하여 오히려 더 높은 새로운 에너지를 창출할 수 있다. 이러한 주기적인 과정의 선순환 사이클이 진행됨으로써 그 과정에서 발생하는 스트레스는 자연스럽게 흡수된다. 여기서 스트레스는 새로운 가치와 에너지를 창출하는 창조적 스트레스로서, 조직이익과 개인가치 및 새로운 활력을 가져다주는 원천으로 작용하는 것이다.

조직관리자는 조직구성원들이 위와 같은 창조적 스트레스의 선순환 과정을 거칠 수 있도록 계획을 세우고 지도해야 한다. 그리고 도전적이고 창의적인 직무수행을 유도해 내기 위하여 신바람 경영, 신바람 행정의 분위기를 만들어야 한다. 이는 재미, 유머, 칭찬으로 이루어지는 펀 리더십(fun leadership)의 발휘를 요구한다. 아울러, 구성원의 자발적 도전과 그 성취에 대하여 반드시 평가와 보상을 제공해야 한다.

제9장 조직시민행동 (Organizational Citizenship Behavior)

제1절 조직시민행동의 개념과 구성

1. 조직시민행동이란?

1938년 Chester Barnard는 조직의 바람직한 행동으로 "기꺼이 협력할 의지"(willingness to cooperate)를 들면서 조직행동 연구의 초점으로 삼았고, Daniel Katz(1964)는 의존적 역할수행과 구별되는 "혁신적이고 자발적인 행동"을 강조한 바 있다. 이러한 행동개념들은 조직시민행동(OCB: Organizational Citizenship Behavior)의 개념적 연원들이라고 할 수 있다. Organ에 의하면, 조직시민행동은 다음과 같이 정의될 수 있다(Podsakoff et al., 2000).

> 조직시민행동이란 "공식적 보상시스템에 의하여 직접적이고 명확하게 식별되지 않는 재량적인 모범행동"으로서, 그것이 집합적으로 작용하면 조직기능의 효과성을 증진할 수 있는 행동을 말한다. 여기서 재량적 행동이라 함은 강제적인 역할요구나 직무기술서상의 행동이 아닌, 즉 개인과 조직과의 고용계약상 명시되지 않은 행동을 의미한다. 이러한 행동은 그것이 행하여지지 않아도 처벌대상으로 인식되지 않는 다분히 개인적 선택에 달려있는 행동이다(Organ, 1988).

조직시민행동은 학자들에 의해 초과역할행동(extra-role behavior), 친사회적인 조직행동(prosocial organizational behavior), 조직적 자발성(organizational spontaneity), 맥락적 업무수행(contextual performance) 등으로 불리기도 한다.

2. 조직시민행동의 구성

일반적으로 조직시민행동의 연구에 많이 사용되고 있는 행동구성 유형론으로는 Organ(1994)의 다섯 가지 구분형태가 있다. 여기에는 (1) 이타주의 행동(altruism), (2) 양심적 행동(conscientiousness), (3) 정당한 행동(sportsmanship), (4) 예의 있는 행동(courtesy), 그리고 (5) 참여적 행동(civic virtue) 등이 포함된다(이지훈, 2012).

Podsakoff et al.(2000)은 조직시민행동에 관한 확장적인 문헌검토를 통하여 30여개의 잠재적 조직시민행동 유형을 발굴하였으며, 대표적으로 (i) 돕는 행동(helping behavior), (ii) 스포츠맨십(sportsmanship), (iii) 조직적 충성(organizational loyalty), (iv) 조직적 순응(organizational compliance), (v) 개인적 이니시어티브(individual initiative), (vi) 시민적 미덕(civic virtue), (vii) 자기개발(self development) 등을 들고 있다.

여기서는 Organ과 Podsakoff et al.의 조직시민행동 유형들을 중첩성이 없는 형태로 결합시켜 다음과 같이 8가지 행동으로 구성하고자 한다.

1) 이타주의 행동(Altruism)

이타적 조직행동은 다른 구성원을 자발적으로 도와주고자 하는 행동이다. 조직 내 다른 구성원이 어려움을 겪고 있을 때 그가 봉착한 문제의 해결을 보상 없이 지원해 주는 행동이라고 할 수 있다. 예를 들면, 동료직원이 불가피한 상황에 의해 결근이나 이석을 할 경우 그 직원의 업무를 대신 처리해 주는 행동, 자기의 업무역할이 아님에도 신입직원에게 오리엔테이션이나 멘토링을 해주는 행동 등이 이러한 행동유형에 해당한다.

2) 양심적 행동(Conscientiousness)

양심적 행동은 조직구성원으로서 지켜야 할 사소한 규범까지도 잘 지키는 행동을 말한다. 그리고 조직인으로서 양심에 거리낌이 없을 정도로 윤리적인 행동을 하는 것이다. 다른 구성원들과의 약속을 잘 지키고, 업무 및 휴식시간을 정확하게 지키거나, 작업장의 청결을 유지하는 행동 등이 그 예라고 볼 수 있다.

3) 정당한 행동(Sportsmanship)

정당한 행동은 바람직하지 않은 행동을 하지 않는 일, 즉 스포츠맨처럼 올곧은 행동을 하는 것을 말한다. 페어플레이 정신을 발휘하는 조직행동이라고 할 수 있다. 여기서 바람직하지 않은 행동이란 조직이나 동료를 비방하는 행동과 같은 것을 말한다. 정당한 행동에는 객관적인 조건과 구성원들의 평판에 의해서 정당하게 평가받는 일, 사소한 문제에 대한 불평·불만을 자제하는 일, 보다 건설적인 목적을 위해 노력하는 일 등이 있다.

4) 예의 있는 행동(Courtesy)

예의적 행동은 조직 내 다른 사람들에게 부정적 영향을 주지 않도록 사전적인 예방 노력을 기울이는 행동이다. 일반적으로 조직구성원은 자신의 선택, 의사결정, 참여여부 등에 따라 다른 구성원들에게 영향을 미칠 수 있다. 이 경우 부정적 영향을 미치지 않게 노력하거나, 그러한 영향의 가능성을 미리 알려주고 정보를 나누어 갖는 것이 필요한데, 이러한 행동을 충실히 하는 것이 바로 예의 있는 행동이라고 할 수 있다.

5) 참여적 행동(Civic Virtue)

시민적 미덕이라고 할 수 있는 참여적 행동은 조직의 활동이나 움직임 또는 행사 등에 적극적으로 참여하는 행동을 말한다. 이는 조직의 모든 일에 관심과 책임의식을 갖고 자신의 시간과 노력을 투자하는 것이다. 예를 들면, 사보를 읽는 등 조직의 움직임에 관한 정보를 열심히 수집하고, 조직의 이미지 제고를 위한 홍보활동에 자발적으로 참가하며, 조직의 현안문제에 관해 토론이나 학습을 하는 것과 같다.

6) 조직적 충성(Organizational Loyalty)

조직적 충성은 조직의 존재목적과 목표를 열광적으로 지지하면서, 외부자를 상대로 조직의 활동을 장려하고, 좋은 평판·성가를 확산시키는 행동을 말한다. 또한, 조직적 충성은 외부의 위협으로부터 조직을 보호·방어하며, 불리한 조건하에서도 조직을 떠나지 않는 것을 의미한다. 조직의 정신과 사명에 매진하며 끝까지 조직을 지키고자 하는 의지와 행동이라고 할 수 있다.

7) 개인적 이니시어티브(Individual Initiative)

개인적 이니시어티브 행동은 자신에게 주어진 업무를 행함에 있어서 조직에 의한 최소한의 역할요구 수준을 훨씬 뛰어넘는, 그리고 일반적으로 기대되는 수준 이상으로 직무를 수행하는 행동이다. 이는 Van Dyne et al.(1994)의 초과역할행동(extra-role behavior)과 유사한 개념이다. 이 행동은 다른 직원과 관련된 행동이라기보다는 자기 자신의 역할수행에 관한 것이다. 여기에는 조직의 직무향상이나 성과제고를 위하여 창의적이고 혁신적인 활동을 수행하는 것이 포함된다. 또한, 기대 이상의 열정을 발휘하고, 부가적인 책임까지도 자발적으로 감당하는 행동이다.

8) 자기개발(Self Development)

George & Brief(1992)는 Katz(1964)의 연구를 바탕으로 자기개발을 조직시민행동의 핵심적 차원으로 인식하였다. 자기개발행동은 조직구성원이 자신의 지식, 스킬, 그리고 능력을 향상시키기 위하여 자발적인 노력을 기울이는 것을 말한다. 여기에는 진보된 교육훈련 코스를 최대한 활용하고, 자기 직무분야에서의 최근의 발전요소들을 폭넓게 수용하며, 조직에 대한 자신의 기여범위를 넓히기 위하여 새로운 스킬세트를 배우는 노력들이 포함된다(Podsakoff et al. 2000).

제2절 조직시민행동의 생성요인

조직시민행동의 생성요인이란 조직구성원들로 하여금 시민행동을 하도록 유발시켜 주는 요인을 말한다. 즉, 조직시민행동의 선행요인(antecedents)으로서 조직시민행동에 영향을 미치는 독립변수들이라고 할 수 있다. 조직시민행동은 어떤 조건들이 주어질 때, 또는 어떤 요소들이 작용할 때, 보다 많이 발생하며 증가하는가? 많은 연구결과들을 메타분석(meta-analysis)을 통하여 종합적으로 정리·체계화한 Podsakoff et al.(2000)의 연구에 의하면 조직시민행동의 생성요인군(群)으로는 네 가지 카테고리가 있다. 개인적 특성, 직무특성, 조직적 특성, 리더십 행동 등이 그것이다. 여기서는 이 네 가지 요인군 외에 문화적 요인까지 포함하여 살펴본다.

1. 개인적 요인

조직구성원의 태도변수는 사기요인(morale factor)이라고도 하는데, 여기에 속하는 모든 하위변수들이 조직시민행동과 유의한 상관관계를 갖고 있는 것으로 여러 연구에서 나타나고 있다. 예를 들면, 조직구성원의 직무만족과 조직몰입이 높을수록 자신의 직무를 좋아하고 조직에 애착을 갖고 있는 만큼 양심적 행동이나 조직에의 충성 등 조직시민행동(OCB)이 많아진다는 것이다.

조직구성원의 심성변수(양심, 동의, 애정 등)는 OCB에 대한 직접적 원인변수라기보다는 간접적으로 영향을 미치는 요인으로 보고되고 있다. 예컨대, 양심과 동의는 이타적 행동에 긍정적 영향을 주지만 그 관계의 직접성이나 강도는 다소 약하다고 한다.

조직구성원의 역할변수로서의 역할모호성과 역할갈등은 이타적 행동, 예의 있는 행동, 정당한 행동 등에 부정적 영향을 끼치는 것으로 보인다. 자신이 조직 내에서 어떤 역할을 해야 할지 명확하게 알지 못하는 경우에는 조직시민행동도 자발적으로 잘 행하지 않게 된다는 것이다.

개인적 차이변수들이나 인구사회학적 변수들(연령, 성별, 직급 등)은 OCB에 유의한 영향을 미치지 않는 것으로 여러 연구에서 보고되었다. 다만, 보상에 대한 무관심이라는 변수만이 OCB와 일관된 상관관계를 가지고 있는 바, 이 변수는 이타적 행동, 예의 있는 행동, 양심행동, 정당한 행동, 참여적 행동 등에 부정적 영향을 주는 것으로 분석되었다.

2. 직무특성 요인

직무특성 요인으로는 (i) 직무 피드백, (ii) 직무 루틴화, (iii) 직무 자체에 대한 만족(보람, 성취감) 등을 들 수 있다. 실증적 연구결과를 보면 세 가지 직무특성 변수들 모두가 이타적 행동, 예의 있는 행동, 양심행동, 정당한 행동, 참여적 행동 등 OCB에 영향을 미치는 것으로 나타났다. 직무 피드백과 직무 자체에 대한 만족은 긍정적 영향을, 반대로 직무 루틴화는 부정적 영향을 주는 것으로 분석되었다.

3. 조직특성 요인

조직특성 요인으로는 (i) 조직구조 형태, (ii) 조직의 유연성, (iii) 참모의 지원, (iv) 집단 응집성, (v) 리더의 통제를 벗어난 보상, (vi) 리더로부터의 공간적 거리, (vii) 지각된 조직지원 등을 들 수 있다. 이들 변수 중 조직구조, 유연성, 참모지원, 공간적 거리는 OCB와 유의미한 관계가 없는 것으로 나타났다. 집단 응집성은 이타적 행동, 예의 있는 행동, 양심행동, 정당한 행동 등 OCB에 긍정적 영향을 미치는 것으로 나타났다. 반면, 리더의 통제를 벗어난 보상은 조직의 정당한 보상으로 인식되지 않으므로 이타적 행동, 예의 있는 행동, 양심행동과 부정적인 관계에 있는 것으로 분석되었다.

4. 리더십 요인

리더십 요인으로는 (i) 변혁적 리더십, (ii) 거래적 리더십, (iii) 지원적 리더십, (iv) LMX(교환적) 리더십 등을 들 수 있다. 변혁적 리더십은 이타적 행동, 예의 있는 행동, 양심행동, 정당한 행동, 참여적 행동 등 OCB에 일관된 긍정적 영향을 미치는 것으로 나타났다. 거래적 리더십 중 보상적 리더십은 이타적 행동, 예의 있는 행동, 양심행동, 정당한 행동, 참여적 행동 등 OCB와 긍정적 상관관계를 갖는 반면, 처벌적 리더십은 OCB와 부정적 관계에 있는 것으로 조사되었다.

5. 문화적 요인

Quinn & Kimberly의 경쟁가치모형(CVM)에 의하면 조직문화는 위계문화, 집단문화, 합리문화, 발전문화로 구분된다. 이지훈(2012)의 실증적 분석에 따르면, 집단문화, 합리문화, 그리고 발전문화는 조직시민행동에 유의한 긍정적 영향을 미치는 것으로 나타났다. 즉, 조직문화가 가족적이거나 성과지향적이거나 창의적일 때 OCB가 증가한다는 것이다.

제3절 조직시민행동의 효과

Podsakoff et al.(2000)과 김동환 · 양인덕(2008) 등 학자들은 OCB의 결과 또는 성과에 관한 선행연구들을 종합하여 보여주고 있다. 이들은 OCB가 미치는 영향을 개인성과와 조직성과로 구분하여 논의하고 있다.

1. 관리적 효과: 근무평가와 보상

1) 관리자들은 왜 OCB를 직원 근무평가에서 고려하는가?

Gouldner(1960), Blau(1964) 등에 의하면, 상호성과 공평성의 규범이 관리자들의 직원에 대한 평가에 영향을 준다고 한다. 이타적 행동은 관리자와 조직의 성과에 긍정적 영향을 주기 때문에, 관리자는 긍정적 영향을 받은 만큼 그 혜택을 이타적 행동을 한 직원에게 되돌려 주고자 한다는 것이다.

Berman & Kenny(1976)의 암시적 성과이론(Implicit Performance Theory)에 따르면, 관리자들이 암시적으로 OCB와 조직전체 성과가 연관된 것으로 믿게 되면, 빈번한 OCB를 행한 직원을 높은 성과자로 추정하여 높은 근무평가를 하게 된다고 한다.

DeNisi et al.(1984)은 행동 특유성(Behavioral Distinctiveness)의 논리로 근

무평가 경향을 설명한다. 관리자들은 평가를 할 때 특별히 업무수행을 잘 한 사람을 찾게 되는데, OCB는 공식적으로 요구되는 직무수행으로 간주되지 않으므로, 이러한 행동은 관리자들에 의해 특출한 행동으로 평가되어 좋은 평가를 받게 된다는 것이다.

2) 근무평가에서 OCB의 영향은 어느 정도로 미치는가?

OCB는 실제로 관리자들의 근무평가에 영향을 미친다는 연구가 많다. 여러 실증적인 현장분석 결과들이 그런 사실을 보여준다. 그러면 어느 정도의 영향을 미치는가? 전체평가에 대한 OCB의 효과와 객관적 직무평가의 효과를 상대적으로 비교해 보면 그 영향력의 크기를 추정해 볼 수 있을 것이다. 예컨대, 컴퓨터 판매원들에 대한 Avila et al.(1988)의 연구결과를 보면, 전체평가의 분산(variance) 중 12%가 객관적 판매실적에 기인한 것이며, 48%가 OCB에 기인한 것으로 분석되었다.

OCB 중에서도 이타적 행동이 미치는 영향에 대한 증거들이 가장 많다. Podsakoff et al.(2000)이 조사·종합한 연구들 10개 중 8개 연구에서 이타적 행동의 유의한 영향을 발견하였다. 정당한 행동은 8개 중 5개의 연구에서, 그리고 예의 있는 행동은 6개 중 1개의 연구에서 그 영향이 유의함을 보고하고 있다.

3) OCB가 개인성과와 조직성과에 미치는 영향은 다른가?

Organ(1988)에 의하면, 조직시민행동은 조직에서 직접적 또는 명시적으로 보상받지는 못하지만 전체적으로 조직의 효과성을 높여주는 것으로 보았다. 조직시민행동의 각 하위차원 행동들이 하나하나 즉각적이고 직접적으로 조직성과 향상효과를 가져오지는 못할지라도, 전체로서의 조직시민행동은 조직의 전반적 성과를 증진시킨다는 것이다.

그런데 김동환·양인덕(2008)은 조직시민행동이 조직전체 성과에는 긍정적 영향을 주지만, 각 개인의 직무성과에는 부정적 효과를 가져올 수 있다고 주장한다. 예를 들어, 이타적 행동이라는 조직시민행동이 타인의 성과에 영향을 미쳐 조직전체 성과에 긍정적 영향을 줄 수 있으되, 자신의 직무에 대한 시간을 뺏기기 때문에 개인성과에는 부정적 결과를 가져올 수도 있다는 것이다. 그리고 이러한 사실을 인지한 개인은 자기성과를 위해 자신의 직무행동에 몰입할 것이기 때문에 결과적으로 전체성과를 향상시키는 데 기여할 것이라는 확신은 없다는 것이다.

그러나 최근 조직시민행동의 이점을 인식하고 있는 조직에서는 개인평가 항목에 조직시민행동을 포함시키는 경우가 많이 있다. 그리고 관리자들은 위 여러 실증적 연구에서 파악한 것처럼 OCB에 대한 평가를 상당히 높은 비중으로 개인성과 평가에 반영하고 있다. 이러한 점에서 볼 때, OCB는 전체 조직성과 뿐만 아니라, 개인성과에도 긍정적 효과를 가져오므로, OCB는 개인성과와 조직성과 모두에 긍정적으로 작용할 수 있다고 봐야 할 것이다.

4) 직원은 개인성과를 희생하면서도 전체성과를 위해 OCB를 발휘하는가?

Bolino et al.(2004), Bergeron(2007) 등은 개인수준에서 시간·노력 등 자원의 한정성으로 인해 OCB와 직무성과는 상충관계에 놓인다고 본다. 또, 이들은 조직수준에서 개인과 조직간 목표의 불일치로 양자의 성과가 갈등관계에 처할 수도 있다고 한다(김동환·양인덕, 2008).

특히, Bergeron(2007)은 개인의 전략적 의사결정에 있어서 유한한 자원의 할당이 중요하다는 점을 지적하면서, 인사평정상 OCB보다 개관적 직무성과에 대한 비중이 높으므로 OCB에 자신의 유한한 자원을 많이 할당하지는 않을 것이라는 견해를 보이고 있다(김동환·양인덕, 2008).

우리의 판단은 주어진 상황적 조건에 따르기로 한다. 즉, 종합적 상황이론(contingency theory)을 적용하여 결론을 제시한다.

하나의 상황적 조건은 개인적 특성 요인이다. 개인이 자신의 OCB가 단기적으로 개인성과에 부정적 영향을 미치더라도 장기적으로 자신의 이미지 관리와 조직기여도 제고를 통해 조직(관리자)의 인정을 받고자 하는 의욕을 갖고 있다면, 당장의 개인고과를 희생하고서라도 OCB에 상당한 자원을 투자할 것이다. 특히, 객관적, 공식적 직무수행과 OCB에 투입할 역량을 다른 직원에 비하여 상대적으로 많이 가진 직원일수록 이러한 의사결정을 할 가능성이 높을 것이다.

또 하나의 상황적 조건은 제도적 요인이다. 조직의 근무평가 시스템이 전체 성과평가 중 OCB가 차지하는 비중을 상대적으로 높게 가져가는 경우에는 다수의 직원들이 기꺼이 OCB를 발휘하고자 할 것이다.

2. 조직적 효과: 조직의 성과와 성공

Organ(1988) 등의 견해에 의하면, 개념적 또는 이론적으로 조직시민행동은 그것이 오랜 기간 또는 많은 사람들을 통해 축적이 되면 조직의 효과성을 높이게 된다. 아래에서는 조직시민행동이 어떤 측면에서, 어떻게 조직의 효과성을 향상시킬 수 있는지에 관한 Podsakoff & Mackenzie의 주장과 논리를 소개한다.

첫째, OCB는 공동 업무자(coworker)의 생산성을 높일 수 있다. 예컨대, 다른 동료로 하여금 일하는 요령을 배우도록(learn the ropes) 돕는 이타적인 행동은 동료가 좀 더 빨리 생산적인 직원이 되도록 해준다.

둘째, OCB는 관리적 생산성을 높일 수 있다. 예를 들어, 직원들이 참여적 행동(civic virtue)을 잘 하면, 관리자는 그의 성과향상 아이디어들에 대한 가치 있는 제안이나 피드백을 직원들로부터 잘 받을 수 있다.

셋째, OCB는 관리자의 자원을 보다 생산적인 목적에 활용하도록 해 준다. 만약 직원들이 직무와 관련하여 서로를 돕는 이타적인 행동을 많이 하면, 관리자가 이들간의 직무조정에 쓸 시간과 노력을 절약시켜 주므로, 보다 생산적인 다른 목적(예: 전략기획)에 자원을 투입할 여유가 생기게 된다.

넷째, OCB는 팀원간 및 팀간 조정을 보다 효과적으로 만들어 준다. 만약 팀원들이 팀 미팅 및 팀간 미팅에 자발적으로 참여하는 행동을 많이 한다면, 팀원간 및 팀간의 조정이 용이하게 이루어질 수 있을 것이다(Podsakoff & Mackenzie, 1997; Podsakoff et al., 2000).

제4절 조직시민행동의 비용

조직시민행동은 조직에 대하여 긍정적 영향, 즉 효과성을 높여 주기도 하지만, 부정적 영향, 즉 비용을 발생하게 할 수도 있다. 조직시민행동의 성과에 대한 김동환·양인덕(2000)의 연구에서는 조직시민행동으로 인하여 발생할 수 있는 부정적 영향으로 개인비용과 조직비용을 지적하고 있다.

1. 개인비용

첫째, 개인성과에 대한 평가 하락의 문제가 있다. 시민행동에 일정 수준 이상의 시간과 노력을 투자할 경우 자신의 공식적 직무에 대한 투입이 줄어듦으로 인하여 개인의 직무평가가 나빠질 수 있다. 다만, 평가시스템을 설계함에 있어서 시민행동으로 인한 성과향상 효과를 개인성과 평가에 반영한다면 이러한 문제를 저감시킬 수 있을 것이다.

둘째, 역할부담 과중의 문제가 있다. 조직시민행동에 대한 주위 동료들의 기대가 크고, 그에 대한 수용수준과 본래의 자기직무의 분량을 잘 조절하지 못할 경우 역할부담이 가중될 수 있다.

셋째, 집단비난을 야기할 수 있다. 시민행동에 대한 조직구성원간의 사회적 합의와 신뢰가 잘 정착되지 않은 경우에는 특정 직원의 돌출한 시민행동이 오히려 다른 동료의 오해소지 또는 비난을 가져올 수도 있다.

2. 조직비용

첫째, 조직성과에 대한 부(−)의 효과가 나타날 수 있다. 조직구성원의 시민행동이 조직성과로 귀착되는 경우도 많으나 조직성과를 가져오지 못하는 사례도 많이 있다고 한다. Podsakoff & Mackenzie의 실증적 연구결과에 따르면, 보험판매 영업사원들의 이타적 행동이 전체 영업성과와 부(−)의 관계가 있음을 보인 바 있다.

둘째, 성과평가의 불합리에 따른 조직몰입 감소를 가져올 수 있다. 학습이론에 의하면, 인간의 행동은 결국 보상에 의해 유발된다고 한다. 그러므로 인사고과에 대한 반영이나 급여 인상 등 보상이 수반되지 않는 조직시민행동은 발휘되기 어렵거나 조직몰입의 감소를 가져올 수 있다. Van Scotter et al.(2000)의 연구에서는 시민행동에 따른 공적이 성과평가와 임금에는 반영되는 것으로 나타났으나, 승진에는 반영되지 않는 것으로 분석되었다.

셋째, 과도협력, 역진협력, 악성협력의 문제를 가져올 수 있다. Gilbert & Silvera(1996)의 연구에 바탕을 둔 김동환・양인덕(2008)의 비판적 고찰에 의하면, 남을 돕는 행위가 이기적 동기로 인하여 바람직하지 못한 방향으로 이루어질 수 있음을 지적하고 있다. 과도협력, 역진협력, 악성협력 등이 그것이다. 과도한 협력(over helping)은 자신의 위상과 역할을 제고하기 위하여 타인이 상대적으로 나태하고 미숙한 직원으로 비춰지도록 교묘하게 연출하는 행위를 말한다. 역진협력(under helping)은 동료의 업적을 저해함으로써 역으로 자신의 업적이 부각되도록 하기 위하여 오히려 잘못된 도움(예: 부정확한 조언)을 주는 것이다. 악성협력(bad helping)은 적절한 안목과 실력이 갖추어지지 않은 협력으로서 실제로 동료에게 별 도움이 되지 않는 것을 말한다. 이러한 형태의 조직시민행동은 객관적 직무수행에 투입되어야 할 시간, 노력 등 자원을 낭비할 뿐, 조직성과에 도움이 안 되거나 오히려 저해한다는 것이다.

제5절 조직시민행동의 철학과 새 이론

1. 조직시민행동의 철학–도덕성 · 융화 · 협력의 철학–

조직시민행동(OCB)이 많아질수록 조직구성원들의 도덕성과 그들 상호간의 융화와 협력은 증가할 것이다. 구성원들의 이타적인 마음, 양심과 신뢰 등 조직시민적 심성과 태도는 상호간의 신뢰와 함께 융화 · 협력을 가져오는 정신적 원천이며 긍정적 바이러스라고 할 수 있다. 한 두 사람의 이타적이고 양심적인 행동은 구성원과 구성원 사이에서 퍼지고 전파될 가능성이 크다. 서로 신뢰하고 도와 줄 때 업무상의 협조체계가 강화되고 조직 전체적으로 시너지를 가져올 수 있다. 이러한 철학은 조직융합주의에 해당한다.

2. 새 조직시민행동이론 탐색 I: 조직시민적 의사결정이론

조직시민행동에는 '예의 있는 행동'이라는 행동유형이 포함되어 있다. 예의 있는 행동(courtesy)이란 조직 내 타인에 대한 영향을 고려한 선택과 의사결정을 하는 행동이다. 이러한 행동을 지향하는 태도는 다른 구성원이 처한 상황과 이익 또는 결과에 대해 배려하는 자세를 의미한다. 다른 구성원들을 배려하는 태도와 행동은 배려적 의사결정(considerate decision making)을 낳고 이러한 결정은 많은 조직 구성원들의 공감과 지지를 얻을 수 있을 것이다.

그리고 각 개별 구성원들의 예의 있는 행동은 당해 구성원의 선택 뿐만 아니라 조직관리자의 의사결정에도 영향을 미치므로, 결과적으로 조직 자체의 정책결정에까지 영향을 줄 것이다. 이와 같이 상호공유된 예의적 행동과 그 결과물인 조직의 의사결정은 전체 구성원의 지지와 수용성을 확보하기가 훨씬 쉬워질 것이다. 이렇게 볼 때, 예의적 행동을 비롯한 조직시민행동은 조직 내의 배려적인 의사결정과 조직융합을 가져오는 지름길을 제공하는 요인이라고 할 수 있다.

[그림 9-1] 조직시민적 의사결정이론

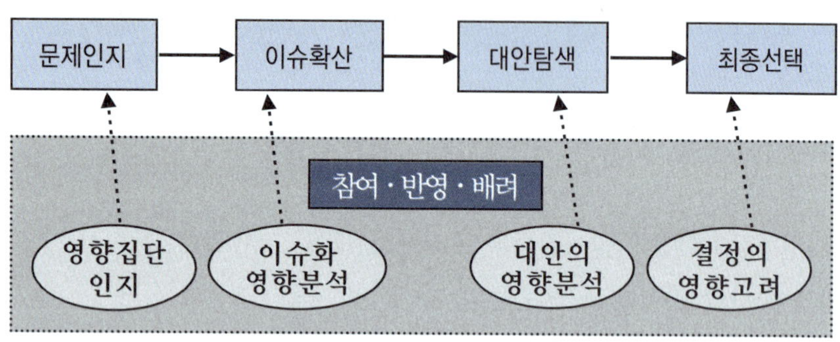

3. 새 조직시민행동이론 탐색 II: 조직시민문화이론

조직시민행동이 조직 내에서 퍼져나가고 이타주의, 양심주의, 그리고 예의성 등 정신적 요소가 구성원들의 조직행동에 영향을 미친다면 이는 바로 조직시민문화(organizational civic culture)가 형성된다는 것을 의미한다. 조직시민문화는 이타성, 양심성, 그리고 예의성을 가지고 조직구성원들이 서로 도우면서 배려하고 작은 규범과 약속까지도 잘 지키는 문화라고 할 수 있겠다.

이러한 조직시민문화는 새로운 형태의 조직문화로 조성될 수 있으며, 이는 융합적 조직문화의 한 하위문화로 볼 수 있을 것이다. 융합적 문화는 신뢰문화, 공유문화, 집단문화, 화합문화, 공동체 문화 등으로 구성될 수 있으며, 여기에 조직시민문화를 추가할 수가 있겠다. 그리하여 조직시민문화가 형성된다면 조직의 융합성을 크게 높여줄 수 있을 것이다.

조직시민문화의 조성을 위해서는 OCB의 형성에 긍정적 영향을 주는 요인들을 활성화시켜야 할 것이다. 첫째, 조직구성원의 심성변수로서 양심, 동의, 애정, 인간미 등 도덕적 정신이 함양되어야 한다. 둘째, 직무특성 변수로서 직무에 대한 만족감 부여, 직무수행에 대한 인정과 격려 등이 잘 이루어져야 한다. 셋째, 조직특성 변수로서 조직구조의 유연성을 높여야 하고, 집단의 응집성이나 협력성을 강화해야 한다. 넷째, 리더십 변수로서 변혁적, 보상적 리더십과 함께, 융합적 리더십의 발휘는 결정적인 역할을 할 것이다. 다섯째, 문화적 변수로서 조직시민행동과 관련성이 있는 문화라고 할 수 있는 집단문화, 신뢰문화, 화합문화를 조성함으로써 조직시민문화와의 상승작용을 통해 조직융합문화를 높이도록 해야 할 것이다.

제10장 긍정조직행태
(Positive Organizational Behavior)

제1절 긍정조직행태의 개념과 구성

1. 긍정조직행태란?

긍정조직행태(POB: Positive Organizational Behavior)의 연구는 긍정심리학에 바탕을 둔 접근방법이다. 긍정심리학(Positive Psychology)은 평범한 사람의 강점과 미덕, 그리고 잠재력을 개발하여 그의 삶과 직장에서 성과와 행복을 추구할 수 있도록 해 주려는 접근법이다(Seligman, 2000; 이동섭 · 최용덕, 2010). 이러한 접근법을 조직행태에 적용하여, 조직구성원의 강점과 미덕을 개발하고 잠재력을 극대화하기 위한 메커니즘과 방법론을 연구하는 분야가 바로 긍정조직행태 연구이다.

긍정조직행태(POB)는 한 마디로 조직구성원의 긍정적 심리상태와 그에 바탕을 둔 행동경향을 말한다. 여기서 긍정적 심리상태 또는 긍정심리자본이라고 함은 현실을 개선 가능한 상태로 보고 미래의 바람직한 목표달성을 위해 자신이 기여할 수 있다고 믿는 정신적 상태라고 할 수 있다. 따라서, 조직구성원의 긍정적 심리상태는 조직 내외의 여러 가지 현실적 난관을 극복하고 조직의 목표를 자기 힘으로 효과적으로 달성할 수 있다는 자신감을 바탕으로 한다.

긍정조직행태의 연구는 조직구성원들의 강점과 잠재력의 개발을 통하여 그들에게 적극적으로 동기를 부여하고, 이를 통해 조직의 목표달성에 공헌하도록 하기 위한 인간행동의 관리전략을 추구하자는 데 그 목적이 있다.

2. 긍정조직행태(POB)의 구성요소

긍정조직행태 또는 긍정심리자본에 대해 Luthans et al.(2007), Youssef & Luthans(2007), 이동섭·최용득(2010) 등은 다음과 같이 기술하고 있다.

> "긍정심리자본은 도전적인 과업을 성공적으로 수행하기 위해 필요한 자신감(자기효능감)을 가지고, 현재와 미래의 성공에 대해 긍정적인 귀인(낙관주의)을 만들며, 목표를 향해 인내하고 필요한 순간에는 성공하기 위해 목표(희망)에 대한 경로를 재설정하고, 문제나 역경에 직면했을 때는 성공을 성취하기 위해 참고 견디며 난관이나 좌절로부터 원래의 상태로 되돌아오거나 그것을 뛰어넘는(복원력) 개인의 복합적 긍정적 심리상태라고 정의된다."

긍정조직행태에 관한 위와 같은 서술에서 알 수 있다시피, 긍정조직행태 또는 긍정심리자본은 하나의 복합적인 긍정적 심리상태로서, 자기효능감, 희망, 낙관주의, 복원력 등 4가지를 그 대표적 구성요소로 한다.

1) 자기효능감(Self-Efficacy)

Bandura(1997)에 의하면, 자기효능감은 특정한 과업을 성공적으로 수행하기 위해 필요한 행동과 그에 대한 동기부여 및 인지적 자원의 동원 등을 할 수 있는 자신의 능력에 대한 믿음이라고 정의하고 있다(이동섭·최용득, 2010).

자기효능감은 한 마디로 자신이 무언가를 해낼 수 있다는 믿음이나 느낌이다. 즉, 자신이 능력을 발휘하여 노력하면 어떤 목표를 달성할 수 있다는 자신감이다. 여기서 어떤 목표라 함은 조직의 목표달성 뿐만 아니라, 자기개발 및 능력향상, 지식창출, 다른 직원과의 관계형성과 협력증진, 그리고 이러한 요소들을 바탕으로 어려운 과제도 충분히 달성하는 것 등을 말한다.

2) 희망(Hope)

Snyder et al.(1991)에 따르면 "희망은 목표가 성취될 수 있고 계획들이 성공적으로 수행될 수 있다는 믿음과 의지이며, 목표의 달성경로에 대한 긍정적 동기부여 상태"라고 정의하고 있다(이동섭·최용득, 2010).

희망은 글자 그대로 미래에 대한 바람직한 결과를 기대하는 마음이다. 장래에 대한 꿈과 목표가 마음속에 존재하고 그것이 이루어지리라는 믿음을 갖고 있다면 곧 희망이 존재하는 것이다. 조직구성원의 경우에는 조직의 직무수행 및 성과달성 등과 관련하여 성취하고자 하는 목표가 잘 이루어질 것이라고 확신하는 심리상태가 곧 희망이라고 할 수 있겠다.

3) 낙관주의(Optimism)

Seligman(1998), Peterson & Steen(2002) 등의 정의에 의하면, 낙관주의는 긍정적인 사건들의 발생에 대하여는 내재적, 항구적, 지배적인 요인의 결과라고 보는 반면, 부정적인 사건들은 외부적, 일시적, 특수한 상황에 따른 것이라고 생각하는 귀인경향이라고 한다(이동섭 · 최용득, 2010). 즉, 긍정적인 일들은 필연적으로 일어나는 것이고, 부정적인 일들은 예외적으로 일어나는 것이라고 보는 심리적 태도이다.

낙관적인 인간은 자신에게 무언가 좋은 일이 있을 것이라는 생각을 하며, 어려운 상황도 결국은 좋은 결과로 이어질 것이라는 믿음을 갖는다. 조직에서 낙관적인 구성원은 조직이나 자신에게 대개 유리한 상황이 전개될 것이며, 조직 및 자신의 성과도 대개 좋을 것이라고 예상하는 심리를 갖는다. 그리고 그런 좋은 상황과 결과는 우연이 아니고 조직과 자신의 내재된 조건이나 역량에 의한 것이라고 믿는 태도라고 할 수 있을 것이다.

4) 복원력(Resilience)

Luthans(2002)는 복원력에 대하여 역경, 갈등, 실패 등의 상태로부터 급속히 회복할 수 있는 역량이라고 기술하고 있다. 복원력은 역경에 직면하여 충격의 영향 속에 있는 개인들을 다시 균형점 또는 그 이상의 수준으로 되돌릴 수 있는 에너지, 시간, 자원 등을 제공해 주는 능력이라는 것이다(이동섭 · 최용득, 2010).

조직구성원이 조직이나 자신에게 다가온 난관을 잘 극복하고 정상적이거나 더 개선된 과업달성을 가져올 수 있는 심리적 역량을 가지고 있다면 그는 복원력을 가진 사람이다. 복원력을 가진 조직구성원은 예기치 못한 우발적 요인의 발생이나 새로운 변화에 대하여 성공적으로 적응 또는 대응함으로써 그전과 같은 수준 또는 더 높은 수준의 목표성취를 가져올 수 있다.

제2절 긍정조직행태의 선행요인

1. 개인적 배경

1) 타고난 성격

긍정조직행태 또는 긍정심리자본에는 개인의 성격이 상당한 영향을 줄 것으로 생각된다. 예컨대, A타입 성격은 B타입 성격에 비하여 좀 더 공격적이고 성취지향적이므로 보다 높은 목표와 희망을 가지며, 자기효능감이 강하고, 낙관주의적 사고를 갖고 있으리라고 본다.

2) 성장 배경

인간은 성장과정에서 사회화 과정(socialization process)을 거친다. 그러한 과정을 제공하는 환경은 가정, 학교, 교회, 직장, 일반사회 등 다양하다. 사회화 과정에서 보다 칭찬받고 인정받으면서 자라 온 개인은 보다 높은 자기효능감을 함양하게 되고, 보다 낙관적인 세계관을 갖게 되며, 어려움에 처했을 때 그 극복의 잠재력을 더 많이 갖게 될 것이다.

2. 리더십

1) 변혁적 리더십

변혁적 리더십은 조직구성원에게 변화에 대한 가능성과 의지를 보다 강하게 심어주면서 지적 자극과 함께 개인적 배려를 많이 해주는 리더십이다. 이러한 리더십은 부하들의 목표에 대한 성취욕구와 내재적 동기를 향상시켜 긍정심리자본에 긍정적 영향을 미칠 것으로 본다.

실증적 연구에서도 변혁적 리더십이 자기효능감에 영향을 주며(Pillai & Williams, 2004; 이진규 · 박지환, 2006), 직원의 낙관성 및 행복감에 유의한 영향을 미침을 확인하였다(McColl, 2002; Dierendonck et al., 2004; 정대용 외, 2011).

2) 리더의 유머 사용

리더의 유머 사용은 구성원간에 정보공유와 의사소통을 증진시켜 좌절로부터의 탈출과 긴장완화에 도움을 준다. 그리고 리더와 구성원이 유머를 진지하고 자유롭게 사용한다면 조직시민행동과 창의성을 키워주고, 신뢰성의 상실이나 회피, 불쾌감 등을 완화시켜 줄 수 있다(Lyttle, 2007). 유머의 사용은 파괴적인 결과를 야기할 수도 있는 좌절과 분노의 탈출구를 만들 수도 있고, 스트레스로부터 좀 더 빨리 회복할 수 있는 복원력을 갖게 할 수도 있다(Martin, 1984; 정대용 외 2011).

3. 직무 적합성

직무 적합성은 자신이 수행하는 직무의 성격이 자신의 적성 및 능력과 얼마나 잘 맞추어져 있는가 하는 것이다. 이러한 직무 적합성 여부는 긍정심리자본의 형성에 직접적 영향을 준다(임규혁 · 한주희, 2011).

자신이 가진 지식, 기술 및 경험 등이 직무에서 요구하는 그것과 잘 맞게 되면, 당해 직원은 직무수행에 대한 자신감 · 효능감을 갖게 되며, 직무상의 목표달성에 대한 강한 희망을 가지게 될 것이고, 직무상 어려움이 발생할 때에도 잘 극복해 낼 수 있는 복원력, 그리고 조직과 자신의 일이 잘 풀려나갈 것이라는 낙관성을 갖게 될 것이다.

4. 조직 적합성

조직 적합성은 조직의 가치, 목표 및 이미지가 개인의 그것과 잘 부합되는 것을 말한다. 학자들은 조직 적합성이 긍정심리자본에 긍정적 영향을 미치는 것으로 본다(임규혁 · 한주희, 2011).

조직이 추구하는 가치, 조직 내 다른 구성원들이 추구하는 가치와 당해 조직구성원이 추구하는 가치가 일치할 때, 즉 가치동조성이 존재할 때, 개인은 조직과의 관계에서 일체감을 느끼게 된다. 이러한 일체감은 조직 내에서 자신이 역할을 잘 해낼 수 있다는 자기효능감, 그리고 조직과 자신이 잘 될 것이라는 희망이나 낙관성 등을 가지게 해 줄 수 있다.

5. 조직 분위기

조직 분위기는 조직구성원간의 관계적 특성이나 문화적 풍토, 사회적 지원 등을 말한다. 조직구성원간의 관계가 상호신뢰하고 서로 격려하는 관계라면, 직원들이 함께 어려움을 극복해 나갈 수 있다는 복원력이 강해질 수 있다. 또한, 동료의 능력에 대한 신뢰나 증가된 멘토링은 직원의 역량 향상에 긍정적 영향을 미쳐 자기효능감을 갖게 해 줄 수 있다. 상사나 동료에 의한 사회적 지원(위로, 상담, 소셜 네트워킹 등)의 증가는 개인이 어려움에 봉착했을 때 큰 정신적 힘이 되어주므로 보다 강한 복원력을 갖게 해 줄 수 있을 것이다.

제3절 긍정조직행태의 영향

1. 지각된 성과

지각된 성과란 조직 내 구성원이 스스로의 성과에 대하여 긍정적인 지각을 하는 것을 말한다. 즉, 자신의 과업수행으로 인하여 성과가 발생했다고 느끼고 스스로의 성과를 인정하는 심리상태라고 할 수 있다.

긍정조직행태의 심리적 자본인 자기효능감, 희망, 낙관주의, 그리고 복원력은 개인의 지각된 성과에 긍정적 영향을 주는 것으로 많은 학자들은 보고 있다. Bandura & Locke(2003)는 자기효능감이 높은 개인은 어떤 과제에 착수할지의 여부, 그리고 성취를 위한 노력을 얼마만큼 투입할지 등을 결정할 때 보다 과감하고 자신감을 가지므로 그 성과가 잘 나타날 수 있다고 한다. Seligman(2000)에 의하면, 희망, 낙관주의, 그리고 복원력은 조직이나 개인이 시련에 봉착했을 때 자신의 목표와 과업을 포기하지 않고 견디게 해준다. 긍정심리자본은 여러 정신적 요소의 복합체로서 그 요소들간의 심리적 상승작용을 통해 결합효과를 가져옴으로써 동기부여적 프로세스를 크게 고양시키고, 결과적으로 조직 및 개인에 대한 광범한 성과제고 효과를 가져다준다는 것이다(이동섭 · 최용득, 2010).

2. 혁신성향

혁신성향이란 환경적 변화에 직면하여 조직의 시스템 요소들을 획기적으로 업그레이드시키는 창조적 경향을 말한다. 혁신성향이 높을수록 환경변화에 잘 적응할 수 있으며 조직의 경쟁력(competitiveness)과 지속가능성(sustainability)을 높일 수 있다.

혁신성향은 여러 요인들에 의해 높아질 수 있는데 긍정심리자본이 바로 그런 요인의 하나이다. Luthans et al.(2007)에 의하면, 긍정심리자본을 더 많이 축적한 리더일수록 직원의 생산성을 보다 더 높일 수 있다(정대용 외, 2011).

긍정심리자본이 혁신성향을 높이는 이론적 근거는 무엇일까? 자기효능감이 높은 사람은 자기역량에 대한 자신감을 바탕으로 조직의 변화를 위한 과제를 충분히 추진해 낼 수 있다고 믿기 때문에 혁신사업에 착수하기가 쉽다고 보아야 할 것이다. 강한 희망을 가진 낙관주의자들은 조직 및 자신이 추진하는 혁신과제가 어떻든 좋은 결과를 가져올 것이라고 보기 때문에 조직의 변화를 추동하는 일에 적극적으로 참여하게 될 것이다.

3. 직무만족

직무만족은 조직구성원이 자기에게 주어진 직무와 그 직무의 수행여건에 대하여 긍정적 지각을 하고 있는 상태를 말한다. 이러한 직무만족에는 조직적 요인, 직무요인, 관리적 요인, 개인요인 등이 영향을 준다. 그 중 긍정심리자본은 직무만족에 정(+)의 영향을 준다는 연구들이 최근 나타나고 있다.

Stajkovic & Luthans(1998)의 연구에 의하면, 자기효능감을 가진 개인은 자신의 직무에 대한 관심과 흥미, 그리고 열정이 높아 많은 성과를 올린다고 한다.

Synder(2002)는 희망이라는 심리적 요소야말로 목표를 추구하는 과정에서 여러 대안들을 시도하게 만드는 정신적 에너지라고 하였으며, Perterson et al.(2003)은 희망변수가 직무만족에 긍정적 영향을 미치고 있음을 발견하였다.

4. 이직의도

이직의도는 조직몰입 중 근속적 몰입의 반대개념으로 조직에 대한 애착, 충성도, 그리고 소속감이 낮아져서 조직을 떠나고자 하는 의사를 가진 상태를 말한다. 이러한 근속적 몰입에 영향을 주는 요인은 수없이 많이 보고되고 있는데, 여기서는 긍정심리자본이 근속적 몰입 또는 이직의도에 미치는 영향을 살펴보고자 한다.

긍정심리자본과 이직의도와의 상관관계에 대한 Avey et al.(2010)의 연구에서는 양자간에 유의한 영향관계가 있음을 발견하였다. 이동섭 · 최용득(2010)에 의하면 이러한 연구들이 개인차 변수들을 통제하지 않았다고 비판하면서, 이러한 변수들을 통제하고서도 긍정심리자본이 이직의도에 부(−)의 영향을 미친다는 연구결과를 내놓았다. 이는 근속적 몰입에 정(+)의 영향을 미친다는 말과 같다.

긍정심리자본이 근속적 몰입을 강화시켜 준다는 것, 즉 이직의도를 약화시켜 주는 것은 어떤 이유 때문일까? 긍정심리자본을 구성하는 자기효능감은 자신이 현 조직에서 충분히 능력을 발휘하고 경쟁력이 있다는 생각을 갖게 해주기 때문에 조직에 남아있으려는 의지를 강화시켜 준다고 볼 수 있다.

5. 조직시민행동

조직시민행동(OCB)은 이타적 행동, 정당한 행동, 양심적 행동, 예의적 행동, 참여적 행동 등 조직에서 공식적, 강제적으로 요구하지는 않지만 구성원 스스로가 수행함으로써 조직의 효과성을 증진시키는 행동이라고 할 수 있다.

긍정심리자본은 조직시민행동에 어떤 영향을 줄 것인가? Avey et al.(2010)에 따르면, 긍정심리자본의 축적 수준이 높은 개인은 조직이나 상사, 동료를 위해 스스로 적극적으로 돕는 행동(helping behavior)을 할 가능성이 높다고 볼 수 있다. Fredrickson(2003)도 긍정적 감정을 가진 사람은 조직의 성과향상을 위해 창의적인 아이디어 제안 및 지식공유 역할을 보다 많이 수행한다는 주장을 내놓고 있다. 반대로, 부정적인 감정을 가진 개인은 동료에 대한 험담, 모욕, 지원요청 거절, 대화거부 등 부정적 행태(반시민행동)를 보인다고 한다(정대용 외, 2011).

제4절 긍정조직행태의 철학과 새 이론

1. 긍정조직행태의 철학

1) 긍정적 사고

조직구성원은 조직과 자신이 수행하는 직무가 가치 있는 일이며, 자신은 그러한 직무를 통하여 좋은 결과를 가져올 수 있다는 긍정적 사고방식을 가져야 한다. 특히, 자신의 역량에 대한 믿음을 바탕으로 조직의 가치와 이익을 창출할 수 있으며, 자신의 성공을 가져올 수 있다는 성취지향적 태도와 행동을 발현하여야 한다. 그리고 어려운 문제에 봉착하더라도 이를 능히 해결하고 극복할 수 있다는 신념과 의지를 가져야 한다. 이와 같은 사고, 신념, 의지를 가지고 적극적인 태도와 행동을 실천에 옮기는 조직구성원은 그렇지 않은 구성원보다 훨씬 높은 조직성과와 개인적 성취를 가져올 것이다.

2) 희망의 철학

인간은 희망을 갖고 낙관적인 태도를 가지고 있는가, 아니면 절망하면서 비관적인 태도를 갖고 있는가에 따라 자신에게 다가올 결과를 다르게 만들 수 있다. 긍정적인 결과를 기대하며 적극적이고 창의적으로 문제를 해결해 나가는 구성원의 산출물과 부정적 결과를 예상하며 노력을 포기하는 구성원의 산출물은 다를 수밖에 없다. 더구나 한 구성원의 사고와 태도는 다른 구성원들에게 상당한 영향을 미치므로 팀 또는 조직 전체의 성과는 크게 달라질 수 있다. '긍정과 희망의 바이러스'를 갖고 그것을 조직의 다른 구성원들에게 전파하고, 함께 문제를 해결하면서 공동의 과업을 적극적으로 추진해 나갈 때 조직과 개인의 성취수준은 크게 높아질 수 있을 것이다.

2. 새 긍정조직행태이론 탐색 I: 자기효능감-조직행동 상호작용이론

긍정조직행태의 가장 핵심적인 요소는 자기효능감(self-efficacy)이다. 자기효능감과 조직행동간의 상호작용이론은 자기효능감을 지렛대로 하여 목표, 의사결정, 학습, 동기부여 등 4가지의 조직행동을 융합적으로 관리함으로써 구성원의 직무성과를 높일 수 있다는 이론이다.

자기효능감(self-efficacy)은 어떤 과제를 스스로 잘 해결하거나 높은 직무성과를 이루어낼 수 있다는 자신의 역량에 대한 믿음이다. 자기효능감은 여러 가지 조직행동에 대하여 영향을 미친다.

목표설정에서의 자기효능감은 어떤 주어진 목표를 스스로의 힘으로 능히 달성할 수 있다는 믿음을 나타낸다. 자기효능감이 있는 직원은 어떤 어려운 목표도 달성할 수 있다고 생각하므로, 조직 또는 상사가 매우 높은 목표를 부여하더라도 이를 달성해 보려는 의지를 갖게 된다. 특히, 중요한 사실은 자기 스스로 자발적으로 목표를 설정함에 있어서 자신의 능력을 믿기 때문에 상당히 도전적인 목표를 채택하게 된다.

의사결정에서의 자기효능감은 어떤 문제도 잘 해결할 수 있다는 자신의 역량에 대한 믿음이다. 자기효능감을 갖게 되면 매우 어려운 문제도 능히 해결할 수 있는 대책을 수립할 수 있다는 자신감을 갖고 다각적인 문제분석과 대안발굴의 노력을 통하여 좋은 의사결정을 하게 될 것이다.

학습에서의 자기효능감은 어떤 어려운 지식, 기술, 행동이라도 능히 습득할 수 있다는 자신감을 나타낸다. 자기효능감이 높은 사람은 보다 높은 학습목표와 행동변화 과제를 설정하며, 자신의 노력이 좋은 결과를 가져올 것으로 믿고 많은 학습·변화 노력을 기울이게 된다(George & Jones, 2012: 167).

동기부여에서의 자기효능감은 자신은 업무수행을 잘 할 수 있고 그를 통해 좋은 직무성과를 거둘 수 있다는 기대와 믿음을 나타낸다. 직무의 좋은 결과에 대한 기대와 믿음으로 인하여 많은 직무노력을 투입하게 되고 실제로 높은 성과와 보상을 가져올 가능성이 높아진다.

이와 같이, 자기효능감은 여러 조직행동에 중요한 잠재적 또는 실질적 영향을 미친다. 자기효능감은 조직구성원의 목표추구, 문제해결, 의사결정, 학습, 행동변화,

직무수행 등 여러 조직행동에서 공통적으로 효과를 발휘한다. 자기효능감을 가진 개인은 조직 내 활동과 업무수행 과정에서 발생하는 어떤 장애요인이라도 능히 극복할 수 있다는 심리적 상태를 갖고 노력을 기울인다(Wagner & Hollenbeck, 2005: 118).

여기서 중요한 포인트는 자기효능감이라는 하나의 심리적 변수를 지렛대로 하여 여러 조직행동들을 융합적으로 관리할 수 있다는 점이다. 즉, 여러 행동들을 하나의 변수를 중심으로 효과적으로 연계시켜 융합적 효과를 가져올 수 있다는 것이다. 이와 유사한 예로, Locke & Latham(2002)은 목표설정과 자기효능감의 결합효과(joint effect)를 통하여 직무성과를 높일 수 있다는 관점을 제공한 바 있다(Robbins & Judge, 2011: 217-218).

본 저자는 목표설정, 의사결정, 학습, 동기부여의 상호작용모델을 통하여 이 4가지 조직행동이 자기효능감이라는 변수로 인하여 어떤 융합적 효과를 가져 오는지를 4단계로 나누어 설명하고자 한다.

[그림 10-1] 자기효능감과 조직행동의 상호작용모델

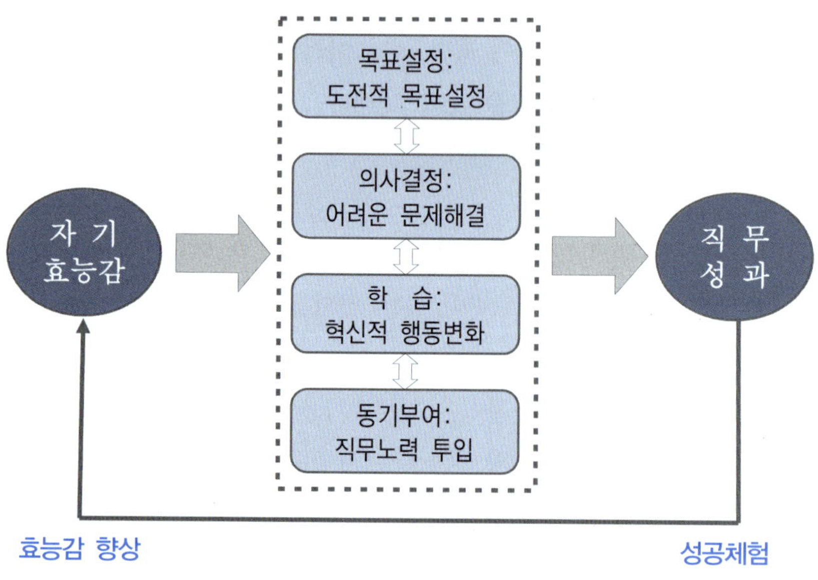

제1단계에서, 자기효능감이 4가지 조직행동에 미치는 효과를 보면, 자기효능감은 목표설정, 의사결정, 학습, 동기부여 등 조직행동에 긍정적인 효과를 부여한다. 즉, 자기효능감이 높은 사람은 보다 도전적인 목표를 설정하고, 문제해결을 위한 의사결정 대안을 보다 광범하게 모색한다. 그리고 어려운 과제를 잘 학습하고 혁신적인 행동변화를 시도하며, 스스로 높은 동기를 부여하여 보다 많은 직무노력을 기울이게 된다.

제2단계에서, 4가지 조직행동간 상호작용을 보면, 도전적 목표를 설정한 조직구성원은 그 목표달성에 장애가 되는 어려운 문제의 해결대안을 더 광범하게 찾아낸다. 그리고 난제를 해결할 수 있는 개인은 자기주도학습을 통하여 혁신적 행동변화를 시도하며, 적극적 행동으로의 변화를 가져온 조직구성원은 자발적인 동기부여를 통해 직무의 적극적 수행과 노력투입을 하게 된다.

제3단계에서, 상호작용 결과로서의 직무성과를 보면, 높은 목표설정과 어려운 문제해결, 그리고 혁신적 행동변화와 자발적 동기부여를 가져온 조직구성원의 적극적이고 증가된 직무노력은 궁극적으로 높은 직무성과를 산출하게 된다. 자기효능감이 높을수록, 그리고 4가지 조직행동간의 상호작용이 활발할수록 직무성과의 수준은 높아질 것이다.

제4단계에서, 직무성과의 자기효능감에 대한 환류효과를 보면, 높은 직무성과를 경험한 조직구성원은 성공체험을 하게 되며, 이는 자기능력에 대한 자신감을 더욱 높여 준다. 즉, 높은 직무성과는 자기효능감을 더욱 향상시켜 준다.

요컨대, 자기효능감은 심리적 공통변수로서 여러 조직행동의 지렛대로 작용하며, 여러 조직행동 변수들이 긍정적인 상호작용을 하게 되면, 그 결과로서 높은 직무성과를 가져올 수 있다는 것이다. 즉, 자기효능감과 여러 조직행동들 간의 결합적 상호작용이 직무성과에 대한 상승적 효과를 가지고 있다는 사실을 나타내 준다. 이것이 바로 조직관리적 요소들간의 시너지 효과 또는 융합효과라고 할 수 있다.

이러한 상호작용 효과를 창출하기 위한 관리전략의 적용순서를 요약하면 다음과 같다.

첫째, 직원의 자기효능감을 함양하기 위한 노력을 기울인다. 이를 위해 (i) 자신의 성공체험 기억, (ii) 롤 모델의 성공사례 예시, (iii) 설득, (iv) 논리적 실증 등의 방법을 활용할 수 있다.

둘째, 직원으로 하여금 그의 자기효능감이 높음을 인식시키면서 여러 중요한 조직행동 수행의 기회를 부여한다. 이때, 자율적 목표설정, 참여적 의사결정, 자기주도적 학습, 자발적 동기부여가 이루어지도록 관리 · 유도 · 지도한다.

셋째, 직원의 직무성과를 평가하고, 그 결과의 환류를 바탕으로 성공체험을 부여한다. 이 때, 직원의 자기효능감은 더욱 강화된다.

3. 새 긍정조직행태이론 탐색 II: 긍정심리-시민행동-사회자본의 결합작용이론

긍정조직행태(POB)는 조직시민행동(OCB) 및 조직사회자본(OSC)과 결합작용을 하게 되고, 이를 통해 조직의 융합성 및 총체적 성과를 높일 수 있다. 이 세 가지 조직행태 또는 조직자본의 결합관계와 상호작용에 관하여 가설과 함께 그 논거를 제시해 본다.

가설 1. **긍정조직심리(POB)를 가진 조직구성원은 그렇지 않은 구성원보다 많은 조직시민행동(OCB)을 보여줄 것이다.**

긍정조직심리가 높은 구성원은 자기효능감이 강하므로 자신의 능력을 믿으며, 희망과 낙관주의를 갖고 있으므로 정신적 여유를 갖고 있다. 또한, 복원력을 갖고 있어서 조직 내 직무상의 난관을 보다 잘 극복할 수 있다. 이러한 심리적 자산을 보유하고 있는 구성원은 그렇지 않은 구성원에 비해 자신의 상사, 동료, 부하를 적극적으로 돕는 행동(helping behavior)을 보다 많이 할 수 있다. 즉, 이타주의라는 조직시민행동(OCB)을 할 가능성이 높다.

가설 2. **긍정심리자본(POB)은 조직사회자본(OSC)을 증대시켜 주는 작용을 할 수 있다.**

자기효능감, 희망, 낙관주의라는 정신적 자본을 보유한 조직구성원은 조직 내 다른 구성원 및 집단은 물론 조직 외부의 개인, 집단, 조직과 보다 적극적으로 관계를 맺고 중요한 역할을 수행하게 될 것이다. 이에 따라 조직 내외부에서 긍정적 관계 네트워크를 보다 잘 구축할 수 있을 것이다. 또, 네트워크 내의 다른 멤버들에게 크고 작은 혜택을 제공함으로써 공동체 내부의 호혜성을 높여줄 것이다. 즉, 네트워크 및 호혜성이라는 조직사회자본(OSC)의 축적을 강화시켜 줄 수 있다.

가설 3. **조직시민행동(OCB)은 이타적, 양심적, 참여적 행동을 통하여 조직사회자본(OSC)을 증가시켜 줄 것이다.**

조직시민행동의 대표적 행동유형인 이타주의적 행동은 다른 구성원이나 집단에 대해 도움(help)을 줌으로써 구성원간의 호혜성을 높여줄 수 있다. 그리고 OCB의 하나인 양심적 행동은 조직구성원으로서 지켜야 할 규범을 잘 지키는 행동이므로 공동체의 규범과 구성원간 신뢰를 강화시켜 줄 수 있다. 또, 다른 OCB인 참여적 행동은 네트워크 내 구성원들 간의 끈끈한 관계와 협력을 증진시켜 준다. 즉, 호혜성, 규범, 신뢰, 관계, 협력이라는 조직사회자본(OSC)을 보다 잘 축적하게 만들어 줄 것이다.

[그림 10-2] POB, OCB, OSC와 조직융합의 효과모형

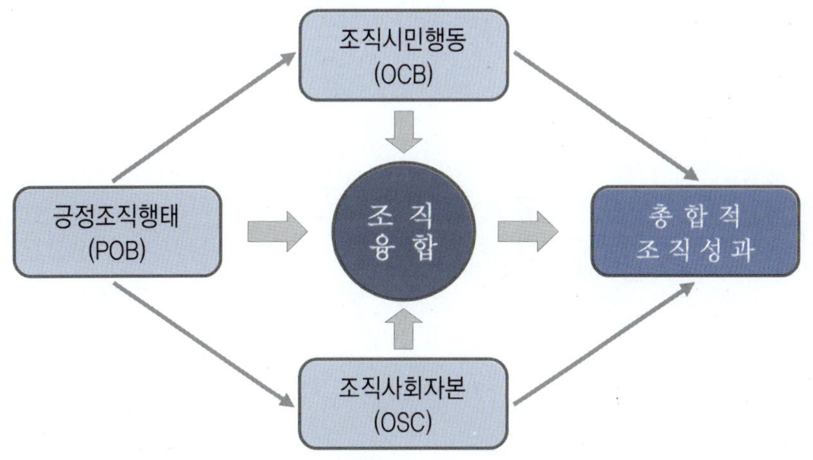

이와 같이, 세 가지 조직행태 또는 조직자본은 서로 결합되어 조직의 융합성을 높여줄 수 있다. 그리고 조직의 융합성이 높아지면 조직의 각 부문 간 시너지를 증대시켜 궁극적으로 조직의 총합적 성과를 제고하는 데 기여하게 된다.

제3부 중범위 조직론

Meso Organization Behavior

-집단 행태와 과정-

제11장 집단과 팀워크(group & teamwork)
제12장 리더십(leadership)
제13장 의사결정(decision-making)
제14장 커뮤니케이션(communication)
제15장 권력과 정치(power & politics)
제16장 갈등관리(conflict management)

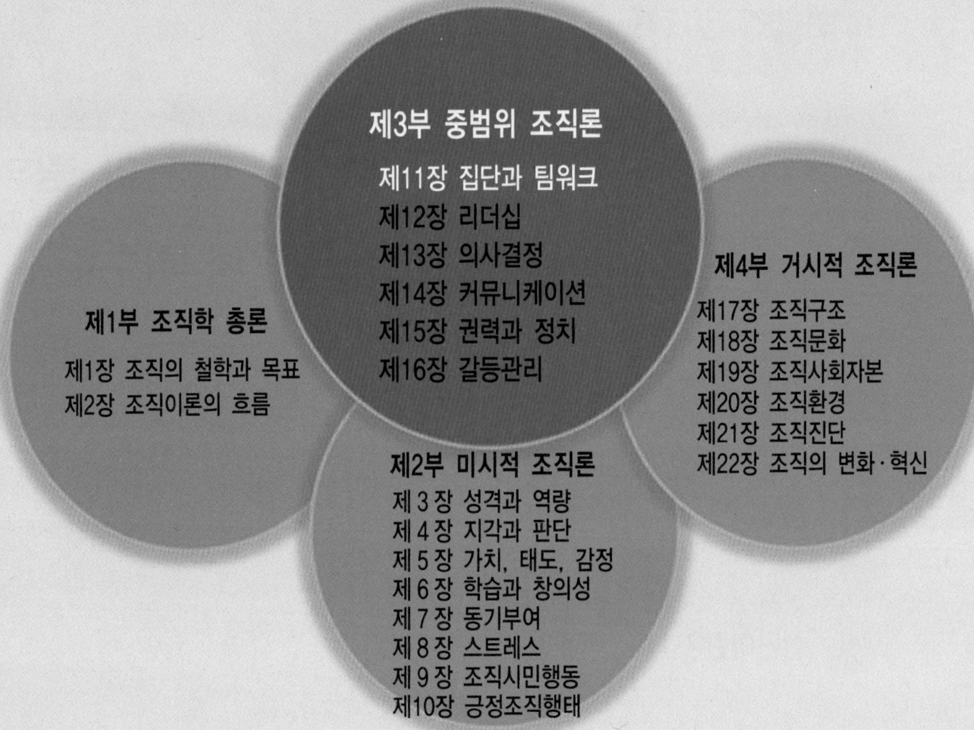
제3부 중범위 조직론
제11장 집단과 팀워크
제12장 리더십
제13장 의사결정
제14장 커뮤니케이션
제15장 권력과 정치
제16장 갈등관리
제1부 조직학 총론
제1장 조직의 철학과 목표
제2장 조직이론의 흐름
제4부 거시적 조직론
제17장 조직구조
제18장 조직문화
제19장 조직사회자본
제20장 조직환경
제21장 조직진단
제22장 조직의 변화·혁신
제2부 미시적 조직론
제 3 장 성격과 역량
제 4 장 지각과 판단
제 5 장 가치, 태도, 감정
제 6 장 학습과 창의성
제 7 장 동기부여
제 8 장 스트레스
제 9 장 조직시민행동
제10장 긍정조직행태

제11장 집단과 팀워크
(Group & Teamwork)

제1절 집단의 유형, 형성, 발전

1. 집단이란?

집단(group)이란 공동의 목적을 가진 둘 이상의 사람들이 모여 상호작용하고 서로 의존하는 사회적 실체이다(Robbins & Jones, 2011: 276). 또 다른 정의에 의하면, "집단은 공통된 이해관계와 목적을 갖고 지속적으로 상호작용하는 둘 이상의 사람들"이라고 한다(Quick & Nelson, 2013: 278). 특히, 소집단(small group)은 적은 수의 구성원으로 공동목적을 달성하기 위해 친근한 대면적 협력과 결합을 도모하는 사람들의 모임이다(박연호, 2000: 219).

소집단 또는 그 이상의 집단은 조직의 운영과 성과에 상당히 큰 영향을 미친다. 집단이 어떤 가치 지향성과 활동방향을 갖는가, 그리고 그 구성원들이 어떻게 분위기를 조성하고 어떤 행동양식을 보이느냐에 따라 조직의 문제해결, 의사결정, 생산성, 문화 등이 달라질 수 있다.

2. 집단의 유형

1) 공식적 집단(Formal Group)

공식적 집단은 조직의 공식적 목적을 달성하도록 하기 위해서 조직이 의식적, 의도적으로 설치한 집단이다. 공식적 집단은 제도권 내에서 다양한 기능수행 계획에 의해 만들어진 집단이라고 할 수 있다.

Robbins & Jones(2011: 276-277)는 공식적 집단을 지휘집단과 작업집단으로 구분한다. 지휘집단(command group)은 공식적 조직구조에 의해서 지시・명령과 보고가 이루어지는 집단을 말한다. 작업집단(task group)은 특정한 과업을 수행하기 위하여 설치하는 집단으로서 조직도표상의 업무범위와 지휘명령체계를 초월하여 광범한 업무상 연계관계를 갖는다. 예를 들면, 친환경 식품개발팀을 만들어 환경부, 농림부, 식품의약품안전처 등의 관련 부서가 서로 연관된 업무를 공동으로 수행하는 것과 같다.

2) 비공식적 집단(Informal Group)

비공식집단은 인간과 인간과의 만남과 교류에 의해서 자연적으로 생성되는 집단이다. 이를 학자들은 자생집단 또는 자생조직이라고 부른다. 대개 규모가 작아서 소집단이라고도 한다.

Robbins & Jones(2011: 276-277)는 비공식적 집단을 이해집단과 친목집단으로 구분한다. 이해집단(interest group)은 각 개인이 자신의 특정한 목적과 이익을 실현하기 위하여 서로 결속함으로써 만들어지는 집단이다. 가상적인 예로서, 공무원 근무환경개선 협의회를 들 수 있다. 친목집단(friendship group)은 서로 동일한 취미와 관심을 갖고 있을 때 공식적인 직무와 관계없이 결성하는 집단이다. 예컨대, 정부 각 부처에는 수많은 동호회들이 구성되어 있다.

3. 집단의 형성요인

1) 심리적 친밀성(psychological intimacy)

인간은 다른 사람과 하나의 집단에 소속되어 서로 친밀감을 갖기를 원한다. 같은 집단에 속하는 사람들은 서로 우호적 감정, 상호 긍정, 개방성, 정서적 안정감을 느낀다. 혼자 떨어진 개인은 소외감과 불안감을 갖게 된다(Quick & Nelson, 2013: 292).

2) 사회적 소속감(social belonging)

인간은 좋은 이미지를 가진 집단에 소속되어 있다는 사실만으로 자부심을 느끼게 된다. 특히, 자신이 소속된 집단이 성공하면 자긍심(self-esteem)을 느끼고 실패하면 자괴감을 느끼게 된다. 사회적 정체성 이론(social identity theory)에 의하면, 사람은 자기가 속한 집단의 성과에 대하여 강한 정서적 반응을 보이게 된다(Robbins & Judge, 2011: 278).

3) 통합적 관여(integrated involvement)

사람들은 하나의 집단에 소속되어 함께 활동을 할 때 다 같이 참여하고 자신이 관여되어 있다는 사실에 만족감을 느끼게 된다. 자신의 능력과 기술에 의해서 소속집단에 기여하고 있다는 점에 대하여 즐거움을 갖는다(Quick & Nelson, 2013: 292).

4) 과업 및 문제해결

공식적 집단의 경우에는 조직의 임무와 목표를 잘 달성하기 위하여, 비공식적 집단의 경우에는 개인들이 공통적으로 추구하는 과업을 보다 효과적으로 추진하기 위하여 집단을 결성한다(박연호, 2000: 225-226). 그리고, 당면한 개인적, 집단적 문제를 해결하는 데 힘을 모으고 아이디어의 교환·공유를 통한 보다 용이한 문제해결을 위해 집단을 구성한다.

5) 이념지향

조직구성원들은 자신들이 지지하는 정치적, 행정적 이념이나 국가적, 사회적 목표를 추구하기 위하여 집단을 결성하기도 한다(박연호, 2000: 225).

6) 세력형성 및 이익추구

뜻이 맞고 이익이 합치되는 사람들끼리 세력을 형성하여 다양한 이슈와 관련된 영향력을 행사하기 위하여 집단을 형성하게 된다(박연호, 2000: 226). 조직 내에서 인맥을 형성하고 이를 통해 자신의 인사에서 유리한 위치를 차지하기 위하여 집단을 만들거나 가입하는 경향도 나타나고 있다.

4. 집단주의와 성과와의 관계

집단의 구성을 통하여 심리적 집단주의(psychological collectivism)가 높아질 때 조직과 그 성과에는 어떤 영향을 미치게 될 것인가? 집단주의의 5개 차원과 직무성과와의 관계를 실증적 연구결과에 바탕을 두고 살펴보면 다음과 같다(Dierdorff et al., 2011; Quick & Nelson, 2013: 283).

첫째, 심리적 집단주의의 요소인 선호(preference), 관심(concern)의 두 차원은 초기단계의 집단성과와 긍정적인 상관관계를 갖는다. 특히, 구성원간 이익의 결합을 나타내는 선호는 초기의 집단형성 과정에 좋은 영향을 미치는 것으로 나타났다.

둘째, 심리적 집단주의의 요소인 의존(reliance)은 초기단계의 집단성과와 부정적인 관계를 보인다. 구성원간에 책임을 서로 미루는 의존성은 집단형성 과정에 장해를 주는 것으로 나타났다.

셋째, 심리적 집단주의의 요소인 목표 우선순위(goal priority)는 최종단계의 집단성과에 긍정적 영향을 미친다.

넷째, 심리적 집단주의의 요소인 규범수용(norm acceptance)은 최종단계의 집단성과와 의미 있는 상관관계를 갖지 않는다.

5. 집단의 발전단계

집단의 형성과 발전의 단계를 보여주는 대표적인 이론으로 Tuckman이 제시한 5단계 모형(The Five-Stage Model)이 있다(Tuckman, 1965; Maples, 1988; Quick & Nelson, 2013: 282; Robbins & Judge, 2011: 280).

1) 형성(forming)단계

이 단계에서는 구성원들이 모이기 시작하며, 어떤 행동이 모임 내에서 수용가능한지 그 행동유형이 결정된다. 각 개인 자신이 집단의 한 구성원이라는 생각을 하기 시작한다. 집단의 목적, 구조, 리더십 등에 관하여 상당한 불확실성이 존재한다.

2) 갈등(storming)단계

이 단계에서는 구성원들 간에 내부적 갈등이 많이 발생한다. 구성원들이 집단의 존재 자체는 인정하지만 그 집단이 자신에게 부과하는 여러 가지 제약에 대해 저항한다. 특히, 누가 집단을 통제할 것인가에 관해 갈등이 심한데, 이 과정을 거쳐 곧 리더십과 지휘체계가 구축된다.

[그림 11-1] 집단발전 5단계 모형

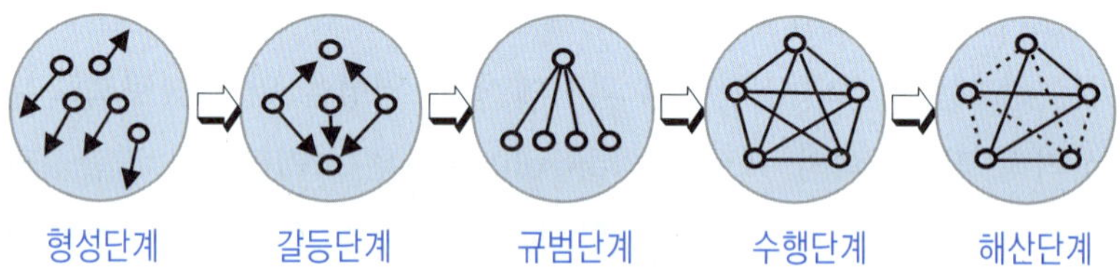

* 출처: Robbins & Judge, 2011: 280.

3) 규범(norming)단계

이 단계는 구성원간의 밀접성이 증대하고 동일성(identity)과 동지애(camaraderie)가 형성되는 단계이다. 이 단계에서는 집단의 구조가 구성원의 단결력을 높이고 옳은 규범과 기대행동이 무엇인지 정립된다.

4) 수행(performing)단계

이 단계에서는 집단의 구조가 충분히 제 기능을 발휘한다. 집단의 에너지가 구성원간의 인지 및 이해의 단계를 넘어서서 실제로 과업을 수행하게 된다. 집단이 존속하는 한 계속 그 기본적인 규범, 구조, 역할 등이 유지된다.

5) 해산(adjourning)단계

이 단계는 존속되는 집단에게는 적용되지 않는다. 한시적 집단 또는 그 존속이 보장되지 않는 집단의 경우에는 과업완수, 자원고갈, 기능수행 불능, 갈등격화 등 여러 요인들에 의해 해산된다.

제2절 팀워크 형성

1. 팀이란?

팀(team)이란 어떤 과업(task)에 관련된 공동의 목적을 성취하기 위하여 일정기간 상호의존적으로 일하는 2인 이상의 집단이라고 정의할 수 있다(Colquitt et al., 2011: 375). 팀은 집단의 일종이지만 집단 개념 그 자체와는 다소 다르다. 집단은 단지 2사람 이상의 모임이라고 한다면, 팀은 어떤 과업(task)과 연계되어 있고 그 상호의존관계가 보다 강하다고 볼 수 있다. 집단 내에서는 보편적인 친근관계가 주를 이루며 일반적인 대화의 교환이 많이 이루어진다면, 팀 내에서는 과업과 관련하여 매우 중요한 정보 및 자료가 밀도 있게 교환되며 목표달성을 위한 명확한 활동이 요구된다(Colquitt et al., 2011: 375). 집단에서의 성과는 각 개인의 기여를 단순합계하는 개념인 반면, 팀은 각 개인의 투입에 대한 단순 합계보다 더 높은 성과를 가져오는 상호협력적인 집합체를 의미한다(Robbins & Judge, 2011: 315).

팀의 유형에 관하여 Colquitt et al.(2011: 376-379)은 작업팀, 경영팀, 평행팀, 프로젝트팀, 액션팀 등으로 나눈다. 업무팀(work team)은 비교적 영구적인 집단으로서 생산이나 서비스 업무를 상시적으로 수행하는 단위체이다. 경영팀(management team)은 넓은 범위와 상위 수준에서 조직의 전반적인 경영과 전략, 그리고 부서간 조정에 관해 임무를 수행하는 집단이다. 대표적으로 최고경영팀(top management team)은 조직의 핵심적 전략을 수립 · 지휘 · 조정한다. 평행팀(parallel team)은 특정한 이슈에 관하여 파트타임(part-time)으로 아이디어 또는 의견을 제공하거나 심의 · 평가 등을 행하는 팀이다. 품질관리조인 QC(Quality Circle), 자문위원회 등이 이에 속한다. 프로젝트팀(project team)은 특정한 과제를 그 완료시까지 집중적으로 수행하는 팀이다. 풀타임, 파트타임 모두 가능하며, 프로젝트에 따라 장기 또는 단기적으로 운영된다.

2. 팀워크란?

팀워크(teamwork)란 구성원들 간의 활발한 상호작용과 합체적 노력(joint effort)을 통하여 긍정적 시너지를 창출하고 공동의 목표를 원활하게 성취하는 활동·역량·가치를 말한다(Robbins & Judge, 2011: 315). 팀워크는 프로세스 이익(process gain)을 증대시키고 프로세스 손실(process loss)을 감소시키는 요소라고 할 수 있다. 프로세스 이익(process gain)이란 팀 내 각 개인의 능력과 기술을 통해서 얻을 것으로 기대되는 그 이상의 결과를 팀 활동을 통해서 얻는 것을 말한다. 다시 말하면, 부분의 단순 집합보다 큰 효과를 거두는 것을 말하며, 이는 바로 시너지(synergy)라는 개념과 상통한다. 반대로, 프로세스 손실(process loss)이란 팀 내 각 개인의 능력과 기술로 거둘 수 있는 결과보다 팀 활동으로 얻는 성과가 더 적은 것을 말한다(Colquitt et al., 2011: 413).

팀워크가 높은 집단은 어떤 특징을 갖는가? 팀 구성원들이 팀의 목표와 가치를 공유하며, 팀의 규범을 잘 준수하는 특성을 보인다. 구성원 상호간에 의사소통이 활발하고 개방적이며, 다른 구성원에 대한 긍정적 태도를 가지고 우호적 관계를 형성하며, 서로의 양심과 역량 및 기여에 대한 신뢰도가 높다. 각자가 가진 지식, 기술, 능력, 그리고 노력을 서로 결합하고 상호보완 하여 높은 성과를 가져올 수 있다. 그리하여 팀에 대한 구성원의 만족도와 몰입도가 높다.

3. 팀워크의 프로세스

팀워크를 형성하고 유지해 나가기 위해서는 팀워크를 효과적으로 생성시키고 관리하는 과정과 활동이 필요하다. 팀워크 프로세스는 한 마디로 구성원간의 상호작용(interaction) 과정이다. Colquitt et al.은 팀워크의 프로세스로서 목표·전략 수립 등 전이과정(transition process), 행동·모니터링 등 활동과정(action process), 동기부여·갈등조정 등 대인관계 과정(interpersonal process) 등으로 구분하고 있다(Colquitt et al., 2011: 420-422).

본 저자는 팀워크의 프로세스를 (i) 미션 공유, (ii) 정신적 모델링, (iii) 커뮤니케이션, (iv) 상호 동기부여, (v) 상호 조절·조정, (vi) 갈등관리 등 6개 과정으로 설정해 보고자 한다.

1) 미션 공유(mission sharing)

팀원들은 함께 추구하고 달성해야 할 공동의 미션을 설정해야 한다. 그 미션은 이미 조직에 의해서 부여될 수도 있다. 중요한 포인트는 미션에 대해 팀원 모두가 공감하고 잘 인지해야 하며, 그것이 곧 자기 자신의 미션임을 인정하고 믿어야 한다.

[그림 11-2] 팀워크의 프로세스 구성도

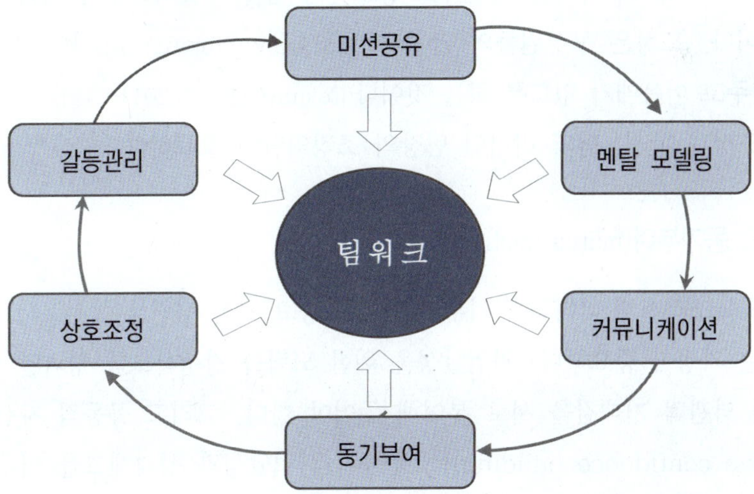

2) 정신적 모델링(mental modeling)

팀워크 형성을 위한 정신적 사고의 모델링은 두 가지 측면에서 추구되어야 한다. 하나는 팀원들이 가치(value)를 공유하고 같은 지향점을 향해 움직여야 한다는 것이다. 서로 다른 가치를 추구한다면 각 팀원들은 각기 다른 방향으로 움직이고 말 것이다. 또 하나는 Colquitt et al.(2011: 427)이 강조하는 것처럼, 각 팀원은 다른 팀원의 능력과 협조자세에 대해 믿음(belief)을 가져야 한다는 것이다. 다른 팀원은 자신을 도울 수 있고, 자신은 다른 팀원을 도움으로써, 팀 전체의 목표달성을 더 잘 할 수 있다는 신념을 가져야 한다.

3) 커뮤니케이션(communication)

팀워크의 요체는 서로를 잘 알고 이해·공감하면서 협력하는 것이다. 팀원간의 모든 상호작용의 기장 기본이 되는 요소는 활발한 의사교환과 원활한 소통이다.

4) 상호 조절·조정(mutual adjustment & coordination)

상호 조절은 구성원들이 서로에게 필요한 것이 무엇인지 알고 충족시켜 주는 것이다. 그리고 서로의 차이를 인지하고 상호간의 갭을 자발적으로 줄여나가는 노력의 과정이다. 조정은 구성원들의 활동을 동조화(synchronizing)하여 효과적으로 혼합시켜주고 이음매가 없도록 하는 것이다(Colquitt et al., 2011: 421). 구성원간의 자발적 조정과 함께, 팀의 리더인 팀장의 조정역할이 중요하다.

5) 상호 동기부여(mutual motivating)

팀장이나 조직전체 리더의 동기부여 역할도 중요하나, 팀원들이 서로서로 동기부여를 하는 과정이 중요하다. 과업달성을 위한 노력을 경주하도록 성과달성에 대한 절박감과 낙관적 기대감을 서로 부여해 주어야 한다. 그리고 공동적 자신감 구축(collective confidence building)을 통하여 과업달성과 성과제고를 이루어낼 수 있다는 팀원전체의 자신감 또는 성공 분위기를 조성해야 한다.

6) 갈등관리(conflict management)

팀 내에 협력적 분위기를 조성하려면 구성원간의 갈등을 예방 또는 해소해야 한다. 갈등은 팀원간 가치관 및 사고의 차이에서 올 수도 있고, 업무의 상호 부조화(mismatch)에서 야기될 수도 있다. 갈등관리에서는 미션에 대한 초점 공유, 이기주의의 극복과 상호주의 확대, 능력과 기여에 대한 상호신뢰 등이 추구되어야 한다.

4. 팀워크의 효과

팀워크는 조직과 그 구성원에 대하여 어떤 효과가 있는가? 먼저, 긍정적 효과를 보자. 첫째, 구성원간의 소통과 협력을 증진시킨다. 둘째, 구성원간의 친밀감과 상호의존성으로 인하여 좋은 인간관계가 형성되고 신뢰감이 높아진다. 셋째, 구성원의 심리적 안정감과 사기 및 만족도가 높아진다. 넷째, 구성원의 책임의식과 '우리'(We)라는 공동체 의식을 제고하므로, 단결심과 협력정신이 높아진다. 다섯째, 업무상 협력체계의 구축을 통하여 팀과 조직전체의 성과를 향상시킨다. 특히, 팀의 성과규범과 조직의 가치가 일치될 때 보다 높은 성과를 이루어낼 수 있다(박연호, 2000: 238).

그러나 팀워크는 구성원, 조직, 외부고객에 대하여 부정적 효과를 가져올 수도 있다. 팀워크가 높고 응집성이 강한 집단의 구성원들은 자기들 것을 지키기 위하여 변화에 대해 저항한다. 그리고 집단사고(group thinking)로 인하여 의사결정의 합리성과 객관성을 저하시킨다(박연호, 2000: 238).

팀워크와 조직성과와의 관계는 어떠한지 그래프를 통해 분석해 본다. [그림 11-3]에서 보듯이 팀워크의 한 요소인 순응성(conformity)이 약할 때에는 팀의

[그림 11-3] 팀워크와 성과와의 관계도

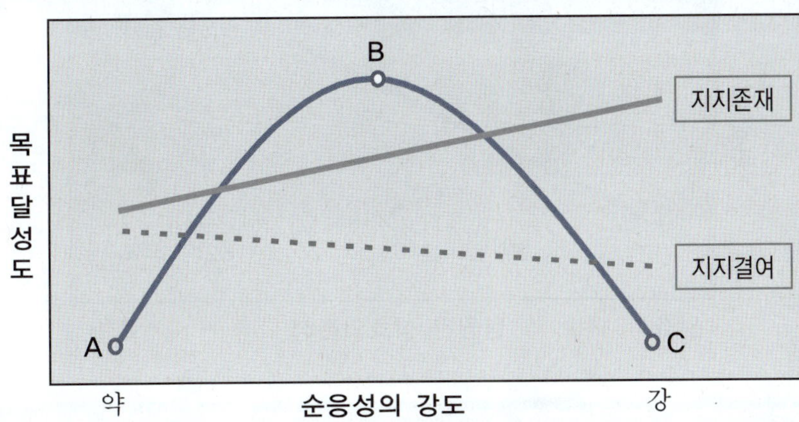

*출처: George & Jones, 2012: 319 및 황규대 외, 2001: 283의 결합

목표달성도가 낮은데 비하여, 순응성이 점점 강해짐에 따라 목표달성도가 점차적으로 높아지다가, 적정한 순응성 수준 – 즉, 순응성(conformity)과 편차성(deviance)의 균형점 – 에서는 목표달성도가 극대화된다. 그 이후, 순응성이 너무 강해지게 되면 오히려 팀의 목표달성도는 떨어지게 된다.

또 다른 차원에서 조직상층부와 팀간의 상호관계에 따라서 조직성과가 달라질 수 있다. 팀 또는 집단에 대한 조직상층부의 지지와 지원이 존재할 때에는 구성원의 순응성이나 응집력이 강할수록 성과가 높아지지만, 조직상층부의 지지와 지원이 결여되거나 서로의 지향점이 상반될 경우에는 팀원의 순응성이나 응집력이 강할수록 성과가 낮아질 수 있다. 이는 조직전체 목표와 팀목표간의 일치성에 관한 문제로서, 그 일치와 조화가 얼마나 중요한지를 보여주는 것이다.

보상체계에 따른 팀워크와 성과와의 관계는 어떠한가? 팀워크를 통해 달성된 성과를 어떻게 보상하느냐에 따라 성과는 달라진다. 구성원간 협력에 대한 보상(cooperative rewards), 즉 집단성과를 기준으로 보상을 할 경우에는 팀워크가 강할수록 성과가 높아진다. 반면, 개인간 경쟁중심의 보상(competitive rewards)을 할 경우에는 팀원간 의존성이 높을수록 성과가 떨어진다(Wagner & Hollenbeck, 2005: 268).

[그림 11-4] 보상, 팀워크, 성과의 관계도

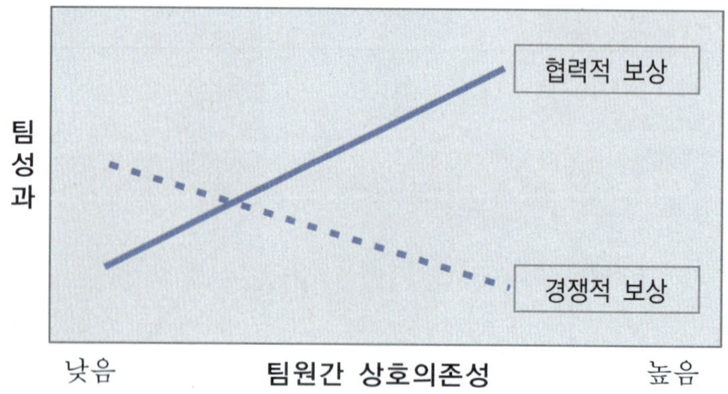

*출처: Wagner & Hollenbeck, 2005: 268

5. 팀워크의 결정요인

팀워크는 어떤 요인에 의해서 높여질 수 있을까? 그러한 요인들을 조직관리자가 인식한다면 팀워크 향상을 위한 전략과 대안을 보다 쉽게 수립할 수 있을 것이다.

Robbins & Judge(2011: 318-328)는 팀 효과성 모형(team effectiveness model)을 제시하면서 팀워크를 높이는 데 관여할 수 있는 다양한 변수들을 적시하고 있다. 그들의 모형에 의하면, (i) 충분한 자원, 리더십, 구조 등 맥락요인(context)과 (ii) 팀원의 능력, 역할, 다양성 등 구성요인(composition), 그리고 (iii) 공동의 목적, 구체적 목표, 팀 효능감 등 과정요인(process)이 팀의 효과성에 영향을 주는 변수들이라고 주장하고 있다.

[그림 11-5] 팀워크 결정요인 모델

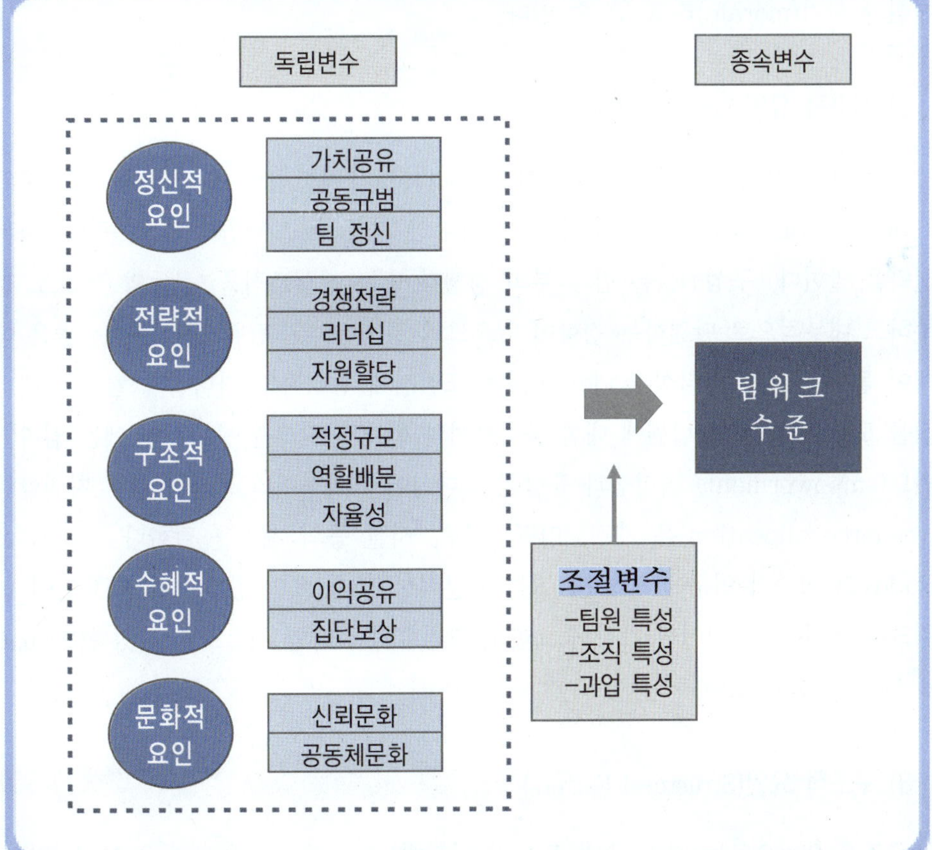

본 저자는 Robbins & Judge(2011)가 적시한 여러 변수들을 고려하면서 팀워크 향상에 긍정적으로 작용할 수 있는 요인들을 종합적으로 제시해 본다. 이는 팀워크 결정요인 모델(teamwork determinator model)의 제안을 의미하며, 이 모델에 포함되는 주요 요인들과 그에 포함되는 하위변수들에 관해 설명하는 것이다.

1) 정신적 요인(Spiritual Factors)

정신적 요인에는 가치공유, 공동규범, 팀 정신 등이 포함된다. 가치공유(value sharing)는 구성원들이 가치, 사고, 관점에 관해 공통의 지향성을 갖는 것이다. 여기서 가치는 팀이 하나의 전체로서 지향하는 가치를 의미한다. 공동규범(shared norm)은 팀원들이 함께 지키고 수행해야 할 규범에 대하여 철저히 인식하고 유지하는 것을 말한다. 팀 정신(team spirit)은 구성원이 하나(one)라는 의식, 공동의 목표를 함께 달성해야 한다는 책무감, 힘을 합치면 반드시 이루어 낼 수 있다는 단결심과 사기(morale)라고 할 수 있다.

2) 전략적 요인(Strategic Factors)

전략적 요인에는 경쟁전략, 리더십, 그리고 자원할당이 포함된다. 경쟁전략(competition strategy)은 조직 내에 다수의 팀을 두고 팀간의 경쟁을 유도하는 전략을 말한다. 구성원들은 팀 외부의 경쟁자 또는 경쟁조직을 '공동의 적'으로 간주하고 내부적으로 단결하는 경향이 있으므로 경쟁전략은 팀워크를 높이는 좋은 방책이 될 수 있다. 리더십(leadership)은 조직전체 관리자의 리더십과 팀장의 리더십을 모두 포함한다. 팀원에 대한 동기부여와 함께 팀워크를 높이는 데에는 임파워먼트(empowerment) 리더십과 융합적 리더십이 효과적이라고 생각된다. 자원할당(resource allocation)은 재정, 인력, 정보, 시설 등의 제공을 말한다. Hyatt & Ruddy의 실증적 연구에 의하면, 그들이 분석한 13개 요인 중 자원할당 요인이 팀워크를 높이는 데 있어서 가장 중요한 영향변수의 하나인 것으로 밝혀졌다(Robbins & Judge, 2011: 319).

3) 구조적 요인(Structural Factors)

구조적 요인으로는 팀의 규모, 팀원간 역할배분, 그리고 자율성 등을 들 수 있다.

적정규모(right size of team)는 팀을 효율적이고 기동성 · 집중성 있게 움직이도록 만들어 주는 요소이다. AOL Technologies의 회장은 한 팀에 7~9명이 적합하다고 했으며, 일반적으로 5~9명이 가장 효과적인 팀을 만들 수 있는 규모라고 한다. 이는 아이디어의 다양성, 응집력, 상호신뢰 등을 고려한 숫자이다(Robbins & Judge, 2011: 319). 역할배분(role allocation)에 있어서는 팀원 각자의 능력, 성격, 지식 등 개인특성에 맞게 구체적 과업을 부여해야 하고, 핵심적 역할을 담당하는 팀원은 가장 유능하고 경험이 풍부하며 팀 의식이 강한 사람이라야 한다. 당연히 팀원간 역할의 중첩성 · 모호성은 피해야 하고, 역할간의 연계성 · 정합성은 높여야 한다. 자율성(autonomy)은 팀과 팀원에 대한 조직 상위관리자의 간섭과 규제를 최소화해야 한다는 것이다. 팀제 자체가 자율형 · 분산형 조직구조 설계의 한 형태이므로, 그 취지에 맞게 운영되어야 한다.

4) 수혜적 요인(Beneficial Factors)

수혜적 요인으로는 이익공유와 집단보상체계가 중요하다. 이익공유(benefit sharing)는 팀 구성원들이 팀의 활동이나 성과로부터 다함께 얻는 이익이 있어야 한다는 것이다. 이를 흔히 호혜성(mutual beneficialness)이라고 한다. 집단보상(collective reward)은 팀의 활동과 성과에 따른 평가 · 보상이 팀 단위로 이루어져야 한다는 것이다. 물론, 이런 원칙이 개인단위의 평가 · 보상을 배제하는 것은 아니며, 개인-집단 양측면의 평가와 보상이 병행되어야 함을 의미한다. 이는 이기주의 문제와 무임승차자(free-rider) 문제를 동시에 해결하려는 데 그 목적이 있다.

5) 문화적 요인(Cultural Factors)

팀 내부의 문화는 그 구성원들의 행동에 가시적, 비가시적으로 큰 영향을 미친다. 팀워크에 긍정적으로 작용하는 문화유형으로는 신뢰문화와 공동체 문화가 있다. 신뢰문화(culture of trust)는 팀원들이 다른 구성원들의 능력과 충실성을 믿고 서로 모든 역량을 발휘하여 함께 노력하는 풍토를 말한다. 공동체 문화(communal culture)는 팀원들 서로가 '우리'(we)라는 공동체 의식을 갖고 팀 업무에 몰입하며 공동책임을 기꺼이 부담하려는 분위기를 의미한다.

6. 팀워크 강화 기법

1) 협력 · 긍정경쟁 팀워크 기법

Quick & Nelson은 효과적인 팀워크 형성 기법으로 협력적 팀워크 기법(cooperative teamwork skills)과 긍정경쟁 팀워크 기법(positive competitive teamwork skills)을 제시하고 있다.

협력적 팀워크 향상 기법은 개방적 커뮤니케이션, 신뢰, 개인의 결점 완화, 긍정적인 상호 의존성, 그리고 상호지원 등을 통해 팀워크를 높이는 방법이다. 예를 들어, 팀 내부의 높은 신뢰는 팀원들로 하여금 도움이 절실할 때 확실하게 서로 도와주는 것을 가능하게 한다. 협력적 보상은 임무수행과 과업달성의 정확성을 높여준다(Quick & Nelson, 2013: 291).

긍정적 경쟁 팀워크 기법은 팀원들로 하여금 경쟁을 즐기는 기술과 능력을 키우게 해주고, 승자가 되건 패자가 되건 페어 플레이어(fair player)가 되게 한다. 경쟁기법의 적용에 있어서는 팀원들이 어떤 측면에서 경쟁하고 있는지 모니터링 해야 하며, 그 결과에 대한 과장이나 보편화를 하지 않도록 주의해야 한다. 경쟁적 보상은 임무수행과 과업달성의 속도를 높여준다(Quick & Nelson, 2013: 291).

2) 팀 구축(Team Building) 프로그램

팀 구축 프로그램은 조직 내에 있는 여러 작업집단의 효과성을 높이려는 개입기법이다. 즉, 팀원들 사이의 신뢰감, 응집성, 그리고 협조적인 관계를 형성하도록 함으로써 팀의 목표를 보다 잘 달성하게 하는 방법이다. 중점을 두는 측면은 구성원 및 팀에 대한 진단, 팀 내외의 인간관계 분석, 문제해결 과정의 개선, 목표에 대한 성취도 향상 등이다(오석홍, 2011: 87).

팀 구축을 위한 대표적인 프로그램들로는 팀 진단 미팅, 핵심요원 미팅, 과정상담, 민감성 훈련(ST: Sensitivity Training), T-그룹 훈련기법, 역할분석, 역할협상, 직무기대 기법, 게슈탈트 기법(gestalt technique: 경험의 총체적 분석) 등이 있다(Lundberg, 1985). 조직이나 팀이 처한 상황, 과제성격, 직무특성 등에 따라 매우 다양한 프로그램이 설계될 수 있다.

여기서는 미국 산림청 관리자들, 캘리포니아 사회복지 전문가들, 프린터 장비 사업의 기술자 등을 대상으로 한 다양한 팀 빌딩 사례들을 종합하여 팀 구축 과정을 살펴본다(Lundberg, 1985). (1) 먼저, 팀원들을 모집·구성한 후, 각자 자기가 어떤 사람인지 자기노출을 먼저 하고, 서로 어떤 질문에도 솔직하게 대답하는 과정을 거치면서 서로를 알게 하는 상호노출과 친밀화를 한다. (2) 그 후 팀원들이 자발적으로 택한 팀 과제 활동을 수행한다. 팀의 과제 활동과 관련하여 각자의 의견제시를 바탕으로 공동의 의제와 목표를 설정한다. (3) 의제와 목표에 관해 정보를 교환하며, 해결대안에 대한 제안과 토론을 진행한다. (4) 이 과정에서 의제나 제안에 대한 피드백(feedback)이 반복되며, 이를 통해 의제의 재구성이나 제안의 수정·변화 등이 상호 교환적으로 이루어진다. 끊임없는 상호작용(interaction)과정 속에서 자신과 팀에 대한 성찰(reflection), 관계형성(relationship building), 규범정립(norm establishment) 등이 이루어지고, 적극적인 참여정신이 함양되며 신뢰감이 높아진다. 궁극적으로 팀 활동이 협력적으로 이루어지고 목표달성이 용이해진다.

[그림 11-6] 팀 구축 프로그램의 과정

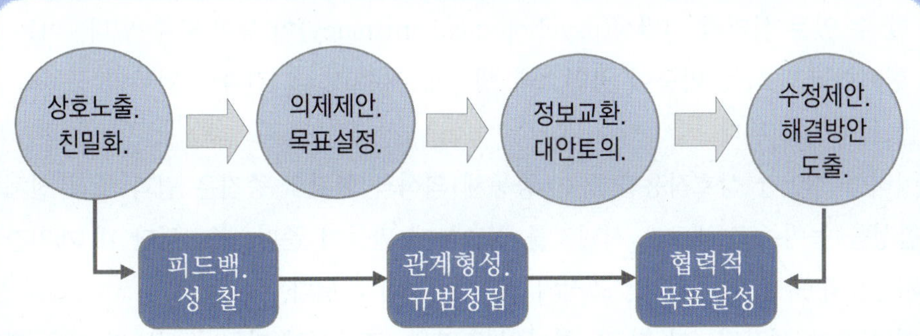

3) 자율경영팀(Self-Managed Team) 구축

자율적인 권한과 프로세스에 따라 팀워크를 발휘할 수 있는 하나의 팀 형태로서 자율경영팀을 들 수 있다. 자율경영팀은 서로 밀접하게 관련되고 상호의존적인 직무를 수행하는 직원들로 구성되며 감독자의 통제를 받지 않는 팀을 말한다. 스스로 계획을 수립하고, 업무를 할당하며, 운영수준의 의사결정과 문제해결 활동을 수행할 수 있다. 팀원을 스스로 선발하기도 하고 상호평가를 행하기도 한다. 일반적으로 자발적인 문제해결 역량이 높고, 자율적 책임성을 확보할 수 있으며, 팀원의 직무만족도가 높다(Robbins & Judge, 2011: 316; Quick & Nelson, 2013: 296).

제3절 집단관리의 철학과 새 이론

1. 집단관리의 철학-가치공유와 융합주의-

어느 조직에서나 개인, 집단, 조직전체의 조화를 위해서는 가치의 공유가 중요하다. 팀원들이 추구하는 가치가 서로 같거나 유사할 때 상호간에 선호하게 되고 동질감을 느끼게 된다. 그리하여 조직 내 과업을 추진함에 있어서 동일한 지향점을 갖고 공동체 의식과 응집성을 바탕으로 공동의 업무를 수행하게 된다.

팀 내의 구성원들이 이념이나 가치를 공유하게 되면 집단형성의 정서적 요인이라고 할 수 있는 심리적 친밀성(psychological intimacy)이 높아질 수 있다. 이는 서로 협력하고자 하는 마음이 자연스레 생기게 해주고, 그 결과로 업무의 공동적 성과를 높여주게 된다.

이러한 개인간 상호작용을 통한 공동체 의식과 협력의 증진은 팀과 조직 전체의 융합성을 높여주고 새로운 시너지를 창출하게 만들어 준다. 즉, 집단 내 개인간의 가치공유와 융합화가 팀 및 조직의 성과를 높이게 된다.

이와 함께 생각되어야 할 또 하나의 측면은, 추상적인 가치나 이념의 공유 뿐만 아니라, 가시적이고 실질적인 이익의 공유와 조화도 이루어져야 한다는 것이다. 팀원들이 서로 협력을 통해 가치를 창출했을 때 그 산출물이 공동적 보상의 형태로 각 팀원들에게 제공되어야 한다. 궁극적으로 가치와 이익의 총합화를 이루어야 하고, 이것이 집단구성원들에게 환원될 때 강력하고 효과적인 팀워크를 이룰 수 있고 조직전체의 시너지를 창조할 수 있다.

2. 새 집단이론 탐색 I: 미시적 · 거시적 융합이론

소집단 또는 팀 단위의 융합은 팀워크(teamwork) 형성이라는 과정과 활동을 통해 이루어질 수 있다. 그런데 이는 미시적 융합(micro fusion)이다. 소집단 또는 팀은 미시적 공동체(micro community)라고 할 만큼 그 범위가 좁다. 미시적 융합은 소집단 중심의 친근관계 형성, 집단이익 추구, 소집단 단위의 의사결정에 의한 문제해결 등을 통해 이루어지므로, 이는 조직전체의 가치, 목표, 이익, 융합과는 괴리가 있을 수 있다. 조직전체적 차원에서의 융합은 이를 거시적 융합(macro fusion)이라고 할 수 있다. 조직전체의 융합적 관점에서 보면 미시적 융합을 거시적 융합 속에 잘 포괄하고 서로 조화를 이루게 할 필요가 있다.

그러면 미시적 융합과 거시적 융합의 조화는 어떻게 이룰 수 있을까?

첫째, 본질적 가치와 수단적 가치의 일치성 및 동조성을 유지할 필요가 있다. 즉, 수직적 가치사슬(vertical value chain)을 정(+)의 방향으로 형성하고 가치들 간의 수직적 비대칭성을 방지해야 한다.

둘째, 목표관리에 있어서 목표-수단 연쇄(goals-means chain) 관계에 대한 인식을 명확히 가지고 조직목표와 팀목표간의 긍정적 인과관계를 유지해야 한다. 그리고 조직목표 설정과정에 집단구성원 또는 팀원의 참여를 보장하여야 한다. 마찬가지로 집단목표의 설정에 있어서도 상위목표이자 모든 집단의 공동목표인 조직목표를 충실하게 반영해야 한다.

셋째, 미시적 조직단위와 거시적 조직단위의 수평적, 연계적 관리를 위한 미래형 조직모형으로서 원형조직(circular organization) 또는 동심원 조직(concentric circle organization)을 생각해 볼 수 있다. Hesselbein et al.(1997)은 세 개의 동심원을 가진 자원봉사조직의 예를 들면서, 큰 집단의 중심에서는 최고경영자가 역할을 하고, 점점 그 바깥으로 주변 구성원 집단과 접하면서 동심원을 가로질러 일을 하는 조직모형을 제시했다. 이 조직에서는 과거와 달리 최고경영자가 "아래를 보는 것"이 아니라 "바깥을 보는 것"으로서 수평적 관계를 강조했다.

원형조직의 사례를 미시적 단위와 거시적 단위 간의 관계에 적용해 본다면 집단과 조직과의 관계에 관한 새로운 시사점을 얻을 수 있다. 즉, 집단 또는 팀은 미시적 단위이고, 부서는 중범위적 단위이며, 전체조직은 거시적 단위로서 집단과 조직과의 관계를 수직적 차원에서 수평적 차원으로 변화시킬 수 있다는 것이다. 집단과 조직을 수평적 관점(horizontal perspective)에서 파악할 때 양자간의 융합은 더 긍정적으로 이루어질 수 있을 것이다. 미시적, 중범위적, 거시적 단위간의 대등한 관계 형성을 통하여 상호간에 좀 더 자유롭고 민주적으로 소통할 수 있고, 위계적 관계가 아니라 협력적 관계로 승화시킬 수 있다.

3. 새 집단이론 탐색 II: 집단포용이론

각 집단의 관점에서 보면 집단의 응집성과 팀워크가 강조되어야 한다. 그러나 조직 전체적 관점에서 보면, 집단들은 서로 다른 목표를 추구하며, 상이한 가치, 사고, 행동양식, 이해관계, 하위문화 등을 가지고 있는 것으로 보아야 한다. 이러한 이질성은 조직 내 집단간, 그리고 그 구성원간의 잠재적인 갈등요인이 될 수 있다. 집단간의 서로 다른 가치, 목표, 이해관계 등은 충돌과 대립의 양상을 초래할 수 있다. 따라서, 집단간 융합이 필요하며, 이를 위해서는 이질성의 극복이 필요하다. 이질성을 극복하기 위해서는 서로 다른 가치, 지향성, 사고, 이해관계 등의 특성과 차이를 인정하면서도, 서로 공통적 부분을 발견하고자 노력해야 하며, 서로 허용할 수 있는 이질적 스펙트럼(spectrum)의 범위를 넓혀야 한다.

개인간, 그리고 집단간의 이질성 극복은 "다양성과 포용의 이론"에서 강조되는 과제이다. 서로 다른 출신배경과 문화적 성향을 가진 다양한 개인과 집단을 하나의 조직 속에서 함께 포용해야 한다는 학문적 주장은 최근 급격히 증가하고 있다. Kennedy(2008)의 연구에 의하면, 서로 다른 성향과 배경을 가진 집단간의 결합, 즉 다름의 융화(putting differences to work)는 조직 내부의 신뢰 형성, 조직의 안정성 확보, 협력체계 구축, 화합과 평화, 그리고 궁극적으로 조직의 성공을 이루는 데 있어서 매우 중요한 요소이다.

그러면 집단간 이질성 극복과 융화를 위해 어떤 전략이 수립·적용되어야 할까?

출신배경, 과제, 활동, 전문분야가 다른 다양한 집단 사이의 협력과 조화를 가져오도록 할 수 있는 다양한 맞춤형 집단관리전략을 수립해야 한다. 구체적으로, 각 집단의 역할과 고유성을 인정하면서도, 전문성 면에서 연관성이 있는 분야의 집단 간 교류를 장려하며, 과제가 유사한 경우에는 협업과 공동작업을 수행하게 하는 것이 좋을 것이다. 아울러, 다양한 집단구성원들의 색다른 요구들을 적극적으로 수렴하고, 대립되는 집단간의 이해관계를 균형 있게 조정해 주는 등 다각적인 방안을 활용해야 한다.

집단의 다양성 관리 차원에서 다문화 출신으로 구성된 고급 간부팀을 운영하는 것도 한 가지 방안이 될 수 있다. Quick & Nelson(2013: 299)이 제시하고 있는 다문화 최고위팀(multicultural top teams)은 그런 구조적 장치의 하나가 될 수 있다. 이 팀에서는 조직구성원 및 집단의 다양성에 관한 전반적인 관리와 조정을 수행할 수 있다. 그리고 다양한 출신배경을 가진 멤버들의 다양한 관점과 아이디어는 조직의 혁신(innovation)을 가속화시킬 수 있다. 특히, 고위 간부팀 자체를 다양성 있는 멤버들로 구성하고, 그런 사실을 조직구성원들과 각 팀원들에게 주지시킬 때, 이 고위팀의 정책과 조정에 대하여 동의와 수용을 확보하기가 쉬어질 것이다.

제12장 리더십
(Leadership)

제1절 리더십의 개념과 효용

1. 리더십이란?

리더십이란 간단하게 정의하면 "조직의 직무환경 속에서 근무하는 사람들의 행동을 일정한 방향으로 이끌어 나가는 과정"이다(Quick & Nelson, 2013: 380). 좀 더 구체적으로, "리더십이란 조직구성원으로 하여금 공동목표를 달성하기 위한 자발적 노력을 기울이도록 영향력을 행사하는 과정 또는 능력"이라고 할 수 있다. 리더십의 개념요소를 분해하면 다음과 같다.

첫째, 공동목표의 달성을 추구하는 것이다.
둘째, 구성원에게 영향력을 행사하는 것이다.
셋째, 구성원의 노력을 일정한 방향으로 유도하는 것이다.
넷째, 구성원의 자발성을 전제로 한다.

리더십은 일반적 지휘능력이나 통솔력을 의미하는 헤드십(headship)과는 구별된다. 헤드십은 공식적인 권력이나 명령권에 의하여 부하를 지휘하는 것으로서 어느 정도의 강제성을 가진다. 이에 비해, 리더십은 리더의 자질과 역량 및 활동과정에 의한 영향력으로서 구성원의 자발적인 수용이나 호응을 그 특징으로 한다.

공식적 리더십은 합법적인 직위의 권한에 바탕을 둔 통솔력이나 통제력을 의미하므로 헤드십과 유사하다. 비공식적 리더십은 공식적 직위보다는 리더 개인의 특성,

능력, 인간관계에 기초하는 리더십을 말한다.

2. 리더십의 효용성

조직에서 리더십은 왜 필요한가? 리더십의 기능과 효용에 관하여 간단히 정리하면 다음과 같다.

1) 조직의 비전과 방향 설정

환경변화가 극심한 현대 지식정보사회 속에서는 변화를 잘 읽어낼 줄 알고 그러한 변화에 적응하여 조직이 살아남을 수 있는 비전과 방향 및 전략을 제시할 수 있는 리더십을 필요로 한다. 조직의 경쟁력을 높이고 생존능력을 유지하는 역할을 확보하기 위하여 조직은 역량 있는 리더를 요구한다.

2) 조직설계의 불완전성 극복

모든 조직구성원들의 활동을 고려한 완벽한 조직 메커니즘을 설계하는 것은 불가능하다(황규대 외, 2001: 401). 이런 공식적 조직 메커니즘의 한계를 리더십으로 극복할 필요가 있다. 구성원들로 하여금 바람직한 행동을 하도록 유도하고 목표지향적 방향으로 나가도록 하기 위해서는 리더에 의한 인간관리적 기능이 필요하다. 즉, 공식적 구조나 규칙 또는 절차로부터 얻을 수 없는 인간행동 관리역량을 리더십을 통해 구할 수 있다.

3) 조직의 내부역학 조절과 통합

조직은 다양한 개인과 집단으로 이루어져 있고 그들 간에는 끊임없는 경쟁과 충돌이 존재한다. 리더십은 개인간 또는 집단간의 갈등관계 속에서 완충적 작용을 함으로써 구성원들을 하나로 통합시켜 주는 기능을 수행할 수 있다(황규대 외, 2001: 401).

4) 조직구성원의 욕구 충족

리더십은 개인들의 다양한 욕구를 인지하고 이를 충족시켜 줌으로써 조직성과 제고를 위한 노력을 하도록 동기부여하는 역할을 할 수가 있다. 동기부여는 리더의 중요한 역할 중 하나이다.

5) 조직의 성공 주도

리더는 조직경영에 있어서 성공전략의 이니시어티브 역할을 수행하고 높은 목표 달성과 성과향상을 이루어 낼 수 있다. 흔히 조직의 성패는 얼마나 훌륭한 리더가 그 조직을 이끄는가에 달려 있다고 한다.

제2절 리더십의 자질이론

1. 자질이론이란?

초기의 리더십 연구는 지도자의 개인적 자질, 능력, 인격적 특성 등에 초점을 두었다. 이러한 연구에서는 역사 속의 인물들인 링컨, 나폴레옹, 간디 등이 어떻게 국민을 이끌고 감동시켜 그 힘을 결집시키고 국가를 발전시켰는지에 관심을 기울였다. 그리하여 이들 연구는 효과적인 리더십 발휘에 필요한 자질 요소를 제시하는데 주력하였다.

2. 리더의 자질과 역량 요소

Barnard는 (i) 박력과 지구력, (ii) 결단력, (iii) 설득력, (iv) 책임감, (v) 지적·기술적 능력을 들고 있다. Katz는 (i) 기술적 기능, (ii) 대인적 기능, (iii) 구도화 기능 등을 제시한 바 있다(박연호, 2000: 340-341). 여기서 핵심적인 리더의 자질요소를 들면 다음과 같다.

첫째, 지적 역량 및 전문성을 들 수 있다. 뭔가를 알아야 이끌 수 있다. 과업과 관련된 지식, 정보, 기술, 분석능력을 가져야 문제를 간파할 수 있고, 직원들의 업무를 평가할 수 있고, 올바른 방향으로 지도할 수 있다.

둘째, 판단력과 의사결정 능력을 가져야 한다. 일의 옳고 그름을 판단할 수 있어야 한다. 사실판단은 지식과 정보에 근거해야 하고, 가치판단은 올바른 철학과 사고기준에 바탕을 두어야 한다. 그리고 상황전개에 대한 올바른 해석능력이 필요하고 미래의 변화를 읽을 줄 알아야 한다. 이러한 판단력에 바탕을 두고 합리적인 의사결정을 해야 한다. 또한, 결정을 해야 할 시기를 놓치지 않고 결단을 내리는 능력이 필요하다.

셋째, 의지력과 추진력이 있어야 한다. 조직의 비전과 발전방향이 옳고 문제를 해결하는 방법이 올바르며 정책대안의 효과가 있는 것으로 믿는다면 끝까지 추진하는 의지가 필요하다. 다만, 주변의 반대나 비판을 도외시하고 고집을 피워서는 아니 되고 끊임없는 대화, 소통, 성찰이 필요하다.

넷째, 인간적 흡인력이 필요하다. 리더십은 사람을 이끄는 일이므로 팔로워들(followers)이 리더를 인간적으로 좋아하고 존경하며 따르도록 할 만한 인품과 덕성을 갖추어야 한다.

다섯째, 맥락적 구도화 역량이 요구된다. 리더는 사람간의 관계를 조화롭게 만들고 집단간의 경쟁과 갈등을 조절해야 한다. 따라서, 여러 주체들 간의 관계구조와 그 속에 개입되어 있는 이해관계, 감정적 요소, 권력적 요인, 정치적 배경 등을 파악하고, 그러한 요소들에 대한 고려를 바탕으로 통합을 이끌어낼 수 있는 능력을 갖추어야 한다.

3. 자질 중심 접근의 한계

리더에게 있어서 다양하고 중요한 자질과 능력이 요구된다는 점은 누구도 부인하지 못할 것이다. 그러나 자질과 인품은 타고난 측면도 있지만 교육, 훈련, 경험, 비판 등에 의해 얼마든지 함양될 수 있는 것이다. 그래서 마치 타고난 자질과 인품이 필수적이고 변화하기 어려운 것처럼 생각하는 일은 옳지 않다. 그리고 그동안 자질이론들이 제시해 온 특성 요소들이 너무 많고 서로 상반되는 경우도 있어서 그 요소들의 단순제시보다 자질과 능력 요소들을 조직특성이나 구성원 특성에 따라 선별하는 작업이 더 필요하다.

제3절 리더십의 행태이론

리더십의 행태론적 접근방법은 리더가 어떤 행동, 즉 어떤 리더십 스타일을 가져야 하는가에 초점을 두고 있다. 리더의 행동유형 또는 리더십 스타일이 어떠한가에 따라 부하 직원들이 충성심 또는 직무노력을 보일 수도 있고 그렇지 않을 수도 있다는 것이다. 이 접근법에서는 리더십의 행동양식과 그 효과성 간의 관계에 연구의 중점이 있다.

1. 과업형, 인간형 리더십

미시건(Michigan) 대학 연구나 오하이오(Ohio) 주립대 연구에서는 리더행동 유형을 과업형과 인간형으로 구분하였다. 전자는 직무중심형, 후자는 부하중심형이라고 할 수 있다.

Likert(1961, 1967)가 주도한 **미시건 대학교의 리더십 연구**에서는 생산성이 높은 집단과 낮은 집단의 책임자와 부하들을 면접하여 효과적인 지도자와 비효과적인 지도자가 어떻게 다른가를 연구하였다. 이 연구에서는 2가지 유형의 리더십 스타일을 제시하였다. 생산지향적(production-oriented) 리더십은 주로 조직의 과업과 성과 달성에 주력하면서 직무수행의 방법에 대한 지도와 지침, 밀접한 감독, 노력투입 등에 중점을 두는 리더십 스타일이다. 이에 비하여, 부하지향적(employee-oriented) 리더십은 직원과의 인간관계를 중시하고 직원이 원하는 것을 제공해 주면서 자연스럽게 직무노력을 유도하는 리더십 스타일이다. Likert 연구팀은 부하중심적 행동이 생산성을 높이는 데 보다 효과적이라고 한다(Quick & Nelson, 2013: 382-383; 이창원 · 최창현, 2010: 262).

오하이오 주립대 연구에서는 리더의 행동유형과 이에 따른 조직성과 및 직원의 만족도와의 관계에 관하여 연구하였다. 이 연구에서는 LBDQ(Leader Behavior Description Questionnaire)라는 측정도구, 즉 설문지를 사용했고, 이를 통해 구조주도적 리더십과 배려적 리더십을 식별해 내었다. 구조주도적 리더십(initiating structure)은 조직 내의 구조적 패턴과 직무관계 및 역할에 관하여 정의·조직화하고 명확한 의사소통 및 업무수행의 방식을 수립하는 리더십이다. 배려적 리더십(consideration)은 부하의 상황, 역량, 특성을 고려하면서 따뜻한 업무관계를 조성하고 상호신뢰와 존경을 조성함으로써 직무노력을 자연스럽게 유도하는 리더십이다(Quick & Nelson, 2013: 382). 이러한 리더십을 가진 지도자는 부하를 보호하고 권익을 향상시켜 주는 데 주력한다. 어느 행동유형이 보다 효과적인지에 관하여는 일관된 연구결과를 발견하지 못하였다.

2. 리더십 그리드 모형

Blake & Mouton(1985), Blake & McCanse(1991)가 제시한 리더십 그리드 모형은 리더의 행동을 2가지 차원의 기준에 따라 7가지 리더십 유형으로 구분하였다. 하나의 차원은 결과에 대한 관심(concern for results)으로서 부하들로 하여금 보다 많은 성과를 높이도록 하는 데 주력하는 차원이다. 또 하나의 차원은 사람에 대한 관심(concern for people)으로서 부하들을 배려하고 만족시켜 주는데 많은 노력을 기울이고자 하는 차원이다. 이들은 9점 척도에 따라 **7가지 리더 행동 유형**을 도출하였다.

빈약형 리더(1.1)는 업무수행과 사람관리 모두에 미약한 리더이다. 업무성과를 높이는 노력도 하지 않고 부하직원의 인간관계나 복지에도 관심을 기울이지 않는다. 권위-순응형 리더(9.1)는 업무성과에만 열성적이고 부하에 대한 관심은 거의 없는 리더이다. 효율적인 직무수행만 강조하며 직원의 창의성과 인간관계에 대해서는 고려하지 않는다. 컨트리클럽형 리더(1.9)는 사람에 대한 배려는 매우 크나 업무성과에 대하여는 열의를 보이지 않는 리더이다. 좋은 관계의 형성과 행복을 추구하며 갈등을 회피하려는 경향이 있다.

그리고 타협형(5.5)은 업무성과에 대한 열정과 사람에 대한 배려를 반반씩 유지하는 리더이다. 직무의 효율성과 부하와의 우호적 관계 사이에서 균형을 이루고자 하는 리더십이라고 할 수 있다. 그러나 어느 하나에도 최선을 다하지 않는다. 팀형(9.9)은 업무성과와 사람관리 모두에 열정을 바치고 최선을 다하는 리더이다. 팀형 리더는 직원에 대한 적극적인 동기부여와 팀워크 향상을 통하여 업무성과를 최대한 높이면서, 변화에 유연하게 대응한다(Quick & Nelson, 2013: 383).

[그림 12-1] 리더십 그리드 모형 I

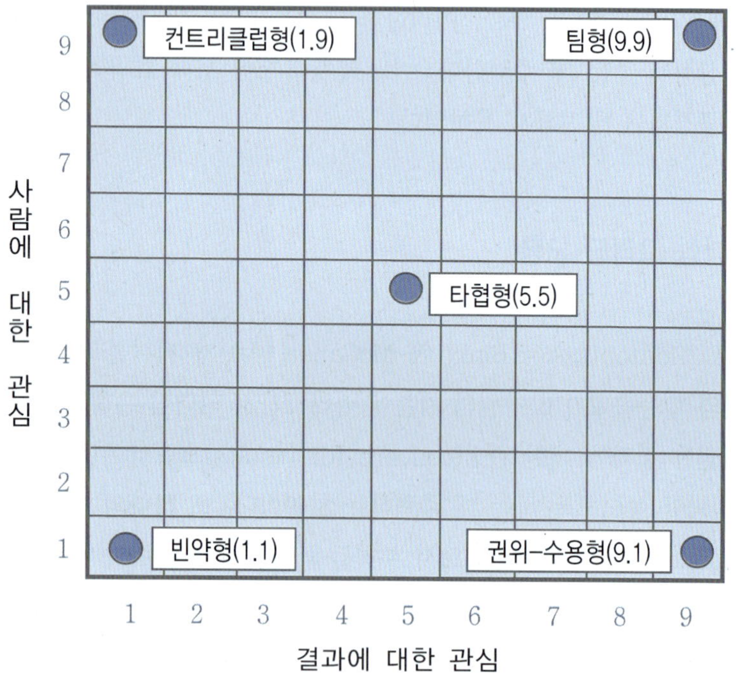

나아가, Blake & McCanse(1991)는 두 가지 리더 유형을 추가하고 있는데, 후견적 리더(paternalistic leader)와 기회주의적 리더(opportunistic leader)가 그것이다.

[그림 12-2] 리더십 그리드 모형 II

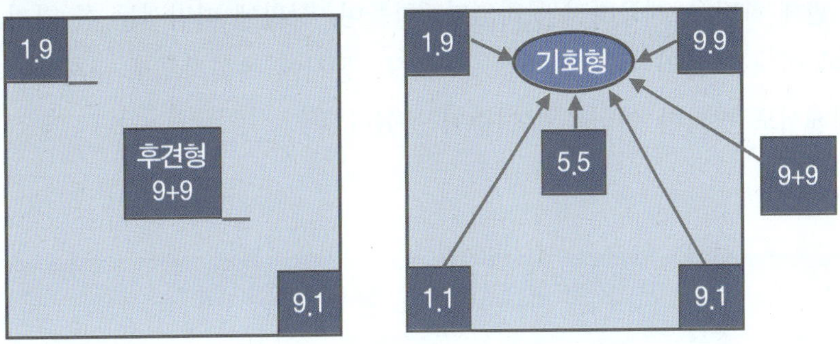

* 출처: Blake & McCanse(1991), Quick & Nelson, 2013: 385. 수정.

후견적 리더(9+9)는 "아버지가 가장 잘 안다"(Father knows best)는 사고를 갖고, 부하직원의 순응과 충성에 대하여는 확실한 보상을 해주고, 불응에 대하여는 처벌을 가하는 리더 유형이다. 기회주의적 리더(Opp)는 여러 가지 리더십 유형 중에서 자신의 이익을 가장 잘 충족시켜 줄 수 있는 스타일을 선택하여 활용하는 리더이다. 자신에 대한 혜택을 극대화하기 위해서 어떤 그리드 스타일에도 적응할 수 있고 스타일의 변화도 마다하지 않는다(Quick & Nelson, 2013: 383-385).

그리드 모형에 나타나는 7가지 리더십 유형 중 가장 바람직한 스타일로 제시된 유형은 바로 팀형(team leader style)이다. 팀형은 조직성과 제고에도 열정적인 노력을 기울이고, 구성원에 대한 배려와 욕구 충족에도 높은 관심을 갖는 최적의 리더십 스타일이다. Blake 등이 이러한 이상적인 리더십 모형을 제안했다는 사실은 그리드 모형(grid model)이 미시건 및 오하이오 연구와는 달리 규범적이고 처방적인 이론임을 말해 준다. 그리하여 이 규범적, 처방적 리더십 모형은 조직 내에서 팀 구축(team building)을 시도하거나 리더십 훈련을 실시할 때 많이 채택되는 모형이다.

3. 행태적 접근법의 한계

행태적 리더십 이론은 리더 행동의 유형 구분을 2차원적으로 단순화시키고 있어서 현실적으로 존재하는 다각적이고 다양한 형태의 리더 행동 스타일들을 충분히 담아내지 못했다. 그리고 리더십을 발휘해야 하는 조직적 상황이나 부하의 특성은 매우 다양한데, 그런 상황 속에서 어떤 리더 행동 또는 리더십 스타일이 보다 적합한지에 관해 해답을 제공하지 못하였다. 하물며, 상황에 따라서는 한 가지 리더십 스타일이 아니라 여러 가지 리더십 스타일을 동시에 복합적으로 구사해야 한다는 점에 대해서도 명확한 인식을 보여주지 못했다.

제4절 리더십의 상황이론

상황이론은 리더십의 효과성은 상황에 따라 다르다는 점을 강조하는 이론이다. 위에서 살펴본 여러 유형의 리더십 스타일 중 어떤 스타일 또는 어떤 리더행동이 더 적합한가 하는 것은 많은 부분 상황적 요소에 달려 있다는 것이다. 그러한 상황적 요소에는 조직의 성격, 직무의 구조화 정도, 부하의 특성, 리더와 부하와의 관계, 권력구조, 자원의 풍부성 또는 희소성, 역할의 명료화 여부, 목표의 성격 등 여러 가지가 있다. 아래에서는 대표적인 리더십 상황이론들을 살펴본다.

1. Fiedler의 상황적 리더십이론

Fiedler(1965)는 조직의 성공과 실패는 그 경영과 관리의 질에 달려있다고 하면서, 어떻게 하면 가능한 최선의 경영과 관리를 할 것인가 하는 것이 대단히 중요하다고 역설하였다. 최선의 경영과 관리를 위해서는 우수한 리더의 모집, 선발, 훈련도 중요하고, 리더를 교체하는 것도 가능하지만, 더욱 유효한 전략은 리더십 스타일과 직무 및 상황을 서로 적합화(fit) 시키는 것이라고 주장하였다.

1) 3차원의 상황변수(Situational Factors)

(1) 리더-구성원 관계(leader-member relationship)

이는 리더와 부하와의 관계가 긍정적인가 아니면 부정적인가 하는 변수이다. 그 관계가 긍정적일수록 부하가 리더를 신뢰하고 기꺼이 따르려고 하기 때문에 리더가 영향력을 발휘하기 쉬울 것이다. 리더에 대한 직원의 선호도는 사회계량적 지명기법(sociometric nomination technique)에 의해 측정될 수 있다.

(2) 직무구조(task structure)

직무구조의 특성은 구성원이 수행해야 할 직무가 명확하게 규정되어 있는 정도를 말한다. 즉, 직무수행의 단계나 표준운영지침(SOP)이 명시되어 있는가 하는 것이다. 직무가 정형화 또는 구조화 되어 있으면 조직이 리더의 권위와 통제력을 잘 뒷받침할 수 있게 된다.

(3) 직위권력(position power)

직위권력이란 리더의 직위에 부여된 권력의 크기와 권한의 범위를 말한다. 그러한 권력 또는 권한에는 직원의 인사, 평가, 보상 등에 관여할 수 있는 권리가 포함된다. 권력이 크고 범위가 넓을수록 부하에게 많은 영향을 주므로 직원의 관리가 용이하다(Fiedler, 1965).

2) 두 가지 리더십 스타일(Leadership Styles)

Fiedler(1965)는 리더의 효과성이 상황에 의해 결정된다고 하면서 기본적으로 2가지 스타일의 리더십을 상정하고 있다. 하나는 관계지향적 리더십(relationship oriented leadership)이고, 또 하나는 직무지향적 리더십(task oriented leadership)이다. Fiedler는 리더의 유형을 LPC(the least preferred coworker) 점수를 기준으로 구분하고 있다. LPC 점수는 18개 설문문항에서 나온다(황규대 외, 2001: 405).

[그림 12-3] LPC 점수 산정 방식: 설문예시

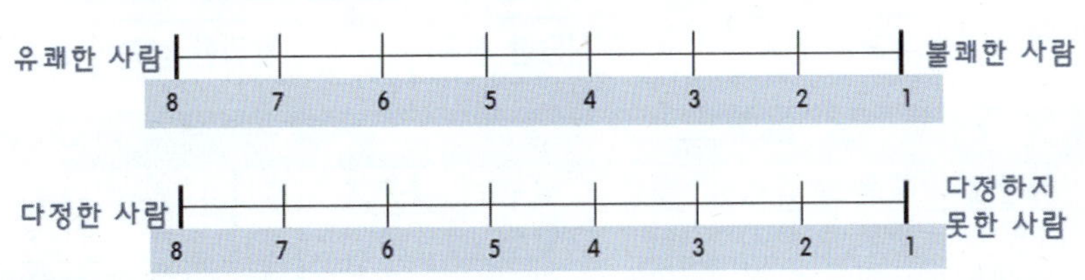

그리하여 높은 LPC 점수를 보여주는 리더를 관계지향적 리더라고 보고, 낮은 LPC 점수를 보이는 리더는 직무지향적 리더라고 본다. 이렇게 리더 유형을 분류한 후에 어떤 리더가 어떤 상황에서 더 적합한지를 제시하고 있다.

3) 상황과 리더십의 결합관계(Situation-Leadership Combination)

Fiedler는 상황적 변수간의 결합이 어떻게 되는가에 따라 상황적 유리성과 불리성으로 구분하고, 각 상황(유리성 vs 불리성) 여하에 따라 효과적인 리더십 유형이 다르다고 한다. 그는 8가지의 결합관계에 따른 상황적 조건과 그에 맞는 리더 유형을 제시하였다.

도형에서 보는 것처럼, 직무지향적 리더십은 상황이 매우 유리할 때 높은 효과성을 보이다가, 적당히 유리할 때 효과성이 낮아지며, 상황이 매우 불리할 때 다시 효과성이 높아진다. 반대로, 관계지향적 리더십은 상황이 매우 유리할 때 낮은 효과성을 보이다가, 적당히 유리할 때 효과성이 높아지며, 상황이 매우 불리할 때 다시 효과성이 떨어진다. 요컨대, 상황적으로 매우 유리하거나 불리한 경우에는 직무지향적 리더십이 효과적이고, 상황이 적당하게 유리한 경우에는 관계지향적 리더십이 효과적이다.

[그림 12-4] Fiedler의 상황적 리더십 모형도

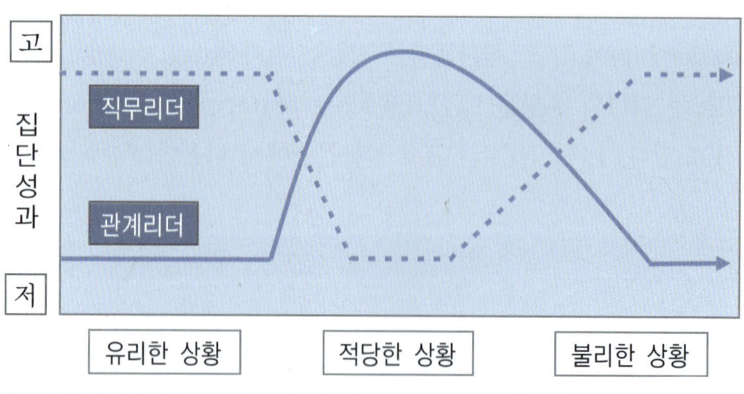

상황	1	2	3	4	5	6	7	8
부하관계	좋음	좋음	좋음	좋음	나쁨	나쁨	나쁨	나쁨
직무구조	구조	구조	비구조	비구조	구조	구조	비구조	비구조
직위권력	강함	약함	강함	약함	강함	약함	강함	약함

* 출처: Fiedler, 1965; Robbins & Judge, 2011: 383.

여기서는 3가지 주요 결합관계에 관해 예시적으로 살펴본다.

제1결합관계는 리더-구성원 관계가 좋고 직무는 구조화되어 있으며 직위권력은 많은 경우로서, 매우 유리한 상황이고 직무지향적 리더가 적합하다.

제5결합관계는 리더-구성원 관계가 나쁘고 직무는 구조화되어 있으며 직위권력은 많은 경우로서, 적당하게 유리한 상황이고 관계지향적 리더가 적합하다.

제8결합관계는 리더-구성원 관계가 나쁘고 직무는 비구조적이며 직위권력은 적은 경우로서, 매우 불리한 상황이고 직무지향적 리더가 적합하다.

4) 리더십의 효과성 제고방안(For Better Leading)

조직에서는 어떤 하나의 리더십 스타일을 가진 사람을 선발하거나 훈련시키는 것은 어렵다. 그보다는 일정한 스타일을 가진 리더를 그에 적합한 상황에 배치하거나, 상황요소를 리더 스타일에 맞게 변화시켜 주는 조직공학적(organizational engineering) 접근이 더 적절하다. 이를 위해 상황에 대한 진단과 그에 따른 변화전략이 필요하다(Fiedler, 1965).

먼저, 리더십 발휘가 유리한 상황을 만드는 전략이 안정적인 리더십 발휘를 가능하게 하는 방안일 수 있다. 이 경우에는 리더와 구성원간의 관계를 호의적으로 유지하고, 리더에게 충분한 직위권력을 부여하며, 직무를 가급적 구조화해야 한다.

그러나 유리한 상황을 만드는 일이 항상 가능하지도 않으며 상황은 언제나 가변적이고 복잡할 수 있으므로, 리더가 스스로 상황에 알맞은 적합한 리더십을 선택하여 발휘하는 전략이 최적의 전략이라고 할 수 있다. 아울러, 두 가지 형태의 리더십만 염두에 두고 리더십 스타일을 택일하여 발휘하기보다는, 다양하고 복합적인 형태의 리더십 스타일을 개발하여 주어진 상황에 가장 알맞은 최적의 효과적인 리더십 전략을 구사해야 할 것이다.

2. Evans와 House의 경로-목표이론

경로-목표이론은 보편적인 상황적 리더십이론과 동기부여의 기대이론을 그 이론적 바탕으로 하고 있다. 상황적 리더십이론은 리더가 처한 상황적 조건에 따라 그에 알맞은 효과적 리더십이 달라진다는 이론이다. 한편, 기대이론은 조직구성원의 동기부여 수준이 그 자신의 성과와 보상에 대한 기대수준에 의해 결정된다는 이론이다.

경로-목표이론에서는 리더가 직원에게 얼마나 많은 기대를 부여해 주느냐에 따라 직무성과가 달라질 것이라고 주장한다. 직원에게 보다 많은 기대를 심어줄수록 효과적인 리더가 될 수 있다는 것이다. 그리고 그런 기대를 갖게 해주는 행동경로를 개발하고 보여주는 것이 리더의 핵심적 역할이다. 즉, 직무성과와 보상이라는 목표를 보다 잘 달성할 수 있다는 기대감을 높여주는 행동경로를 잘 만들어 주는 것이 리더십의 요체라고 할 수 있다.

[그림 12-5] 리더십과 기대부여 모형: 예시

■ 경로예시: 역할 명료화 → 업무성과에 대한 기대감 증진

1) 상황변수(Situational Factors)

Evans, House & Mitchell(1974)은 상황변수로서 (i) 부하의 특성과 (ii) 근무환경의 특성을 들고, 이러한 상황적 조건에 따라 효과적인 리더십 유형 4가지를 제시하고 있다. 부하의 특성으로는 능력수준, 권위주의적 성격 여부, 통제의 소재 등을 들 수 있다. 근무환경의 특성으로는 과업구조, 조직의 공식적 권위구조, 직무집단의 규범 등이 있다.

2) 리더십 스타일(Leadership Styles)

Evans, House & Mitchell은 4가지 리더십 유형을 제시하였다.

지시적 리더십(directive leadership)은 부하가 어떤 과업을 어떻게 수행해야 하는지에 관하여 구체적으로 지침부여, 지시, 지도, 통제하는 리더십이다.

지원적 리더십(supportive leadership)은 리더가 부하에게 온정적이고 친밀한 분위기를 조성하며, 부하의 안녕과 복지, 욕구충족에 관심을 기울이는 유형이다.

성취지향적 리더십(achievement-oriented leadership)은 조직의 목표달성을 중요시하는 리더십으로서, 부하의 자신감과 책임감을 부여해 주고, 근무의욕과 성취동기를 높여 주는 데 주력하는 유형이다.

참여적 리더십(participative leadership)은 부하와 정보·자료를 많이 교환하고 의사소통과 협의를 하며 부하의 의견·제안을 많이 받는 유형이다.

이 각각의 리더십 스타일이 상황적 요소들과 잘 부합될 때 그 효과성이 있는 것으로 볼 수 있다. 즉, 상황에 알맞은 리더십 스타일의 선택과 적용을 통하여 직원의 만족감(satisfaction), 리더에 대한 수용(acceptance), 그리고 목표달성에 대한 기대감(expectations)을 높여 보다 좋은 업무성과를 가져오도록 만들 수 있다는 것이다.

[그림 12-6] 경로-목표이론의 이론적 구조모형

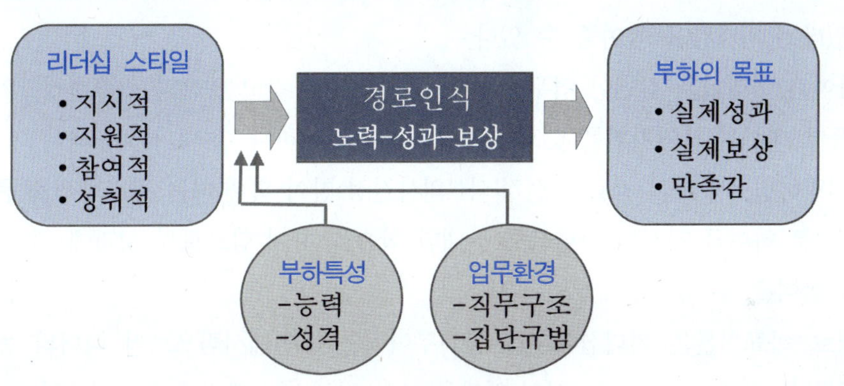

* 출처: Quick & Nelson, 2013: 388. 수정

3) 리더십 스타일과 상황의 적합화(Leader-Situation Fit)

여기서는 리더십 스타일과 상황요소들과의 결합관계와 그 효과성에 관하여 살펴본다. 특히, 기대이론적 관점에서 특정 리더십 스타일이 왜 특정상황에서 효과적일 수 있는지 그 근거를 설명한다.

지시적 리더십은 직원의 직무가 비정형적이거나 구조화되어 있지 않고, 과업에 관한 경험, 지식, 정보, 역량이 부족할 때 유리하다. 만약 역할이 명확하고 과업이 구조화된 상황에서 지시적 리더십을 적용할 경우에는 불필요한 간섭에 대한 거부반응 등 부하의 행동에 부정적 영향을 미칠 것이다. 기대이론에 의해 이 상황을 설명하면, '역할 명료화'라는 리더의 관리방식은 노력하면 성과를 올리고 보상을 받을 수 있다는 직원의 기대감을 증가시켜 구성원의 직무수행 노력을 유도해 낼 수 있다.

지원적 리더십은 부하가 스트레스를 받거나 당황 또는 불만을 갖고 있을 때, 그리고 직무 자체에 관해 보람을 느끼지 못하거나 직무여건 및 환경이 불리할 때 유리하다. 기대이론에 의해 이 상황을 설명하면, '직무지원'이라는 리더의 관리방식은 직원으로 하여금 직무수행을 잘 하면 보람과 성취감을 가져올 수 있다는 내재적 기대감을 증가시켜 준다. 그리고 '근무환경 개선'이라는 관리방식을 통해 직무수행에 유리한 여건과 환경을 조성하여 외재적 기대감을 높여줄 수 있다.

성취지향적 리더십은 부하들의 목표의식 및 성취욕구가 부족할 때 유리하다. 기대이론에 의해 이 상황을 설명하면, 직원에게 '명확한 목표의식 및 성취동기 부여'라는 관리방식을 통해 목표달성에 대한 자신감을 부여함으로써 자신도 성과를 올릴 수 있다는 기대감을 높여줄 수 있다.

참여적 리더십은 직원이 업무에 대한 참여의사는 갖고 있으나 목표설정, 의사결정 등에 대하여 참여기회를 갖고 있지 못할 때 유리하다. 기대이론에 의해 이 상황을 설명하면, '목표의 자율적 설정'과 '의사결정 참여 확대'라는 관리방식을 통하여 직원으로 하여금 자신의 과업목표에 대한 학습을 하게 함으로써 성과에 대한 기대감을 높여줄 수 있다.

경로-목표이론은 리더십이론을 동기부여이론과 연계시킴으로써 리더의 동기부여 역할을 강조했으며, 리더십의 역할을 보다 입체적인 관점에서 보여주었다. 그러나 이 이론에서는 상황적 조건을 주로 부하의 특성과 업무환경에 한정하여 논의하고 있어서 다각적인 상황적 측면을 충분히 이론에 담아내지 못했다는 약점을 지적할 수 있겠다.

3. 리더, 팔로워, 상황의 3차원적 통합모형

Wagner & Hollenbeck(2005: 301-302)은 리더십의 여러 이론들에 포함된 내용들을 종합하여 리더십의 통합모형을 제시하였다. 이들은 리더십이 리더, 팔로워, 그리고 상황의 특성들이 내포된 상호작용 과정이라고 본다.

[그림 12-7] 리더십의 통합모형도

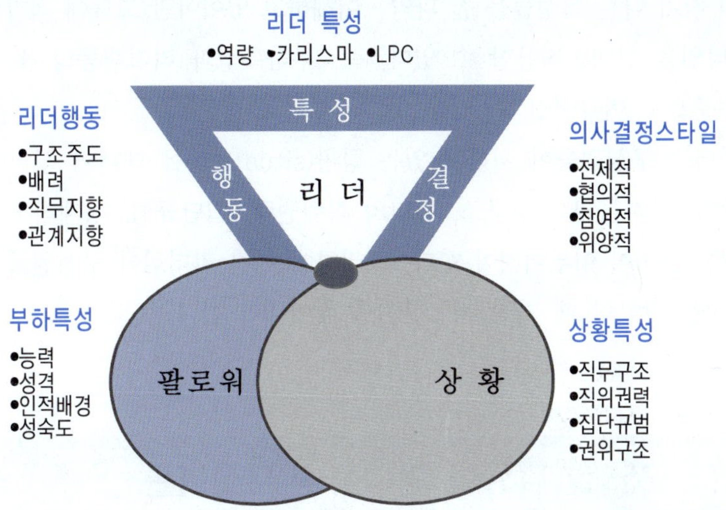

*출처: Wagner & Hollenbeck, 2010: 302.

이 모형의 핵심부(core)에는 리더의 목표인 집단구성원의 성과향상과 욕구충족이라는 개념이 자리 잡고 있다. 그리고 그 주변부는 세 가지 측면의 요소들로 구성되어 있다.

첫째는 리더의 특성(traits), 행동(behaviors) 및 의사결정 스타일(decision making styles)이다. 둘째는 팔로워들(followers)의 특성이다. 셋째는 상황(situation)의 특성이다. 리더는 자신의 특성, 행동, 그리고 의사결정 스타일을 통하여, 주어진 상황 하에서(in a given situation), 팔로워들의 가치, 만족기제, 그리고 기대 등에 영향을 주어야 한다.

이러한 리더의 역할을 성공적으로 수행하기 위해서는 다음과 같은 세 가지의 키포인트가 실천되어야 한다(Wagner & Hollenbeck, 2005: 301-302).

첫째, 리더(leader)는 자신의 성격·자질 등 특성, 행동경향, 그리고 의사결정 스타일을 자가평가(self-assessment)하여야 한다. 자신에 대해 잘 알고 배운다는 것, 즉 높은 자기인식(self-awareness)은 리더십의 효과성을 높이는 데 매우 중요한 요소이다. 360도 피드백도 그런 방법의 하나이다.

둘째, 리더는 자신을 따르는 팔로워들(followers)에 대한 평가를 수행해야 한다. 팔로워들의 각기 다른 특성들을 잘 파악·이해하고 있어야만 그들에 적합한 맞춤형 리더십 스타일을 선택·적용할 수 있다. 즉, 부하특성과 리더행동의 매치(match)가 높은 수준으로 이루어질 수 있다.

셋째, 리더는 구성원들이 처하고 있는 상황(situation)에 대하여 끊임없는 연구를 해야 한다. 부하들의 직무구조, 리더의 직위권력, 집단규범, 경제적·사회적 환경 등에 대한 분석이 이루어져야 한다. 그리하여 어떤 리더십이 구성원들의 속성과 상황의 특성을 감안할 때 가장 적합한지를 찾아내야 한다.

제5절 다양한 현대적 리더십이론

1. 카리스마적 리더십

House에 의하면 카리스마적 리더란 개인적 자질, 인격, 능력에 의하여 추종자들에게 심원하고 특별한 영향력을 미칠 수 있는 리더라고 할 수 있다(House, 1977; 이창원·최창현, 2010: 286; Quick & Nelson, 2013: 395). 그리고 탁월한 개인적 인품과 역량 외에 인간적 이미지, 신비감, 존경심 등이 많이 작용하는 리더십이라고 할 수 있을 것이다.

카리스마적 리더는 어떤 특성을 갖고 있으며, 어떻게 해야 리더십을 발휘할 수 있을까? 첫째, 비전을 갖고 있다. 미래의 이상적인 목표를 제시하고, 그 비전과 목표의 중요성에 대해 추종자들을 설득한다. 둘째, 개인적 위험을 무릅쓴다. 비전의 성취를 위해 개인적으로 많은 비용을 감당하고 자기희생을 감수해야 한다. 셋째, 추종자의 욕구에 민감하다. 다른 사람들의 능력을 잘 인지하고 그들의 요구와 감정에 잘 응답해야 한다. 넷째, 통상적이지 않은 특별한 행동을 보인다. 고결하거나 높은 규범을 가진 행동을 수행한다(Conger & Kanungo, 1998; Robbins & Judge, 2011: 388).

여러 연구에서 카리스마적 리더십은 높은 직무성과 및 추종자의 만족도와 긍정적인 상관관계를 갖는 것으로 나타났다. 카리스마적 리더를 위해 일하는 사람들은 그 리더를 좋아하고 존경하기 때문에 특별한 노력을 기울이는 방향으로 스스로 동기부여 된다. 그러나 그런 효과는 상황적 요소에 의해 좌우된다. 추종자의 직무내용이 이념적이거나, 외부환경의 불확실성이 높거나, 리더가 최고위직인 경우에만 주로 효과가 있다. 순수한 조직의 목표보다 자기 이미지 관리나 사익을 위해 자신의 명성과 역량을 이용하는 경우에는 부정적 효과를 야기한다(Robbins & Judge, 2011: 389-390).

2. 거래적 리더십과 변혁적 리더십

일반적으로 거래적 리더십(transactional leadership)은 조직구성원에게 업무를 할당하고 그 결과를 평가하여 정당한 보상을 제공하는 것을 강조하는 리더십이다. 조직의 지도자와 개인이 서로 주고받는 것을 기반으로 그 관계를 형성하는 것이다. 합리적 문화가 강한 조직에서는 거래적 리더십이 효과적일 수 있다.

Bass는 거래적 리더십과 대비되는 리더십으로 변혁적 리더십을 제시하고 있다. 변혁적 리더십(transformational leadership)은 거래적 리더십에 비하여 변화와 창조를 지향하는 리더십이다. 조직의 혁신과 발전을 가져오기 위해서는 리더는 조직변화의 필요성을 감지하고, 변화를 위한 새로운 비전을 제시하며, 변화를 효과적으로 이끌고 나가야 한다. 변혁적 리더십은 조직 내에 창의적 문화를 형성하고자 할 때 필요한 리더십이다(Robbins & Judge, 2011: 390-393).

Bass(1990)에 의하면, 변혁적 리더는 다음 4가지 요소를 갖추어야 한다고 한다(이창원 · 최창현, 2010: 288; Robbins & Judge, 2011: 391; Quick & Nelson, 2013: 393).

(1) **이상적 영향**: 비전과 사명감 및 자긍심 부여

(2) **영감적 동기부여**: 부하에게 도전적 임무 부여, 개인적 이니시어티브 정신의 고무, 변화의 영감 불어넣기, 심볼 사용

(3) **지적인 자극**: 문제에 대한 부하들의 인식도 제고, 새로운 각도에서의 사고와 혁신 지향, 지식창출

(4) **개인적 배려**: 부하들에 대한 지지, 격려, 발전기회 부여, 일상적인 자아를 '더 나은 자아'로 상승시키도록 고무해 주는 노력

변혁적 리더십의 효과에 관하여 긍정적인 연구결과를 보여주는 사례가 많이 있다. Robbins & Judge(2011: 393)에 의하면 최근 87개 연구에서 변혁적 리더십이 추종자의 동기부여 및 만족도, 그리고 업무성과 및 리더 효과성 인식도에 긍정적인 영향을 주는 것으로 나타났다. 이러한 효과는 상황적 요인에 따라 다른데, 작은 규모의 조직과 리더-부하 상호작용이 많은 상황에서 효과가 더 큰 것으로 보고되고 있다.

3. 진정 리더십, 신뢰의 리더십, 윤리적 리더십

진정 리더십(authentic leadership)은 정직성, 가치의식, 도덕성을 바탕으로 팔로워들의 믿음을 이끌어내는 리더십이다. 진정 리더는 정보를 공유하고, 개방적 의사소통을 장려하며, 자신의 이상·가치·생각을 솔직하게 밝히고 진실로 믿는다(Robbins & Judge, 2011: 394). 팔로워들은 리더의 윤리성과 투명성을 믿으며, 긍정적 감정을 느낀다. 진정 리더십은 카리스마적 리더십의 부정적 결과에 대한 조직인들의 반작용에 의해서 관심을 끌기 시작한 리더십이다. 카리스마적 리더는 발전과 성공에 대한 비전을 바탕으로 팔로우들로 하여금 조직의 성과를 이끌어내도록 고무하는 장점이 있으나, 자기도취적인 경향이 있으며, 개인화된 권력동기(personalized power motive)나 자신의 이익 및 영달이라는 요소에 의해 좌우되는 문제가 있다. 이에 비해, 진정 리더십은 사회화된 권력동기(socialized power motive)와 구성원의 집합적 이익이라는 요소를 중시하는 리더십이다(Quick & Nelson, 2013: 396). 이런 측면에서 진정 리더십은 올바른 자아와 양심을 핵심으로 하는 정신적 리더십으로서 팔로워들의 진실한 믿음을 이끌어낼 수 있는 리더십이라고 할 수 있다.

진정 리더십과 유사한 개념인 신뢰(trust)의 리더십은 리더가 팔로우들에게 민감하고 그들을 믿음으로써 자신에 대한 팔로워들의 믿음을 얻는 리더십이다. 신뢰는 서로의 이익을 공유하면서 지식과 정보를 나누고 문제를 공동으로 해결하게 한다. 리더가 자신만의 이익을 추구하지 않고 모두의 이익을 달성하고자 할 때 팔로워들

은 믿음을 갖고 자신의 지식과 창의성을 리더에게 제공하며, 그것을 다 쏟아서 보다 높은 성과달성을 하기 위해 직무에 몰입하게 된다(Robbins & Judge, 2011: 395).

윤리적 리더십(ethical leadership)은 자신의 이익보다 조직, 부하, 고객, 투자자들의 이익을 위해 정직성, 공평성, 투명성을 추구하는 리더십이라고 할 수 있다. 카리스마적 리더는 종종 자신의 개인적 동기와 이익을 추구하고 이를 위해 조직과 부하직원들을 이용하는 경향이 있다고 한다. 이와 달리, 윤리적 리더는 조직과 부하의 이익을 위해 자신의 양심을 지키고 업무를 공정하게 처리한다. 윤리적 리더는 목표를 달성하되 그 내용과 절차를 중시한다. 바람직하고 정당한 목표를 공정한 절차에 따라 달성하고자 하는 것이다. 윤리적 리더의 덕목과 행동은 팔로워들에게 폭포효과(cascade effect)를 가져오게 되며, 그 덕택에 팔로워들의 롤 모델(role model)로서의 위치를 갖게 되는 경우가 많다(Robbins & Judge, 2011: 395; George & Jones, 2012: 387).

4. 서번트(Servant) 리더십

AT&T 회사의 경영연구 책임자였던 Greenleaf에 의해 명명된 서번트 리더십은 봉사의 자세를 견지하는 가운데 영향력을 행사하는 새로운 리더십으로 정의할 수 있다. Greenleaf(1970)는 서번트 리더십을 '타인을 위한 봉사에 초점을 두고 그들의 필요(needs)를 충족시키기 위해 돕는 리더십'이라고 하였다. 이는 '섬김'을 통해 '이끎'을 이루는 '섬김의 리더십'이라고 할 수 있다(안대영 외, 2008). 한 사람의 리더는 그가 다른 사람을 위해 필요로 되는 만큼 다른 사람도 그 리더를 위해 존재한다. 섬김의 리더는 구성원들이 무엇을 원하는지 그 뜻을 찾아내려 노력해야 하고 그에 바탕을 두고 구성원들을 리드해야 한다(Quick & Nelson, 2013: 398).

Spears(1995)는 서번트 리더가 갖추어야 할 특성 또는 덕목으로 다음과 같은 10가지 요소를 제시했다(안대영 외, 2008).

① **경청**(listening): 구성원의 이야기를 귀담아 듣는 것.
② **공감**(empathy): 상대방의 입장에서 그가 처한 상황을 이해하는 것.
③ **치유**(healing) : 정신적, 육체적 스트레스나 감정적 아픔, 좌절감 등에 관해

멘토링해 주는 것.

④ **설득**(persuasion): 일방적 지시보다 쌍방향적 의사소통을 통해 상대방을 이해시키는 것.

⑤ **인지**(awareness): 다른 구성원들보다 더 많은 것을 확인하고 깨닫는 것.

⑥ **예견력**(foresight): 경험과 직관을 통해 앞으로의 일을 미리 살필 줄 아는 선견지명.

⑦ **비전제**시(conceptualization): 조직의 나침반과 같은 미래의 청사진을 구성원들에게 분명하게 보여 주는 것.

⑧ **청지기 의식**(stewardship): '소유'가 아니라 '관리'를 하는 것, 자신의 이익을 극대화하기보다 조직의 자산을 증식시키는 것.

⑨ **성장에 대한 몰입**(commitment to growth): 구성원들이 새로운 일에 도전하여 성취하고 성장하도록 돕는 것.

⑩ **공동체 형성**(community building): 나(I)와 너(You)의 상호작용 속에서 우리(We)를 형성하는 것.

서번트 리더십은 높은 성과를 내는 팀을 형성하는 데 효과가 있으며, 팀 내에서 조직시민행동(organizational citizenship behavior)을 증가시키는 데 기여한다는 실증적 연구가 있다(Quick & Nelson, 2013: 398).

5. 임파워먼트(Empowerment) 리더십

1) 임파워먼트의 요인 · 효과

임파워먼트(empowerment)는 조직구성원이 자신의 존재와 직무가 어떤 목적을 위해 기여한다는 믿음으로부터 우러나오는 에너지를 말한다. 임파워먼트는 내재적 동기부여 수준을 높여주는 요소로서 다음 4가지 요인에 의해 강화될 수 있다(Colquitt, 2011: 198).

첫째, 의미성(meaningfulness)으로서 자기직무가 자신의 이상 및 목적과 관련하여 가치가 있어야 한다. 둘째, 자기결정(self-determination)으로서 자신이 과제와 업무수행 방식 등을 선택할 수 있어야 한다. 셋째, 역량(competence)으로서 자신이 과업을 성공적으로 수행할 수 있다는 믿음을 가져야 한다. 넷째, 영향(impact)으로서 자신의 업무가 실제로 조직의 목표나 성과 달성에 어떤 효과를 가져올 것이라는 기대를 가져야 한다.

임파워먼트 리더십(empowerment leadership)은 구성원의 임파워먼트 수준을 높여주는 리더십이다. 즉, 구성원에게 권한위임, 자기주도적 의사결정 기회 제공, 책임감 부여 등을 통하여 내적 동기부여 수준을 높여주는 리더십이라고 할 수 있다(김대원, 2014).

사람이 임파워(empower)되면 자기효능감 및 타인에 대한 신뢰감을 바탕으로 자신의 역량을 증대시킬 수 있다. 그리고 자신의 책임과 영향력을 키우면서 과업에 보다 적극적, 자율적, 도전적으로 몰입하게 된다. 또한 조직 내에서 스스로 삶의 의미를 발견하고 자기성장을 꾀한다. 임파워먼트는 조직의 구성원들로부터 창의적인 에너지를 이끌어내어 과업에 대한 열정을 높이고 고성과(high performance) 조직을 만들어 낼 수 있다.

임파워먼트는 힘 있고 책임감 있는 팔로워(followers)를 육성하는 일이라고 할 수 있다. 아래에서는 추종자의 유형과 함께, 어떤 추종자를 육성하는 것이 바람직한 것인지 살펴본다.

2) 효과적 팔로워(Followers)의 양성

Kelly에 의하면, 리더는 20%만 기여하고, 부하에게 80%의 기여를 할 기회를 주는 것이 바람직하다. 즉, 팔로워가 중요한 것이다. Kelly는 팔로워를 독립성과 활동성이라는 두 변수를 기준으로 5가지 스타일로 분류하고, 그 중 효과적인 팔로워(effective follower)의 육성을 강조했다(정우일 외, 2009: 579~582; Quick & Nelson, 2013: 399).

(1) 소외된 팔로워(alienated follower)

독립성에 있어서 비판적인 사고를 갖고 있으나, 활동성에 있어서 적극성이 부족한 팔로워이다. 이들은 좌절, 장애, 상관의 약속 불이행 등을 경험한 사람들이다. 이들은 조직에 대한 참여와 역할이 부족하다. 이들은 잠재적으로 조직을 분열시킬 수 있고 조직의 건강성을 해칠 수 있는 구성원들이다(Quick & Nelson, 2013: 399).

(2) 순응적 팔로워(conforming follower)

조직에 적극적으로 참여하는 등 활동성이 있으나, 독립적 비판력이 약한 팔로워들이다. Quick & Nelson(2013)은 이들을 “Yes People”이라고 부른다. 과제의 성격을 무시하고 상사에게 무조건 순종하는 경향을 보인다. 조직 내 갈등을 회피하는 데 주력하여 조직에 해를 끼칠 우려가 있는 경우에도 당해 업무를 수행할 위험성이 있다. 조직에서 가장 위험한 팔로워들이 바로 이들이다(Quick & Nelson, 2013: 399).

(3) 실용적 팔로워(pragmatic survivor)

어느 정도의 독립성을 갖고 있으면서도 다소 의존적이며, 활동력에 있어서도 어느 정도의 활동성 및 수동성을 동시에 갖고 있다. 이들은 조직이 절박한 상황에 있을 때 어려움을 극복하기 위하여 일을 하지만, 위험을 피하고 현상유지를 선호하는 경향을 갖는다(예: 정부관료형). 이들은 조직을 가장 덜 분열시키고 가장 덜 위험하게 만든다(Quick & Nelson, 2013: 400). 그러나 조직의 문제현상을 그대로 유지하는 경우가 많으며, 조직의 변화와 혁신을 더디게 한다.

(4) 수동적 팔로워(passive follower)

독립성에 있어서 비판적인 사고를 갖지도 못하고, 활동성에 있어서 적극적으로 조직역할에 참여하지도 않는다. Quick & Nelson(2013)은 이들을 “Sheep”이라고 부른다. 판단력이 없고 의존적이며, 창의적이지 못하고 책임감도 부족하다.

(5) 효과적 팔로워(effective follower)

조직 내에서 독립적이고 비판적인 사고를 갖고 있을 뿐만 아니라, 활동적으로 조직역할에 참여한다. 자기관리(self-management)와 자기책임성(self-responsibility)을 실천한다(Quick & Nelson, 2013: 400). 한 마디로 임파워(empower)된 조직구성원들이다. 즉, 자율성과 자신감, 그리고 책임감을 갖는 추종자들이 바로 이들이다. 임파워먼트 리더십은 이러한 효과적 팔로워를 육성하는 리더십이 되어야 한다.

6. 셀프 리더십과 수퍼 리더십

셀프 리더십(self leadership)은 Manz(1987), Manz & Sims(1991) 등 학자들에 의해 주창된 리더십 개념으로서 조직구성원이 자기 스스로를 리드하는 것을 말한다. 이는 자신이 직무를 잘 수행하도록 자연스럽게 동기부여를 하고, 자신의 바람직한 생각과 자세가 자신의 실제행동에 영향력을 미치도록 하는 것이라고 할 수 있다(Davis, 2002: 179; 김대원, 2014).

셀프 리더십을 발휘하기 위한 행동요소로는, (i) 자기관찰(self-observation), (ii) 자발적 목표설정(self-set goals), (iii) 자기 행동지시(management of cues), (iv) 자기보상(self-reward), (v) 행동의 준비 · 연습(rehearsal of activities), (vi) 자기비판(self-criticism) 등을 들 수 있다. 특히, 자연적 보상(natural rewards)이 중시되는데 이는 주로 내재적인 보상이며, 여기서는 정신적 동기를 직무로 연결시키는 자기동기부여(self-motivating) 과정이 중요하다(Davis, 2002: 179). 자연적 보상은 조직구성원이 스스로 자율적이고 긍정적인 존재라는 점을 인식하고 자신의 일을 통하여 진정한 가치와 보람을 느끼는 것이다(김대원, 2014). 부하의 셀프 리더십은 상사의 임파워링(empowering)에 의해 강화될 수 있으므로 임파워먼트 리더십과 밀접한 관계가 있다.

수퍼 리더십(super leadership)은 조직구성원이 스스로 셀프리더(self leader)가 되도록 신뢰하고 지원해 주는 관리자의 리더십이다. 이는 조직구성원의 능력에 대한 믿음과 그의 역할이 긍정적일 것이라는 기대를 갖는 데서 출발한다. 그리하여 부하직원의 행동에 대한 지시나 통제를 자제하며, 부하직원이 다른 직원들의 롤 모델이 되도록 만들어 주는 것이다(Davis, 2002: 179). 또한, 부하직원으로 하여금 조직의 가치창출에 기여하도록 역량을 배양해 주고 잠재적 능력을 잘 발휘하도록 육성해 주는 것이다(김호섭 외, 2012: 243).

수퍼 리더십을 잘 발휘하기 위해서는 다음과 같은 관리자의 노력이 요구된다. 첫째, 자기 스스로 셀프 리더가 되어야 한다. 자신의 역량을 먼저 계발하고 문제해결 능력을 스스로 키워야 한다(김호섭 외, 2012: 244). 둘째, 수퍼 리더 자신이 셀프 리더들의 롤 모델이 되어야 한다. 셋째, 부하들에게 권한을 부여하고 자율성을 주어야 한다. 넷째, 부하의 개인적 발전 가능성을 자극해 주고 정신적으로 고무해 주어야 한다.

7. 펀(Fun) 리더십

펀(fun)은 유머, 장난, 놀이, 재미라는 뜻이다. 즉, 즐거움과 웃음이 넘쳐나는 것이다. 이러한 펀, 즉 즐거움과 재미를 통하여 조직구성원의 마음과 행동을 움직임으로써 조직목표의 달성을 촉진하기 위한 리더십이 바로 펀 리더십(fun leadership)이다. 펀 리더십은 조직구성원으로 하여금 자신이 하는 일과 직장에 대하여 즐거움, 재미, 자부심을 느끼게 하여 조직성과를 높이도록 유도하는 기술 또는 과정이라고 할 수 있다(이연재, 2009: 35).

펀 리더십은 펀 경영(fun management)의 움직임을 배경으로 하고 있다. 펀 경영은 조직에서 권위적 문화를 버리고 '신바람 나는 직장분위기'를 창조하는 경영을 말한다(이연재, 2009: 24). 펀 경영은 기업과 종업원, 그리고 고객이 모두 즐거울 때 생산성이 증가될 수 있다는 사고에 기반을 두고 있다. 엄숙하고 관료적인 조직에 즐거움과 재미라는 삶의 활력을 접목시켜 일과 삶이 균형을 이루는 일터를 만들자는 것이다.

펀(Fun) 리더십의 행동요소는 웃음, 유머, 칭찬이다.

1) 웃음(Laughter)

웃음은 즐거움을 수반하는 신체적 자극이며 유쾌한 감정의 표출이라고 할 수 있다(류종훈, 2005). 웃음의 발생기제로는 우월감, 긴장으로부터의 해방, 기대와 현실의 엇갈림, 우스운 생각을 하는 것 등이 있다. 웃음은 긴장 완화, 고통으로부터의 방어, 어리석은 행위의 거절 등 사회적 기능을 수행하고(Steams, 1972), 신진대사, 스트레스 해소, 불안감 완화 등 신체적 · 정신적 기능을 갖고 있다. 웃음은 사람으로 하여금 긴장, 분노, 불쾌감 등 괴로운 상황에서 벗어나게 해주는 자기간호 도구이고 완전한 해독제이다(Wooten, 1996; 이연재, 2009).

2) 유머(Humer)

유머는 익살, 해학, 기지 등을 말하는 것으로서, 웃음 · 즐거움 · 유쾌함과 같은 독특한 정서를 유발하는 모든 자극을 말한다(Weisfeld, 1993; 박옥순, 2004). 이 자극에는 말, 행동, 글, 그림, 연기, 사건 등이 포함된다. 유머는 친근감을 주고, 인간관계를 원만하게 하며, 스트레스를 해소해 주고, 위기를 극복하게 할 뿐만 아니라, 의사소통을 부드럽게 하며 갈등을 완화하는 효과가 있다(Kubie, 1971; 조순배, 2006; 이연재, 2009).

3) 칭찬(Praise)

칭찬은 하나의 언어적 행위로서 상대방에 대해 긍정적인 평가를 행하는 것이다(Homes, 1988). 칭찬은 권장할만한 어떤 행위를 촉진하기 위한 하나의 자극으로서 행위자의 동기를 자극시키는 언어적 보상이기도 하다(조영화, 2004). 칭찬의 유형으로는 물질적 칭찬, 사회적 칭찬, 활동적 칭찬, 상징적 칭찬 등이 있다(김광림, 2005; 이연재, 2009). 칭찬이 주는 효과로는 자기 존재가치의 인식, 인정감 유발, 성장의 동력 제공, 행동변화 촉진, 상처받은 마음의 치유 등을 들 수 있다.

제6절 리더십의 철학과 새 이론

1. 리더십의 철학

1) 포용 · 통합의 철학

복잡하고 다양한 현대조직에서 요구되는 중요한 지향점의 하나는 바로 포용(broad-minded accommodation)이라고 할 수 있다. 현대조직은 이질적인 배경, 성격, 이념, 가치관, 문화 등을 가진 다양한 개인과 집단으로 구성되어 있다. 이러한 조직 내에서 리더는 개인간, 집단간의 특성 차이와 문화적 이질성을 극복하고 구성원들을 조직목표 달성이라는 하나의 방향으로 이끌어 나가야 한다. 포용의 철학이란 개인과 집단의 다양성을 인정하고 이들 간의 상호조화를 통하여 모두를 하나로 묶어주는 것을 말한다. 이는 최근 경영학에서 강조되는 '다양성과 포용의 이론'에 바탕을 둔 것이다. 조직 속 각 개인 · 집단의 개성과 다양성을 인정하면서도 공통점을 찾고, 차이 있는 부분들을 서로 조화시키고, 균형을 맞추고, 긍정적으로 결합시키는 일은 리더의 매우 중요한 덕목이며 책무라고 할 수 있다.

포용의 철학과 연관되어 있는 또 하나의 가치지향적 개념으로 통합을 들 수 있다. 통합의 철학은 조직 내 개인간, 집단간의 이해관계와 갈등을 잘 조정하여 조직의 일체성 및 화합을 높이는 것을 강조하는 철학이다. 이는 개인간, 집단간 가치와 문화의 차이를 극복하고자 하는 포용의 철학과도 연관되면서, 보다 구조적・정치맥락적인 조정을 중요시하는 철학이다. 서로 경쟁하거나 대립하는 개인들과 집단들 사이에서 조직의 리더는 균형 있는 이해조정 또는 갈등해소를 통하여 이들이 서로 협력하게 만들어 주는 역할을 해야 한다는 것이다. 리더의 통합적 역할은 곧 조직을 화합과 단결의 길로 이끄는 가장 중요한 지렛대이다. 통합을 위한 갈등의 조정 및 해결은 (i) 이익 균형, (ii) 자원 증대, (iii) 대화・설득・협상, (iv) 상위목표의 공유 등 여러 가지 대안을 통해 달성될 수 있다.

2) 창조의 철학

창조의 철학이란 미래 조직의 생존과 번영을 위해서 끊임없이 새로운 것을 만들어 내려하는 조직관리의 지향성이다. 기업조직은 격심한 경쟁적 환경 하에서 고객과 시장의 확보를 위하여 새로운 전략, 제품, 서비스, 디자인 등을 개발하지 않으면 안 된다. 행정조직은 국민의 지지와 신뢰를 확보하기 위하여 새로운 정책, 행정서비스, 정부이미지 등을 창출해야 한다. 이러한 새로운 컨텐츠를 창조하기 위해서는 인재육성, 역량개발, 기술발명, 정신혁명 등이 필요하다. 그런데 이러한 전략적 역할을 주도해야 할 사람들은 바로 조직의 리더들이다. 다가오는 미래의 상상사회(imaginative society)에서 조직 내 모든 개인이 상상력, 새로운 아이디어, 창의적 지식, 신기술 등을 만들어 내야 하겠지만, 이들의 창조적 노력을 자극, 고무, 격려, 선도, 통합해야 할 주체들은 조직의 리더들이라고 할 수 있다. 즉, 미래 조직의 리더십에 있어서 중요한 하나의 지향점으로서 창조의 철학이 강조되어야 한다.

2. 새 리더십이론 탐색 I: 융합적 리더십이론

1) 융합적 리더십

융합적 리더십(leadership for fusion)은 조직의 통합과 성과달성에 기여할 수 있는 모든 자원 및 관리요소를 동원하고 결합하는 역량이다. 즉, 조직의 리더에게는 조직의 총체적 힘을 극대화하기 위한 내적 에너지의 발굴과 활용, 그리고 정렬과 조합(alignment & combination)의 역할이 요구된다.

조직의 자원과 관리요소를 잘 결합시켜 조직전체의 에너지를 최대화하는 조직융합화는 통합적 기능을 수행하는 리더들의 궁극적 과제라고 할 수 있다. 그래서 Drucker도 조직의 핵심역량으로 리더의 '통합조직화 능력'을 강조한 바 있다(Drucker, 2000: 97~112).

융합적 리더는 조직의 시너지와 성과를 높이는 데 도움이 되는 모든 요소들의 조화로운 결합을 촉진하는 리더이다. 여러 주체들 간의 협력적 융화, 여러 관리적 요소들 간의 상승적 조합을 지휘하고 이끌어가는 역할이 융합적 리더에 의해 수행될 수 있는 것이다.

[그림 12-8] 융합적 리더십의 10대 역할요소

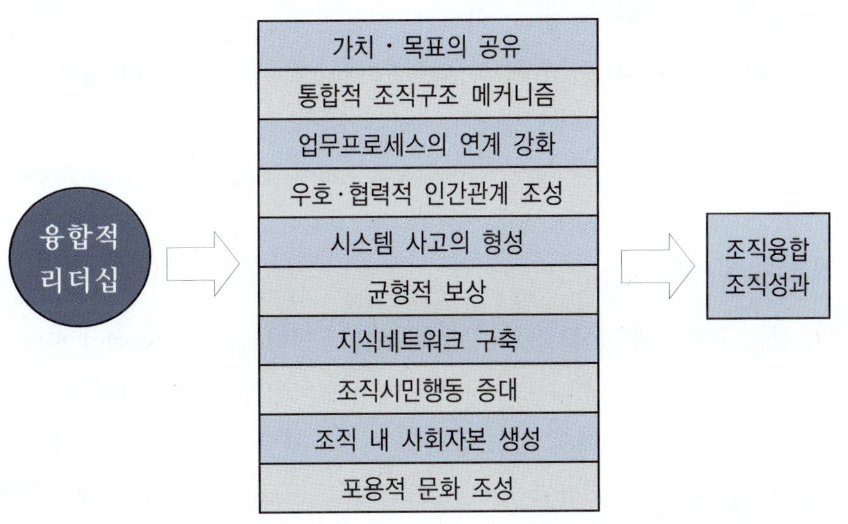

융합적 리더십의 발휘를 통한 조직융합의 달성은 다양한 요인에 의해 달성될 수 있다. 10대 요인을 제시해 보면, (i) 구성원간 가치 · 목표의 공유, (ii) 통합적인 조직구조 메커니즘 구축, (iii) 업무 프로세스의 연계성 강화, (iv) 구성원간 우호 · 협력적 인간관계 조성, (v) 시스템 사고의 형성, (vi) 균형적 보상, (vii) 지식네트워크 구축, (viii) 조직시민행동 증대, (ix) 조직 내 사회자본 생성 · 축적, (x) 포용적 문화 조성 등을 들 수 있겠다.

융합적 리더십의 대표적인 하위개념을 들면, 모든 구성원에게 혜택을 골고루 배분하는 균형적 리더십, 하위부문간에 갈등과 충돌이 없이 조직전체의 성과를 높이게 하는 통합조정의 리더십, 개인과 집단의 다양성과 차이를 존중하면서도 한 가족으로 만드는 포용의 리더십 등이 될 것이다.

2) 균형과 통합조정의 리더십

조직의 리더는 균형적 리더십을 발휘해야 한다. 이는 조직 내 자원과 이익을 모든 구성원에게 골고루 배분하는 리더십이다. 성과를 잘 달성하는 역량 있는 구성원에 대한 적극적 보상과 함께, 소외되거나 불이익을 받는 구성원이 없도록 배려하는 리더십은 조직을 화합과 단결로 이끌어 줄 수 있다.

통합조정의 리더십은 조직구성원간 또는 집단간의 대립 · 경쟁 · 갈등을 완화하고 해소하는 리더십이다. 통합조정을 추구하는 리더는 개인간, 집단간 이익의 균형화 전략을 기본적으로 적용해야 한다. 나아가, 통합조정의 리더는 구성원 모두의 이익과 혜택을 향상시키기 위해 조직의 자원을 증대시키는 역할을 해야 한다. 아울러, 공동의 상위목표를 제시하고 큰 틀에서 조직과업을 추진해 나감으로써 동일 방향성과 일체감을 창출하고 단합된 협력적 자세를 유도하여 조직의 비전을 달성해야 한다.

3) 포용의 리더십

조직융합을 추구함에 있어서는 다양성과 포용의 리더십을 중시하여야 한다. 서로 성격, 가치관, 이념, 역량이 다르고 문화적 배경에 차이가 있는 다양한 개인들을 포용하는 리더십은 최근에 매우 강조되고 있다. 그 역할을 담당하는 리더를 CDO (Chief Diversity Officer)라고 부르기도 한다(Kennedy, 2008: 35-39). 구성원의 혼합성이 증대되는 글로벌 소사이어티(global society)에서의 현대조직 리더는 다양한 개인, 집단, 문화를 개방적 태도로 받아들이고 모두를 한 가족으로 묶어주는 포용적 리더가 되어야 한다.

4) 리더십의 공유

융합적 리더십은 조직 내 여러 리더들의 다양한 리더십을 공유하는 데서 더욱 높아질 수 있다. 한 사람의 리더십보다 여러 사람들의 리더십을 잘 융합하여 활용하는 것이다. 여러 리더들이 갖고 있는 리더십의 장점들을 교류·결합·상호보완할 수도 있고, 리더들로 구성된 리더팀(leaders' team)을 구성하여 각 리더가 역할을 분담할 수도 있다(Kennedy, 2008: 20). 리더들 간의 리더십 전략 공유는 리더십의 교환·협력을 통해 조직전체 리더십의 에너지와 효과성을 크게 높여줄 수 있다. 아울러, 리더와 팔로워간의 리더십 공유도 중요하다. 특히, 셀프 리더십(self leadership)이 강한 구성원들과 조직리더간의 리더십 교환 및 협력은 구성원들의 자발적, 내재적 동기수준을 높여주면서 자연스럽게 조직성과를 높이는 데 기여할 것이다.

3. 새 리더십이론 탐색 II: 창조적 리더십이론

창조적 리더십(leadership for creation)은 미래의 변화와 경쟁에 대비하여 혁신적 전략을 구사하면서 조직구성원의 창의성을 고양시켜 주는 리더십을 말한다. 지식기반사회, 상상의 사회에서는 조직의 생존·번영을 위해 새로운 컨텐츠(contents)를 끊임없이 만들어 낼 수 있는 리더를 요구한다. 기업조직에서의 새로운 컨텐츠는 신기술, 신제품, 고객만족 서비스 등이 될 것이고, 행정조직에서의 새로운 컨텐츠는 새로운 정책, 고품질의 행정서비스, 혁신적 프로세스, 좋은 정부이미지 등이 될 것이다. 이러한 컨텐츠를 창조해 내기 위해서는 그것을 가능하게 해 줄 창의성 지향의 전략수립, 정신혁명, 창의적 인재육성, 지식창출, 창조 프로세스 구축(제6장 제2절 참조), 창조보상, 자율문화 조성, 편 경영 등 창조적 리더의 역할이 필요하다.

[그림 12-9] 창조적 리더십의 역할요소

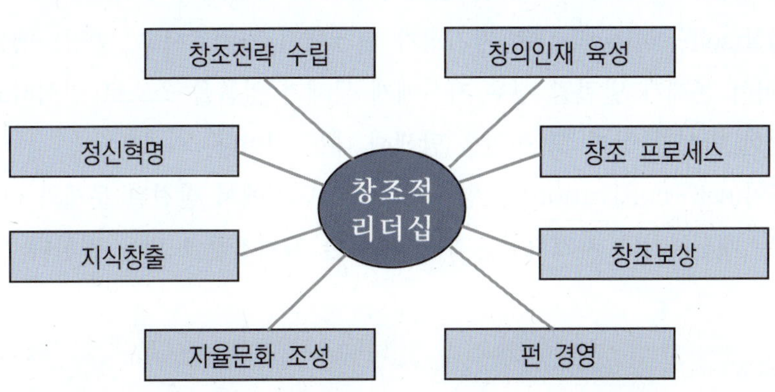

창조적 리더십은 그 하위의 리더십으로 혁신적 리더십, 부하육성 리더십, 자율형 리더십, 지식리더십, 학습리더십, 함께 즐기기 리더십(fun-together leadership) 등을 포함할 수 있다.

4. 새 리더십이론 탐색 III: 자아성찰적 리더십이론

리더가 팔로워들을 변화시키려면 먼저 리더 자신과 그 주변의 핵심집단부터 변화되어야 한다. 자아성찰적 리더십(self-reflective leadership)은 리더 자신의 가치, 사고, 역량, 행동을 스스로 성찰하면서 바람직한 상태를 유지하고, 그 모범적인 모습을 통하여 팔로워들의 정신적 자세와 직무행동을 바람직한 방향으로 유도하는 리더십을 말한다.

이 리더십의 중요한 핵심적 요소는 자기평가, 자아성찰, 자기도야, 주변 구성원들의 거울역할, 그리고 롤 모델링이다. 리더와 주변 구성원 집단에 의해 이러한 노력과 역할이 잘 이루어지면 팔로워들이 리더를 지지하게 되고 바람직한 직무행동을 증가시키게 된다.

자기평가(self-evaluation)는 리더가 자신의 현재의 가치관, 이념, 사고방식, 능력수준, 행동양식, 업적과 성과 등이 어떠한지를 솔직하고 냉철하게 객관적으로 평가하는 것이다. 그리하여 그 내용적·질적 측면에서 바람직하지 않은 면이나 양적 수준 측면에서 충분하지 못한 면을 발견하고자 노력해야 한다. 이때 자신의 문제를 다른 사람, 여건, 또는 환경 등의 문제로 왜곡하여 인식(외부귀인)하는 방어적 지각(defensive perception)의 오류를 범하지 않도록 유념해야 한다.

자아성찰(self-reflection)은 자기평가 단계에서 가치, 사고, 역량, 행동, 업적 등에 있어서 문제가 발견될 경우 자신에게 문제가 있음을 스스로 인식하고(내부귀인), 냉철한 반성과 함께 그 원인을 탐색해 내는 것이다.

자기도야(self-cultivation)는 평가 및 성찰 단계에서 발견된 문제와 그 원인을 제거 또는 개선하거나 자기혁신을 위한 혹독한 자기계발 노력을 말한다.

[그림 12-10] 자아성찰적 리더십의 형성단계

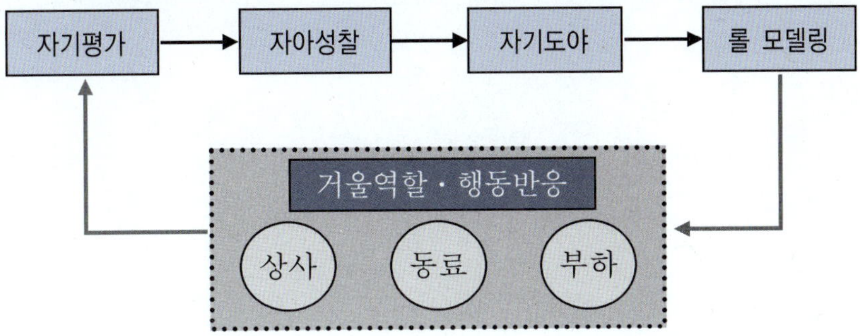

상사 · 동료 · 팔로워의 거울역할(role as a mirror)은 특정 리더가 자신의 장단점을 깨닫고 자기성찰을 통해 좋은 리더가 되도록 주변 구성원들(peers)이 피드백(feedback), 건의, 어드바이스(advice)를 해주는 것이다. 특히, 주변 구성원들은 리더가 스스로 발견 · 파악하지 못하거나 보지 못하는 부분을 인지할 수 있도록 조력해 주어야 한다.

롤 모델링(role modeling)은 자기성찰과 자기도야의 과정을 거친 리더가 바람직한 가치, 사고, 역량, 행동을 보이면서 구성원들에게 매력과 호소력을 가지게 되는 단계이다.

팔로워 행동반응(behavioral response)의 단계에서는 부하직원들이 리더의 성찰과정과 사고 · 행동을 관찰하고 그의 바람직한 가치와 지도 스타일에 따라 직무행동을 수행하게 된다.

제13장 의사결정 (Decision Making)

제1절 의사결정의 개념과 유형

1. 의사결정이란?

의사결정(decision making)이란 미래를 향한 행동노선(a course of action)을 결정하는 것이다. 여기서 행동노선의 결정은 대안의 선택(choice of an alternative)이라는 성격을 가진다. 조직에서는 당해조직이 직면한 문제를 해결하거나 주어진 기회를 살리기 위하여 어떤 전략이나 행동대안을 선택하게 되는데, 이것이 조직의 의사결정이다(George & Jones, 2012: 462).

구체적으로, 의사결정이란 조직 또는 개인이 어떤 문제를 해결하거나 목표를 달성하기 위하여 여러 가능한 대안을 개발하고 그 중 하나의 대안을 선택하는 과정이다. 의사결정은 조직수준이나 개인수준에서 이루어질 수 있고, 그 효과 또한 조직과 개인에게 모두 미친다. 이때 조직과 개인의 문제 및 목표가 의사결정의 중심적 과제가 되지만, 그 문제나 목표가 국가, 정부, 사회, 또는 국민공동의 관심사일 경우 행정조직의 의사결정은 곧 정책결정에 해당한다.

2. 의사결정의 유형

1) 가치결정과 사실결정

가치결정이란 가치판단 또는 가치선택의 차원에서 이루어지는 결정을 말한다. 가치결정은 (i) 어떤 목표가 중요한지를 결정할 때, (ii) 객관적 정보가 결여되어 주관적 판단을 해야 할 때 이루어지는 결정이다. 기업이 수익성을 더 중시할지 사회적 책임성을 더 중시할지를 결정하거나, 정부조직이 효율성과 형평성 중 어디에 중점을 둘 것인지 결정하는 것과 같다.

사실결정이란 이미 목표가 결정된 상태에서 목표를 달성하기 위한 수단을 선택할 때 이루어지는 결정을 말한다. 이미 선택된 목표가 어떤 효과를 가져 올 수 있을 것인지를 분석하는 것은 사실판단의 문제이다(박연호, 2000: 247). 주로 목표와 대안 사이의 인과분석을 많이 하게 된다.

2) 구조적 결정과 비구조적 결정

구조적 결정(structured decision making)은 정형화된 문제에 대하여 일상적이고 반복적으로 의사결정을 하는 것을 말한다. 이를 프로그램화된 결정이라고 한다(George & Jones, 2012: 462). 구조적 결정은 자동화가 용이하고, 단순한 경험이나 확립된 전문성에 기초하여 이루어진다.

비구조적 결정(unstructured decision making)은 새로운 문제가 발생하는 경우에 그 해결책을 탐색하고 선택하는 의사결정을 말한다. 이를 프로그램화되지 않은 결정이라고 한다. 이는 흔히 조직의 환경이 복잡하고 급속하게 변화하는 등 불확실성이 높을 때 필요한 의사결정이다(Colquitt et al., 2011: 270).

3) 전략적 결정과 전술적 결정

전략적 결정(strategic decision making)은 조직의 거시적이고 장기적인 문제 또는 방향에 대한 의사결정을 하는 것을 말한다. 이는 무엇을 할 것인가(what)에 대한 결정이다.

전술적 결정(operational decision making)은 조직 내의 구체적이고 세부적인 사항에 관한 의사결정을 말한다. 이는 어떻게 할 것인가(how)에 관한 결정이다.

제2절 의사결정의 단계

1. 문제의 정의와 분석

문제(problem)란 목표와 현실간의 괴리(gap)라고 할 수 있다. 의사결정은 이 괴리를 해소하기 위해 그 대안을 모색하는 과정이다. 올바른 해결대안을 선택하려면 문제를 정확하게 파악하는 것이 필요하다.

문제의 정의와 분석의 과정을 살펴본다. 첫째, 과업환경 조사는 있는 그대로의 문제상황을 파악하는 것이다. 둘째, 문제 영역화는 복잡한 문제를 취급가능한 문제로 분해, 재조립, 재구성, 분석하는 것이다. 셋째, 문제정의는 문제의 핵심적 내용을 명확히 규정하는 것을 말한다.

[그림 13-1] 문제정의의 세부과정

문제의 파악과 올바른 문제정의를 위해서는 다양한 정보수집이 필요하다. 그 방법으로는 ① 개인면담: 조직구성원, 전문가, 이해관계자, 일반시민 등(박연호, 2000: 256), ② 설문조사: 조직구성원, 이해관계자, 전문가, 고객 등, ③ 문헌정보: 저서, 연구보고서 등, 그리고 ④ 정보시스템: 내·외부 DB, 정보통신 네트워크, SNS, 데이터 마이닝(data mining)과 웨어하우징(warehousing) 등을 들 수 있다.

잘못된 문제정의를 피하려면 지각적 오류를 방지할 필요가 있다. 여기에는 선택적 지각, 투사(projection), 스테레오 타입(stereotype), 개략적 탐색(heuristics) 등이 포함된다(Colquitt et al., 2011: 273-274).

2. 해결대안의 개발과 사전적 평가

대안개발은 문제를 해결하는 데 도움이 될 수 있는 가능한 대안을 탐색하는 과정이다. 시간적, 인지적 한계 속에서 가능한 한 다양한 대안을 발굴하는 것이 좋다. 아이디어 제안, 브레인스토밍, 대안의 Pool 활용 등의 방안이 요구된다(박연호, 2000: 256).

사전적 평가는 탐색된 각 대안이 가져올 결과에 대하여 미리 예측해 보는 과정이다. 여기서는 각 대안과 그 결과간의 인과관계 분석이 중요하다. 이는 소위 "what-if" 분석으로서 어떤 대안이 선택되면 어떤 요인들이 결과(outcome)에 어떤 영향을 미칠지를 예측하는 것이다(Quick & Nelson, 2013: 310). 대안의 비교분석 방법에는 ① 비용편익분석, ② 비용효과분석, ③ 인과 모델링과 시뮬레이션(Modeling & Simulation) 등이 있다.

3. 해결책의 선택

선택단계는 해결대안이 발굴되고 그 결과가 예측된 후에 각 대안의 예상되는 결과를 비교검토한 후 하나의 대안을 선택하는 과정이다. 여기서는 가장 바람직한 대안(the best alternative)을 결정하게 된다.

어떤 대안이 가장 바람직한 대안인가? 가장 좋은 결과를 가져올 것으로 예측되는 대안이다. 첫째, 최소의 비용으로 최대의 편익과 효과를 가져 올 수 있는 대안, 둘째, 긍정적 영향(positive impacts)은 많고 부정적 영향(negative impacts)은 적은 대안이 선택 가능한 대안 중 최선의 대안이라고 할 수 있다.

4. 해결책의 실행

해결책이 일단 선택되고 나면 그 대안을 행동으로 옮기는 과정이 이어지게 된다. 실행단계에서는 구체적인 집행계획을 수립하고 실천해야 한다.

집행계획 및 집행결정 단계에서는 어떤 작업이 이루어져야 하는가? ① 구체적 수단의 선택, ② 필요한 자원의 투입(인력, 예산, 장비 등), ③ 세부과정 및 일정계획 수립(scheduling) 등이 행해져야 한다.

그리고 집행과정이 잘 진행되고 있는지 모니터링(monitoring)을 해야 하고, 집행자에게 끊임없는 중간환류(intermediate feedback)를 해주어야 한다(Quick & Nelson, 2013: 310).

5. 결과의 평가

해결대안이 실행되고 나면 그 결과가 어떠한지를 분석하고 평가하여야 한다. 이 과정을 사후적 평가(post-evaluation) 또는 결과평가(summative evaluation)라고 한다. 평가결과는 의사결정자에게 환류(feedback)되어야 한다. 이는 차후의 의사결정 대안을 수정하게 만드는 역할을 할 수 있다.

제3절 집단의사결정기법

1. 집단의사결정이란?

1) 집단의사결정의 의의

의사결정은 결정의 주체가 누구냐에 따라 개인결정과 집단결정으로 구분할 수 있다. 개인결정(personal decision making)은 의사결정 권한을 가진 특정인이 대안을 선택하는 의사결정을 말한다(박연호, 2000: 257). 이에 비해, 집단적 의사결정(group decision making)은 다수의 개인이 참여하여 토론과 합의에 의한 대안선택을 행하는 의사결정이다.

조직의 환경이 다기화되고 불확실성이 높으며, 의사결정의 영향이 개인과 집단에 미치는 영향이 큰 다원적 사회에서는 다수의 목소리를 반영하게 되는 집단적 의사결정이 점점 더 중요시되고 있다. 집단적 의사결정이 증가하고 있는 이유는, ① 조직문제의 복잡화·다양화, ② 새로운 아이디어에 대한 수요 증가, ③ 지식·정보의 양적 확대 및 다양화, ④ 집단구성원의 참여 욕구 고조 등이라고 할 수 있다.

2) 집단의사결정의 장·단점

집단의사결정의 최대 장점은 구성원들의 다양성(diversity)을 반영할 수 있다는 것이다. 즉, 여러 가지 능력, 지식, 기술을 활용할 수 있으며, 연령, 직급, 문화적 배경 등이 서로 다른 구성원들의 다양한 관점을 고려할 수 있다는 것이다. 그리고 여러 구성원의 참여로 인하여 독단적 결정에서 나타날 수 있는 의사결정상의 오류 감소가 가능하다(George & Jones, 2012: 475-476). 그 외 장점을 들면, 구성원간 상호작용을 통해 개인의 힘으로는 감당하기 어려운 협력적인 거대결정을 만들어낼 수 있으며, 의사결정 과정에 참여한 구성원의 결정에 대한 수용성 및 실행가능성을 높일 수 있다(박연호, 2000: 257-258; George & Jones, 2012: 476).

그러나 집단의사결정은 결정과정에서의 논란과 대립 등으로 시간소요 등 의사결정의 경제성을 저하시키고(George & Jones, 2012: 476), 일부 영향력 있는 개인 또는 소집단에 의해 결정이 좌우되거나, 집단은 항상 옳으므로 어떤 결정을 내려도 좋으며 만장일치가 가능하다고 생각하는 집단사고(group think)가 작용할 우려가 있다(George & Jones, 2012: 477).

2. 집단의사결정의 기법

1) 명목집단법(Nominal Group Technique)

명목집단법은 각 구성원의 아이디어의 독립성을 보장하기 위하여 의견의 익명성을 갖도록 하면서 집단구성원의 여러 아이디어 중 하나의 최상의 대안을 결정하는 구조화된 방법이다(Quick & Nelson, 2013: 331). 이 방법에서는 각 집단구성원의 아이디어 창출 과정에서 구성원 상호간의 대화나 토론을 금지시킨다. 이는 1968년 Delbeque와 Van de Van이 개발한 기법으로서 NASA의 프로그램 설계과정에 대한 시민참여 연구에서 사용된 바 있다(황규대, 2001: 387).

이 기법은 어떤 의사결정 절차를 거치는가? 문제식별 단계에서는 진행자의 지시를 받고 주어진 문제에 대해 생각한다. 아이디어 구상 단계에서는 문제해결을 위한 아이디어를 독자적, 개별적으로 구상한다. 이때 독립성이 보장된다. 아이디어 제출 단계에서는 각자 작성한 아이디어를 제출받고 기록한다. 이때 익명성을 유지해야 한다. 토의·평가 단계에서는 구성원에 의해 제출된 모든 아이디어에 대해 토론과 검토를 행한다. 순위부여·투표 단계에서는 각 아이디어에 대해 선호순위를 매기고, 투표를 하여, 집단의 최종안을 선택한다(박연호, 2000: 263; George & Jones, 2012: 481).

[그림 13-2] 명목집단기법의 진행절차도

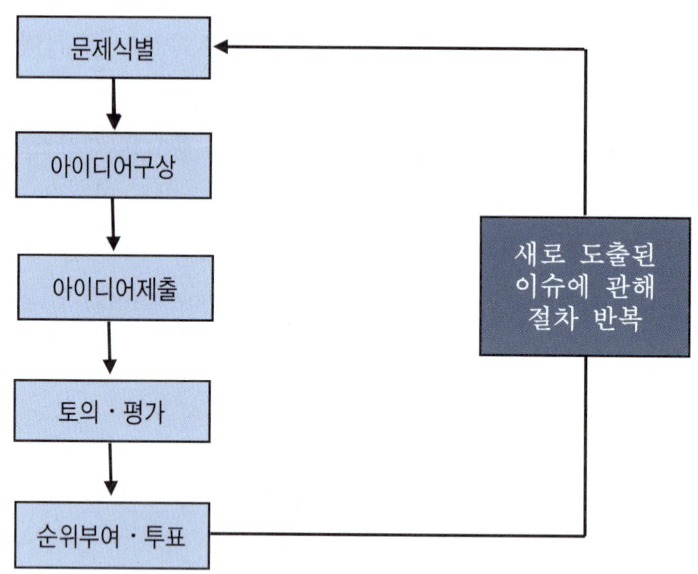

이 방법은 각 구성원의 창의성을 살릴 수 있고, 구성원 상호간의 갈등과 소수지배 현상을 방지할 수 있다(황규대, 2001: 388). 또, 타인의 비판을 두려워하는 구성원의 아이디어를 얻을 수 있다(Quick & Nelson, 2013: 331). 그러나 복잡한 의사결정 문제에 적용이 어려우며(George & Jones, 2012: 481), 의사결정 과정이 구조화되어 있어 융통성이 적다는 단점이 있다.

2) 델파이기법(Delphi Technique)

델파이기법은 한 문제에 관해 몇 명의 전문가들의 독립적인 의견을 수차례 조사하고, 각 조사시마다 각 전문가의 의견을 다른 전문가에게 환류시켜 주는 과정을 진행한다. 이러한 과정을 합의가 이루어질 때까지 반복한다. 이 기법은 1950년대에 RAND 연구소에서 개발한 것이다. 최초로 미국에 대한 대규모 전략핵 공격의 결과를 예측하는 데 적용된 바 있다(황규대, 2001: 389; Quick & Nelson, 2013: 331).

이 기법의 절차를 단계별로 보면, 첫째, 의사결정 주제에 관한 일정수의 전문가를 위촉하고, 둘째, 그 주제에 대한 전문가의 아이디어나 견해를 1차로 조사하며, 셋째, 1차 조사결과를 모아 동일한 전문가들에게 환류시켜 줌과 동시에 2차 조사를 실시하고, 그 결과를 모아 다시 환류시켜 준다. 이러한 과정을 견해의 근접성 또는 전반적인 합의가 이루어질 때까지 반복한다.

[그림 13-3] 델파이 진행과정도

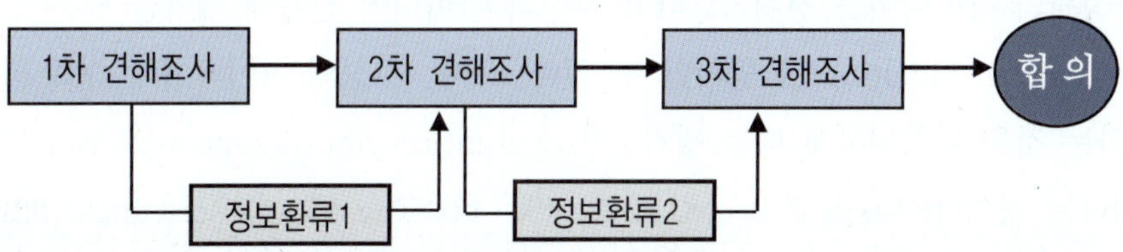

이 방법의 장점은, 전문가를 면대면(face-to-face)으로 한 자리에 모이지 않게 하면서도 좋은 아이디어와 견해를 수집할 수 있고(Quick & Nelson, 2013: 331), 개인에 대한 타인의 영향력을 배제할 수 있으며(박연호, 2000: 264), 지리적으로 분산된 광범하고 다양한 분야의 전문가 견해를 활용할 수 있다는 점이다. 그러나 합의 도달에 소요되는 시간과 비용, 서면조사에 따른 의사소통 부족, 전문가간 합의 미도달시 최종결정의 어려움 등이 있다.

3) 브레인 스토밍(Brain Storming)

브레인 스토밍은 집단구성원들을 소집단으로 구성하고 하나의 주제에 관하여 생각나는대로 자신의 아이디어를 제안하게 하는 방법이다(Quick & Nelson, 2013: 331; 박연호, 2000: 264). 아주 자유로운 분위기 속에서 창의적인 아이디어를 최대한 많이 제시하도록 허용하는 것이 특징이다.

이 방법에서는 자유로운 아이디어 제시가 이루어지도록 하기 위해, ① 자유분방한 아이디어의 제시를 격려·유도하며, ② 다량의 새롭고 다양한 아이디어를 제안하도록 장려하며, ③ 제안된 아이디어에 대한 비판을 금지시키고, ④ 제시된 아이디어간의 상호 모방, 결합, 수정, 개선을 활성화하는 것이 좋다(박연호, 2000: 264; George & Jones, 2012: 480).

이 방법은 매우 자유로운 분위기에서 무한히 다량의 아이디어를 도출해 낼 수 있다. 그리고 구성원 상호간 아이디어의 교환과 공유를 통한 집단학습이 가능하다. 그러나 즉흥적 아이디어, 질보다 양 위주, 조직 특성상 자유로운 분위기 조성의 어려움 등 문제가 따른다.

최근에는 전자적 브레인 스토밍(electronic brainstorming)이 매우 효과적인 방법으로 인정받고 있다. 전자적 브레인 스토밍은 두 가지 강점을 갖고 있다. 첫째, 다른 구성원의 아이디어를 청취하느라고 자신의 아이디어 산출에 제약을 받는 산출장애(production blocking)를 방지할 수 있다. 둘째, 자신의 아이디어에 대해 타인이 비판하는 것을 두려워하게 되는 평가공포(evaluation apprehension)로부터 벗어날 수 있다는 것이다(George & Jones, 2012: 480-481; Quick & Nelson, 2013: 331).

4) 통계적 통합기법

문제의 성질상 계량적 판단이 가능할 때 사용하는 기법으로서, 약간 명의 의사결정 참여자가 각각 관련문제에 대하여 최적의 응답을 하게하고, 이를 통계적으로 통합하여 최종결론에 도달하는 방법이다(황규대, 2001: 390). 예를 들면, 향후 5년간의 고객 서비스 만족도를 예측하고 목표치를 결정하는 것과 같다. 이 방법은 참가자 개개인이 독립적으로 판단을 하도록 함으로써 사회적 압력에서 파생되는 불리한 영향을 회피할 수 있고, 신속하고 효율적으로 과정을 진행할 수 있는 방법이다.

5) 변증법적 문의(Dialectical Inquiry)

이는 상반된 의견이나 견해를 가진 인간들로 구성된 집단과 집단 사이에서 벌이는 논쟁절차를 말한다(황규대, 2001: 391; Quick & Nelson, 2013: 332). 제1단계에서는 어떤 집단이 대안을 제시한다. 제2단계에서는 타 집단이 제시한 대안 또는 아이디어에 대한 가정들을 부정하고 상반된 대안을 내놓는다. 제3단계에서는 제시된 모든 상반된 내용들을 분석·정리하고 가정들을 통합한다. 제4단계에서는 이 통합과정에서 발견된 상호 수용 가능한 가정들을 도출하고 동질성·공통점을 정리하여 최종적인 대안을 도출한다.

이 방법은 상반된 주장을 마음껏 펼치게 한 후에 상호갈등 과정을 통하여 공통점을 발견함으로써 서로 수용 가능한 결론에 도달하는 방법이다. 이는 상반되는 대안들의 이점과 한계를 노출시켜 좋은 대안을 선택하게 한다는 점에서 건설적인 접근법(constructive approach)으로 평가될 수 있다(Quick & Nelson, 2013: 332).

6) 악마의 주장(Devils' Advocacy)

이 방법은 개인이나 집단으로 하여금 의사결정 과정에서 비평의 역할을 하도록 하는 방법이다(Quick & Nelson, 2013: 331-332). 이는 의사결정시 잘 노출되지 않고 잠재되어 있는 문제를 부각시켜 철저한 심의를 거치도록 하려는 의도에서 채택되는 방법이다(황규대, 2001: 391). 이 방법은 잠재적이고 생각하지 못한 위험이나 함정을 가려내어 의사결정에 있어서의 값비싼 오류를 회피하게 해 줄 수 있다. 그리하여 조직의 중요한 의사결정을 할 경우에 그 영향에 대한 보다 철저하고 신중한 검토를 하도록 유도한다는 점에 그 의의가 있다고 할 것이다(황규대, 2001: 391).

7) QC와 QT

QC(quality circle)는 소규모의 자발적인 팀원으로 구성된 의사결정 집단으로서 조직의 생산품질에 대한 평가와 함께 아이디어를 제안해 주는 역할을 한다. 이는 참여적인 집단의사결정 단위로서의 성격을 가진다(Quick & Nelson, 2013: 332). QC는 상향적(bottom-up) 참여에 의해 생성된 의사결정 집단이고, 의사결정에 관한 권한을 갖고 있다. QC는 자발적 참여와 좋은 아이디어의 제안으로 조직경영의 질을 높일 수 있으나, QC에 대해 최고관리층이 지원해 주지 않거나 문제해결 능력이 부족할 경우 그 역할이 제한적일 수밖에 없다고 하겠다(Quick & Nelson, 2013: 332).

QT(quality team)는 조직구조의 변화를 위한 하나의 혁신팀으로서 아이디어 제안의 권한을 부여받은 집단이다. 이는 TQM(total quality management)과 같은 품질향상 기법에 속한다(Quick & Nelson, 2013: 332). QT는 하향적(top-down) 흐름에 의해 생성된 의사결정 집단이라고 할 수 있고, 데이터 기반(data-based)의 의사결정을 중시한다. 이 역시 조직리더에 의한 임파워(empower)가 얼마나 이루어지느냐에 따라 그 성과가 결정될 수 있다.

8) 자율경영팀(Self-Managed Team)

자율경영팀은 참여에 의한 집단적 의사결정 단위의 하나로서 QC 및 QT보다 그 범위가 넓고 역할이 다양하다. 이 역시 품질 향상에 역점을 두고 있으며, 조직의 경영관리자들이 담당해야 할 권한과 역할의 상당부분을 수행한다(Quick & Nelson, 2013: 332-333). 자율경영팀은 생산성 향상과 근속적 몰입 제고에 긍정적이나, 집단사고의 문제를 야기하는 사례가 많다.

제4절 의사결정의 철학과 새 이론

1. 의사결정의 철학

1) 참여와 균형의 철학

의사결정은 조직 내·외부의 이해관계자들에게 영향을 미치므로 이해관계자들 간의 이익과 손실에 있어서 균형(balance)을 이룰 수 있는 결정이 이루어져야 한다. 이러한 균형적 의사결정이 가능하려면 먼저 이해관계자들의 의사결정 참여(participation)가 중요하다. 조직의 의사결정에 의해 영향을 받는 개인과 집단은 의사결정 과정에 참여할 기회가 충분히 주어져야 한다.

다자적 이해관계자들 또는 집단들에 대하여 충분한 참여기회가 부여된다면 참여자들 간의 토론과 협의를 통해 다자간의 이익균형을 이룰 수 있는 의사결정에 도달할 수 있을 것이다. 담론적 의사결정(decision making through dialogue)을 통해 합의를 이루어낼 수도 있고, 합의에 도달하지 못하더라도 이해관계자들이 수용할 수 있는 결정을 이끌어내기가 수월할 것이다.

의사결정에 대한 참여기회 부여는 이익균형 외에도 여러 가지 부가적인 이점과 혜택을 조직에 가져다 줄 수 있다. 조직구성원이 조직정치(organizational politics)로부터 받는 부정적 경험을 완화해 줄 수 있고, 결정내용(예: 작업기술 선정 등)에 대해 긍정적 자세를 갖게 해주며, 직무만족도와 생산성을 높여 줄 수 있다(Quick & Nelson, 2013: 324).

2) 공유와 창의의 철학

조직 내의 모든 의사결정은 조직이 나아가고자 하는 전체적인 방향 및 목표에 합치되는 것이어야 한다. 그렇지 않은 의사결정은 조직의 이익에 배치되는 것이다. 그래서 의사결정의 중요한 전제조건의 하나는 의사결정 참여자들이 조직의 가치, 비전, 목표를 공유하는 것이다.

아울러, 조직의 비전, 가치, 목표를 보다 잘 달성할 수 있는 의사결정을 하고자 한다면 그러한 의사결정을 가능하게 해줄 창의적인 지식, 아이디어, 정보를 개발해야 한다. 즉, 학습에 의한 의사결정(decision making through learning)이 요구된다. 창의적인 의사결정을 하려면 그 참여자들이 의사결정에 필요한 지식 및 정보를 공유(share)해야 하고, 그런 과정을 통해 보다 유용한 새로운 지식, 아이디어, 정보를 창출(create)해야 한다. 이는 조직 내 다양한 학습팀 구축과 활발한 집단학습(team learning)을 요구한다. 즉, 공유적이고 창의적인 학습을 통하여 창조적인 의사결정을 할 수 있는 것이다.

2. 새 의사결정이론 탐색 I: 다면교차적 의사결정이론

참여와 균형의 철학에 바탕을 둔 의사결정이론으로서 다면교차적 의사결정이론(multi-party crossing decision making)을 탐구해 볼 수 있다. 이는 수직적 결정라인(집중적 의사결정)과 수평적 협의체(분산적 의사결정), 그리고 다양한 외부주체의 참여(확산적 의사결정)를 교차적으로 활용하는 의사결정을 말한다.

[그림 13-4] 다면교차적 의사결정 구조도

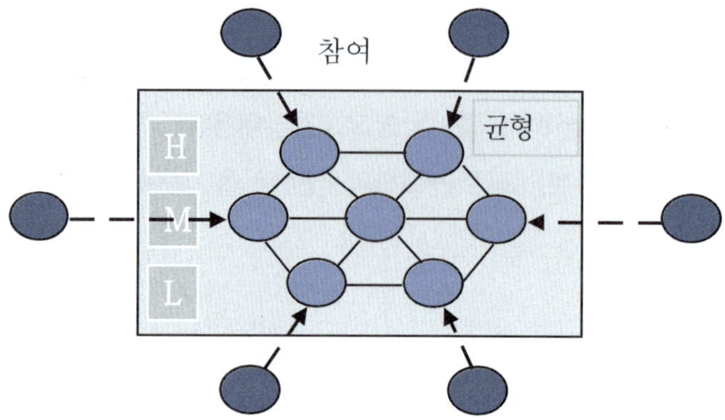

수직적 의사결정 라인에서는 상위직, 중간관리직, 실무직 등이 함께 참여하여 집중적인 의사결정(concentrated DM)을 수행한다. 수평적 의사결정 라인에서는 집중적 의사결정 팀에 더하여 관련 부서 관리자들 및 실무자들이 참여하여 협의적·분산적 의사결정(consultative, distributed DM)을 행한다. 외부적 의사결정 라인에서는 고객, 이해관계자, 시민단체, 일반인들이 참여하여 확산적 의사결정(diffusive DM)을 행한다. 이러한 3차원적 구조적 관계 하에서 다면적·교차적인 참여적 의사결정이 종합적으로 이루어지도록 할 때 가장 합리적이고, 이해균형적이며, 수용가능한 결정을 이끌어 낼 수 있다.

다면교차적 의사결정은 내용적 합리성과 과정적 합리성이라는 양 측면을 충족시켜 줄 수 있다. 내용적 측면에서는 다자적 참여자들의 좋은 의견, 양질의 정보, 다양한 지식, 새로운 아이디어들을 충분히 활용함으로써 최적의 대안을 도출 또는 창조할 수 있다는 것이다. 과정적 측면에서는 대화, 토론, 심의, 협의, 협상, 합의 등 담론적 절차를 통하여 의사결정의 민주성, 균형성, 신뢰, 책임성, 수용성 등을 확보할 수 있다.

새로운 정보통신 네트워크의 발전은 다면교차적 의사결정을 기술적 측면에서도 활발하게 만들어 준다. 관련된 여러 기관간의 단일 메시징 시스템(a single messaging system)과 같은 정보통신 네트워크의 구축을 통해 보다 분권화되고 상호연계된 의사결정이 가능한 것이다(Quick & Nelson, 2013: 324).

3. 새 의사결정이론 탐색 II: 공유적 의사결정이론

공유와 창의의 철학에 기반을 둔 의사결정이론으로서 공유적 의사결정이론(shared decision making)을 탐색해 볼 수 있다. 공유의 대상은 첫째, 조직의 전체적 가치, 비전, 목표와 함께 폭넓은 관점 · 시야이며, 둘째, 의사결정 참여자들의 지식, 아이디어, 그리고 정보이다. 창조의 대상은 좋은 의사결정을 가능하게 해 줄 수 있는 새로운 구상, 컨셉(concept), 지식, 아이디어, 정보, 기술 등이다.

먼저, 조직의 가치, 비전, 목표, 그리고 폭넓은 관점과 시야를 갖기 위해서는 조직구성원들이 시스템 사고(system thinking) 역량을 함양해야 한다. 조직전체를 종합적으로 보는 관점, 그리고 조직의 다양한 영역 및 요소 간의 연계성과 상호영향 관계를 파악하는 능력을 가질 때 시스템 사고 역량은 함양될 수 있다. 그리하여 시스템 사고를 기반으로 융합지향적 의사결정(fusion-oriented DM)을 수행해야 한다. 의사결정의 단위와 문제가 작더라도 협소한 시각보다 폭넓은 시야를 갖고 문제해결을 지향해야 한다. 특정 시점에서의 어떤 주체의 의사결정이 조직의 각 부문에 미치는 영향을 다각적으로 검토해야 한다.

다음으로, 의사결정 참여자들의 지식, 아이디어, 그리고 정보의 공유와 교류를 통한 창의적 의사결정(creative DM)을 이루어 내기 위해서는 의사결정 과정에서의 조직학습(organizational learning)을 중시해야 한다. 팀 학습과 같은 다양한 조직학습 메커니즘을 통해 개인의 창의성과 집단의 창의성을 의사결정에 반영하는 것이 요구된다. 개인적 지식 및 아이디어와 집단적으로 공유된 지식 및 아이디어를 결합시켜 문제해결 대안들을 탐색해야 한다. 창의적 의사결정을 위해서는 학습 중에서도 이중적 순환고리 학습(DLL: double-loop learning)을 강화하는 것이 좋다. 이중적 순환고리 학습은 기존의 시스템을 항상 의문시하고 그 문제성을 파악하면서 전혀 새로운 시스템에 대한 구상과 제안을 시도하는 학습이다.

제3부 중범위 조직론

제11장 집단과 팀워크
제12장 리더십
제13장 의사결정
제14장 커뮤니케이션
제15장 권력과 정치
제16장 갈등관리

제1부 조직학 총론

제1장 조직의 철학과 목표
제2장 조직이론의 흐름

제4부 거시적 조직론

제17장 조직구조
제18장 조직문화
제19장 조직사회자본
제20장 조직환경
제21장 조직진단
제22장 조직의 변화·혁신

제2부 미시적 조직론

제 3 장 성격과 역량
제 4 장 지각과 판단
제 5 장 가치, 태도, 감정
제 6 장 학습과 창의성
제 7 장 동기부여
제 8 장 스트레스
제 9 장 조직시민행동
제10장 긍정조직행태

제14장 커뮤니케이션
(Communication)

제1절 커뮤니케이션의 개념과 효용

1. 커뮤니케이션이란?

커뮤니케이션(communication)은 가장 간단하게 정의하여 다른 사람과 정보를 주고받는 것이다(George & Jones, 2012: 428). 다르게 표현하면, 커뮤니케이션은 사람들 간에 정보, 아이디어, 이해 등을 교환하고 공유하는 과정이다. 한층 더 나아가 의사소통은 둘 이상의 사람들 사이에 사실, 생각, 의견, 감정의 교환을 통하여 공통적 이해를 이룩하고, 수용자 측의 의식이나 태도 또는 행동에 변화를 일으키는 과정이라고 할 수 있다(박연호, 2000: 265).

2. 커뮤니케이션은 왜 필요한가?

첫째, 지식과 정보의 제공을 해준다. 조직 내부 구성원간, 그리고 외부인과의 커뮤니케이션은 직무의 효과적 수행에 필요한 지식이나 정보를 얻게 해준다(George & Jones, 2012: 428). 특히, 커뮤니케이션은 의사결정에 필요한 지식과 정보를 공급해준다. "지식과 정보 없이는 결정도 없다."

둘째, 정서 충족 및 인간관계 형성의 기능을 한다. 조직구성원들은 커뮤니케이션 과정을 통하여 자신의 기쁨이나 고충, 만족감과 불쾌감 등을 표현할 수 있다. 그리고 다른 사람들과의 원활한 대화를 통하여 인간관계를 형성할 수 있다. 즉, 구성원의 사회적 욕구를 충족시켜 준다.

셋째, 갈등조정을 가능하게 해 준다. 커뮤니케이션은 대립하는 당사자들간의 대화와 협의를 활성화시켜 주고 이를 통해 갈등을 해결하게 도와준다.

넷째, 조직운영의 혈관으로서의 역할을 한다. 커뮤니케이션은 조직의 방침과 규칙 부여, 행동지침 전달, 직원의 상사에 대한 보고와 건의, 역할과 책임을 명확히 알려주는 등 조직운영의 흐름을 이끌어 가는 핵심요소이다(George & Jones, 2012: 431; 박연호, 2000: 266).

다섯째, 동기유발에 필요하다. 조직구성원이 조직목표 달성과 개인의 성과를 위해 무엇을 해야 하는가에 대한 조직의 기대치를 부여함과 동시에 개인에게 해줄 수 있는 보상이 무엇인지를 알려준다(George & Jones, 2012: 431). 아울러, 직원의 일하는 방식과 성과수준에 대한 피드백(feedback)을 통해 직원의 목표지향적 행동을 유발한다.

여섯째, 참여 확대에 기여한다. 상향적 의사소통은 하부계층의 조직구성원들로 하여금 자신들의 의사를 조직의 결정에 반영하도록 해 준다. 참여는 저절로 되는 것이 아니고 자기 목소리를 전달했을 때 가능하다.

일곱째, 리더십 발휘의 수단이다. 관리자는 효과적인 설득과 소통을 통하여 직원들의 바람직한 행동을 이끌어낼 수 있다. 그리고 구성원들 간의 대화를 촉진하여 이해관계를 조정함으로써 화합과 협력관계를 구축할 수 있다.

제2절 커뮤니케이션의 이론모형

1. S-W의 수학적 모형

Shannon & Weaver는 커뮤니케이션 과정을 (i) 정보원(information source), (ii) 송신기(transmitter), (iii) 잡음(noise), (iv) 수신기(receiver), (v) 목적지(receiver) 등 다섯 단계로 구분하였다(Shannon & Weaver, 1949). 이는 최초로 개발된 커뮤니케이션 이론모형으로서 전형적인 기술적 모형(technical model)이라고

할 수 있다. 이 모형은 커뮤니케이션 과정에서의 기호화와 해독 등의 개념을 도입함으로써 수학적 모형으로서의 성격을 갖고 있으며, 정보통신이론의 연구에 큰 영향을 미쳤다. 그러나 이 이론은 커뮤니케이션을 선형적(linear)이고 일방향(one-way)적인 것으로 가정하고 있다는 점에서 한계를 갖고 있었다(김호섭, 2012: 265).

2. 커뮤니케이션의 기본모형

S-W의 수학적 모형이 제시된 이후, 학자들은 선형적 성격을 극복한 양방향적이고 환류적인 커뮤니케이션 모형을 정립하였다. 이 모형은 그 구성요소로서, (i) 정보를 보내주는 송신자(sender), (ii) 정보를 받는 수신자(receiver), (iii) 정보를 전달해 주는 미디어(media), (iv) 전달의 대상인 메시지(message) 또는 정보, (v) 메시지의 기술적 전환을 나타내는 엔코딩(encoding, 기호화)과 디코딩(decoding, 해독), (vi) 메시지에 대한 반응을 나타내는 환류(feedback), 그리고 (vii) 메시지 전달과정에서 끊임없이 나타나는 오류로서의 잡음(noise) 등을 포함하고 있다(George & Jones, 2012: 436). 이 책에서는 이를 커뮤니케이션의 기본모형으로 본다.

[그림 14-1] 커뮤니케이션의 기본모형도

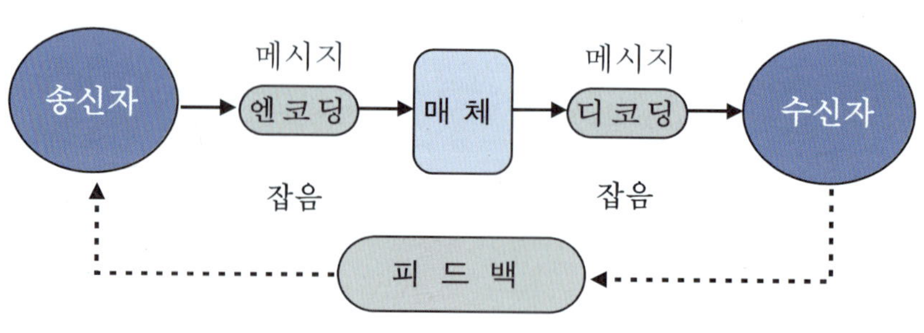

3. 커뮤니케이션의 사회적 모형

커뮤니케이션은 기술적 차원을 넘어서서 사회적 관계 측면에서 보아야 한다. 커뮤니케이션은 메시지 또는 정보의 전달로 끝나는 것이 아니라, 그 메시지 또는 정보를 수용한 구성원의 이해, 감정이입, 그리고 궁극적으로 행동의 변화를 이끌어내야 한다(박연호, 2000: 267). 이런 차원의 의사소통 모형은 커뮤니케이션의 사회적 모형(social model)에 해당한다.

[그림 14-2] 커뮤니케이션의 사회적 모형도

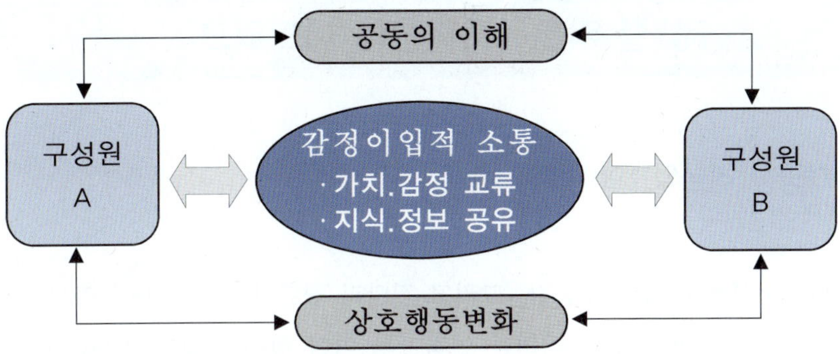

4. Laswell의 커뮤니케이션 분석모형

Laswell(1956)은 커뮤니케이션의 구성요소로 (i) 누가(who), (ii) 무엇을(what), (iii) 어떤 채널(channel)을 통해, (iv) 누구에게(whom), (v) 어떤 효과(effect)를 가져왔는가? 라는 5가지를 적시하였다. 이러한 각 요소에 따라서 단계적인 분석모형을 제안하였는데, 그것은 통제분석, 내용분석, 매체분석, 수용자분석, 그리고 효과분석으로 구성된다(김호섭 외, 2012: 266).

[그림 14-3] Laswell의 커뮤니케이션 분석모형도

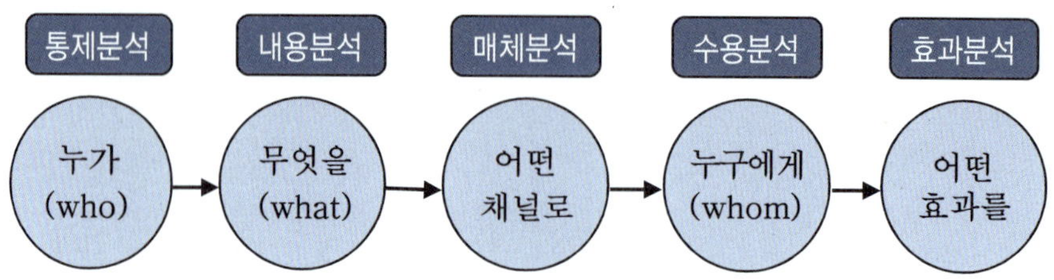

*출처: 김호섭 외, 2012: 266 수정

제3절 커뮤니케이션의 네트워크

1. 다양한 네트워크의 형태

커뮤니케이션은 사람과 사람간, 그리고 집단과 집단간의 연결망에 의해서 이루어진다. 정보의 확산과 유포는 이러한 연결망이 어떤 형태를 갖고 있느냐에 따라 그 양과 속도가 달라진다. 또한, 이 연결망은 바로 개인간, 집단간의 관계구조를 나타내는 것이다.

커뮤니케이션의 네트워크는 바퀴형, 원형, 연쇄형, 자유형, 군집형, 확률형 등으로 구분해 볼 수 있다(Robbins & Judge, 2011: 349; George & Jones, 2012: 433-434; 박연호, 2000: 269-270; 황규대 외, 2001: 311).

1) 바퀴형(Wheel)

조직 내 구성원간 또는 팀원간의 정보가 어느 한 사람의 중심적 인물에게 집중되는 커뮤니케이션 형태이다. 주로 한 부서 또는 팀의 공식적 책임자이거나, 자생적 그룹의 리더가 그 중심점이 되는 경우가 많다.

업무 프로세스를 기준으로 보면 바퀴형은 공동적 업무 의존관계(pooled task interdependence)에 속한다. 중심인물이 아닌 다른 구성원간에는 정보교환이 적

은 반면, 중심인물과 각 구성원간에는 활발한 정보교환이 이루어지며, 중심인물이 전체적인 정보와 업무결과를 종합한다(George & Jones, 2012: 433).

[그림 14-4] 커뮤니케이션 네트워크의 형태

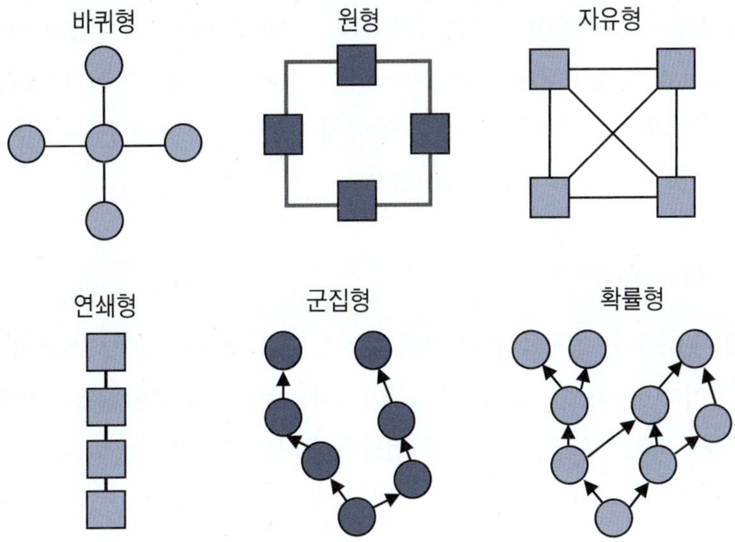

* 출처: George & Jones, 2012: 434; 황규대, 2001: 311 수정

2) 원형(Circle)

조직구성원이나 팀 멤버들이 서로 대등한 관계에서 커뮤니케이션을 하는 형태로서 상호 수평적 의사소통 유형이다. 이는 교호적, 협의적 업무 의존관계(reciprocal, consultative task interdependence)에서 주로 나타난다. 이러한 네트워크에서는 커뮤니케이션의 기회나 의사결정에의 영향력 등이 여러 주체간에 분산된다.

3) 연쇄형(Chain)

연쇄형은 업무나 관계의 흐름이 일관된 선형으로 연결될 때 형성되는 커뮤니케이션 네트워크이다. 각 라인의 중간 멤버들이 의사전달의 통로 역할을 한다. 이는 순차적 업무 의존관계(sequential task interdependence)에서 나타나는데(George &

Jones, 2012: 433), 하나의 업무라인을 통하여 A가 B에게, 이어서 B가 C에게 정보를 전달하는 것과 같다.

4) 자유형(All Channel)

자유형은 다양한 개인이나 집단이 서로 다면적으로 연결되어 복잡한 커뮤니케이션의 형태를 갖는 것이다. 이는 교호적, 복합적 업무 의존관계(reciprocal, comprehensive task interdependence)에서 나타나는데, 이런 네트워크에서는 한 사람의 행동과 성과가 다른 모든 사람에게 미칠 수 있다(Wagner & Hollenbeck, 2005: 217-218; George & Jones, 2012: 433).

5) 군집형(Cluster)

군집형은 정보를 전달해야 할 사람을 중심으로 선택적으로 의사소통이 이루어지는 네트워크이다(황규대 외, 2001: 311). 여기서는 어느 정도 연결고리 역할을 하는 중간 연락책을 매개자로 하여 정보가 전달된다. 몇 개의 집단별로 각각 하나씩 커뮤니케이션 체인(chain)을 형성하는 것과 같다.

6) 확률형(Probability NW)

의도적으로 계획되거나 선택된 네트워크가 아니라, 우연적이고 무작위적으로 형성되는 네트워크이다(황규대 외, 2001: 311). 관계가 밀접할수록 정보소통의 확률이 높아지고, 관계가 소원할수록 정보교환의 확률이 낮아진다.

2. 네트워크의 효과성 평가

첫째, 바퀴형은 전달속도가 빠르고, 정보의 정확성이 높으며, 리더의 출현 확률이 높다(Robbins & Judge, 2011: 350; 박연호, 2000: 271). 그러나 중심인물을 제외한 다른 구성원들간의 정보소통 부족으로 만족도는 낮다.

둘째, 원형은 정보의 전달속도가 느리고, 정확성이 낮으며, 리더의 출현 확률이 낮다. 그러나 구성원간 수평적 의사소통으로 만족도는 높다.

셋째, 연쇄형의 경우에는 정보의 정확성이 높으며, 전달의 신속성 및 구성원의 만족도는 중간 정도이다(Robbins & Judge, 2011: 350).

넷째, 자유형은 정보전달의 속도가 빠르며, 구성원의 만족도는 높으나, 정확성은 중간정도이고 리더의 출현 확률은 낮다(박연호, 2000: 271).

다섯째, 군집형은 정보전달의 속도와 정확성, 리더의 출현 가능성 및 구성원의 만족도 등이 모두 중간 정도이다.

여섯째, 확률형은 정보전달의 속도와 정확성이 모두 낮으며, 리더 출현의 가능성도 적고, 구성원의 만족도는 중간 정도이다.

제4절 효과적인 커뮤니케이션

1. 인식 및 태도 측면

1) 소통 지향성

조직의 모든 구성원은 의사소통의 중요성에 대해 이해하고 실천해야 한다. 활발한 대화를 통해 서로 소통하고, 이를 통해 상호이해, 문제해결, 갈등조정 등 효과를 가져 오도록 노력해야 한다.

2) 상대방 인정과 긍정의 자세

소통은 상대방과 그의 상황에 대한 인정에서부터 출발한다. 처음부터 상대방의 존재와 입장을 무시한다면 커뮤니케이션은 진행될 수 없다. 그리고 상대방의 주장을 일단 잘 들어보겠다는 긍정적 자세가 요구된다.

3) 인간적 이해

의사표현의 내용을 잘 이해하려면 그 개인의 인간적 특성을 먼저 이해해야 한다. 가치관, 성격 등 일반적 특성과 함께 현재의 어려움, 고충사항, 입장, 요구사항 등 배경을 알고 표출되는 의사 및 정보를 파악해야 한다.

4) 객관적 태도

의사표현 내용에 대해 주관적, 평가적 판단을 피해야 한다. 의사표현자에 대하여 성급하게 긍정적 또는 부정적 평가를 하지 말고, 메시지를 객관적으로 이해 · 수용하는 태도를 가져야 한다(황규대 외, 2001: 319).

2. 프로세스 측면

1) 적절한 미디어 활용

대화와 정보교환의 미디어 또는 채널을 잘 선택하는 것이 중요하다. 긴밀한 협의가 필요한 경우에는 직접 대면(face-to-face)에 의한 대화가 중요하고, 시시각각 변화하는 상황에 관한 즉각적 대화를 위해서는 카톡과 같은 SNS의 이용이 편리성을 제공해 줄 것이다.

2) 가외성 · 중복성(redundancy)

커뮤니케이션 과정에서 정보전달 오류를 방지하려면 평행경로(parallel channel)를 이용하거나 반복해서 메시지를 전달하는 것이 좋다. 이는 정보전달의 확실성 및 수용성을 높일 수 있다(황규대 외, 2001: 319).

3) 사후검토와 피드백(feedback)

정보 및 의사의 전달 후에 팔로우업(follow up)과 피드백(feedback)의 과정을 이용해 수신자가 메시지를 어떻게 이해 · 해석하고 있는지를 확인해야 한다. 오해가 있을 시에는 이를 수정하여야 한다(황규대 외, 2001: 319).

3. 컨텐츠 측면

1) 알고 싶은 욕구 충족

조직구성원이나 고객, 이해관계자 등의 관심을 끌고 있는 사안에 관해서는 핵심적 정보를 적극적으로 제공해야 한다. 정보제공의 회피는 더 많은 궁금증과 오해를 불러올 수 있다.

2) 공감적 내용

정보, 메시지, 의사표현의 컨텐츠가 수용자의 공감을 얻을 수 있는 가치 있는 내용이어야 한다. 내용의 효용성이 없다면 그 전달은 의미가 없다.

3) 내용의 진실성

정보, 의사표현, 주장의 내용은 정확한 것이어야 한다. 사실에 근거하여 합리적인 정보 제공 및 주장을 할 때 그 의사표현은 설득력을 갖게 된다.

4. 조직구조 측면

1) 분권적 · 수평적 구조

조직구성원간, 특히 상하간에 자유로운 커뮤니케이션이 이루어지려면 조직구조가 분권화되어야 하고 관계적 구조가 수평화되어야 한다. 상부계층에 집중된 권한을 중간 및 하부 계층으로 분산시키고, 의사결정의 역할과 기회를 나누어 가지도록 해야 한다.

2) 상향적 의사전달체계

많은 조직의 사례에서 발견되는 커뮤니케이션의 맹점은 하향적(top-down) 의사소통은 과다하고 상향적(bottom-up) 의사소통은 과소하다는 데 있다. 많은 구성원들의 의사, 의견, 아이디어, 지식 등을 조직정책에 반영하여 조직의 성공과 발전을 가져오려면 상향적 의사소통체계를 강화하여야 한다.

5. 문화, 리더십 측면

1) 개방 · 신뢰 문화

조직구성원간에 자유롭고 공감할 수 있는 커뮤니케이션이 이루어지려면 개방문화와 신뢰문화가 조성되어야 한다. 마음을 열고 서로 믿어야 진정한 자신의 뜻과 의견을 말할 수 있다.

2) 소통의 리더십

조직의 커뮤니케이션을 활성화하고 구성원의 뜻을 한데 모아 조직의 성공을 가져오려면 리더의 소탈한 개방적 정신과 정직하게 소통하는 자세가 매우 중요하다. 구성원의 목소리를 폭넓게 듣고, 그들의 전문적인 지식과 견해를 충분히 수렴한 후 최선의 정책방향을 설정하도록 해야 한다.

제5절 커뮤니케이션의 철학과 새 이론

1. 커뮤니케이션의 철학

1) 개방 · 신뢰 · 참여의 철학

커뮤니케이션 또는 의사소통이란 사람의 뜻이 서로 교환되는 과정이다. 그것이 이루어지려면 우선 서로에게 열린 마음(open mind)이 필요하다. 개방적 자세가 존재하지 않는다면 대화 자체가 성립되지 않을 것이다. 특히, 조직의 상급자는 더욱 더 개방적 태도를 가져야 한다. 조직 리더의 중요한 인간관리 전략의 하나는 문호개방정책(open-door policy)이 되어야 한다(황규대 외, 2001: 321). 즉, 상급자는 하급자에게 의사소통의 기회를 많이 부여해 주어야 한다. "저의 귀는 언제든지 열려 있습니다", "저의 방은 24시간 개방되어 있습니다"라는 자세를 격의 없이 보여 주어야 한다.

사람과 사람 사이의 진정한 뜻이 교류되려면 상호 신뢰(mutual trust)하는 관계가 형성되어야 한다. 상대방을 믿지 못하는 상황에서는 자신의 진정한 마음, 의견, 어드바이스(advice), 피드백(feedback)을 보여주지 않는다.

커뮤니케이션은 조직 내 핵심적 멤버 몇 사람 사이에서만 긴밀하게 이루어져서는 안 된다. 소통의 범위는 한정적이기보다는 광범해야 한다. 다양한 구성원들의 참여(participation)가 필요하다. 조직 내 많은 구성원들의 감정, 의견, 평가 등이 조직의 여러 관리전략이나 정책에 반영되어야 한다. 참여와 소통의 범위가 넓을수록 광범한 지지와 동의를 확보할 수 있다.

2) 다양성 · 균형 · 융합의 철학

소통은 편협하고 일방향적인 인식 또는 사고 하에서는 존재할 수 없다. 소통을 잘 하려면 스펙트럼(spectrum) 관점을 가져야 한다. 자기 주장은 옳고 다른 주장은 틀리다는 식의 흑백논리를 벗어나서, 각기 가진 다양성을 인정해야 한다(차동엽, 2013.6.15. YTN 대담).

그리고 정보의 소유와 흐름에 있어서의 균형(balance)을 유지하여야 한다. 조직 내 다양한 개인 및 집단에게 정당한 정보의 권리(information right)를 부여해 주어야 한다.

아울러, 조직 내 다양한 구성원과 외부의 고객, 이해관계자 집단의 관점과 이익을 충실하게 파악하고, 그에 대한 긍정적 검토(positive review)와 가급적 수용(possible acceptance)하는 자세를 가져야 한다.

다양성, 균형, 수용 등의 가치를 중시하는 소통은 융합지향적 커뮤니케이션이라고 할 수 있다. 이러한 커뮤니케이션은 다양한 개인간, 집단간, 계층간 융합을 가져오고, 조직 내부와 외부간의 융합을 가져올 수 있다.

2. 새 커뮤니케이션이론 탐색 I: 다방향적 커뮤니케이션이론

다방향적 커뮤니케이션은 조직 내 · 외부에 걸친 다각적인 네트워크 연결, 정보의 공유, 그리고 참여기회의 확장 등을 특징으로 한다. 민주적이고 다원화된 조직과 사회에서는 커뮤니케이션의 다방향성(multi-directions)을 확보해야 한다. 어느 개인이나 집단에 의한 편협한 정보의 독과점은 지양되어야 한다(박연호, 2000: 279). 그리고 상위계층에 의한 일방향적인 지시나 정보의 주입도 경계해야 한다. 조직구성원과 외부고객에게 다양한 채널을 제공하여 의사표현의 기회를 확대해야 한다. 이러한 소극적, 방어적 측면 뿐만 아니라, 보다 적극적이고 창조적인 차원에서 지식기반사회의 다양한 지식, 정보, 아이디어, 사고, 이념, 의식, 컨텐츠 등을 광범하게 수집하고 활용하기 위해서도 커뮤니케이션의 다방향성을 확보해야 한다.

다각적인 커뮤니케이션 네트워크는 매우 다양하고 복합적인 네트워크를 토대로 구성될 수 있다.

조직 내부에서는 상향적 · 하향적인 수직적 네트워크, 구성원간의 수평적 네트워크와 함께, 서로 소속이 다른 상위계층과 하위계층간의 대각적 네트워크(diagonal network) 등이 거미줄처럼 연결되고 긴밀한 내부적 소통이 이루어져야 한다.

조직 외부적으로는 고객, 이해관계자, 협력조직, 일반시민 등과 다방향적인 네트워크가 구축되어야 한다. 그리고 그 네트워크를 통해 외부 주체들의 무수히 다양한 의견, 아이디어, 요망, 건의, 평가, 어드바이스, 피드백 등이 조직 측으로 투입(input)되어야 한다. 아울러, 조직의 이미지, 정책, 서비스 등에 관한 수많은 정보가 외부주체 측으로 산출(output)되어야 한다.

이러한 정보의 상호적 교환을 통해 조직의 내부적 지식창출, 전략수립, 정책추진, 상호조율, 관계형성, 고객만족, 협력증진 등이 원활하고 효과적으로 이루어질 수 있다.

[그림 14-5] 다방향 커뮤니케이션 모형도

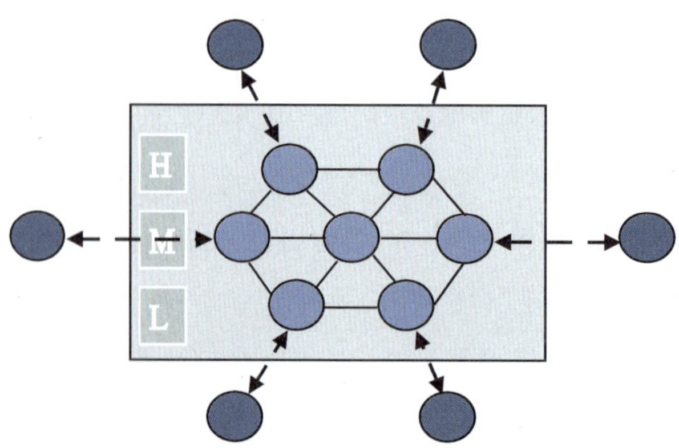

다방향 커뮤니케이션에서는 매우 다양한 정보통신 네트워크가 활용될 수 있다. 전자결재, E-Mail, 인터넷, 소셜 미디어(SNS), 조직 내 정책포럼, "나도 한마디" 코너, 핫라인(hot line) 등이 그것이다. 다양한 네트워크를 활용하여 자유롭고 활발한 의사소통이 이루어지도록 기술적, 제도적 여건을 조성해야 한다.

3. 새 커뮤니케이션이론 탐색 II: 균형적 정보권력이론

조직에서의 정보흐름은 균형적으로 조정되어야 한다. 조직의 관리자는 정보를 이해하기 쉽게 분류・정리하는 일, 필요한 정보만을 여과(filter)시키는 일, 직무설계를 통해 특정 역할자에 대한 정보집중 현상을 완화하는 일 등을 통해 정보의 흐름을 효율적이고 균형 있게 조절해야 한다.

정보흐름 조정의 매우 중요한 주제로서 정보권력(information power)의 균형화와 분산화를 추구해야 한다. 특히, 권력자와 비권력자간의 균형이 중시된다. 권력자의 정보장악을 방지하고 비권력자의 정보권리를 보호해야 한다. 권력자로부터 비권력자로의 일방적 정보 주입도 방지해야 하고, 비권력자에 관한 정보를 권력자가 일방적으로 수집하는 일도 배제되어야 한다.

정보권력의 균형과 안배를 위해서는 다음과 같은 구체적인 전략을 연구해야 한다. 첫째, 수평적 관계구조를 만들어야 한다. 둘째, 직무를 분산해야 한다. 셋째, 비권력자의 참여기회를 확대해야 한다. 넷째, 정보채널을 다양화해야 한다. 다섯째, 팀 내 지식・정보 공유회의를 활성화해야 한다.

[그림 14-6] 정보권력 균형화 모형도

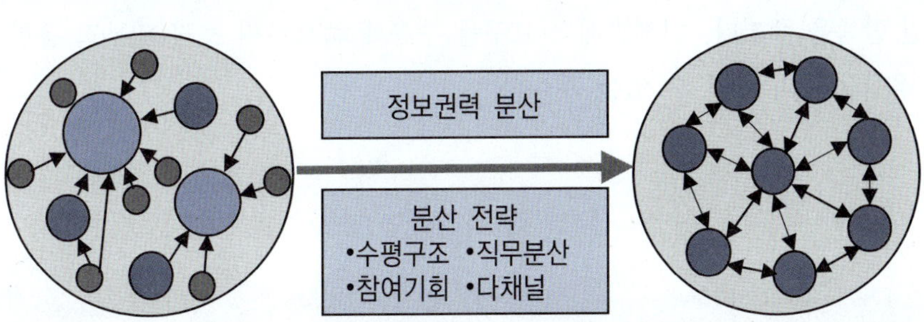

4. 새 커뮤니케이션이론 탐색 III: 충족적 의사소통이론

커뮤니케이션이 단순한 정보교환의 차원을 넘어서 한 쪽 또는 양측의 이해관계와 요구사항에 관한 의사교환이 이루어져야 할 경우에는 보다 책임성 있는 커뮤니케이션이 필요하다. 이러한 상황에서는 상대방의 정서와 요구를 충족시켜 주지 않으면 커뮤니케이션이 완성 또는 종결될 수 없다. 커뮤니케이션을 통한 충족에는 두 가지 차원이 있다. 하나는 정서적 충족이고, 또 하나는 이해관계적 충족이다.

정서적 충족은 이해관계 차원의 충족을 시켜주기 전에 상대방의 감정을 이해하고 그 감정을 풀어주는 것이다. 정서적 차원의 충족을 위해서는 첫째, 상대방의 가치관, 이념 등 정신적 요소를 이해하고 포용해야 한다. 둘째, 상대방의 출신, 문화, 소속 등 배경적 요소를 이해하고 배타적이 되지 말아야 한다. 셋째, 상대방의 현재 심리상태, 감정을 이해하고 그에 맞추어주거나 정서적 불만을 완화시켜 주는 노력을 해야 한다.

이해관계적 충족은 상대방이 바라는 이익 또는 혜택 차원의 요구를 실질적으로 충족시켜 주는 것이다. 첫째, 가장 이상적인 것은 상대방이 원하는 것이 정당하다면 그것을 들어주는 것이다. 둘째, 요구 충족이 어려우면 그것을 검토하거나 반영할 수 있다는 희망과 가능성을 열어두어야 한다. 셋째, 상대방의 요구를 들어주지 못할 때는 다른 대안을 제시해야 한다. 또는, 다른 여러 가지 가능한 대안들에 대한 정보를 제공해 주어야 한다. 왜 들어줄 수 없는지에 대한 설득만으로는 안 된다. 아무리 논리적이고 합당한 이유가 있어도 “들어줄 수 없다”는 조건이 따르는 한 소통되기 어렵다.

결국, 조직 내부 구성원, 외부고객, 이해관계자의 어려움과 요구를 이해하고, 감정적인 만족을 주거나, 이해관계적 요구를 수용해 줌으로써 조직 내부적 융합과 대외적 융합을 이루어낼 수 있는 것이다.

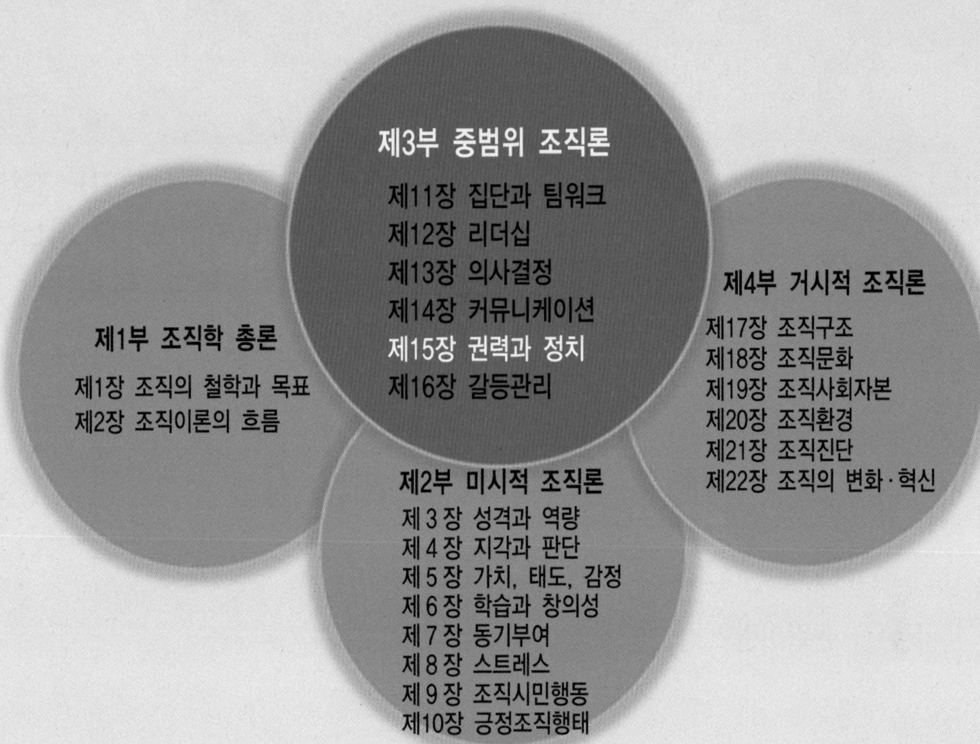

제3부 중범위 조직론
제11장 집단과 팀워크
제12장 리더십
제13장 의사결정
제14장 커뮤니케이션
제15장 권력과 정치
제16장 갈등관리
제1부 조직학 총론
제1장 조직의 철학과 목표
제2장 조직이론의 흐름
제4부 거시적 조직론
제17장 조직구조
제18장 조직문화
제19장 조직사회자본
제20장 조직환경
제21장 조직진단
제22장 조직의 변화·혁신
제2부 미시적 조직론
제 3 장 성격과 역량
제 4 장 지각과 판단
제 5 장 가치, 태도, 감정
제 6 장 학습과 창의성
제 7 장 동기부여
제 8 장 스트레스
제 9 장 조직시민행동
제10장 긍정조직행태

제15장 권력과 정치
(Power & Politics)

제1절 권력의 개념, 원천, 심볼

1. 권력이란?

권력(power)이란 타인에 대해 영향을 미칠 수 있는 잠재적·현재적 능력이라고 할 수 있다. 한 마디로 권력은 영향력이다. 영향력(influence)이란 다른 사람의 생각, 감정, 행동에 어떤 효과를 미치는 과정이다(Quick & Nelson, 2013: 348). 만약 A가 B에게 영향력을 갖고 있다면, B는 A의 뜻에 맞추어 행동을 하게 된다. 권력 또는 영향력은 의존성(dependency)의 함수이다. 즉, B의 A에 대한 의존성이 클수록 A의 B에 대한 권력 또는 영향력은 커지게 된다(Robbins & Judge, 2011: 420).

조직 내에서의 권력은 조직구성원을 일정한 방향으로 이끌어 나가면서 어떤 일을 추진하는데 필수적인 요소이다. 조직의 리더가 구성원의 어떤 행동, 특히 바람직한 직무행동을 수행하도록 만들기 위해서는 영향력이 있어야 한다. 만약, 부하직원이 상사의 영향을 받지 않고 마음대로 행동하는 상황이 발생한다면 상사는 허수아비에 불과하다. 물론, 권력의 차원과는 다른 리더십이라는 요소도 존재하지만 권력과 리더십이 긍정적 상호작용을 한다면 구성원들을 보다 유효하게 이끌어 나갈 수 있다. 비단 리더 뿐만 아니라 일반직원들도 다른 직원에 대하여 영향력을 갖는다면 이를 활용하여 직무를 보다 용이하게 수행할 수 있다. 그러나 권력을 부정적인 행동을 요구하는 방향으로 행사해서는 안 되며, 긍정적 목적에 활용해야 한다.

2. 권력의 원천

1) 보상적 권력(reward power)

권력은 다른 사람에게 무언가를 보상할 수단을 가지고 있느냐에 따라 결정된다. 보상은 급여인상, 승진, 직무할당 등 어떤 수혜를 주는 것을 말한다(박연호, 2000: 291). 보상적 권력은 이러한 수혜를 줄 수 있는 능력이나 자원을 가졌느냐의 여부에 따라 나타난다. 사람은 자신에게 혜택을 줄 수 있는 사람의 뜻에 순응하는 경향이 있다(Robbins & Judge, 2011: 422).

2) 강압적 권력(coercive power)

강압적 권력은 다른 사람에게 즐겁지 않은 어떤 경험을 부과할 능력을 말한다(Quick & Nelson, 2013: 349). 다른 사람을 처벌할 수 있는 위협적 능력을 가진 사람은 권력을 갖고 있다고 할 수 있다. 부하를 강등하거나 해고시키거나 급료를 삭감하는 것과 같다(박연호, 2000: 292).

3) 합법적 권력(legitimate power)

법 규범이나 사회적 규범에 근거한 권력이 합법적 권력이다. 이러한 권력은 어떤 지위(position)에 바탕을 두거나 상호 동의(mutual agreement)에 의해 발생한다(Quick & Nelson, 2013: 349). 사람들은 이러한 권력을 받아들이는 것이 정당하다고 생각한다.

4) 준거적 권력(referent power)

준거적 권력은 권력자의 개인적 특성에 기반을 둔 권력이다. 관리자가 매력적이고 멋있는 개성을 가지고 있으며 존경을 받을 때 개인적 권력은 커질 수 있다. 카리스마는 준거적 권력의 바탕이 된다고 한다(Quick & Nelson, 2013: 349). 어떤 직원의 롤 모델(role model)은 그 직원에게 많은 영향력을 갖게 된다.

5) 전문적 권력(expert power)

전문적 권력은 지식이나 기술에 바탕을 둔 권력이다(박연호, 2000: 292). 지식기반 사회로 갈수록, 그리고 직무의 성격상 높은 전문성이 요구될수록 전문지식과 기술의 영향력이 커진다고 할 수 있다(Robbins & Judge, 2011: 422). 그런데 전문가는 어떤 영역 안에서만 지식이나 지명도가 인정되는 사람이다. 이로 인해 전문적 권력의 범위는 한정적이다.

6) 정보 권력(information power)

정보 권력은 다른 사람들이 갖지 못한 정보를 가지고 있을 때 발생하는 권력이다. 정보적 권력은 특정한 전문분야의 숙련·능력 등을 요하는 전문적 권력과 구별된다. 정보 권력은 핵심적 정보를 공개하지 않고 있을 때 커지며, 특정 정보를 가진 사람에 대한 의존성이 높을수록 정보 소유자의 영향력은 커진다(Robbins & Judge, 2011: 421). 정보 권력은 긍정적 권력일 수도 있고 부정적 권력일 수도 있다. 보상적 권력처럼 유용성이 높은 정보를 제공해 주는 원천이 되기도 하고, 강압적 권력처럼 특정 개인·집단·기관에게 위협을 초래하는 요소가 될 수도 있다.

[그림 15-1] 권력원천에 대한 반응도

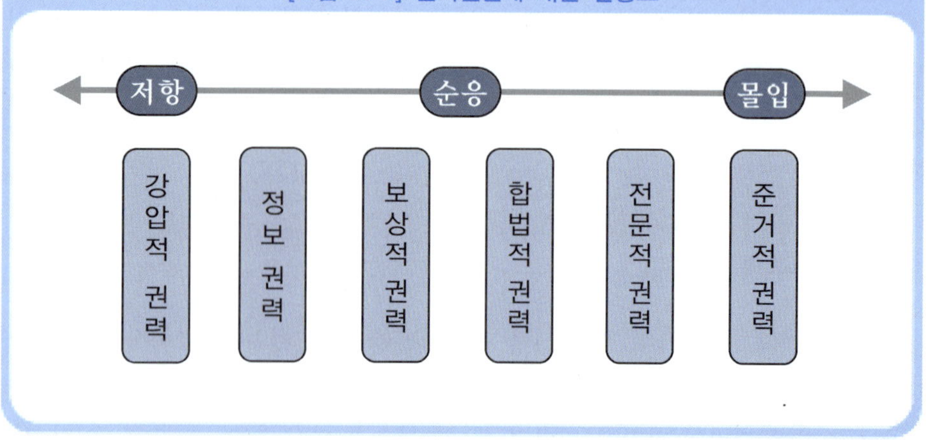

*출처: Nahavandi & Malekzadeh, 1998; 김호섭 외, 2012: 211 수정.

3. 권력의 심볼(Symbols)

권력의 심볼이란 특정인의 권력이 얼마나 강한가 또는 약한가를 보여주는 어떤 가시적인 표징을 말한다. Kanter의 권력상징을 살펴 보면, 권력이 강하다는 표징으로 (i) 곤란에 처한 사람의 구출, (ii) 선호하는 사람에 대한 좋은 자리 부여, (iii) 예산의 한계기준 초과, (iv) 평균 이상의 물품 구매비 인상, (v) 회의 의제의 제안권, (vi) 정보에의 빠른 접근, (vii) 최고 관리자에 대한 자문 기회 등을 들고 있다(Quick & Nelson, 2013: 355).

Korda의 권력상징은 다소간 사소한 요소에 치우쳐 있다. 주로 의전권력(protocol power)과 시간권력(time power)에 관해 제시하고 있다. 고위 관리자의 사무실에 얼마나 크고 화려한 가구와 회의 테이블이 놓여 있느냐, 얼마나 시간에 구애받지 않고 초청객과 대화할 수 있는가, 캘린더에 나타나는 스케줄이 얼마나 복잡한가, 자신에게 보고하거나 결재를 받기 위해 얼마나 많은 직원들이 기다리고 있는가 등이 권력의 상징이라고 한다(Quick & Nelson, 2013: 356).

보다 분명한 객관적·외형적 권력상징도 다양하다. 조직구조를 나타내는 직제나 의전규정에 나타나는 권력의 상징으로는 조직도표상의 위치, 계급장, 직위 표시, 책상 위의 명패, 사무실의 크기, 행사시의 좌석 배치, 비서 및 승용차의 제공, 주요 행사시의 연설기회 등을 들 수 있다.

강한 권력의 상징과 반대로 권력의 결여를 나타내는 표징도 있다. 조직구성원은 자신의 권력이 결핍되었음을 인식하게 되는 여러 상황에 처하게 된다. 여기서는 Kanter의 권력 결핍상황에 대해 살펴본다. 고위 관리자의 경우 조직의 예산삭감을 막지 못하는 상황, 부하에 대한 처벌을 방어해 주지 못하는 상황 등이 존재할 경우 권력의 결핍감을 느끼게 된다. 일선 관리자의 경우에는 상사에 의한 엄격한 감독, 규정에서 벗어나기 어려운 상태, 부하를 훈련시켜 활용하기보다 자신이 직접 업무수행을 해야 할 상황 등에서 권력이 부족함을 절감하게 된다(Quick & Nelson, 2013: 355).

제2절 권력 확보의 전략

1. 세력관계 전략: 구조적 전략

세력관계 전략은 다른 사람, 집단, 조직과 우호적인 관계를 형성함으로써 자기 자신 또는 자기가 속한 부서나 조직의 권력을 확대하는 전략이다. 즉, 자신에게 유리한 권력구도 또는 관계구조를 만들고 유지하는 것이 매우 중요하다. George & Jones(2012: 407)는 권력소유자와의 관계 형성, 외부전문가의 영입 등을 제시했고, Miles(1980: 174-175)는 후원자와 피보호자 관계 형성, 전략적 치환(인재 재배치), 연합형성 등을 강조하고 있으며, Quick & Nelson(2013: 359)도 연합관계 형성을 중시하고 있다. 본 저자가 여러 조직에서 관찰한 세력관계 형성전략을 소개하면 아래와 같다.

1) 자원배분 주체로서의 지위 확보

어떤 형태로든 또는 어떤 방법을 동원해서든 자원분배 권한을 확보하는 것이 권력을 장악하는 가장 기본적인 전략이다. 기구, 인력, 예산, 정보, 자재, 원료 등 다양한 자원에 대한 배분권(allocation power)은 가장 확실한 권력수단이다. 개인의 경우 자원배분 권한이 많은 조직 또는 부서에 들어가려는 노력을 하고, 자원배분 역할을 담당할 수 있는 업무를 적극적으로 맡고자 한다. 조직 또는 그 하위부서의 경우에는 자원배분의 권한을 획득할 수 있는 기구개편이나 기능배분을 실현하기 위해 정당한 모든 노력을 동원하는 경우가 많다.

2) 힘 있는 세력과의 우호적 관계 형성

개인 또는 집단이나 조직이 홀로 큰 힘을 발휘하기는 어렵다. 막강한 권력을 가진 개인 또는 집단·조직과 긴밀한 관계를 형성함으로써 자신 또는 자기 집단·조직을 지원해 주도록 만들어야 한다. 일방적으로 권력을 얻기는 어려우므로 양자관계의 조성을 위해 어떤 부분에서는 권력집단에 무언가를 내주지 않을 수 없게 된다.

3) 지지세력의 확보 및 저항세력과의 협상관계 유지

자신 또는 소속 조직을 지지하고 응원하는 집단은 많을수록 좋고, 비판 또는 저항하는 집단은 적을수록 좋을 것이다. 조직은 지지세력의 확보를 위해서 다른 집단이 원하는 자원의 제공, 혜택의 부여, 지원이나 후원, 그들의 이념 · 가치 · 논리에 부응하는 입장발표나 정책추진 등을 하게 된다. 저항세력이 자신이나 조직에 대하여 미치는 부정적 영향을 최소화하기 위해서는, 그들이 원하는 혜택이나 조건 등을 일부나마 충족시켜 주면서, 받아낼 것은 받아내는 협상적 관계 또는 포용관계의 유지가 불가피할 것이다.

4) 다양한 이슈별 연합관계 형성

모든 집단이나 조직이 서로 항구적으로 같은 편이 될 수는 없다. 이슈에 따라서는 이해관계가 엇갈리기 마련이므로 이슈별 연합관계 형성(coalition building)을 통해서 자기 집단이나 조직의 이익을 추구하게 된다. 연합관계 형성이란 특정 이슈에 관해 서로 협력 · 연계관계를 맺어 공동의 적에 대처하는 전략이다. 이는 자기편의 힘을 확대하고 연합에 참여하는 모든 주체들이 이익을 볼 수 있는 윈윈(win-win) 전략의 대표적 형태라고 할 수 있다.

2. 영향과정 전략: 프로세스 전략

영향과정 전략은 권력의 확대를 위한 과정적, 기술적 전략을 말한다. 다른 주체들과의 협의, 협상, 교환, 흥정 등 상호적 교호작용과 함께, 상대편에 대한 어필(appeal), 압력, 설득 등 영향력 행사과정을 활용하여 자신 또는 자기조직의 권력과 이익을 강화할 수 있다. 이러한 전략으로 George & Jones(2012: 407)는 의제통제를 들고 있으며, Miles(1980: 174-175)는 조종성(maneuverability) 유지, 부하간의 경쟁 자극, 흥정 등을 제시한 바 있다. Yukl & Falbe(1990)는 압력의 행사, 상향적 어필(upward appeals), 교환, 아부(ingratiation), 합리적 설득, 영감적 어필(inspirational appeals), 컨설팅(consultation) 등의 기법들을 제안하고 있다(Quick & Nelson, 2013: 359).

1) 이슈의 통제와 확산

경쟁주체들 간의 논의 주제 또는 이슈(issue)가 무엇에 초점을 두게 되느냐에 따라 공세를 취할 수도 있고 약세로 몰릴 수도 있다. 자기편에 유리한 이슈를 선점하고 그것을 성공적으로 확산시키게 되면 영향력을 강화할 수 있다.

그리고 자신 또는 자기부서가 제시한 의제(agenda)가 참여자들이나 최고위층에 의해 선택되었을 때 의사결정은 자신 또는 자기부서가 원하는 방향으로 이루어질 가능성이 높다(George & Jones, 2012: 407).

2) 호소 · 항의 · 압력행사

상황이 돌아 가는대로 내버려 두면 자신의 권리와 이익을 찾기 어렵다. 자원배분의 권력이나 의사결정 권한이 있는 주체에 대하여 호소 또는 항의(appeals)를 하거나, 심리적 압박이나 여론 환기 등 다각적인 방법으로 압력(pressure)을 행사할 때 권익을 확보할 수 있다.

3) 협상 · 흥정

협상(negotiation)이나 흥정(bargaining)은 상호간 권력과 이익을 나누어 가질 목적으로 거래 또는 교환을 하는 것이다. 이런 과정이 자기편의 권력과 이익을 최대화하지는 못하나 제로섬(zero-sum) 게임에서 완전 패배할 수도 있는 최악의 상황을 벗어나게 할 수 있다.

4) 경쟁 유발

적들 간의 경쟁이나 갈등을 유발하여 자기편의 희생 없이 권력이나 이익을 확보할 수 있다. 조직의 리더들은 부하 직원들 간의 경쟁을 유도하여 자신에 대한 충성과 조직성과의 제고를 가져올 수도 있다.

5) 합리적 설득

논리적인 주장과 객관적인 사실을 근거로 합리적인 설득(logical persuasion)을 하게 되면 리더 또는 상대방의 동의와 지지를 확보할 수 있다(Quick & Nelson, 2013: 359).

6) 협의 · 조정 · 통합

조직의 리더는 이해관계에 관련된 주체들 간의 협의, 조정을 잘 이끌어 냄으로써 통합적 리더로서의 주도권을 장악할 수 있다.

제3절 권력의 결과

1. 권력의 수용

권력이 작용하면 그것을 수용하는 사람들이 나타나게 된다. 즉, 권력자가 행사한 영향력에 따라 권력자가 원하는 어떤 행동을 수행하게 된다는 것이다. Szilagyi & Wallace에 의하면 권력의 수용형태는 순응, 동일시, 그리고 내면화로 나눌 수 있다(박연호, 2000: 302).

순응(compliance)은 조직구성원이 권력 행사자의 영향을 받아 그에 상응하는 행동을 하는 것을 말한다. 권력에 대한 순응은 왜 일어나는가? 그것은 권력에 순응함으로써 보상을 얻을 수 있다고 믿거나 처벌을 회피할 수 있다고 생각하기 때문이다.

동일시(identification)는 권력의 영향을 받은 자가 권력자에 대하여 동질감을 느끼는 것을 말한다. 권력자에 대한 동질감은 왜 느끼게 되는가? 그것은 권력자가 추구하는 가치와 방향을 높이 평가하고 그에 동의하며 그의 역할을 인정하기 때문이다.

내면화(internalization)는 권력의 영향을 받은 자가 권력자의 사고, 판단, 행동양식 등이 자신의 정향성과 일치한다고 보고, 자기의 것으로 체화시키는 것이다. 이 경우는 외재적 보상이 주어지지 않음에도 불구하고, 정신적으로 만족할만한 내재적 보상이 존재하기 때문에 권력을 수용하는 상황이라고 할 수 있다.

2. 권력의 영향

권력과정의 종속변수는 권력의 크기 또는 영향이다. 권력의 크기 또는 영향은 권력행사에 대한 피권력자의 반응수준에 따라 결정된다. 권력의 영향은 피권력자의 심리적 충격 수준, 행동적 반응의 수준, 그리고 그 결과로서의 자원배분의 수준 등으로 나타낼 수 있다.

심리적 충격의 수준은 권력자가 행사한 압력, 설득, 권유 등에 따라 정신적으로 영향을 받는 정도를 말한다. 심리적 충격이 클수록 많은 영향을 받은 것이다. 그에 따른 심리적 반응은 자신의 이해관계에 미칠 영향의 향배에 따라 동조, 분노, 저항심리 등 다양한 형태로 나타나게 된다.

행동적 반응의 수준은 권력자가 원하는 행동을 실제로 수행하거나 그에 반대·저항하는 정도를 말한다. 실제 행동이 권력자의 요구에 근접할수록 긍정적 영향을 많이 받은 것이고, 반대·저항의 강도가 클수록 부정적 영향을 많이 받은 것이다. 특히, 자신에게 미치는 이익 또는 손실이 클수록 행동적 반응의 수준도 높아진다.

자원배분의 수준은 권력의 영향을 받는 자에게 결과적으로 어떤 혜택 또는 손해가 얼마나 발생했는가 하는 것이다. 권력자가 원하는 긍정적 행동의 결과로 혜택을 받을 수도 있고, 저항을 강하게 함으로써 혜택을 받아 내거나 손실을 최소화할 수도 있다. 또는, 권력에 반대·저항한 결과로 많은 손해를 가져올 수도 있다.

3. 권력행사와 권력의 균질화

권력은 결코 영원하지 않다. 권력이 일단 행사되거나 시간이 흐르면 그 권력은 자연적으로 약화되거나 사라지게 된다. Lawless에 의하면, 권력은 다음 세 가지 상황에 의해 균질화된다고 한다(박연호, 2000: 304-305).

첫째, 권력이 일단 행사되면 그 잠재적 위력이 없어진다. 즉, 힘의 균질화 현상이 나타나게 되며, 오히려 그에 따른 비용을 초래하게 된다. 예컨대, 부하직원에 대한 징계권의 잠재력은 강하나, 한 번 징계하게 되면 그 위협적 권력은 없어지며 그에 대한 저항, 쟁송 등 비용이 따르게 된다.

둘째, 권력이 행사되고 나면 이 권력의 영향에 저항하는 상대방에 의하여 권력의 단절을 가져올 수 있다. 예를 들면, 피권력자들이 단합하여 저항세력으로 성장하여 권력자의 힘을 약화시킬 수 있다.

셋째, 권력자들이 긴 세월동안 하위 권력자 및 피권력자와 함께 활동하게 되면 상호간에 권력의 균질화가 나타나게 된다. 이러한 균질화 상황을 바꾸기 위해 권력 추구자는 새로운 권력의 생성을 시도하게 된다. 즉, 새로운 권력격차를 만들어 내게 된다.

한 마디로 권력행사에는 비용이 따르며, 권력은 시간의 흐름에 따라 균질화되기 마련이다. 따라서, 권력의 행사는 신중하고 사려 깊어야 한다. 권력은 실제로 행사되지 않은 상황 하에서 그 잠재적 위상과 영향력을 유지할 수 있다.

제4절 조직정치

1. 조직정치란?

조직정치(organizational politics)란 조직 내 개인이나 집단이 어떤 문제의 해결 또는 자원배분을 위해 영향력을 행사하는 과정이라고 할 수 있다. Miles(1980: 154)에 의하면, 조직정치란 다양한 상호의존적인 개인 또는 이해관계집단들이 자신의 이익을 증진하기 위하여 조직의 의사결정 과정에 영향력을 행사하기 위한 권력의 발현과정이라고 한다. Daft(1992: 403)는 조직정치를 "어떤 산출 또는 결과를 성취하기 위해 의사결정에 영향을 미치는 권력의 활용 과정"이며, "갈등과 차이를 극복하기 위한 협상과 타협의 과정"이라고 정의하고 있다. 조직정치의 개념적 요소는 다음과 같다.

① 특정 개인이나 집단의 이익을 추구하는 과정
② 갈등과 경쟁을 조장하거나 해소하는 과정
③ 의사결정에 영향력을 행사하는 과정
④ 권력을 발휘하는 과정

2. 정치적 과정의 불가피성

정치적 과정은 합리적 과정에 반대되는 개념으로 흔히 사용된다. 합리적 과정

(rational process)은 객관적 정보와 원칙에 의한 타당한 판단에 의하여 최선의 대안을 선택하는 과정이라고 할 수 있다. 그러면 왜 조직행동은 합리적 과정에만 의존하지 않고 정치적 과정(political process)에 의존하게 되는 것인가? Miles(1980: 181)의 견해를 분석해 보자.

1) 자원의 희소성

자기 몫(share)을 차지하기 하기 위해서 정치적 과정에 의존한다. 객관적 기준에 의해서 합리적 자원배분을 하는 풍토가 결여되어 있을 때, 그리고 합리적 자원배분 결정이 이루어지는 풍토가 존재할 때에도 객관적 수준 이상의 몫을 차지하고자 할 때 정치과정 또는 권력에 의존하게 된다.

2) 비구조적 결정 문제

결정해야 할 의제가 정형적, 관례적이지 않은 새로운 문제, 불확정성이 존재하는 문제 등 유동성이 높을 때 정치적 조종(political maneuvering)을 통하여 결정권한을 선점하거나 초기 영향력을 크게 하고자 한다.

3) 목표의 모호성

목표가 애매하고 복잡하면 합리적이고 명확한 목표설정이 어려우므로 목표설정 단계에서부터 자기집단에 유리한 목표설정을 위해 정치적 전략을 쓰게 된다. 특히, 목표설정에는 가치판단의 개입소지가 크기 때문에 객관적 기준보다 정치적 판단에 많이 의존하게 된다.

4) 기술과 환경의 복잡성

기술이 단순·명확하지 않고 복잡할 경우, 그리고 환경의 변화가 심하거나 복잡할 경우에는 합리적 방법만으로 의사결정이나 자원배분을 하기가 어려우므로 정치적 요소의 개입이 증가할 수 있다.

5) 조직의 변화

조직구조 변경이나 업무분담 재조정 등 변화상황은 새로운 영역다툼(fight over

territory)을 가져오고 그 과정에서 정치적 작용이 개입한다.

3. 조직상황과 정치의 관계

Daft의 연속성 모형을 중심으로 합리적 모형이 적합한 상황과 정치적 모형이 적합한 상황을 살펴보면 [그림 15-2]와 같다. 환경적 상황의 확실성이 높고, 목표가 명확하며, 집권적 구조가 지배할 때에는 합리적 모형의 적용 가능성이 높다. 반면, 환경적 상황의 불확실성이 높고, 목표가 다양하며, 분산적 구조가 형성되어 있을 경우에는 정치적 모형이 적용될 가능성이 높다고 할 수 있다. 조직의 실제 상황은 양 측면의 특성이 혼합되어 나타나므로 양 극단 사이의 연속선 위에 놓이게 되며, 그에 따라 합리적 모형과 정치적 모형이 혼합적으로 나타나게 된다. Daft의 혼합모형(mixed model)은 이러한 조직상황을 잘 보여주고 있다(Daft, 1992: 405-406).

[그림 15-2] 조직상황과 합리적 · 정치적 모형과의 관계

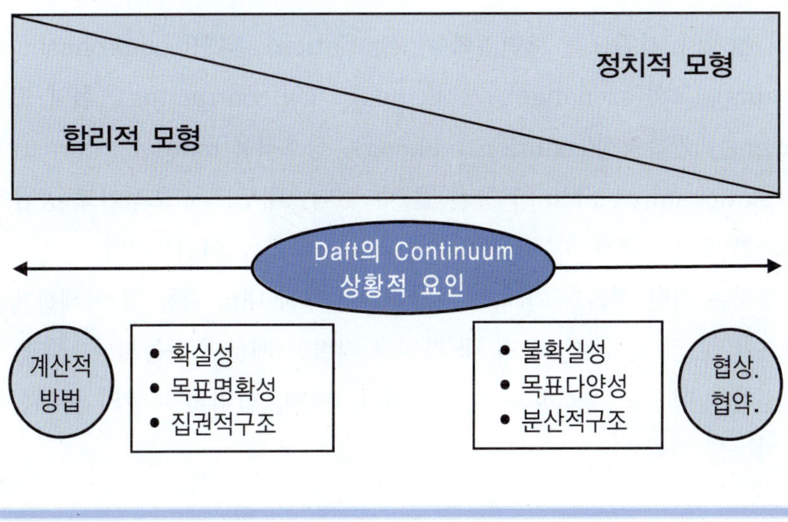

4. 좋은 정치와 나쁜 정치

일반적으로 조직 내 정치에 대해서는 긍정적 인식과 부정적 인식이 혼재한다. 그것은 조직정치가 긍정적인 특성과 부정적인 속성, 모두를 갖고 있기 때문이다. 긍정적인 특성을 잘 살리는 정치는 좋은 정치(good politics)이고 부정적인 속성을 노출하는 정치는 나쁜 정치(bad politics)라고 할 수 있다.

1) 좋은 정치, 긍정적 정치

조직정치의 한 가지 좋은 면은 정치과정을 통해 조직 내 다양한 구성원 또는 그 집단들의 의견과 요구가 조직의 의사결정 과정이나 운영 과정에 잘 투영될 수 있다는 것이다. 이를 정치의 투입역할(input role)이라고 한다. 그리고 조직인에 의한 정치력의 발휘는 조직의 공식적 권위구조와 합리적 과정이 해결하지 못하는 조직의 많은 문제를 해결하고 이를 통해 조직의 능력을 높이는 역할을 할 수 있다. 이러한 역할은 조정, 협상, 타협, 협약, 연합 등의 긍정적, 비파괴적 정치과정을 통해 발휘될 수 있다.

긍정적 정치의 키워드를 보면, 협상(negotiation), 타협(compromising), 흥정(bargaining), 교환(exchange), 거래(trade), 계약(contracting), 협약 또는 합의(agreement), 연합형성(coalition building), 상호작용(mutual interaction), 관계형성(relationship building) 등을 들 수 있다. 대부분 우호적이고 공감적인 관계와 결과를 도출하고자 하는 정치적 과정을 나타내는 어휘들이다.

좋은 정치는 어떤 결과를 가져오는가? 첫째, 조직 내의 갈등 및 이해관계를 조정 또는 해소할 수 있다. 둘째, 조직 내 자원의 적절한 배분이 가능하다. 셋째, 조직의 힘을 일정한 방향으로 결집하는 기능을 한다. 넷째, 합리적 모형의 불완전성을 보완하는 기능을 한다.

2) 나쁜 정치, 부정적 정치

나쁜 정치, 부정적 정치는 특정한 개인이나 집단의 이익과 권력만을 추구하는 정치를 말한다. 이러한 정치는 경쟁과 갈등 위주의 정치이며, 필연적으로 투쟁의 과정이 이어진다. 이는 공격적 정치이며, 파괴적 정치라고 할 수 있다.

나쁜 정치는 어떤 결과를 가져오는가? 첫째, 경쟁적 정치는 조직 내의 갈등을 더욱 조장할 수 있다. 둘째, 자원배분을 함에 있어서 원칙과 기준보다 힘의 논리에 의존하므로 공정성을 해칠 수 있다. 셋째, 지나친 경쟁과 투쟁으로 조직의 결집과 통합적 에너지를 크게 저해할 수 있다.

5. 조직정치의 영향요인과 결과

1) 정치적 행동의 영향요인

조직인은 왜 정치적 행동을 하게 되는가? 어떤 요인이 조직의 리더나 구성원으로 하여금 정치적 행동을 증가시키게 만드는가? Robbins & Judge(2011: 433-434)는 개인적 요인으로 높은 자기 모니터링(self monitoring),[1] 내재적 통제,[2] 마키아벨리즘적인 성격(high Mach personality), 조직에 대한 개인적 투자, 성공에 대한 높은 기대, 자원과 기회의 추구 등을 제시하고 있다. 그리고 조직적 요인으로는 낮은 신뢰도, 역할 모호성, 성과에 대한 압박, 불명확한 성과평가 기준, 제로섬(zero-sum) 게임 양상, 모호한 보상 기준 등을 지적하고 있다.

2) 정치적 행동의 결과

정치적 행동은 여러 가지 결과를 얻을 수 있다. 긍정적 결과로는, 어떤 타협이나 결정을 통해 경쟁자간 또는 이해관계자간의 갈등문제를 해결하여 불확실성을 해소할 수 있다. 자원을 자기 집단에 유리하게 재분배 받을 수 있으며, 승진기회를 획득할 수도 있고(Robbins & Judge, 2011: 433), 다양한 보상의 증대를 가져올 수 있다. 그리고 지지그룹의 확보 또는 지지자 범위의 확대를 이루어내어 조직 내 개인이나 집단에 대한 영향력을 확대하게 된다. 부정적 결과로는, 오히려 경쟁과 갈등의 격화를 가져올 수 있고, 정치적 참패로 자원배분이나 보상에서 불리할 수 있으며, 자기 또는 소속집단의 세력과 영향력이 약화될 수 있다. 결국, 긍정적이든 부정적이든 정치적 행동의 결과와 그 효용성 또는 위험성에 대해 학습하는 효과를 가져 오게 된다.

---

1) 자기 모니터링은 자신의 행동을 외부적, 상황적 요소에 맞추어 조정하는 성격과 태도를 말한다. 자기 모니터링 경향이 높은 사람은 다른 사람의 의도나 관심에 부응하려는 성향을 보인다.

2) 내재적 통제는 자신의 운명을 자기 자신이 결정할 수 있다고 믿는 성향이다. 반대로, 외재적 통제는 자기 외부의 환경적 요인이 자신의 운명에 결정적 역할을 한다고 믿는 성향이다.

[그림 15-3] 정치적 행동의 영향요인과 결과

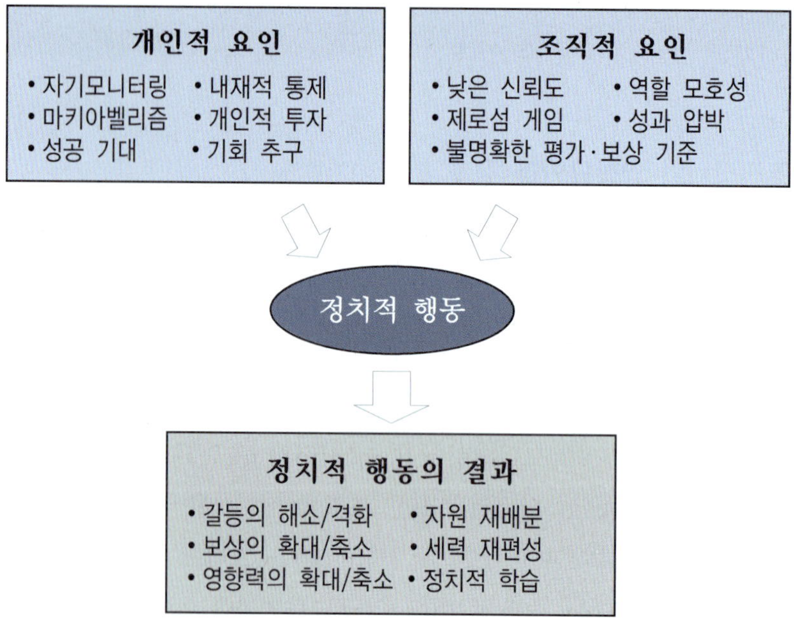

3) 조직정치에 대한 구성원의 반응

조직정치에 대하여 구성원들은 여러 가지 반응을 보일 수 있다. 긍정적 반응으로는, 불확실성이 해소된 점에 대하여 안정감을 가지게 되고, 직무수행의 방향을 명확히 인식할 수 있다. 그리고 긍정적 보상을 얻은 구성원의 경우에는 직무성과가 향상될 수 있고, 권력을 증대시킨 구성원의 경우에는 자신의 영향력을 확대한 점에 대하여 승리감을 갖게 된다.

부정적 반응으로는, 조직과정의 정치화에 따른 직무만족도 저하, 분노와 스트레스 증가, 직무성과의 저하, 이직률 상승 등을 가져올 수 있다(Robbins & Judge, 2011: 437). 이는 주로 정치적 경쟁의 결과 면에서 권력 확보에 실패하거나 소외된 조직구성원들의 반응이다.

제5절 권력 · 정치의 철학과 새 이론

1. 권력 · 정치의 철학

1) 긍정적 정치의 철학

앞에서 본 저자가 설명한 "좋은 정치"(good politics)는 조직 내 갈등 해소, 불확실성 감소, 구성원간 화합, 조직의 통합 등 좋은 결과를 가져오는 긍정적 정치(positive politics)이다. 조직의 정치과정은 좋은 정치, 긍정적 정치를 실천하는 과정이 되어야 한다. 경쟁, 갈등, 투쟁, 공격 등 부정적 행동이 난무하는 정치적 과정이 아니라, 협의, 협상, 타협, 교환, 연합 등을 통해 타결과 통합을 이루어내는 정치과정을 추구해야 한다. 긍정적 정치과정을 통해 갈등문제가 해결되고, 자원배분이 균형화되며, 화합과 평화가 유지되도록 해야 한다.

2) 이익균형의 철학

조직의 통합을 위해서는 조직정치를 통해 지나치게 이익을 보거나 타격을 입게 되는 개인 또는 집단이 있어서는 안 된다. 정치적 과정을 통해 개인간, 집단간 자원배분이 왜곡되거나 편차가 커지기보다는 각 주체간 이익의 균형성(balance in interest)이 더 높아져야 한다. 이러한 이익의 균형은 앞서 설명한 긍정적 정치과정을 통해 잘 실현될 수 있다. 각 개인간, 집단간에 보다 많은 이익을 얻기 위한 경쟁, 투쟁, 갈등보다는 합리적이고 적정한 자원배분(reasonable allocation)을 위한 요구수렴, 조정, 타협, 합의를 통해 결과적 균형(balance in result)을 이루어내야 한다.

3) "과정의 예술" 철학

좋은 과정(good process)이 좋은 결과(good result)를 가져 온다. 과정이 나빠도 좋은 결과를 가져오는 경우가 있긴 하다. 그러나 좋은 과정이 좋은 결과를 가져올 가능성이 훨씬 높으며, 좋은 과정을 거친 결과야말로 정당한 결과이고 이해관계자들로부터 지지와 수용을 받을 수 있다.

좋은 정치과정에서는 일단 나쁜 정치, 부정적 정치는 제외되어야 한다. 즉, 투쟁과 공격의 정치과정은 애초부터 좋은 과정에 포함될 수 없다. 그래서 좋은 정치과정은 처음부터 긍정적 정치를 전제로 한다.

좋은 정치과정을 강조하는 이유는 과정(process)을 어떻게 이끌어 가느냐에 따라 좋은 결과, 즉 지지와 수용성이 높은 결과를 산출할 수도 있고 그렇지 못할 수도 있기 때문이다. 정치과정의 묘미는 단 한 번의 토론이나 협상에 의해 결론을 내지 않는다는 점에 있다. 좋은 정치과정에서는 폭넓은 의견수렴, 수많은 대화·토론·협의의 과정을 거쳐야 한다. 그 결과 합의(consensus)를 이끌어 내는 것이 매우 중요하다. 합의를 위해 서로 주고받는 수많은 절충안·조정안들이 검토되어야 한다. 바람직한 정치과정에서는 이러한 "과정의 예술"(art of process)이 살아나야 한다. 정치에 참여하는 조직관리자는 과정의 예술가가 되어야 한다.

2. 새 정치이론 탐색 I: 불비례세력이론

흔히 정치의 과정과 결과는 관련 개인간, 집단간의 힘 또는 영향력의 크기에 의해 좌우된다고 한다. 이런 주장을 하는 이론이 세력설이다. 그런데 이 이론은 정치현상에 대한 설명적 이론으로서는 적합하나 규범적, 당위적 이론으로는 적합하지 않다. 여기서는 조직정치에 대한 하나의 규범적, 당위적 이론으로 불비례세력이론의 탐색 가능성을 생각해 본다.

불비례세력이론(disproportionate influence theory of power)은 한 조직의 자원배분이 반드시 세력의 크기에만 비례하지 않는 합리적이고 균형 있는 조정과 타협의 결과로서 이루어져야 한다는 이론이다. 조직 내의 자원, 이익, 혜택, 제재, 처벌 등이 개인간·집단간의 세력관계에 의한 투쟁보다 합리성과 논리에 바탕을 둔 이해관계의 조정과 타협에 의해 이루어져야 한다는 것이다.

이를 위해서는, 조직 내에서 힘보다 합리성·논리·사리를 중시하는 정신과 가치가 구성원 사이에 공유되어야 한다. 그리고 최고책임자가 개인·집단·하위부서의 세력, 지지력, 충성심보다 조직의 가치, 비전, 목표와 보편적 원칙에 따라 자원배분에 관한 의사결정을 하는 모습을 늘 보여 주어야 한다.

3. 새 정치이론 탐색 II: 공동성장주도이론

정치과정은 경쟁, 투쟁, 갈등의 과정이 되기보다 경쟁집단들이 함께 성장하고 공동의 이익을 증대시키도록 주도하는 과정이 되어야 한다. 정치과정을 이끌어 갈만큼 권력과 정치력을 가진 조직의 리더들은 공동성장(common growth)을 위한 이니시어티브 역할을 수행해야 한다.

권력과 정치(power & politics)의 묘미는 다른 개인이나 집단에 대한 영향력을 행사하여 특정 개인이나 집단의 이익을 확대 또는 축소하는 데 있는 것이 아니라, 조정과 타협의 과정은 물론, 그것을 훨씬 뛰어넘는 공동성장을 위한 합력적 과정(synergetic process)을 만들어 내는 데 있다.

자원배분 과정에서 개인간, 집단간에 상대적인 이익이나 혜택의 차이를 가져올 수는 있겠지만, 그러한 상대적 배분의 차원을 넘어서서 절대적 자원수준(absolute level of resources)을 높이는 노력이 필요하다. 권력과 정치는 구성원의 자원 확대 노력을 주도하는 수단과 과정으로 활용되어야 한다.

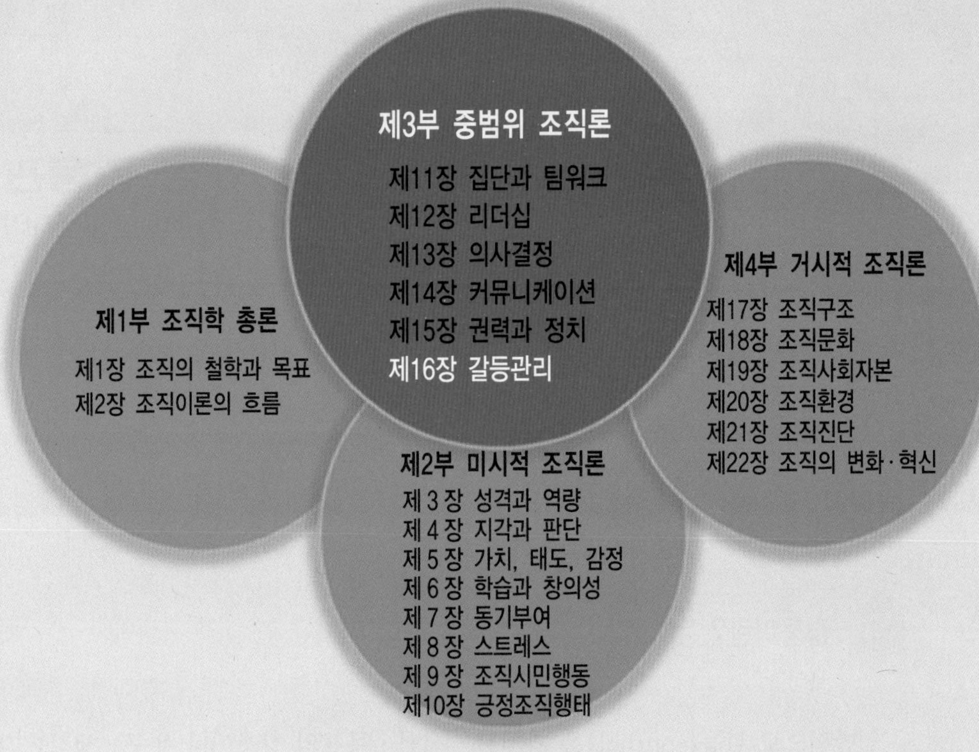
제3부 중범위 조직론
제11장 집단과 팀워크
제12장 리더십
제13장 의사결정
제14장 커뮤니케이션
제15장 권력과 정치
제16장 갈등관리
제1부 조직학 총론
제1장 조직의 철학과 목표
제2장 조직이론의 흐름
제4부 거시적 조직론
제17장 조직구조
제18장 조직문화
제19장 조직사회자본
제20장 조직환경
제21장 조직진단
제22장 조직의 변화·혁신
제2부 미시적 조직론
제 3 장 성격과 역량
제 4 장 지각과 판단
제 5 장 가치, 태도, 감정
제 6 장 학습과 창의성
제 7 장 동기부여
제 8 장 스트레스
제 9 장 조직시민행동
제10장 긍정조직행태

제16 장 갈등관리
(Conflict Management)

제1절 갈등의 개념, 유형, 과정

1. 갈등이란?

일반적으로 갈등(conflict)은 가치관 · 신념 · 목표의 상충이나 욕구 · 생각 · 감정, 행동방식, 문화적 배경 등의 차이로 인하여 개인간 및 집단간에 충돌이 발생하는 상황을 말한다(Quick & Nelson, 2013: 414; 박연호, 2000: 312). Steers(1984)에 의하면, 갈등이란 어떤 개인이나 집단이 추구하려고 하는 목표나 행동이 타인 또는 다른 집단에 의해 부정적 영향을 받을 것이라고 지각하는 현상이다. George & Jones(2011: 410)는 한 주체의 목표추구 행동이 다른 주체에 의해 방해받을 때 나타나는 자기이익 지향적 투쟁(self-interested struggle)이라고 보고 있다.

갈등의 개념 속에는 목표 갈등, 인지적 갈등, 정서적 갈등, 행동적 갈등 등이 포함된다(황규대 외, 2001: 341). 가장 근본적인 것은 가치 갈등이며, 직무상의 갈등도 중요하고, 최근엔 문화적 갈등도 관심의 대상이 되고 있다.

① **가치 갈등**: 무엇이 바람직한 것인지, 이념, 철학 등이 다른 경우
② **목표 갈등**: 이루고자 기대하는 결과적 상태가 서로 다른 경우
③ **인지적 갈등**: 아이디어, 사고, 전문지식, 정보 등이 다른 경우
④ **정서적 갈등**: 감각, 감정, 느낌 등이 서로 맞지 않는 상황
⑤ **행동적 갈등**: 상황에 대한 반응이나 행동방식이 다를 경우

⑥ **직무상 갈등**: 업무수행의 방향, 협조, 역할 등이 조화롭지 않을 경우

⑦ **문화적 갈등**: 성장배경, 세대, 지역, 인종, 종교 등이 다를 경우

2. 갈등의 유형

1) 대인적 갈등

대인적 갈등은 개인과 개인간의 인간관계가 조화되지 못할 경우에 발생하는 갈등이다. 대인적 갈등은 주로 목표, 태도, 가치관에 차이가 있거나, 목표달성을 위한 수단의 선택에서 서로 의견의 불일치를 보일 때, 또는 개인간 승진, 보직, 성과배분 등에 있어서 경쟁이 존재할 때 나타날 수 있다.

2) 조직적 갈등

조직적 갈등은 조직 내부의 구조적 충돌이나 기능상의 부조화로 나타나는 갈등을 말한다. 계층적 갈등은 조직 내부의 각 관리계층간에 나타나는 갈등을 말한다. 최고관리층과 중간관리층, 그리고 중간관리층과 하부계층 사이에 다양한 충돌이 일어난다. 기능적 갈등은 조직 내부에서 서로 다른 기능을 수행하는 부서간에 일어나는 갈등이다. 개발부서와 환경보호부서간 갈등 등이 그것이다. 계선과 참모간의 갈등은 계선조직의 관리적 간부와 참모조직의 전문가 사이에 나타나는 갈등이다. 양자간의 지향점과 접근방법이 다를 수 있다. 공식・비공식 갈등은 공식조직과 비공식(자생) 집단 간에 나타나는 갈등이다. 흔히 비공식적 집단의 사회적 규범은 공식조직의 경직적인 규정 및 규칙과는 다를 수 있다(박연호, 2000: 329).

3. 갈등의 과정모형

1) Pondy의 모델

Pondy(1967)에 의하면 갈등은 5개의 연속적 단계로 이루어지는 역동적 과정으로 볼 수 있다. 갈등은 잠재적 단계, 인지단계, 감지단계, 명료화 단계, 그리고 사후단계 순으로 진행된다(George & Jones, 2012: 412-416).

[그림 16-1] Pondy의 갈등과정 모델

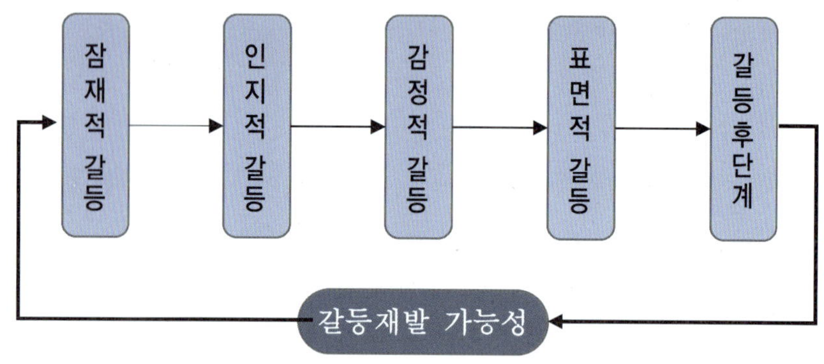

* 출처: George & Jones, 2012: 412. 수정보완.

잠재적 갈등(latent conflict) 단계는 아직 갈등이 현재화되지 않은 상황으로서 갈등을 야기하는 요인이 서서히 작용하기 시작하는 단계이다.

인지적 갈등(perceived conflict) 단계는 어느 한 개인 또는 집단이 다른 개인 또는 집단의 행동에 의해서 자신의 목표가 위협받고 있다고 인지하는 단계이다. 이 단계에서는 갈등의 원천, 갈등으로 이어진 사건, 문제원인 등을 분석하게 된다. 다른 주체들이 문제에 대해 다른 설명과 해석을 하므로 갈등이 깊어진다.

감정적 갈등(felt conflict) 단계에서는 갈등에 관여된 각 주체들이 서로 상대방에 대하여 부정적이고 적대적인 감정을 갖게 된다. 갈등이 고조되면서 주체들 간의 협력과 조직성과가 저하된다.

표면적 갈등(manifest conflict) 단계에서는 갈등 당사자들 간에 공격적인 행동이 표출된다. 그 형태는 논쟁, 비난, 태업, 파업 등 다양하다.

갈등 후(conflict aftermath) 단계는 시간의 흐름에 따라 갈등이 해결 또는 종결되는 단계이다. 일부 구성원의 해고, 구조 재편성 등이 일어난다.

여기서는 Pondy의 5단계에 환류적, 연계적 과정으로서 갈등재발 가능성 단계를 추가한다. 갈등의 완전해결이 안 된 경우 그 재발 가능성이 잠재한다.

2) Thomas의 모델

Thomas(1976)에 의하면, 조직 내에서의 갈등은 좌절, 개념화, 행동, 결과 등 일련의 과정을 통하여 진행된다(황규대 외, 2001: 344-346). 이 모형의 체계를 살펴보자.

[그림 16-2] Thomas의 갈등과정 모델

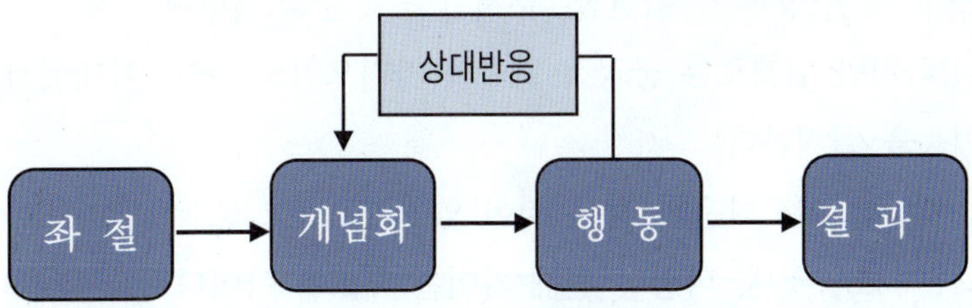

*출처: Thomas, 1976: 889; 황규대 외, 2001: 344.

좌절은 자신의 관심사와 기대감이 무너지는 것을 말한다. 즉, 개인이나 집단의 욕구가 방해를 받을 때 발생한다. 조직구성원의 경우 좌절의 요인은 승진탈락, 급여인하, 권한약화, 정책추진 장애 등이다.

개념화 단계에서는 개인이나 집단 또는 조직관리자가 갈등 문제를 파악하고 갈등해소 전략을 수립하는 과정이다. 해결전략에는 협력, 타협, 회피, 수용 등이 있다.

행동 단계에서는 갈등해소 대책을 실행에 옮기는 과정이다. 이러한 행동에 대한 상대방의 반응 여하에 따라 개념화 단계는 반복될 수 있다.

결과로서는 쌍방 모두가 목표를 달성하는 쌍방 승리(win-win), 모두가 목표를 달성하지 못하는 쌍방 실패, 또는 양자간의 타협으로 반반의 승리가 나타날 수 있다. 그리고 구성원에 있어서 만족, 동기유발, 응집력 강화, 신뢰수준 향상 등이 이루어질 수도 있고, 반대로 시간, 노력, 자원, 에너지의 소진을 초래할 수도 있다.

제2절 갈등의 기능과 효과

1. 갈등의 순기능과 역기능

갈등은 조직 내 구성원간, 집단간, 부서간 충돌을 의미하며 주로 부정적인 결과를 많이 예상하지만 실제로는 긍정적 결과를 가져오기도 한다. 아래에서 갈등의 순기능과 역기능을 살펴본다.

갈등의 순기능으로는 다음과 같은 것이 있다(Quick & Nelson, 2013: 415; 황규대 외, 2001: 341-342). 첫째, 다양한 견해 차이는 새로운 아이디어를 유발하고 창조성을 자극하게 된다. 둘째, 조직 내에 서로 동조할 수 없는 요소가 존재할 때 그에 따른 갈등은 새로운 시스템으로의 변화를 촉발할 수 있다. 셋째, 서로의 차이를 자각하고 상호조화를 위해 노력하는 과정에서 개인과 조직의 동일성(identity)이 회복될 수 있다.

그러나 갈등은 본질적으로 부정적 결과를 야기한다. 갈등의 역기능으로는 다음과 같은 것을 들 수 있다(Quick & Nelson, 2013: 415; 황규대 외, 2001: 342-343). 첫째, 구성원간의 경쟁과 충돌은 업무로부터 소중한 에너지를 빼앗아 간다. 둘째, 갈등은 적개심, 긴장, 불안감을 초래하여 구성원의 심리적 안정을 위협하게 된다. 셋째, 갈등의 해결에는 시간, 노력, 절차 등을 요구하므로 정신적, 육체적, 경제적 자원의 낭비를 가져 온다. 넷째, 구성원간 상호 대립은 집단의 응집력을 파괴한다.

2. 갈등과 조직효과성

갈등과 조직성과는 어떤 관계에 있는가? 갈등의 수준이 어느 정도 되었을 때 조직성과에 유리한가? 즉, 조직 내 갈등의 적정수준은 어느 선에서 결정되는가? 갈등수준과 조직성과와의 관계를 그림으로 설명해 보자(George & Jones, 2012: 411; 박연호, 2000: 317).

[그림 16-3] 갈등수준과 조직효과성간 관계

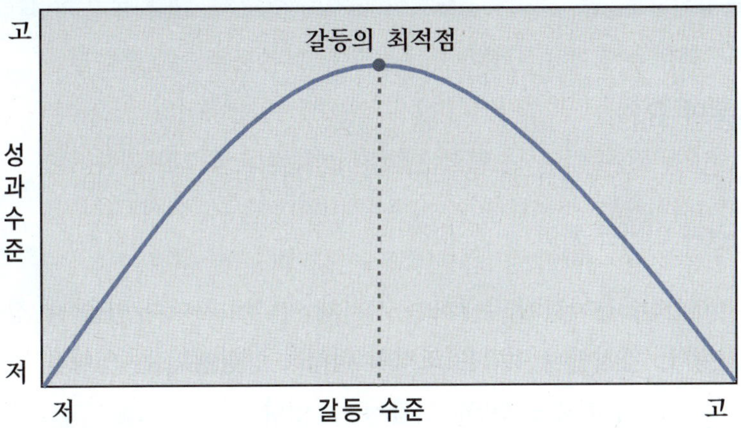

* 출처: 박연호, 2000: 317; George & Jones, 2012: 411.

낮은 갈등수준 또는 갈등이 없는 경우에는 현실에 안주하게 되어 조직에 역기능적으로 작용한다. 즉, 도전의식 결여, 조직 침체, 변화에 대한 무반응, 새로운 아이디어 결핍 등으로 조직성과가 낮아진다.

적정한 갈등수준에서는 건설적 과정이 진행되어 조직에 순기능적으로 작용할 수 있다. 조직구성원들이 자아비판적, 쇄신적, 생동적으로 움직이고, 다양한 아이디어를 창출하여 변화와 혁신을 가져올 수 있다. "비가 온 후에 땅이 굳어지듯이" 논란과 토론 후에 굳건한 합의 도출을 하게 된다면 목표에 대한 확신을 갖고 협력적으로 노력하게 될 것이다.

높은 갈등수준에서는 심각한 갈등이 조직의 분열과 혼란, 비협조, 에너지 낭비를 가져와 역기능적으로 작용한다. 이는 파괴적 갈등이다.

따라서, 조직관리자는 갈등수준이 최적점을 넘어서지 않도록 의사결정의 질을 향상시키고, 자원을 보다 적절하게 할당하며, 갈등해소의 다양한 전략들을 구사하여야 한다(George & Jones, 2012: 411).

제3절 갈등의 요인과 해결방안

1. 갈등의 요인

1) 가치관과 이념의 차이

조직 내 개인간, 집단간에 추구하는 가치와 이념에 차이가 있을 때 정신적 갈등을 느끼게 된다. 가치관과 이념은 조직의 정책적 방향에도 큰 영향을 미치므로 정신적 갈등이 정책적 갈등으로까지 파급될 수 있다.

2) 목표의 충돌

개인간, 집단간, 또는 개인과 집단간에 추구하는 목표나 이해관계가 서로 다를 때에 갈등이 발생한다(박연호, 2000: 330). 목표는 개인, 집단, 조직의 이익달성과 연계되므로 가장 첨예한 갈등요인이 될 수 있다.

3) 자원의 부족

자원(예산, 인력, 권력수단 등)은 언제나 한정되어 있기 때문에 각 개인간, 집단간에 서로 보다 많은 자원을 획득하기 위하여 경쟁하며, 그 경쟁 과정에서 갈등이 발생한다. 특히, 공동자원의 풀(pool)에서 여러 개인 및 하위부서가 자원을 할당받아야 할 경우 그 경쟁과 갈등의 정도가 격심하게 된다(Miles, 1980: 135).

4) 지식, 정보의 충돌

행정의 환경이 변화하고 지식과 기술이 발전함에 따라 조직구성원은 다기화된 지식과 정보를 갖게 되며, 이를 바탕으로 하는 상황인지와 판단이 제각기 다르기 때문에 갈등이 발생할 수 있다. 그리고 전문화된 부서간에 사용하는 지식, 정보, 기술이 다르므로 서로를 이해하기 어렵게 만든다.

5) 직무상 연관성 및 역할기대

조직 내 각 개인과 부서가 서로 직무 연관성을 가지고 있고(Miles, 1980: 131), 서로 다른 개인 및 부서에 대하여 어떤 역할기대를 갖고 있을 때, 그 기대가 잘 충족되지 못하면 갈등이 나타날 수 있다(박연호, 2000: 331).

6) 평가 · 보상시스템

조직의 업무평가와 보상체계가 모든 부서에 균일하게 적용되지 않고 차등이 존재할 경우에는 갈등이 발생한다(Miles, 1980: 136; 황규대 외, 2001: 351; George & Jones, 2012: 412). 특히, 보상에 대해 직원들이 불공정성을 지각하게 되면 조직 내에 큰 갈등이 발생하게 된다.

2. 갈등해결의 기본모형

Ruble & Thomas(1976)는 갈등을 다루는 2차원 모형을 제시하였다. 이들이 말하는 2개의 차원은 협력성의 차원과 독단성의 차원이다. 협력성이란 다른 갈등당사자를 만족시켜 주려는 노력을 말하며, 독단성이란 자신만을 만족시키려는 태도를 말한다. 갈등처리방식은 이 2가지 차원에서 5가지로 분류되는데, 그것은 회피, 경쟁, 순응, 타협, 제휴이다(박연호, 2000: 332).

Rahim(1986)은 자신에 대한 고려와 타인에 대한 고려라는 두 가지 측면을 기반으로 2차원 모형을 구상하였다. 이러한 두 가지 차원에서 5가지 갈등대응방식을 제안하고 있다. 그러한 갈등대응방식으로는 통합, 양보, 타협, 지배, 회피를 들 수 있다(김호섭 외, 2012: 219).

학자들은 개인간 뿐만 아니라 집단간에도 유사한 유형으로 갈등관리방식을 분류할 수 있다고 한다. 즉, 자기집단 중심성인가, 아니면 상대집단 중심성인가의 여하에 따라 갈등대응방식을 구분하고 있다.

여기서는 이들 학자들의 갈등대응양식들을 종합하여 경쟁, 회피, 수용, 타협, 통합 등 5가지로 정리하고자 한다.

① **경쟁**(competing): 여러 가지 수단, 즉 권력, 위협 등을 통하여 상대방을 희생시키고 자신 또는 자기집단의 목표달성 또는 이익의 극대화를 꾀하는 전략이다(Max–Mini 방식).

② **수용**(accommodating): 자신 또는 자기집단의 목표와 이익을 완전히 양보하고 상대방의 주장과 방향에 따르는 태도이다(Mini–Max 방식).

[그림 16-4] 개인간, 집단간의 갈등관리모형

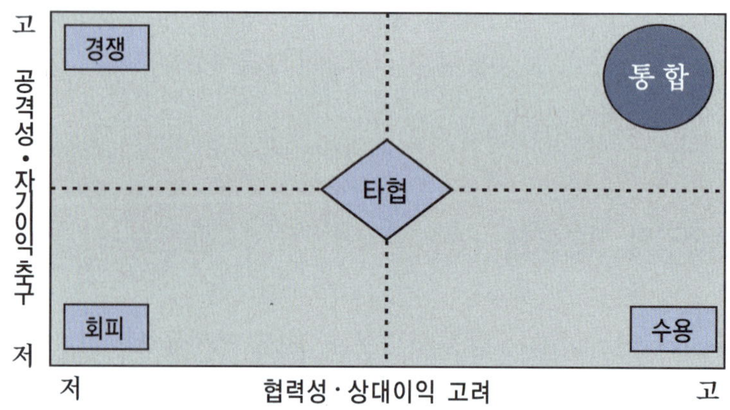

*출처: Nahavandi & Malekzadeh, 1998; Van de Vliert & Kabanoff, 1990; 김호섭 외, 2012: 220; Robbins & Judge, 2011: 460. 통합.

③ **회피**(avoiding): 양자간의 갈등과정에 관여하지 않고 갈등을 단순히 피하거나 해결을 연기 또는 포기하는 태도이다(Mini–Mini 방식).

④ **타협**(compromising): 자신 또는 자기집단의 목표 및 이익도 어느 정도 충족시키고, 상대방의 목표 및 이익도 어느 정도 충족시켜 주는 전략이다. 목표와 이익을 절반씩 나누어 갖는 전략이라고 할 수 있다. 양측이 한 발씩 물러서는 해결방법이다(Mid–Mid 방식). → **갈등의 준해결**

⑤ **협력·통합**(collaborating, integrating): 양자 모두의 목표달성 또는 이익의 극대화를 가져오는 결과로서 승승(Win–Win)전략이라고 할 수 있다. 상호 협력과 공조를 통하여, 특히 자원과 역량의 공유(공동투자, 공동활용)를 통하여 양자 모두를 만족시킬 수 있다는 것이다(Max–Max 방식). → **갈등의 완전해결**

3. 갈등의 해결방법

1) 균형조정

갈등의 해소를 위해서는 조직리더의 균형 있는 자세와 조정이 필요하다. 조정역할을 담당할 관리자를 지명하여 균형 있게 이해관계를 유지하는 전략이 요구된다. 이때 균형조정자는 양쪽의 대표로 공동조정자를 지정하거나, 양 부서를 동시에 관리하는 일원적 조정자를 임명하여 이익배분 및 성과보상을 맡길 수 있다.

2) 상위목표의 제시

갈등당사자들이 공동으로 추구해야 할 상위목표를 제시함으로써 상호간의 협동적 노력을 유도할 수 있다. 공동의 목표를 위해 각 개인 또는 집단이 서로 모순되지 않는 역할수행을 하게 된다(Quick & Nelson, 2013: 430; 박연호, 2000: 335; 황규대 외, 2001: 353).

3) 자원의 증대

조직의 자원을 가급적 많이 확보하여 자원의 부족으로 인한 경쟁과 갈등을 완화 또는 해소할 수 있다. 대부분의 조직 내 갈등은 인력, 예산, 권한, 승진 등 자원과 이익의 쟁취를 위한 경쟁의 과정이므로 자원 확보를 통해 혜택의 범위를 넓혀 주어야 한다(Quick & Nelson, 2013: 431; 박연호, 2000: 335; 황규대 외, 2001: 353).

4) 거래와 협상

갈등 상황에서는 당사자 모두의 이익을 완전하게 충족시키기 어려운 경우가 일반적이므로 이익의 분할, 상호간 일부 이익 양보, 축소된 균형 등을 통해 갈등을 완화할 수 있다. 거래와 협상에서는 각 측에 요구되는 최소한도의 이익수준은 서로 보장하되, 여유분에 대해 공유 또는 분할하는 전략을 적용하는 것이 좋다(Robbins & Judge, 2011: 466-469; George & Jones, 2012: 419; Quick & Nelson, 2013: 431; 황규대 외, 2001: 355).

[그림 16-5] 거래 · 협상의 범위(Bargaining Zone)

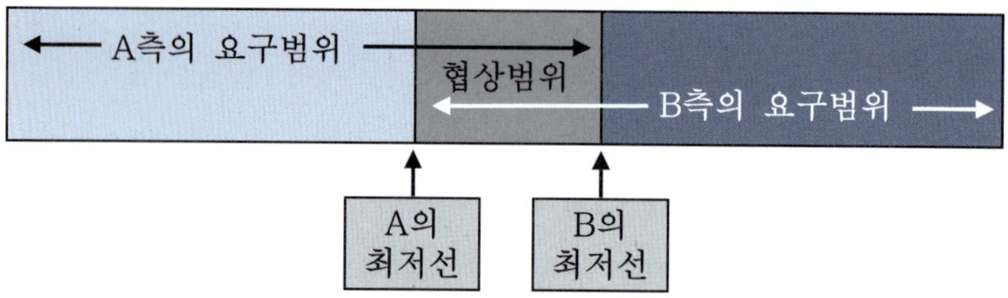

* 출처: Robbins & Judge, 2011: 466. 수정.

5) 인물 교체와 구조 재편성

갈등은 관련 주체들 간의 가치관, 이념, 정책 정향성 등이 다를 경우 발생하므로 직무 연관성이나 과제범위가 오버랩 되는 경우에는 같은 방향으로 가기 어려운 인물을 바꾸어주는 것이 좋다. 양보나 타협을 좀처럼 허용하지 않는 경직적인 인물도 교체의 대상이 된다. 아울러, 권한과 기능의 충돌이나 경쟁이 극심한 경우에는 조직구조 자체를 바꾸어 직무를 독립적으로 수행하게 할 수 있다. 또한, 연관집단의 여러 기능을 하나의 부서에서 수행하는 다기능팀(cross-functional team)을 만들거나, 여러 부서의 업무를 조정하는 통합역할팀(integrating role team)을 설치하는 것도 구조적 재편성 방안이다(Quick & Nelson, 2013: 431).

6) 설 득

어느 일방이 상대방에 대하여, 또는 상위관리자나 중개자가 양 측에 대하여, 이익과 자원 배분에 관한 입장을 바꾸도록 설득하는 방법도 있다. 설득은 사실과 논리에 근거하되, 배분적 정의가 그 바탕이 되어야 한다.

7) 갈등이슈의 통제(issue control)

주된 대립적 이슈를 조정 가능한 여러 개의 이슈로 분리화한 다음, 해소하기 용이한 이슈부터 점진적으로 해결하는 방안이 있다. 반대로, 작은 이슈를 갈등 양측 모두에게 이익을 줄 수 있는 협상이 가능한 수준의 이슈로 확대할 수도 있다(Miles, 1980: 141-142).

제4절 갈등관리의 철학과 새 이론

1. 갈등관리의 철학

1) 조직융합 철학

조직의 각 하위요소간 융합은 조직전체의 시너지와 통합적 성과를 높이는 데 필수적이다. 그러한 융합을 이루는 데 있어서 갈등의 해소는 절대적인 필요조건이라고 할 수 있다. 조직융합을 이루어내기 위해서는 반드시 구성원간 또는 하위시스템간의 갈등을 방지하거나 제거해야 한다. 갈등의 해결은 융합을 저해하는 부정적 요소를 제거하거나 방지하는 차원에서 조직융합의 기본적 조건이라고 할 수 있다. 다만, 갈등문제만 해결한다고 하여 다차원적이고 포괄적인 조직융합이 이루어지는 것은 아니다. 갈등해소는 긍정적인 차원의 다면적이고 종합적인 조직융합 방안은 아니지만, 방어적인 융합책의 하나라고 할 수 있다.

2) 가치균형 철학

갈등은 개인간, 집단간의 가치 및 이익의 불균형에서 비롯된다. 따라서, 갈등의 해결은 궁극적으로 가치균형, 이익균형을 통해서만 이루어질 수 있다. 조직 내 권력의 크기나 최고책임자의 강제력에 의한 자원배분과 보상배분이 이루어진다면 일시적으로 갈등이 종결되더라도 문제가 계속 잠복하면서 언젠가는 폭발할 수 있다. 따라서, 조직구성원의 건전한 상식에 의하여 받아들여질 만한 배분기준의 설정과 조정절차에 의해서 대다수가 수용할 수 있는 균형점을 찾는 노력이 무엇보다 중요하다. 조직구성원의 참여적 과정에 기반을 둔 합리적인 배분기준의 설정, 그리고 그 기준에 입각한 균형 있는 자원할당 및 보상책정은 갈등을 원천적으로 해결해 줄 수 있을 것이다.

2. 새 갈등관리이론 탐색: 상호창조과정이론

보편적으로 갈등은 배분상의 문제로 본다. 그러나 배분을 아무리 잘한다고 해도 조직구성원 전체의 총합적 후생(total welfare)은 증가하지 않는다. 어느 한 주체의 이익증가는 다른 주체의 이익을 차감시킨 결과에 불과하다.

이런 상황을 극복하기 위해서는 조직구성원 또는 갈등 주체 상호간의 공동노력을 통해 조직전체의 후생수준을 높일 수 있는 길을 찾아야 한다. 모든 당사자 또는 집단의 공동적 가치를 높여야 한다. 전체적 자원, 이익, 혜택, 역량, 보상을 키우는 협력적 노력(cooperative effort)이 필요하다. 이는 공동성장이론(common growth theory)에 해당한다. 이는 공동이익 극대화의 전략이라고 할 수 있다.

구성원은 가치창조(value creation)와 이익성장(growth in benefits)을 위해 시간(time)을 기다려야 한다. 긴 시간의 노력과 인내 없이 새로운 자원과 후생을 창조하기는 어렵다. 그 시간은 합력적 노력(synergetic effort)에 의한 창조의 과정이다. 이러한 상호공동의 창조과정은 협력에 참여한 구성원간의 결속과 단합을 가져오는 매우 중요한 과정이며, 갈등의 많은 부분이 자연스럽게 해소될 수 있다. 이는 조직 통합화의 전략이라고 할 수 있다.

공동성장의 결과에 대한 균형적 배분(balanced distribution)은 필수적 전제조건이다. 전체적 가치를 성장시키더라도 배분적 정의(distributive justice)가 깨지면 갈등조정의 의미가 없다. 궁극적으로 성장한 가치의 정의로운 배분, 균형 있는 배분은 가장 바람직한 최종적 결과 상태이다.

제4부 거시적 조직론

Macro Organization Behavior

-조직체와 환경-

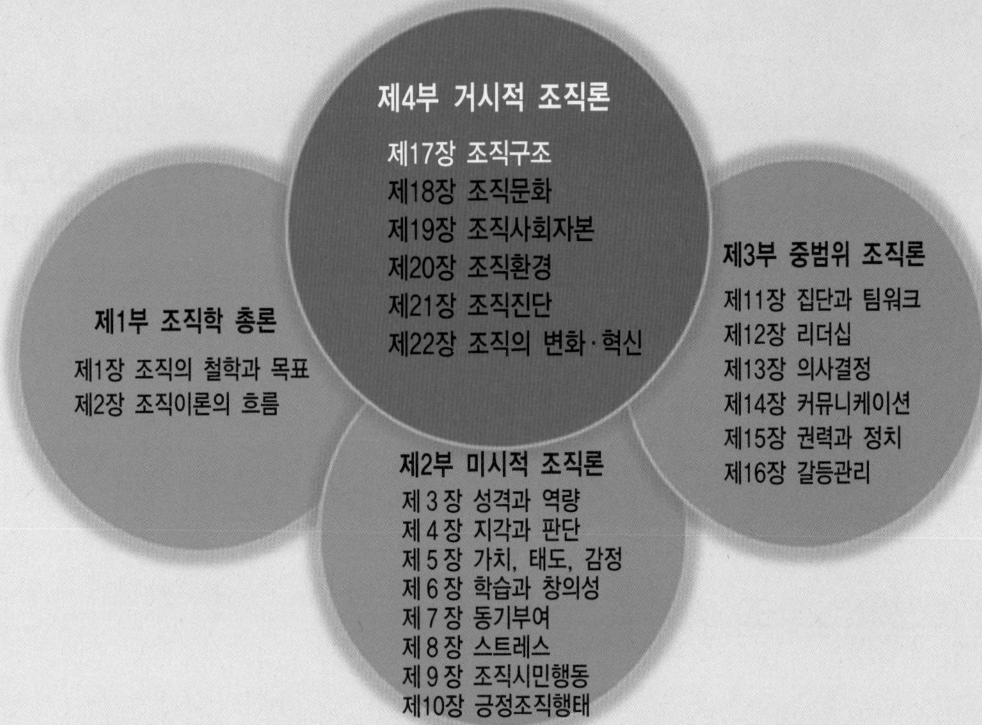
제4부 거시적 조직론
제17장 조직구조
제18장 조직문화
제19장 조직사회자본
제20장 조직환경
제21장 조직진단
제22장 조직의 변화·혁신
제1부 조직학 총론
제1장 조직의 철학과 목표
제2장 조직이론의 흐름
제3부 중범위 조직론
제11장 집단과 팀워크
제12장 리더십
제13장 의사결정
제14장 커뮤니케이션
제15장 권력과 정치
제16장 갈등관리
제2부 미시적 조직론
제 3 장 성격과 역량
제 4 장 지각과 판단
제 5 장 가치, 태도, 감정
제 6 장 학습과 창의성
제 7 장 동기부여
제 8 장 스트레스
제 9 장 조직시민행동
제10장 긍정조직행태

제17장 조직구조
(Organizational Structure)

제1절 조직구조의 개념과 기능

1. 조직구조란?

조직구조는 '조직도표'(organization chart)라는 용어에서 알 수 있듯이 조직의 가장 가시적인 존재이다. 조직구조는 조직에 있어서의 활동과 과정이 담겨있는 조직세트 전체를 대표적으로 나타내는 하나의 프레임워크이다(Daft, 1992: 179). 그리고 조직구조는 구성원간의 관계가 겉으로 드러난 형태라고 할 수 있다. 조직구조는 구성원들 간의 상호작용에 일정한 질서나 유형을 부여한 것이다(오석홍, 2011: 288; 이창원 · 최창현, 2010: 543). 또, 조직구조는 조직 내 여러 하위부문간의 구성과 결합의 형태라고 할 수 있다.

보다 구체적으로 정의하면, 조직구조는 구성원간, 하위부문간의 수평적 · 수직적 관계와 협력의 패턴이라고 할 수 있겠다. 그리하여 조직구성원간, 하위부문간의 업무분담체계, 지휘명령체계, 집합적 의사결정체계, 조정과 통합의 체계 등을 포괄하는 개념이 될 수 있다.

조직구조의 중요성은 조직이 목표달성을 위하여 구성원간, 하위부문간의 관계를 체계화한다는 점에서 찾을 수 있다(이창원 · 최창현, 2010: 543). 이는 조직목표의 달성과 성과제고를 위하여 구성원들과 각 부문의 노력을 가장 합리적이고 효율적으로 구성 · 배분해야 하기 때문이다. 조직구조는 구성원의 심리, 행동, 직무, 의사소통, 인간관계, 문화 등에 영향을 주는 가장 중요한 변수이다.

2. 조직구조의 기능

1) 업무분담

조직구조는 내부 인력간의 업무분담을 가능하게 해준다. 하부조직을 편성하고 각 하부조직이 과업을 나누어 수행할 수 있게 만든다. 이는 업무의 전문화와 인력의 효율적 활용에 도움을 주는 것이다.

2) 협력체계

조직구조는 구성원간의 협력을 가능하게 해준다. 관련되는 하부조직과 직원들 간의 업무상 연계성을 형성하게 해주고, 상호간의 협력관계 구조를 마련해 준다.

3) 지휘 · 통제

조직을 일정한 방향으로 이끌고 가려면 상위계층의 관리자가 하부계층의 직원들에게 명령과 지시를 해야 하고, 직원은 이에 따라 업무수행, 보고 등을 행한다. 이는 조직의 수직적 구조를 통해 가능하다.

4) 커뮤니케이션

조직구조는 공식적인 커뮤니케이션의 통로를 마련해 준다. 수직적으로는 상사와 부하간, 수평적으로는 동료간에 업무상의 의사소통이 끊임없이 이루어지게 한다.

5) 의사결정

조직구조는 하나의 집합적 의사결정체계이다. 하부직원이 기획한 정책안의 내용이 중간, 상위 계층으로 차례로 올라가면서 결정된다.

6) 조정 · 통합

조직이 여러 하위부문으로 편성되었을 때 그들 간의 상호 모순과 충돌을 방지하기 위해 상위계층이나 별도의 조정부서를 설치하여 통합역할을 하게 된다. 이것은 구조적 통합 메커니즘이다.

7) 내부 네트워크

조직구조는 내부 구성원간의 연결망이다. 서로 정보를 주고받고 상호 신뢰·단결·화합하는 공식적 사회자본의 네트워크이다.

8) 조직학습체계

조직구조는 공식적인 지식학습 시스템이다. 조직 내 지식의 공유, 창조, 축적, 활용 등이 실무 부서, 팀 등을 통해 이루어진다.

제2절 조직구조의 다양한 모형

1. 구조모형의 다양성과 변화

관료제이론이 제시된 이후 전형적인 조직구조 형태는 피라미드형(pyramid type)이라고 할 수 있다. 피라미드형의 관료제 구조는 상하간 수직적 계층성이 비교적 두텁고 일사분란한 지휘명령체계를 갖는다. 상위계층은 소수의 고위직이 차지하고, 하부계층에는 다수의 부하직원이 배치되며, 중간계층에는 그 중간정도의 인원이 임명된다. 그리고 수평적으로는 다수의 하위부문으로 나누어지면서 많은 수의 하위부서를 두게 된다. 이것이 전형적인 관료제 조직구조이며, 소위 기계적 구조(mechanistic structure)이다.

다이아몬드형(diamond type)은 기본적으로 계층적 형태를 가지면서 중간관리층이 강화된 구조이다. 행정의 전문화 경향을 반영하여 하부의 단순인력 비중을 약화시키고 중간계층의 전문인력 비중을 높일 필요가 있을 때 적용하는 구조이다. 주로 전문적인 정책기획 업무를 수행하는 중앙정부조직은 지방행정기관에 비하여 중간계층을 두텁게 구성하는 것이 적합하다.

[그림 17-1] 계층제의 여러 구조 형태

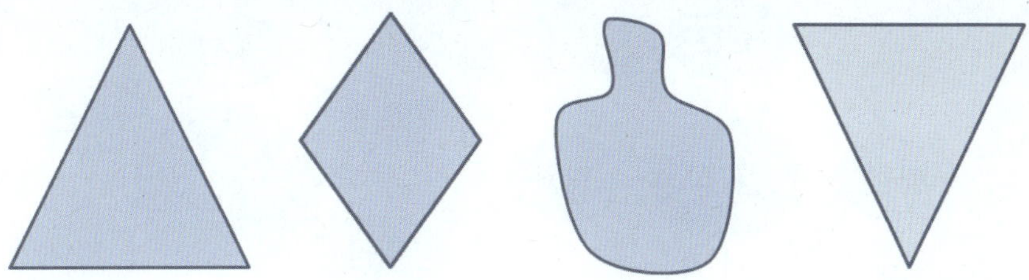

항아리형(jar type)은 계층제 중에서 중간계층을 보강하되 하위층을 여전히 중요시하는 구조이다. 항아리형 조직은 전문성과 경험을 갖춘 중간계층의 인력도 중시하면서 집행업무를 수행하는 하부인력도 강하게 유지하는 구조이다. 한국의 광역 및 기초 지방자치단체는 중간계층의 기획인력과 함께 하부의 집행인력도 많이 필요로 하므로 항아리형이 적합하다.

상위계층을 매우 두텁게 하고, 중간계층은 보통 수준, 하위계층은 간소하게 하는 역피라미드형(reverse pyramid)도 존재할 수 있다. 높은 수준의 전략적 기획업무가 매우 중요시되는 조직, 형성초기에 있는 조직, 실무진보다 임원 중심으로 구성되어 있는 조직 등이 이에 해당한다. 국가전략의 사령탑, 벤처기업 등의 경우에는 이러한 패턴이 유용할 수 있다.

20세기 후반 급격한 환경변화의 흐름과 함께 등장한 새로운 조직형태로서 팀형(team style)이 있다. 변화하는 환경에 유연하게 대응하고 특별한 과제를 신속하게 해결하기 위하여 관료제의 경직성을 타파하기 위한 애드호크라시(adhocracy)의 한 형태이다.

애드호크라시의 또 다른 형태로서 위원회형(committee style)을 들 수 있다. 이는 합의제 형태로서, 민주성·독립성 제고, 참여 확대 등이 가능하다.

나아가, 21세기 지식정보사회가 등장하면서 새로운 조직형태가 제시되었는데, 그 중 Leavitt와 Whisler가 제안한 모형은 종상 럭비형(type of rugby on the bell)이다. 의사결정은 조직 상위계층의 위원회에서 행하고, 행정집행은 완만한 피라미드 구조에 의해서 수행하는 형태이다(하미승, 1996: 43).

[그림 17-2] 애드호크라시의 대표적 구조 형태

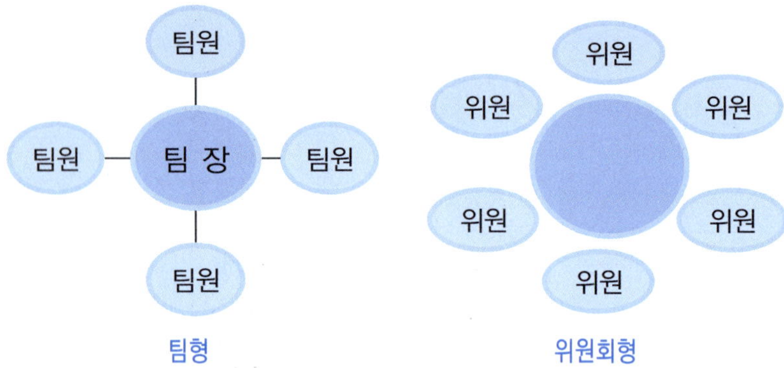

하미승(1996)은 4개 가설모형(four hypotheses model)에 의해 지식정보사회의 조직구조 변화를 설명하고 있다. 제1가설에 의하면, 단순업무는 줄어들고 창의적 기획업무가 크게 증가되어 하부계층이 축소되므로 수직층 계층성이 완화된다. 제2가설에 따르면, 행정수요의 다양화와 전문화에 따라 수평적인 분화가 증가한다. 제3가설에 의하면, 업무분야별, 부서별 통솔범위가 단순업무의 축소와 업무성격의 복잡화·전문화로 인하여 줄어들게 된다. 제4가설에 의하면, 조직과 조직간의 연계성과 상호의존성이 확대된다. 즉, 정보통신 네트워크의 확대와 업무협력의 증대로 인하여 하나의 조직규모가 확대된 것과 같은 효과를 가져오게 된다. 이는 느슨하게

[그림 17-3] 정보화 사회의 조직구조 모형

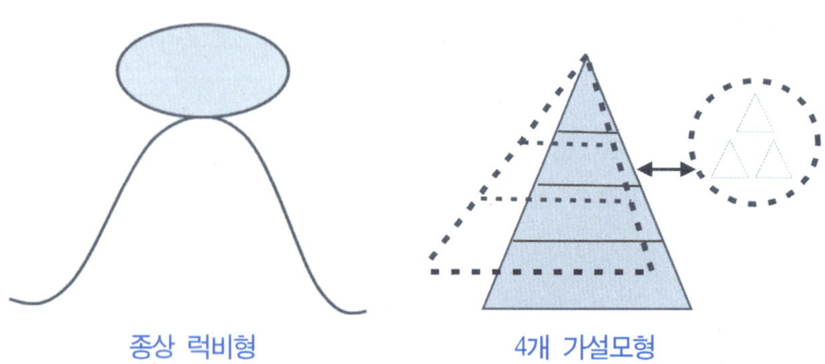

연결된 협력조직 개념의 등장을 의미하며, 마치 조직외부에 또 하나의 자기조직이 있는 것과 같은 착시현상을 가져오므로, 이는 '의사조직'(pseudo-organization)으로 불리어질 수도 있다(하미승, 1996: 44).

21세기 글로벌 시대의 도래와 정보통신 혁명을 계기로 네트워크형(network type)의 조직형태가 급격히 증대하고 있다. 손태원(2004: 9)은 지식기반사회에 적합한 조직구조 형태로 방사형 또는 거미줄 모형(spider's web type)을 제시하고 있기도 하다. 이러한 조직형태는 다른 조직과의 상호 연결과 협력을 강조하며, 활발한 커뮤니케이션과 지식공유를 가능하게 해 줄 것이다.

[그림 17-4] 지식기반사회의 조직구조 모형

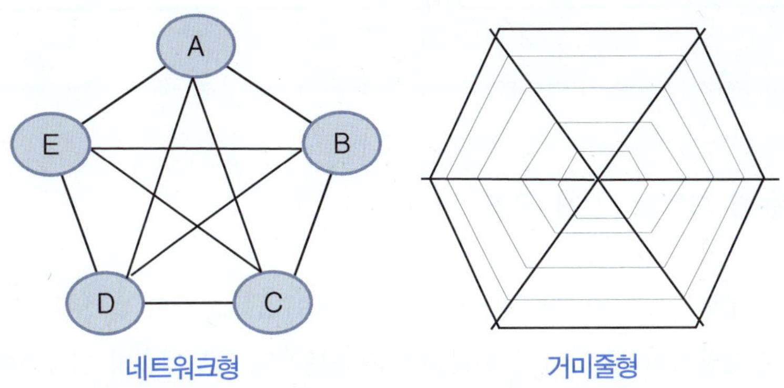

양창삼(2001: 313)은 팀 중심으로 하부조직을 운영하면서 수평적 관계와 동등성을 강조하는 피자형(pizza type) 조직을 제시했다. 그리고 급속하게 변화하는 환경에의 적응을 위해 무한한 변모를 강조하는 카멜레온 조직(chameleon organization)을 강조했다. 이는 Peter Drucker(2000) 등이 미래의 조직으로 내다보고 있는 무정형 조직(shapeless type)과 유사한 모형이라고 할 수 있다.

[그림 17-5] 급변하는 미래사회의 조직모형

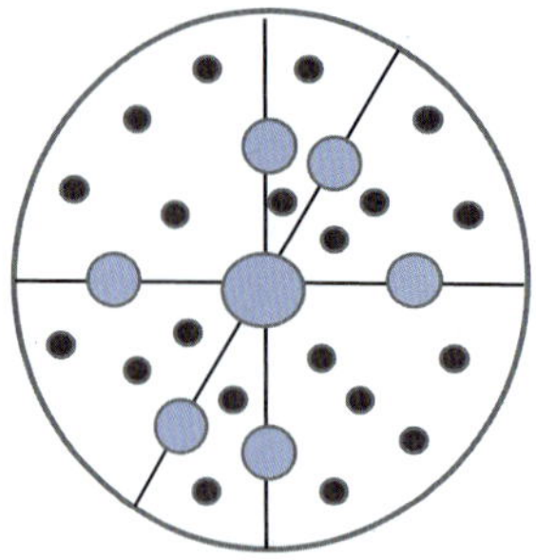

*출처: 양창삼, 2001: 314

2. 기능별 부문화: U형 구조

기능별 부문화는 조직의 활동을 전문화된 기능(function)의 성격에 따라 그룹핑하는 조직편성방식이다. 이때 상부계층의 기능분야와 하부계층의 기능분야는 공통성 또는 일치성을 가져야 한다. 예컨대, 기술부장 아래에는 기술부서들과 기술자들이 배치된다(Daft, 1992: 191; George & Jones, 2012: 500). 보편적인 기능별 부문화의 예를 보면, 민간기업의 경우 하위부서를 생산부, 영업부, 기획부, 재정부, 인사부 등으로 편성하는 사례가 많다(이창원 · 최창현, 2010: 556-557). 행정조직의 경우에는 기획재정부, 행정자치부, 조달청 등으로 나누는 부분이 기능별 부문화에 해당한다. 한 부처 내에서는 기획조정실, 인사기획관실, 기획재정담당관실, 행정법무담당관실, 정보화담당관실 등으로 구분하는 것이 그 예이다.

U형 구조(unitary structure)는 외부환경이 안정적이고 직무기술이 정형화되어 있으며 기능부서간 상호 의존성이 낮을 때 적합한 구조적 형태이다. 조직목표는 주로 내부적 효율성과 기술적 전문성을 높이는 데 두어진다. 조직구성원은 각 기능적 부서 내에서 주로 자신의 운영적 · 일상적 업무를 수행하는 데 몰입한다. 조직에 대한 통제와 조정은 주로 공식적이고 수직적인 계층제에 의해 이루어진다(Daft, 1992: 191).

[그림 17-6] 기능별 부문화의 조직도

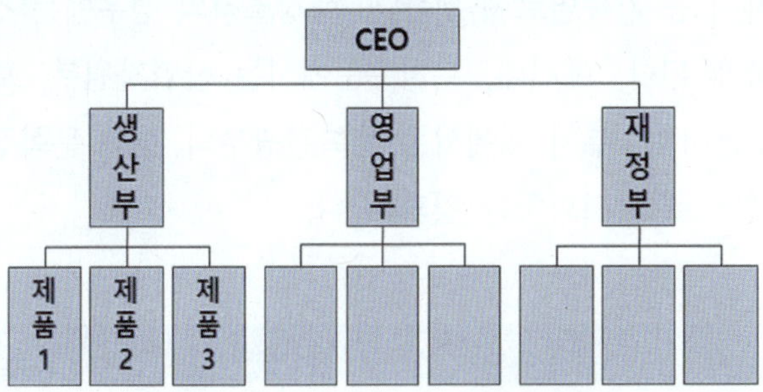

이 조직형태의 장점은, 첫째, 분업과 전문화의 원리에 가장 충실할 수 있으며, 동일한 전문분야 직원끼리 지식과 정보를 잘 이해·공유하고 서로 배울 수 있다는 점이다(George & Jones, 2012: 501). 둘째, 인력과 시설 등을 같은 부서, 같은 장소에서 활용할 수 있어서 규모의 경제(economy of scale)를 살릴 수 있다. 셋째, 전문적인 지식·기술 영역과 부문화되는 영역이 일치하여 기술발전을 가져올 수 있으며(Daft, 1992: 191), 각 부서의 관리자와 직원이 동일분야의 전문가이므로 지도와 감독이 용이하다(이창원·최창현, 2010: 557).

단점은, 각 부문이 협소한 시각 및 관점을 가지며, 지역별·제품별(사업별)·고객별 부문화에 비해 부서간 상호경쟁이 부족하게 된다는 점이다. 그리고 기술적 관료주의가 고착화될 경우에는 환경변화가 심할 때 그에 대한 대응이 느리고, 조직의 혁신이 잘 이루어지지 않는다(Daft, 1992: 192). 아울러, 제품과 서비스의 종류 등 사업영역이 다각화되면 필요한 기술도 다양화되어 적응과 조정이 원활하지 않다(George & Jones, 2012: 501).

3. 사업별 부문화: M형 구조

사업별 부문화는 조직의 제품, 서비스, 프로그램, 프로젝트 등 사업영역에 따라 부서를 편성하는 방식이다. 이 구조모형은 한 마디로 조직의 산출물(outputs)에 바탕을 둔 조직형태이다(Daft, 1992: 194). 이를 사업부제 모형이라고 한다.

민간기업의 경우를 예로 들면, 전자기업체의 경우 제1차적 하위부서를 TV사업부, CD사업부, HP사업부 등으로 부문화하는 것과 같다. 그리고 제2차적 하위부서를 생산, 영업, 자재 등 기능별로 구분한다. 행정조직의 경우에는 정책별, 사업별로 부문화를 많이 하게 된다. 예컨대, 부처수준에서는 산업자원부, 보건복지부, 문화관광부 등으로 구분하며, 부처 내에서는 문화관광부의 경우 문화정책국, 관광정책국, 체육정책국 등으로 부서화하는 것과 같다.

[그림 17-7] 사업별 부문화의 조직도

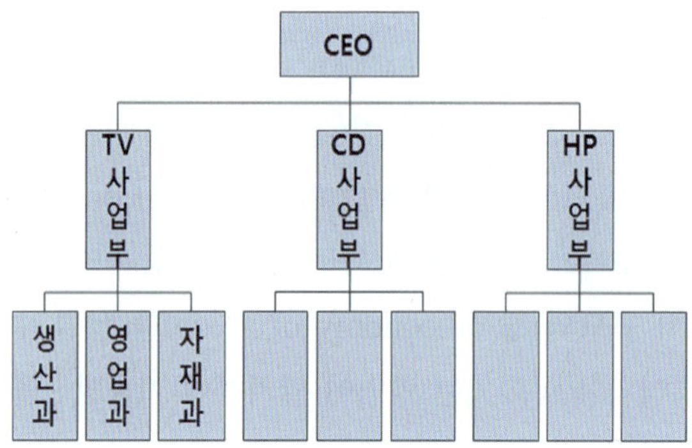

M형 구조(multidivisionalized structure)에서는 사업영역별 책임자에게 제품과 서비스 등 경영에 관한 전반적인 재량과 책임을 부여하기 때문에 영역별로 자율성을 갖고 운영을 할 수 있다(이창원 · 최창현, 2010: 558). 그리고 사업영역간 공통적 지표(기업: 매출액 · 수익률, 정부: 정책만족도 · 행정서비스 만족도 등)에 따른 평가가 가능하므로 목표달성을 위한 부문간 상호 경쟁성을 높일 수 있다. 또한, 환경이나 기술이 빠르게 변화하고, 제품과 서비스가 다양화할 때, 그리고 외부적 요구에 민첩하게 적응할 필요가 있을 때 유리한 구조이다. 즉, 급격한 시장변화에 따라 끊임없이 새로운 제품과 서비스 등 성공 가능한 사업영역에 초점을 맞추고 그에 자원을 집중할 수 있다(Daft, 1992: 194; George & Jones, 2012: 501). 아울러, 조직구성원은 부문별로 자율성을 갖고 직무를 수행하므로 직무충실화(job enrichment)를 통해 성취감 제고 등 자발적 동기부여를 할 수 있다.

그러나 각 사업부마다 인사, 재무, 생산, 영업 등 기능을 별도로 갖추어야 하므로 자원의 중복과 낭비가 발생할 수 있고(이창원 · 최창현, 2010: 558), 기능 부문별로 기술 중심의 조정과 통제가 곤란하며, 기능(인력, 시설 등) 영역별로 규모의 경제성을 발휘하기 어렵다(Daft, 1992: 194).

4. 지역별 부문화

지역별 부문화는 국내 또는 해외의 각 지역(region)을 중심으로 기관을 설치하는 방식이다. 지역별 부문화에서는 각 지역의 업무를 각 당해지역의 기관장에게 거의 전적으로 맡기는 것이 보통이다. 즉, 지역별 기관장은 당해 지역의 경영과 행정에 관해 대부분의 기능과 사업을 총괄적으로 수행한다. 예를 들면, 국세청의 지방기관으로 광역단위에서는 서울, 부산, 경인 지방국세청을, 기초단위에서는 세무서들을 설치하는 것과 같다.

[그림 17-8] 지역별 부문화의 조직도

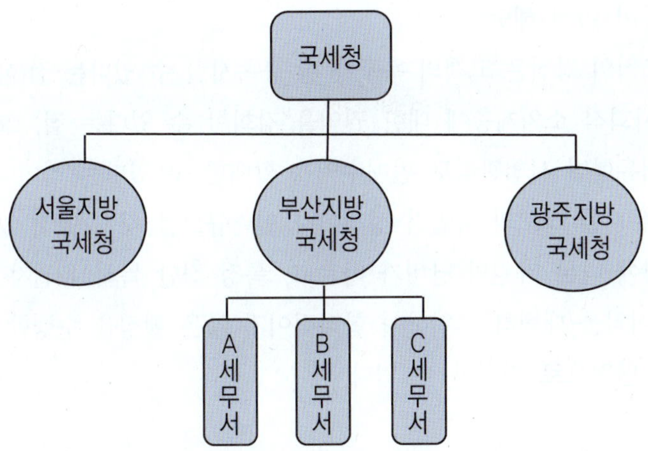

지역별 부문화를 하면, 각 지역의 독특한 특성과 지역주민의 선호에 맞는 경영

또는 행정을 펼 수 있다(Daft, 1992: 197; 이창원 · 최창현, 2010: 559). 그리고 지역책임자에게 융통성을 부여하여 지역 특성에 가장 적합한 관리방식을 선택할 수 있게 해준다(George & Jones, 2012: 503). 또한, 지역에 대한 권한의 분산으로 풀뿌리 민주주의의 강화와 함께, 지역주민의 욕구를 잘 충족시키고 지역적 환경변화에 잘 적응할 수 있다. 지역주민의 접근성(access) 확대는 가장 큰 장점이다. 그러나 지역별 부문화는 중앙본부에 의한 통제와 관리를 어렵게 하고, 전국적인 통일성을 약화시킬 수 있으며, 지역간 서비스의 형평성 문제를 야기할 수 있다.

5. 고객별 부문화

고객별 부문화는 고객(customer)의 유형에 따라 조직을 구성하는 방식이다. 여성고객을 위한 여성부, 청년층을 위한 청년부, 노인들을 위한 노인부 등을 두는 방식이다. 백화점의 경우 고급소비층을 위한 점포와 대중소비자를 위한 점포를 따로 둔다거나, 은행의 경우 PB(private banking) 부서를 별도로 두는 조직편성 방식은 고객중심 조직의 예이다. 행정조직의 경우, 부처 수준에서는 여성부, 중소기업청 등이 고객중심 조직이며, 부처 내에서는 보건복지부의 노인복지정책과, 장애인복지정책과 등이 이에 해당한다.

고객중심 조직의 장점은 고객의 욕구를 잘 충족시킬 수 있다는 점(이창원 · 최창현, 2010: 558), 사회적 소외계층에 대한 권익을 강화할 수 있다는 점, 그리고 기업의 경우에는 고객유형별 사업관리로 판매수익을 확대할 수 있다는 점이다. 그러나 독립된 부처를 유지할 정도의 사업적 성격이나 인력규모를 갖고 있지 않은데도 별도 조직을 운영함에 따른 자원의 낭비가 따르고, 특정 집단 특히 유권자 집단이나 정치적 세력의 이익을 대변하기 위하여 합리적이지 않은 행정을 수행할 가능성이 높다는 점을 그 단점으로 지적할 수 있다.

6. 혼합형 부문화: 매트릭스 조직

1) 매트릭스(matrix) 조직의 개념과 등장이유

혼합형 부문화 또는 매트릭스(matrix) 조직은 기능별 부문화와 사업별 부문화의 조직편성 방식을 혼합한 형태이다. 이를 그리드(grid) 조직이라고도 한다. 매트릭스 구조는 조직활동을 기능적 부문으로 전문화시킴과 동시에, 전문화된 부문들을 다시 사업별로 연결・통합시킨 형태이다.

매트릭스 조직이 등장한 이유는 무엇일까? 기능적 조직은 전문요원의 집합으로서 전문성을 살릴 수 있으나 사업부문별 통합이 어렵고, 사업별 조직은 사업부문별 통합은 용이하나 사업부문별로 기능적 인력의 중복편성을 가져와 자원의 낭비를 초래한다는 것이다. 이러한 문제점을 해결하기 위한 방안으로 양 부문을 연결시키는 매트릭스 구조를 채택하게 된다. 또한, IT분야와 같이 환경, 기술, 고객 등이 급속하게 변화하는 상황에서는 기능부문(기술개발 영역)과 사업부문(수요창출 영역)이 동시에 신속하게 대응할 수 있는 복합적 구조를 요구하게 되는데, 이때 유효한 구조적 형태가 바로 매트릭스 조직이라고 할 수 있다(George & Jones, 2012: 503).

2) 매트릭스 조직의 구조

매트릭스 조직의 구조를 보면, 수직적으로는 기능별 부문화를 통하여 기획부장, 인사부장, 재정부장, 기술부장, 정보관리부장 등을 두고, 이들이 각 사업부문 내의 각 기능에 관련된 지휘통솔을 하게 한다. 아울러, 수평적으로는 사업별 부문화를 통하여 사업1부장(정책1국장), 사업2부장(정책2국장), 사업3부장(정책3국장), 사업4부장(정책4국장) 등을 두어 각 사업부문별로 총괄적 책임을 지게 한다. 전자는 수직적 권위와 책임의 흐름을, 후자는 수평적 권위와 책임의 흐름을 형성한다. 이때 기능부문 책임자와 사업부문 책임자 사이의 힘의 균형(power balance)이 매우 중요하다(Gerloff, 1985: 261).

[그림 17-9] 매트릭스 조직의 구조도

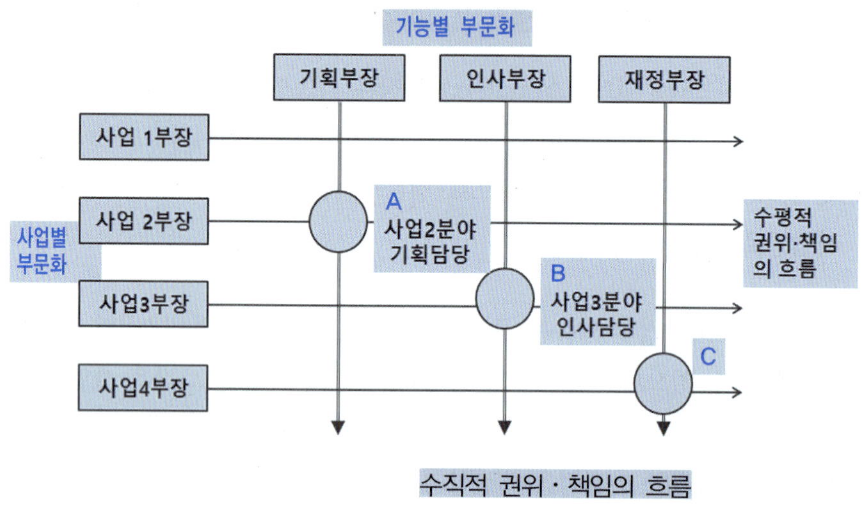

3) 매트릭스 조직의 채택조건

매트릭스 조직이 유리한 상황을 살펴보면 다음과 같다(Daft, 1992: 202-203; George & Jones, 2012: 503). 첫째, 새로운 제품·서비스와 기술의 신속한 개발 및 창의적 혁신이 요구될 때, 둘째, 환경적인 압력이 2개 부문 이상에서 복합적으로 작용할 때, 셋째, 외부적 변화에 효과적으로 대응하기 위하여 부문과 부문간, 직원과 직원간에 상호 밀접한 커뮤니케이션과 연계 및 의존성이 요구될 때, 넷째, 내부자원을 활용함에 있어서 규모의 경제가 요구되면서도 부서간에 이러한 자원을 융통성 있게 나누어 쓸 필요가 있을 때, 다섯째, 환경변화가 심하여 시장성이나 제품·서비스의 수요가 불확실할 때 등이다.

4) 매트릭스 조직의 장·단점

매트릭스 조직은 전문인력과 기술·장비 등 기능적 자원을 여러 사업부서에서 공동으로 활용할 수 있다. 그리고 기능부문의 전문요원과 사업부문의 전문요원간의 접촉과 교류로 기술, 지식, 정보 등에 관한 의사소통과 조정을 원활화할 수 있다

(Daft, 1992: 205; Robbins & Judge, 2011: 497; 이창원 · 최창현, 2010: 562). 매트릭스 조직의 직원은 자기과업을 독자적으로 수행하는 동시에 양 부문의 의사결정에 참여하므로 다양한 업무스킬을 배우고 성취감이 높아질 수 있다. 또 환경, 기술, 고객수요 등이 빨리 변화할 때 기능부문과 산출부문간의 긴밀한 협력과 균형을 가져올 수 있다(Daft, 1992: 205).

그러나 매트릭스 조직은 명령의 통일성이라는 기본적인 조직원리를 희생하게 된다(Robbins & Judge, 2011: 497). 그리고 기능부문 관리자와 사업부문 관리자간의 이중적 권위구조와 권력 투쟁으로 인해 갈등을 겪을 수 있다. 또 양 부문간 협의절차 등으로 업무처리에 시간이 소요되며, 조직관리자에게 보다 많은 인간관계 기술과 조정능력을 요구하게 된다(Daft, 1992: 206-207).

7. 팀제

1) 팀제란?

팀제는 기존의 계층적인 국 · 과 조직에서 수행하던 업무를 보다 효과적으로 수행하도록 하기 위해 팀(team)이라는 형태의 수평적 조직으로 만들거나, 새로운 특별과업을 담당하도록 하기 위해 독립적인 팀을 설치하는 조직제도를 말한다. 팀제는 유연성을 강조하는 애드호크라시 형태의 하나이다.

팀제 하에서는 조직구성원이 보다 많은 권한과 책임을 가지고, 보다 신속하게 의사결정을 하며, 변화하는 환경에 보다 적시성 있게 대처할 수 있다. 팀장과 팀원의 관계는 지시 · 복종의 관계보다 파트너로서의 대등한 관계를 갖도록 권장된다. 팀원은 자율적, 창의적 업무수행이 가능하다.

이러한 팀제 형태가 적합한 업무분야는 다음과 같다(하미승 · 오준근 · 권용수, 2004). ① 새로운 정책 및 서비스 개발 등 창의성을 필요로 하는 분야, ② 여러 기능부서들의 협력적 업무수행이 요구되는 분야, ③ 통상적 · 일상적 업무가 아닌 특정한 과업 또는 한시적인 업무 영역, ④ 그 외 팀 리더의 주도하에 기존의 계층조직 질서에 얽매이지 않고 자율적이고 집중적인 노력을 투입해야 할 특수 분야 등이다.

2) 팀제의 다양한 형태

팀제는 예외적이고 창의적인 조직형태이므로 각 기관의 업무성격에 따라 다양한 모형으로 설계할 수 있다. 팀제의 여러 구조모형을 살펴보면 아래와 같다(임창희 · 가재산, 1999 : 106-125 ; 하미승 · 오준근 · 권용수, 2004).

(1) 플랫형

플랫(flat)형 팀제는 납작하고 평평하게 조직구조를 설계하는 것이다. 즉, 조직 내에 첩첩이 존재하는 중간 간부층을 없애고 모든 조직원이 평등한 팀원으로서 각자의 역할을 담당하도록 하는 것이다. 이러한 팀제의 상급기관으로는 오직 팀장만이 존재한다. 이러한 팀제는 의사결정의 신속성과 커뮤니케이션의 활성화에 기여할 수 있다. 이러한 형태의 팀 조직은 기획기능이나 참모기능을 수행하는 데 적합하다.

[그림 17-10] 전통적 조직과 플랫형 팀제

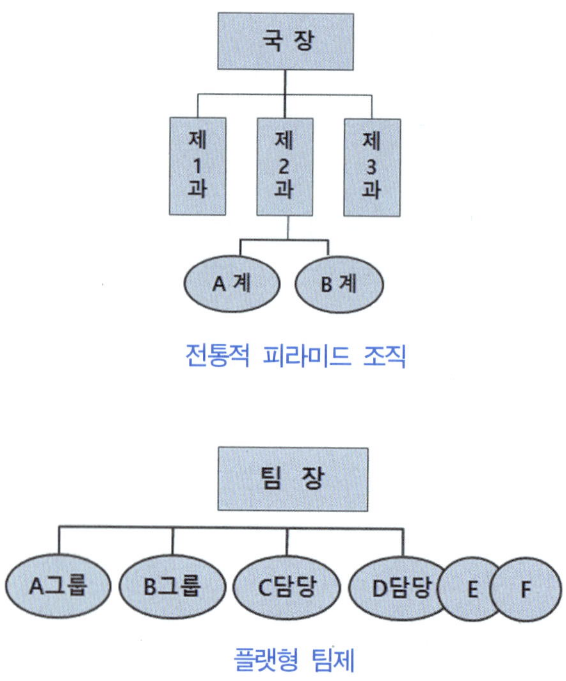

* 출처: 하미승 · 오준근 · 권용수, 2004.

(2) 대국대과형

대국대과형 팀제는 기존의 관료제 조직의 골격을 유지하면서도 총체적, 공통적 과업에 대응할 수 있도록 여러 부서를 아우르는 포괄적 팀을 구성하는 형태이다. 종래 업무기능에 따라 다양하게 분화되었던 부서들을 통합적으로 묶어서 대기능별, 대과제별 업무수행이 가능하게 하는 것이다. 이러한 팀제는 조직 내의 통일적 위계질서는 유지하면서도 수평적인 협력을 증진시킬 수 있으며, 부서간 및 부서내의 원활한 커뮤니케이션과 인력의 융통성 있는 활용을 가져올 수 있다.

[그림 17-11] 대국대과형 팀제

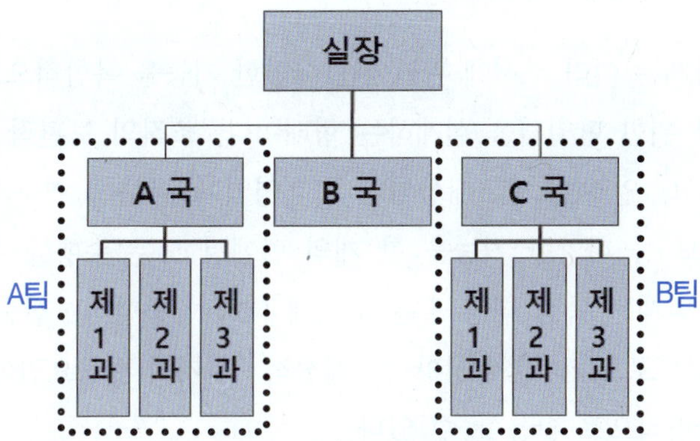

* 출처: 하미승 · 오준근 · 권용수, 2004

(3) 프로젝트형

프로젝트형 팀제는 조직의 전체적인 피라미드 구조를 유지하면서 특수한 프로젝트나 과제를 전담하여 수행할 수 있도록 독립적인 팀을 구성하는 형태이다. 프로젝트 팀제는 일반적으로 당해 프로젝트 또는 과제가 완료되면 해체하는 한시적 조직이라고 할 수 있다. 또는 프로젝트로 추진되던 업무가 일상적 업무로 성격이 전환되면 당해 프로젝트팀을 계층적 조직으로 바꾸어 줄 수도 있다. 이러한 팀제는 특정 과업에 대한 높은 전문성을 가질 수 있으며, 특수한 분야의 전문인력을 탄력적 · 수시적으로 활용하여 과업을 완수할 수 있다.

[그림 17-12] 프로젝트형 팀제

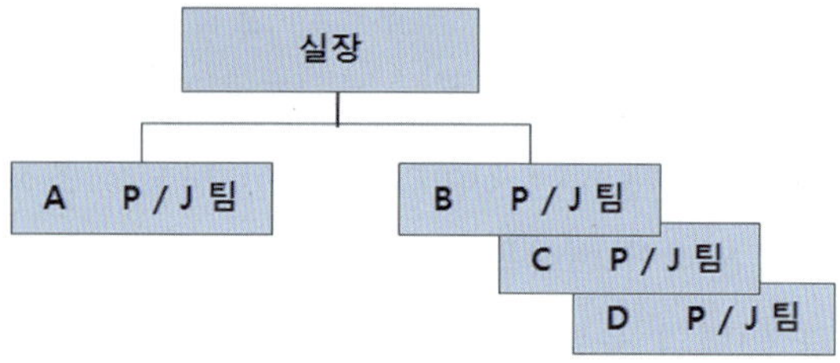

* 출처: 하미승 · 오준근 · 권용수, 2004

(4) 복합기능형

복합기능형 팀제는 여러 부서에 관련되는 다양한 기능을 복합적으로 수행할 필요가 있을 때 그를 위한 단일팀을 설계하는 형태이다. 조직의 보편적 기능별로 부서를 편성하지 않고, 일정한 업무대상이나 고객영역에 관하여 연구개발 · 기획 · 생산 · 마케팅 · 홍보 등 다양한 기능을 한 개의 팀에서 모두 수행할 수 있도록 하는 것이다. 이러한 팀제는 특정 대상 또는 고객에 대하여 종합적 · 집중적인 서비스를 할 수 있으며, 업무로드(load)의 상황적 · 계절적 · 시기적 변동요인에 따라 팀내 인력풀(pool)을 탄력적으로 활용할 수 있다.

[그림 17-13] 복합기능형 팀제

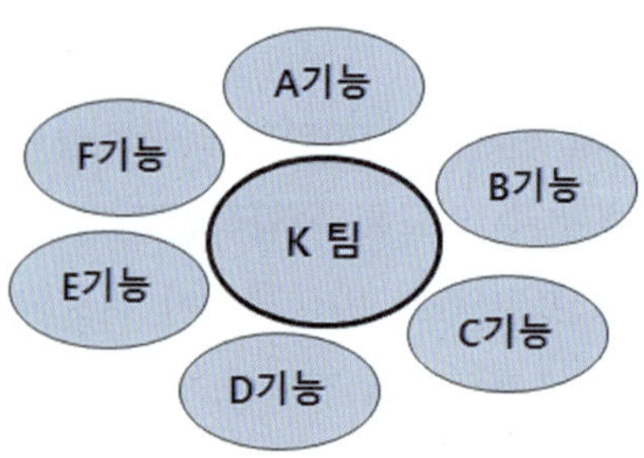

* 출처: 하미승 · 오준근 · 권용수, 2004.

8. 가상조직: 계약조직, 모듈러 조직

가상조직(virtual organization)은 조직에 필요한 여러 기능을 분할하여 독립된 작은 조직들에게 계약방식으로 나누어 주는 조직형태를 말한다(Daft, 1992: 226; Robbins & Judge, 2011: 499). 조직 자체는 핵심적 기능만 직접 수행하고 대부분의 기능들을 외부의 독자적인 작은 회사들에게 위탁한다. 이런 조직형태를 Daft(1992: 226)는 동적 네트워크 구조(dynamic network structure)라고 부르며, 계약조직, 외주조직, 모듈러 조직 등으로 표현하기도 한다. 각 개별회사들은 자율성을 가지고 자기조직을 운영하며, 본부조직의 계약범주에 자유롭게 들어왔다 나갔다 할 수 있다. 따라서, 본부조직과 작은 개별조직들간에는 위계적 관계가 존재하지 않으며, 프로젝트별 또는 구체적 사업별로 대등한 계약관계를 유지한다(Daft, 1992: 226).

예를 들면, 과거 대형규모를 가졌던 영화회사들이 최근 자기회사를 소규모의 핵심조직으로 전환하면서 시나리오 구성, 캐스팅, 촬영, 영상디자인, 배급 등 개별 기능들을 수 개의 프로젝트로 나누어 작은 회사들에게 외주(outsourcing)를 주고 있다(Robbins & Judge, 2011: 499). 미국의 한 장난감 회사는 본부에서는 핵심역할만 수행하고, 생산과 포장은 홍콩의 현지공장에, 디자인은 디자인 전문회사에, 그리고 홍보와 마케팅은 독립된 영업회사들에게 맡긴다(Daft, 1992: 226).

[그림 17-14] 가상적 조직의 구성도

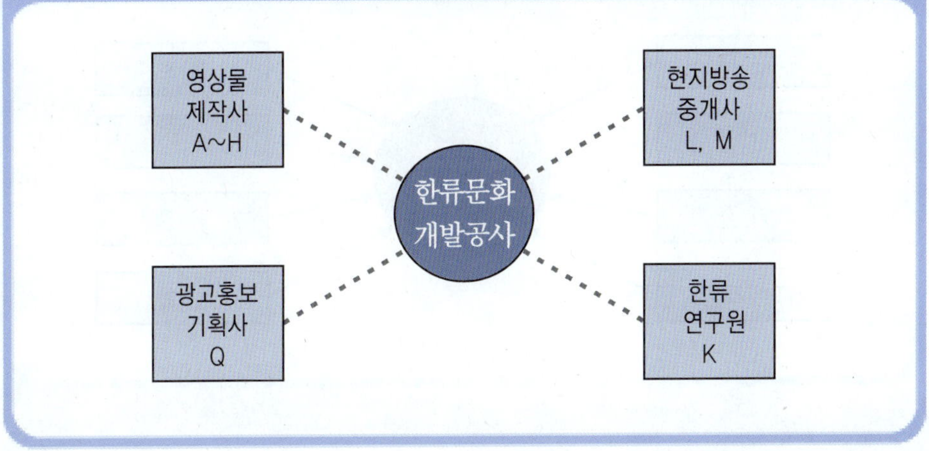

* 출처: Robbins & Judge, 2011: 500. 공공부문의 가상적 사례에 적용.

이 조직형태의 강점은 간소한 조직을 유지하여 조직운영 비용을 줄이고, 전자적 네트워크를 통해 효율적으로 조정기능을 수행할 수 있으며, 융통성과 도전성·창의성이 매우 높아 변화하는 환경에 빠르게 대응할 수 있다는 점이다. 그리고 각 개별조직의 높은 전문성을 활용할 수 있고, 성과가 부족한 개별조직을 교체할 수도 있다. 단점으로는 통제의 어려움, 계약준수에 대한 불확실성, 책임성 확보 곤란, 구성원의 몰입 저하, 조직간 커뮤니케이션 부족 및 지식·정보의 공유 부족, 개별조직 인력의 잦은 이동 등 문제를 들 수 있다(Daft, 1992: 228; Robbins & Judge, 2011: 500).

9. 조직구조 모델의 선택기준: 8개 변인

지금까지 여러 가지 조직구조 모델들을 살펴보았는데, 어떤 조직, 어떤 상황에서 어느 모델을 채택·적용하는 것이 조직의 목표달성에 가장 유리할까? 조직의 성격과 상황적 특성에 따라 가장 적합한 모델을 찾아야 한다. 이에 대한 해답을 얻기 위해서는 조직구조 결정에 영향을 미치는 요인들을 살펴볼 필요가 있다. 이미 제2장 조직이론의 흐름 중 구조적 상황이론 부분에서 어느 정도 설명했지만, 여기서는 규범론적 관점에서 조직구조 모델의 선택기준을 8개 변수로 나누어 제시해 본다.

[그림 17-15] 조직구조 모델 결정변인

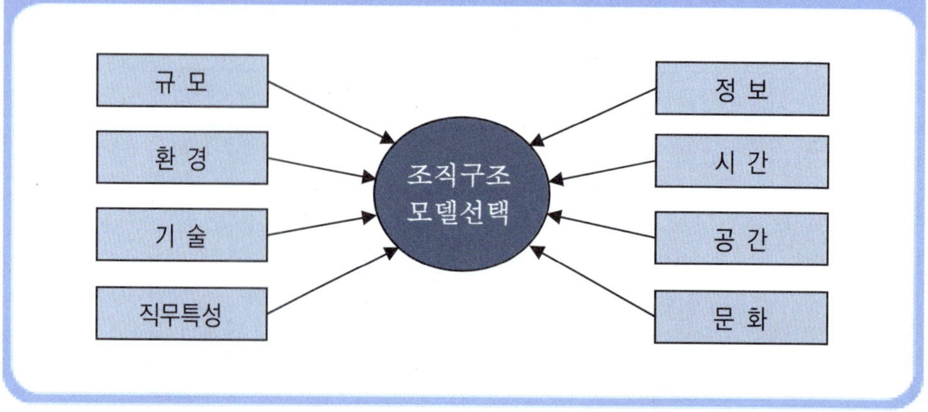

1) 규모(Size)

조직규모는 인력의 수를 나타낸다. 일반적으로 규모가 클수록 조직의 공식성, 전문성, 그리고 복잡성은 증가하고, 권한집중화의 정도는 낮아진다(Quick & Nelson, 2013: 496). 그러나 이러한 일반론은 구체적인 부문화 모델이나 구조모형의 선택에 관해 어떤 원리를 제시해 주지 못한다.

생각건대, 규모가 크면 여러 구조모형 중 기능적 부문화(U형 구조) 및 사업별 부문화(M형 구조)를 선택하는 것이 좋다고 본다. 이들 조직모형은 복잡성을 전제로 하여, 다양한 부서를 설치하며, 규모의 경제를 중시하기 때문이다. 규모가 작을 때는 팀제 등 소규모의 탄력적이고 기동성 있는 조직모형과 플랫형(수평) 조직모형을 활용하는 것이 효과적이다.

2) 환경(Environment)

조직형태를 설계함에 있어서는 환경의 변화 속도와 불확실성의 정도를 고려해야 한다. 환경이 급변하고 미래의 불확실성이 높을 때는 유기적 구조를, 환경이 안정적이고 예측 가능할 때는 기계적 구조를 선택해야 한다.

유기적 구조는 탄력적이고 민첩한 환경적응에 적합하며, 이러한 구조모형으로는 팀제, 가상적 조직 등을 들 수 있다. 특히, 최근에는 자율경영팀(self-managed teams)이 강조된다(Quick & Nelson, 2013: 497).

기계적 구조는 예측 가능성이 높은 환경 속에서 안정적인 조직운영을 하는 데 유리하다. 전통적인 관료제가 이에 해당하지만, 보다 구체적으로 기능적 부문화(U형 구조)나 사업별 부문화(M형 구조)가 적합하다. 이들 모형 중, 기술적 환경이 더 중시되면 기능적 부문화가 유리하고, 시장적 환경이 더 중요하면 사업별 부문화가 유리할 것이다.

환경의 변화가 심하여 유기적 특성을 필요로 하면서도 중간규모 이상의 안정적 조직을 필요로 한다면 매트릭스 구조가 적합하다. 고객의 분리성(segmentation)이 높을 때에는 고객중심 부문화 모형을 선택해야 한다.

3) 기술(Technology)

기술의 복잡성 정도는 구조적 패턴에 영향을 미친다(George & Jones, 2011: 499).

Woodward의 기술중심 상황이론에 의하면, 소규모 주문생산 기술에서, 대규모 대량 생산기술로, 그리고 연속공정 기술로 그 복잡성이 증가할수록 조직의 계층성이 높아지고 부서화가 많이 이루어진다고 한다.

기술변수를 구체적인 구조모형 선택에 적용해 보자. 소규모 주문생산 기술의 경우에는 고객중심의 소규모 팀제, 다기능 팀제, 모듈러 조직, 프로세스 조직 등이 적합하다. 대규모 대량생산 기술이나 연속공정 생산기술의 경우에는 기능적 조직이 적절할 것이다. 복합적 · 융합적인 기술을 사용하는 경우에는 여러 부문이 협력하고 상호작용을 할 수 있는 매트릭스 조직모형을 적용해야 할 것이다.

4) 직무특성(Job Characteristics)

조직구조 모형의 선택 또는 설계에 있어서는 직무의 성격을 고려해야 한다. 구조적 직무(structured task)에는 기계적 구조, 즉 안정적인 관료제 모형이 적합하고, 기능적 부문화(U형 구조)와 사업별 부문화(M형 구조)가 적용될 수 있다. 비구조적 직무(unstructured task)에는 유기적 구조, 즉 탄력성과 융통성이 높은 팀제, 가상적 조직, 자율경영팀 등이 최적적으로 적용될 수 있다. 직무 상호간의 연관성이 높은 경우에는 프로세스 조직이 선택되어야 한다.

5) 정보(Information)

조직에서 요구되는 정보의 성격, 정보의 흐름, 정보의 축적 정도 등에 따라 구조모형을 달리 설계하는 것이 좋다. 정보의 내용이 급속하게 변화하고 새로운 정보를 끊임없이 획득 또는 생산해야 하는 상황에서는 프로젝트팀과 같은 팀제가 적합하다. 반면, 정보의 생성과 흐름은 다소 더디더라도 많은 량의 지식과 정보의 축적이 요구되는 경우에는 기능적 부문화나 사업별 부문화가 적합한 조직형태가 될 수 있다. 조직 내 하위부서들이 상호 밀접하게 연계되어 있고 그 과정에서 상당한 정보의 흐름이 존재하는 경우에는 프로세스 조직을 구성하는 것이 매우 적절한 방안이 될 수 있다.

6) 시간(Time)

조직의 운영에서 어떤 시간적 프레임(time frame)을 갖는가에 따라 조직구조 설계도 달라져야 한다. 단기적 시계(short time span)를 갖는 경우에는 환경변화에의 적응이나 수요창출을 위해 급속한 대응을 해야 하므로 팀제와 가상적 조직을 많이 활용해야 한다. 일정규모 이상의 조직을 유지하면서 단기적 적응을 계속해야 할 경우에는 매트릭스 조직이 유효할 것이다. 장기적 시계(long time span)를 가지고 안정적으로 조직전체를 운영할 경우에는 기능적 부문화와 사업별 부문화가 적합하다. 그러나 장기적 시계를 가졌다 하더라도 전략기획 업무와 같이 조직혁신을 병행해야 하는 경우에는 프로젝트팀 등 팀제를 동시에 활용해야 한다.

7) 공간(Geography)

지리적 조건도 조직구조 설계에서 큰 변수로 작용한다. 하위부서간, 단위기관간 공간적 분산의 정도가 크고 사업 및 서비스 범위가 넓은 경우에는 당연히 지역별 부서 또는 기관을 두어야 한다. 특히, 고객에 대한 서비스의 접근성을 높이기 위해서는 지역별 부문화가 필수적이다.

8) 문화(Culture)

문화적 특성에 따라 조직구조도 달라질 수 있다. 위계적 문화를 중시하는 구성원 또는 관리자가 많으면 기능적 부문화 등 기계적 구조를 선호하게 된다. 자율적 문화가 강하면 플랫형 조직, 자율경영팀, 프로젝트팀 등을 선택하게 될 것이다. 안정 추구적 문화가 강하면 기계적 구조를, 변화 추구적 문화가 강하면 유기적 구조를 설계하는 경향이 클 것이다. 또, 글로벌화 된 현대사회에서는 문화권역에 따라 분리된 조직편성도 필요하다.

제3절 조직구조와 통합

1. 통합이란?

조직론에서 통합(integration)이란 여러 하위부문 사이 또는 여러 부처 사이의 노력을 조직전체 또는 정부전체의 성과를 최대화하는 방향으로 통일시키는 과정을 말한다. 통합은 여러 부서에 분산된 활동을 조직전체의 목표수행에 적합하도록 효과적으로 조정하는 데서 이루어질 수 있다. 통합이 이루어지려면 부서와 부서간의 업무가 모순 없이 상호보완적으로 수행되어야 한다. 부서간의 활발한 의사소통, 협력적 업무수행, 집합적 의사결정과 조정이 원활하게 이루어져야 한다.

2. 통합의 메커니즘

1) 스칼라(Scalar) 구조

조직의 계층적 구조에서는 통제권한이 아래로부터 위로 차등적·순차적으로 상승하면서 집중되므로 자연스레 조정과 통합이 이루어진다. 그림에서 C1, C2, C3 사이의 의견대립과 모순을 B1이 조정·통합하고, B1, B2, B3 사이의 대립을 A가 조정함으로써 조직전체의 통합이 이루어지게 된다.

[그림 17-16] 스칼라 구조도

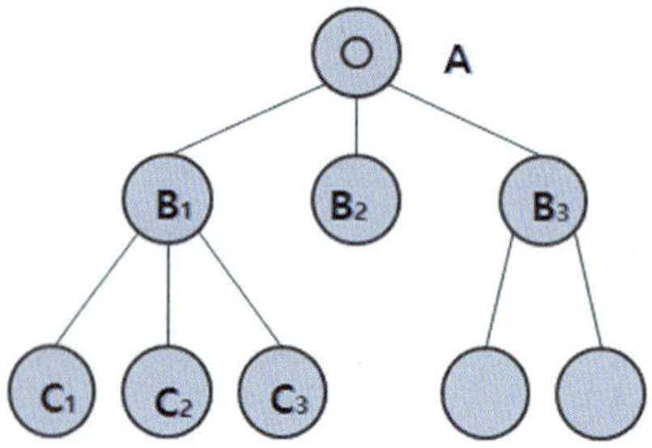

2) 통합담당 하위시스템(Integrative Subsystem)

Lawrence & Lorsch(1967)와 Galbraith(1977) 등은 조직의 분화와 통합에 관한 이슈를 중요하게 다루면서 통합을 위한 여러 가지 메커니즘을 제시하였다. 그 중에서 주목할만한 통합적 장치로서 통합역할(integrating role)을 수행하는 별도의 하부조직 설치를 제안하였다. 그 명칭은 통합부서(integrating unit), 통합담당팀(integrating team) 등 다양하게 부여될 수 있다.

[그림 17-17] 통합담당 하위시스템(ISS) 구조도

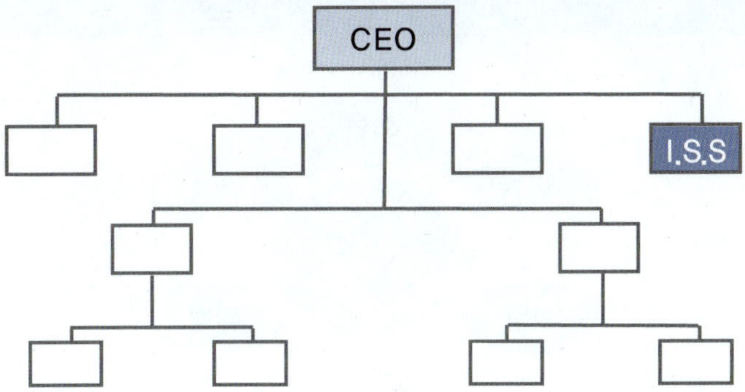

* 출처: Galbraith, 1977: 153.

3) 슬랙(Slack) 조직

슬랙 조직은 부서와 부서간에 원활한 의사소통과 교류 및 협력을 위하여 설치되는 조직 또는 연락부서를 말한다. 이를 완충(buffer) 조직이라고도 한다. 두 부문 사이의 정보교환, 자료공유, 이해와 협조, 협의 등 교섭역할(liaison role)이 슬랙 조직을 통해 이루어진다. 행정부처간 연락조직의 대표적인 예로는 각 부처의 기획재정담당관실을 들 수 있다.

[그림 17-18] 슬랙 조직 구조도

4) 조정위원회

위원회란 여러 부서에 공통적으로 관련되는 문제나 이슈에 관하여 연구 · 토의 · 조정 · 의사결정을 하기 위하여 구성되는 합의제적 조직이다. 각 부처 또는 부서의 전문가나 대표자들이 회의에 참석하여 서로 의견을 교환하고 합의와 조정 과정을

거쳐 결정을 내린다.

[그림 17-19] 조정위원회 구조도

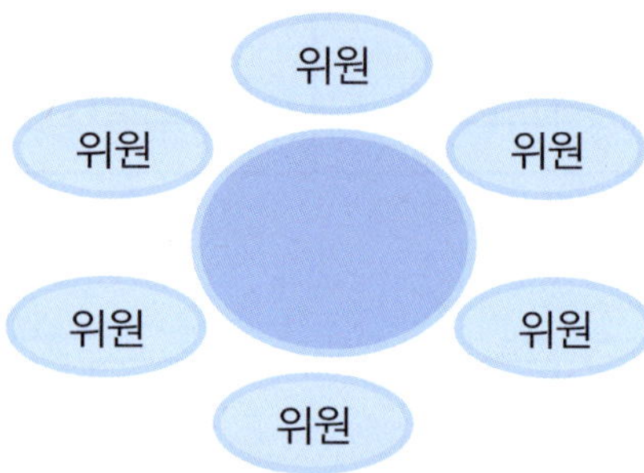

5) 태스크 포스(Taskforce)

태스크 포스는 특정과업에 관련된 각 부처 또는 부서의 직원을 차출하여 한시적 업무조직을 만든 것이다(이창원 · 최창현, 2010: 577; George & Jones, 2012: 513). 태스크 포스는 여러 부서의 의견을 반영할 수 있고, 정보와 전문성의 공동 활용, 합동 작업 과정 등을 통하여 조정 · 통합을 할 수 있다.

[그림 17-20] 범정부적 태스크 포스 구성 사례

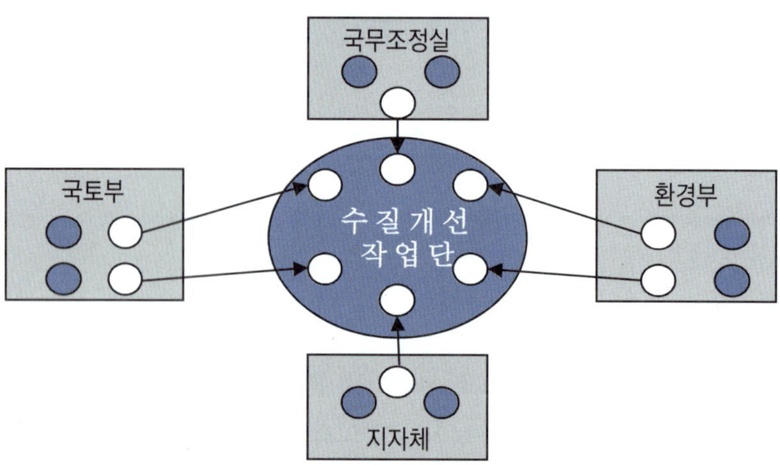

6) 메가 팀(Mega-team) 조직

메가 팀은 여러 부서를 하나로 묶어 통합적인 팀 조직을 편성하는 것을 말한다. 팀제의 유형 중 대국대과형이 이에 해당한다. 여러 부서를 하나의 조직으로 물리적으로 통합함으로써 특정과제들이 하나의 팀 내에서 조정·해결되도록 하는 것이다.

[그림 17-21] 메가 팀 구조도

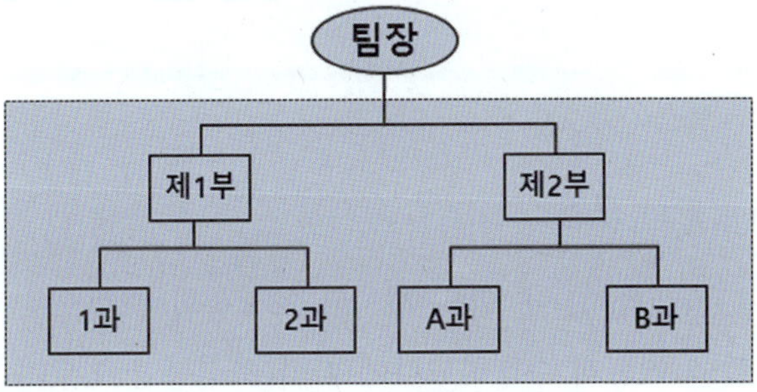

7) 다기능(Cross-functional) 조직

다기능 조직은 하나의 부서(과, 팀)가 조직 내의 다양한 기능을 종합적으로 담당하는 구조이다(George & Jones, 2012: 513-514). 다기능 팀은 종래에 여러 부서에서 이루어지던 여러 기능을 하나의 팀 내로 통합하여 동시다발적으로 수행한다. 다기능 조직은 환경변화와 고객수요의 다양화에 유연하게 적응하기 위하여 조직 내의 각 직원이 여러 기능을 동시에 수행할 수 있도록 한다는 데 의의가 있다. 이렇게 여러 기능을 하나의 부서에서 수행하다보니 자연스레 여러 기능들이 한 부서 내에서 조정되고 통합되는 효과를 가져 오게 되는 것이다.

[그림 17-22] 다기능 조직 구조도

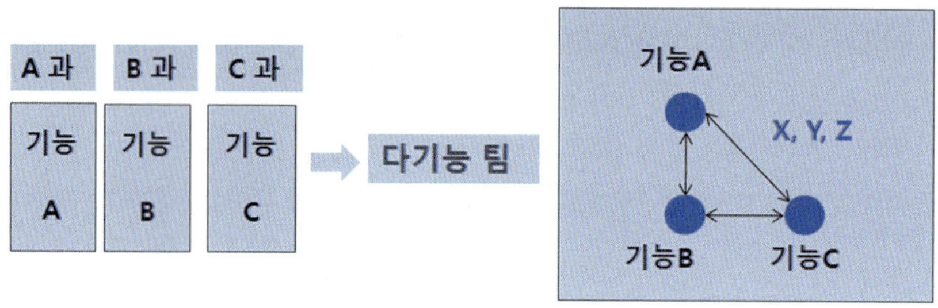

8) 연결핀(Linking Pin) 모형

연결핀 모형은 Likert(1961)에 의해 제시된 조직통합 모형으로서 조직의 중간관리자가 조정적 역할을 어떻게 수행하느냐에 따라 조직통합 여부가 달려있음을 강조한다(이창원 · 최창현, 2010: 579). 즉, 중간관리자가 수직적 및 수평적으로 연결핀의 역할을 해야 한다는 것이다. 중간관리자는 (i) 아래로는 직원들의 팀 리더가 되고, (ii) 위로는 고위관리자가 지휘하는 팀의 구성원이 되며, (iii) 옆으로는 다른 중간관리자들과의 관계에서 수평적 연락책이 됨과 아울러, (iv) 상 · 하 쌍방향으로는 수직적 의사전달의 중개자 역할을 하게 된다. 이러한 역할이 잘 이루어지는 조직을 중엽조직이라고 한다.

[그림 17-23] 중엽조직 모형도

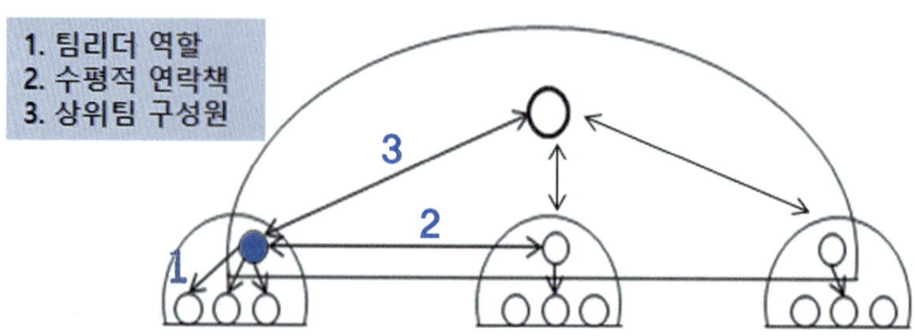

* 출처: Likert, 1961: 243

9) 정책조정기구

조정기구는 부서간 업무나 부처간 정책을 조정하기 위하여 별도의 조정기관을 두는 것이다. 하나는 상설 조정기구로서 부서간 또는 부처간 정책조정만을 위해 설치되는 기구이다. 국무총리실의 국무조정실, 각 부처의 기획조정실 등이 그것이다. 또 하나는 임시적 협의기구로서 각 부서의 대표자간의 의견교환과 협의 및 합의적 의사결정을 위한 협의체이다.

10) 담론적 네트워크

조직 내부의 하위 시스템간 뿐만 아니라 조직 외부의 다양한 주체들간, 이해관계자 집단간에 조정·통합이 필요할 경우에는 보다 광범위하고 복합적인 메커니즘을 요한다. 그 대표적인 조정·통합 메커니즘으로 담론적 네트워크(dialogue network)의 구성을 생각해 볼 수 있다. 담론적 네트워크는 조정이슈에 관련된 조직 내부 및 외부의 다양한 개인이나 집단이 참여할 수 있는 다각적인 구조이다. 이러한 구조 속에서 참여자들간의 활발하고 다면적인 대화, 커뮤니케이션, 협의, 협상이 진행될 수 있으며, 그 결과로서의 의사결정과 조정·통합이 성공적으로 이루어질 수 있다. 이 메커니즘은 구조적 측면과 과정적 측면을 동시에 갖는 것이다.

[그림 17-24] 담론적 네트워크 구조도

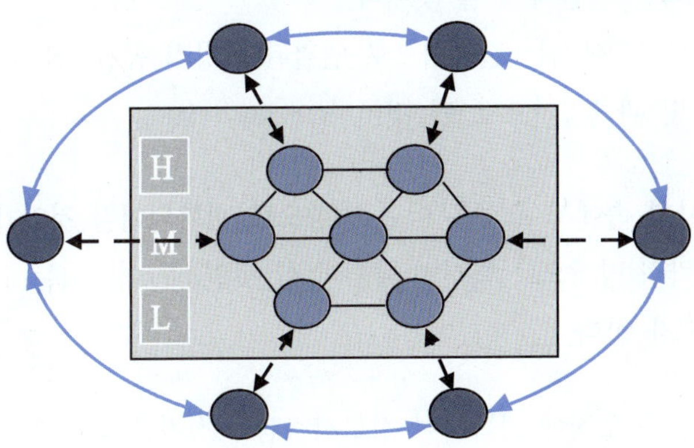

제4절 지식사회의 새로운 조직모형

1. 지식기반사회와 조직구조 전략의 방향

미래의 지식사회는 지식 및 정보 자원의 중요성 증대, 불확실성의 증가, 경쟁의 심화, 가상적 공간의 대두, 교류와 관계적 네트워크의 확대, 조직의 변이성 및 다원성, 학습사회화 등으로 특징지어질 수 있다.

첫째, 미래사회는 지식과 정보 자원이 다른 어떤 자원보다도 높은 생산수단으로서의 가치를 갖는 사회가 될 것이다. 예컨대, 지식자원의 부가가치는 다른 자원의 그것보다도 훨씬 높아질 것이다.

둘째, 지식정보화사회는 급속한 환경의 변화로 인하여 예측가능성이 낮은 불확실성의 사회, 혼돈의 시대가 될 것이다. 어떤 주체의 한 가닥 행위가 다른 세계에 어떤 예상하지 못한 영향을 미칠지 알 수 없다는 '나비효과'(butterfly effect)가 만연할 수도 있을 것이다.

셋째, 세계는 기업간, 국가간의 시장확보를 위한 경쟁의 소용돌이에 빠질 것이다. 이로 인하여 새로운 제품과 서비스를 창조해 내기 위한 지식창출 및 기술개발에 최대한의 노력을 기울이게 될 것이다.

넷째, 지식정보사회에서는 전자적으로 연결된 가상적 공간(cyber space)이 중심적인 업무공간 및 관계공간으로 될 것이다(Handy, 1997).

이러한 **미래사회 속에서 조직은 어떤 방향으로 변화되어갈 것인가?** 그리고 조직구조를 어떤 전략적 방향으로 혁신해 나가야 할 것인가? 여기서는 4가지 큰 방향의 줄기를 제시하고자 한다.

첫째, 정보기술을 조직에 접목하여 정보시스템의 장점을 최대한 조직구조 설계와 운영에 활용하는 조직형태로 발전시켜 나가야 할 것이다. 즉, 사이버조직을 구축하는 방향으로 나가야 한다.

둘째, 세상에서 활동하는 사람들과 조직들은 거미줄처럼 상호 연결되어 거대하고 복잡한 네트워크를 형성해 나갈 것이다. 이에 따라, 조직의 형태도 네트워크 조직화의 방향으로 나가게 될 것이다.

셋째, 인재들이 이미 보유하고 있는 지식·능력보다 새로운 지식·능력을 끊임없이 창조해 낼 수 있는 학습역량이 훨씬 더 강조되는 조직의 모습을 갖게 될 것이다. 즉, 학습조직화 내지는 지식조직화의 방향으로 조직설계와 운영을 이끌어가게 될 것이다.

넷째, 세계의 조직들은 환경과 상황에 따라 끊임없이 다양한 형태로 변화해 나가는 변이적, 다원적인 조직의 모습을 띠게 될 것이다. 이에 따라, 무정형조직이나 무경계조직의 개념이 적용되고, 카멜레온과 같은 다양하고 변화무쌍한 조직의 형태들이 등장하게 될 것이다.

아래에서는 이러한 미래사회의 환경변화 속에서 성공적으로 살아남을 수 있는 유효한 조직모형에 관하여 소개하고자 한다.

2. 사이버 조직(Cyber-Organization)

지식정보사회에서 정보화 기술과 통신 네트워크가 적용된 새로운 조직모형을 사이버 조직(cyber-organization)이라고 한다.[1] 사이버 조직은 지식정보사회에서의 피할 수 없는 조직이며, 이미 현실화되고 있는 조직이다. 이러한 사이버 조직에서의 구조적 변화를 살펴보자.

하미승(1996)은 4개 가설모형(four hypotheses model)에 의해 지식정보사회의 조직구조 변화를 설명하고 있다. 4개 가설모형이란 수직적 계층성, 수평적 분화, 통솔범위, 그리고 조직간 관계라는 4가지 측면에서 그 변화를 예측한 이론모형이라고 할 수 있다.

수직적 통합화 가설(제1가설)에 의하면, 지식정보사회에서는 보편적으로 조직의

1) 컴퓨터 기반의 정보통신 네트워크로 이루어진 조직, 즉 사이버 조직(cyber organization)을 "가상적 조직"이라고 명명하는 경우도 있다. 그러나 가상적 조직(virtual organization)이라는 용어는 특정 조직이 외부조직들에게 여러 기능의 수행을 맡기는 외주조직, 계약조직, 모듈러 조직 등의 의미로 사용되므로(Daft, 1992: 226; Robbins & Judge, 2011: 499-500), 여기서는 가상적 조직이라는 용어를 사용하지 않기로 한다.

계층성이 완화될 것으로 본다. 왜냐하면, 조직의 단순업무는 줄어들고 창의적 기획업무가 크게 증가되어 하부계층이 축소되므로 조직의 수직적 계층수가 줄어들 것으로 예측할 수 있기 때문이다.

수평적 분화 가설(제2가설)에 따르면, 미래사회에서는 국민의 욕구 증대와 사회문화 현상의 다기화로 행정수요가 다양화 · 전문화됨에 따라 행정조직의 부문화가 증대할 것이다.

통솔범위 협소화 가설(제3가설)에 의하면, 지식정보사회에서는 행정부서의 통솔범위가 좁아질 것이다. 그 이유는 단순한 행정업무는 컴퓨터에 의해 수행되는 반면, 전반적으로 행정업무의 난이도가 높아져서 구성원간의 커뮤니케이션과 협의적 의사결정 등 상호작용의 필요성이 증대할 것이기 때문이다.

조직간 관계 확장 가설(제4가설)에 의하면, 미래사회에서는 조직과 조직 간의 상호 연계성과 의존성이 확대될 것이다. 정보통신의 확대와 업무협력의 증대로 인하여 당해 조직의 규모가 확대된 것과 같은 효과를 갖게 된다. 이는 조직외부에 또 하나의 자기조직이 만들어진 것과 같은 착시현상을 가져온다. 이것이 '의사조직'(pseudo-organization)이다(하미승, 1996: 44).

[그림 17-25] 지식정보사회 조직구조변화 4개 가설 모형도

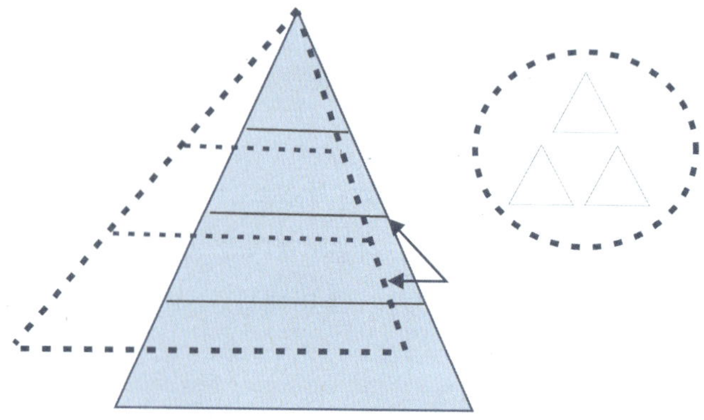

* 출처: 하미승, 1996. 수정.

보편적으로 사이버 조직의 구조적 특성은 다음과 같은 세 가지 차원에서 설명될 수 있다. 특히, 행정조직에 초점을 맞추어 살펴본다.

첫째, 조직의 슬림(slim)화가 이루어진다. 많은 행정기능의 전산화와 이를 통한 리엔지니어링(reengineering)을 통해 행정업무가 간소화될 뿐만 아니라, 종래 행정조직에서 수행하던 업무의 외부위탁(outsourcing)으로 인하여 정부기능이 축소된다. 이는 수평적으로 비대화되었던 관료제가 간소화된다는 것을 의미한다.

둘째, 조직의 플랫(flat)화가 이루어진다. 이는 수평적 구조의 확대를 의미한다. 조직의 정보화는 하부직원에 대한 통제적 감독업무를 줄어들게 만들어 주므로 조직이 계층성을 벗어나 수평적으로 변화하게 된다. 이는 수직적으로 경직화되어 있던 관료제의 다계층적 성격이 완화됨을 의미한다. 특히, 상위층 · 중간층 · 하위층 중에서 하위계층의 업무가 아바타(avatar)에게 넘어가면서 조직 내 인간이 수행하던 단순반복적, 집행적 업무가 줄어들게 된다. 그리하여 조직 내 관료의 구성은 상위층-중간층-아바타(avatar)로 이루어지며, 이들이 바로 사이버 관료들(Cyber-Bureaucrats)이 된다.

[그림 17-26] 사이버 조직 구조도

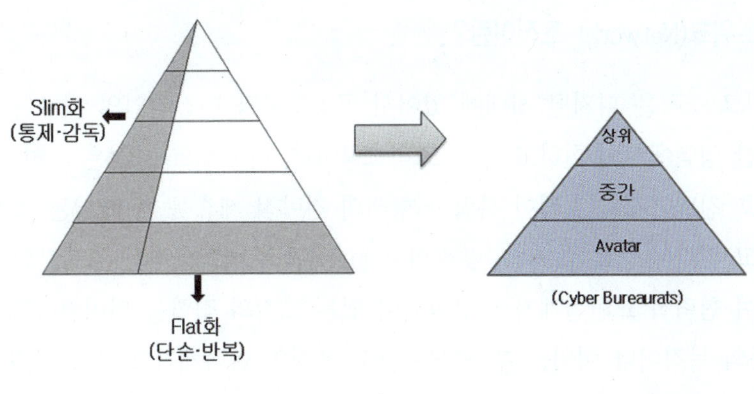

셋째, 조직의 네트워크(network)화가 이루어진다. 먼저, 내부적 네트워크화 측면에서는 정보화가 개인간, 부서간 장벽을 허물고 관료제의 병폐인 할거주의(sectionalism)를 극복하게 된다. 이를 통해 훨씬 더 내부적으로 개방화되고 협력적인 시스템을 구축할 수 있게 된다. 다음으로, 외부적 네트워크화 측면에서는 행정조직이 국민에게 훨씬 더 열린 시스템으로 변화된다. 전통적 관료제에 있어서의 주인-대리인(principal-agent) 문제, 즉 정보 비대칭성 문제를 해결하게 된다. 안에서 밖으로는 관료제의 정보가 외부로 공개됨으로써 투명성이 증대되고, 국민에 의한 감시와 통제가 강화된다. 밖에서 안으로는 일반국민의 의사와 요구가 행정시스템에 투입되고 참여가 확대됨으로써 독점적 의사결정이 크게 완화될 것이다.

[그림 17-27] 정부와 국민간 네트워크 구조도

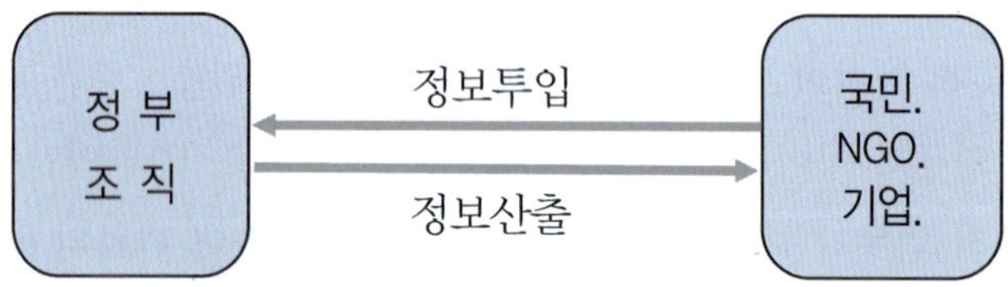

3. 네트워크 조직(Network Organization)

1) 네트워크(Network) 조직이란?

네트워크 조직은 디지털 시대에 있어서 공공부문과 민간기업의 새로운 조직형태로 다양한 영역에서 출현하고 있는 조직모형이다. 네트워크 조직은 흔히 다양한 기관이 상호 긴밀하게 연결되어 복잡한 형태의 전략적 제휴를 하고 있는 조직의 형태를 말하고 있다(송상호, 1999; 김병섭 외, 2001). 단적으로 조직과 조직간의 상호작용에 의하여 협력적 교환관계가 일상화되어 있는 조직의 집합을 의미한다고 볼 수 있다. 공동의 목적이나 이익을 추구하는 다수 조직의 협력체라고 해도 좋다. 예컨대, 민간부문에서는 합작기업이나 전략적 제휴기업들이 이에 속하며, 공공부문에서는 국제통상관계에서 국가이익을 최대화하기 위하여 상호 연계되어 협력하는 산업통상부-무역협회-KOTRA 사이의 협력체와 같다.

[그림 17-28] 네트워크 조직 모형도

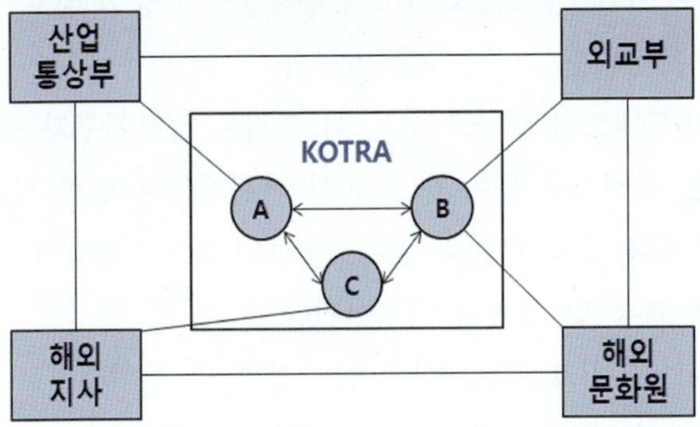

2) 네트워크 조직의 특징

첫째, 네트워크 조직은 정보통신기술의 발달과 함께 등장한 개념으로서 전자적 연결에 의한 가상적 공간을 최대한 활용하는 조직이다. 그러나 여기서 네트워크는 전자적 통신네트워크 이상의 의미를 갖는 것으로서 조직 상호간의 유기적인 교환관계를 포괄적으로 나타낸다.

둘째, 네트워크 조직에서는 상호간에 영향력의 교환이 빈번하게 이루어지며 이러한 교환에 구성원들은 보다 동등하고 광범하게 참여할 수 있다.

셋째, 네트워크 조직은 단순한 네트워크가 아니라 업무를 행하는 '조직'차원의 네트워크라는 특징을 가진다. 이 조직은 네트워크를 통하여 상호간에 자원과 전략을 공유하고, 유연성과 규모의 경제 등 경쟁우위 요소를 살릴 수 있는 조직구조이다. 즉, 환경이 야기하는 복잡한 문제를 협력적으로 해결하기 위해 수직적, 수평적으로 공식적인 조직경계를 뛰어넘어 통합되는 조직이라고 할 수 있다(하미승 · 오준근 · 권용수, 2004).

3) 네트워크 조직의 구조형태

첫째, 내부적 네트워크 구조이다. 이 조직은 행정조직 내 본부와 하부기관간, 그리고 하부기관 상호간의 네트워크 형성에서 이루어지는 조직이다. 구성원은 정보시스템에 의하여 서로 연결되고 상호협력 한다.

둘째, 수직적 통합네트워크 구조이다. 이 조직은 정부조직의 본부와 산하조직들이 수직적 관계에서 통합적으로 운영되는 형태이다. 예컨대, 수자원 보호업무에서와 같이 국토교통부 수자원국과 그 산하의 수자원공사 등이 상호 정보교환과 협력을 통하여 연결·조정되는 조직형태를 말한다.

셋째, 수평적 통합네트워크 구조이다. 이 조직은 정부기구와 관련 민간협회, 민간기업, 시민단체, 국제기구 등이 상호 교환적 관계에서 협력하는 형태이다. 이들 간에는 공동의 목표를 갖고 자원의 공유, 정보의 교환, 전략적·협의적 의사결정 등을 통하여 상호 교류 및 협력이 이루어진다.

넷째, 고객 통합네트워크 구조이다. 이는 정책 및 서비스별로 특화된 영역에서 고객과 행정조직 간의 연결, 고객과 고객 간의 협력, 정책 및 서비스 과정에 참여하는 기타 주체간의 협력 등이 이루어지는 네트워크를 말한다. 여기서 조직과 고객간의 관계는 판매-구매 또는 공급-소비의 관계보다는 공동생산이나 공동혁신의 관계로 발전될 수 있다.

[그림 17-29] 고객 통합네트워크 구조도

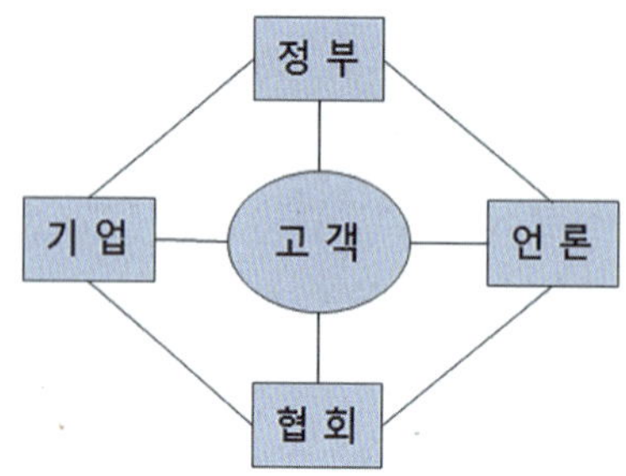

4) 네트워크 조직의 효과적 구축 전략

첫째, 행정조직에 네트워크 조직을 응용하고자 하는 경우 하드웨어(hardware)적인 구조개편보다 협력적인 시스템의 설계가 보다 강조되어야 한다. 정보적·인적 차원에서 조직구조의 형성이 이루어져야 한다.

둘째, 지식과 정보의 상호 공유 메커니즘이 구축되어야 한다. 정보통신 인프라의 구축을 바탕으로 각 행정기관은 진정한 의미의 열린 전자정부가 될 수 있도록 지식과 정보를 관련 기관간에 상호 공유・학습해야 한다.

셋째, 인적 차원에서는 네트워크를 구성하는 기관에 속하는 구성원 상호간의 교류가 활발히 이루어질 수 있어야 하며, 그들 상호간에 신뢰관계가 구축되어야 한다.

넷째, 전략과 정책의 공동수립은 물론 실질적으로 협동적 작업이 가능하여야 한다. 협동적 작업이 가능한 조직간 연결구조를 고안해 내고, 공동적 업무처리체계를 구축해야 한다(하미승 외, 2004).

4. 하이퍼텍스트(Hyper Text) 조직

1) 하이퍼텍스트 조직이란?

학습조직 또는 지식조직으로서의 하이퍼텍스트 조직의 개념은 인터넷 텍스트간의 연결방식에서 따온 것이다. 컴퓨터 화면에 보이는 그림이나 밑줄친 부분을 마우스로 누르면 관련된 다른 텍스트가 떠오른다. 이렇게 서로 다른 텍스트를 연결해주는 것이 하이퍼링크(hyper link)이며, 이와 같은 형태로 연결되는 조직이 하이퍼텍스트 조직이다(양창삼, 2001: 297).

2) 하이퍼텍스트 조직의 구조

하이퍼텍스트 조직은 지식기반사회에서 가장 핵심적 자산이자 역량기반이라고 할 수 있는 지식의 창조・활용・축적이라는 조직의 과제를 중시하는 조직이다. 이 조직모형은 수직적 계층제를 기반으로 이루어진 관료제 조직의 장점을 유지하면서도, 유연한 수평적 팀제를 중심으로 하는 프로젝트 조직의 강점을 동시에 발휘하고자 하는 조직형태이다. 아울러, 이러한 조직부문들이 지식을 보다 잘 창출하고 활용할 수 있도록 지식프로세스 관리를 전문적으로 지원해 줄 수 있는 지식관리 부서를 강화하는 조직모형이다. 그리하여, 이 조직은 지식창조를 위한 프로젝트팀 차원, 지식활용을 위한 비즈니스 시스템 차원, 지식축적을 위한 지식기반층 차원 등 유연한 3차원의 조직구조를 가진다(Nonaka & Takeuchi, 1995; 양창삼, 2001: 299).

[그림 17-30] 하이퍼텍스트 조직 모형도

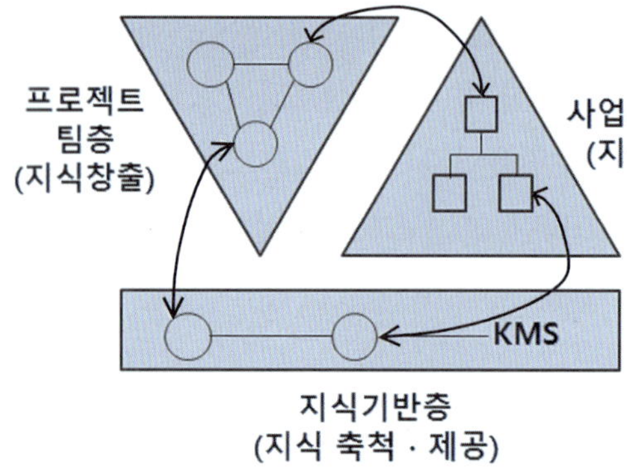

* 출처: Nonaka & Takeuchi, 1995; 양창삼, 2001: 300. 수정.

첫째, 프로젝트팀의 조직층에서는 새로운 지식의 창출을 위해 여러 개의 프로젝트팀을 구축한다. 프로젝트팀 층은 전략기획이나 연구개발 기능을 중심으로 편성된다. 이 조직층에서는 조직의 미래를 위한 새로운 전략과 시스템을 개발하거나, 변화하는 고객수요를 충족시킬 수 있는 새로운 제품 · 서비스의 개발, 그 외 지식창출의 영역에 속하는 새로운 컨셉이나 원형의 구상, 독창적 디자인의 설계 등 기능을 수행한다. 한마디로 창조적인 '진화형' 활동을 담당하는 지식창출 부문이다(양창삼, 2001: 299). 이는 매우 유연하고 탄력적이며 자율성이 높은 비계층적, 수평적 조직 영역이다.

둘째, 비즈니스 시스템 조직층은 안정적인 관료제의 특성을 살리는 계층제적 조직부문이다. 이 층에서는 관료제의 기본원리라고 할 수 있는 '계층 · 분업 · 전문화'의 특성을 살려 일상적인 업무의 효율적인 수행을 담당한다. 이 과정에서 조직에 축적되어 온 다양한 지식과 경험을 활용한다. 즉, 지식활용 측면에서 최적의 프로세스를 내재화하고 있다(양창삼, 2001: 299). 특히, 이 조직층은 프로젝트팀층이 창조하고 지식기반층이 축적 · 제공해 주는 새로운 지식들을 획득하여 조직의 정책과 사업 수행에 최대한 활용한다.

셋째, 지식기반층에서는 지식의 축적과 통합을 도모한다. 이 조직부문에서는 프로젝트팀층이 개발한 지식과 정보를 축적했다가 이를 필요로 하는 비즈니스 시스템층에 제공해 준다. 한 마디로 프로젝트팀층과 사업시스템층을 서로 연결해 주고 그 활동을 원활하게 지원해 준다. 지식기반층에서는 프로젝트팀층에서 창출한 지식・정보・아이디어를 재구성・재분류・통합하여 사업시스팀층에서 적용하기 쉬운 형태로 만들어 준다(양창삼, 2001: 300-301). 이 부문은 조직의 지식관리를 책임지는 CKO(Chief Knowledge Officer)가 총괄적으로 지휘하며, KMS(Knowledge Management System)를 구축하여 운영하는 것이 보통이다.

하이퍼텍스트 조직은 관료제 계층과 프로젝트팀 계층에서 생성한 다양한 지식 콘텐츠를 지속적이고 역동적으로 서로 전환하는 능력을 가지고 있다. 나아가, 실제 조직에서는 지식의 활용 과정을 통해서도 새로운 지식이 창조되는 경우가 많다. 즉, 비즈니스 시스템층도 지식창출이 가능하다. 특히, 명시적 지식(explicit knowledge)과는 달리 암묵적인 지식(tacit knowledge)은 지식을 실제 업무에 적용하면서 축적하게 된다(권석균, 2000; 김상묵, 2000).

3) 하이퍼텍스트 조직의 효과적 운용방안

하이퍼텍스트 조직을 효과적으로 설계하고, 성공적으로 운용하여 그 효과성을 확보하려면 다음과 같은 전략적 노력을 기울여야 한다(하미승 외, 2004).

첫째, 개방적이고 입체적인 운용을 해야 한다. 기존의 관료적 계층조직의 강점을 살리되, 프로젝트팀층 및 지식기반층과 상호작용을 원활하게 할 수 있도록 촉진하여야 한다.

둘째, 기존 조직인 관료제의 효율성과 프로젝트팀의 창조성을 함께 살려나갈 수 있도록 조직이 효율성과 함께 각종 지식의 창조・활용 및 축적이 가능하도록 하는 유연성을 겸비하여야 한다.

셋째, 계층제 조직과 프로젝트 조직 및 지식기반 조직 사이에 전자화된 지식・정보의 하이퍼링크 뿐만 아니라, 인적 교류와 공동학습이 함께 이루어져야 한다. 이를 통하여 지식의 교환・융합・모방・창출과 함께 상호간의 니즈(needs)를 알아차리고 필요한 것을 서로 제공해 주도록 하여야 한다.

5. 무경계조직(Boundaryless Organization)

1) 무경계 조직이란?

무경계조직이란 조직 내부적으로는 조직계층간, 하위부서간, 지역기관간의 경계가 엷어지고, 조직 외부적으로는 조직과 고객 사이 그리고 조직과 조직 사이의 경계가 약화되는 조직을 말한다. Ashkenas(1997)에 의하면 현재의 조직들은 계층과 계층 사이, 기능과 기능 사이, 조직과 고객 사이, 그리고 지역기관 사이에 가로놓인 경계 때문에 행동의 제약을 받고 있다. 그에 의하면 21세기 조직은 그러한 경계선을 뛰어넘어 자유롭게 활동하는 조직이 되어야 한다. 미래의 조직은 더 이상 사람, 과업, 프로세스, 업무장소를 엄격하게 구분하기 위한 경계를 사용하지 않게 될 것이라고 예측할 수 있다.

2) 무경계 조직모형의 주장 근거

21세기 지식사회에서는 경계를 통한 안정적인 조직시스템이 제대로 작동하지 않을 것이며, 극심한 진동으로 인하여 조직의 요소와 활동들을 통제하는 규제적 시스템은 그 중심을 잃게 될 것이다. 급변하는 환경 속에서는 조직이 변화의 물결에 따라 새로운 방향으로 흘러가도록 느슨하게 내버려 둘 필요가 있다. 새로운 조직은 아이디어, 정보, 의사결정, 기술, 행동 등을 경계를 뛰어넘어 재빨리 확산시키고 필요한 곳으로 전달해야 한다. 즉, 진화하는 생물체의 얇은 점막과 같이 경계의 침투성, 투과성을 높여야 한다(Ashkenas, 1997).

3) 조직의 경계 유형과 투과성 관리

조직에는 4가지 유형의 경계가 있으며, 그러한 경계는 조직의 탄력성과 유연성 및 통합성을 높이는 방향으로 재창조되어야 한다. 이를 4가지 경계 측면에서 검토하면 다음과 같다(Ashkenas, 1997).

첫째, 수직적 경계, 즉 계층 및 지위 사이의 투과성이 높아져야 한다. 여기서는 지위보다는 능력이 중요시되어야 한다. 이 경우 계층간 벽을 허물어 구성원간의 의사전달이 빨라지고(Ulrich, 1997), 상호접근과 참여가 확대되며, 보다 좋은 의사결정이 이루어질 수 있다.

둘째, 수평적 경계, 즉 부서 및 기능 사이의 투과성을 높여야 한다. 여기서는 부서간의 영역과 구획을 허물어 분화된 권한 · 기능보다도 과제 · 고객 중심으로 융합되는 조직을 만들어야 한다. 기능의 세분화로 업무프로세스가 제각기 이루어지는 것보다는 과제와 고객요구에 따라 여러 부서의 여러 기능들이 하나의 프로세스 속에서 통합적으로 운영될 때 목표달성과 고객요구 충족이 더 용이해질 수 있다. 즉, 조직 내 부서간의 벽을 허물어 보다 협력적인 조직을 창조할 수 있다.

셋째, 외부적 경계, 즉 조직과 조직간, 그리고 조직과 고객간의 투과성이 높아져야 한다. 이들 간의 관계가 '우리(we)-그들(they)' 관계의 먹이사슬 구조가 아니라, 가치사슬(value chain)을 중심으로 하는 파트너십 관계로 바뀌어야 한다. 정보의 차단과 경쟁 · 협상뿐만 아니라, 정보공유와 상호의존을 통한 협력적 관계를 형성해야 한다. 그리고 조직의 이익이 고객에게도 돌아가는 윈윈(win-win)상황을 창조하여야 한다.

넷째, 지리적 경계, 즉 지역간, 문화간, 시장간, 국가간의 투과성이 높아져야 한다. 이들 간의 경계는 혁신적 아이디어의 고립, 상호간의 경쟁 유발, 국가적 적대관계 등으로 상호이익의 증진을 방해하고 있다. 미래조직은 지리적 경계를 허물어 지역과 문화와 국가를 뛰어넘는 교류의 흐름을 창조하여 범조직적, 세계적 성공의 길로 나아가게 될 것이다.

4) 무경계 조직의 성공을 위한 과제

Ashkenas(1997)에 의하면 미래조직에서는 소위 무경계 역량(boundaryless capability)을 창출해야 한다. 아래에서는 Ashkenas(1997)와 Ulrich(1997)의 주장을 포함하여 몇 가지 과제를 제시하고자 한다.

첫째, 높은 성과를 가져올 수 있는 높은 차원의 목표와 기회를 만들고, 이를 하나 또는 그 이상의 경계를 넘어서서 움직여야만 달성할 수 있다는 조직구성원간의 공감대 형성이 필요하다.

[그림 17-31] 공동목표 체계도

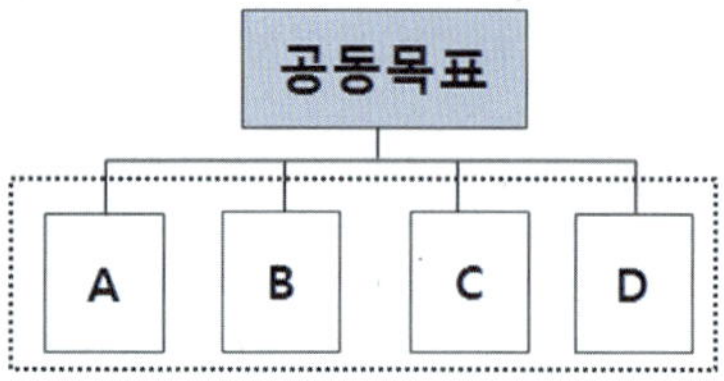

둘째, 공유하는 사고방식을 형성해야 한다. 조직 내 구성원간에, 조직구성원과 다른 조직 구성원 및 고객들 간에 고유한 동질성을 가지도록 해야 한다. 동질적인 목표나 가치 및 이익을 추구하는 방향으로 합치시켜 나가야 한다. 또한, 정보, 권위, 잠재력 등을 조직전체를 통해 공유하는 노력이 필요하다.

셋째, 구조적으로 교차경계팀(cross-boundary team)을 구성하여 효과적으로 운영하여야 한다. 교차경계팀은 동일 계층의 직원들이 하나의 팀을 구성하고 여러 기능을 공동으로 수행하는 집단이다. 이러한 팀은 업무프로세스에 보다 많은 계층 및 부서의 조직구성원과 외부자 및 고객을 참여시켜 확대된 목표를 달성할 수 있다.

넷째, 경계선 없는 조직을 구축하기 위해서는 위계질서, 부서, 기능, 지위 등에 관계없이 재능 있는 인재의 역량발휘 기회를 광범하게 부여해야 한다.

다섯째, 교차경계 학습체계(cross-boundary learning system)를 구축해야 한다. 세분화된 전문성의 벽을 넘어서 보다 광범한 상위수준(meta-level)의 지식과 노하우를 상호공유하고 교류・모방・창출할 수 있도록 하여야 한다.

[그림 17-32] 교차경계팀 구조도

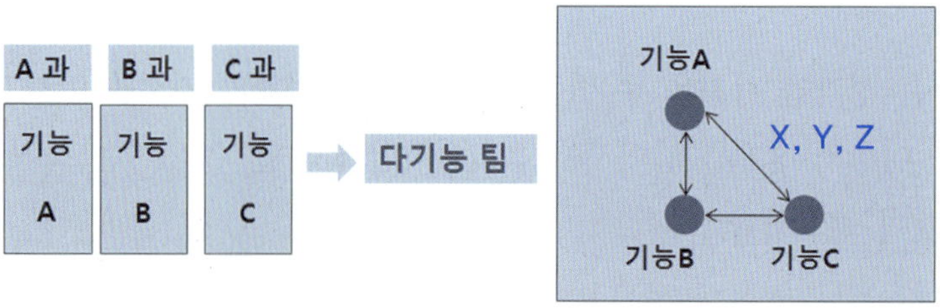

[그림 17-33] 교차경계 학습체계 예시

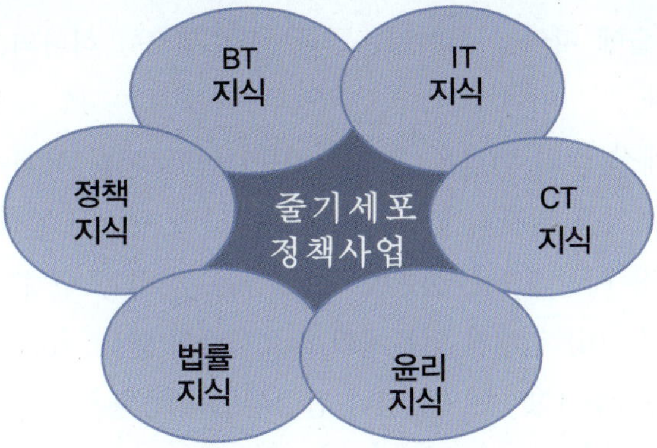

6. 프로세스 조직(Process Organization)

1) 프로세스 조직이란?

먼저, 가치사슬과 프로세스의 관계를 보자. 가치사슬(value chain)은 조직과 고객 등 특정 주체의 가치와 이익이 순차적으로 발생하는 연쇄적 구조를 말한다. 프로세스(process)란 투입물에서 시작하여 최종산출물을 만들어낼 때까지의 과업 또는 직무의 전 과정을 의미한다. 그러면 가치사슬과 프로세스는 어떤 관계에 있는가? 업무 프로세스에 있어서는 조직과 고객의 가치를 중심으로 직무수행의 절차가 순차적으로 또는 교차적 · 상호적으로 진행된다. 따라서, 가치의 발생 포인트는 프로세스를 따라 연결된다. 즉, 프로세스는 곧 가치사슬을 구현하는 것과 같다.

프로세스 조직이란 업무과정의 재구축(reengineering)에 의하여 기존의 업무수행 절차를 재설계하고, 투입에서부터 최종산출까지의 과정을 하나의 팀에서 통합적으로 수행하는 조직을 말한다. 즉, 가치사슬과 업무 프로세스를 잘 구현할 수 있는 조직구조이다.

2) 고객중심의 프로세스 팀

고객중심의 프로세스 팀은 대표적인 프로세스 조직이다. 고객중심 프로세스 팀이란 고객의 가치사슬에 따라 이루어지는 업무 프로세스를 하나의 팀에서 완성하는 조직구조 모형이다.

고객중심 프로세스 팀의 이점은 고객의 요구(투입)로부터 고객에 대한 제품・서비스(산출)의 도달까지를 일관되게 종합적으로 하나의 팀에서 관리함으로써 고객의 가치와 요구를 가장 이상적으로 실현할 수 있다는 점이다. 구체적으로, (i) 고객요구에의 신속한 대응, (ii) 전체적 업무처리 소요시간의 단축, (iii) 직원들에 대한 직무동기 부여(직무의 종합성 및 자율성), (iv) 간접부문(계획, 통제, 연결, 조정 등)의 축소, (v) 비용절감, 이익증대 등 성과 달성, (vi) 정보기술의 최적 활용(기능・부서별로 분리된 정보시스템의 통합) 등의 장점을 들 수 있다.

[그림 17-34] 기존의 부서조직과 프로세스조직 비교

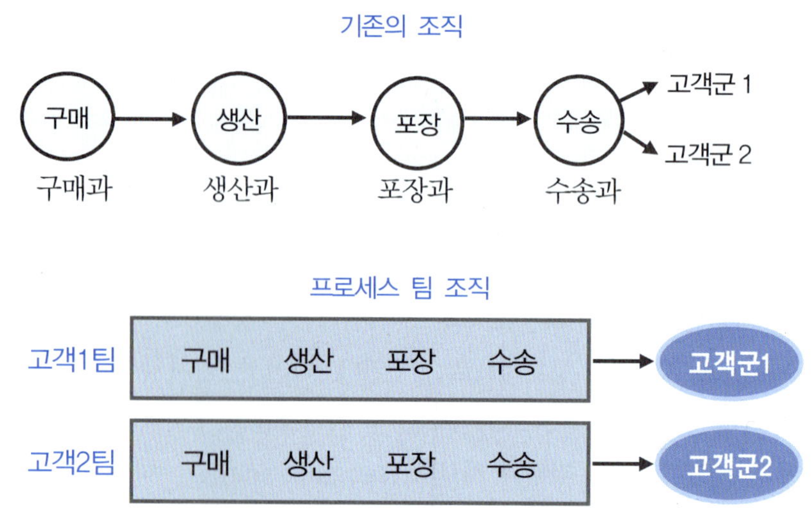

3) 품질관리조(QC: Quality Circle)

품질관리조는 조직의 직원 중 일정수의 자발적인 참여자들로 하나의 작은 팀을 구성한 것으로서, 조직의 산출물에 대한 평가와 함께 품질과 관련된 문제들을 발견

하고 해결하는 팀을 말한다. 구성원들이 자발성을 갖되 공식적인 의사결정 권한이 없는 것이 특징이다. 자율적인 프로세스를 갖는 팀 조직이라는 점에 그 의미가 있다.

역할의 범위에 있어서는 정책, 제품, 서비스의 질적 수준에 대한 평가와 개선방안 제시에 중점을 두나, 조직의 업무와 관련된 다양한 측면에 대한 논의와 아이디어 제안을 할 수 있다. QC기법은 Six Sigma 등 보다 정교한 성과관리기법으로 발전되었으며, 이 기법에 따라 성과의 질적 수준을 높이고 고성과자에게 인센티브를 부여하는 사례가 늘어나고 있다(Quick & Nelson, 2013: 291-292).

7. 무정형 조직(Shapeless Organization): 카멜레온 조직

미래사회는 지금보다도 더욱 빠른 속도로 변화할 것이다. 따라서, 환경의 무한변화에 대응하기 위한 조직의 무한변신이 요구된다. 미래에 적용 가능한 무정형 조직의 형태에는 어떤 것이 있을까? 한 마디로 미래의 변화무쌍한 조직은 글자 그대로 무정형 조직이기 때문에 정해진 형태가 없다. 아래 그림에서 보듯이 무한히 다양한 형태의 조직모형을 상상해 볼 수 있다. 그러나 전혀 형체가 없는 조직이란 존재할 수 없기 때문에 다양한 변화와 적응이 가능한 유연한 조직형태 몇 가지를 상정해 볼 수 있다.

[그림 17-35] 카멜레온과 무정형 조직 가상도

* 출처: 블루코(2012.10.5. 등록)

1) 카멜레온 조직

Miller(1997)는 미래의 조직형태로 카멜레온(chameleon) 조직을 제시했다. 조직은 환경에 적응하는 유기체의 성격을 가지며, 변화무쌍한 환경 속에서 생존하기 위해서는 마치 카멜레온처럼 자신을 무한히 변화시키지 않으면 안 된다.

Miller(1997)의 카멜레온 조직모형은 다섯 가지의 특성을 내포하고 있다. 고객변화에 따른 융통성, 개인중심 성장・개발, 팀 접근방식, 역량 풀(pool)과 핵심역량 구축, 다양성 추구 등이 그것이다(Miller, 1997: 158).

첫째, 환경변화에 따라 융통성 있는 조직체계를 만들어야 한다. 다양하게 변화하는 환경에 따라 조직구조, 프로세스, 핵심역량 등 그 무엇이든지 바꿀 수 있어야 하고, 새로운 변화에 적응할 수 있어야 한다. 특히, 환경요소 중 가장 중요한 변수인 고객(customer)의 변화에 잘 적응해야 한다.

둘째, 개인의 성장과 개발을 중심으로 조직발전을 추구해야 한다. 미래사회에서는 조직과 그 구성원 사이의 계약관계가 영속성을 갖지 못한다. 개인의 자유로운 이동이 보편화된다. 조직의 필요와 개인의 역량에 따라 조직간 이동과 새로운 관계 형성이 끊임없이 이루어진다. 따라서, 능력개발과 성장의 중심은 휴대가능한 역량(portable competency)에 두어져야 한다.

셋째, 조직구조는 팀제 및 가상조직 중심으로 구축해야 한다. 환경, 특히 고객과 사업영역의 변화에 따라 그에 가장 알맞은 과업을 수행할 수 있기 위해서는 강한 융통성 및 탄력성을 가진 팀제를 활용해야 한다. 그리고 사업이나 프로젝트의 다각화에 따라 조직 외부의 다양한 소규모 전문조직들을 활용하는 가상조직(virtual organization)의 활용을 증대시켜야 한다.

넷째, 변화에 적응할 수 있는 역량 풀(pool) 및 핵심역량의 구축에 집중해야 한다. 환경, 고객, 사업영역의 변화에 따라 언제든지 꺼내 쓸 수 있는 여러 가지 역량의 바구니를 만들어야 한다. 동시에, 가장 핵심적인 역량(예: 관계기술)의 개발에 집중투자를 해야 한다.

다섯째, 다양성의 가치를 인식하고 활용해야 한다. 미래사회에서는 조직간, 지역간, 문화권역간에 이동이 심화된다. 자연히 역량, 이념, 인종, 종교 등의 다양성 요소들이 조직에 내재하게 된다. 이러한 다양한 요소들이 긍정적 상호작용을 통해 조직의 전체역량 향상과 성공에 기여하도록 만들어야 한다.

2) 원형조직

원형조직(circular organization)은 동심원 형태의 조직으로 Hesselbein(1997: 115)이 제시했다. 원형조직 또는 동심원 조직(concentric circle organization)은 조직의 중심부와 그 주변부가 유기적, 수평적으로 융통성 있게 연계되면서 움직이는 유동적 조직이다. Hesselbein(1997)은 세 개의 동심원을 가진 자원봉사조직의 예를 들면서, 큰 집단의 중심에서는 최고경영자가 역할을 하고, 점점 그 바깥으로 주변의 구성원 집단과 접하면서 동심원을 가로질러 작업을 하는 조직모형을 제시했다. 이 조직에서는 과거와 달리 최고경영자가 "아래를 보는 것"이 아니라 "바깥을 보는 것"으로서 수평적 관계를 강조했다. 조직의 수직적, 수평적, 대각적 관계를 얼마든지 유동적으로 바꿀 수 있음을 의미한다.

[그림 17-36] 동심원 조직 구조도

원형조직 모형의 매우 중요한 시사점은 조직의 계층적 관점(hierarchical perspective)을 범위론적인 관점(perspective of scope)[2]으로 전환할 수 있다는

---

2) 범위론적 관점이란 조직의 계층보다 관할범위를 중시하는 관점으로서 직책의 중요도가 수직적 계층과 지위의 높낮이보다는 관할범위의 크기·넓이에 의해 규정되어야 함을 주장하는 시각이다.

가능성에 있다. 지금까지 관료제적 계층제는 물론 팀제와 같은 플랫조직 형태들도 기본적으로 계층성을 전제로 하고 있다. 그 계층성이 얼마나 두터운가 아니면 플랫한가에 차이가 있었던 것이다. 그러나 관점을 완전히 범위론적으로 전환하면 상하관계는 더 이상 존재하지 않게 되고, 전체 또는 광범한 영역을 다루는 관리자와 부분 또는 좁은 영역을 다루는 관리자의 구분이 있을 뿐이다. 그 역할 범위에 따라 수평적인 관계가 형성되는 동심원 형태의 조직이 성립된다는 의미이다. 동심원의 중심(core)에는 모든 범위를 관리영역으로 하는 CEO가 있고, 그 주변부(periphery)에는 각 부분의 역할을 담당하는 구성원들이 자리하게 된다.

3) 변형가능조직

변형가능조직(reconfigurable organization)은 Galbraith(1997)가 제시한 조직모형이다. Galbraith(1997: 122-124)에 의하면, 조직은 처음부터 변형이 가능하도록 디자인되어야 한다. 이러한 변형가능성을 가지고 특정조직의 경쟁우위 또는 경쟁열세 상태를 언제든지 깨부술 수 있는 새로운 조건들을 만들어야 한다. 그리고, 조직요소들의 끊임없는 변화를 추구하면서도 조직전체의 정합성을 유지하도록 해야 한다. 이는 새로운 조직요소들을 환경변화에 맞추어 무한히 재창조하면서도, 지속적으로 재구성·재정렬해야 함을 의미한다. 이러한 조직개념에 적합한 전략으로 Galbraith는 세 가지를 제시했다.

첫째, 팀 중심의 내부 네트워킹 전략이다. 이는 조직 내부를 부문과 부문으로 나누어 가르기보다는 어떤 부문에 구애됨이 없이 부문간 교차와 상호작용을 강조하는 전략이다. 이를 위해 교차부문간 프로젝트 팀(cross functional project teams)과 같은 조직구조를 활용하고, 부문간의 연결-해체-재구성을 위한 다핵구조(multi-core structure)를 만드는 것이 좋다. 인적 자원 관리도 이와 같은 전략개념 하에서 교차기능 인터뷰(cross functional interview)를 통하여 개인-조직간의 적합성을 확보해야 한다.

둘째, 시장메커니즘 중심의 조정시스템 구축이다. 조직 내 각 부문이 새로운 변화에 맞추어 제각기 창조-재창조 되다보면 조직 전체적 관점에서의 정합성 유지가 어렵다. 따라서, 정합성 확보를 위한 조율이 필요하다. 이를 위해 조직 내 전 부문에 공통적으로 적용될 수 있는 시장적 메커니즘을 구축·활용하는 것이 좋다. 그 예로서 활동기준 원가-수익 시스템(activity-based cost-profit system)과 팀 중심의 성과보상 시스템을 들 수 있다. 활동이 다르더라도 원가와 수익의 비교를 통해 각 팀의 성과를 측정하고 그에 따른 보상을 실시하는 것이다. 이러한 공통적 분석평가제도는 조직 내부의 시장성, 자유경쟁, 정합성 등을 함께 유지하는 데 도움이 될 수 있다.

셋째, 동반자 관계 중심의 외부 네트워킹 전략이다. 기업의 경우 경쟁우위 확보를 위해서는 생산, 포장, 물류, 마케팅 등 여러 부문의 상호 관련된 회사들이 전략적 제휴를 통해 동반자 관계를 맺고 협력해야 한다. 정부조직 등 공공부문도 관련되는 조직들과 제휴 및 동반자 관계를 결성하여 세계적 환경변화와 경쟁구도에 따라 긴밀하게 협력하지 않으면 안 된다.

중요한 포인트는 환경 및 경쟁구도의 변화에 따라, 내부적 시스템 구조와 네트워크, 그리고 외부적 네트워크의 구조와 운영전략이 언제든지 변형될 수 있도록 민첩하게 준비·대응하고 재창조·재구성·재정렬해야 한다는 점이 될 것이다.

제5절 조직구조의 철학과 새 이론

1. 조직구조의 철학-창조와 융합 철학-

조직은 안정과 혁신을 동시에 추구해야 한다. 조직은 평상시에 지속적으로 수행해야 할 업무를 가지고 있으므로 기본적으로 안정성과 예측가능성을 가져야 한다. 그래야만 조직의 구성원이 안정감 속에서 조직을 위해 일할 수 있고, 외부고객은 조직으로부터 일정한 산출물을 기대하면서 조직의 서비스를 계속 받을 수 있다. 즉, 정형화된 조직구조를 통한 안정성과 예측가능성의 유지는 신뢰받는 조직을 만들 수 있는 기본조건이다.

그러나 환경과 상황, 고객의 욕구는 늘 변화하기 마련이며, 그에 따라 조직은 새로운 과제에 직면하게 된다. 조직은 변화하는 여건에 따라 경쟁우위를 상실할 수 있고, 그에 따라 새로운 경쟁력을 창출해야 한다. 또, 새로운 욕구를 충족시켜 줄 수 있는 새로운 컨텐츠(정책, 서비스, 제품, 브랜드, 이미지)를 만들어 내야 한다. 그래서 조직의 변화·혁신이 강조되어야 한다.

조직의 변화와 혁신은 창조적 철학의 확립과 이에 입각한 창조적 조직 시스템의 구축을 요구한다. 끊임없이 변화하는 환경과 경쟁상황 속에서 조직은 새로운 변화에 적응해야 하고, 그 과정에서 새로운 정책, 서비스, 상품 등 산출물을 창조 또 재창조해야 한다. 이러한 지향성을 강조하는 것이 창조의 철학이다.

불확실성이 높은 환경 속에서 조직이 변화와 혁신을 가져오고, 새로운 산출물을 만들어 내기 위해서는 창조적 자기조직화가 요구된다. 현재 또는 미래의 조직은 창조적 자기조직화의 원리에 따라 조직의 유연화, 기동화, 자율화, 경량화, 다기능화를 지향해야 한다. 그리고 조직 내부 권력의 분산화와 그 운영의 민주화를 이루어야 하며, 다양한 내·외부 주체들 간의 상호연결과 소통을 강화하고 이들의 참여기회를 확대해야 한다. 나아가, 새롭게 떠오르는 문제들을 효과적으로 해결할 수 있는 창발적 역량을 키우기 위해 지식조직화 내지 학습조직화를 추구해야 한다.

창조의 철학에 따라 분산화·다기화된 조직에서는 각 하위부문이 높은 자율성과 창의성을 가짐으로 인하여 조직전체의 통합성(integration) 또는 융합성(fusion)이 약화될 우려가 있다. 그리하여 각 하위부문간의 협력, 조정, 단결, 화합이 잘 이루어지지 못할 가능성이 있다. 이러한 분절화(fragmentation)의 문제를 해결하고 조직전체의 성과를 높이기 위해서는 융합적 철학에 의한 조직관리가 요청된다. 융합적 조직관리는 부문과 부문간의 긍정적 결합과 상호작용을 통하여 전체적 조화를 가져오고, 이를 통해 조직의 총체적 성과를 극대화하는 것이다. 먼저, 구조적 측면에서는 앞서 살펴본 다양한 통합적 메커니즘을 구축하는 일이 필요하다. 한 마디로 부문과 부문 간의 밀접한 연결, 상호작용 및 조정이 가능한 구조를 설계하여야 한다. 아울러, 정신적, 행태적 측면에서도 융합적 관리가 이루어져야 한다. 이러한 융합관리 전략으로는 조직관리자와 구성원의 시스템 사고(전체를 보는 관점과 시각) 함양, 가치·비전·목표의 공유, 소통과 교류의 확대, 다양성 관리(구성원간 차이의 포용), 지식과 정보의 공유, 공동체 학습 강화(학습팀 구축), 총합적 성과에 따른 보상배분 등을 들 수 있다.

2. 새 조직구조이론 탐색: 자율상호조절형 조직이론

여기서는 창조의 철학과 융합의 철학을 동시에 추구할 수 있는 조직구조 모형으로 자율상호조절형 조직(autonomous mutual adjustment organization)을 제시한다. 조직은 자율성, 적응성, 창의성을 가지고 새로운 환경변화에 민첩하게 적응하면서 새로운 컨텐츠를 창조해 내야 한다. 동시에, 분산화·다기화된 각 하위부문 간의 협력과 조화를 위해 통합성과 융합성을 높여야 한다. 이 양자의 지향성을 구현하기 위한 자율상호조절형 조직은 환경과 과제의 특성에 적합한 업무를 각 하위부문이 자율적·창의적·기동적으로 수행하면서도, 상호간의 긴밀한 연동과 조율을 통해 협력과 조화를 이루어 조직전체의 총합적 성과를 최대화할 수 있는 조직을 말한다.

이는 마치 축구팀이 승리를 위해 움직이는 것과 같다. 축구에서 선수들은 각자 창의적인 플레이를 통해 끊임없이 새로운 기회를 창출해 내면서도, 함께 이동하면서 상호간의 위치와 움직임을 조율하고 긴밀한 상호 패싱(passing)을 통해 협력적으로 게임의 승리를 합작해 낸다. 그 규모는 조직에 비해 매우 작지만 거대한 조직의 운영에 대해서까지도 시사하는 바가 있다. 정부와 기업 등의 조직에서도 각 하위부문이 환경, 상황, 고객수요 등에 맞추어 각자 창의적이고 자율적인 직무수행을 하면서도, 상호간의 직무연동을 통해 함께 변화·이동하면서 상호협력을 이루고 조직전체의 새로운 가치와 성과를 창조해 내야 한다.

자율상호조절형 조직은 오케스트라와 유사한 점이 있다. 음악연주에 있어서 오케스트라는 모든 연주자가 각각의 고유한 악기를 가지고 각기 다른 소리를 내지만 전체적으로는 웅장한 하나의 소리를 낸다. 그것은 각 연주자 및 악기별 소연주팀이 각각 담당하고 있는 소리를 잘 내면서도 지휘자와 파트리더의 조율역할(adjusting role)에 따라 전체적으로 통일된 음정과 박자를 맞추어 내기 때문이다. 연주자 개인, 소연주팀(악기별 각 파트), 그리고 오케스트라 전체가 하나로 어우러짐을 나타낸다. 개인-부문-전체 간의 조화를 의미한다. 조직에 있어서도 오케스트라와 같이 일체감과 완벽한 조화를 통하여 하나의 조직목표를 달성해야 한다(양창삼, 2001: 310). 각 개인과 각 하부팀이 분담된 역할을 잘 수행하면서도, 자율적인 상호연동과 상호조율을 조화롭게 이루어 내야 한다.

상호연동(mutually connected movement)은 각 직원이나 팀의 역할이 다른 직원이나 팀의 역할과 함께 연계되고 어우러져서 전체적인 큰 과제와 목표를 달성하게 된다는 것을 의미한다. 여기서는 내부적인 직무 프로세스의 연결과 인적 네트워킹이 중시된다. 이 과정에서 상호조율 작업이 매우 중요하다.

상호조율(mutual adjustment)은 오케스트라에서 특정한 음의 높낮이 또는 코드를 꼭 같이 공통적으로 맞추어 튜닝(tuning)을 하듯이, 서로의 가치, 규범, 문화, 업무방식, 프로세스 등을 자율적으로 잘 맞추는 것이다. 특히, 지향하는 비전과 목표의 공유가 중요하며, 지식·정보의 공동창조를 위한 팀 학습이 강조된다. 그리고 의사결정 및 업무협의에의 공동참여와 개방적인 소통을 통해 '공감의 조직'(sympathetic organization)을 만들어 내야 한다. 이 과정에서 조직관리자의 창조적 리더십과 융합적 리더십이 적극적으로 발휘되어야 한다. 이러한 조율과정이 성공하면 상호간의 일치와 조화를 가져올 수 있다.

상호일치(mutual concordance)는 상호연동과 상호조율 및 그것을 작동시키는 시스템을 통하여 전체적인 조화를 가져오는 것이다. 오케스트라에서와 같이 개인-부문-전체 간의 상호조화를 이루는 것이라고 할 수 있다.

이는 Hesselbein et al.(1997)의 원형조직(circular organization) 또는 동심원조직(concentric circle organization)과 유사성을 갖는다. 이 조직모형에서는 세 개의 동심원을 가진 자원봉사 조직에서와 같이 큰 집단의 중심에서는 최고경영자가 역할을 하고 점점 그 바깥으로 퍼져 나가면서 주변 구성원 집단과 함께 동심원을 가로질러 작업을 한다. 이는 오케스트라 조직에서 강조되는 개인-부문-전체간의 상호조화 관계와 비슷한 형태를 나타내는 것이다.[3)]

여기서 자율상호조절형 조직구조의 구체적인 설계·운영의 원리를 제시한다.

---

3) 오케스트라형 조직에 관하여 본 저자와는 다른 견해 또는 관점을 가진 학자나 독자가 있을 수 있다. 이와 관련하여 두 가지 이슈를 생각할 수 있다. 첫째, 오케스트라형 조직은 지휘자가 일사분란한 지휘를 잘 하기 때문에 전체적으로 통일적인 소리를 잘 내는 것이라고 보는 사람들이 있다. 이런 관점에서는 CEO의 통합적 리더십 역할을 강조하는 것이다. 그러나 이런 관점은 자칫 오케스트라형 조직을 한 사람의 지시에 따라 획일적으로 움직이는 조직으로 잘 못 해석하게 만들 우려가 있다. 둘째, 오케스트라형 조직은 중간계층이 없이 지휘자와 연주자들이 함께 움직이는 조직으로서 조직의 계층을 두텁지 않게 하는 탈관료적 수평조직이라고 보는 견해가 있다(양창삼, 2001: 310). 그러나 이런 견해는 오케스트라에도 악기별 소집단과 관악파트, 현악파트, 타악파트 등 중간집단이 있으며, 1차적으로 이들 중간집단 내에서의 연주자간 협업이 중요하고, 2차적으로 각 파트리더와 총지휘자 간의 협의와 조정이 중요함을 간과한 것이 아닐까 한다. 본 저자가 생각하는 오케스트라형 조직은 개인-부문-전체가 서로 유기적으로 연계되어 협동적으로 움직이는 상호연동형, 상호조절형, 상호일치형 조직으로서 '동심원 조직'에 가깝다고 본다.

원리 1. 범위론적 · 수평적 원리 = 동심원의 원리

조직전반을 계층적 관점보다 범위론적, 수평적 관점에서 설계 · 운영한다. 동심원 조직의 원리를 적용하여 CEO는 가장 넓은 범위를 관장하는 중심부 역할을 하고, 그 주변부로서 넓은 부문, 중간부문, 좁은 부문을 차례로 부문관리자가 업무책임을 담당하도록 한다. 이는 수평적 조직원리에 따라 조직을 설계 · 운영함을 의미하며, 미래조직의 새로운 패턴이 되어야 한다.

원리 2. 안정과 창조의 원리 = 구조 적합화와 배합의 원리

조직의 안정적 유지와 창조적 변화를 동시에 추구하기 위하여 정형적 조직과 비정형적(무정형) 조직을 병행 · 혼합 · 조화시킨다. 정형조직으로는 기능별 부문화(U형 구조), 사업별 부문화(M형 구조), 고객별 · 지역별 부문화 모형 등이 있으며, 이들을 상황적 요소와 선택기준에 따라 적절하게 적용한다. 이 모형들의 적용시에 현재의 계층적 개념을 범위론적, 수평적 개념으로 전환한다. 비정형 조직으로는 매트릭스 조직, 가상적 조직, 팀제, 자율경영팀, 학습조직, 카멜레온 조직, 원형조직, 변형가능 조직 등이 있으며, 이들을 환경 · 고객 · 사업 · 직무의 특성에 따라 적합하게 구축한다.

원리 3. 영역 간 선택 · 집중과 탄력성의 원리

상황과 과제의 성격에 따라 '선택과 집중'의 전략에 입각한 유연하고 탄력적인 조직구조를 설계하고 관리한다. 아래 [그림 17-37]에서 상황 I의 경우를 보자. 중대하고 긴박한 상황이 발생했거나 미래의 경쟁우위 또는 새로운 산출물의 확보를 필요로 하는 A영역에서는 서로 연관되는 여러 구성원 또는 작은 팀 · 부문들을 동원하여 유연하고 창의적인 구조인 빅팀(big team)을 구성한다. 소규모의 특별과제를 수행해야 하는 B영역에서는 특수전문성을 가진 변형조직인 스몰팀(small team)을 구성한다. C, D 영역에서는 정형조직을 평상시와 같이 유지한다.

여기서 중요한 포인트는 빅팀, 스몰팀, 그리고 정형조직들이 과업의 연관성에 따라 밀접하게 상호연동 되어 움직여야 하고, 상호간 정합성과 전체적 융합성을 높이기 위해 상호조율 되어야 한다는 것이다. 상호연동과 상호조율의 구체적인 메커니즘에 관하여는 아래에서 설명한다.

[그림 17-37] 자율상호조절형 조직의 가상적 사례

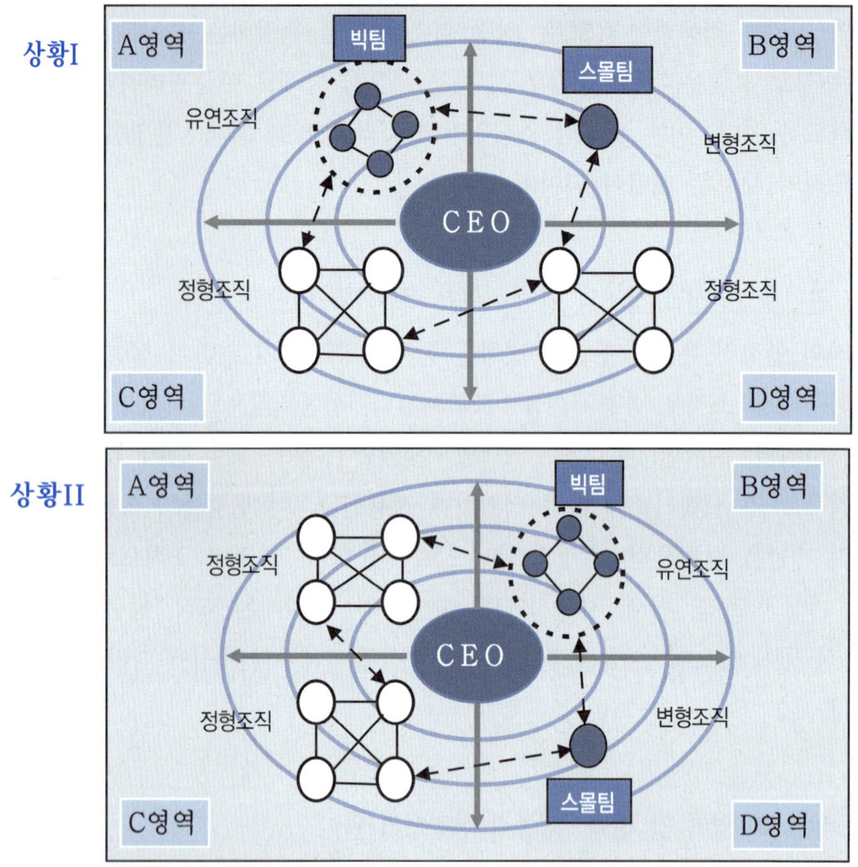

상황 II는 B영역과 D영역에 중대한 상황이나 특별과제가 발생한 경우로서 이들 영역에서는 다양한 비정형 조직을 적용하여 창의성을 추구하고, A와 C 영역에서는 정형조직을 통해 안정성을 유지한다. 역시 자율적인 상호연동과 상호조율이 중요하다는 점은 상황 I에서와 같다.

원리 4. 조직단위 간 상호연동 · 상호조율의 원리

정형적 조직 간, 정형-비정형 조직 간, 그리고 비정형적 조직 간의 상호연동과 상호조율을 자율적으로 수행하도록 하기 위한 메커니즘을 개발 · 적용한다. 자율적인 상호연동을 위해서는 업무 프로세스의 연계적 설계, 내부적인 인적 교류, 하위부문간 네트워킹, 구성원간 합리적인 역할 포트폴리오 구성 등 전략이 유효할 것이다. 자발적인 상호조율을 위해서는 조직전체적 관점(시스템 사고) 함양, 가치 · 비전 · 목표의 공유, 소통과 교류, 다양성 포용, 지식 · 정보의 공유, 공동체 학습, 집단 · 조직전체 성과에 따른 보상배분 등의 시스템이 적절하게 활용되어야 한다.

원리 5. 창조 / 융합의 리더십 원리

조직관리자에 의한 창조적 리더십과 융합적 리더십이 충분히 발휘되어야 한다. 창조적 리더십은 조직혁신과 새로운 컨텐츠의 창출을 위해 하위부서와 조직구성원의 상상력과 창의성을 고무하는 리더십이다. 창조를 이끌어 내기 위해서는 자율성 · 창의성을 갖는 다양한 비정형 조직들의 활용도를 높여야 하며, 창의성 지향의 전략수립, 정신혁명, 창의적 인재육성, 지식창출, 창조 프로세스 구축, 창조에 대한 보상, 자율적 문화 조성, 펀 경영 등의 역할이 요구된다. 융합적 리더십은 조직의 자원과 관리요소를 잘 결합시켜 조직전체의 에너지를 최대화하는 리더십이다. 조직리더는 조직 내 하위부문간의 조화와 정합성을 높이기 위해 상호연동과 상호조율의 메커니즘들을 유효적절하게 활용하는 노력이 필요하다. 융합을 이끌어내기 위해서는 구성원간 가치 · 목표의 공유, 통합적인 조직구조 메커니즘 구축, 업무 프로세스의 연계성 강화, 구성원간 우호 · 협력적 인간관계 조성, 균형적 보상, 내부 네트워크 구축, 포용적 문화 조성 등의 노력이 요청된다.

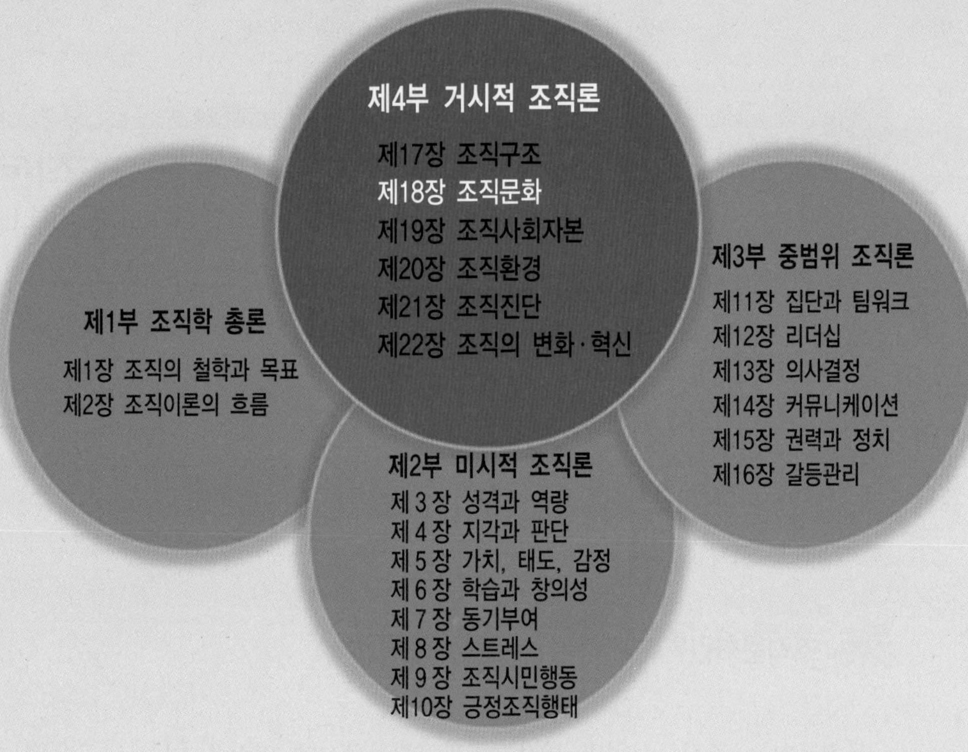
제4부 거시적 조직론
제17장 조직구조
제18장 조직문화
제19장 조직사회자본
제20장 조직환경
제21장 조직진단
제22장 조직의 변화·혁신
제1부 조직학 총론
제1장 조직의 철학과 목표
제2장 조직이론의 흐름
제3부 중범위 조직론
제11장 집단과 팀워크
제12장 리더십
제13장 의사결정
제14장 커뮤니케이션
제15장 권력과 정치
제16장 갈등관리
제2부 미시적 조직론
제 3 장 성격과 역량
제 4 장 지각과 판단
제 5 장 가치, 태도, 감정
제 6 장 학습과 창의성
제 7 장 동기부여
제 8 장 스트레스
제 9 장 조직시민행동
제10장 긍정조직행태

제18장 조직문화
(Organizational Culture)

제1절 조직문화의 구성과 프로파일

1. 조직문화란?

조직문화는 조직구성원의 생각, 느낌, 행동방식에 영향을 미치는 공유된 가치, 신념, 그리고 규범을 말한다(George & Jones, 2012: 528). 이러한 문화는 조직구성원들이 서로 나누고 있고 새로운 조직구성원에 대하여 바르게 가르쳐야 할 정신, 믿음, 이해, 사고방식, 그리고 생활양식이라고 볼 수 있다(Daft, 1992: 317). Schein (1985: 9)의 정의에 따르면, "조직문화는 오랜 기간 조직구성원들이 타당한 것으로 여겨왔고 아무런 의심 없이 받아들이고 있는 일정양식의 기본 믿음"이다(이창원 · 최창현, 2010: 495). 여기에서 종합적인 정의를 제시하면, 조직문화란 조직구성원 대다수가 공유하고 있는 가치 · 신념 · 규범과 행동양식, 분위기와 풍토, 전통과 습관, 그리고 심볼을 말한다.

2. 조직문화의 구성요소

Schein(1985: 14)은 조직문화의 구성요소로서 인위적 가공물, 가치, 기본적 가정을 들었다. 인위적 가공물(artifacts)은 눈에 보이지만 종종 해석되지 않는 문화의 상징물로서, 의식(rituals), 이야기, 심볼 등이다. 가치(values)는 무엇이 바람직한

가에 대한 개인의 내면적인 신념이다. 기본적 가정(basic assumptions)은 구성원들의 가장 깊은 내면에 자리 잡고 있는 믿음이다.

[그림 18-1] Schein의 문화 구성 개념도

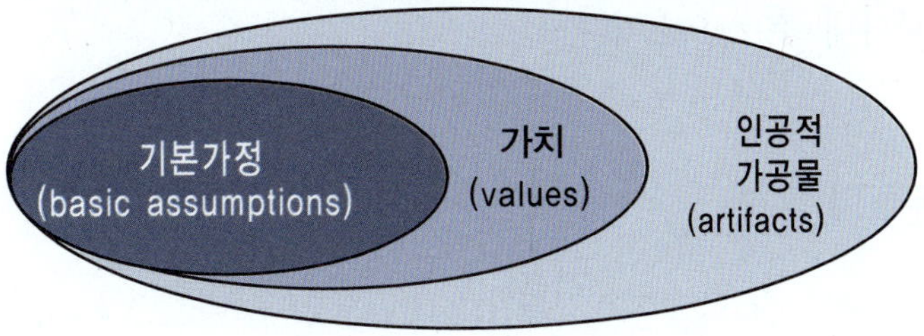

* 출처: Myers et al., 2012: 117 수정

본 저자는 아래와 같은 요소들을 조직문화의 구성인자로 본다.

① **정신적 문화요소**: 조직문화는 대부분의 구성원이 공유하고 있는 가치·신념·규범과 사고방식 등 정신적 차원의 요소를 포함한다. 이는 비가시적 요소로서 그것이 외부적 행동을 통해 표출될 때 가시적 요소로 된다.

② **행동적 문화요소**: 같은 조직 내에서 구성원들이 대체로 공통적으로 많이 표출하고 있는 행동양식은 외부로 나타나는 문화적 요소의 하나이다. 조직구성원들은 서로 어떤 행동패턴을 모방하는 경우가 많다.

③ **풍토적 문화요소**: 조직 내에 흐르고 있는 어떤 분위기(climate)를 말한다. 과거로부터 조직을 지배해 온 풍토도 있고, 새로운 사람들에 의해 새롭게 형성되는 분위기도 있다. 이를 인간적·사회적 환경이라고 보아도 좋다.

④ **관습적 문화요소**: 조직에는 저마다 과거로부터 이어져 내려오는 관례, 전통, 인습 등이 있기 마련이다.

⑤ **상징적 문화요소**: 조직의 이미지와 아이덴티티(identity)를 나타내 주는 가시적 심볼(symbols)을 비롯하여, 비가시적인 어떤 속성, 상징적 언어, 다양한 특징적 표현, 공식적·비공식적인 의례 및 행사 등이 여기에 속한다(Daft, 1992: 320-321; George & Jones, 2012: 531).

⑥ **스토리와 놀이문화**: 조직에 실존했던 성공신화, 일화, 전설, 역사적 이야기 등이 조직의 스토리이다(Daft, 1992: 319; George & Jones, 2012: 531). 놀이문화는 시즌별 단합대회, 윷놀이와 같은 민속놀이, 캔맥주 미팅, 노래방 문화 등을 일컫는다.

⑦ **트렌드와 스타일**: 조직의 최근 시점 또는 현재에 있어서의 변화의 경향이나, 유행하는 언어, 의상, 디자인, 노래, 게임, 그룹 활동 등 트렌드와 스타일은 최신의 조직문화를 나타내 주는 요소이다.

3. 조직문화의 유형

1) Deal & Kennedy의 문화유형

Deal & Kennedy(1982)는 조직문화를 위험의 감수 정도와 사업성패에 대한 기대수준 등에 따라 4가지 문화로 구분하고 있다(박민생 외, 2006: 329-330).

거친 남성문화(tough guy, macho culture)는 하나의 모험형 문화로서 사업의 성패가 불확실한 경우에도 이를 과감하게 추진하는 조직풍토를 말한다. 이런 문화에서는 성공과 실패의 여부가 빨리 나타나고 그 결과는 큰 차이를 가져와 조직에 파장을 미친다. 이러한 조직에서는 카리스마를 가진 리더를 중심으로 사업이 매우 적극적으로 전개되며, 리더의 철학, 정책, 스타일이 조직문화에 크게 반영된다(예: 사장 책임 중심의 벤처기업).

열심히 일하고 잘 노는 문화(work hard & play well culture)는 평소에 충실하게 업무를 수행하고, 여유를 즐기는 문화이다. 하나의 사업에 큰 모험을 걸지 않고 안정적으로 사업을 운영하는 조직풍토이다. 환경변화에 서서히 적응해 나가는 조직문화이다(예: 안정적인 서비스 사업).

사운을 거는 문화(bet your company culture)는 사업의 성격이 고도의 모험성을 띠고 있으며, 사업의 성패가 빨리 나타나지 않는 대신 그 결과의 충격이 매우 큰 조직문화이다(예: 포항제철, 현대중공업의 창업기). 조직의 중요한 의사결정을 최고관리층이 주도하고, 장기간에 걸쳐 업적의 피드백과 평가가 이루어진다. 조직과 그 구성원이 장기간 운명을 같이 한다.

과정문화(process culture)는 업무수행의 기준과 절차 등 일정한 룰을 중심으로 일하는 문화이다. 주어진 자신의 과업만 잘 수행하면 된다는 사고가 지배적이다.

한 사람의 업무성과가 조직의 성패를 좌우하지 않는다. 조직 내에서 어떤 공식적인 지위와 역할을 갖고 있느냐 하는 것이 사업의 성패나 결과보다 중시된다(예: 정부기관, 공기업, 은행, 보험회사 등).

2) Quinn & Kimberly의 문화유형

Quinn & Kimberly(1984)는 경쟁가치모형(CVM: Competition Value Model)에 기반을 두고 조직문화를 4가지로 분류하였다. 위계문화, 집단문화, 합리문화, 발전문화 등이 그것이다(김호정, 2002).

위계문화는 전통적 조직에서 흔히 찾을 수 있는 문화유형으로 상·하 수직적 관계를 중시하는 문화이다. 주로 조직에서의 상하간 계층성과 지시, 복종, 충성을 강조한다. 조직의 내부적 통제를 통한 질서유지를 우선시한다. 내적인 통합과 안정성을 지향한다.

집단문화는 집단구성원간에 신뢰하고 협력하며 단합을 강조하는 문화이다. 상호간에 심리적·감정적인 교류와 이해가 높으며, 인간관계의 형성이 잘 이루어질 수 있는 문화이다. 서로가 함께 노력하고 그 결과를 나누어 갖는 것을 중시한다. 즉, 평등과 분배가 강조된다. 이에 따라 집단적 성과를 중시하며 팀원들이 동등한 보상을 받아야 한다고 생각하는 풍토이다. 조직의 내적인 결속을 통한 통합과 유지를 지향한다.

합리문화는 개인적인 능력과 경쟁을 중시하며 그 결과에 따라 보상의 차이가 있어야 함을 강조한다. 열심히 노력한 사람이 그 대가를 받는 것은 당연하다고 생각하는 풍토이다. 소위 성과주의는 합리문화의 산물이다. 이는 과업과 성취를 강조하고 타산적·거래적인 관계형성에 친숙한 문화이다. 개인적, 이기적인 문화이다.

발전문화는 미래를 향한 변화와 발전을 추구하며, 개인의 창의성과 도전정신을 장려하는 문화이다. 급변하는 환경 속에서 생존·번영하기 위해 새로운 전략, 정책, 제품, 서비스를 창조해야 함을 강조한다. 한 마디로 창의적인 문화이다. 이런 문화 속에서는 신축성과 재량성이 많이 허용되며, 외부관계와 구성원간 차별성이 중시된다.

[그림 18-2] Quinn & Kimberly의 4대 문화유형

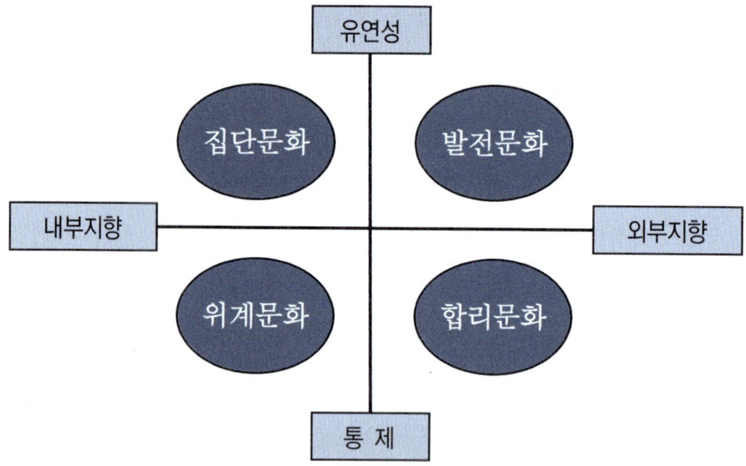

* 출처: Quinn & Kimberly, 1984; 이상철 · 권영주, 2008.

4. 조직문화의 프로파일

한국 행정기관의 조직문화 프로파일을 실증적인 조사 · 진단 사례를 바탕으로 살펴본다. 중앙부처와 자치단체에 대한 대표적인 연구사례를 소개한다.

먼저, 중앙부처의 사례를 보자. 최성욱(2005)은 10개 중앙부처의 공무원 400여 명을 대상으로 Quinn & Cameron의 4개 문화유형에 대한 조사분석을 실시하였다. 그 결과, 현 상태에서는 위계지향문화(위계문화)와 시장지향문화(합리문화)가 상당히 높은 반면, 관계지향문화(집단문화)와 혁신지향문화(발전문화)는 상대적으로 낮은 것으로 분석되었다. 미래에 선호하는 문화에 관해서는 현재상태와 정반대로, 관계지향문화와 혁신지향문화는 현재보다 높아지기를 희망하는 반면, 위계지향문화와 시장지향문화는 현재보다 낮아지기를 기대하는 것으로 나타났다. 다음 [그림 18-3]은 한국행정기관의 전형적인 조직문화 프로파일을 그래프로 나타내 주고 있다.

[그림 18-3] 한국행정기관의 조직문화 프로파일

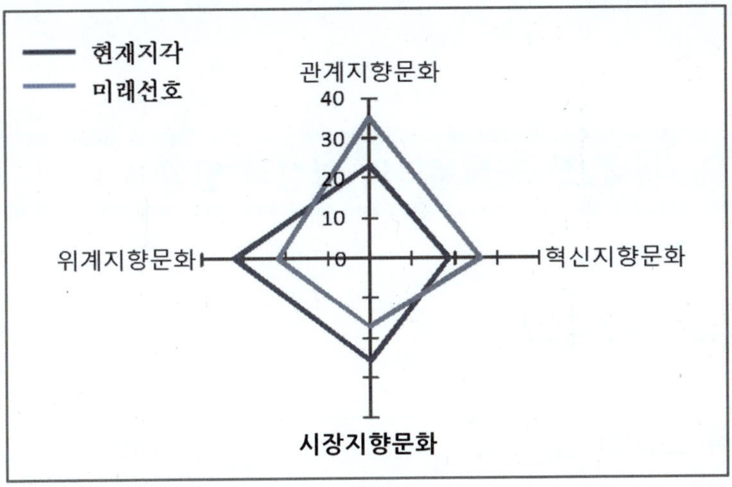

* 출처: 최성욱, 2005. 수정(원저자인 최성욱 교수의 파일을 허가받아 사용함).

다음으로, 지방자치단체의 사례를 보자. 김호정(2002)은 부산광역시 15개 자치구청의 공무원 437명을 대상으로 조직문화에 대한 조사연구를 실시했다. 그 결과, Quinn & Kimberly의 4개 문화유형 중 위계문화가 5점 척도에서 3.82점으로 가장 높게 나타났으며, 다음으로 합리문화 3.43점, 발전문화 3.17점, 집단문화 3.04점 순으로 분석되었다. 그리고 구청들 간의 차이를 보면 위계문화와 합리문화는 통계적으로 의미 있는 차이가 있는 반면, 집단문화와 발전문화에는 차이가 없었다. 이러한 문화적 차이는 구청장들의 리더십 차이에서 비롯된 것으로 분석되었다. 즉, 변혁적 리더십은 위계문화를 약화시키는 효과를, 성과지향 리더십은 합리문화를 강화시키는 효과를 보였다.

종합적으로 한국 행정기관의 조직문화 프로파일을 보면, 현재는 위계문화와 합리문화가 강한 반면, 집단문화와 발전문화는 낮은 수준을 나타내고 있다. 그러나 미래의 조직문화에 대하여는 공무원들이 집단문화 및 발전문화는 더 강해지기를 바라는 반면, 위계문화와 합리문화는 더 약화되기를 희망하고 있다. 이는 조직의 관리자들이 위계적, 권위적 문화를 완화시키고, 보다 관계지향적이고 혁신적인 문화를 강화해야 함을 시사한다. 합리문화는 조직목표 달성을 위해서 필요하나 구성원은 선호하지 않는다는 사실을 알 수 있다. 이 문화는 성과지향적 문화로서 적정수준으로 유지하되, 공무원들의 저항을 고려하여 팀 성과를 중시하는 집단문화와의 조화를 꾀해야 할 것이다.

제2절 조직문화의 형성과 영향

1. 조직문화의 형성요인

1) 외부적 환경요인

한 나라의 사회문화는 그 하위체계인 조직문화의 형성에 영향을 준다. 조직은 진공 속에 존재하는 것이 아니라 국가·사회라는 환경 속에 존재하기 때문이다. Hofstede(1984)는 세계 50여개국에 대한 문화적 성향을 연구하여 그 문화에 따라 조직구성원들의 태도와 행동이 다르다는 사실을 분석해 내었다. Hofstede는 4개의 문화유형 기준을 적용하였는데, ① 개인주의 대 집단주의(individualism vs. collectivism), ② 권력 격차(power distance), ③ 불확실성 회피 성향(uncertainty avoidance), ④ 남성중심주의 대 여성중심주의(masculinity vs. femininity) 등이 그것이다. 1990년 연구에서는 남성·여성주의 대신에 ⑤ 성취지향성 대 삶의 질 지향성(achievement vs. nurturing)과 ⑥ 장기지향성 대 단기지향성(long-term vs. short-term)을 추가하여 분석했다(Hofstede et al., 1990; George & Jones, 2012: 545-546). Hofstede의 연구에서 우리나라 문화는 집단주의, 큰 권력편차, 불확실성 회피, 여성중심주의 등 경향을 갖는 것으로 나타났다.

그리고 조직이 대응해 나가야 할 시장적 상황 및 고객의 수요·기대 등이 외부적 요인으로서 조직문화에 영향을 준다(김호섭 외, 2012: 349). 왜냐하면, 조직과 구성원은 그 존립 및 성과에 영향을 미치는 시장이나 고객의 선호에 맞추어 모든 요소를 변화시키고자 하기 때문이다.

아울러, 기술개발과 자원상황도 조직문화 형성에 영향을 줄 수 있다(김호섭 외, 2012: 349). 기술의 수명주기가 짧고 새로운 기술 개발의 필요성이 높은 경우에는 빠른 적응문화를, 수명주기가 긴 경우에는 안정적 문화를 낳게 될 것이다. 그리고 자원 확보가 어려울 경우에는 그것이 풍부한 상황에 비하여 절약과 효율을 중시하는 문화를 가져올 것이다.

2) 내부적 영향요인

조직 내 사람의 속성(people characteristics)이 조직문화 형성의 가장 핵심적인 요소이다. 조직은 각각의 성격과 가치를 가진 사람들로 구성되어 있으므로 이들의 성향에 따라 조직문화가 결정될 수 있다. 특히, 인재 선발 과정을 통해 조직이 추구하는 지향성과 유사한 가치를 가진 구성원의 다수 입직이 이루어지면 유사한 성향을 가진 사람들이 비슷한 사고방식, 신념, 행동양식 등을 통해 동질적인 조직문화를 형성하게 된다(George & Jones, 2012: 535).

조직의 창설자나 최고책임자의 조직관리 이념과 리더십이 조직문화의 특성에 영향을 줄 수 있다(이창원 · 최창현, 2010: 521; 김호섭 외, 2012: 349). 예를 들면, '관리의 삼성'은 정교하고 과학적인 시스템과 과업수행을 강조하는 합리성 지향의 문화를 낳았고, '추진력의 현대'는 새로운 사업의 과감한 도입과 적극적인 추진을 강조하는 진취적인 문화를 조성했다고 볼 수 있을 것이다.

조직의 전략과 관리체계도 조직문화에 영향을 준다(이창원 · 최창현, 2010: 522; 김호섭 외, 2012: 344). 예컨대, 한국의 산업화 과정에서의 고도성장전략은 공직사회에 도전성, 창의성, 개발을 중시하는 행정문화를 가져 왔다. '국민의 정부' 이후 성과보상을 강조하게 된 신자유주의적 관리체계는 합리문화와 성과지향문화를 확대해 나가고 있다.

어떤 성격의 조직구조를 설계해서 운영하는가에 따라 조직문화도 달라질 수 있다. 관료제와 같은 기계적 구조를 무겁게 적용하는 조직에서는 권위적, 타율적인 문화가 고착화되기 쉽다. 자율경영팀과 같은 유기적 구조를 많이 활용하는 조직에서는 자율적, 창의적인 문화가 보다 잘 조성될 수 있을 것이다(George & Jones, 2012: 541).

조직의 역사와 스토리는 그 자체가 조직이 보유한 문화적 요소이면서 그 내용에 따라 새로운 조직문화 형성에 긍정적 또는 부정적 영향을 미칠 수 있다. 성공신화는 조직구성원으로 하여금 그 성공을 본받고자 적극적으로 노력하게 만드는 진취적, 창의적 문화를 가져올 수 있다. 실패담은 과감한 업무추진을 조심스럽게 만드는 소극적, 보수적 문화를 초래할 수 있다.

2. 조직문화의 영향

1) 정체성 · 일체감

조직문화는 구성원들이 조직에 대해 정체성, 일체감을 갖게 해준다(김호섭 외, 2012: 344). 조직가치에 부합하는 동질적인 정신, 사고방식과 행동양식을 통해 서로가 같은 조직의 같은 사람들이라는 인식을 하게 된다. 이는 구성원의 조직몰입도를 높이고 업무에 대한 협력수준을 높여 줄 수 있다.

[그림 18-4] 조직문화의 형성요인과 영향

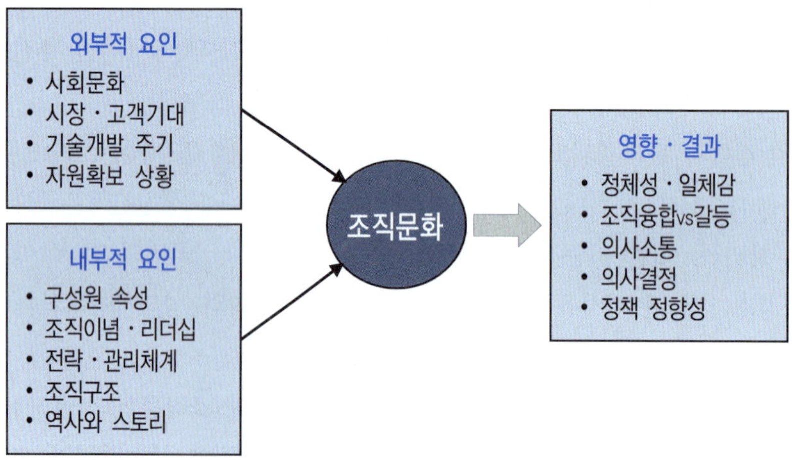

2) 조직융합 vs 갈등

문화적 동질성이 높으면 유대감이 강화되고 좋은 관계 형성이 가능하다. 이는 조직 내 사회자본의 축적을 가져오고 단합과 협력을 통해 조직의 시너지를 창출하게 만든다. 즉, 조직의 융합성을 높일 수 있다.

이와 반대로, 상이한 가치관과 행동양식 등 이질적인 문화를 가진 개인간, 집단간에는 갈등이 발생할 수 있다. 조직 내부의 진정한 통합은 문화적 이질성이 극복될 때 가능하다.

3) 의사소통

동질적 문화를 가진 개인간, 집단간에는 이해와 공감의 소통이 가능하다. 상이한 문화를 가진 개인간, 집단간에는 상황에 대한 지각과 해석의 차이가 존재하므로 상호 의사소통이 어렵다(김호섭 외, 2012: 344).

4) 의사결정

추구하는 가치와 이념 등 정신적 문화는 조직의 의사결정에 반영된다. 동질적 문화집단은 의사결정에 있어서 컨센서스(consensus)를 이룰 가능성이 높고, 이질적 문화 속에서는 의사결정 과정이 표류할 가능성이 크다.

5) 정책 정향성

조직문화는 정책담당자들의 관점과 방향에 영향을 미친다. 보수주의적 조직문화가 강할 때는 효율성, 생산성, 성장을 강조하는 정책을 잘 추진하는 반면, 진보주의적 문화성향이 강할 때는 형평성, 균형, 복지를 강조하는 정책을 잘 추진하는 경향이 있다.

3. 조직문화와 조직효과성

조직문화는 조직성과 또는 조직효과성과 어떤 관계를 갖는가? 대표적인 문화유형별 효과성에 관해 살펴보자. 조직 내의 지배적인 문화풍토가 어떠한가에 따라 조직의 효과성 또는 성과수준이 달라질 수 있다. 일반적으로 문화유형에 따라 조직몰입도, 직무만족도, 성과향상도 등 조직의 유효성이 달라진다. 문화유형이 독립변수이고, 조직효과성이 종속변수이다.

[그림 18-5] 조직문화와 효과성 간 인과관계 구조도

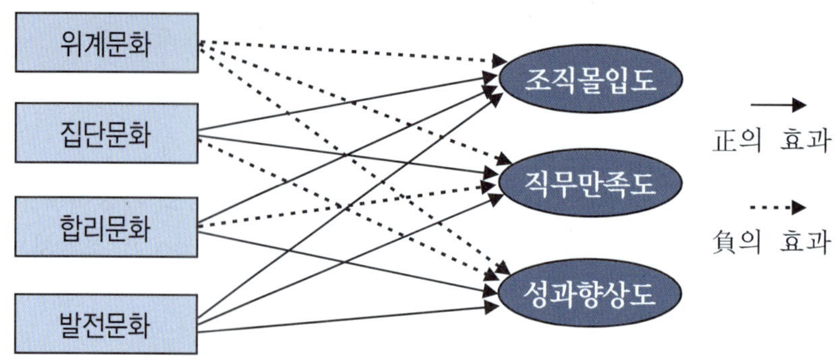

위계문화는 조직 내부의 질서유지와 통제에 치중하며 효율성 및 안정성을 주로 추구하는 경직적·폐쇄적인 문화이다. 이러한 문화 속에서는 조직구성원들이 실수를 저지르지 않기 위해 직무에 소극적인 자세를 취하며, 모험을 기피하는 태도로 인해 직무의 창의성이 약화된다. 그리고 처벌과 책임을 회피하고자 하므로 위험도피현상이 나타난다. 그리하여 구성원은 조직과 자신을 동일시하는 조직몰입도가 낮아지고, 자기직무를 긍정적으로 평가하는 직무만족도가 저하된다. 이는 조직성과의 전반에 부정적 영향을 가져올 수 있다(Denison & Mishra, 1995: 213-214; Wilkins & Ouchi, 1983: 476; 김호정, 2002).

집단문화는 구성원들 간의 단결과 화합 및 참여를 고취해 주는 문화이다. 구성원 간의 결속과 높은 참여는 조직에 대한 관심을 증대시켜 준다. 이는 조직, 집단, 개인간에 목표의 일치성을 높여 주고 조직에 대한 애착을 갖게 하므로 구성원의 조직몰입도가 제고된다. 그리고 조직구성원간에 따뜻한 인간관계와 신뢰가 형성되기 쉬우므로 자신의 직무환경을 좋아하게 되어 직무만족도 역시 높아질 수 있다. 그러나 이러한 집단주의는 비슷한 수준의 직무수행과 '나누어 먹기식' 보상을 선호하는 경향이 있으므로, 개인적으로 차별성 있는 능력발휘와 경쟁적·창의적인 업무수행을 억제하여 조직의 성과향상을 방해할 수 있다(Denison & Mishra, 1995: 213-214; Wilkins & Ouchi, 1983: 476; 김호정, 2002).

합리문화는 조직의 목표달성과 성과향상을 중시하며, 그를 위한 개인간의 경쟁과 실적을 강조하고, 목표와 성과에 기여한 개인에 대한 차별적 보상을 당연시하는 문

화이다. 따라서, 이 문화에서는 조직의 성과향상도를 가장 잘 높일 수 있다. 그리고 능력과 실적이 좋은 개인은 자신의 직무에 만족하고 높은 보상을 해주는 조직에 몰입하게 된다. 그러나 이는 타산적·거래적 몰입이며 심리적·정의적 조직몰입은 아니다. 또한, 구성원간에 인간적 배려가 약하고 경쟁적 분위기가 지배하므로 능력과 실적이 부족한 개인의 경우에는 직무만족도와 조직몰입도가 낮아질 수 있다(Denison & Mishra, 1995: 213-214; Wilkins & Ouchi, 1983: 476; 김호정, 2002).

발전문화는 구성원들이 미래변화에 대한 비전과 기대를 갖고 조직을 지속적으로 혁신하는 문화이다. 이런 분위기 속에서는 조직구성원이 새로운 직무를 개발하는 등 도전정신과 창의성을 발휘하게 된다. 조직구성원은 리더들의 격려와 지지를 받으면서 자발적으로 직무를 수행한다. 조직과 개인의 지향성이 같으므로 구성원은 조직과의 일체감, 즉 조직몰입도가 높아질 수 있다. 이러한 문화와 직무환경 하에서는 구성원들이 자기직무에 즐거움과 보람을 느끼므로 직무만족도가 제고될 수 있다. 동시에 적극적이고 창의적인 직무수행으로 업무성취 수준과 조직의 성과향상도가 높아진다.

4. 조직효과성을 고려한 조직문화 포트폴리오 구성

조직문화 포트폴리오(portfolio)란 조직의 성격을 고려하여 효과성을 가장 높일 수 있는 방향으로 여러 유형의 문화를 적합하게 구성하고 그 수준을 적정화하는 것을 말한다. 우선, 보편적인 조직문화 포트폴리오 구성방안을 살펴본 후, 조직특성에 따른 적합한 포트폴리오의 구성원리를 탐색해 본다.

먼저, 보편적인 조직효과성 기준에 따른 조직문화 포트폴리오 구성방안을 살펴본다. 일반적으로 조직문화 포트폴리오는 Quinn & Kimberly의 4가지 조직문화 중 조직효과성에 높은 긍정적 영향을 미치는 문화를 중심으로 구성해야 한다.

국내의 실증적 연구에 위하면, 4개 조직문화 유형 중 집단문화, 합리문화, 발전문화 등 3가지 문화유형이 모두 강한 경우에 개인의 직무만족과 조직몰입이 가장 높다고 할 수 있다. 즉, 집단문화, 합리문화, 그리고 발전문화가 골고루 강하게 나타나는 '강한 균형문화'에서 가장 높은 조직효과성을 구현할 수 있다는 것이다(김호정, 2002).

그 이유를 알아보자. 첫째, 보통의 조직은 집단문화를 통해 조직구성원들 간의 가치공유 수준을 높이고 상호간의 통합과 합의를 통해 협력적 조직을 만들 수 있다. 둘째, 합리문화는 구성원간의 건전한 경쟁을 유발하여 높은 과업성취를 이루어내게 할 수 있다. 셋째, 발전문화는 구성원들로 하여금 미래의 환경변화에 창의적으로 대응하게 함으로써 조직의 생존과 번영을 성공적으로 이끌어 낼 수 있다.

반면, 위계문화는 안정과 통제를 지향함으로써 모험과 변화에의 적응에 소극적이므로 중·저강도로 유지하는 것이 바람직할 것이다. 위계문화도 조직의 불확실성을 낮추고 기본적인 질서유지를 위해 필요한 문화유형이지만 그 강도는 최소한도로 자제되어야 한다. 한 마디로, 3강 1약의 조직문화 포트폴리오를 구성하는 것이 보편적인 조직의 문화 포트폴리오 구성방향이라고 할 수 있다.

다음으로, 조직은 그 성격이 천차만별이므로 조직특성을 기준으로 조직문화 포트폴리오를 구성해야 한다. 문화 포트폴리오의 구성과 함께 가장 적합한 문화의 조성은 당해 조직의 고유한 특성에 따라 각기 다르게 이루어져야 한다는 것이 기본원리이다. 첫째, 환경적 상황과 사업영역이 좀처럼 변화하지 않는 안정적 조직(예: 공공조직, 금융기관 등)의 경우에는 적당한 수준의 위계문화와 강한 집단문화가 적합하다. 반면, 환경 및 사업의 변화와 대외적 경쟁이 극심한 동태적 조직(예: 벤처기업, 기술개발회사 등)의 경우에는 비교적 강한 합리문화와 매우 강한 발전문화가 조성되어야 할 것이다. 둘째, 구조적 직무(예: 감시·단속, 단순서비스)가 많은 조직은 적절한 수준의 위계문화와 집단문화가 적용되어야 하고, 비구조적 직무(예: 전략기획, 새로운 정책개발)가 많은 조직의 경우에는 강한 발전문화가 중심이 되어야 할 것이다. 셋째, 내부적 질서와 통제 및 단결이 필요한 조직(예: 군인, 경찰 등)에는 강한 위계문화와 집단문화가 중시되어야 하고, 자유로운 분위기의 조성과 창의성 발휘가 요구되는 조직(예: 첨단기업, 연구기관 등)에는 강한 발전문화의 조성이 강조되어야 한다.

제3절 바람직한 조직문화의 형성과 개발

1. 바람직한 조직문화란?

조직에서 중요시되고 조성되어야 할 바람직한 문화(desirable culture)란 조직구성원이 행복해짐과 동시에 조직의 목표달성이 성공적으로 이루어질 수 있도록 분위기를 만들어주는 문화라고 할 수 있다. 조직 내부의 인간적, 사회적 환경이 조직구성원의 직무만족도와 조직몰입도를 높여주면서도 조직의 성과를 향상시키는 방향으로 창조되어야 한다는 것이다. 이는 문화혁신(cultural innovation)의 방향성·지향점이라고 할 수 있다. 문화혁신은 현재 조직의 부정적인 문화를 타파하고 새롭고 바람직한 문화를 창조 또는 형성하는 것을 말한다.

그러면 어떤 문화가 바람직한 조직문화인가? 소망스러운 문화의 내용을 한번 구성해 보자. 여기서는 조직관리의 기본원리, 다양한 이론, 학자들의 주장, 현존하는 조직들의 문화적 맹점 등을 고려하여 10대 선호문화를 제시한다.

① 권위적·집권적 문화보다는 민주적·자율적·분권적 문화, 직원에게 힘 실어주기(Quick & Nelson, 2013: 540)
② 폐쇄적 문화보다는 개방적·적응적 문화, 세계로 열린 문화(Daft, 1992: 323; Quick & Nelson, 2013: 538)
③ 경쟁적 갈등문화보다는 신뢰적 협력문화, 관계지향문화, 융합문화
④ 온정적·연공서열문화보다는 합리적 성과문화
⑤ 맹목적 집단주의보다는 화합적 공동체문화·공유문화(Daft, 1992: 324)
⑥ 편협한 불균형문화보다는 조화로운 균형문화·참여문화(Daft, 1992: 325)
⑦ 정체적 현상유지문화보다는 발전적 혁신문화·창조문화·성장문화(Robbins & Judge, 2011: 534-535)
⑧ 부패청탁문화·무책임주의보다는 청렴문화·윤리문화(Daft, 1992: 326; Quick & Nelson, 2013: 539).
⑨ 이기주의 문화보다는 모범적인 조직시민문화
⑩ 경직적이고 건조한 문화보다는 즐거움이 있는 펀(fun) 문화

2. 바람직한 조직문화의 형성전략

1) 민주·자율·분권적 문화

아직도 많은 행정조직과 기업조직에서는 권력이 상층부로 집중되어 권위적 문화를 갖고 있다. 이를 탈피하여 조직의 민주성과 구성원의 자율성을 높이는 문화를 조성해야 한다. 그 전략으로는 조직구조의 수평화, 의사결정과정에의 직원참

여 확대가 필수적이다. 아울러, 직원에게 권한을 많이 분산시켜 주고 임파워링(empowering)을 해주는 일이 중요하다. 임파워링은 직원의 창의성과 책임의식을 높여준다. 직원이 가진 역량의 강력함을 살려주는 문화도 주효할 수 있다. 조직의 급속한 변화기 또는 위기상황에서 직원의 잠재적 재능이 자연스럽게 발현되도록 해줌으로써 조직과 개인을 살리는 사례가 많다(Robbins & Judge, 2011: 534).

2) 개방적 · 적응적 문화

조직 내부의 각 개인과 하위부서는 열린 자세로 다른 주체들과 소통하고 협력하는 문화를 조성해야 한다. 이를 위해 커뮤니케이션 네트워크의 활성화, 직무 연계성의 강화, 협의채널 구성 등 노력이 필요하다. 아울러, 조직 외부의 환경과 고객의 니즈(needs)는 빠른 속도로 변화하기 때문에 그에 민첩하게 대응하면서 조직구성원의 새로운 행동양식을 개발하려면 적응적 문화를 강화해야 한다. 이를 위해서는 환경과 고객의 변화를 빨리 감지 · 해석하고 기존의 행동양식을 새로운 패턴으로 전환하는 역량의 구축이 요구된다(Daft, 1992: 324). 그리고, 구성원간 및 구성원-외부협력주체 간의 문화적 차이를 오히려 자산으로 활용하는 자세도 중요하다(Quick & Nelson, 2013: 538)

3) 신뢰 · 관계 · 융합문화

조직구성원간의 경쟁과 갈등은 조직의 협력체계를 무너뜨리므로 신뢰문화, 관계지향문화, 그리고 융합적 문화를 조성해야 한다. 이를 위해서는 정직한 커뮤니케이션, 공동적 보상체계, 팀 구축 프로그램 활용, 관리자의 융합적 리더십 등이 요청된다.

4) 성과주의 문화

아직도 많은 조직에서는 온정주의, 연공서열주의로 인해 직원들이 열성적, 창의적으로 일하지 않는 풍조가 있다. 이를 탈피하여 열심히 일한 사람이 정당한 보상을 받는 합리적, 성과지향적 문화를 조성해야 한다. 관계지향성과 성과지향성을 모두 높이기 위해서는 집단성과의 평가제도 및 공동적 보상체계를 강화하는 것이 필요하다.

5) 공동체 · 공유문화

많은 조직에서 암적인 현상으로 볼 수 있는 편협한 맹목적 집단주의는 극복되어야 한다. 지연, 학연이나 코드가 맞는 사람들끼리의 패거리(clan) 문화는 조직전체 구성원을 아우르는 공동체 문화, 폭넓은 공유문화로 전환되어야 한다. 이를 위해서는 조직 내 자원배분이 정치적 세력관계가 아니라 합리적 기준과 조정에 의해 이루어지도록 해야 한다.

6) 균형 · 참여문화

특정 계층, 특정 개인이 주도하는 편협한 불균형문화는 균형문화, 참여문화로 바뀌어야 한다. 다양한 구성원의 폭넓은 참여를 강조하는 문화는 구성원으로 하여금 책임감, 주인의식, 조직몰입을 높이도록 만들어 준다. 이를 위해서는 조직의 업무나 행사에 다수의 구성원이 주도적으로 관여(involve)하게 해주어야 한다. 그리고 구성원의 니즈(needs)를 파악하고 충족시켜 주는 일상적인 노력이 필요하다(Daft, 1992: 325).

7) 혁신 · 창조 · 성장문화

정체적 현상유지문화는 조직의 퇴보를 넘어 생존을 어렵게 만들므로, 환경변화에 따라 끊임없이 조직을 혁신하는 문화를 조성해야 한다. 혁신을 통해 성장할 수 있는 지속가능한 조직(sustainable organization)을 만들어야 하고, 이를 위해 창조적 문화의 형성이 필요하다. 그 전략으로 변혁적 리더십, 창의적 업무에 대한 보상, 학습조직 등이 강화되어야 한다. 조직성장과 함께 구성원 개인의 성장도 중시되어야 한다. 이를 위해 구성원의 직무가치와 역할의 중요성을 높여주고 그의 역량을 혁신할 수 있도록 지원해 주어야 한다(Robbins & Judge, 2011: 534-535).

8) 윤리문화

조직리더와 그 구성원이 모두 청렴하고 윤리적이어야 한다. 윤리문화의 조성을 위해서는 기본적으로 명확한 윤리적 가치와 기준을 정립하는 일이 요청된다(Daft, 1992: 327). 그보다 더 효과적인 요소는 조직의 리더가 스스로 도덕적 행동을 통해 롤 모델(role model)이 되고, 직원들과 함께 윤리에 관해 열린 논의를 하며, 윤리적 집단으로서의 정체성을 갖는 것이라고 할 수 있다(Quick & Nelson, 2013: 539).

9) 조직시민문화

조직시민행동은 이타주의적 행동, 약속을 지키는 행동, 동료를 배려하는 행동과 같이 조직규범에 의해 공식적으로 요구되는 것은 아니나 매우 바람직한 행동양식이라고 할 수 있다. 이러한 행동양식이 조직구성원들 사이에서 전반적으로 나타나는 문화가 바로 조직시민문화이다. 이러한 문화의 조성을 위해서는 자기직무 수행뿐만 아니라 타인의 직무에 대한 지원적 행동・실적을 고려하는 평가보상체계를 도입하고, 조직시민행동에 대한 격려와 칭찬을 아끼지 않는 분위기를 만드는 일이 필요할 것이다.

10) 펀(Fun) 문화

펀 문화란 조직구성원이 재미와 즐거움을 느끼면서 신바람 나게 일할 수 있는 조직문화로서 조직몰입과 성과향상을 위해 권장할만한 요소이다. 펀 문화의 형성은 '즐거움'과 '재미'라는 요소를 조직의 리더와 구성원에게 자연스럽게 심어주는 데서 가능할 것이다. Edwards 금융사의 E사장은 "재미야말로 사람들이 서로 존중하고 팀워크를 기르게 해주는 유용한 도구"라고 말한다. 조직간의 장벽 제거, 구성원과 경영자간의 접근, 고객에 대한 즐거움 선사 등의 결과를 가져온다는 것이다. Southwest Airline사의 K회장은 재미로 가득한 기업을 만든 '감성적 리더십'의 창조자로 유명하다. 찢어진 청바지, 엘비스 프레슬리의 복장, 승무원들의 독특한 의상, 승객과의 농담 장려, 직원 채용시 자신을 웃기는지 여부로 당락을 결정하는 등... 재미있는 요소들이 조직문화를 이루고 있다. 이 회사는 불황 중에도 지속적인 성과를 창출한 바 있다(중앙인사위원회, 2003: 40-47).

3. 미래의 새로운 조직문화 개발

조직문화는 의식하지 못하는 사이에 자연적으로 변화할 수도 있으나, 조직의 의도나 필요에 따라 계획적으로 변화를 유도하여 새로운 조직문화를 창조할 수 있다. 조직문화는 변화하는 환경에 효과적으로 적응하기 위해서 혁신적으로 개조될 필요가 있다. 그리고 조직의 비전과 전략이 새로워지면 그에 따라 조직목표를 달성하기 위해서 그에 적합한 문화를 새롭게 개발해야 한다.

미래의 새로운 조직문화로는 어떤 것을 예측할 수 있을까?

기본적으로 위에서 살펴본 바람직한 조직문화들은 미래사회에서도 반드시 요구되는 조직문화 유형들이다. 그리고 새롭게 창조되어야 할 문화의 내용은 조직의 필요나 외부적 요구에 따라 달라질 수 있다.

첫째, 세계적 흐름에 적응하기 위하여 새로운 가치나 이념, 그리고 신념과 철학을 창출할 수 있다. 지금까지 제시되고 조성되었던 가치들의 예를 들면 개방주의, 고객최우선주의, 구성원간의 상호신뢰, 현장중심의 행정 등이 있다. 향후 글로벌화의 진전에 따라 새롭게 등장하거나 형성되어야 할 가치, 이념 또는 철학으로서는 "특정 국가, 민족, 문화권을 초월하는 세계동포주의," "기업수익 등 조직이익을 넘어서는 소비자 후생복지문화" 등이 강하게 조성될 수 있다.

둘째, 조직의 리더나 구성원들의 바람직한 정신과 행태를 창출하기 위해 신사고(new thinking)를 창출 · 확산하거나 새로운 행동패턴을 개발 · 보급할 수도 있다. 특히, 지금까지 포스트모던의 사상과 이념이 조직들 속에서 계속 성장해 온 것으로 간주한다면 조직가치에 비해 개인의 정신적 가치(personal mental value)가 상대적으로 지금보다 훨씬 더 강조되는 조직사회로 나아갈 것으로 예상할 수 있다. 그리고 과학주의 정신과 문화의 심화로 조직 내 직무수행의 기준이 보다 정밀하게 변하고, 더욱 정교한 직무 스타일을 요구하게 될 것이다. 아울러, 사회와 조직 내부에서 예술을 중시하는 문화의 확대로 감성적 표현, 행동, 이미지, 디자인, 산출물이 증대할 것이다.

셋째, 영웅과 신화의 탄생은 계속될 것이고, 그들의 문화적 충격 또는 영향은 매우 클 수 있다. 철강왕 카네기나 디지털 혁명가 빌게이츠 등은 각각 한 시대를 풍미했던 영웅담과 그 영향을 받은 경영문화를 창조했다고 할 수 있다. 여러 조직에서는 영웅적이고 모범적인 인물의 탄생을 장려하기 위해 새로운 상징이나 일화를 창출하여 조직구성원들이 본받게 할 수도 있다. 즉, 구성원에게 이상적인 정신과 수범적인 행동패턴을 지니는 새로운 인재모형을 제공하고, 그것이 생장하기 쉬운 조직문화를 조성하는 방향으로 움직여갈 것이다.

4. 조직문화 혁신의 기법과 전략

1) 문화혁신의 과정

조직문화를 혁신하기 위한 과정을 제시하면 다음과 같다.

첫째, 개혁대상이 되는 문화적인 요소를 인지(perceive)하는 단계.
둘째, 새로운 문화적 요소를 탐색・개발(explore & develop)하는 단계.
셋째, 바람직한 문화적 요소를 구성원들에 주지(acknowledge)시키는 단계.
넷째, 구성원들에 의한 수용(acceptance)을 확보하는 단계.
다섯째, 문화혁신에 따라 변화된 행태를 강화(reinforce)하는 단계.

2) 문화혁신의 전략

첫째, 조직구성원에 대한 공감교육이 필요하다. 구성원의 가치관과 사고를 바람직한 방향으로 바꾸기 위한 공감대 형성 교육 프로그램(예: 신사고 운동)의 개발이 필요하다. 교육은 조직에 의한 의도적, 주입식 사고변화 전략이라는 비판도 있을 수 있으나, 구성원의 참여, 토론, 학습에 의해 공감대를 형성하고 사고의 눈높이를 맞추어갈 수 있다는 효용성이 있다.

둘째, 문화와 연계된 인사시스템을 구축해야 한다. 인사제도를 문화와 연계시켜 개혁함으로써 조직구성원들의 자세와 행위가 달라지게 해야 한다. 예컨대, 성과평가, 승진, 급여, 보상체계를 성과주의, 협력문화, 개방주의 등에 입각하여 재구축함으로써 무사안일, 보수주의, 연공서열주의, 개인주의, 온정주의 등 문화를 변화시킬 수 있다.

셋째, 민간부문 및 선진국과의 교류가 필요하다. 민간기업・단체 및 선진국가와의 인적교류를 확대하여 조직 외부의 새로운 문화를 접하게 하고, 그 중 바람직한 문화는 우리나라 행정조직에까지 전파되게 한다.

넷째, 상징의 고양을 위한 노력이 요구된다. 조직의 가치・변화의 슬로건 부여, 의미 있고 재미나는 메타포(metaphor) 등을 통하여 상징을 형성하고, 여러 가지 상징적 행사(예: 문화혁신대회, 스토리텔링)를 실시한다.

다섯째, 자발적 문화혁신운동을 장려해야 한다. 직원단체(예: 공무원 노조, 동호인회)를 통하여 '아래로부터의 문화혁신운동'을 유도한다. 자발적 문화혁신운동은 조직에 의한 공식적, 인위적인 개입이 없이 자율적인 참여에 의해 문화개혁이 가능하다는 점에서 매우 자연스럽고 효과적인 방법이다.

여섯째, 소셜네트워크(SNS)의 이용을 활성화한다. 인터넷, 카카오톡, 페이스북, 블로그, 싸이월드 등 커뮤니케이션 네트워크를 통하여 바람직한 문화가 활발하게 교류되고 형성되도록 유도한다. 예컨대, SNS를 통한 자유자재의 개방적 의사소통문화, 지식관리시스템을 통한 지식공유문화 또는 창의적 문화를 형성하도록 유도 · 지원한다.

제4절 조직문화의 철학과 새 이론

1. 조직문화의 철학

1) 문화공유 철학

조직 내에는 그를 구성하는 개인과 집단에 따라 각기 다른 문화가 존재할 수 있다. 그런데 이러한 문화의 이질성은 개인간, 집단간의 갈등과 불협화음의 원인이 될 수 있다. 문화적 이질성을 극복하고 조직의 일체성과 융합성을 높이기 위해서는 문화공유(sharing culture)를 지향해야 한다.

문화공유는 각 문화간의 공통점을 발견하고 확대하는 것을 말한다. 문화를 공유하기 위해서는 먼저 조직가치, 비전, 목표, 이익, 상징, 지식, 업무 프로세스 등을 공유해야 한다. 이를 바탕으로 문화에 있어서 상호간의 공통부분을 발견하고 그 공유범위를 넓혀가야 한다. 문화의 공유는 정신적 가치, 사고방식, 행동양식, 언어, 생활 스타일 등을 상호 유사하게 닮아가게 함으로써 가능해진다. 각 개인, 집단이 보유하고 있는 문화의 본질적 부분을 서로 존중하되, 그 공통집합의 크기를 확대해 나가는 지향성을 가져야 한다.

2) 문화포용 철학

조직은 포용적 문화(magnanimous culture)를 지향해야 한다. 포용적 문화란 개인과 집단의 다양성 및 차이를 인정하고 각 주체의 고유한 특성을 서로 존중·수용해 주면서 그러한 특성들을 조직과정에 수렴시키는 문화를 말한다. 이러한 문화는 모든 개인과 집단 속에 조성되고 체화되어야 한다. 특히, 조직관리자는 구조적 시스템 설계, 전략 수립, 인사운영, 보상제도 설정 등에 있어서 여러 개인과 집단의 다양성과 차이를 균형 있고 공정하게 반영해야 한다.

2. 새 조직문화이론 탐색: 문화융합이론

문화융합이란 조직 내 계층간, 직종간, 세대간, 출신배경이 다른 집단간의 문화적 차이를 극복하고 부문문화간의 교류와 결합을 통해 공통적 문화영역을 확대하는 것을 말한다. 이는 하위문화간에 공통집합의 범위를 넓히는 것이다. 즉, 문화집단간의 공유면적이 커지는 것이다. 문화융합은 가치, 이념, 사고방식, 행동양식, 배경, 추구이익 등이 서로 다른 개인간, 집단간의 갈등과 대립을 완화하여 상호 신뢰와 협력 수준을 높이고, 이를 통해 조직전체의 통합성 및 성과를 향상시킬 수 있다.

1) 문화융합의 요인

문화융합을 이루기 위해서는 문화융합에 긍정적 영향을 미치는 변수들을 파악하고 그 변수를 강화하는 전략이 필요하다. 문화융합에 좋은 영향을 미칠 수 있는 요인으로는 조직가치 공유, 공동체 의식, 상호교류, 문화 포트폴리오의 균형적 구성, 형평정책, 융합적 리더십 등을 들 수 있다.

조직가치 공유는 구성원들이 어느 부문문화에 속하든 간에 조직전체의 지향점을 함께 인식하고 같은 방향으로 나가는 것이다. 가치는 문화의 정신적 차원을 구성하므로 조직가치를 함께 나눈다는 것은 문화의 동질성을 높일 수 있는 첩경이라고 할 수 있다.

공동체 의식은 구성원들이 한 가족이라는 인식을 갖는 것이다. 그리하여 서로의 공통된 이익을 추구하고 단결·화합할 때 문화융합은 높아질 수 있다.

[그림 18-6] 문화융합의 요인

상호교류 기회가 확대되면 하위문화간 공통성을 높일 수 있다. 문화적 교류와 상호이해를 증진시키기 위한 다양한 노력(예: 공동문화행사, 문화인지적 학습체계 마련 등)은 다른 집단의 문화에 대한 이해와 우호적 감정을 증진시킬 수 있다.

문화 포트폴리오의 균형적 구성은 조직의 지휘부가 여러 문화를 골고루 중시하고 조성하는 것이므로, 다양한 문화집단을 존중하면서 균형을 추구하고 있다는 믿음을 줄 수 있다. 그리하여 하위문화 집단들로 하여금 서로 조화를 이루는 방향으로 동조하도록 유도할 수 있다.

조직의 형평정책은 자원배분, 인사운영, 보상체계 등에서 다른 문화배경을 가진 사람들에게 동등하고 형평성 있는 대우를 하는 것이다. 공평한 처우는 다른 경쟁집단에 대한 적대감을 완화해주고, 상호 공존, 조화, 단합을 촉진할 수 있다.

융합적 리더십은 다양한 메커니즘을 통해 구성원과 구성원, 집단과 집단을 묶어주는 역할을 한다. 융합적 리더는 포용의 철학을 갖고 부문별 문화집단들을 서로 연계시켜주고 협력하게 함으로써 문화융합을 강화한다.

2) 문화융합의 프로세스

문화융합이 이루어지기 위해서는 일련의 긍정적 프로세스가 진행되어야 한다. 여기서는 4단계 모형을 통해 문화융합의 프로세스를 설명하고자 한다. 즉, 문화융합은 (i) 문화차이 인지, (ii) 공유인식 형성, (iii) 접근성 탐색, (iv) 상호수용 등의 과정을 통해 이루어질 수 있다.

[그림 18-7] 문화융합의 프로세스

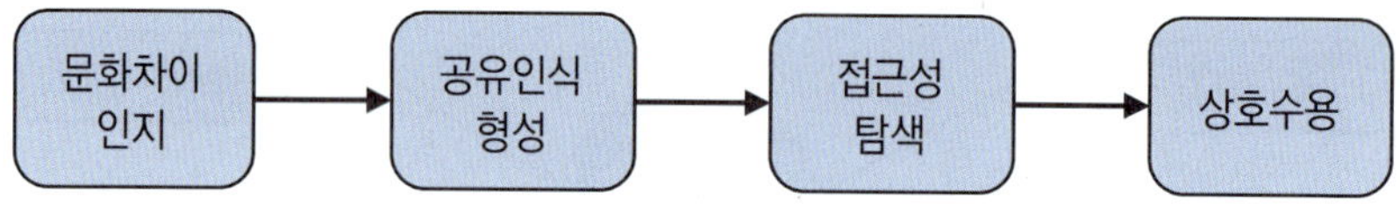

문화차이 인지단계는 각 개인과 집단이 어떤 문화상의 다양성과 차이를 가지고 있는지 감지하고 파악하는 단계이다. 하위문화간의 차이를 정확하게 인지해야만 그 차이를 극복하거나 상호조화를 꾀할 수 있는 방향을 잡게 된다. 문화차이는 자원배분 과정, 정책형성 과정 등에서 어떤 가치, 이익, 주장이 표출되는가를 보면 잘 알 수 있다.

공유인식 형성단계는 각 문화집단이 서로 문화의 많은 부분을 공유하는 것이 자신들에게 도움이 된다는 인식을 갖게 만들어 주는 단계이다. 조직리더가 다양성에 대한 포용을 강조하면서 서로의 차이와 특성 및 고유성을 우선 인정하도록 해야 한다. 그리고 이질성이란 단지 하나의 차이일 뿐 잘못된 것이 아니라는 점, 조직이라는 공동체 내에서 공존하기 위해서는 서로를 이해하고 협력해야 한다는 점 등에 대한 구성원의 인식을 제고시켜 주어야 한다.

접근성 탐색단계에서는 문화의 교류와 공동체험 등을 통해 하위문화집단들이 서로 근접해 질 수 있는 기회를 다양하게 마련해 주어야 한다. 합동정책토론, 공동문화행사, 지식공유대화, 공동학습팀 구축 등이 그것이다.

상호수용 단계는 부문문화 집단들이 서로 다른 집단의 문화를 충분히 이해하고 받아들이는 단계이다. 이 단계에서는 다른 문화에 대한 긍정적 인식, 존재가치의 인정, 자기문화와의 융화 가능성에 대한 믿음, 문화융합이 자기집단에 이익이 될 수 있다는 기대감 등이 확고해진다. 이 단계에 이르면 문화융합이 실질적으로 구현되는 것으로 볼 수 있다.

이러한 전략들을 전담하여 추진해 나갈 조직의 리더는 CDO(Chief Diversity Officer)이다. 최근 심화되고 있는 글로벌 환경의 조성과 글로벌 조직 네트워크라는 구조 속에서 문화적 차이 극복과 다양성 관리를 위한 조직리더의 역할이 갈수록 중시되고 있다. 이러한 역할의 수행에는 전문성, 책임성, 독립성이 요구되므로 각 조직에서 CDO를 임명하여 다양성 관리라는 중요한 역할을 부여하는 일은 매우 바람직하다고 하겠다.

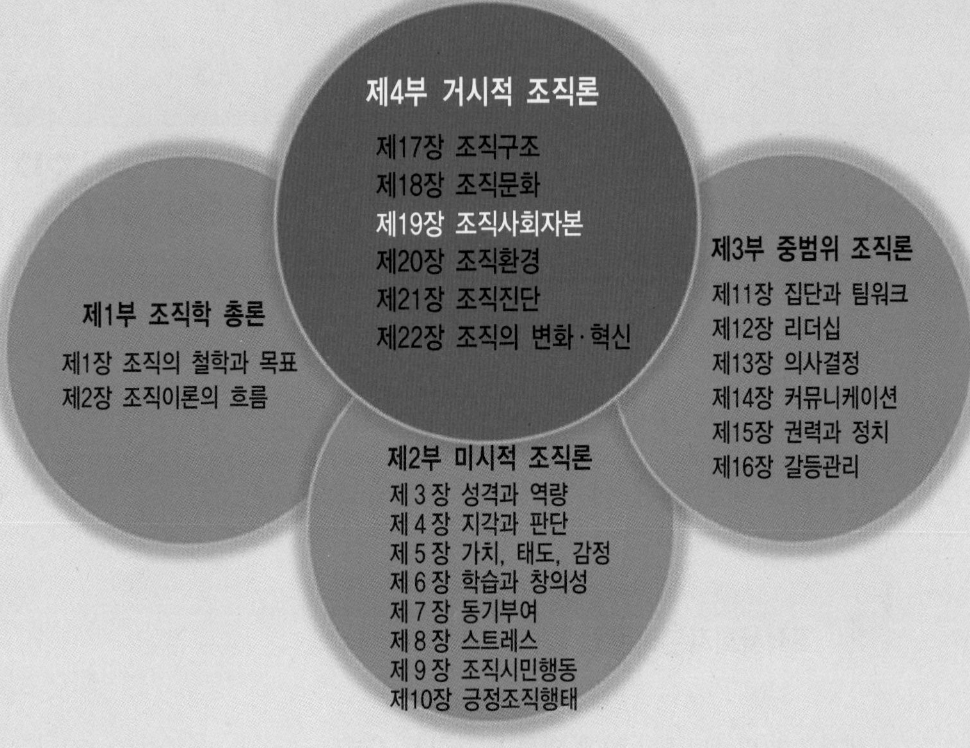
제4부 거시적 조직론
제17장 조직구조
제18장 조직문화
제19장 조직사회자본
제20장 조직환경
제21장 조직진단
제22장 조직의 변화·혁신
제1부 조직학 총론
제1장 조직의 철학과 목표
제2장 조직이론의 흐름
제3부 중범위 조직론
제11장 집단과 팀워크
제12장 리더십
제13장 의사결정
제14장 커뮤니케이션
제15장 권력과 정치
제16장 갈등관리
제2부 미시적 조직론
제 3 장 성격과 역량
제 4 장 지각과 판단
제 5 장 가치, 태도, 감정
제 6 장 학습과 창의성
제 7 장 동기부여
제 8 장 스트레스
제 9 장 조직시민행동
제10장 긍정조직행태

제19 장 조직사회자본
(Organizational Social Capital)

제1절 조직사회자본의 개념과 구성요소

1. 조직사회자본이란?

세계은행(World Bank)에 의하면 사회적 자본(social capital)이란 "사람들로 하여금 소망스러운 목적을 달성하도록 하는 행동의 조정을 가능하게 해주는 사회적 구조 속에 내재화된 규범과 관계"라고 정의하고 있다(Cohen & Prusak, 2001). Putnam(1993)에 따르면 사회적 자본은 사회조직의 특징과 관련된 것으로 사회구성원의 상호이익을 위해 조정과 협력을 가능하게 하는 것이라고 한다. Cohen & Prusak(2001)은 "사회적 자본이란 사람들 간의 능동적인 연계관계(connections)의 축적에 의해 이루어지는 것으로, 인간 네트워크와 공동체의 구성원들을 묶어주고 협력적 행동이 가능하도록 만들어주는 신뢰, 상호이해, 그리고 공유된 가치와 행동"이라고 규정하고 있다.

이러한 견해들을 종합하여 볼 때, 일반적으로 사회자본이란 공동체(시민사회) 내에서의 사람들 간, 집단간의 긍정적 관계로서 구성원(시민)들 간의 협력과 상호이익을 높여주는 연결구조이며, 그것으로부터 발생하는 가치와 자산이라고 정의할 수 있다. 이 개념을 조직에 적용한다면, "조직사회자본이란 조직 내·외부 구성원들 간의 결속과 협력을 원활하게 해주는 우호적 관계와 그 속에 함유된 가치와 자산"이라고 할 수 있다.

2. 조직사회자본의 구성요소

Coleman(1988)에 의하면 사회적 자본은 단일한 실체가 아니라, 보통 두 가지 이상의 요소가 포함된 다양한 복합체라고 한다(박희봉, 2002). 그러면 사회자본이라는 복합체는 어떤 요소들로 구성되어 있는가?

Putnam(1993, 1995)은 사회적 자본의 개념을 규정하면서 "상호간의 이익을 위해 조정 및 협동을 촉진하는 규범, 신뢰, 네트워크"라고 하였다. 즉, 사회적 자본은 기본적으로 구성원간의 공유된 규범, 상호간의 신뢰, 그리고 관계적 네트워크로 구성된다고 할 수 있다. 이와는 좀 다르게 Cohen & Prusak(2001)은 사회적 자본의 특징적 구성요소 또는 지표로서 높은 수준의 신뢰, 튼튼한 개인적 네트워크, 활발한 공동체, 공유된 이해, 평등한 참여의식 등을 들고 있다.

이들 중 공통적이면서 중요한 구성요소를 선별한다면 신뢰, 규범, 네트워크, 호혜성, 참여의 다섯 가지라고 할 수 있다. 이들 각 요소의 개념과 역할에 대해 살펴본다.

[그림 19-1] 조직사회자본의 구성요소

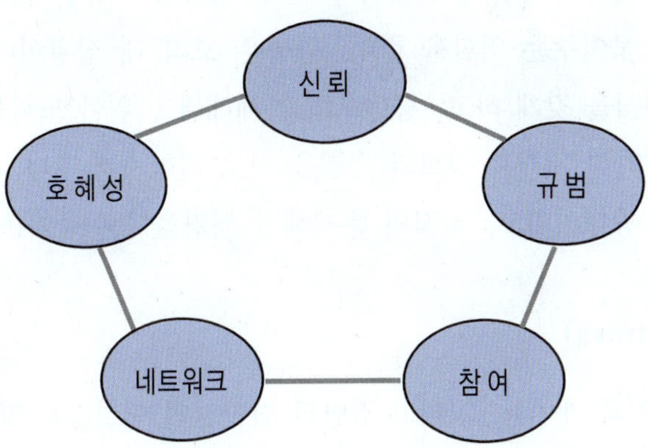

1) 신뢰(Trust)

신뢰는 상대방의 사고와 행동을 정신적으로 수용하는 자세를 말한다. 상대방이 배신할 위험성을 무릅쓰고 상대방에게 호의를 베푸는 태도로 정의한다(Lin & Burt, 2001; 김태룡, 2010: 506). 이는 두 사람 이상의 상호작용의 경험을 통해 형성된 대인관계로서 존경과 우의를 나타내는 관계라고 할 수 있다(박희봉, 2002).

신뢰는 지식・정보의 교류와 공유, 의사소통의 활성화, 활동에 대한 공동참여 등을 원활하게 하는 역할을 한다(박희봉, 2002). 신뢰가 없는 경우 자신이 가진 소중한 지식과 정보를 상대방과 공유하지 않을 것이다. 또 마음 놓고 자신의 의사를 표현하기 어려울 것이다. 특히, 불신이 존재하는 경우 상대방을 믿지 못하기 때문에 거래비용이 발생한다. 거래비용은 상대방의 진실성을 확인하기 위한 정보획득비용, 유리한 결과를 얻으려는 협상비용 등으로서 불신이 높을수록 증가한다.

2) 규범(Norm)

규범은 집단구성원간에 공유된 규칙이나 행동기준을 말한다. 규범은 집단의 구성원들에 의해서 적절하고 타당한 것으로 받아들여진 정신적 가치나 행동준칙이라고 할 수 있다.

규범은 조직에 대하여 공유된 인식이나 언어, 행동양식 등을 통하여 구성원을 정신적으로 하나로 묶어주는 역할을 한다. 규범은 조직 내 상황이나 사회적 상황에 대하여 공통된 인식을 갖게 하고, 공동으로 문제해결을 위한 노력을 하게 한다. 이 과정에서 각자가 가진 지식과 정보와 경험을 서로 결합시켜 준다. 이는 조직 내 지적자산의 축적을 증대시키고, 조직의 문제해결 역량을 높여준다(박희봉, 2002).

3) 네트워크(Network)

네트워크는 개인과 개인간, 그리고 집단과 집단간의 연결망을 말하며, 하나의 관계구조를 나타낸다. 여기에는 인간간의 휴먼 네트워크 뿐만 아니라, 가상적 공간을 형성시켜 주는 전자적 온라인 네트워크를 포함한다.

네트워크는 지식과 정보의 교환을 가능하게 하는 인간적, 물리적 통로로서의 역할을 한다. 아울러, 개인과 집단들을 서로 결속시켜 주는 관계망으로서의 역할을 한다. 개인과 집단은 네트워크를 통하여 서로 접근하고 접촉하며 신뢰를 쌓고 공통된 규범을 형성해 나가게 된다.

4) 호혜성(Reciprocity)

호혜성이란 서로 이익과 혜택을 주고받는 관계로서의 성격을 말한다. 사회적 관계가 성립하려면 공동이익을 추구할 뿐만 아니라, 각자의 이익을 구성원 간의 교환관계를 통해서 증진시킬 수 있어야 한다. 사회적 공동체나 네트워크에 가입하는 이유의 하나는 그런 결속체나 관계망이 자기이익을 추구할 수 있는 기회를 부여해 줄 수 있을 것이라고 기대하기 때문이다.

Polanyi는 호혜성에 대하여, 행정적 위계질서를 통한 재배분도 아니고 시장을 통한 교환도 아닌 제3의 원칙에 따른 교환이라고 하였다. 여기서 제3의 원칙이란 가치와 규범의 공유를 통한 교환이라고 규정했다(김태룡, 2010: 510).

호혜성은 구성원간의 연대성(solidarity)을 높이고 각 구성원의 만족감(satisfaction)을 제고해 준다. Claude Levi-Strauss에 의하면 호혜성이 높은 집단일수록 구성원간의 연대성이 더 높아진다고 한다. 호혜성은 집단 내의 적대감과 다툼을 감소시키고, 그 대신 연대감을 높이며, 동료와의 관계에 대한 만족감을 높여준다. 이는 공리주의적 자기이익의 추구와는 다른 경험을 부여하는 요소이다(김태룡, 2010: 512).

5) 참여(Participation)

사회집단의 목적 달성과 결속력 강화를 위해 공동체 활동에 대한 구성원의 참여는 필수적이다. 구성원들이 공동체나 조직에 무관심하고 활동에 참여하지 않는다면 공동체 또는 조직의 존재나 네트워크의 생존은 위협을 받게 될 것이다. 아울러, 공동체, 네트워크, 그리고 그 구성원이 추구하는 공동의 가치나 이익을 실현할 수 없을 것이다.

제2절 조직사회자본의 효용과 영향

1. 조직사회자본의 효용성

1) 지식 · 정보의 공유

지식과 정보의 획득에는 비용이 소요된다. 특히 표면으로 나타나지 않는 암묵지와 기밀성을 가진 정보는 그 획득이 매우 어렵다. 그런데 네트워크를 통해서 공동의 규범과 신뢰를 형성한 구성원간에는 그러한 숨은 지식과 정보를 보다 잘 교환할 수 있다. 이러한 지식과 정보의 공유 증대는 곧 조직 또는 집단의 지식력과 정보력의 축적을 가져올 수 있다(Serageldin & Grootaert, 2000).

2) 거래비용의 감소

거래비용이란 상대방과 거래를 할 때 발생하는 비용을 말한다. 여기에는 상대방의 진실성을 확인하기 위한 정보획득비용이나 거래를 유리하게 이끌기 위한 협상비용 등이 포함된다.

사회적 자본은 신뢰관계 형성을 통하여 이러한 거래비용을 감소시켜 주는 효과가 있다(Putnam, 1993; 박희봉, 2002; 김태룡, 2010: 513). 높은 신뢰가 이루어지는 사회적 관계 속에서는 서면계약으로 상세하게 규정할 수 없는 많은 세세한 부분에 대하여 명시적 또는 묵시적으로 합의하고 사후의 분쟁을 줄일 수 있다.

3) 협력과 조정의 증대

사회적 자본은 협력(collaboration)과 조정(coordination)을 증대시킨다(Serageldin & Grootaert, 2000; Cohen & Prusak, 2001; 박희봉, 2002). 사회적 네트워크 속에서는 개인간의 상호작용을 통해 서로의 업무와 도움이 필요한 사항에 대하여 잘 이해하고 있기 때문에 협력적 업무추진을 할 수 있다. 또한, 직무규범에 서로 공감하는 부분이 많기 때문에 상호 업무조정도 원활하게 이루어질 수 있다.

4) 이니시어티브와 창의성

Geoff Mulgan에 의하면 사회적 자본은 조직인의 이니시어티브와 창의성을 향상시킨다고 한다. 그에 의하면, 많은 기계적 직무들은 기계에 의해 보다 잘 수행되지만, 갈수록 많은 직무들이 조직인으로 하여금 이니시어티브를 쥐고 보다 창의적, 혁신적으로 일할 것을 요구하고 있다. 이러한 상황에서 업무의 사회적 모델은 학습(learning)과 업무(work)가 더 이상 분리되어 있지 않음을 말해주며, 이러한 학습은 다른 직원들과의 상호작용 속에서 잘 이루어진다고 본다(Cohen & Prusak, 2001).

5) 사회적 제재력

사회적 자본은 공동체 또는 조직 내・외부 구성원에 대한 제재력으로서의 기능을 갖는다. 즉, 네트워크 내 구성원간의 상호작용 과정에서 바람직하지 못한 행위가 발생할 경우, 사회적 자본의 요소인 규범을 통해서 이를 제재하는 효과를 갖는다. 공동체의 규범은 긍정적 행위를 조장하고 부정적 행위를 억제하는 역할을 한다(김태룡, 2010: 515).

6) 인적자원관리(HRM)에서의 효용

Krebs(2008)는 사회적 자본을 인적자원관리와 관련시켜 다음과 같이 그 의미와 효용성을 주장하고 있다.

> 지식경제사회에서는 **'컨텐트'**(content)만으로는 더 이상 충분하지 않다. 누구나 다양한 컨텐트에의 접근기회를 갖고 있다. 당신은 모든 사람이 알고 있는 것에 대해 경쟁력을 가질 수는 없다. 당신이 계층제의 상위레벨로 올라갈수록 개인적 역량에 있어서 경쟁력을 갖기는 더욱 어려워진다. 최상층부에서는 누구나 높은 스킬과 경험을 보유하고 있다. 모두가 비슷할 때에는 경쟁성을 갖기 어렵다.
>
> 새로운 경쟁력 요소는 **'컨텍스트'**(context)이다. 이는 내부적 또는 외부적 컨텐트를 어떻게 해석하고 결합하며 납득 가능하게 하고, 새로운 제품과 서비스로 변환시키느냐 하는 것이다. 이러한 경쟁력 있는 컨텍스트의 창조에는 사회적 자본(social capital)이 요구된다. **사회적 자본은 다른 사람들의 스킬**

과 지식과 경험을 찾아내고 활용하며 결합시키는 능력이다. 이러한 사회적 자본은 조직인들의 전문네트워크나 사업네트워크로부터 뽑아내어진다.

과거의 인적자원관리에서는 직원의 내부적 요소(within-employee factors)에 초점을 두었으나, 새로운 경쟁의 광야에서는 직원 사이의 **관계적 요소(between-employee factors)**에 초점을 두어야 한다. 구성원간 관계적 요소란 새로운 프로세스와 제품과 서비스를 창조해내기 위하여 서로 결합되는 연계관계(connections)를 의미한다. 사회적 자본은 종업원, 공급자, 규제자, 파트너, 고객 등 사람들 간의 CoP, 지식교류관계, 정보흐름관계, 이익집단, 사회적 네트워크, 그리고 새롭게 출현하는 다른 커넥션들을 포괄한다. 사회적 자본은 인적자본의 다양한 형태들을 연결하는 것이다. 네트워크 경제사회에서는 최고의 커넥션을 가진 자가 승리한다!

인적자본에 대한 효용성으로서 Krebs(2008)가 적시하고 있는 것을 보면, 보다 좋은 사회적 자본을 보유한 사람은 (i) 보다 나은 직장을 좀 더 빨리 찾아내고, (ii) 빨리 승진할 가능성이 더 높고, (iii) 협상을 보다 빨리 이루어내고, (iv) 소속팀의 성과를 높이며, (v) 보너스를 더 많이 받고, (vi) 팀원으로 하여금 보다 창의적인 해결책을 만들어내게 하며, (vii) 조직의 환경과 시장에 관해 보다 빨리 학습한다.

2. 사회자본의 사회경제적 영향

사회적 자본은 국가나 사회 전체에 대하여 긍정적 영향을 미칠 수 있다. 사회적 자본이 국가의 경제성장, 사회적 형평성의 제고, 빈곤탈출 등에 도움을 준다는 연구결과들이 많이 제시되고 있다. Arrow(2000)에 의하면, 사회적 네트워크와 신뢰가 경제성장을 증진시킨다는 사실에 대한 지속적인 연구가 경제학자들에 의해 많이 이루어졌다. 그리고 Serageldin & Grootaert(2000)도 사회적 자본이 결여된다면 사회가 붕괴될 수 있으며, 경제적 성장이나 환경보호, 복지사회 건설 등이 어려워질 수 있다고 주장한 바 있다(박희봉, 2002).

사회적 자본이 풍부하게 축적된 사회일수록 그렇지 못한 사회보다도 경제성장이나 사회발전이 더 잘 될 수 있다는 논리적 근거는 명확하다. 사회적 자본이란 한 공동체 사회(시민사회, 지역사회 등)의 신뢰적, 우호적, 협력적 관계이기 때문에 당연히 시민간 결속과 협동이 증대할 수밖에 없다.

3. 사회자본의 부정적 영향

1) 폐쇄성(closed community)과 접근제한

대개 좁은 범위의 공동체 또는 네트워크의 경우에는 목표와 규범이 다른 외부인의 접근을 제한하는 경향이 있다. 이러한 폐쇄성은 공동체 내부 구성원간의 결속력은 강화시켜 주지만 외부인에 대한 장벽이 될 수 있다(Portes, 1998; 김태룡, 2010: 517). 이러한 폐쇄성은 다수에게 기회를 개방하지 않음으로써 보다 다양한 지식, 정보, 견해 및 능력을 유입시키지 못하는 문제가 있다. 또, 당해 공동체의 규범이나 이념에 대한 사회일반 또는 조직일반의 지지기반을 협소화하여 공동체의 정당성을 약화시킬 수 있다.

2) 동조성(conformity)과 사적 자유의 제한

공동체 또는 네트워크에 참여하는 구성원들은 공동의 규범이나 상호간의 견해에 서로 동조하는 경향을 갖게 된다. 동조성이 너무 강조되면 구성원에 대한 통제력은 강해지지만, 개인의 선택이나 행동을 제한하게 된다(Portes, 1998; 김태룡, 2010: 518).

3) 제한된 결속력(bounded solidarity)과 주류사회와의 적대적 관계

네트워크의 강점 중 하나는 구성원간의 결속력을 강화할 수 있다는 것이다. 그러나 좁은 범위로 제한된 결속력은 주류사회 또는 모체조직에 대한 적대감이나 반발을 가져오는 요인이 될 수 있다. 또한, 뛰어난 구성원의 우수한 역할에 대해 거부감을 표출하기도 한다. 이는 공동체의 규범과 구성원의 역량을 하향 평준화하는 문제를 가져올 수 있다(Portes, 1998; 김태룡, 2010: 519-520).

4) 집단사고(group thinking)와 혁신 저해

공동체는 동일한 목표와 규범을 가진, 그리고 서로 신뢰하는 사람들로 구성되어 있으므로 집단적 사고가 강하게 작용할 수 있다. 집단적 사고란 자기집단의 주장이나 견해가 항상 옳을 수 있으며, 만장일치를 통하여 의사결정을 하고, 단합된 행동을 할 수 있다는 생각을 말한다. 이러한 사고는 다양한 견해와 지식을 무시할 가능성이 있고, 자기오류에 빠질 수도 있으며, 당해 집단에 흐르고 있는 가치, 규범, 규칙, 문화 등에 몰입되어 새로운 사고나 혁신을 방해할 수 있다(Coleman, 1988; Nahapiet & Ghoshal, 1998; 김태룡, 2010: 517).

제3절 조직사회자본의 생성촉진 요인과 결과

1. 조직사회자본의 생성촉진 요인

1) 개인특성 요인

Coleman(1988)은 개인적 특성 요인들이 사회적 자본의 생성과 축적에 영향을 줄 수 있음을 주장하고 있다. 그에 따르면, 사회자본은 지역단위뿐만 아니라, 개인 또는 가족단위에 따라 그 생성 및 축적의 수준이 다르다고 한다.

국내 연구에서도 조직의 사회자본 생성과 축적에는 개인의 사회경제적 배경변수들이 영향을 미치는 것으로 분석되었다. 박희봉(2002)의 실증적 연구에 의하면, 성별, 연령, 학력, 직급, 근속기간 중 직급이 신뢰, 규범, 그리고 네트워크에 통계적으로 유의한 영향을 미치는 것으로 나타났다. 직급이 올라갈수록 사회자본 형성에 기여하는 바가 큰 것으로 분석되었다. 이는 직급이 높을수록 조직에서 혜택을 많이 받고, 의사결정에 많이 참여하며, 정보공유도 많기 때문이라고 해석되었다.

2) 그룹활동 요인

사회자본은 일단의 그룹과 그 활동의 정도에 의해 생성·축적될 수 있다. 한 지역의 사회자본은 그 지역 내 사회단체의 존재와 활동의 빈도에 의해 결정된다고 한다(Putnam, 1993). 구체적인 변수들을 예시한다면, 그룹의 수와 종류, 단체에 대한 시민의 가입과 참여 정도, 사회적 네트워크의 성격(수직성 또는 수평성), 네트워크의 배타성 정도, 그룹에서의 활동시간 등을 들 수 있다(박희봉, 2002).

이러한 단체적 접근을 조직에 적용해 볼 때, 한 조직의 사회자본 생성과 축적 수준은 조직 내부 및 조직과 연결되는 외부자 사이에서의 자생적 집단의 발생 수, 그 활동 정도, 그리고 온라인 소셜 네트워크(OSN: on-line social network)의 구축 등에 의해 영향을 받을 수 있다. 한 조직에서의 사회적 네트워크는 결국 자연스러운 휴먼 네트워크(human network)로서의 자생집단과 가상적 네트워크로서의 온라인 소셜 네트워크라고 할 수 있다. 이러한 네트워크를 얼마나 많이 구축하고(네트워크 수), 얼마나 많은 가입자가 있으며(가입자 수), 얼마나 빈번하게 접촉하면서 얼마나 적극적으로 활동하고 있는가(활동 빈도) 등이 조직 내 사회자본의 생성촉진 요인들이라고 할 수 있겠다.

3) 인식 · 행태 · 문화요인

조직 내 사회적 네트워크의 활동 및 그 결과에 대해 조직구성원들이 어떻게 인식하는가(긍정, 부정, 무관심), 그에 대한 조직구성원들의 적응행동이 어떤 양상으로 나타나는가(지지, 반발, 회피), 조직 내에 어떤 유형의 문화가 형성되어 있는가(개방문화 vs 폐쇄문화, 신뢰문화 vs 불신문화) 등의 요인도 중요하다. 조직 내 소셜 네트워크에 대한 조직구성원의 인식이 긍정적일수록 사회자본 형성에 좋은 영향을 미칠 것이다. 조직 내 사회적 활동에 대하여 구성원이 지지하는 반응행동은 반발 또는 회피하는 행동에 비하여 사회자본 생성을 더욱 잘 촉진하게 될 것이다. 나아가, 개방적 조직문화가 폐쇄적 조직문화에 비하여, 그리고 신뢰문화가 불신문화에 비하여 사회자본의 축적을 더욱 높이게 될 것이다.

4) 제도적 요인

조직의 사회자본 생성과 축적에 영향을 주는 제도적 요인으로는 그룹활동 허용제도, 보상제도 등을 생각해 볼 수 있다. 공식적 조직에서 제도적으로 그룹활동과 그에 따른 사회자본의 생성을 얼마나 허용하는가, 사회적 네트워크에서의 활동으로 구성원이 얼마나 이익을 얻을 수 있는가 하는 요인이 중요할 수 있다. 이러한 제도적 요인이 잘 보장될수록 조직 내 사회자본의 축적수준이 높아질 것이다.

[그림 19-2] 조직사회자본의 생성촉진 요인

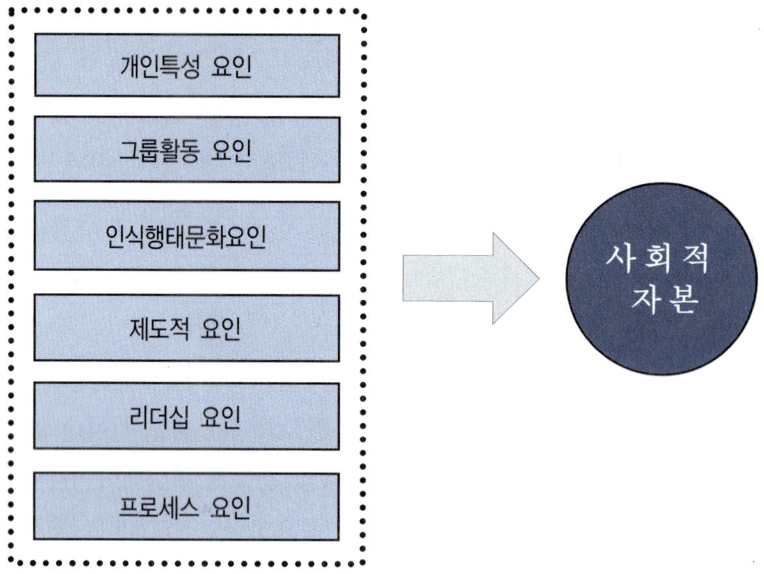

5) 리더십 요인

조직의 상위관리자들이 사회자본의 축적을 유도할 수 있는 리더십(융합적 리더십)을 얼마나 잘 발휘하는가, 얼마나 정신적 · 심리적 측면(지지 · 격려)과 실질적 측면(인사 · 재정 · 정보 등 자원)에서 적극적으로 지원하는가 등의 요인도 상당히 작용할 것이다. 조직의 리더들이 융합적 리더십을 강하게 발휘할수록, 공동체 활동에 대한 지지 및 격려를 강하게 보내줄수록, 인사 · 재정 · 정보 등 자원 측면에서 적극적으로 지원해 줄수록 조직사회자본은 더욱 탄탄하게 생성 · 축적될 수 있을 것이다.

6) 프로세스 요인

조직의 의사결정과정이 얼마나 민주적 · 분권적으로 이루어지는가, 업무수행 프로세스가 얼마나 개인간 · 집단간에 상호 연계적으로 이루어지는가 하는 것도 중요하다. 의사결정의 절차적 민주성과 업무과정의 주체간 연계성이 높을수록 조직사회자본 축적에 긍정적인 영향을 미칠 것으로 생각된다.

최근의 실증적 연구사례인 이진만(2013)의 분석결과를 보면, 공공조직(S공사)과 사조직(H건설)의 경우 의사소통, 리더십, 조직문화 등 요인이 조직사회자본의 형성과 축적에 영향을 주는 것으로 나타났다. 자유로운 의사소통, 변혁적 리더십, 그리고 집단문화 등은 조직사회자본 생성에 긍정적 영향을 주는 것으로 분석되었다.

2. 사회자본 축적과 지적자본 형성

위에서는 어떤 요인이 사회자본의 생성 및 축적에 영향을 주는지에 관하여 살펴보았다. 이제 여기서는 이렇게 생성된 사회자본이 지적자본이나 조직효과성 등 결과변수에 어떤 영향을 주는지 살펴보고자 한다.

1) 사회자본이 지적자본에 미치는 영향

Krackhardt(1992)와 Burt(1992)에 의하면, 조직사회자본의 구성요소 중 네트워크(network)는 조직구성원으로 하여금 지식교환과 학습활동에의 참여를 활성화시켜 줌으로써 지적자본을 증대시켜 줄 수 있다고 한다(박희봉, 2003). 그것이 가능한 이유는 구성원들은 네트워크라는 통로와 공간을 통하여 지식 교환 및 공유를 보다 쉽게 할 수 있으며, 또 구성원들끼리 모여서 수행하는 집단적 학습 시스템을 보다 용이하게 구축할 수 있기 때문이다.

Misztal(1996)에 따르면, 신뢰(trust)는 지식의 공유와 창출을 도와준다. 사람들은 상대방을 신뢰할 수 있을 때 자신이 가진 지식과 정보를 남에게 잘 나누어 준다. 그리고 신뢰로 인한 응집력이 클수록 지식창출을 위한 자유로운 토론과 브레인스토밍 등 활발한 지식창조 활동을 하게 된다.

Boland & Tenkasi(1995)에 의하면, 규범(norm)은 공유된 언어와 행동양식을 통해 사회나 조직에 대한 인식의 공유를 가능하게 해준다. 이러한 인식공유는 지식의 결합과 축적에 기여할 수 있다(박희봉 외, 2003). 이는 아마도 조직에서 중시되는 규범이 무엇이며, 현재 어떤 문제가 존재하고, 어떤 해결책이 필요한지를 서로 공감하기 때문에, 그에 필요한 지식과 정보를 집중적이고 다각적으로 탐구하게 해주기 때문일 것으로 해석된다.

2) 지식자본의 사회자본 축적에의 기여

Brown & Duguid(1991), 박희봉 외(2003) 등은 지식자본이 사회자본 형성에 기여한다고 본다. 첫째, 구성원간에 지식과 정보를 교환하고 공유하는 회수가 많아질수록 신뢰가 두터워질 수 있다. 둘째, 지식교환과 학습을 위한 만남의 빈도가 증가할수록 서로 인식이나 가치에 대한 공유정도가 높아지며 결국은 규범까지 공유하게 될 것이다. 셋째, 지식과 정보를 교환하는 참여자가 많아질수록 보다 폭넓은 지식 네트워크를 구축하게 되며, 이에 따라 지식 외의 자원도 상호교환하는 사회적 네트워크의 확대를 가져오게 될 것이다.

3. 조직사회자본과 조직성과

조직의 사회자본이 궁극적으로 조직성과의 제고에 기여한다는 여러 학자들의 연구가 존재한다. 조직사회자본은 구성원간의 협력 증진, 문제해결 역량의 향상, 응집성 제고 등을 통하여 조직의 생산성과 효과성을 높여줄 수 있다.

첫째, 사회적 자본은 조직의 협력적 시스템을 강화하여 조직의 성과를 높일 수 있다(Cohen & Prusak, 2001). 네트워크를 통해 구성원간에 신뢰가 쌓이면 협력적 분위기가 조성된다(Nahapiet & Ghoshal, 1998; 박희봉 외, 2003). 호혜성이 높아지면

[그림 19-3] 조직의 사회자본과 성과 간의 관계

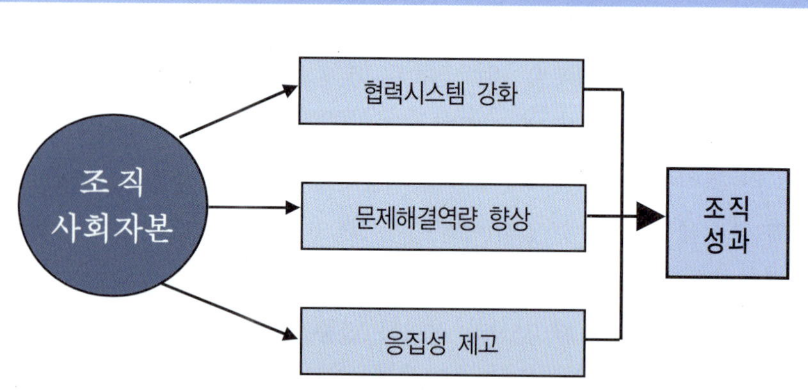

상호협력하여 집단이익을 추구할 동기가 발생하므로 공동의 노력을 더욱 기울이게 된다. 이러한 협동적 노력은 조직의 시너지를 강화하고 궁극적으로 조직의 성과달성도를 높이게 한다.

둘째, 조직사회자본은 조직의 문제해결 역량 향상을 통해 조직의 성과를 높일 수 있다. 사회적 자본은 네트워크와 신뢰를 통해 문제해결에 유용한 지식과 정보를 보다 많이 교환·공유·창출하게 해준다. 그리고 조직학습을 증대시켜 주기 때문에 조직의 문제해결 역량과 조직의 성과를 높여줄 수 있다(박희서·김구, 2002; 박희봉, 2002, 2003).

셋째, 조직사회자본은 구성원간의 응집성 제고를 통해 조직의 성과를 향상시킬 수 있다. 사회적 네트워크 내에 존재하는 규범은 구성원간에 공통된 정신적 가치와 아이덴티티를 부여해 주고, 이를 통해 동질감을 갖게 해주므로 구성원간의 응집성이 높아진다. 응집성이 강화되면 구성원의 사기와 만족감이 상승하고, 책임의식과 '우리'(We)라는 공동체 의식이 높아지며, 잔류율도 높아져서, 궁극적으로 조직의 성과 제고에 기여하게 된다.

여러 실증적 연구에서도 사회적 자본이 조직성과에 긍정적 영향을 준다는 사실을 보여주고 있다. 예컨대, 박희봉 외(2003)의 연구에서는 신뢰, 네트워크, 규범이라는 독립변수들이 조직관리, 성과지향성, 동기부여 등 조직성과 변수들에 대하여 통계적으로 유의한 긍정적 효과를 가져오는 것으로 분석하고 있다.

제4절 조직사회자본의 철학과 새 이론

1. 조직사회자본의 철학-동반자·공유 철학-

조직사회자본은 한 마디로 구성원간의 좋은 상호관계를 기반으로 하는 관계적 자산이다. 그리고 이러한 관계적 자산이 구성원 모두의 이익과 행복, 나아가서 조직의 성과를 위해 긍정적 역할을 하기 때문에 그것이 구성원들과 조직에게 소중한 요소가 되는 것이다.

조직사회자본은 동반자 관계의 구축을 지향한다. 사회자본 형성을 지향하는 구성원들은 같은 목표를 향해 공동의 전략을 가지고 서로 협력하고 어우러져 활동을 하게 된다. 이때의 동반자 관계는 집단 네트워크 내 구성원간의 관계이기도 하지만 조직과의 관계이기도 한다. 집단 네트워크 내 구성원간의 협력관계 뿐만 아니라 조직 자체와의 협력관계 역시 중시되어야 한다.

사회자본이 활발하게 형성되고 구성원과 조직에 긍정적 영향을 가져오게 하려면 구성원간에 공유정신이 강하게 형성되도록 해야 한다. 무엇보다 '우리'(We)라는 공동체 의식을 기반으로 해야 한다. 그리하여 하나의 운명공동체라는 생각을 바탕으로 공동규범을 세우고 공동이익을 추구해야 한다. 서로가 추구하는 가치가 같으며 서로에게 이익이 되어야 한다. 가치와 이익을 공유하는 것이다. 그리고 이는 도덕성에 기반을 두어야 한다. 즉, 도덕적 공동체, 도덕적 공동규범, 도덕적 공동이익을 추구해야 한다.

2. 새 조직사회자본이론 탐색 I: 조직사회자본의 3C3P이론

여기서는 조직 내 사회자본의 건전하고 지속가능한 형성과 축적을 가져올 수 있는 조건과 관련하여 새로운 이론을 탐색해 본다. 즉, 사회자본의 성공조건이론을 모색해 본다. 본 저자는 사회자본의 지속가능한 성공조건의 모델이 될 수 있는 하나의 탐색적 이론으로 3C3P이론을 제시한다.

3C3P는 조직사회자본의 핵심적 성공조건을 나타내는 이니셜(initial)들이다. 3C3P라는 6가지의 본질적 조건이 잘 충족되어야만 조직 내 사회자본의 형성과 축적이 성공적이고 지속적으로 이루어질 수 있다. 여기서 3C는 공동체 의식(Community Consciousness), 공통 복지와 행복(Common Welfare and Happiness), 협력적 상호관계(Cooperative Reciprocity)를 나타내며, 3P는 파트너십과 공유(Partnership & Sharing), 개인간 동의(Person-to-Person Agreement), 실질적 활동(Practical Activity)을 나타낸다.

이 이론모형은 사회자본에 대한 인식을 나타내는 인지모형(cognitive model)이며, 사회자본의 지향성을 제시하는 정신모형(mental model)이고, 사회자본의 연결관계를 보여주는 구조모형(structural model)인 동시에, 공동체 프로세스를 나타내는 과정모형(process model)이며, 사회자본 축적활동을 강조하는 행동모형(action model)으로서의 성격을 갖는다. 아래에서는 6가지 성공조건에 관해 각각 살펴본다.

[그림 19-4] 조직사회자본의 3C3P 모형도

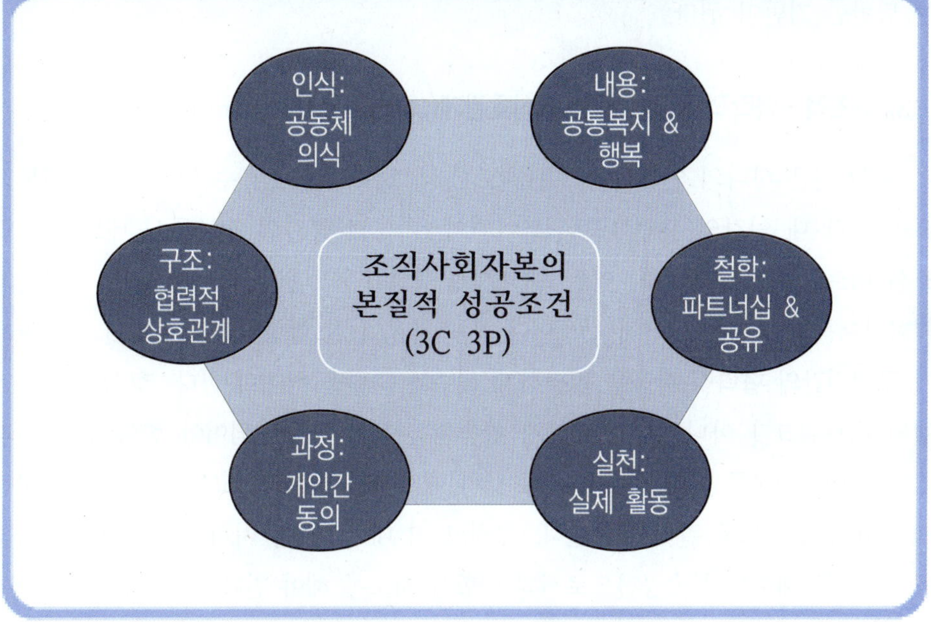

1) 인식적 조건: 공동체 의식(Community Consciousness)

조직사회자본의 기본적 컨셉(concept)은 공동체 의식이다. 집단 네트워크에 속하는 구성원들은 '우리'(We)라는 공동체 의식을 가져야 한다. 집단이 성공하면 함께 성공하는 것이며, 실패하면 같이 실패하는 것이라는 인식이 요구된다. 그리하여 편협한 개인적 가치나 이익을 우선시하기보다 집단전체의 가치와 이익을 중시해야 한다. 그리고 그 결과는 나누어 갖게 되는 것이다.

2) 내용적 조건: 공통 복지와 행복(Common Welfare & Happiness)

조직사회자본이 잘 형성되고 축적되려면 그 존재가 서로에게 이익이 되고 혜택이 있어야 한다. 집단의 일원이 됨으로써 무언가 얻는 것이 있고 서로에게 도움이 된다는 호혜적 복지와 행복이 존재할 때 구성원의 소속감도 높아지고 함께 협력하게 된다. 공동체이므로 공동이익의 존재가 중요하고, 그것을 균형 있게 향유할 수 있어야 한다. 호혜성이 존재하면 상호신뢰가 증진된다. 상호신뢰는 집단이나 다른 구성원이 자신의 이익을 저해하기보다는 증진시킨다는 궁극적인 믿음이 있을 때 형성된다. 추상적인 믿음은 사상누각이며 공통이익은 신뢰가 지속적으로 유지되게 만드는 탄탄한 기반이 된다.

3) 구조적 · 맥락적 조건: 협력적 상호관계(Cooperative Reciprocity)

사회집단은 하나의 연계적 상호관계로서 네트워크라고 할 수 있다. 이는 기본적으로 인간 대 인간의 휴먼 네트워크이면서, 가상적 공간인 정보통신 네트워크 및 소셜 네트워크이기도 하다. 이는 구성원과 구성원간의 관계적 구조이며, 서로간의 역학관계를 나타내는 맥락적 구조이다. 사회자본이 잘 형성되려면 이러한 상호관계가 구성원간의 협력적 작용을 원활하게 해주는 역할을 하여야 한다. 형식적으로 연결된 네트워크가 아니라, 밀도 있게 활용되는 네트워크가 되어야 한다. 구성원과 리더는 네트워크를 통해 흐르는 상호간의 메시지가 긍정적, 고무적, 협력적, 지원적인 내용이 되도록 관리해야 한다. 그리고 이 네트워크는 지식, 정보, 아이디어를 공유하도록 해주는 학습공간으로서의 역할을 하도록 해야 한다. 아울러, 이 공간은 의견과 주장을 나누고 협의 및 갈등조정을 가능하게 하는 담론의 장이 되어야 한다.

4) 철학적 조건: 파트너십과 공유(Partnership & Sharing)

조직사회자본이 지향해야 할 정신적 가치이자 사고기준은 파트너십과 공유철학이다. 구성원들은 모두가 동반자로서 같은 목표를 향해 공동의 전략을 가지고 서로 협력해야 한다. 그리고 가치와 이익을 공유하는 정신을 갖고 공동규범을 세우고 공동이익을 추구해야 한다. 동반자로서의 사고와 가치 · 이익의 공유의식이 약화되어 각자의 길을 가게 되면 집단의 네트워크 및 응집성도 깨질 우려가 있다. 그러나 모든 가치 · 이익의 추구가 집단공유라는 명분으로 정당화되어서는 안 된다. 동반자적 사고와 공유정신은 도덕성에 기반을 둔 것이어야 한다. 또한, 조직전체의 존립목적과 지향성에 반하는 가치와 이익을 추구하는 것도 수용될 수 없다. 구성원간의 관계에서 뿐만 아니라, 조직과 사회집단간의 관계에서도 파트너십과 가치공유가 이루어져야 한다.

5) 과정적 조건: 개인간 동의(Person-to-Person Agreement)

사회집단 네트워크에 속하는 개인간의 관계는 동반자 관계인 동시에 사회적 계약 관계로 보아야 한다. 네트워크에의 소속 여부는 자유의사에 따른 것이고, 참여는 자발적인 것이 되어야 한다. 자유의사에 따른 아이덴티티(identity)와 참여의 자발성은 진실한 공동체 의식과 동반자 정신을 높여 줄 수 있다. 강제성은 네트워크의 실패요인이 될 수밖에 없다. 그리고 모든 공동의 프로세스에서는 개인 대 개인간의 협의와 동의가 이루어져야 한다. 구성원들은 다른 사람들과 상호협의하고 스스로 동의한 사안에 대하여 잘 수용하며 높은 성취를 보이게 된다.

6) 실천적 조건: 실질적 활동(Practical Activity)

사회집단 네트워크가 활성화되고 조직사회자본의 형성 및 축적이 지속적으로 이루어지기 위해서는 구성원의 실제 활동이 필수적이다. 참여는 구성원의 궁극적인 활동이며 행동이다. 적극적인 참여와 활동이야말로 조직사회자본의 실천적인 행동 모델이다. 구성원의 활발한 참여는 네트워크를 확장시키며, 사회집단의 활동 증대를 통해 그 자산적 가치를 증가시켜 준다. 참여와 활동은 공동체 의식과 동반자적 사고가 구성원에게 존재하고, 호혜성 · 공동이익 · 자발성 등이 사회집단에 의해 보장될 때 증진될 수 있을 것이다.

3. 새 조직사회자본이론 탐색 II: 조직사회자본의 확산이론

사회적 자본의 치명적인 약점은 공동체 이기주의(communal egoism)의 문제이다. 공동체, 즉 자기집단에 속한 사람들은 자기들끼리 나누어 갖는 호혜적 이익을 주로 강조한다. 외부집단의 가치와 이익에 대한 배려가 부족해질 위험성을 내포하고 있다. 또한, 집단사고와 배타주의에 빠져 다른 공동체나 조직전체의 지향점과 사고를 도외시할 우려가 있다.

사회집단이 공동체 이기주의, 집단사고, 배타주의 등의 문제에 따른 자기축소의 위험성을 벗어나려면 좀 더 확산적인 전략을 추구할 필요가 있다. 여기서는 사회집단의 확산적 전략을 이론적으로 지지해 주기 위하여 조직사회자본의 확산이론(Diffusion Theory of Social Capital)을 전개해 본다. 이 확산이론은 사회집단이 그 규모와 범위 및 활동을 확대함으로써 조직사회자본을 더욱 충실하게 형성·축적하고 지속적으로 유지하기 위한 전략적 원리를 제시하는 데 그 목적이 있다.

여기서는 조직사회자본 확산의 원리로서 6가지를 제시한다. 기본모형으로는 이 책의 조직구조론에서 소개한 바 있는 조직 동심원의 원리를 적용한다. 동심원의 원리는 사회집단의 핵심부로부터 제1차 주변부, 제2차 주변부로 점차 그 범위와 세력을 확대해 나가는 과정을 나타낸다. 아래에서 6가지 구체적인 확산원리를 살펴본다. 그 내용은 (i) 네트워크 범주 확대, (ii) 구성원의 다양성 제고와 포용, (iii) 합리적, 시스템적 사고, (iv) 이익균형과 확장적 호혜성, (v) 거대 담론, (vi) 공동체 차원의 성찰과 피드백 등이다.

[그림 19-5] 조직사회자본의 확산 모형도

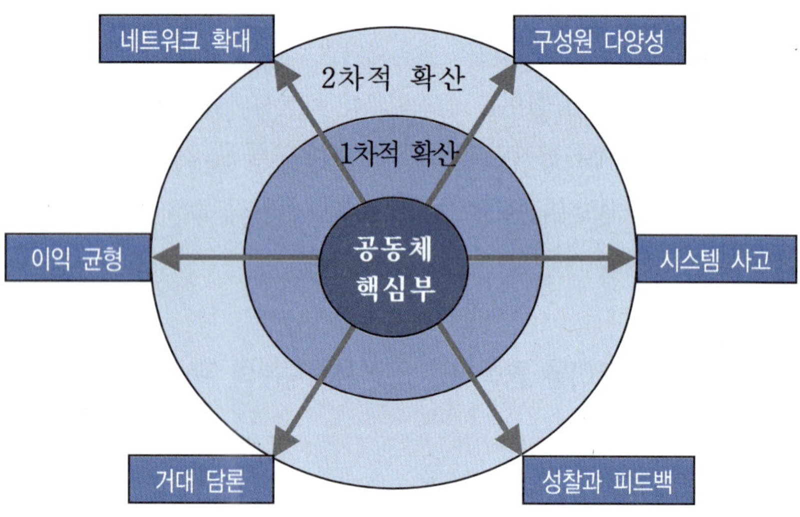

1) 원리 1. 네트워크의 범주 확대

네트워크의 범주를 협소한 '내 집단'의 한계를 넘어서 확대해야 한다. 공동체에는 핵심부와 주변부가 있고, 그 외부에 여러 집단들이 존재한다. 하나의 공동체로서의 사회집단은 핵심부와 그 주변부를 의미한다. 그런데 이러한 사회집단은 특정한 이념, 이익, 취미, 공동관심사 등을 중심으로 좁게 구성되는 경우가 많다. 그리고 이렇게 협소한 집단이 배타성과 폐쇄성을 가지고 자신들의 편협한 가치와 공동이익만을 추구하는 문제가 나타날 수 있다. 심지어 그룹의 가치와 이익의 추구가 다른 개인이나 집단의 보편적 이익을 저해할 수도 있다. 따라서, 이러한 편협성을 탈피하고 보다 광범한 가치와 이익의 추구를 위해 당해 사회집단의 역할범위를 넓힐 필요성이 제기된다. 즉, 사회집단 구성원들을 연결하는 네트워크의 범주를 확대할 필요가 있다. 네트워크의 범위가 확대되면 여러 측면에서 사회집단의 스펙트럼이 넓어진다. 구성원의 참여범위, 반영되는 사고 · 견해 · 아이디어, 그 결과로서의 공동이익의 범위 등이 확대될 것이다.

2) 원리 2. 구성원의 다양성 제고 및 포용

공동체에 가입 및 참여하는 구성원의 다양성을 제고하며 포용의 원칙을 준수해야 한다. 물리적, 가시적인 네트워크의 확대와 함께 질적, 비가시적으로 네트워크에 참여하는 구성원의 이념, 사고, 태도, 사회적 배경 등의 다양성을 추구하는 것도 매우 중요한 일이다. 즉, 다양한 속성과 배경을 가진 사람들을 많이 가입시키고 그들의 색다른 사고방식, 견해, 지식, 아이디어 등을 수용하는 집단운영이 요구된다. 특히, 다양성에 대한 포용(magnanimity)이라는 원칙이 매우 중시되어야 한다. 각 구성원이 갖는 차별성과 고유성을 인정하면서도 공통적인 가치와 이익을 도출해 내야 한다.

3) 원리 3. 합리적, 시스템적 사고

집단사고(group thinking)를 벗어나서 합리적 사고와 시스템 사고를 함양해야 한다. 자신들의 지향성과 사고만이 옳다는 집단사고를 자제하고 바람직한 가치와 객관적인 논리에 입각한 합리적 사고(rational thinking)를 해야 한다. 그리고 자기집단의 상황이나 입장만 생각하는 편협한 사고를 벗어나서 조직전체, 나아가서 사회전체의 상황과 입장 및 자기집단의 영향을 종합적으로 생각하는 시스템 사고(system thinking)를 가져야 한다.

4) 원리 4. 이익균형과 확장적 호혜성

구성원간, 하위그룹간 이익의 균형을 실현하여 호혜성의 범위를 확대하고, 외부의 개인과 집단에게도 혜택을 제공해야 한다. 사회집단 내 개인과 하위그룹이 집단 내에서 이익의 균등한 배분이 이루어지지 않는다고 생각하는 경우에는 구성원간의 신뢰와 협력이 깨질 수 있다. 따라서, 사회집단 내 개인간, 하위그룹간 균형 있는 호혜성의 유지는 매우 중요한 원칙이 되어야 한다. 나아가서, 사회집단이 고립되지 않고 그 포용범위와 실질적 세력의 확대를 위해서는 집단외부의 개인과 그룹에게도 혜택을 제공하는 확장적 호혜성(expanded reciprocity)을 구현할 필요가 있다.

5) 원리 5. 거대 담론(Mega Talk)

사회집단 내부 구성원은 물론 외부의 다양한 개인 및 그룹과 폭넓은 대화를 해야 한다. 광범한 담론(talk and discussion)은 사회집단의 협소한 지향성, 가치기준, 사고방식, 그리고 이익의 범주 등을 넓혀줄 수 있다. 이러한 요소들의 지평을 확대하지 않으면 당해 사회집단은 그 폐쇄성과 집단중심주의로 인하여 내・외부의 비판에 내몰리고 지지를 잃을 수 있다. 따라서, 내・외부의 구성원과 그룹의 자유로운 발언, 의견표명, 깊은 토론, 심지어 '악마의 주장'(devil's advocacy)도 허용해야 한다.[1)]

6) 원리 6. 공동체 성찰 및 피드백

하나의 그룹으로서의 공동체는 집단적 차원의 자기성찰(self reflection)을 실천해야 하며, 내・외부자에 의한 피드백(feedback)을 철저히 받아야 한다. 사회집단은 폐쇄성을 갖고, 자신들만의 공동이익을 추구하며, 집단사고를 벗어나지 못하는

1) '악마의 주장'이란 조직 또는 집단의 의사결정 과정에서 주도적 주체와는 반대편에 서있는 개인 또는 그룹이 신랄한 비판적 견해와 태도를 표출하는 것을 말한다. 이는 의사결정 주도세력과는 상반된 견해와 비판을 의사결정 이전에 제시해 줌으로써 잘못된 의사결정에 의해 초래될 수 있는 위험성을 방지해 주는 효과가 있다.

등의 문제를 노출하기 쉽다. 사회집단의 구성원들은 공동체로서의 자기집단에 대한 자아인식과 자체평가를 상시적으로 수행해야 한다. 자신을 포함한 사회집단이 어떤 모습을 보이고 있는지 늘 진단 · 평가하면서, 부정적 요소가 있다면 이를 인지하고 그 원인을 파악하는 노력을 기울여야 한다. 나아가, 조직 내 · 외부의 다른 구성원들을 거울(mirror)로 생각하고 피드백을 받아야 한다. 편협하고 집중적인 집단이익(group interest)의 추구가 그 공동체에 속하지 않는 다른 구성원의 보편적인 일반이익(general interest)을 침해하지 않는지 되돌아보고 그런 측면이 있다면 반성 · 수정해야 한다. 공동규범에 맞지 않는 활동이나 태도를 개선하는 단일순환고리 학습(SLL: single loop learning)은 물론, 공동규범 자체가 보편적 윤리에 어긋나지 않는지를 늘 재평가하고 그런 요소가 있다면 수정 · 개선 · 혁신하는 이중적 순환고리 학습(DLL: double loop learning)을 상시화하여야 한다.

제20장 조직환경
(Organizational Environment)

제1절 조직환경의 개념, 영역, 구도

1. 조직환경이란?

조직환경(organizational environment)이란 조직을 둘러싸고 있으면서 조직에 영향을 미치는 일련의 세력 또는 조건들을 말한다. Daft(1992)에 의하면, 조직환경은 조직의 전체 또는 부분에 영향을 미칠 수 있는 잠재력을 가진 조직경계 외부의 모든 요소들이라고 정의하고 있다.

조직에는 내부적 요소들(internal factors)과 외부적 요소들(external factors)이 있다. 내부적 요소들로는 조직의 목표, 구조, 기술, 전략, 권력 등이 있는데, 이러한 요소들은 조직외부에 영향을 미친다. 반대로, 조직외부의 다양한 요소들(예: 경쟁조직, 고객, 시장, 기술변화, 지역사회, 문화 등)도 조직에 영향을 미치는데, 이러한 외부적 요소들이 바로 조직의 환경이다.

시스템이론에서 논의한 바와 같이 조직은 하나의 개방체계(open system)이다. 개방체계 하에서는 조직과 그 외부적 환경간에 끊임없는 상호작용이 일어난다. 외부환경으로부터 조직으로 여러 가지 투입(input)이 이루어지며, 조직으로부터 외부환경으로 산출(output)이 이루어진다. 조직은 외부환경에 영향을 주지만, 외부적 조건, 즉 외부환경으로부터의 영향을 끊임없이 받는다. 외부환경은 조직의 생존여부를 좌우할 수 있다.

그러한 환경에 적응하지 못하는 조직은 살아남기 어렵다. 환경 속에서 조직은 생존 및 성장하기 위하여 지속적으로 대응해야 한다. 예컨대, 정부조직이나 기업은 고객의 변화하는 수요를 충족시켜 주어야 한다. 또는, 급속한 기술적 변화(예: 스마트폰, 전자정부 기술)에 신속하게 적응하여 그것을 제품과 서비스에 반영, 실용화해야 한다. 국제적인 경쟁 속에서 국가나 기업이 생존 · 번영하려면 경쟁대상 조직들과 끝없는 사투를 벌여야 한다.

이와 같은 환경대응적 조직을 만들어 가려면 환경에 대한 파악과 이해가 필수적이다. 자기 조직에 영향을 줄 수 있는 환경적 변화를 감지하는 능력이 있어야 한다. 그리고 환경변화를 해석하여 자기 조직에 미칠 수 영향을 분석해 내야 한다. 그리하여, 그러한 영향에 대응하고 그런 환경변화를 자기 조직에 유리하게끔 이용하는 전략이 필요하다.

2. 조직환경의 특성

조직환경의 일반적 특성을 보면 환경적 요소들은 서로 연관되어 있고 복잡하고 불안정하며 불확실성을 갖고 있다. 즉, 환경의 특성을 상호관련성, 복잡성, 불안정성, 불확실성 등으로 규정할 수 있다(박민생 외, 2010: 301).

1) 상호관련성

환경을 이루는 요인과 요인간에는 상호작용이 존재한다. 즉, 한 요인의 변화는 다른 요인의 변화를 유발할 수 있다. 그러한 상호작용을 고려할 때 어느 특정한 환경요인의 변화와 조직에의 영향을 독립적인 것으로 보기 어렵다(박민생 외, 2010: 301). 따라서, 조직은 그러한 요인간의 상호작용을 면밀하게 고려한 대응전략을 전개해야 한다.

2) 복잡성

조직이 대응해야 하는 환경 관련 요인들은 그 수적 규모(요인의 수)에서 다수일 뿐만 아니라, 각 요인 내에 다양성이 존재한다. 예컨대, 많은 경쟁자들, 이해관계집단 등이 존재하며, 각 조직 및 집단 내에 많은 특성들이 내포되어 있다. 이러한 특성을 이해해야만 효과적인 전략수립이 가능하다.

3) 불안정성

환경의 불안정성은 외부적 환경의 변화정도를 뜻한다. 지식정보사회는 매우 빠르게 변화하고 있다. 그런데 문제는 모든 환경적 요인이 같은 속도로 변화하지 않는다는 것이다. 농업 등 1차 산업은 변화가 느린 반면, 스마트폰과 같은 전자통신산업의 변화는 매우 급속하게 일어난다. 이러한 차이는 환경에 대한 불균형적 접근을 요구한다.

4) 불확실성

환경변화는 예측하기가 어렵다. 즉, 변화요인에 관한 정보의 양과 정보의 신뢰성이 부족한 경우가 많다(박민생 외, 2010: 301). 환경의 변화속도가 빠를수록, 변화의 범위가 넓을수록 그 변화의 방향성을 읽어내기가 어려운 것이다. 따라서, 환경변화에 대한 보다 정확한 예측을 위한 노력과 역량이 조직관리자에게 요구된다.

3. 조직환경의 영역

1) 일반환경

일반환경(general environment)은 국가 또는 사회 내의 모든 조직에 영향을 미칠 수 있는 광범위한 거시적인 환경영역을 말한다. 아래에서 일반환경의 유형을 살펴본다(박민생 외, 2006: 303-308; 이상철, 2012: 63).

정치적, 법률적 환경은 한 나라의 정치적 이념, 정치집단간의 역학관계, 각 정당이 추구하는 정책, 법률체계 등으로서 조직에 영향을 미칠 수 있다. 한 국가나 사회의 경제적 환경인 물가, 시장상황, 경기변동 등은 정부부처, 기업 등 조직에 미치는 영향이 크다. 사회문화적 환경으로서 개인 및 집단의 가치, 태도, 행동성향, 문화 등도 조직에 영향을 미친다. 조직은 국가사회 내부나 세계 각처에서 이루어지는 기술적 발전의 영향을 매우 크게 받는다. 조직의 운영은 한 국가나 지역의 기상・기후조건과 산・강・바다의 구성, 토지면적, 인구, 노동력 등 자연환경의 영향도 받는다. 그리고 현대 지식정보사회는 지구촌 시대를 배경으로 하고 있어서 국가간 관계, 세계시장 변화, 기업간 경쟁 등 국제적 환경이 한 국가나 사회 내의 각 조직에 큰 영향을 준다.

[그림 20-1] 환경영역의 구성도

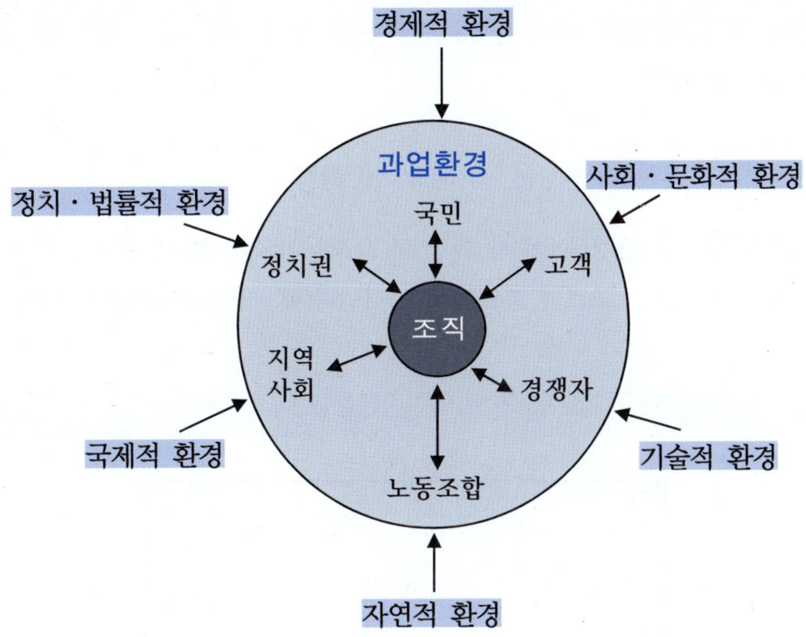

*출처: Daft, 1992: 43; 박민생 외, 2006: 302 수정.

2) 과업환경

과업환경(task environment)이란 특정 조직의 활동에 직접적 영향을 미치며 조직과 밀접하게 상호작용하는 외부적 환경요소를 말한다. 과업환경은 비교적 좁은 범위에서, 그러나 매우 직접적으로 조직과 관련되는 외부적 요소들이다. 정부조직의 예를 들면, 고객(국민, 지역주민), 청와대, 국회, 감사원, 공무원 노조, 정당, 매스미디어, 이익집단, 시민단체 등이 이에 속한다. 기업의 경우에는 주주, 소비자(수요자), 경쟁회사, 공급자, 정부(규제), 노동조합, 지역사회 등이 과업환경으로 작용한다.

4. 환경의 4대 구도

Emery & Trist는 서로 연결된 환경요소들이 어떻게 조직에 대한 기회와 위협을 나타내 주느냐에 관해 설명하기 위하여 환경의 인과적 구도(Causal Texture)를 제시하였다. 환경구도는 네 가지 유형으로 구분할 수 있다(Miles, 1980: 205-208; 하미승, 1995: 376-377).

1) 안정적이고 분산화된(placid, randomized) 환경

이는 가장 단순한 환경구도로서 환경 내 요소들이 천천히 변화한다. 환경요소들의 변화가 전반적으로 고르게 분포되어 나타난다(예: 약국, 정형화된 행정기관).

[그림 20-2] 환경구도 1

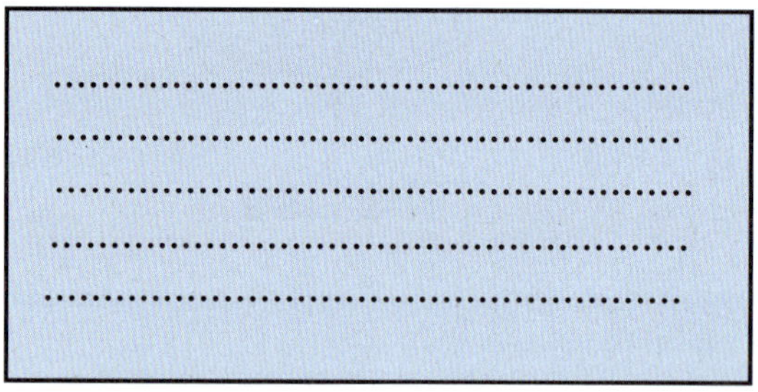

2) 안정적이고 집중화된(placid, clustered) 환경

이는 환경의 변화가 적지만, 한 번 일어나는 경우 그 변화가 관련된 특정 부문의 여러 요소들에 집단적으로 동시에 영향을 미친다. 조직에 대한 위협이나 기회가 특정 부문에서 한꺼번에 일어나기 때문에 조직의 위험성이 높아질 수 있다. 조직이 이러한 위험을 피하려면 어느 정도의 예측과 기획을 하는 것이 중요하다(예: 화학산업의 폐기물 관련 환경 - 고객, 일반소비자, 공급자, 환경단체, 지역사회, 정부기관들이 집단적으로 행동).

[그림 20-3] 환경구도 2

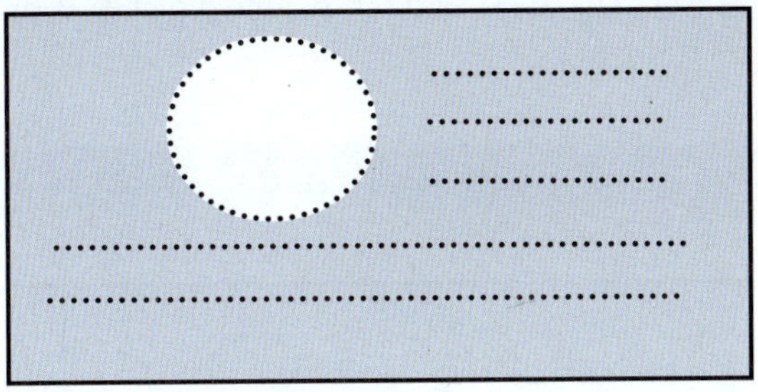

3) 불안정하고 반응적인(disturbed, reactive) 환경

이 환경구도에서는 변화가 더 이상 고른 분포로 나타나지 않는다. 조직에 의한 행동이 환경을 흔들고 환경은 큰 반응을 일으킨다. 이런 환경은 대규모 조직들로 구성되어 있다. 과점적 산업에서와 같이 크고 유사한 가시적 조직들이 산업과 시장을 지배하는 상황과 같다. 이런 환경구도 하에서 한 조직의 발전이나 성장은 다른 조직의 희생을 대가로 이루어지게 된다(예: K자동차의 5만마일 개런티).

[그림 20-4] 환경구도 3

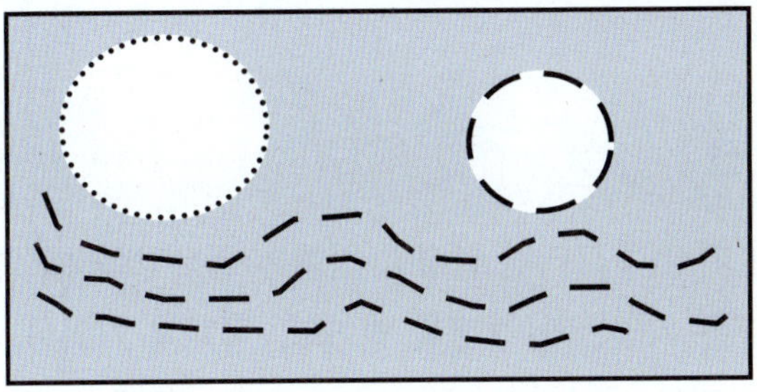

4) 소용돌이치는 광야(turbulent field)

이는 환경요소들이 복잡하게 구성되어 있으면서도 급속한 변화를 가져오는 역동적인 환경구도를 말한다. 많은 부문이 극적인 변화를 경험하며, 그러한 변화들이 상호연결되어 있다. 이러한 환경은 일반적으로 조직에 대하여 엄청난 부정적 결과를 가져다준다(예: 한국의 IMF 사태, 미국 및 유럽발 금융위기 사례).

[그림 20-5] 환경구도 4

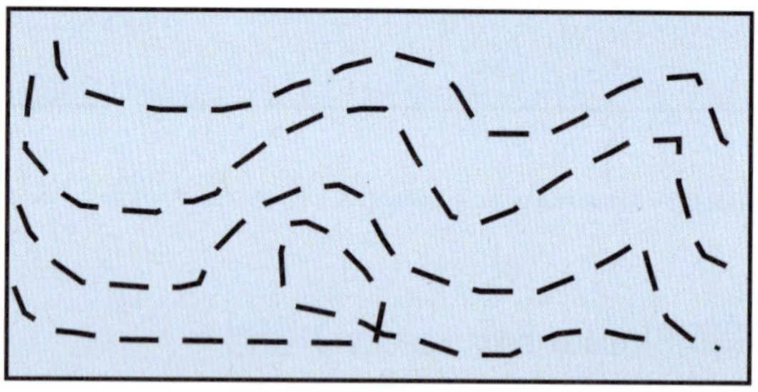

5. 최신의 환경변화 동향과 조직의 도전

현재, 그리고 미래의 조직환경 변화의 중심적 동향을 살펴보면, 글로벌화의 진전, 고객욕구와 시장상황의 복잡화, 문화의 교차성, 인력의 다양화, 지식 · 정보 · 기술의 발전 등으로 규정할 수 있다(George & Jones, 2012: 40–52; Quick & Nelson, 2013: 34–59).

1) 글로벌화의 진전

21세기에 있어서 가장 두드러진 환경적 변화는 글로벌화라고 할 수 있다. 기업은 국제적 시장에서 다른 기업들과 경쟁을 벌이고, 국제적 기업이 기하급수적으로 등장하고 있다. 정부조직도 안보협력, 무역전쟁, FTA, 국제적 문화교류 등 급변하는 환경을 경험하고 있다. 이는 조직간 경쟁범위와 경쟁수준을 높이고 있으며, 새로운 마켓의 창출을 가장 우선적인 과제로 만들고 있다. 그리고 글로벌 차원의 폭넓은 사고 · 전략 · 지식 · 기술, 그리고 위기관리 역량을 요청하고 있다(George & Jones, 2012: 47–48).

2) 고객욕구와 시장상황의 복잡화

무엇보다도 현재와 미래의 가장 큰 환경적 속성은 고객의 욕구가 다양화하고 시장의 경쟁상황이 복잡해지고 있다는 것이다. 세계 각 국, 각 기업의 다양한 상품과 서비스가 첨단기술을 통해 생산·보급되고 소비자 집단은 그 취향에 따라 분화되면서 더욱 질 높은 상품과 서비스를 요구하고 있다. 이에 따라 시장부문도 다양화·분리화되고 있으며, 각 환경섹터별로 조직간 경쟁이 더욱 집중화·심화되고 있다.

3) 문화의 교차성

글로벌화는 각 국가 및 사회와의 교류 속에서 문화적 교차성이 높아지고 있다(Quick & Nelson, 2013: 43). 기업간, 정부간, 국민간 국제적 교류가 증대함에 따라 서로 다양한 문화를 경험하고 있다. 특히, 다국적기업 등 여러 문화권 출신의 인력이 같은 조직 내에 근무함으로 인하여 문화적 교차성의 밀도는 더욱 높아지고 있다. 이는 조직관리자와 구성원으로 하여금 문화적 민감성의 제고를 요구하고 있다(Quick & Nelson, 2013: 40). 조직관리자와 구성원은 서로 문화적 다양성과 차이를 이해하고, 그 고유성을 인정함과 아울러, 서로 활발하게 교류하면서 융합을 추구해야 한다.

4) 인력의 다양화

다른 국가 또는 문화권 출신의 다양한 인력은 각기 다른 가치, 신념, 태도를 가지고 있다. 이러한 인적 특성의 다양성은 직무행동의 스타일이나 성과에 영향을 미친다. 그리고 인적 다양성은 직원간 역할이나 활동의 조정을 상당히 어렵게 만들고 있다(George & Jones, 2012: 45). 이는 동기부여, 리더십 발휘, 조정과 통합은 물론, 다양성의 자산화, 혜택 창출, 대인갈등 극복 등과 관련하여 조직관리자에게 크나큰 도전이 되고 있다(Quick & Nelson, 2013: 40).

5) 지식·정보·기술의 발전

21세기에 있어서 가장 큰 변화의 하나는 정보기술의 발전이다. 그리고 세계 마켓에서의 경쟁은 새로운 상품과 서비스를 창출하는 지식, 기술, 디자인의 개발에 집중되고 있다. 조직의 창의성과 혁신이 그만큼 핵심적 요소로 되고 있다(George &

Jones, 2012: 50). 치열한 경쟁에서의 성공과 실패, 조직의 번영과 쇠퇴는 바로 새로운 지식, 기술, 디자인, 이미지, 브랜드 등 지적자산의 창조 여부에 달려있다.

제2절 환경대응 조직시스템 구축

조직은 환경에 의존적일 수밖에 없다(Pfeffer & Salancik, 1978). 환경의 요소(외부자)들이 조직의 상품과 서비스를 구매·소비해 주며, 원료와 인력과 재정적 자원 및 기술적 정보를 제공해 준다. 조직은 환경요소들과의 자원교환이 위험에 빠지면 취약해질 수밖에 없다. 여러 외부적 조직들은 내부조직이 필요로 하는 자원을 통제하며, 이러한 자원의존성이 외부조직들에게 권력을 부여하는 것이다. 조직의 외부의존성이 크고 쉽게 변화하는 경우에는 조직은 의존성에 대처하거나 의존성을 줄이는 대응조치를 취해야 한다.

아울러, 환경은 그 특성상 언제나 상호관련성, 복잡성, 불안정성, 그리고 불확실성을 가지고 있다. 특히, 최근 세계적인 환경은 글로벌화의 진전, 고객욕구와 시장상황의 복잡화, 문화의 교차성, 인력의 다양화, 지식·정보·기술의 발전 등으로 그전보다 훨씬 복잡·다기화되고 있다. 따라서, 이러한 환경적 상황 속에서 모든 조직은 생존과 번영을 위해 효과적인 대환경 시스템을 구축하고 성공 가능한 환경대응전략을 수립·실천해야 한다.

조직의 환경에 대한 대처방안에는 두 가지가 있다. 첫번째는 내부적 변화이다. 조직은 내부적 조직구조, 업무처리방식, 정책, 기획, 예측기법 등을 바꿈으로써 외부환경에 적응해야 한다. 두번째는 외부환경과 좋은 연계관계를 맺거나 환경을 통제·변화시키는 것이다. 조직은 외부환경의 변화를 줄이거나 자기조직의 필요를 잘 충족시키는 방향으로 변화시키기 위하여 적합하게 연계전략을 쓰거나 통제·조절전략을 활용하여야 한다.

여기서는 우선 환경 의존성에 대응하기 위한 조직 시스템의 설계 및 구축 방안을 살펴본다.

1. 환경감지 시스템: 경계의 탐색 및 조절

경계탐조 역할(boundary-spanning roles)은 환경에 관한 정보의 수집·제공과 조직-환경간의 조정역할을 의미한다. 이 역할은 조직과 환경 내 필수적 요소들을 서로 연결시켜 주고 상호조율 되게 해 준다. 경계조절(boundary adjustment)은 환경 속의 개인들과 조직들 간의 관계를 형성해 주는 것이다. 조직과 환경 사이에서 정보를 순방향 또는 역방향으로 제공해 줌으로써 계획과 활동이 조정되게 해주고, 이를 통하여 결과에 대한 불확실성을 감소시켜 준다(Daft, 1992: 80). 이 역할에 힘입어 조직은 외부환경에 보다 잘 적응할 수 있고, 환경은 조직의 요구를 보다 잘 충족시켜 줄 수 있다.

경계탐조 역할의 핵심적 요소는 외부환경의 변화에 관한 정보의 탐색과 처리(detect and process information)라고 할 수 있다. 경계탐조 역할을 담당하는 조직원들은 환경영역에서 발생하는 사건들을 조사하고 모니터(scan and monitor)한다. 대표적인 예로서, 시장조사(market research)는 소비자의 기호변화 추세를 모니터하는 공식적인 경계탐색 역할이라고 할 수 있다. 정부기관의 경우에는 자기조직의 고객에 대한 서비스 수요조사와 같은 것이 이에 해당한다.

환경의 갑작스런 변화나 장기적 트렌드를 조사함으로써 조직의 의사결정자에게 필요한 정보를 제공하는 것이 이 역할의 주요 포인트라고 할 수 있다. 환경탐조 담당인력은 관련분야의 새로운 기술의 개발 및 혁신 사실을 탐조하거나, 정부규제 계획을 알아내거나, 공급원의 변동을 인지하여, 조직으로 하여금 그에 따른 새로운 계획의 수립 및 재빠른 적응을 하도록 도와주어야 한다. 즉, 환경변화에 느리게 대처하게 되거나 뒤처지는 것을 방지해 준다.

경계탐조에 있어서 또 하나의 역할은 조직의 정보를 환경으로 내보내 주는 대표(representation)의 역할이다. 조직의 외부자들에게 조직을 알리고 인식시키며 이미지를 형성하는 역할을 수행한다. 예컨대, 광고 및 영업 담당 요원들은 자기조직을 고객들에게 알려주고 그들의 인식을 변화시켜 준다. 정부기관의 경우 공보담당자들은 특정 정책에 대한 자기부처의 비전과 관점을 매스미디어나 국민에게 알려준다. 조직의 이미지를 관리하는 일은 환경으로부터 초래될 수 있는 위협과 비판 등 불확실성을 감소시켜주는 효과를 갖는다.

2. 완충 시스템(Buffers)

Thompson(1967: 20–21)에 의하면 조직은 완충장치들(buffers)에 의해 둘러싸인 기술적 핵심(a technical core)이라고 개념화하였다. 완충장치란 외부환경의 변화로부터 야기되는 불확실성을 흡수해 주는 요소이다. 기술적 핵심은 조직의 주된 활동을 수행하는 부문이다. 기업의 경우 생산(production) 부문, 대학의 경우 교육·연구부문, 행정부처의 경우 정책결정부문 등이 이에 해당한다. 이러한 핵심부문이 효율적으로 수행되도록 하기 위해서는 외부로부터의 불확실성에 의해 야기되는 혼란을 최소화하여야 한다.

기업에 있어서의 완충조직은 구매부서, 판매부서, 광고부서, 고객서비스 부서 등이라고 할 수 있다. 이러한 부서들은 핵심부문인 생산기능을 가장 효율적으로 수행하도록 완충역할을 한다. 정부조직에 있어서는 대국회·대정당 부서(특임장관실, 각 부처 기획조정실), 홍보 부서(공보관실), 예산부처와의 협조 부서(기획재정관실) 등이 완충조직에 해당한다.

완충조직은 슬랙(slack)조직이라고도 한다. 이는 외부환경과 조직 사이의 정보교환, 자료공유, 이해와 협조, 협의 등을 가능하게 하는 조직의 여유부분에 해당하는 부서들이다. 외부환경으로부터 조직에 부과되는 위협, 변화요구, 불확실성 등은 완충조직에 의해 흡수되고 조절되는 것이다.

[그림 20-6] 완충조직 구조도(민간기업)

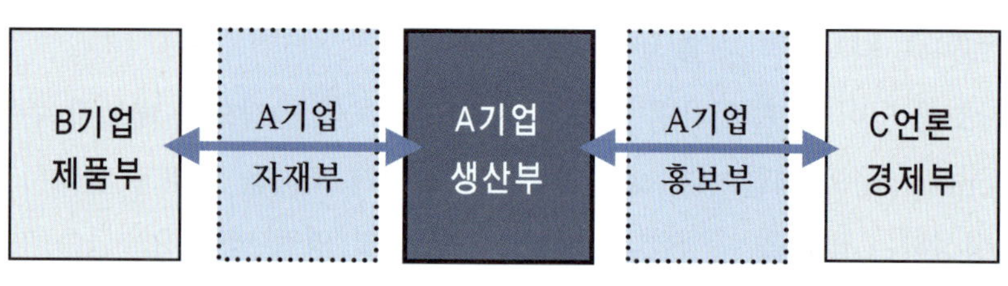

[그림 20-7] 완충조직 구조도(정부부처)

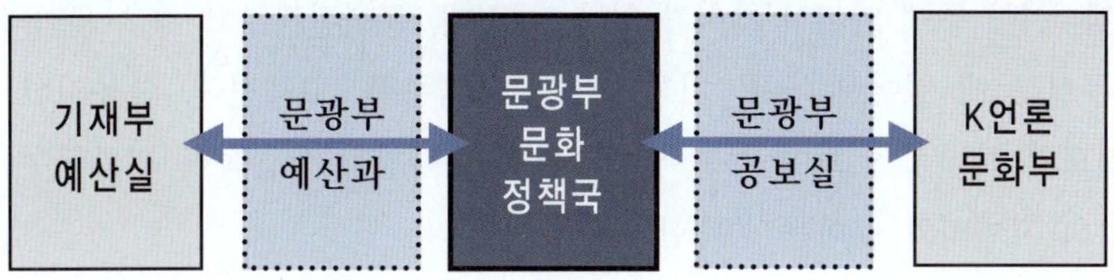

3. 하부조직의 부문화와 통합화

조직의 분화(differentiation)는 조직 내 각 부문의 관리자간의 인식, 정서적 오리엔테이션, 목적의식 등에서의 차이와 각 부문간의 조직구조의 차이를 말한다(Lorsch, 1970: 5). 외부환경이 급격히 변화하거나 복잡 다양한 양상을 띠게 될 때 조직은 각 환경영역, 즉 하위환경(subenvironment)별 불확실성에 대처하기 위하여 부문별로 전문화된다. 각 영역별 성공을 위해서는 영역별로 전문화된 활동을 요구한다.

[그림 20-8] 조직구조의 분화 사례

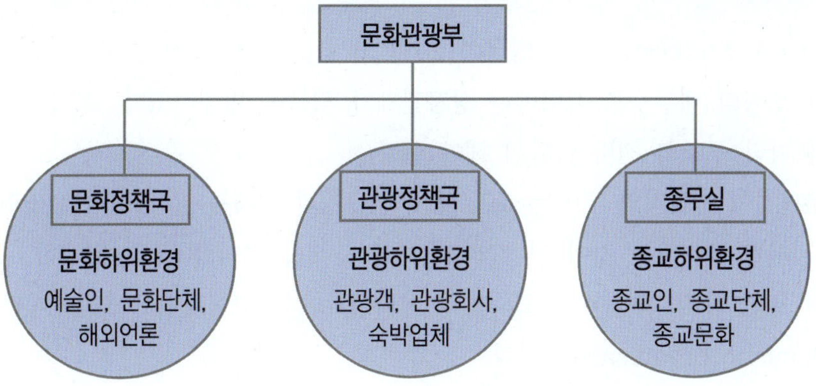

* 출처: Daft, 1992: 81. 한국정부조직에 적용.

기업의 경우 R & D 부서는 구성원의 태도, 가치, 목표, 교육수준 등에 있어서 생산부서와는 차이가 있다. 행정조직에서도 정부부처 내 각 부문간에는 역할, 목표, 고객, 전략 등에 있어서 차이가 있다. 예컨대, 문화관광부의 경우 문화국, 관광국, 종무실 등에 있어서 목표, 가치, 역할, 조직문화, 고객전략, 활용지식 등에서 어느 정도의 차별성을 보여 주고 있다. 환경이 다양하고 급속히 변화할수록 조직 각 부문의 차별화와 분화는 증대한다.

통합(integration)은 조직 내 부문간의 협력과 조정의 수준을 높이는 것을 말한다(Daft, 1992: 82). 환경의 다양성으로 인하여 조직의 분화가 많이 진행될수록 부서간의 협력과 조정이 잘 이루지기 어렵다. 즉, 분화가 많이 이루어질수록 통합의 필요성이 커진다.

통합을 담당하는 관리자들은 조직 내 각 부문간의 경계선상에서 부문간 경계탐조역할(boundary spanning role)을 수행해야 한다. 환경의 불확실성이 높을수록 이러한 조절역할을 증대시켜야 한다.

그리고 부서간의 정보의 흐름을 원활하게 하여 상호적합성을 높여야 한다. 부문간의 차이와 이질성을 극복하고 서로에게 필요한 자원과 협력을 제공해야 한다. 조직의 융합성은 이러한 부문간 상호적합화의 노력을 통해 크게 높아질 수 있다.

4. 상황적합적 조직구조화

Burns & Stalker(1961)는 영국의 20개 회사를 관찰·분석한 결과 외부환경의 특성과 조직의 내부구조 사이에는 상관관계가 있음을 발견하였다. 조직은 환경의 특성에 따라 구조화 전략을 달리 해야 한다.

외부환경이 안정적일 때에는 조직 내부의 규칙과 절차를 잘 정립하고 명확한 계층적 질서를 유지하는 것이 일반적이다. 즉, 조직을 공식화(formalize)하고, 의사결정의 권한이 각 계층에 명료하게 부여되어야 한다. 이것이 바로 기계적 조직(mechanistic organization)이다.

이와 달리, 외부환경이 급속하게 변화하는 상황 속에서는 조직의 내부구조를 보다 유연하게 만들고, 그 활동이 자유롭고 적응적이 되도록 해야 한다. 엄격한 규정과 절차를 줄이고 업무내용을 미리 세부적으로 규정하지 않음으로써 구성원으로 하여금 스스로 무엇을 해야 할 지 찾아내도록 해야 한다. 의사결정 권한은 하부계층으로 분산화(decentralize)해야 한다. 이러한 조직이 바로 유기적 조직(organic organization)이다.

5. 자기조직화

복잡하고 급변하는 위기상황 속에서도 능히 살아남을 뿐만 아니라, 환경변화를 오히려 주도해 나갈 수 있기 위해서는 높은 적응적 역량을 가진 조직을 설계・구축해야 한다. 그러한 조직체계의 대표적인 형태로 자생조직(viable organization)을 들 수 있다. 그리고 이러한 혁신적 조직을 만들어내는 활동을 자기조직화(self-organizing)라고 한다. 자기조직화를 위한 방안으로 8가지 설계원칙을 들 수 있다.

1) 창발적 조직설계 원칙

환경이 제기하는 복잡한 문제에 즉각적으로 대응하기 위해서는 새롭게 떠오르는 문제들을 능히 해결할 수 있는 역량을 갖추어야 한다. 위기직면을 위해서는 조직의 각 하위체계를 스스로 각 부분적 환경특성에 대응할 수 있도록 독립적, 자율적 단위로 만들어야 한다(Beer, 1989; 박희봉, 2000). 즉, 가변적, 창조적, 자기통제적 조직을 만들어야 한다.

2) 필수적 다양성의 원칙

하나의 체제로서의 조직은 환경의 복잡성에 충분히 대응할 수 있도록 다양한 체제적 요소를 갖추어야 한다(Beer, 1989; 박희봉, 2000; 이창원・최창현, 2001: 96). 각 개별 환경이 조직에 던져주는 각 문제를 해결할 메커니즘으로서의 하부시스템 및 요소들을 다양하게 구축해야 한다.

3) 최소한의 구체화 원칙

조직의 경직성을 피하고 적응력을 강화하기 위해서는 세부적인 표준운영절차(SOP: Standard Operating Procedure)를 부여해서는 안 된다(Beer, 1989; 박희봉, 2000; 이창원・최창현, 2001: 96).

4) 자생적 학습의 원칙

복잡 다기화된 환경에서는 구체적으로 특정한 프로그램을 만들어 가르쳐주지 않더라도 구성원 스스로가 자연스럽게 학습을 해야 한다. 구성원이 자발적으로 문제의 해결책을 터득해야 한다(Stacy, 1992, 1996; 임창희, 2000). 특히, 현존하는 규범이나 체제를 끊임없이 도전적으로 바꾸어 나가는 이중적 순환고리 학습(Double-Loop Learning)을 해야 한다(Morgan, 1986: Beer, 1989; 박희봉, 2000; 이창원 · 최창현, 2001).

5) 독립 소규모 단위조직의 원칙

집중화되고 급속히 변하는 각 부분환경에 탄력적으로 대응하기 위해 조직의 각 하위부문을 경량화 · 기동화 하는 것이 좋다. 각 하위부문을 독립적인 소규모 단위조직으로 설계해야 한다(Stacy, 1992, 1996; 임창희, 2000).

6) 복합다기능화의 원칙

환경의 여러 영역이 서로 연계되어 있을 경우에는 그에 맞추어 여러 기능을 함께 수행하는 복합다기능팀(multi-functional team) 또는 교차기능팀(cross-functional team)을 활용하는 것이 좋다(임창희, 2000).

7) 전체체제와 부분체계간의 정합성 원칙

전체적인 조직시스템과 그 하위시스템이 서로 닮은꼴을 갖도록 하는 설계가 필요하다. 각 하위부문이 각 환경의 부분적 특성에 맞게 독립적으로 기능을 수행하게 하면서도 전체적 시스템의 궁극적인 목표나 성과 달성에 기여하도록 해야 한다(Beer, 1989; 박희봉, 2000).

8) 가외적 기능의 원칙

긴급한 상황발생 속에서도 안전하고 확실하게 문제를 해결할 수 있도록 조직기능에 중첩성과 중복성을 부여할 수도 있다. 하나의 기관이 제대로 기능하지 못할 경우 다른 기관이 이를 대치할 수 있도록 설계한다(Landau, 1969).

제3절 환경대응 연계전략 형성

위에서는 변화하는 환경에 조직이 적응하기 위하여 주로 조직의 내부적 구조와 운영을 적합하게 맞추어 나가는 전략에 관하여 살펴보았다. 이제 여기서는 조직이 보다 적극적으로 외부환경을 변화시키거나 변화를 유도하는 대외적 전략에 관하여 살펴본다. 즉, 외부적 환경을 적극적으로 관리(manage)하는 것이다. 이러한 전략으로는 내부요소와 외부요소를 연계시키는 전략, 외부환경의 핵심적 요소들과 우호적인 관계를 형성하는 전략, 그리고 환경영역에 적극적으로 영향을 주어 통제 또는 변화를 시도하는 전략 등을 들 수 있다.

1. 대환경 산출(Outputs) 전략

가장 바람직하고 근본적인 대환경 전략은 고객, 소비자, 시민이 원하는 정책, 제품, 서비스를 제공하는 것이다. 기업조직의 경우에는 경제적 창조를 통해 소비자들의 삶의 방식, 지출패턴, 기대와 가치 등을 충족시켜 주는 것이 조직생존에 매우 긴요한 전략이 될 것이다(Drucker, 1959). 행정조직의 경우에는 국민의 권익신장, 행복추구, 국가사회의 문제해결, 국력제고 등의 궁극적 결과(outcomes)를 가져올 수 있는 정책, 제도, 법령, 행정서비스, 사회복지 인프라 등의 산출(outputs)을 국민·민간조직 등에 제공해야 한다. 그리고 외국 정부조직, 국제기구, 외국기업 등 외부조직에 대하여도 그들이 원하는 산출을 부여해야 지지를 받고 생존·번영할 수 있다.

2. 차별화와 다원화 전략

Pfeffer & Salancik(1978)이 제시한 대환경 전략으로는 조직의 차별화 전략과 다원화 전략을 들 수 있다(이근주, 2000). 차별화(differentiation) 전략은 조직구조의 설계에 있어서 각 하위부서의 업무를 각각 다르게 하여 상호의존성을 낮추는 것이다. 이 전략은 특정 하위부서가 직면하는 환경의 영향을 그 부서에만 한정시키고, 이를 통해 조직전체의 환경에 대한 의존성을 완화시키는 것이다. 이는 환경의 특성에 맞는 조직적 대응을 위해 내부 시스템과 외부환경과의 매칭(matching) 또는 연계를 추구하는 것이다. 다원화(diversification) 전략은 조직이 수행하는 활동을 여러 차원으로 다양화하는 것이다. 이는 환경의 영향을 여러 부서에 분산시키고, 강력한 어느 특정 환경이 미치는 영향의 상대적 비중을 줄이는 효과를 가져 온다.

3. 흡수전략

1) 합병(Merger)

합병은 불확실성을 만들어내고 있는 환경영역 내의 하나 또는 그 이상의 조직을 자기조직으로 합치는 것을 말한다(Perrow, 1986: 238). 합병은 불확실한 환경요소에 대한 의존성을 제거하는 것이기 때문에 가장 효과적인 연계전략이라고 할 수 있다. 가장 대표적인 예로, 원료나 부품의 확보가 불확실할 때, 이를 공급하는 업체를 인수함으로써 그 불확실성을 제거하는 것을 들 수 있다. 공공조직의 경우 공기업인 KORAIL이 철도차량제작회사를 자기회사의 하부조직으로 인수・합병하는 것과 같다. 이러한 합병을 수직적 통합(vertical integration)이라고 한다(Perrow, 1986: 238). 수직적 통합은 위 사례와는 다른 방향으로의 합병도 포함한다. 예컨대, 판로를 개척하지 못할 때 시장 속의 도매점을 인수하여 자기회사의 판매역할을 하도록 할 수도 있다. 즉, 공급자가 아니라 수요처를 합병할 수도 있다는 것이다. 공공기업의 경우 KT & G가 건강보조식품 판매회사를 인수한다면 이러한 역방향의 합병사례가 될 수 있을 것이다.

2) 적응적 흡수(Cooptation)와 겸임이사(Interlocking Directorates)

적응적 흡수는 반대 또는 저항하거나 협력이 불확실한 외부환경 요소(예: 외부조직의 리더)를 조직 속으로 끌어들이는 전략을 말한다(Selznick, 1957). 일반회사에서 영향력 있는 소비자 집단이나 공급자의 대표를 이사로 임명하는 것과 같다. 정부조직의 경우 특정 정책이나 사업에 관련되는 시민단체나 지역사회의 리더를 조직의 주요 위원회의 구성원으로 위촉하는 것이 그 예라고 할 수 있다. 미국의 널리 알려진 성공사례로 TVA 사업 과정에서 지역주민 대표의 영입으로 지역사회의 지지를 확보한 사례가 있다. 겸임이사는 여러 조직을 대표하는 개인으로서 특정 조직의 이사로 임명되는 것이다. 겸임이사는 조직간 커뮤니케이션의 상위채널로 역할을 할 수 있다.

4. 합작전략

합작전략으로는 협약(Contracts)과 합작투자(Joint Ventures)를 들 수 있다. 협약과 합작투자는 환경의 불확실성 상황에 대처하여 다른 회사와 법률적으로 서로를 묶어주는 관계를 맺는 것이다(Daft, 1992: 91). 협약은 투입물(예: 원료)의 공급이나 산출물(예: 상품, 서비스)의 소비에 있어서 장기적인 안전성을 갖도록 해 줄 수 있다. 공급과 소비를 구체적인 수준으로 서로 묶어줌으로써 위험을 감소시킬 수 있다. 그리고 합작투자는 대규모 혁신에 따르는 위험과 비용을 여러 회사에 분산시키는 효과를 가져올 수 있다. 정부조직의 경우에도 민간단체 또는 기업과의 협약이나 합작투자를 통하여 일정한 사업(예: 고속도로 건설, 대형교량 건설 등)의 비용을 분담하고 수익의 불확실성에 따른 투자회사의 위험을 줄여줄 수 있다.

5. 다각화 전략

불리한 환경적 조건을 탈피하고 유리한 환경을 창조하기 위한 환경대응방안으로 다각화(diversification) 전략을 들 수 있다. 특정한 정책이나 사업의 환경이 악화되고 있을 때 그러한 정책이나 사업을 좋은 환경을 가진 정책이나 사업으로 전환할 수 있다. 또는, 기존의 정책과 사업을 유지하면서도 좋은 환경을 가질 수 있는 새로운 정책 또는 사업을 개발할 수 있다. 예컨대, 담배회사인 필립모리스사는 흡연에 대한 대중의 부정적 태도와 정부규제를 인식하고 식품회사를 사들이는 전략을 활용하여 이미지 변신에 성공한 바 있다. 정부의 예로서, 4대강 사업을 중단하고 무상복지 사업을 확대하는 것과 같다.

6. 정치적 전략

정치적 전략은 정부의 입법이나 규제에 대하여 영향을 주기 위해 여러 가지 전략이나 활동을 펼치는 것이다. 정치적, 법적 환경과 정부규제는 세금 부담 증가, 사업영역의 통제 등 영향을 미친다(Drucker, 1959). 이러한 정치적, 법적 환경에 대처하기 위한 정치적 전략으로는 로비(robby)와 규칙 변경 등을 들 수 있다. 예를 들면, 미국의 경우 합법적으로 로비스트를 고용하여 연방의회와 주의회 의원들의 입법에 영향을 미친다. 경쟁자들에게는 장애물을 치게 하고 자기조직에게는 우호적인 게임의 규칙(rules of game)을 만들게 하는 것이다.

7. 연합전략

동일한 사업영역의 조직들이 반드시 경쟁자(competitor)이거나 적(enemy)일 필요는 없다. 오히려 힘을 합쳐서 불리한 사업환경을 개선할 수도 있다. 그러한 방안의 하나로 연합전략을 들 수 있다. 연합(coalition building) 전략은 동일유사한 이해관계를 갖는 조직들끼리 하나의 공동체를 구성하여 집단적, 협력적으로 환경요소에 영향을 미치고자 하는 전략이다. 자동차공업협회, 상공회의소, 무역협회 등은 각각 동종 사업자들의 연합체라고 할 수 있다. 하나의 공동체에 함께 가입한 조직들 간에 자원을 공유하고, 이를 활용하여 다양한 이익추구 전략을 펼칠 수 있다. 이를 통해 정부와의 관계형성과 공적자원의 확보, 대중을 향한 PR 및 캠페인 전개 등을 공동으로 수행하고, 같은 분야 사업조직간의 상호경쟁을 완화할 수 있는 것이다. 이러한 연합전략은 동종 사업자간의 경쟁을 완화시키지만 다른 분야간, 협회간의 치열한 경쟁을 가져오기도 한다. 우리나라의 경우 의사협회와 약사협회간의 대립과 갈등은 그러한 경쟁의 대표적 사례라고 할 수 있다.

8. 문화 · 인력 포용전략

최근 많은 조직들의 글로벌화에 따라 문화의 교차성(cultural crossing)이 높아지고 있으며 인력의 다양성(diversity of human resources)이 확대되고 있다. 이는 국내 조직들이 다른 국가 또는 문화권으로 진출함에 따라 문화적 성향이 다른 고객이나 협력조직 · 경쟁조직 등과 상호작용을 함에 따라 나타나는 현상이다. 아울러, 국제기업화가 진전됨에 따라 인종, 출신 문화권, 이념, 가치관, 생활관습 등이 다른 인력들이 조직으로 유입되어 조직 내 인력의 다양성이 높아진 것이다. 이러한 환경적 변화는 정부조직이나 공공기관이 해외로 진출하는 경우와 이들 조직에 다문화 인력이 유입되는 경우에도 마찬가지로 발생할 수 있다.

이러한 환경 속에서 조직들이 문화가 다른 고객들을 만족시키고, 다문화 조직들과 원활하게 협력하며, 다양한 인력을 잘 관리하기 위해서 전개해야 할 핵심적 전략은 바로 포용전략(inclusive strategy)이라고 할 수 있다. 포용전략은 고객, 직원, 경쟁조직 등의 문화와 인적 배경의 차이를 이해하고, 그 고유성과 독자성을 인정해 주면서도, 서로 다른 개인간 · 집단간의 융합을 이끌어 내는 전략이다. 문화간, 인력간의 융합은 상호이해, 활발한 교류, 공동행사, 협동작업, 공통학습, 그리고 형평정책 등을 통해 이루어질 수 있다. 이러한 포용전략은 다문화 고객과의 관계, 다양한 조직 내 인력과의 관계, 외부조직과의 관계 등을 우호적이고 협력적으로 형성하게 해 줄 수 있다. 이제 모든 조직은 문화와 인력 측면에서 다양성의 사회 속에 살고 있으며, 다양성의 관리(diversity management)와 포용정책이 환경대응전략의 중심이 되고 있다.

제4절 환경대응의 철학과 새 이론

1. 환경대응의 철학

1) 변화 · 적응 · 창조의 철학

환경은 급변하고 있으므로 그 속에서 조직이 지속가능한 성장(sustainable growth)을 하려면 환경을 잘 감지하고 성공적으로 적응하여야 한다. 그 요체는 환경의 수요를 읽어내고, 환경이 필요로 하는 산출물을 제공하는 것이다. 이를 위해 첫째, 환경변화의 방향성을 정확하게 탐색 · 감지 · 해석해야 한다. 둘째, 환경적 수요를 충족시킬 수 있는 산출물의 창출을 위해 새로운 정책, 제품, 서비스, 컨텐츠, 디자인, 이미지, 지식, 기술 등을 창조·개발해야 한다.

2) 융합철학

환경 속에서 조직이 생존·번영하려면 조직 내·외부 요소들을 잘 융합시켜서 환경대응력을 높여야 한다.

우선, 조직내부 요소간 융합이 중요하다. 환경의 위협이나 수요에 대응하기 위하여 조직내부 요소들의 창조와 결합을 필요로 한다. 필수적 다양성의 법칙에서도 강조되는 바와 같이 환경에 대한 다양한 대응적 요소들의 창조(creation)와 함께, 그러한 요소들을 그 시너지 효과가 극대화될 수 있도록 조합·정렬(combine & align)하고, 그 시너지를 동원하여 환경에 대응할 필요가 있다.

다음으로, 환경-조직간 융합이 필요하다. 조직은 환경의 침투와 공격에 대비한 완충력을 가져야 하며, 환경조건과 조직 시스템 사이의 상호적합성을 유지해야 한다. 아울러, 환경-조직간 협력 증대를 위해 흡수(absorption), 통합(integration), 연합(coalition building) 등 전략을 활용하여 외부적 융합성을 높여야 한다.

나아가, 고객·시민과 조직 간 융합이 매우 중시된다. 조직의 고객은 구매자 또는 소비자의 차원을 넘어 참여자(participant)로 그 의미가 승화되어야 한다. 고객의 선호와 수요에 대한 충족의 차원을 넘어 고객의 종합적 가치(comprehensive value)를 구현하는 역할을 조직이 해야 한다. 이는 자기 조직의 상품이나 서비스와 관계없는 가치들에 대해서도 그것을 구현해 주고자 지원하는 것을 말한다. 나아가, 모든 조직은 그 경영의 윤리성, 투명성, 책임성 확보를 통해 고객과 시민의 신뢰를 받아야 한다.

2. 새 환경이론 탐색: 조직간 거버넌스이론

1) 조직간 거버넌스

조직간 거버넌스(interorganizational governance)란 단일 조직에 의해서 구현되기 어려운 정책이나 사업의 공동적 추진을 위해 다수의 조직간에 협력적 네트워크를 구축·운영하는 체제를 말한다. 이는 복잡 다기화되고 치열한 경쟁이 존재하는 환경 속에서 조직들이 서로 협력하여 환경에 적절히 대응하면서 정책과 사업을 성공적으로 실현하기 위해 구축될 수 있는 것이다.

조직간 거버넌스의 이론적 근거는 여러 학자들로부터 발견할 수 있다. Ettlie & Reza(1992)의 조직간 상호연계 모델에 의하면, 조직의 성장을 위해서는 조직자체를 넘어서는 외부조직과의 관계가 매우 중요함을 보여준다. 그리고 Granovetter (1985)의 조직간 통합이론에 따르면, 조직간의 수직적이거나 수평적인 통합(예: 제조회사와 부품회사 간, 또는 동등한 제조회사간의 통합)이 조직의 자원 의존성을 줄이기 위한 긴요한 전략의 하나라고 할 수 있다. 아울러, Osborn & Baughn(1990)의 조직간 거버넌스 이론에서는 국제적 기업간의 합작 등 조직간의 협력적 · 전략적 관계가 매우 중요하다고 강조하면서 그러한 관계 및 전략을 관리하기 위한 조직간 거버넌스의 개념을 제시한 바 있다.

조직간 거버넌스에 근접한 사례가 존재하는데, 조직간 상호연계를 현실화한 시스템의 하나로서 미국정부의 조직세트(organizational set)를 들 수 있다. 아래에서 그 사례를 살펴본다.

2) 조직세트(Organizational Set) 형성사례

조직세트란 어떤 하나의 주제, 정책 또는 사업과 관련하여 관계를 맺고 있는 모든 조직들을 묶어서 일컫는 개념이다. 정부기관, 기업, 기술개발회사, 원료제조회사, 금융회사 등은 모두 서로 다른 조직들이지만 하나의 주제로 연결될 수 있다. 하나의 조직은 환경 속에 존재하는 수많은 조직들과 관계를 가질 수 있다(Daft, 1983: 69). 그 구체적인 사례로 CETA를 들 수 있다.

CETA(Comprehensive Employment Training Act)는 미국의 고용과 복지 정책을 추진하기 위한 정부법령이다. CETA는 여건이 안 좋은 서민들의 직업훈련을 통하여 그들의 고용준비 상태를 만들어주기 위한 고용장려정책을 입법화한 것이다. 이 법령에 의해 고용과 복지라는 하나의 정책목표에 관련된 기능을 수행하는 조직들간의 연계 시스템이 탄생하였다.

예컨대, 주정부의 인적자원기관, 지역정부 내 고용담당기관들, 지역의 사회복지기관들, 그리고 연방 · 주 · 기초자치단체의 관련부서들이 하나의 세트를 이루어 상호작용을 하고 있는 것이다. 여기에는 지역의 교육구청, 고용위원회, 민간기업, 기초자치단체의 지역공동체 담당부서, 그리고 주정부의 재활회복위원회 등이 포함된다. 이들 기관간의 접촉과 관계가 정부고용정책의 목표를 달성하게 해 준다. 예컨대, 교육구청으로 하여금 교육프로그램을 제공하도록 하거나 민간기업이 일정수준의 급여 및 직장 내 교육훈련을 제공하도록 하는 것 등이다(Daft, 1983: 70).

[그림 20-9] 조직세트의 사례: CETA

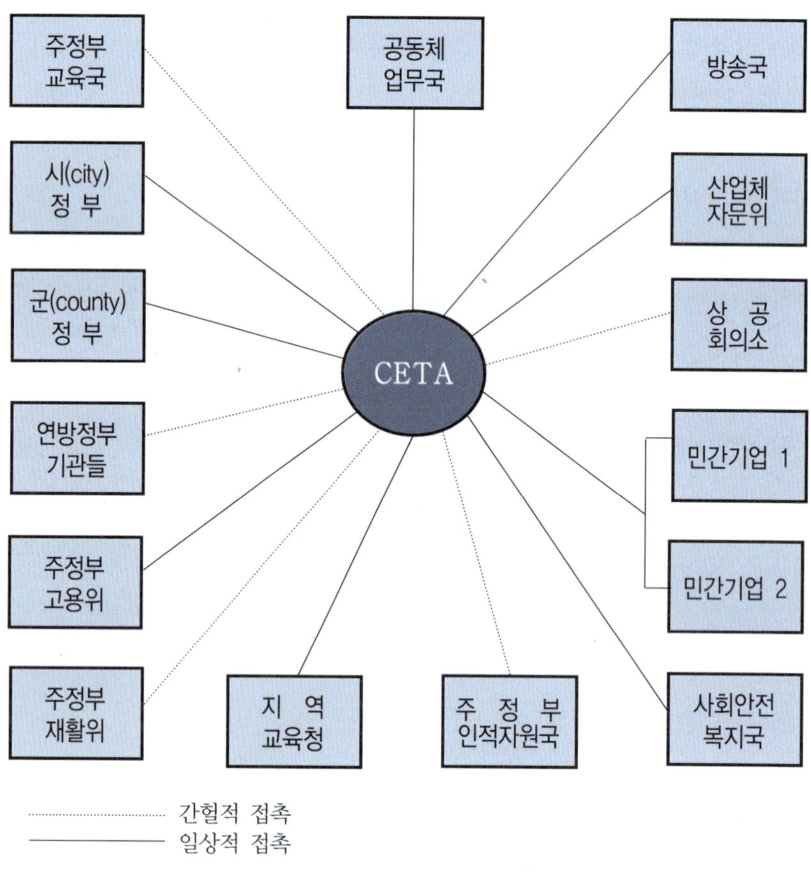

* 출처: Hogue et al. 1981; Daft, 1992: 71.

3) 조직간 거버넌스의 구조와 프로세스

조직간 거버넌스의 구조적 프레임워크(structural framework)는 하나의 정책이나 사업에 관련되는 다수의 조직간에 연결되는 네트워크라고 할 수 있다. 위에서 설명한 CETA와 같은 조직세트 또는 네트워크조직 형태가 그 대표적인 예가 될 수 있다. 이러한 네트워크는 정보통신망을 그 물리적 채널로 활용하면서도 그보다 차원이 높은 휴먼 네트워크, 업무 네트워크, 조직 네트워크를 형성하는 성격을 갖는다. 이러한 구조 하에서 조직간 거버넌스는 여러 프로세스(process)를 통해 실질적으로 운영될 수 있다.

(1) 협치 가이드라인

조직간 거버넌스는 특정한 정책 및 사업에 관한 한 협력적 통치를 수행하는 체제이다. 따라서, 그 전체를 가이드할 수 있는 지침이나 룰(rules)이 필요하다. 이러한 가이드라인의 수립과 결정은 거버넌스 체제에 속하는 조직들의 참여와 협의에 의해 이루어져야 한다.

(2) 자원공유

자원공유(resource sharing)는 하나의 거버넌스에 속하는 조직들이 각각 보유한 자원을 교환, 공유, 공동활용하는 것이다. 그런 자원에는 인력, 재정, 지식, 정보, 원료, 법률자문 등 정책과 사업의 원활한 추진을 위해 필요한 다양한 자원이 포함된다(Daft, 1983: 69). 거버넌스 네트워크 내의 조직들은 자원의 공유·교환 관계 속에서 서로 혜택을 주면서 공동역량을 쌓게 된다.

(3) 협동작업

협동작업(cooperative work)은 거버넌스에 속하는 조직들이 단순히 네트워크로 연결될 뿐만 아니라, 업무를 실제로 공동으로 수행해야 한다. 이를 위해 관련되는 직무간의 연계성 유지, 공동업무 처리 시스템 구축 등 실천적인 작업이 필요하다.

(4) 공동 성과평가

공동적인 성과평가(pooled performance evaluation)는 거버넌스 네트워크에 속하는 조직들과 그 구성원들에 대한 성과평가를 공동으로 수행하는 것이다. 공통의 평가기준과 성과지표를 개발하고, 집합적 성과에 대한 평가결과를 개인에게 배분하는 방식이 되어야 할 것이다. 아울러, 무임승차자(free rider) 문제를 해결하기 위해 개인평가 결과도 일정부분 반영하는 것이 좋을 것이다.

(5) 상호 피드백

상호적인 피드백(reciprocal feedback)은 서로의 직무수행과 자원교환 등에 관하여 만족 또는 불만족을 표현하고, 문제에 대한 인식을 공유하여 이를 공동으로 수정해 나가는 것이다. 이는 거버넌스에 참여하는 조직간의 상호이해 증진과 함께 거버넌스의 실질적 효과를 거두기 위해 꼭 필요한 과정이다.

제21장 조직진단 (Organizational Diagnosis)

제1절 조직진단의 의의, 효용, 유형

1. 조직진단이란?

'진단' 하면 흔히 우리는 질병의 진단을 생각하게 된다. 우리 인체의 건강을 유지하려면 우리 몸에 이상이 없는지 주기적으로 살펴보아야 하고, 질병이 있다면 그 질병의 원인을 알고 이를 치료하여야 한다. 즉, 질병을 고치려면 질병에 대한 정확한 진단을 하여야 한다. 이와 같이 진단이란 어떤 대상(인간, 조직, 사회 등)에 있어서 어떤 문제가 존재하는지, 존재한다면 그 원인은 무엇인지를 찾아내는 작업이라고 할 수 있다.

조직진단(organizational diagnosis)이란 조직에 있어서 그 건전성의 여부와 문제의 소재를 파악하고, 그 개선방향을 발견하는 과정이라고 정의할 수 있다. Weisbord(1978)에 의하면, 조직진단은 조직이 처한 현 상태와 추구해야 할 바람직한 상태간의 차이를 확인하는 것이다(임도빈 · 윤의영, 2002: 61; 이창원 · 최창현, 2012: 513). Harrison(1987)은 조직진단을 조직의 현재 상태를 평가하여 조직의 효과성을 증대시키기 위한 활동이라고 정의한 바 있다(임도빈 · 윤의영, 2002: 61; 이창원 · 최창현, 2012: 513).

2. 조직진단의 효용성

조직진단은 조직역량을 제고하고 조직의 변화·혁신을 가져오기 위한 사전적 단계로서의 의미를 갖는다. 조직진단은 여러 관점에서 효용성을 갖는다.

1) 목표달성 관점

현 상태의 조직이 목표달성을 제대로 하고 있지 못할 때 그 원인을 발견, 제거함으로써 보다 높은 성과달성을 하기 위해 조직진단을 한다. 이 경우 조직진단은 현재 성과가 저조한 요인이 어디에 있는지를 찾아내기 위한 하나의 작업으로 필요한 것이다.

2) 환경적응 관점

급속한 환경변화에도 불구하고 조직이 그러한 변화에 적응할만한 상태를 만들어내고 있지 못할 때 환경대응능력을 강화하기 위하여 조직진단을 필요로 한다. 이때는 주로 조직체제의 환경적합성을 관찰하게 된다.

3) 경쟁력 관점

국가간, 조직간에 치열한 경쟁이 벌어지고 있을 때 경쟁우위를 확보하기 위한 선행단계 작업으로서 경쟁력을 약화시키는 요인을 발견하기 위해 조직진단을 하여야 한다.

4) 전략적 관점

조직이 지향하고 있는 전략(strategy)에 맞도록 조직의 구조, 기능, 행태, 프로세스, 문화 등을 바꾸기 위한 전제조건으로 조직진단을 하게 된다. 즉, 조직의 전략적 적합성을 평가하게 된다.

5) 정치적 관점

조직의 지도자가 자신의 지배기반을 확실히 하거나 또는 반대세력에 대한 척결을 목적으로 조직진단을 단행하기도 한다. 이때는 주로 구조조정을 통해 강화할 부문·인물과 약화 또는 제거할 부서·인물을 선별하는 작업이 진행될 수 있다.

3. 조직진단의 유형

1) 환경진단과 체제진단

환경진단은 조직이 처한 외부환경에 대한 진단이다. 개방체제 하에서는 조직이 환경으로부터 끊임없이 영향을 받기 때문에 환경변화에 대한 정확한 진단을 하지 않을 수 없다(임도빈 · 윤의영, 2002: 65~66). 체제진단은 조직내부 각 하위체제에 대한 전반적인 진단을 말한다. 여기에는 구조진단, 기능진단, 인력진단, 행태진단, 프로세스진단, 문화진단 등이 포함될 수 있다.

2) 조직 · 집단 · 개인수준의 진단

Huse & Cummings는 조직진단을 그 수준에 따라 세 가지 레벨로 나누었다. 조직수준 진단은 조직전체에 대한 진단으로서 조직의 전략과 외부환경이 조직의 구조, 인력, 문화 등 하부체제와 어떻게 상호작용하여 조직의 효과성에 영향을 미치는지를 파악한다. 집단수준 진단은 조직 내 다양한 집단의 작업구조, 규범, 비공식적 관계 등이 어떻게 작용하고 있는지를 살펴보는 것이다. 개인수준 진단은 조직구성원들의 직무특성, 업무기술, 자율성, 직무만족 등이 조직성과에 어떻게 영향을 주고 있는지를 분석하는 것이다(임도빈 · 윤의영, 2002: 69).

제2절 조직진단의 이론모형

1. Harrison의 조직진단 모델

Harrison(1987)은 조직의 개방체제 모형을 조직진단에 적용하여 그에 관련되는 변수와 분석초점을 제시하고 있다. 조직체계는 환경으로부터 들어오는 투입(input)과 환경으로 나가는 산출(output)로 이루어지므로, 조직진단은 이러한 환경과의 관계 하에서 조직체계 내부의 여러 요소들이 어떻게 성공적으로 작동하는지를 평가 ·

분석하는 작업이 되어야 한다는 것이다. 즉, 대환경 조직적합성이 진단의 초점이 된다.

여기서 조직체계의 내부요소, 즉 변수로는 목적(purpose), 문화(culture), 행태 및 과정(behavior & process), 기술(technology), 구조(structure)를 들 수 있다. 이러한 요소들과 환경과의 상호작용, 그리고 이들 내부요소간의 상호작용이 분석과 평가의 초점이 되어야 한다(임도빈 · 윤의영, 2002: 85).

[그림 21-1] Harrison의 조직진단 모형도

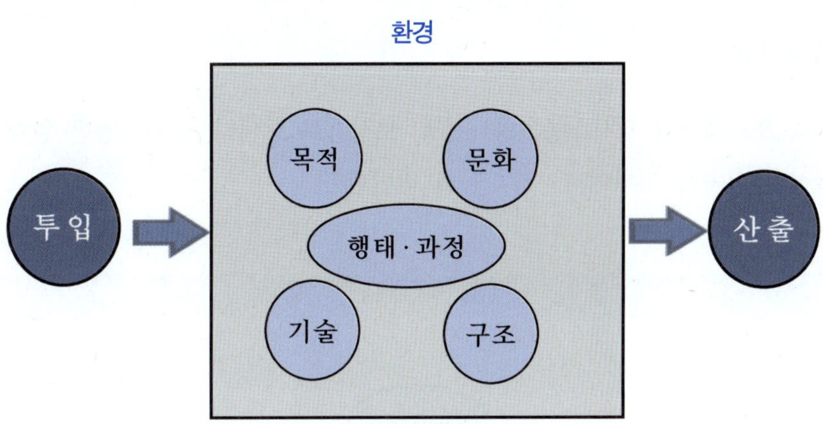

* 출처: 임도빈 · 윤의영, 2002: 85 수정.

2. Pascale & Athos의 7-S 모델

Pascale & Athos(1981), Peters & Waterman(1982) 등은 조직문화 및 조직진단의 구성요소로서 7가지를 제시하였다. 7가지 요소는 공유가치(shared value), 전략(strategy), 조직구조(structure), 운영체제(systems), 인재(staffs), 스타일(styles), 기술(skills) 등이다(송교석 · 윤두열, 2005: 250~251).

1) 공유가치

조직구성원들에게 주입되어 온 가치관, 이념, 풍토 등이다. 위험부담이 있는 일을 무조건 피하지 않는가? 작은 것에 너무 승부를 걸지 않는가? 등을 진단한다.

2) 전 략

경쟁우위 및 환경대응력을 확보하기 위한 계획을 진단평가한다.

3) 조직구조

조직의 하부구조 편성, 직무설계 및 구성원간 관계이다. 환경에 대응할 수 있는 기능적 구조를 가지고 있는가? 조직의 규모는 적정한가? 등에 관해 진단한다.

4) 운영체계

조직의 프로세스와 의사소통, 의사결정, 보상제도 등이다. 의사소통은 원활한가? 의사결정은 신속히 이루어지는가? 등을 진단한다.

[그림 21-2] Pascale & Ethos의 7-S 모형도

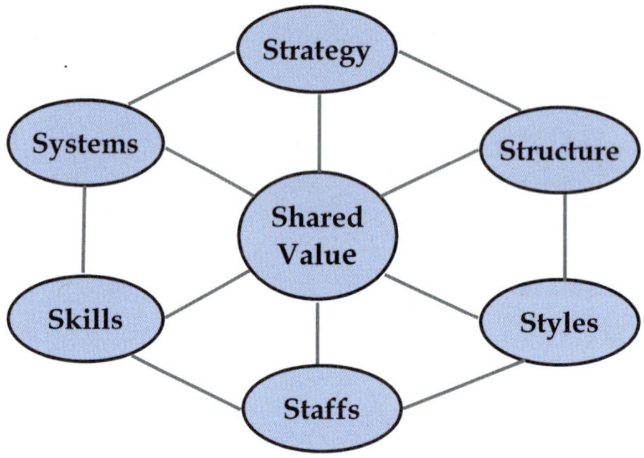

* 출처: Pascale & Ethos, 1981; Peters & Waterman, 1982; 송교석 · 윤두열, 2005: 251.

5) 인 재

조직의 인적요소인 구성원 및 인력관리체계를 말한다. 부서에 적절한 인재가 배치되어 있는가? 등에 관하여 진단한다.

6) 스타일

구성원의 행동패턴, 문화풍토, 리더십 스타일을 말한다. 상하관계가 너무 경직적이지 않은가? 불평등이 만연해 있지 않은가? 등을 진단한다.

7) 기 술

조직 내의 기술적 역량이나 경험 외에도, 동기부여, 강화, 통제, 통합, 조정 등 조직전체의 능력을 측정·평가한다.

제3절 조직진단의 기준과 측정지표

1. 조직진단 기준으로서의 건강성

조직의 존재이유는 자신의 목적을 추구하고 사회적 기여를 하는 데 있다. 이러한 목적과 기여를 잘 달성하고 있는 조직은 건강한 조직이다. 따라서, 조직진단은 결국 조직이 존재목적을 잘 달성할 정도로 건강한가, 그리고 활력 있게 작동하고 있는가를 파악·분석하는 일이라고 할 수 있다.

조직의 건강성에 대하여는 '최적의 상태'라고 규정하는 학자들이 있다(박경원, 2002: 126). Clark(1969)가 조직의 건강성을 안정상태(homeostasis) 또는 균형상태(equilibrium)라고 하였듯이, 조직이 혼란이나 문제없이 안정적, 정상적으로 잘 운영되고 있다면 건강한 상태라고 할 수 있다. 또, Schein(1980)에 의하면, 조직은 생산활동을 통해 산출물이라는 결과를 잘 만들어내야 하고, 그러한 결과뿐만 아니라 적응성, 내부통합성 등 과정적 측면에서도 건강해야 한다. Caiden(1998)과 박경원(2002: 129) 등은 조직의 성과가 정량적 측면뿐만 아니라 질적·과정적 측면에서도 잘 측정·진단되어야 함을 강조하였는데, 이와 같이 효과성 측면을 넘어서는 다차원적이고 종합적인 조직의 긍정적 상태를 조직의 건강성이라고 정의할 수 있겠다.

2. 건강성 측정지표

Miles(1965)는 조직 건강성을 측정하는 지표로 10가지를 제시한 바 있다. 그 내용을 보면, (1) 과업관련 요인으로 목표의 초점성, 의사전달의 적절성, 최적의 권력균형, (2) 내부상태 및 구성원 관련 요인으로 자원활용, 응집성, 사기, (3) 조직성장 관련 요인으로 혁신성, 자율성, 적응성, 문제해결의 적절성을 들고 있다. Schein(1972)은 조직의 적응성, 자기 인식력, 사실파악 능력, 내적 통합 등을 건강성 지표로 지적하였다(박경원, 2002: 135~136).

3. 조직진단의 영역 및 진단지표

조직은 하나의 통합적인 시스템으로서의 성격을 갖고 있기 때문에 그것이 지니고 있는 문제를 진단함에 있어서도 매우 총체적으로 접근해야 한다. 이러한 총체적 관점에서 볼 때, 조직진단의 영역으로는 (1) 리더십, (2) 조직구조 및 기능, (3) 구성원 행태, (4) 업무과정 및 기술, 그리고 (5) 조직문화를 들 수 있겠다. 따라서, 조직진단을 위한 지표도 이러한 각 영역의 하부지표로 구성할 수 있을 것이다. 특히, 이 책에서는 조직의 융합성 제고 차원을 중시하여 융합적 지표들을 분명하게 반영한다.

- 리더십 영역의 진단지표

① 비전·가치의 제시와 공유	② 정책우선순위의 합리적 결정
③ 목표 명확화 및 달성과정 주도	④ 구성원의 고무, 동기부여
⑤ 공동체의 융합(갈등조정/응집/조화): 융합적 리더십	

- 조직구조 및 기능 영역의 진단지표

① 목표 · 사명과 업무분담 명확화	② 최적의 조직규모(size)
③ 통솔범위의 적정성	④ 부서간 관계의 조화 및 협력
⑤ 기능의 목표 적합성	⑥ 부서간, 기능간 융합성

- 구성원 행태 영역의 진단지표

① 조직몰입	② 창의성, 지식융합	③ 관계적 역량 개발
④ 총합적 동기부여	⑤ 융합적 사고 · 행동	⑥ 자기주도 학습

- 업무과정 및 기술 영역의 진단지표

① 중복 업무과정 배제	② 불필요한 단계 생략	③ 과정의 상호적합성
④ 기술의 최신 · 최적성	⑤ 프로세스 연계성	⑥ 정보 네트워크

- 조직문화 영역의 진단지표

① 개방적 문화	② 민주적 분위기	③ 기업가 정신
④ 신뢰성 문화	⑤ 변화 지향성	⑥ 융합 지향성

제4절 조직진단의 단계적 과정

1. Edosomwan의 6R's 모델

Edosomwan(1996)은 조직의 전환과 업무개선을 위한 과정적 모델을 제시하였다. 이는 업무과정 혁신에 관한 전체적 과정을 그리고 있지만 조직진단 과정에 대한 중요한 단계들을 포함하고 있다.

1) 문제인식(realization) 단계

첫 번째 단계는 조직에 어떤 문제가 존재하는지 깨닫는 과정이다. 조직의 구조와 과정이 오랫동안 유지되다 보면 고인 물이 썩듯이 환경변화나 새로운 기술에 적응하지 못하게 된다. 그래서 조직에서는 문제가 누적될 경우 이러한 상태에서 깨어나게 만들어 줄 경고(wake-up call)의 과정이 필요하게 된다.

이 단계에서는 환경 속에서의 조직의 경쟁력, 산출과 서비스, 사회・문화적 요인, 정치・경제적 요인 등을 잘 파악해야 한다. 특히, 고객의 니즈, 새로운 도전, 경쟁조직의 위협, 새로운 기회 등을 정밀하게 이해하고 포착하여야 한다(조성한, 2002: 108-109).

2) 고객요구(requirement) 인식단계

조직은 고객을 비롯한 이해관계자들의 요구를 잘 인식하고 그것을 충족시켜 주어야 한다. 여기에는 생산물이나 서비스를 받는 사람, 자원이나 정보를 제공해 주는 사람, 조직과정에의 다양한 참여자들이 포함된다. 한 가지 방법은 고객의 수요조사를 설문조사 또는 인터뷰를 통해 실시하는 것이다.

3) 현 시스템 재고(rethink) 단계

이 단계에서는 현재의 조직시스템이 잘 작동하고 있는지, 현 시스템 중 계속 유지하는 것을 다시 생각해 보아야 하는 부분은 없는지 파악하는 단계이다. 여기에는 조직의 구조, 과정, 규칙, 기술 등이 포함된다.

4) 재설계(redesign) 단계

조직의 문제가 명확히 파악되고, 고쳐야 할 시스템 부분과 버려야 할 시스템 부분들이 결정된 후에는 새로운 시스템을 재설계하여야 한다. 여기서는 조직전체 시스템을 다시 설계하고, 업무과정을 새롭게 최적화하며, 산출을 고객요구 및 조직요구에 맞도록 조정한다.

[그림 21-3] Edosomwan의 6R's 모형도

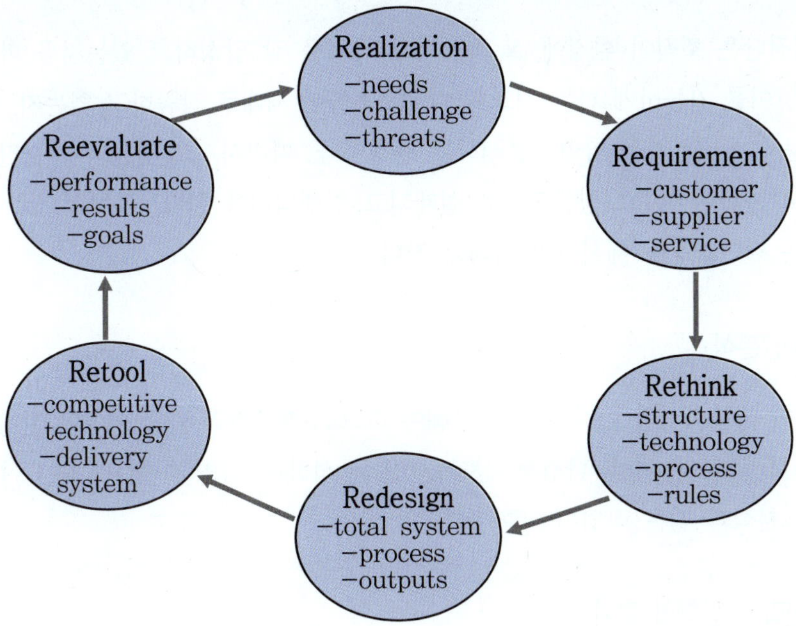

* 출처: Edosomwan, 1996; 조성한, 2002: 109

5) 재정비(retool) 단계

이 단계에서는 시스템의 세세한 부분과 업무처리 기술 등을 새롭게 정비한다. 세부적 시스템과 기술을 보다 경쟁력 있게 만들고, 자원 · 제품 · 서비스 전달체계를 개량하며, 투입에서 산출로의 전환방법을 새롭게 구축한다.

6) 재평가(reevaluate) 단계

여기서는 앞선 5개 단계의 과정과 절차, 그리고 그 결과로서의 새로운 시스템에 대하여 전반적으로 다시 평가해 본다. 조직구조, 업무처리과정, 기술 등 시스템 요소에 대하여 재평가한다. 아울러, 궁극적인 조직의 목표달성 정도, 성과수준, 결과물 등을 종합적으로 평가한다(조성한, 2002: 108-109).

2. 조직진단의 일반적 절차

조직진단은 조직이 환경에 잘 적응하고 목표를 잘 달성하고 있는지를 파악하는 것이며, 이를 가능하게 하는 시스템 하부요소들이 제대로 작동하고 있는지, 아니면 어떤 문제가 있는지를 파악·분석하는 과정이다. 따라서, 그 진단과정이 진단목적에 맞도록 합리적이고 생산적으로 설계되고 진행되어야 한다. 일반적으로 채택될 수 있는 진단과정을 제시하면 아래와 같다.

1) 환경분석

조직이 생존하려면 환경에 잘 적응해야 하고 경쟁조직과 싸워 이겨야 한다. 따라서, 먼저 조직이 처한 환경적 상황을 잘 분석하는 작업이 필요하다. 여기서는 SWOT 분석과 같은 작업이 포함된다.

2) 전략적 방향의 평가

조직의 전략은 환경변화 및 내부적 강·약점 등을 고려하여 가장 SWOT에 적합하고 조직의 경쟁력을 높일 수 있는 방향으로 설정되어야 한다. 따라서, 이 단계에서는 SWOT 분석에 기초한 전략적 방향 설정이 제대로 되었는지를 평가해 보아야 한다.

3) 진단평가모형의 개발

조직에 대한 전반적인 진단과 평가를 최적적으로 할 수 있도록 진단평가모형을 개발해야 한다. 여기서는 진단대상(전체조직 또는 특정 하위부서), 진단영역(조직구조, 기능, 인력, 행태, 프로세스, 기술, 문화 등), 그리고 진단지표의 설정이 이루어져야 한다.

4) 진단조사방법의 채택

진단을 위한 구체적인 조사방법들을 채택하고 설계해야 한다. 여기에는 전문가 포럼·워크숍, 관리자·구성원에 대한 설문조사 및 인터뷰, 집단토의, 사례연구 및 벤치마킹 등의 방법이 활용될 수 있다.

5) 예비진단 및 본진단 실행

개발 및 채택된 진단모형과 진단방법에 따라 우선 예비진단을 수행해 본다. 이 과정에서 진단모형 및 진단방법의 적절성 여하를 판단하고, 필요한 수정 및 조정 작업을 시행한다. 진단모형 및 진단방법이 적절함을 판단한 후에는 전반적인 진단 작업을 실행에 옮긴다.

6) 결과분석 및 변화 · 혁신에의 적용

진단결과를 분석하면 조직전체 시스템과 각 부분적 요소들에 대한 강점과 약점, 특히 문제점들이 쏟아져 나오게 된다. 그리고 매우 중요한 결과물은 새로운 시스템으로의 개선을 위한 시사점들이 도출된다는 것이다. 따라서, 이러한 문제점 분석 및 시사점들을 바탕으로 조직의 문제를 제거하고 조직전체 시스템을 변화 · 혁신시킬 수 있는 제안사항들을 발굴하는 작업이 조직진단의 후속단계에서 이루어져야 한다. 이러한 후속작업은 다음 장에서 다룰 조직의 변화 · 혁신 부분에서 자세히 논의한다.

제5절 조직진단의 사례

1. 건설교통부(현 국토교통부)의 조직진단 사례

2004년 건설교통부는 정부의 전 부처에 대한 조직진단 마스터플랜에 의거하여 조직의 전반적 영역 및 요소에 대한 진단프로젝트를 수행하였다. 프로젝트의 목적은 "건교부의 미션과 전략을 새로이 설정하면서 이에 적합한 기능을 재정립하고, 조직의 재설계, 인력의 재산정 등 구조적 혁신과 나아가 향후 혁신성과가 정착될 수 있도록 하는 조직문화 창달방안을 수립"하는 데 있었다(한국능률협회, 성균관대 국정관리대학원, 2004: 8).

이 프로젝트에서는 6개의 진단모듈을 설정하여 종합적인 조직진단을 실시하였다. 각 모듈별 진단요소 및 진단작업을 소개하면 아래와 같다.

Module 1: 환경분석 및 전략적 방향 설계

이 진단모듈에서는 외부환경분석 및 내부환경분석을 기초로 하여 미션과 비전(예: 국토피아)을 재정립하고, 미션과 비전으로부터 전략적 방향(예: 경쟁력 있는 국토·교통)을 도출하였다.

Module 2: 기능 진단 및 재설계

부처의 기능(예: 국토정책기능, 항공안전기능)이 미션과 비전에 적합한지, 그리고 기능의 효율성은 어떠한지를 분석하고, 이를 바탕으로 기능을 재설계하는 작업을 진행하였다.

Module 3: 조직구조 진단 및 재설계

건교부의 하부조직(예: 주택국, 국토정책심의관)이 전략에 적합한지를 평가하고, 조직편제(과, 팀)는 효율성이 있는지를 분석한 후, 조직 재설계 방안(예: 재난안전기구 신설)을 도출하였다.

Module 4: 인력 진단 및 재설계

인력산정(적정 인원 수 산출)을 위한 모델을 구축하고, 각 부서(예: 수자원국)의 업무량을 산정한 후, 그 업무량을 감당할 수 있는 수준의 인력규모(예: 수자원국 100명)를 도출하고, 인력 재배치 방안을 수립하였다.

Module 5: 프로세스 진단 및 재설계

핵심 프로세스를 선정하여 분석하고, 프로세스를 재설계하였으며, 이를 통해 효율적이고 신속한 새로운 프로세스를 구현하고자 하였다.

Module 6: 문화 · 행태 진단 및 재설계

조직문화와 구성원의 행태에 대한 진단 및 분석을 수행하고, 조직문화의 개발 및 정착화 방안(예: 학습문화, 창의문화 조성)과 소속 공무원의 행태 개선방안(예: 투명한 업무처리, 편리한 서비스)을 도출하였다.

2. 경북 경산시의 조직진단 사례

1996~1999년 경상북도 경산시는 지방의 기초자치단체로서 보편적인 행정혁신의 방향이라고 할 수 있는 "주민만족 행정, 능률 행정, 신바람 행정"을 구현하기 위한 조직진단 및 조직혁신 작업을 실시하였다. 경산시의 조직진단에서는 3개 혁신과제와 각 과제를 구현할 수 있는 3개의 혁신전략을 설정하고 구조, 절차, 행태 면에서의 진단과 혁신을 추진하였다.

[그림 21-4] 경산시 조직진단의 개념틀

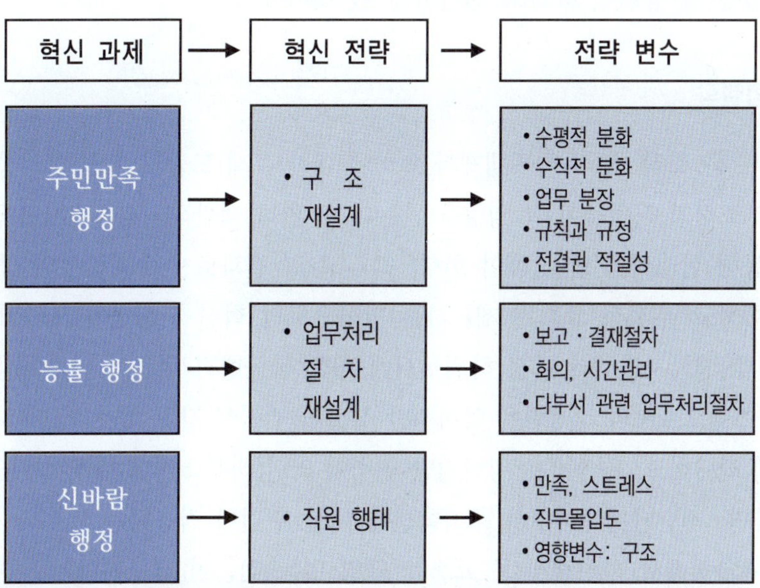

* 출처: 박광국, 2002: 377

제6절 조직진단의 철학과 새 이론

1. 조직진단의 철학

1) 총체적 융합주의

조직진단에 관해서는 부분적, 기능적 접근법에 치우치지 않고 총체적, 융합지향적으로 접근할 필요가 있다. 즉, 조직진단의 중점을 하위부서 등 구조 재편성에만 집중하거나 기능의 효율적 수행에만 한정하지 않고, 조직전체 시스템의 전반적이고 종합적인 시너지를 점검·평가하며, 근원적인 문제를 도려내는 데 두어야 한다. 그리하여 조직이 궁극적으로 추구하고자 하는 최종적 가치(ultimate values)를 잘 구현하고 있는가에 대한 총체적인 진단(wholistic diagnosis)이 필요하다. 이럴 경우 자연스럽게 조직의 구조, 기능 뿐만 아니라, 인력, 행태, 프로세스, 문화, 지적자산, 사회자본 등 모든 하부요소에 대한 철저한 진단이 요구되며, 이런 하부요소간의 정합성 및 융합적 효과도 진단하게 될 것이다.

2) 균형철학

조직진단은 조직 내 각 하위체제와 요소에 대한 문제 도출과 혁신을 지향하기 때문에 하부조직과 직원들이 그 영향을 받는다. 당연히 객관적·과학적이고 균형적인 접근을 통해 합리적 진단을 해야 한다. 그리고 그 결과로서 조직하부의 긍정적 요소는 강화하고 부정적 요소는 제거하는 방향으로의 혁신 시사점이 도출되어야 한다. 그런데 진단시점부터 특정 하위부서에 대한 불균형적 접근이 이루어질 위험이 있다. 시스템으로서의 경쟁력은 약하지만 실질적 권력이 강한 하부조직에 대해서는 관대하게 진단하고, 경쟁력은 강하지만 권력이 약한 하부조직에 대해서는 엄격하게 진단한다면, 진단단계에서부터 조직혁신에 대한 편견이 작용하는 것이다. 따라서, 모든 진단과정에서 하위체제간, 요소간 균형 있는 접근이 요구된다.

3) 투명성 철학

실제 조직진단의 여러 사례를 보면 조직의 특정부서나 구성원의 권한과 이익을 확대 또는 축소 · 제거하기 위한 목적으로 조직진단이 이용되는 경우가 있다. 어떤 부처 또는 자치단체는 처음부터 자신들의 하부조직 신설이나 승진기회 확대, 인력 증원을 위하여, 또는 반대로 비선호적 · 비협력적 하부조직이나 인력을 없애기 위하여 그 논리적 · 사실적 근거를 마련할 의도에 의해 진단용역을 실시하기도 한다.

이는 비합리적, 불균형적 조직진단으로서 하부조직들과 구성원들의 부동의, 수용거부, 저항을 유발할 수 있다. 따라서, 조직진단에서는 철저하게 객관적, 중립적인 진단을 해야 하며, 각 부서 및 인력의 권익을 골고루 반영해야 한다. 그리고 진단과정에 각 부서 및 구성원의 대표가 참여하여 의견개진을 할 수 있도록 허용할 필요가 있다. 즉, 조직진단의 의도, 내용, 절차가 모두 투명하고 공정해야 한다.

2. 새 조직진단이론 탐색: 다원적 진단참여이론

1) 다원적 참여는 왜 필요한가?

조직진단에서 다원적 참여란 조직진단 과정에 조직 내 · 외부의 다자적 주체들이 참여하는 것을 말한다. 이러한 다원적 참여는 왜 필요한가? 조직진단에 적용해야 할 철학과 연관성이 있다. 다자적 참여는 조직진단의 철학인 총체적 융합주의, 균형철학, 투명성 철학을 실천하기 위한 적절한 방안의 하나로서 바람직한 조직진단을 이끌어낼 수 있는 유효한 전략이라고 할 수 있다. 다자적 진단주체의 참여는 조직의 문제에 대한 성역 없는 총체적 진단, 조직 내 혁신대상 하위부문간 편견 없는 객관적이고 균형 있는 진단, 조직 내 · 외부 구성원이 잘 알 수 있는 투명한 진단을 가능하게 해 줄 것이다. 변화주도자 또는 조직의 최고위 책임자에 의한 일방적이고 편협하며 폐쇄적인 진단과정 진행은 매우 위험스러운 일이다.

2) 참여주체

조직진단에 참여해야 할 주체(participants)는 조직 내 · 외부에 다양하게 존재한다. 우선, 변화주도자(change agent)의 참여는 당연한 일로서 변화주도자는 조직진단의 모든 과정을 기획하고 지도해야 한다. 그리고 조직의 최고위 의사결정자(CEO)는 조직진단을 지원하고, 진단결과를 파악하여 조직혁신의 방향을 결정하기 위하여 필수적으로 참여해야 한다. 또 한편, 진단대상 집단이라고 할 수 있는 조직 내 각 하위부문의 구성원은 진단결과에 따라 직접적으로 영향을 받는 사람들이므로 진단과정에 참여하여 현 시스템에 관한 설명, 자료제공, 의견제시를 해야 한다. 나아가, 조직 외부의 조직진단 전문가, 고객집단, 언론매체 대표, 의회 정책전문가 등이 다양하게 참여하여 진단에 대한 전문적 자문, 아이디어 제공, 의견 개진, 감시와 비판, 피드백 역할 등을 수행하여야 한다. 이들에게 개방적이고 폭넓은 참여를 허용하는 일이 가장 핵심적인 포인트다.

[그림 21-5] 다원적 참여주체와 참여적 진단 프로세스

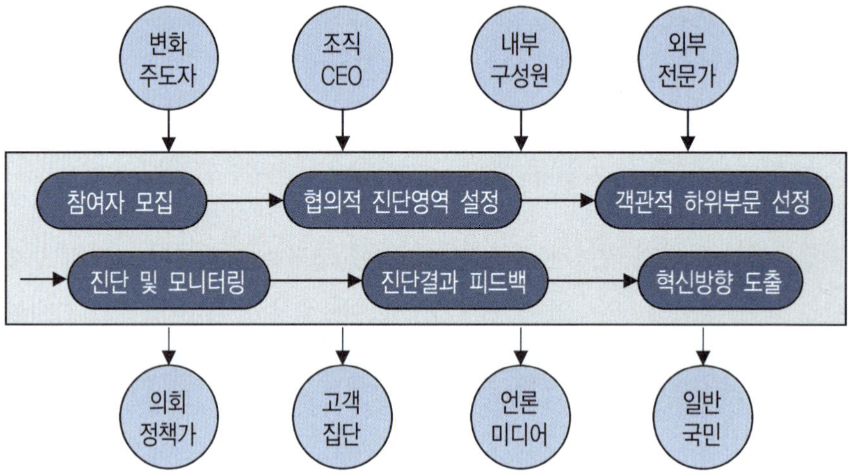

3) 참여적 진단 프로세스

참여적 진단 프로세스는 공개적이고 투명하게 진행되어야 한다.

먼저, 공개적인 조직진단 참여자 모집을 해야 한다. 참여자 모집은 이중적 트랙(two tracks) 방법을 적용하는 것이 좋다. 하나는 조직이 필요로 하는 변화주도자, 전문가, 내부구성원 대표를 위촉하는 트랙이며, 또 하나는 자발적인 참여자를 모집하는 트랙이다. 자발적인 참여자들이 다양한 분야로부터 많이 응모할수록 조직진단

의 공개성 · 투명성을 높이고 다양한 아이디어를 활용할 수 있다.

다음으로, 다자적 주체들의 참여하에 협의적 진단영역 설정 작업을 진행한다. 즉, 조직구조, 인력, 행태, 문화, 지적자산, 사회자본 등 다면적 · 총체적 차원에서 협의 · 결정한다. 아울러, 진단대상이 되는 하위부문의 객관적 선정 작업을 합리적 기준에 따라 편견 없이 균형 있게 시행한다.

마지막으로, 조직진단이 실제로 수행될 때 참여자들은 진단과정에 대한 모니터링 · 감시 · 비판의 역할을 수행하며, 진단결과의 심의 · 피드백 활동을 담당한다. 동시에 참여자들은 조직혁신 방향의 도출에 관하여 다각적인 견해를 제시한다.

4) 참여적 진단의 효과

다자적 참여에 의한 조직진단은 공개적으로 투명하게 진행될 수 있고, 다수인의 의견을 폭넓게 수렴하며, 균형적 관점에서 객관적으로 수행될 수 있으므로, 진단의 결과 또는 산출물의 타당성, 정확성, 유용성, 수용성을 높여줄 수 있다. 타당성(validity)은 진단하고자 하는 대상 및 요소를 실제로 진단하는 것을 말하다. 정확성(accuracy)은 진단의 내용이 사실과 현상을 올바르게 나타내고 있는 것을 말한다. 유용성(usefulness)은 진단결과가 조직혁신의 방향 도출과 대안 설계에 실질적 도움을 주는 것을 말한다. 수용성(acceptability)은 진단결과를 조직 구성원, 외부 전문가, 일반국민 등이 납득하고 받아들이는 것을 말한다.

제22장 조직의 변화 · 혁신
(Organizational Change & Innovation)

제1절 조직의 변화 · 혁신: 진화, 쇠퇴, 성장

1. 조직의 변화 · 혁신이란?

조직변화(organizational change)란 조직의 상태와 역량 및 효과성이 현재와 달라지는 것을 말한다. 조직은 현재와 같은 상태를 상당기간 유지할 수도 있고, 현재보다 나빠질 수도 있으며, 현재보다 더 좋아질 수도 있다. 이 중에서 현재 상태보다 획기적으로 나아지는 현상을 조직혁신이라고 할 수 있다.

즉, 조직혁신(organizational innovation)은 조직을 현재보다 훨씬 더 바람직한 상태로 변화시켜 조직의 효과성을 크게 높이는 과정이라고 할 수 있다(Jones, 2010: 292; 이창원 · 최창현, 2012: 527). 또한, 조직혁신은 조직변동에 있어서 새로운 아이디어를 창출하여 이를 실천하는 과정이라고도 할 수 있고(Thompson, 1965), 새로운 절차나 아이디어의 도입(Evan & Black, 1967)이라고도 할 수 있다.

여기서 중요한 것은 변화의 방향성으로서, 바람직한 변화는 [그림 22-1]에서 보는 것처럼 현재유지적 흐름(stable flow)이나 좋지 않은 상태로 떨어지는 퇴락(downfall)이 아니라, 바람직한 방향으로 상승 · 성장(rise, grow)하는 것이다. 상승 · 성장은 조직이 질적인 측면에서 역량이 높아지고 보다 효율적, 효과적, 창조적으로 변화하는 것이며, 양적인 측면에서 조직의 규모 및 영역이 확장되고 영향력이 커지는 상태를 말한다.

[그림 22-1] 변화의 방향성

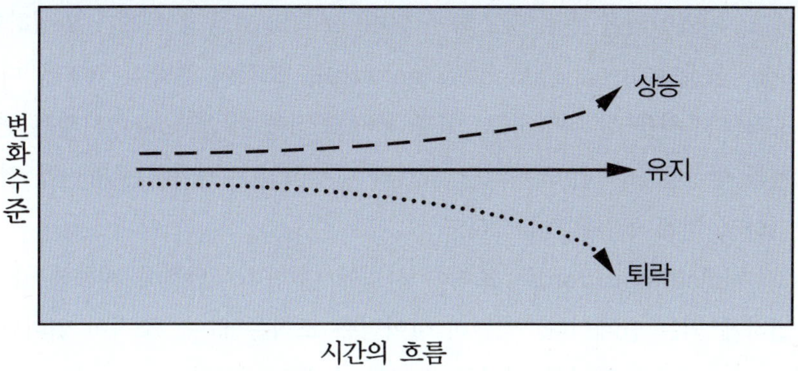

Arnold Toynbee의 역사변동모델에 의하면 영원히 살아남는 국가 · 사회나 조직은 없다. 모든 국가 · 사회 또는 조직은 흥망성쇠의 과정을 거친다. 외부의 도전에 대해 성공적으로 응전하는 국가 · 사회 그리고 조직은 살아남고, 그렇지 못한 국가 · 사회 또는 조직은 멸망한다. 이러한 응전의 과정은 바로 외부변화에 적응하고 오히려 외부변화를 주도할 수 있는 혁신에 있다. 즉, 조직의 혁신은 곧 생존과 번영의 문제이다.

Toynbee는 역사발전단계론과 이를 조직변동에 적용한 조직변화모델을 제시하였다. 이러한 조직변화 단계모형은 조직혁신에 대해 웅변으로 시사하는 점이 크기 때문에 아래에서 살펴본다. 그에 따르면 조직은 일반적으로 탄생단계, 발전성장단계, 갈등 · 분열 · 혼란단계, 재조정 · 성장단계, 그리고 붕괴단계로 나뉜다(Summer, 1980: 18-27).

탄생단계(inception)는 조직이 새롭게 태어나는 단계이다. 모든 조직은 어떤 일단의 사람들 또는 집단이 비전을 갖고 그것을 실현하고자 할 때 탄생하게 되어있다. 그 비전이 창조적이고 환경의 기회와 위협을 감당할 수 있을 때 조직은 잘 형성된다.

발전 · 성장단계(development & growth)는 조직이 끊임없는 도전을 성공적으로 극복할 수 있을 때 나타난다. 이때에는 대외적 경쟁력(예: 사회에 대한 산출 제공능력)과 내부적 역량(예: 자원, 인력, 기술)이 풍부하게 발휘된다.

갈등 · 분열 · 혼란단계(conflict, breakdown & troubles)는 조직이 점점 확대

되어 갈수록 더 많은 집단에게 영향을 미치게 되면서 종래의 조직통합력으로는 감당하기 어려운 갈등이 발생하는 단계이다. 이때에는 조직관리자들이 방향감각을 결여하게 되고, 자기이익을 주로 강조하게 되며, 조직의 효율성 문제가 발생하게 된다.

재조정 · 성장단계(realignment & growth)는 조직이 전략적 역량을 다시 얻게 되어 조직의 자원을 잘 결합하고, 이를 통해 조직을 재생(renew)시키는 단계이다. 이 단계의 형성은 조직이 외부적인 관계와 내부적인 자원이라는 양면에 걸쳐서 그 역량을 다시 얻게 될 때 가능하다.

붕괴단계(disintegration)는 조직이 사회에 대하여 무언가를 제공해 줄 수 없을 때 소멸하게 되는 단계이다. 영원히 살아남는 조직은 없다. 조직이 얼마나 생존할 수 있는가는 사회에 얼마나 기여할 수 있는가에 달려있다.

그리고 그러한 기여의 정도와 수준은 조직이 얼마나 조직자원을 전략적으로 잘 결합시켜 끊임없이 변화와 혁신을 추구해 나가느냐에 좌우된다. 즉, 변화와 혁신을 지속적이고 성공적으로 이끌어내어 환경에 얼마나 잘 적응하느냐, 외부고객과 내부구성원의 요구를 얼마나 잘 충족시키느냐에 의존한다.

2. 계획적 변화와 비계획적 변화

조직은 자연스럽게 변화해 갈 수 있다. 이는 비계획적 변화(unplanned change)이다. 그러나 조직을 바람직한 방향으로 변화시켜 실제로 조직의 목적과 가치를 실현하도록 만들기 위해서는 의도된 변화, 즉 계획적 변화(planned change)가 필요하다.

비계획적 변화(unplanned change)는 수동적인 변화로서 환경에 그럭저럭 적응해 나가는 변화라고 할 수 있다. 이러한 비계획적 변화는 우연적이고, 과정지향적이며, 사후적이고, 경험적이라고 할 수 있다.

반면, 계획적 변화(planned change)는 조직의 전략형성에 의하여 의도적이고 체계적으로 혁신을 시도해 나가는 과정이다. 이러한 계획적 변화는 동태적이고, 사전적이며, 목표지향적이고, 가치정향적이라고 할 수 있다(송교석 · 윤두열, 2005: 216; 박민생 외, 2006: 342).

계획적 변화에 있어서는 변화창도자(change agent)에 의한 적극적 개입(intervention)

이 매우 중요하다. 변화창도자는 조직의 전략가 또는 조직혁신 전문가가 수행하게 되며, 그가 변화프로그램을 주도적으로 진행하게 된다. 개입(intervention)은 단기, 중기, 장기적인 종합적 변화전략 및 프로그램에 의하여 조직이 추구하고자 하는 바람직한 방향으로 체계적이며 전문적으로 조직혁신을 추진할 수 있다는 점에 그 의의가 있다.

표 22-1. 비계획적 변화와 계획적 변화의 비교

비계획적 변화의 속성	계획적 변화의 속성
• 수동적(passive) • 우연적(random) • 과정지향적(process-oriented) • 사후적(remedying) • 경험적(experiential) • 적응적(adaptive)	• 능동적(active) • 계획적(planned) • 목표지향적(goal-oriented) • 사전적(forecasting) • 전략적(strategic) • 의도적(desired)

* 출처: 송교석 · 윤두열, 2005: 216; 박민생 외, 2006: 342

3. 조직변화 · 혁신의 동인

1) 경쟁적 환경

기업은 글로벌 시장경쟁에서, 정부는 세계열강들의 각축전 속에서 살아남아야 하고 또 성장해야 한다. 기업들 중에서 30년 이상 생존하는 기업의 비율은 10% 미만이라고 한다. 정부도 세계적 환경변화에 잘못 적응하여 후진국으로 떨어지는 경우가 있다. 이와 같이 급격히 변화하는 환경 속에서 생존과 번영을 지속해 나가려면 경쟁력을 가져야 한다. 경쟁력을 높이기 위한 전략을 구현할 수 있는 조직시스템을 구축하려는 것이 바로 조직혁신이라고 할 수 있다.

2) 규모의 비효율

조직의 경쟁력은 비용 대비 효과성을 높일 수 있을 때 강화될 수 있다. 따라서, 비용을 증가시키고 비효율을 가져오는 비대한 조직규모나 인력규모는 적정한 규모(right size)로 조정될 필요가 있다. 이러한 필요성이 있을 때 구조 중심의 혁신이 진행된다.

3) 지식창출과 기술진보

최근 새로운 지식과 정보, 그리고 기술은 매우 빠른 속도로 개발되고 변화하고 있다. 기업이나 정부가 이러한 지식·기술의 진보속도에 따라가지 못하면 치열한 경쟁 속에서 살아남기 어려울 것이다. 특히, 경쟁우위 또는 지배력을 확보하려면 새로운 지식의 창출과 기술개발에 유리한 조직시스템으로 혁신하지 않으면 안 된다. 조직혁신은 곧 지식창출이고 기술혁신이다.

4) 인력특성 변화

조직구성원과 조직관리자들의 교육수준, 지식력, 기술력, 가치관, 의식구조 등이 변화하면 그에 따른 조직의 변화 또는 혁신이 일어나게 된다. 예를 들어, 만약 구성원들의 민주화, 자율화 의식이 높아지면 조직은 분권화된 시스템으로 전환되어야 한다.

5) 정치적 변동

행정조직의 경우 경영조직보다 정치적 환경의 영향을 많이 받는다. 정권이 바뀌면 조직의 기관장부터 교체된다. 이에 따라 조직의 정책이나 운영전략이 변화된다. 특히, 개혁적인 대통령이나 장관 등 CEO가 조직을 이끌어 나가게 될 경우 조직혁신은 불가피하게 된다. 나아가, 야당이나 시민단체 또는 새 정부를 지지한 유권자들이 정부의 개혁을 강도 높게 요구할 경우에는 행정개혁, 특히 조직혁신을 강력하게 추진할 수밖에 없다.

6) 혁신가의 등장

조직 내부나 외부에 혁신적 마인드와 아이디어를 가진 지도자 또는 전문가가 존재할 경우 행정개혁 또는 조직혁신의 동력이 생길 수 있다. 특히, 그러한 인물이 정치적 영향력이나 변혁적 리더십까지 가지게 될 경우 조직혁신은 급물살을 탈 수도 있다. 이러한 인물이 정치가이면 혁신리더가 되고, 전문가이면 개입(intervention) 담당 자문위원이 된다. 한 예로 참여정부 시절 어느 대학의 행정학 교수가 정권창출의 핵심참모로 일한 후 정부로 들어오게 되자 그는 정부혁신위원회를 만들어 조직, 인사, 지방자치, 재정, 정보화 등 전 분야에 걸친 정부혁신을 장기적으로 추진한 바 있다.

제2절 조직혁신의 기본모형

1. Leavitt의 조직변화모델

Leavitt(1964)는 조직혁신이 조직의 과업변수(task variables), 구조변수(structure variables), 기술변수(technology variables), 인간변수(human being variables)라는 네 가지 변수군을 통하여 이루어지는 것으로 보고 있다. 그의 조직변화모델에 의하면, 조직은 위 네 가지 변수들이 상호작용하는 복합체이며, 이 변수들의 변동과 작용에 의해 조직의 혁신이 이루진다고 본다(송교석 · 윤두열, 2005: 217~218; 박민생 외, 2006: 348~349).

[그림 22-2] Leavitt의 조직변화모델

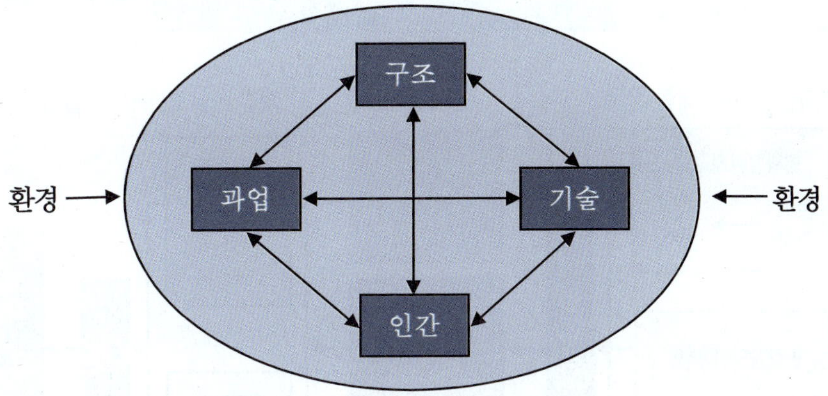

* 출처: Leavitt, 1964; 박민생 외, 2006: 349

특히 구조, 기술, 인간이라는 세 독립변수가 과업(task)이라는 종속변수 또는 전략변수의 변화를 통해 조직의 성과를 개선하게 된다고 하였다. 이 경우 구조개혁을 중심으로 하는 구조적 접근법, 기술변화를 중심으로 하는 기술적 접근법, 그리고 인간행동 변화를 중심으로 하는 인간적 접근법이 활용될 수 있다. 나아가, 조직은 하나의 개방시스템이므로 환경변수와의 상호작용이 중요한데, 이러한 상호작용은 바로 구조, 과업, 기술, 인간이라는 변수들과의 관계 속에서 일어나게 된다.

2. Short의 조직변화 통합모델

Short(1973)는 변화담당자의 역할과 그가 선택하는 전략 및 접근방법에 의해 조직의 변혁과정을 설명하고 있다(송교석 · 윤두열, 2005: 226; 박민생 외, 2006: 352~353). 변화담당자는 내외부로부터의 변화압력을 느끼고, 그 압력에 따라 자신의 역할을 인식한다. 변화담당자는 경제적 가치가 중심이 되어야 하는가, 아니면 인간적 가치가 중시되어야 하는가 등에 관한 가치의식을 갖고 있으며, 그의 역할은 협력적인 역할로부터 일방적인 역할에 이르기까지 연속선상에 있다.

변화담당자는 전략의 선택을 해야 하는데, 구조적 접근, 기술적 접근, 그리고 행위적 접근 등의 방법을 채택할 수 있다. 전략의 선택 후에는 변화를 위한 개발과 실시 작업이 이루어지는데, 이것이 변화의 과정이며, 그 운용방법이 영향을 미친다.

[그림 22-3] Short의 조직변화 통합모델

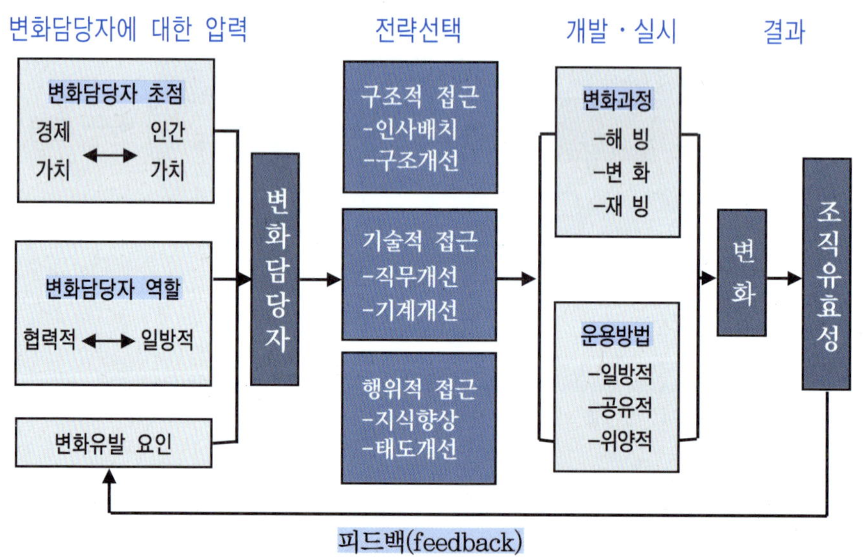

* 출처: Short, 1973: 56; 송교석 · 윤두열, 2005: 226.

변화과정은 해빙, 변화, 재동결의 순서로 이루어지고, 운용방법으로는 권력분포에 따라 일방적, 공유적, 위양적 방법 등이 적용될 수 있다.

변화가 이루어지고 나면, 그 결과로서 조직의 유효성이 높아지게 된다. 그리고 그 유효성의 정도가 선행단계로 환류(feedback)되어 보다 효과성 있는 혁신추진 전략 및 방법을 찾게 만든다. 또한, 조직 내 한 부문의 변화는 다른 부문의 새로운 변화에 대한 압력으로 작용하게 된다.

3. Golembiewski의 인간적 상호작용모델

계획적이고 의도된 조직 변화와 혁신을 주로 연구한 OD(Organization Development)의 대표적 학자인 Golembiewski는 조직의 변화가 구성원간의 인간적 상호작용(human interaction)에 의하여 결정될 수 있다고 보았다. 그는 개방성(openness), 주인의식(owning), 실험적 위험성(risk to experiment), 그리고 신뢰(trust)라는 4가지 변수가 조직구성원간에 어떤 상태로 존재하는가에 따라 조직이 재생적 변화를 기할 수도 있고, 퇴락적 변화를 초래할 수도 있다고 주장하였다.

[그림 22-4] Golembiewski의 인간적 상호작용 모델

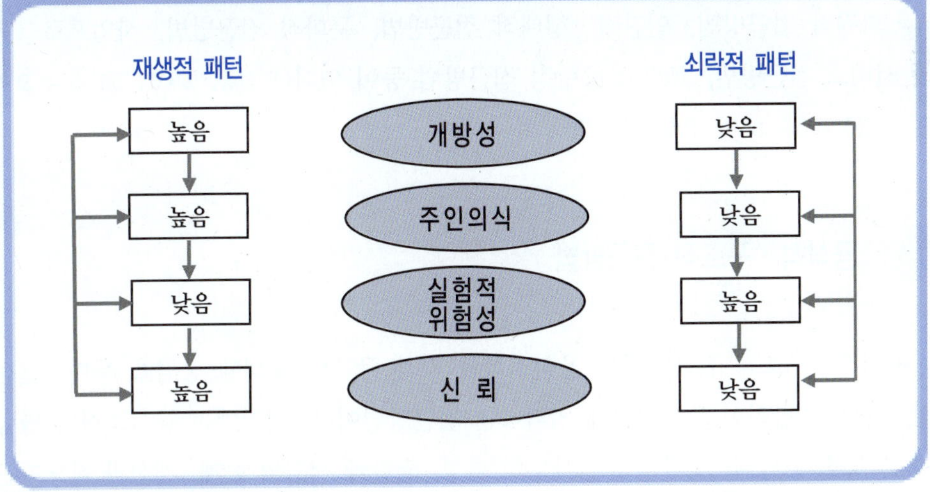

* 출처: Golembiewski, 1979: 48.

조직 또는 팀의 구성원간에 개방성이 높고, 주인의식이 높으며, 실험적 위험성이 낮고, 신뢰가 강하면, 그 조직은 활력을 찾아 계속 보존 또는 성장할 수 있는 재생적 변화(regenerative pattern of change)를 해 나갈 수 있다. 반면, 조직 또는 팀의 구성원간에 개방성이 낮고, 주인의식이 낮으며, 실험적 위험성이 높고, 신뢰가 약하면, 그 조직은 활력을 찾지 못하고 계속 생존할 수 없는 퇴락적 변화(degenerative pattern of change)를 가져올 수밖에 없다는 것이다. 즉, 조직혁신 또는 팀 구축의 핵심적 요인은 개방성과 주인의식 및 신뢰의 강화와, 인간관계를 위험스럽게 만들지 않는 태도의 정립이라고 할 수 있다. 이 모형은 조직혁신, 특히 구성원간 팀 구축과 협력체계 형성의 기초모델로 활용되고 있다.

제3절 조직혁신의 대상영역 및 접근방법

조직혁신의 대상영역은 앞서 소개한 조직진단모델이나 조직혁신의 이론모형에서 살펴본 것처럼 조직구조, 관리과정 및 기술, 인간행태, 조직문화, 사업 및 서비스 등으로 압축될 수 있다. 조직혁신의 접근방법은 이러한 대상영역을 중심으로 개발되어 왔다. 이에 따라, 조직혁신 접근방법에는 공식적 · 구조적 접근방법, 관리기술적 · 과정적 접근방법, 인간적 · 행태적 접근방법, 문화적 접근방법, 사업프로그램 및 서비스 접근방법, 그리고 종합적 접근방법 등이 있다(오석홍, 2001: 54-57; 오석홍, 2011: 656-659; 김수영, 1996: 64-82).

1. 공식적 · 구조적 접근방법

공식적 · 구조적 접근방법은 공식조직의 최적 구조의 모색에 중점을 두며, 고전적, 공식적, 합리적 조직이론에 입각하는 접근방법이다. 여기에는 공식조직의 명령체계, 통솔의 범위, 부처별 소관사무의 결정, 권한과 책임의 한계, 계선과 참모기관 등이 혁신의 주요 대상이다. 우리나라의 경우 정권교체시마다 단행되어온 기구개편, 구조조정 등은 여기에 해당한다. 최근에는 팀제 도입, 독립위원회제, 조직수평화 등 신축적 조직화와 아울러, 정보지식사회화에 따른 학습조직화, 네트워크 조직화 등이 강조되고 있다.

2. 관리기술적 · 과정적 접근방법

관리기술적 · 과정적 접근방법은 관리기술의 개선에 중점을 두며, 과학적 관리법을 이론적 배경으로 하는 접근방법이다. 업무의 수행과정, 문서의 양식과 처리절차, 직무분석 및 평가, 보수책정, 사무의 자동화, 정보화, 사무실 배치, 업무량 측정과 정원관리, 업무의 품질관리 등을 주요 대상으로 한다. 최근 등장한 프로세스 혁신기법들인 BPR(Business Process Reengineering), QC(Quality Circle), TQM(Total Quality Management), 전자정부(E-Government), 지식행정 등은 이에 해당한다.

3. 인간적 · 행태적 접근방법

인간적 · 행태적 접근방법은 조직보다 인간에 중점을 두며, 조직행태론과 인적자원관리론(HRM : Human Resource Management)을 이론적 배경으로 하는 접근방법이다. 여기에서는 진정한 조직의 변혁과 새로운 관리기술의 창출은 인간의 가치관이나 행태의 변혁을 토대로 할 때에만 가능하다고 보는 것이다. 그리고 인적자원의 수월성을 토대로 할 때 조직의 혁신이 가능하다고 보는 것이다. 최근 강조되고 있는 변혁적 리더십, 혁신적 마인드의 확산, 개방적 인사체계, 공무원의 역량개발 등이 여기에 해당한다.

4. 문화적 접근방법

문화적 접근방법은 조직체계의 보다 근본적인 혁신을 성취하기 위하여 조직문화를 개혁하려는 접근방법이다. 문화란 조직구성원이 공유하는 가치와 신념, 사고방식과 행동양식, 의식(儀式)과 상징, 관례와 전통 등을 말한다.

조직문화는 조직인의 자세와 태도 및 행태에 영향을 미치며, 의사결정 · 인간관계 · 집단역학 등의 특성을 결정짓는 기초가 되므로 조직문화의 개혁이 없이는 조직체제의 근원적 쇄신이 불가능하다. 이러한 의미에서 조직문화의 개혁은 '조직의 유전자적 변동'이며, 가장 심층적인 조직혁신이라고 볼 수 있다(오석홍, 2001: 105). 최근 각국 정부에서는 권위주의의 청산, 개방적 · 협력적 문화, 지식공유문화 등 조직문화의 개혁을 매우 강조하고 있다.

5. 사업프로그램 및 서비스 접근방법

앞의 접근방법들은 주로 조직의 내부적인 변수들을 중심으로 조직혁신에 접근하는 방법들이다. 그런데 조직 외부에 있는 서비스의 수혜자들은 조직내부의 개혁에는 그다지 흥미가 없을 수 있다. 외부고객들은 자신들의 피부에 와 닿는 실제 사업혜택 및 서비스에 관심이 많다. 따라서, 외부고객에게 보다 높은 만족을 줄 수 있는 방향으로 사업프로그램 및 서비스를 개선하는 노력을 기울일 필요가 있는데, 이것이 사업프로그램 및 서비스 접근법이라고 할 수 있다. 즉, 조직의 궁극적 목적의 하나라고 할 수 있는 고객에 대한 서비스의 질적 향상을 중시하는 접근방법이다.

대표적 기법으로 사업타당성 · 투자효과 분석, 정책분석 · 평가, 프로그램 개발, 생산성 측정, 고객수요 조사, 만족도 조사, 수혜자의 평가 · 환류 시스템 구축 등이 있다.

6. 종합적 접근방법과 조직융합성 지향

조직의 여러 가지 변수들은 상호연관되어 있어서 여러 요소들을 동시에 일관성 있게 혁신해야 한다. 즉, 혁신의 시너지 효과를 높이려면 종합적이고 체제적인 접근방법이 필요하다. 이는 개방체제적 관점에 입각하여 개혁대상의 구성요소들을 포괄적으로 관찰하고, 여러 가지 분화된 접근방법들을 통합(integrate)하여 해결방안을 찾아야 한다는 것을 강조하는 것이다.

내부적으로 구조적, 기술적, 행태적, 문화적 접근방법의 조화를 통하여 조직의 효과성을 높임과 아울러, 대외적으로 국민고객의 요구, 정치질서 변화 등에 적응함으로써 행정조직의 민주성과 대응성을 높이는 것이 필요하다. 즉, 체제내적인 요소와 체제외적인 요소의 상호작용을 중시하면서 행정조직체제의 생존력과 적응성을 높여야 한다.

조직혁신은 조직 내 · 외에서 일어나는 거시적, 정치적, 전면적 현상이다. 따라서 조직의 구조, 기술, 인간, 문화뿐만 아니라, 조직이 산출하는 사업 및 프로그램과 서비스, 그리고 이익수혜와 관련되는 배분절차를 모두 혁신의 대상으로 삼아 통합적으로 접근할 필요가 있다.

이러한 종합적 접근방법은 융합적 조직화와 밀접하게 관련된다. 조직의 전체적 시너지를 높이기 위해서 조직관리 요소들을 총체적으로 연계 · 조화시키는 융합적 조직관리는 이러한 종합적 혁신에 의해서만 달성될 수 있다. 어느 한 부분의 개선이나 변화만으로는 혁신의 목적을 달성하기 어렵다. 조직의 모든 부문의 동시적이고 일관성 있는 변화(synchronous & consistent change)가 이루어져야만 진정한 조직혁신이 가능할 것이다.

제4절 조직혁신의 프로세스

조직혁신 작업은 일정한 과정과 단계를 거쳐서 진행되어야 한다. 먼저, 현 조직시스템의 효율성, 경쟁력, 성과 등과 관련하여 현 조직시스템의 여러 측면에 관한 문제의식을 가져야 한다. 그리고 기존의 잘못된 체제를 무너뜨리고, 새로운 시스템을 구축할 수 있는 창조적 구상과 혁신방안을 치밀하게 설계해야 한다. 설계된 바람직한 혁신안은 충실하게 실행에 옮겨져야 한다. 중요한 일은 변화된 시스템이 제대로 작동하는지, 혁신효과가 있는지 평가해야 하고, 새로운 시스템이 뿌리를 잘 내리도록 만드는 것이다.

본 저자는 바람직한 조직혁신 프로세스를 정립하는 데 일조하고자 조직혁신의 6단계 모형을 제시한다. 조직혁신의 6단계는 (i) 탐구질문 단계, (ii) 이슈화 단계, (iii) 구상 단계, (iv) 설계 단계, (v) 실천 단계, (vi) 성찰 단계로 구성된다.

모든 단계는 다원적 주체들의 참여가 보장된 상태에서 진행되어야 한다. 조직혁신 과정에는 조직 내 · 외부에 다양하게 존재하는 주체(participants)들이 참여해야 한다. 변화주도자(change agent)는 물론, 조직의 최고위 의사결정자(CEO), 혁신의 대상집단인 조직 내 각 하위부서와 구성원, 그리고 조직 외부의 혁신전문가, 고객집단, 언론매체, 의회 정책전문가 등이 참여하여 혁신에 대한 전문적 자문, 창의적 아이디어 제공, 의견 개진, 협의, 의사결정, 감시와 비판, 피드백 역할 등을 수행하여야 한다. 조직혁신은 참여, 대화, 균형, 화합에 바탕을 둔 창조적 과정이 되어야 한다.

[그림 22-5] 조직혁신의 6단계 모형

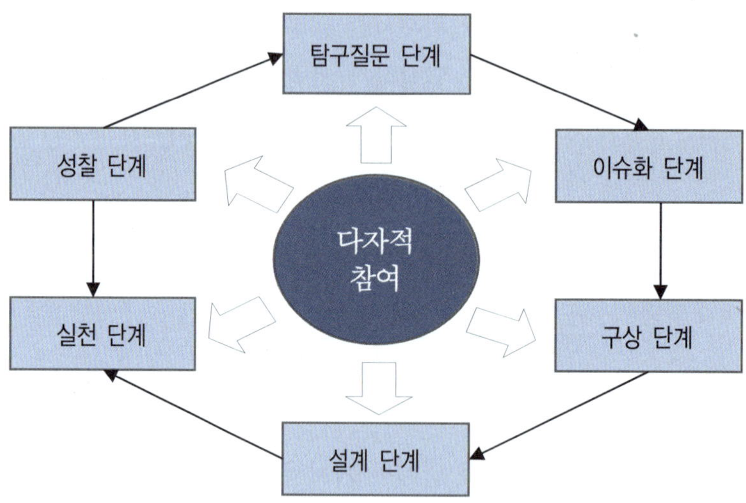

1. 탐구적 질문 단계

모든 혁신의 가능성은 탐구적 질문(exploring inquiry)으로부터 싹트게 된다. 현 조직시스템의 어느 한 부분 또는 전체적으로 문제가 없는지, 새로운 시스템, 관리기법, 기술도입 등의 가능성은 있는지, 평상시의 끊임없는 질문으로부터 혁신의 씨앗이 생기게 되는 것이다. 시스템의 비효율성으로 인해 자원만 낭비하고 성과를 거두지 못하는 부분은 없는가? 직원들에 대한 동기부여가 미약하지는 않은가? 새로운 경영전략이나 메커니즘을 필요로 하지 않는가? 등등 수많은 질문을 던져야 한다. 탐구적 질문은 현존하는 문제의 발견과 함께 새로운 혁신적 시스템에 대한 기대를 꿈꾸게 만들어준다.

2. 이슈화 단계

탐구적 질문을 통해 문제가 발견되면 그 문제를 이슈화(issue raising)하여 시스템의 혁신을 자극(stimulate)해야 한다. 즉, 문제제기와 이슈 확산이 필요하다. 문제성 있는 현 조직시스템의 혁신에 대한 관심을 높이고 혁신의 불(fire of innovation)을 지피기 위해 이슈 확산적 접근이 필요하다. 혁신이 필요한 문제현상을 이슈화하고 그에 관한 논의를 불러 일으켜서 그 문제현상을 해결하기 위한 혁신을 조직의 과제로 설정해야 하는 것이다. 즉, 혁신의제의 설정을 추구하는 것이다. 이슈화가 강하게 진행될수록 조직구성원과 외부자의 혁신참여와 우호적 지지를 많이 이끌어낼 수 있다.

3. 구상 단계

이슈화를 통해 혁신의제가 설정되고 나면 혁신방향과 혁신안에 대한 구상(conception)에 들어가야 한다. 먼저, 혁신의 지향점을 설정해야 하는데 이는 조직경영의 철학과 관련된다. 합리주의, 인본주의, 다원주의, 개방주의, 창조주의, 융합주의 등 철학을 검토하고, 효율성 · 효과성 · 형평성 · 개방성 · 창의성 · 통합성 등 지향성을 분명히 해야 한다. 다음으로, 혁신의 목표를 명확히 하고, 효과적인 전략을 수립해야 한다. 아울러, 전반적인 혁신구상안을 그려내야 한다. 혁신에 관한 다양한 아이디어를 창출해야 한다. 이 구상단계에서는 창의성의 발휘가 매우 중시되며, 조직학습을 통한 새로운 지식의 창조가 풍부하게 이루어져야 한다.

4. 설계 단계

설계(design) 단계에서는 구상단계에서 도출된 혁신방향과 전반적인 혁신안에 따라 그 구체적인 혁신대안을 마련하는 것이다. 여기서는 혁신대상 영역(구조, 인력, 행태, 프로세스, 문화, 지식관리 등)과 하위부문(중앙본부, 소속기관, 지역기관, 개별팀 등)의 설정, 각 영역별·부문별 혁신요소의 선별, 각 시스템 요소별 혁신내용과 혁신기법의 선택·적용 등 작업을 해야 한다. 그리고 필요한 자원의 확보방안을 수립해야 한다. 혁신에 필요한 기구, 인력, 전문가 풀, 예산, 최고관리자와 구성원의 지지 등 실질적, 정신적 자원을 획득해야 한다. 아울러, 혁신추진 로드맵(road map)을 수립해야 한다. 단기, 중기, 장기 등 시간적 프레임(time frame)에 따라 추진해야 할 프로젝트 요소를 설정한다.

5. 실천 단계

혁신방안은 반드시 실행(practice & action)되어야 한다. 진정한 혁신을 위해서는 실천과 행동이 중요하다. 실행되지 않는 혁신안이나 청사진은 유물에 불과할 것이다. 개혁의 실천을 위해서는 최고관리자의 결정과 지원이 중요하며, 특히 구성원을 비롯한 다자적 주체들의 참여가 필수적이다. 많은 주체들의 참여과정을 통해 협의·결정된 혁신안은 그 정당성과 함께 수용과 지지를 확보하기 쉽다. Myers et al.(2012: 91-96)은 실천지향적 요소로서 센스 메이킹(sense-making)이라는 개념을 강조하고 있다. 이는 혁신논리에 대한 이해(understanding)와 그에 근거한 행동(behavior)을 연결시키는 개념이다. 혁신의 논리에 대한 확고한 이해와 신념은 정당화된 행동선택과 몰입증대를 가져와 혁신의 실천성을 높여줄 수 있다고 한다.

6. 성찰 단계

진정한 혁신의 실천과 함께 새로운 시스템의 정착을 이루어내기 위해서는 혁신주도자와 구성원 등 참여자에 의한 성찰(reflection)이 요구된다. 혁신에 대한 탐구적 질문, 이슈화, 구상, 설계, 실천 단계에 이르기까지 전체 과정과 대안 및 그 산출과 효과에 대한 평가를 수행해야 한다. 잘못 판단한 사항은 없었는지, 분석과 대안선택은 적정했는지, 참여자들의 의견은 충분히 수렴되었는지, 실천과 행동은 올바르게 이루어졌는지 등에 관한 모니터링, 반성, 피드백이 이루어져야 한다. 나아가, 새롭게 구현된 조직시스템이 잘 뿌리내릴 수 있도록 정착화하는 노력이 지속적으로 이루어져야 한다.

제5절 조직혁신에 대한 저항과 극복

1. 조직혁신에 대한 저항이란?

저항이란 혁신의 부정적 영향을 받을 것으로 예상하는 개인, 집단, 그리고 조직 하위부서가 혁신에 대해 심리적, 행동적으로 반대하는 것을 말한다. 이에 대해 Caiden(1969: 65)은 현실적, 가상적 변혁으로부터 자신을 지키려는 방어적 태도가 저항이라고 규정한 바 있다(김수영, 1996: 237). 즉, 혁신에 반대하는 적대적 태도와 행동으로서(오석홍, 2001: 40; 오석홍, 2011: 576), 개인적이거나 집단적 · 조직적인 현상으로 볼 수 있다.

저항의 증상은 적극적인 양상으로 나타날 수도 있고 소극적인 형태로 나타날 수도 있다. 적극적인 양상은 혁신반대자들이 혁신 그 자체나 혁신주도자들에 대하여 공개적, 직접적으로 적대적 행동을 보이는 것이다. 소극적인 양태는 혁신에 대한 간접적인 반대, 무관심, 비협조적 태도를 보이는 것이다(오석홍, 2001: 40). 이러한 저항은 개혁추진의 신중한 추진, 문제의 사전적 발견, 감정발산이라는 순기능도 있으나, 조직혁신의 추진 저해 또는 좌절, 충실한 개혁실행 방해, 혁신효과 약화 등 역기능을 가지고 있다(오석홍, 2011: 677-678).

2. 조직혁신에 대한 저항의 원인

1) 혁신내용에 대한 이해 부족

혁신내용이 비밀주의 등으로 인하여 구성원에게 잘 주지 · 이해되지 않았을 경우 지지할 수 없게 된다(오석홍, 2011: 681).

2) 구성원 · 부서의 이익침해 우려

혁신의 추진으로 인하여 특정한 조직, 집단, 또는 개인의 이익이 침해될 우려가 있을 때 이들은 혁신에 반대하게 된다. 예컨대, 하부조직의 축소 · 폐지, 인력 감축, 업무프로세스나 행태의 변화 등이 요구될 때 구성원은 저항하게 된다(Quick & Nelson, 2013: 594–595).

3) 불확실성, 실패의 두려움, 적응의 어려움

혁신의 결과에 대한 불확실성, 실패 가능성, 불안감, 그리고 새로운 시스템에 대한 적응의 어려움이 예상될 경우 혁신에 반대하게 된다(오석홍, 2011: 681; George & Jones, 2012: 564).

4) 추진과정의 비민주성

혁신의 추진과정에 구성원이나 하위부서의 대표자가 참여할 기회를 부여하지 않을 때, 의견제시의 기회가 없을 때, 그 추진이 강압적일 때에는 혁신은 저항에 부딪치게 된다(오석홍, 2011: 680).

5) 집단규범

혁신의 방향이 자생적 · 비공식적 집단의 규범 및 기대와 다를 때 집단적인 저항을 수반하게 된다(George & Jones, 2012: 564).

6) 이념적, 정치적 반대

조직혁신의 방향이나 내용이 행정이념, 정치적 이해관계 등과 연관되는 경우에는 혁신 추진주체의 상대편에 있는 정치인이나 시민단체 등이 반대를 하게 된다. 조직 내 하위부문간 권력, 자원배분에 관한 대립 등 내부적 정치갈등이 존재할 때에도 반대에 부딪친다.

7) 문화 · 가치의 혼돈

새로운 시스템의 성격이 기존의 문화 및 가치체계와 잘 합치되지 않으면 거부감을 유발할 수 있다(Quick & Nelson, 2013: 595).

3. 조직혁신에 대한 저항 극복전략

G. N. Jones는 저항극복의 전략으로 강압적 전략, 규범적 전략, 공리적 전략, 중립적 외형을 지닌 전략 등을 제시하고 있다. 오석홍(2011: 683-686)은 강제적 전략, 규범적 · 사회적 전략, 공리적 · 기술적 전략을 들고 있다. 이에 더하여 필자는 정치적 · 협상적 전략과 외압적 전략을 추가하여 제시한다.

강제적 전략은 조직의 CEO 등 혁신추진 세력이 공식적 권력이나 위계질서를 기반으로 일방적으로 혁신을 추진하는 전략이다. 이 때에는 혁신추진에 대한 강력한 지시 · 명령이나 제재 등의 방법이 동원될 수 있다.

규범적 · 사회적 전략은 혁신에 대한 정당성을 확보하고, 혁신대상 집단을 심리적, 논리적으로 설득함으로써 혁신을 정신적으로 받아들이도록 추구하는 전략이다. 예컨대, 가치관 함양 등을 통하여 혁신 마인드를 강화하는 방법을 쓸 수 있다. 그리고, 혁신의 고취를 위한 상징적 전략들이 활용될 수도 있다.

공리적 · 기술적 전략은 혁신으로부터 영향을 받는 사람들의 이익이나 혜택을 조절하는 전략이다. 관련자들에 대한 이익의 침해를 방지할 뿐만 아니라 오히려 인센티브를 제공해 주는 방안이다.

정치적 · 협상적 전략은 정치적 세력을 동력화하여 혁신을 주도 또는 지원하도록 하는 전략이다. 국회의원, 집권주도세력 등 정치적 영향력을 가진 지도자들에게 혁신안의 합리성을 인식시켜 행정조직 개혁에 대한 지지를 해 주도록 하는 것이다. 한편, 혁신을 반대하는 정치인이나 이해관계자 집단에 대하여는 혁신에 동조하는 대신 그들의 요구사항을 들어주는 거래관계 또는 교환관계를 만들어 낼 수도 있을 것이다(예: 의약분업과 약가 인상).

외압전략은 유력한 외부적 집단으로 하여금 혁신반대 세력에 대하여 압력을 행사하도록 하는 전략이다. 외부의 전문가 집단, 시민단체, 언론기관으로 하여금 혁신의 필요성 및 정당성을 주장하도록 하고, 이를 통해 저항세력의 인식전환 또는 저항의지 약화를 가져오도록 한다는 것이다.

보다 구체적인 저항완화 기법으로 Myers(2012: 157), Quick & Nelson(2013: 597) 등은 다양한 방안을 제시하고 있다. (i) 혁신에 대한 커뮤니케이션 촉진, (ii) 혁신과정 참여 확대, (iii) 교육과 정보 지원, (iv) 적응적 흡수, (v) 롤 모델링(role modeling), (vi) 보상체계의 변화 등이 그것이다.

제6절 조직발전(OD)

1. 혁신 접근법으로서의 조직발전

조직발전(OD: Organization Development)은 개인의 행복과 조직의 효과성을 증진시키기 위하여 행동과학적인 이론을 적용한 체계적인 조직향상 접근법이다(Quick & Nelson, 2013: 603). 조직발전은 조직 내의 인간적 가치를 높이는 동시에 조직의 효율성을 제고하려는 접근방법이다(오석홍, 2011: 691). 즉, 개인의 성장욕구와 조직의 목표를 동시에 추구하는 과정에서 조직혁신이 이루어지도록 하려는 것이다.

Bennis(1969)는 OD가 조직구성원의 신념, 가치, 태도와 조직의 구조를 새로운 기술, 시장, 미래도전에 보다 잘 적응할 수 있도록 변화시켜 주는 기법이라고 했다. 이와 같이 OD 접근법은 개인과 조직의 유연성, 적응성, 창의성, 민주성 등을 높이려는 방법론이다. 특히, 개혁추진자의 의도적, 계획적인 개입(intervention)에 의한 개인, 집단, 조직의 변화를 중시한다.

2. 조직발전의 주요기법

1) 실험실적 훈련(Laboratory Training)

이는 10~20명의 인원으로 구성된 집단을 대상으로 실제적 또는 인위적인 상황하에서 실시하는 행태변화 훈련이다(Sashkin, et al., 1985: 267; 오석홍, 2011: 703). 이 훈련에서는 참여자들이 극한상황 등 실험적 환경 속에서 자신을 노출·개방하게 한다. 그리고 다른 사람들과의 상호작용 속에서 스스로의 태도와 행동을 자각·성찰하고 자아발견을 함으로써 자신의 가치관·태도·행동양식의 변화를 가져오도록 돕는다.

2) 집단형성(Team Building)

이는 집단 내의 팀워크를 향상시키고 이를 통해 팀의 성과를 높이려는 기법이다. 집단 내 구성원들 사이의 신뢰감, 개방성, 응집성, 그리고 협조적인 관계를 형성하도록 함으로써 임무수행의 효율성을 높이려는 방법이다(Robbins & Judge, 2011: 600-601). 중점을 두는 측면은 집단에 대한 진단, 집단 내외의 관계 분석 및 개선, 역할 분석과 조정, 문제해결 과정 지원, 임무성취도 향상 등이다(오석홍, 2001: 87).

3) 자가평가센터(Assessment Center)

이는 조직의 관리자와 구성원으로 하여금 자신의 관리 스타일, 직무태도, 업무처리방식, 문제해결 역량 등을 스스로 평가하고 개선하게 하는 프로그램이다. 평가도구로는 주로 설문지에 대한 응답방식을 많이 사용하며 인터뷰를 할 수도 있다.

4) 3차원 이미지 디자인(3-D Image Design)

이는 구성원 상호간에 비치는 이미지를 서로 교차적으로 평가하는 방법이다. 즉, 직원 A에 대해 B는 어떻게 생각하는가? 직원 B에 대해 A는 어떻게 생각하는가? 직원 A는 B가 자기에 대해 어떻게 생각한다고 보는가? 이러한 3차원의 교차적 평가는 자신의 이미지와 장단점에 대해 객관적인 평가를 받음과 함께, 오해하고 있었던 측면을 깨닫게 해주며, 그 과정에서 직원간 대인관계가 향상되게 해준다.

5) 역할교섭(Role Negotiation)

역할교섭은 조직변화가 필요한 상황에서 미래에 있어서의 구성원간의 직무와 역할을 상호 협의 · 조정할 수 있도록 도와주는 기법이다(George & Jones, 2012: 577). 이는 구성원간의 대인관계 개선과 갈등 완화에 도움을 주고 상호협력을 증진시켜 준다.

6) 평가적 질문(Assessment Inquiry)

이 기법은 개인 또는 조직의 강점(strength) 또는 고품질(high quality)에 초점을 두는 긍정적 접근방법이다. 이 기법은 발견-비전-설계-실행의 4단계로 진행된다. 첫째, 참여자 각자가 개인 · 조직의 강점을 발견하고, 둘째, 미래의 개인과 조직의 모습을 꿈꾸며, 셋째, 비전과 그 구현방안을 참여자간에 공유 · 설계하며, 넷째, 실행을 위한 전략과 계획을 수립한다(Robbins & Judge, 2011: 602).

7) 질적 향상 기법(Quality Program)

최근의 OD 접근법에서 주목하고 있는 기법으로 산출물과 서비스의 질적 향상 기법을 들 수 있다. 이는 산출물과 서비스의 질적 우수성(quality excellence)을 향상시키기 위한 리더 중심의 집단 프로세스를 말한다. 그 과정으로 정보수집, 업무수행 조율, 임파워먼트 등이 이루어진다(Quick & Nelson, 2013: 606).

8) 총체적 개입(Total Intervention)

이 기법은 조직전체의 모든 고위관리자들이 조직 효과성에 관한 직면회합(confrontation meeting)을 하는 방법이다. 최고관리자를 중심으로 자유롭고 개방적인 토론을 실시한다. 분야별로 분임토의를 할 수 있으며, 소그룹 토의결과는 전체그룹에 보고된다. 이 방법을 거친 재구조화, 재공학, TQM 등의 혁신안들은 조직전체 관리자들의 동의하에 실행 · 구현되기가 쉽다(George & Jones, 2012: 581).

그 외에도, 태도조사환류기법(Survey Feedback), 과정상담(Process Consultation), 직면회합(Confrontation Meeting), 임원코칭(Executive Coaching), 캔미팅(CAN Meeting) 등의 다양한 OD 기법 및 프로그램들이 있다.

제7절 조직혁신의 철학과 새 이론

1. 조직혁신의 철학

1) 시스템 사고와 총체주의

조직혁신에 있어서는 조직의 전체, 모든 측면을 보고 생각하는 통합적 시스템 사고(wholistic system thinking)가 요구된다. 조직의 성공과 실패에 영향을 주는 모든 요소들을 함께 고려하여야 한다. 만약 조직의 효율성을 높이기 위해 어느 한 부분만을 고치면 다른 부분에서 문제가 튀어 나온다. 풍선의 원리가 적용된다. 이러한 총체적 사고는 조직 내 모든 영역을 대상으로 하는 다양하고 종합적인 접근방법을 활용하게 만든다. 조직의 구조, 인간, 행태, 과정, 기술, 문화, 지적자산, 사회자본, 법제도, 절차, 정책 · 사업, 프로그램, 환경대응, 정치 등 모든 측면과 그 상호작용을 생각해야 한다.

2) 가치지향성

조직혁신은 맹목적 개혁이나 개편이 아니라 조직의 궁극적 가치와 목적을 반영하고 실천하는 혁신이어야 한다. 조직의 가치와 비전, 목표와 전략이 혁신의 방향 설정과 혁신안 도출에 충분히 반영되어야 한다.

3) 균형철학

조직혁신에 있어서는 이해관계자의 가치와 이익을 균형 있게 반영하여야 한다. 혁신은 현존하는 체제와 이해관계를 탈바꿈시키는 것이다. 따라서, 조직의 여러 하위부문과 집단 및 구성원에게 많은 영향을 미친다. 심지어 구조조정으로 조직을 떠나야 하는 구성원이 생길 수도 있다. 그러므로 혁신에 있어서는 그 방향 및 대안과 관련하여 하위부문, 구성원의 참여와 그들간의 갈등조정이 매우 중요하다. 참여를 통해 갈등을 완화하고 균형, 화합, 조화를 창출할 수 있는 협력적 조직혁신을 구현해야 한다.

이와 관련하여 Gerloff의 '변화의 최적균형'(change equilibrium)이라는 개념에 주목할 필요가 있다(Gerloff, 1985: 346). 변화를 추진하는 힘(power for change)과 변화에 저항하는 힘(power against change) 사이의 균형이 필요하다는 것이다. 두 방향의 힘이 상호작용하여 변화의 적정선을 찾았을 때, 변화 대상 집단의 수용이 이루어지고 여기서 변화의 최적균형이 이루어질 수 있다.

4) 창조주의

조직혁신은 그 전에 경험하지 못한 높은 경쟁력을 가질 것으로 기대되는 새로운 시스템을 창출하는 것이다. 당연히 창조력과 상상력을 요구한다. 창조가 없이는 새로운 변화를 이끌어 낼 수 없다. 그 '새롭다'는 것이 바로 창조이다. 창조는 상상력에서 비롯된다. 무엇을 창조하는가? 새로운 시스템에 관한 구상, 컨셉, 지식, 기술, 디자인, 이미지, 브랜드 등 컨텐츠를 새로 만들어 내는 것이다.

5) 융합주의

조직혁신에서는 그 내용과 프로세스에 있어서 융합성을 가져야 한다. 혁신 내용에 있어서는 총체주의에 의해 조직의 전영역을 타겟으로 하고, 혁신의 프로세스에 있어서는 혁신주도자, 하위부문, 구성원들이 팀워크를 통해 혁신을 이루어내야 한다. 진정한 혁신은 한 두 사람의 뛰어난 아이디어에 의해서가 아니라, 조직구성원 모두가 참여, 동의, 화합, 단결하여 균형 있고 조화로운 조직변화를 이루어 내는 것이다. 그 원동력이 곧 융화력이다.

2. 새 조직혁신이론 탐색 I: 조직혁신의 10차원 성공모델

여기서는 조직혁신이 성공적으로 이루어지도록 하기 위해 갖추어야 할 요건들을 중심으로 통합적 혁신모델을 제시해 본다. 조직혁신을 미래지향적, 진취적, 선도적, 효과적, 창조적으로 추진하기 위해서는 여러 차원에서 많은 긍정적 조건들을 잘 갖추어야 한다. 본 저자는 이러한 긍정적 조건들을 10가지 차원에서 규명·탐색하는 조직혁신의 10차원 성공모델을 제시한다. 10가지 차원은 가치, 영역, 주체, 과정, 맥락, 내용, 역량, 자원, 리더십, 시간 등 10개 측면을 포함하는 것이다.

이 모형의 성격은 다음과 같다. 첫째, 조직혁신을 올바르게 인식하게 해주는 인지모형(cognitive model)이다. 둘째, 철학적 가치 지향성을 제시해주는 정신모형(mental model)이다. 셋째, 조직혁신을 위해 누가 어떤 과정을 거쳐 어떤 활동을 전개해야 하는지를 보여주는 행동모형(action model)이다. 넷째, 조직혁신을 둘러싼 여건과 환경 및 관계구조를 어떻게 이해하고 조화시켜 나가야 하는지를 제안해 주는 구조모형(structural model)이며 맥락모형(contextual model)이다.

아래에서는 각 차원별로 지향해야 할 방향성, 이해·고려해야 할 요인, 수행해야 할 역할과 활동, 진행해야 할 프로세스, 준비해야 할 핵심요소 등에 관하여 살펴본다.

1) 가치 차원

조직혁신의 방향과 대안은 조직이 지향하는 철학, 가치, 비전, 방향, 목표, 전략과의 합치성을 가져야 한다. 효율성과 효과성, 개방성과 경쟁성, 창조성과 융합성, 윤리성과 책임성, 인본주의와 포용성 등이 그 예가 될 수 있겠다.

2) 영역 차원

혁신되어야 할 대상영역을 합리적이고 균형 있게 선정해야 한다. 여기서 영역이란 조직구조, 기능, 인력, 행태, 업무 프로세스, 문화, 정책·사업, 지적자산, 사회자본, 정치 등을 말한다. 기본적으로 전 영역을 대상으로 하는 총체적 접근법이 필요하다. 그러면서도 선택과 집중이 필요한 핵심영역에 대한 우선순위 부여와 투자도 이루어져야 한다. 특히, 하위부문 선정에 있어서 정치적 경쟁이나 특정이익의 추구가 아닌 객관적, 과학적인 진단에 입각한 혁신대상 선정이 중요하다. 균형감각을 가진, 편견 없는 혁신부문 선정이 바람직하며, 부문간 상호작용과 그 효과를 충분히 고려해야 한다.

3) 주체 차원

조직혁신을 성공적으로 추진하기 위해서는 여러 주체들의 다자적 참여가 매우 중요하다. 조직혁신은 변화창도자(change agent)의 주도로 전개되어야 하지만, 이해관계와 관심을 가진 다양한 주체들의 참여가 허용되어야 한다. 여러 가지 아이디어와 의견을 가진 주체들이 참여해서 혁신의 방향, 대안, 추진방식 등을 상호 대화, 토론, 협의하고 동의가 이루어졌을 때 혁신안의 타당성과 수용성을 확보할 수 있다.

참여해야 할 주체(participants)는 조직 내·외부에 다양하게 존재한다. 혁신을 주도해야 할 변화주도자와 혁신방향을 최종결정하고 지원해 주어야 할 조직의 최고위 의사결정자(CEO) 외에, 혁신의 영향을 직접적으로 받는 혁신대상 집단이라고 할 수 있는 조직 내 각 하위부문과 구성원의 참여는 필수적이다. 나아가, 조직 외부의 혁신전문가, 고객집단, 언론매체 대표, 의회 정책전문가 등이 다양하게 참여하여 혁신에 관한 자문, 아이디어 제공, 의견 개진, 감시와 비판, 피드백 역할 등을 수행하도록 개방적, 적극적으로 유도해야 한다.

[그림 22-6] 조직혁신의 10차원 성공모델

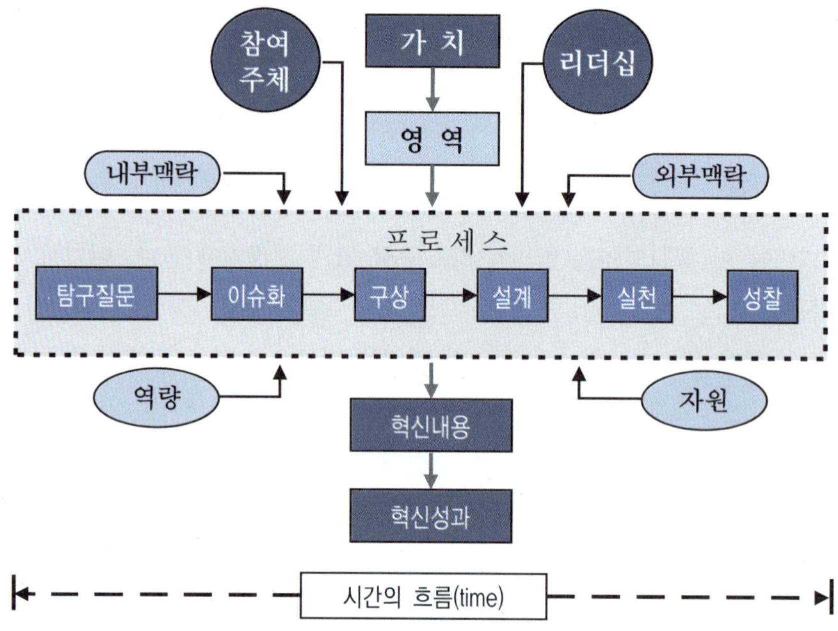

4) 과정 차원

조직혁신 프로세스로서 탐구적 질문(inquiry) – 이슈화(issue raising) – 구상(conception) – 설계(design) – 실천(action) – 성찰(reflection)의 6단계를 거치도록 한다.

이러한 프로세스에서 매우 중요시되어야 할 요소는 참여와 담론, 그리고 그에 기초한 동의와 수용의 확보이다. 조직혁신은 참여적, 화합적인 혁신과정에 바탕을 두어야 한다. 조직의 민초 또는 풀뿌리에 해당하는 하부직원들의 선호와 여론을 중시해야 한다. 풀뿌리(grass-root) 혁신추진이 가장 이상적이다. 올바른 문제인식과 방향설정을 위해 구성원들에 대한 인식조사, 선호도 조사, 여론조사를 실시해야 한다.

조직혁신에 있어서는 대화(dialogue)의 창출을 통해 구성원의 참여를 이끌어 내야 한다. 그리고 혁신에 대한 관심을 높이고 참여를 유도하기 위해서는 이슈 확산적 접근이 필요하다. 이는 혁신의제를 설정하고 '혁신의 불'(fire of innovation)을 지피기 위한 필수적 과정이다.

한편, 조직혁신에 있어서는 합리적 과정도 중시해야 한다. 환경분석, 즉 SWOT 분석을 통해 올바른 비전과 전략을 설정해야 하며, 객관적인 문제분석과 목표의 명확화가 이루어진 상태에서 혁신의 방향과 대안을 설계해야 한다. 그리고 다양한 혁신대안 중 최선의 혁신안을 선택해내는 합리적 접근이 이루어져야 한다. 이러한 합리적 접근이 참여적 과정에 의해 전개되어야 한다.

5) 맥락 차원

조직혁신에 있어서는 조직 내 · 외부의 맥락적 요소를 잘 인식 · 이해하고 고려해야 한다. 맥락적 요소란 조직혁신에 직접 · 간접으로 영향을 미치는 조직 내 · 외부의 구조적, 관계적, 환경적 요인들을 통칭하는 것이다. 내부적 맥락요소로는 조직혁신에 대한 참여주체간의 권력관계, 경쟁구조, 이해관계, 영향력 등을 들 수 있다. 외부적 맥락요소로는 일반환경(수요, 시장, 경쟁, 기술, 외부자원 등), 정치권(국회, 정당), 언론미디어(신문, 방송, 인터넷, SNS), 시민사회(시민단체, 일반국민), 국제사회(외국정부, 국제기구, 글로벌기업) 등과 조직과의 다각적인 관계를 들 수 있다.

조직혁신의 주도그룹은 조직 내 · 외부의 맥락 속에서 권력적 · 경쟁적 장애물들을 극복해야 한다. 정치적, 재정적, 조직적, 인적 이해관계에 따른 갈등, 반대, 비판 등 부정적 요인들을 완화 또는 해소해야 한다. 이를 통해 조직이 추구하는 혁신방향과 혁신안을 살려내야 하고, 그에 대한 동의 · 지지 · 협조를 이끌어내야 한다.

6) 내용 차원

진정한 조직혁신이 이루어지려면 그 혁신의 내용(contents)이 좋아야 한다. 혁신의 방향, 혁신 아이디어, 혁신 대안이 창의적인 동시에 타당해야 하고, 이론적 근거와 논리를 잘 갖추어야 한다. 어떤 혁신안이 창의적이고 타당한 혁신안인가? 현재의 조직시스템의 가시적 문제와 숨은 문제를 올바르게 진단해내고, 그 바탕 위에서 시스템의 맹점을 도려냄과 동시에, 새롭고 효율적, 효과적, 창조적인 시스템을 구축할 수 있는 혁신안이어야 한다. 이러한 혁신안을 이끌어내기 위해서는 다원적 참여를 통한 아이디어와 견해의 수렴, 담론적 과정을 통한 협의 · 토론 · 평가 · 비판 등을 중시해야 한다. 그리고 조직학습과 지식창출은 혁신안 내용 창출의 핵심적 요소이다. 아울러, 다양한 성공사례들을 벤치마킹해야 한다.

7) 역량 차원

혁신은 역량 없이 이루어질 수 없다. 변화주도자와 조직의 최고리더는 물론 혁신에 참여하는 모든 주체들의 높은 역량이 요구된다. 어떤 역량을 필요로 하는가? 근원적인 역량으로서 구도적 역량, 탐구적 역량, 분석력, 창의력, 상상력 등이 탄탄하게 구축되어 있어야 한다. 이러한 근원적 역량에 바탕을 두고 생산해 내게 되는 현재적, 직접적 역량으로서의 지식 및 학습 능력이 가장 중요하다. 근원적 역량에 의해 창출되는 지식과 아이디어는 혁신안의 우수성을 보장하게 된다. 아울러, 혁신추진 역량이 요구된다. 이는 혁신을 주도하는 능력으로서, 조직 내·외부 주체들의 저항을 극복하고 폭넓은 지지와 참여를 유도하는 능력을 의미한다.

8) 자원 차원

조직혁신에는 자원이 소요된다. 보다 좋은 혁신을 위해서는 적극적으로 자원을 투자해야 한다. 직접적인 유형의 자원으로 혁신추진 조직, 인력, 예산을 충분히 확보해야 한다. 간접적인 무형의 자원으로는 조직 내 최고관리자의 지원과 격려, 내부 구성원의 동의와 협조, 조직 외부 정치세력의 지지와 협력, 시민사회와 국민의 신뢰·지지 등이 확보되어야 한다. 총체적 접근에 입각하여 혁신 부문간, 과제간 균형 있는 자원배분이 필요하지만, 우선순위를 두어야 할 핵심적 부문 및 과제에 대하여는 '선택과 집중' 전략에 의한 효과적인 투자가 요청된다.

9) 리더십 차원

혁신을 추구함에 있어서 조직리더는 변혁적 리더십, 창조적 리더십, 융합적 리더십을 잘 발휘하여야 한다. 변혁적 리더십은 구성원에 대한 영감의 부여와 변화에의 자극을 위하여, 창조적 리더십은 좋은 혁신안 도출을 위한 지식과 학습 역량의 제고를 위하여, 그리고 융합적 리더십은 혁신대상 부문간 협력과 구성원의 저항 극복을 위하여 요구된다. 변화주도자(change agent)는 전문가적 리더십을 잘 발휘하여야 한다. 변화주도자는 혁신을 유발시키는 역할, 혁신의 프로세스를 진행하고 혁신기법을 적용하는 역할, 혁신의 효과를 평가하는 역할 등을 주도적으로 수행해야 하기 때문이다.

10) 시간 차원

혁신은 변화의 과정이다. 짧은 과정도 있고 길어야 하는 과정도 있다. 혁신전략과 과제성격에 따라 적정한 시계(time span)를 설정하여야 한다. 점진적 혁신전략을 채택하면 오랜 기간에 걸쳐 서서히 혁신을 진행하게 되고, 급진적 혁신전략을 채택하면 짧은 기간에 많은 개혁을 단행하게 된다. 이상적이면서도 현실적인 혁신전략은 혼합적 전략으로서 과제성격에 따라 장기, 중기, 단기로 구분하여 추진하는 것이다. 즉, 혁신의 목표와 과제에 따라 속도의 완급 조절을 하는 것이 좋다. 보다 근본적인 대규모 개혁은 중장기적인 관점에서 접근하고, 보다 구체적이고 명확한 과제는 단기간에 추진하는 것이 적절하다고 할 수 있다.

3. 새 조직혁신이론 탐색 II: 탐구적 시스템혁신이론

조직혁신은 새로운 시스템, 즉 혁신적 시스템을 도입하는 것이다. 혁신적 시스템은 현존하는 시스템보다 더욱 효율적, 효과적이어야 하고, 미래의 환경변화에 보다 잘 적응할 수 있어야 한다. 이러한 시스템의 도입과정은 매우 창조적인 과정이다. 환경변화에 따라 지속적으로 창조되고 또 창조되어야 한다. 즉, 혁신과정은 건설적 파괴와 창조 · 재창조의 순환과정(cycle)이라고 할 수 있다. 이러한 과정에서의 핵심요소는 환경감지와 새로운 시스템 모형의 탐구이다.

먼저, 환경감지(environment sensing)가 매우 중요하다. 환경은 급속하게 변화하며, 그 수명주기가 매우 짧다. 따라서, 조직에서는 초단기 수명주기에 대한 심각한 의식을 하지 않을 수 없다. 그래서 환경 민감성 감지시스템의 구축이 요구된다. 즉, 촉이 좋은 안테나 기능을 갖추어야 한다. 그러한 기능을 수행할 하나의 구조적 시스템으로 환경감지팀의 구성이 필요할 것이다. 이 팀은 외부환경 감지, 내부 문제 파악, 고객 반응 인식, 경쟁조직의 동향 관찰 등을 통해 환경변화를 인지해내고 그것이 조직에 미치는 영향을 해석 · 판단해야 한다. 그리고 환경변화에 따른 새로운 시스템이 도입된 후에는 그 시스템의 환경 적응성을 평가해야 한다.

다음으로, 새로운 시스템의 탐구(new system exploring)가 긴요하다. 이는 급변하는 환경에 신속하면서도 효율적 · 효과적으로 대응할 수 있는 새로운 시스템을 창출해 내는 것이다. 이 과정에서는 탐구적 정신의 고취와 탐구적 시스템의 조성이

[그림 22-7] 탐구적 시스템의 구조 및 프로세스 모형

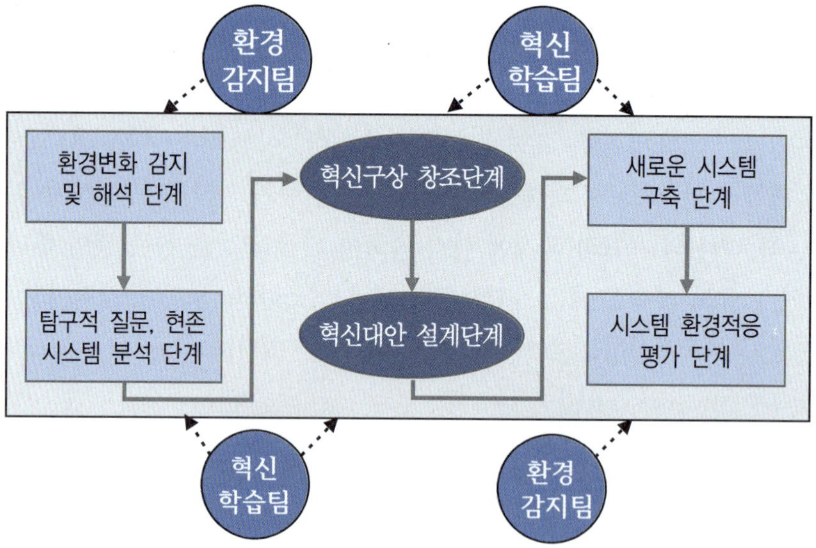

요구된다. 탐구적 정신으로는 조직창조주의와 '상상의 철학'이 혁신 참여자들에게 함양되어야 한다. 탐구적 시스템의 구조적 형태로는 상시적 혁신학습팀의 구축이 유효할 것이다. 이 팀은 혁신을 위한 새로운 구상, 컨셉(concept), 원형(prototype), 아이디어, 지식, 대안, 기법 등을 탐색하고, 구체적인 시스템의 설계 및 구축 작업을 수행할 수 있다.

이와 같은 두 탐구적 구조에 의해서 다음과 같은 탐구적 시스템 혁신의 프로세스가 진행되어야 한다. 첫째, 환경감지팀이 환경변화를 감지하고 해석한다. 둘째, 혁신학습팀이 현존 시스템의 문제나 새로운 시스템의 필요성에 대한 끊임없는 탐구적 질문을 던지고, 현행 시스템의 문제를 분석한다. 셋째, 혁신학습팀은 새로운 혁신 컨셉이나 원형을 구상하고 창조한다. 넷째, 혁신학습팀은 혁신구상에 따라 구체적인 혁신대안을 설계한다. 다섯째, 혁신학습팀은 혁신안 설계에 따라 새로운 시스템을 실제로 구축한다. 여섯째, 환경감지팀은 새로운 시스템이 환경에 얼마나 잘 적응하며 효과적으로 작동하는지 평가한다. 그 평가결과는 혁신학습팀과 실제 시스템 운영부서에 환류(feedback)되어 시스템의 수정이나 개선 작업을 하게 된다.

요컨대, 탐구적인 혁신창출의 구조와 프로세스를 구축하고 정교하게 운영함으로

써 환경에 성공적으로 적응할 수 있는 새로운 시스템의 도입이 보다 유효하게 이루어질 수 있다. 창조적인 혁신 구조와 프로세스가 창조적인 조직시스템을 만들어낼 수 있다.

- 결론적으로 어떤 조직을 만들어야 하는가?

창조적, 인간적, 자생적, 융합적 조직을 구축해야 한다. 첫째, 지속가능한 경쟁력과 새로운 가치를 끊임없이 창출할 수 있는 창조적 조직, 둘째, 조직의 경쟁력 · 목표달성 · 성과를 확보하면서도 구성원 및 고객의 가치와 권익을 추구하는 인간적 조직, 셋째, 경쟁 대상 조직과의 피할 수 없는 선의의 경쟁과 함께 우호적 관계형성 · 교류 · 협력 · 협업을 활성화하여 생존과 성장을 가져올 수 있는 자생적 조직, 넷째, 구성원간 · 집단간 · 팀간 · 부서간 그리고 외부고객과의 협동, 화합, 조화를 통해 시너지를 극대화할 수 있는 융합적 조직을 구축해야 한다. 그리하여 국가사회의 건전한 발전, 국민 또는 시민의 만족과 복지를 가져다 줄 수 있는 행복지향 조직을 창조해 내도록 노력해야 한다. 이를 통해 궁극적으로 조직의 이상향, 국가사회의 이상향, 시민의 이상향을 건설해야 하는 것이다.

참고문헌

권석균(2000). 학습조직의 설계와 운영방안. MIS 연구. 외국어대학교.

권순만 · 김난도(1999). 주인-대리인모형. 정용덕 외, 합리적 선택과 신제도주의. 서울: 대영문화사.

권용수(2007). 정부혁신에 의한 조직문화변화의 실증분석. 한국행정논집, 19(4): 987~1008.

권용수(2007). 공공기관 조직인력진단을 위한 직무분석의 적용방안. 한국인사행정학회보, 6(2).

김광림(2005). 칭찬프로그램이 대학생의 자아존중감, 대학생활 적응, 부모-자녀간 의사소통, 대인관계에 미치는 효과. 계명대학교 대학원 석사학위 논문.

김기혁(2006). HRD가 경쟁력이다. 서울: 도서출판 BG북갤러리.

김대건(2011). 긍정조직학. 행정학사전. 한국행정학회.

김대원(2014). 관료들의 혁신행동 의지 영향요인 분석: 임파워링 리더의 행동과 셀프리더십을 중심으로. 행정논총, 52(1): 35~62.

김동철 · 김대건(2012). 긍정조직행태 주요 요인간 관계에 관한 연구: 진정리더십, 심리적 자본, 심리적 주인의식을 중심으로. 한국행정학보, 46(4): 27~51.

김동환 · 양인덕(2008). 조직시민행동과 조직성과의 관계에 대한 비판적 고찰. 경영학연구, 37(6): 1461~1495.

김병섭(1994). 공무원의 복지부동과 직무몰입도: 동기이론 및 스트레스이론을 중심으로. 한국행정학보, 28(4): 1279~1299.

김병섭(2000). Robert T. Golembiewski의 목표지향적인 경험적 조직이론. 오석홍 외. 편집(2000), 조직학의 주요이론. 서울: 법문사: 227~235.

김병섭(2000). Kast와 Rosenzweig의 체계 및 상황적응적 조직관리. 오석홍 외. 편집(2000), 조직학의 주요이론. 서울: 법문사: 227~235.

김병섭 · 박광국 · 조경호(2001). 조직의 이해와 관리. 서울: 대영문화사.

김상묵(2000). 지식정부의 바람직한 정부모형 검토. 한국행정학회.

김석준(2000). Max Weber의 관료제 이념형. 오석홍 외. 편집(2000), 조직학의 주요이론. 서울: 법문사: 3~10.

김성국(2000). Frederick W. Tayor의 과학적 관리론. 오석홍 외. 편집(2000), 조직학의 주요이론. 서울: 법문사: 116~122.

김인호 외(2001). 경영조직론. 서울 : 학문사.

김종순(2000). Herbert A. Simon의 의사결정이론. 오석홍 외 편집(2000). 조직학의 주요이론. 서울: 법문사.

김태룡(2010). 행정이론: 행정사와 이론을 중심으로. 서울: 대영문화사.

김태정(2014). 스마트폰 신제품 출시 주기가 빨라진다. 지디넷코리아(2014.5.7.).

김호섭 외(2002). 조직행태의 이해. 서울: 대영문화사.

김호섭 외(2012). 행정과 조직행태. 서울: 대영문화사.

김호정(2002). 행정조직문화가 조직몰입과 직무만족에 미치는 영향. 한국행정학보, 36(4): 87~105.

류종훈(2005). 웃음치료학의 이론과 실제. 서울: 21세기사.

모연철(2005). 성공적 M&A의 사후통합 활성화를 위한 연구: PMI를 중심으로. 경희대학교 경영대학원 석사학위 논문.

민진(2000). Edgar H. Schein의 복잡한 인간모형. 오석홍 외. 편집(2000), 조직학의 주요이론. 서울: 법문사: 266~274.

민진(2014). 조직관리론. 서울: 대영문화사.

박경원(2002). 조직진단의 평가기준. 한국행정학회 편집(2002). 정부조직진단. 서울: 대영문화사: 122~138.

박계옥(2013). 정책동학의 이해. 서울: 미래의 창.

박광국(2002). 경산시의 조직진단. 한국행정학회 편집(2002). 정부조직진단. 서울: 대영문화사: 371~386.

박민생·변상우·김학돈(2006). 조직론의 이해. 서울: 형설출판사.

박연호(2000). 조직행동론. 서울: 박영사.

박옥순(2004). 초등학교 아동이 지각한 교사 유머 수준이 학급풍토에 미치는 영향. 한국교원대학교 대학원 석사학위 논문.

박우순 외(2002). 정부조직진단. 서울: 대영문화사.

박천오 외(2010). 현대인사행정론. 서울: 법문사.

박천오·주재현·진종순(2012). 우리나라 융합행정의 정책방향과 추진방안에 관한 연구. 행정논총, 50(2): 35~64.

박희봉(2000). Stafford Beer의 자생조직모델. 오석홍 외. 편집(2000), 조직학의 주요이론. 서울: 법문사: 441~449.

박희봉(2002). 조직 내 사회자본 형성요인에 관한 연구. 지방정부연구, 6(1): 221~237.

박희봉 외(2003). 조직 내 사회자본과 지적자본의 형성 및 조직성과관리에 대한 효과. 한국행정연구, 12(1): 3~35.

박희서·김구(2002). 행정기관에 있어서 지식관리의 활용성 제고요인에 관한 탐색적 연구. 한국행정학보, 36(2): 41~61.
박희서 · 오세윤 · 노시평(2001). 일선공무원의 역할스트레스가 이직충동에 미친 영향에 대한 경로분석모형 검증: 남녀간 차이를 중심으로. 한국행정학보, 35(3): 197~219.
배병룡(1999). 조직환경론에서의 신제도주의. 정용덕 외.(1999). 신제도주의 연구. 서울: 대영문화사: 118~137.
손태원(2004). 조직행동과 창의성. 서울: 법문사.
송교석 · 윤두열(2005). 조직관리론. 서울: 학문사.
신환철(2000). Henry Mintzberg의 조직구조론. 오석홍 외. 편집(2000), 조직학의 주요이론. 서울: 법문사: 28~37.
양창삼(2001). e 조직이론: 디지털 조직과 지식경영. 서울: 박영사.
오석홍 외(2000). 조직학의 주요이론. 서울: 법문사.
오석홍(2001). 행정개혁론. 서울: 박영사.
오석홍(1990, 1999, 2003, 2009, 2011). 조직이론. 서울: 박영사.
옥원호 · 김석용(2001). 지방공무원의 직무스트레스와 직무만족 및 조직몰입에 관한 연구. 한국행정학보, 35(4): 355~373.
이근주(2000). Jeffery Pfeffer와 Gerald R. Salancik의 자원의존이론. 오석홍 외. 편집(2000), 조직학의 주요이론. 서울: 법문사: 87~95.
이동섭 · 최용득(2010). 긍정심리자본의 선행요인과 결과에 관한 연구. 경영학연구, 39(1): 1~28.
이상철 · 권영주(2008). 경영성과 제고를 위한 공공기관의 조직문화유형 분석: 공익형 공공기관과 기업형 공공기관의 비교를 중심으로. 한국행정학보, 42(3): 143~164.
이상철(2012). 가치창조 조직론. 서울: 대영문화사.
이연재(2009). 펀 경영과 펀 리더십 행동의 실제. 경기 파주: 한국학술정보(주).
이종수(2000). 행정학사전. 서울: 대영문화사.
이지영 · 김명언(2008). 조직에서의 긍정심리학의 적용: 긍정조직학의 현주소와 지향점. 한국심리학회지 산업 및 조직. 21(4): 677~703.
이지훈(2012). 조직구조와 조직문화가 조직시민행동에 미친 영향. 건국대학교 대학원 석사학위 논문.
이진규 · 박지환(2006). 변혁적 리더십에 대한 리더와 부하의 지각일치 수준이 리더 유효성에 미치는 영향. 인사관리연구, 30(2): 93~116.
이진만(2013). 조직 내 사회자본의 영향요인 연구: 공 · 사조직의 비교를 중심으로. 건국대학교 대학원 박사학위 논문.
이창순(1994). 조직이론. 서울: 박영사.
이창순(2009). 조직. 서울: 박영사.
이창원 · 최창현(2010, 2012). 새 조직론. 서울: 대영문화사.

임규혁(2011). 조직구성원의 적합성을 통한 긍정심리자본 형성과 조직유효성에 대한 연구: 다수준 접근을 중심으로. 중앙대학교 대학원 석사학위논문.

임도빈 · 윤의영(2002). 조직진단의 체계와 과정. 한국행정학회 편집(2002). 정부조직진단. 서울: 대영문화사: 61~77.

임영제 · 이창원(2008). 정부조직의 '조직융합관리'에 대한 시론적 연구. 한국정책과학학회보, 12(4): 133~154.

임창희(2000). Ralph D. Stacy의 복잡성 조직이론. 오석홍 외. 편집(2000), 조직학의 주요이론. 서울: 법문사: 450~462.

장승권(2000). Robert Cooper와 Gibson Burrell의 포스트모던 조직연구. 오석홍 외. 편집(2000), 조직학의 주요이론. 서울: 법문사: 463~471.

전영상(2012). 노무현정부와 이명박정부의 통치스타일에 따른 지방공무원의 거버넌스 인식 차이 분석. 지방행정연구. 26(3): 339-368.

전영상(2012). 일본 후쿠시마 원자력발전소 폭발 사고에 대한 의사결정 상황 분석: 4차원 시 · 공간모형의 시각을 중심으로. 일본근대학연구. 36: 315-340.

전영상(2013). 지방공무원의 Line-Staff 간 로컬 거버넌스 인식 변화 분석: 2005년과 2010년 충주와 홍천 지역 공무원 인식을 중심으로. 지방정부연구. 17(1): 1-30.

정대용 외(2011). 긍정심리자본과 리더십 성과. 경영교육연구, 66: 401~428.

정명호(2000). Ikujiro Nonaka의 지식창조이론. 오석홍 외. 편집(2000), 조직학의 주요이론. 서울: 법문사: 420~429.

정용덕 외(1999). 신제도주의 연구. 서울: 대영문화사.

정우일 · 박선경 · 양승범(2009). 리더와 리더십. 서울: 박영사.

조경호(1993). 한국공무원의 조직몰입도 결정요인에 관한 연구. 한국행정학보, 27(4): 1203~1225.

조석준(2004). 한국행정과 조직문화. 서울: 대영문화사.

조석준 · 임도빈(2010). 한국행정조직론. 서울: 법문사.

조성한(2002). 조직진단의 주요 접근 모형 및 이론. 한국행정학회 편집(2002). 정부조직진단. 서울: 대영문화사: 81~121.

조순배(2006). 웃음치료 이론과 실제. 경기: 생명샘.

조영화(2004). 또래간 칭찬하기 활동이 유아의 친사회적 행동 및 대인문제 해결사고에 미치는 영향. 성신여자대학교 교육대학원 석사학위 논문.

조태준(2012). 조직융합관리와 통합부처의 리더십 유형간 관계에 관한 연구. 한국인사행정학회보, 11(2): 129~164.

중앙인사위원회(2003). 인사행정 HCM. Winter 2003.

진종순(2013). 공공부문 융합행정의 성공요인에 관한 연구. 한국인사행정학회보, 12(1): 117~146.

최만기 · 김영복(2012). 조직설계: 이론과 실제. 서울: 탑북스.

최성욱(2005). 한국행정조직의 문화적 프로필에 관한 연구: 중앙부처를 대상으로. 한국행정학보, 39(2): 41~62.

최용득 · 이동섭(2011). 긍정심리자본의 효과: 지각된 성과, 이직의도, 직장에서의 행복, 주관적 안녕감과의 관계. 한국인사조직학회 발표 논문집, 2011(2): 74~100.

최재화(2010). 지식경영: 이론과 실제. 서울: 비앤엠북스.

최창현(2012). 현대사회와 조직. 서울: 대영문화사.

최창호(1984). 행정학. 서울: 법문사.

최창호 · 하미승(2012). 새 행정학. 서울: 삼영사.

최창호 · 하미승(2014). 새 행정학개론. 서울: 삼영사.

하미승(1992). 정보사회화가 행정체제에 미치는 영향. 한국행정연구, 1(3): 23~42.

하미승(1995). 행정학강의. 서울: 태학관법정연구회.

하미승(1996). 행정정보체계론. 서울: 법문사.

하미승(2001). 정부지식관리시스템에 대한 평가와 발전방안. 사회과학논총, 25: 179~201.

하미승 · 권용수(2002). 공무원 스트레스의 유발요인 및 결과변수에 관한 연구: 중앙공무원을 대상으로. 한국행정연구, 11(3): 214~245.

하미승 · 권용수 · 전영상(2007). 공무원 역량평가를 위한 사례 비교연구. 한국인사행정학회보, 6(1): 37~79.

하미승 · 오준근 · 권용수(2004). 정부혁신을 위한 조직운영의 자율성 · 유연성 확대. 한국행정학회. 행정자치부 연구용역보고서,

하미승 · 전영상(2008). 정부조직 지식생성의 인과모형 연구: 조직구성원의 인식을 중심으로. 한국정책과학회보, 12(2): 99~125.

하연섭(1999). 역사적 제도주의. 정용덕 외.(1999). 신제도주의 연구. 서울: 대영문화사: 9~36.

하연섭(2008). 제도분석. 서울: 다산출판사.

한국능률협회 · 성균관대학교 대학원(2004). 건설교통부 조직진단보고서. CD 파일.

황규대 외(2001). 조직행동의 이해: 통합적 접근법. 서울: 박영사.

행정안전부(2008a). 조직융합관리(PMI) 매뉴얼.

행정안전부(2008b). 조직융합관리. 정책안내서.

행정안전부(2010). 고위공무원단 역량평가. 홍보 팜플렛.

행정안전부(2011a). 2011년도 융합행정 추진계획(안). 행정안전부 내부자료.

행정안전부(2011b). 융합행정 매뉴얼.

Adams, J.(1963). Toward an Understanding of Inequity. *Journal of Abnormal and Social Psychology*, 67: 422-436.

Adams, J. & Rosenbaum, W.(1962). The Relationship of Worker Productivity to

Cognitive Dissonance about Wage Inequities. *Journal of Applied Psychology*, 467: 161-164.

Aldrich, H. & Pfeffer, J.(1976). Environments of Organizations. *Annual Review of Sociology*, 2: 79~105.

Alchian, A. & Demsetz, H.(1972). Production, Information Cost, and Economic Organization. *American Economic Review*, 1972: 777~795.

Allport, G.(1937). *Personality: A Psychological Interpretation*. NY: Holt.

Anderson, N. & Costa, A.(2010). *Innovation and Knowledge Management. Vol.3: Organizational Innovation*. Los Angeles: Sage.

Argyris, C.(1954). The Fusion of an Individual with the Organization. *American Sociological Review*, 19(3): 267~272.

Argyris, C.(1957). *Personality and Organization: The Conflict Between System and the Individual*. NY: Harper & Row.

Arrow, K.(2000). Observation on Social Capital. Dasgupta, P. & Serageldin, I.(eds.). *Social Capital: A Multifaceted Perspective*. 3~5. Washington, D.C.: The World Bank.

Ashkenas, R.(1997). The Organization's New Clothes. In Hesselbein, F. et al.(eds.), *The Organization of the Future*. San Francisco, CA: Jossey Bass Inc.

Avey, J. et al.(2010). The Additive Value of Positive Psychological Capital in Predicting Work Attitudes and Behaviors. *Journal of Management*, 36: 430~452.

Avey, J. et al.(2010). The Impact of Positive Psychological Capital on Employee Well-Being Over Time. *Journal of Occupational Health Psychology*, 15(1): 17~28.

Avila, R. et al.(1988). Unraveling Criteria for Assessing the Performance of Sales People: A Causal Analysis. *Journal of Personal Selling and Sales Management*, 8: 45~54.

Bandura, A.(1997). *Self-Efficacy: The Exercise of Control*. New York: Freeman.

Bandura, A. & Locke, E.(2003). Negative Self-Efficacy and Goal Effects Revisited. *Journal of Psychology*, 88(1): 87~99.

Barnard, C.(1938, 1968, 1982). *The Functions of the Executive*. Cambridge MS: Harvard University Press.

Barrick, M. & Mount, M.(1991). The Big Five Personality Dimensions and Job Performance: A Meta-Analysis. *Personnel Psychology*, 44: 1~26.

Bass, B.(1990). From Transactional to Transformational Leadership: Learning to Share the Vision. *Organizational Dynamics,* Winter: 22.

Bass, B. & Avolio, B.(1990). The Implications of Transactional and Transformational Leadership for Individual, Team, and Organizational Development. In Pasmore et al.(eds). *Research in Organizational Change and Development, 4*: 231~272. Greenwich, CT: JAI Press.

Beer, S.(1989). The Viable System Model: Its Provenance, Development, Methodology and Pathology. In Espejo, R. & Harnden, R.(eds.,). *The Viable System Model.* NY: John Wiley & Sons Ltd.

Bennis, W.(1969). *Organization Development: Its Nature, Origins, and Perspectives.* Reading, MA: Addison-Wesley.

Bergeron, D.(2007). The Paradox Potential of Organizational Citizenship Behavior: Good Citizens at What Cost? *Academy of Management Review,* 32: 1078~1095.

Berkman, H. & Neider, L.(1987). *The Human Relations of Organizations.* Belmont, CA: Wardsword, Inc.

Berman, J. et al.(1976). Correlational Bias in Observer Ratings. *Journal of Personality and Social Psychology,* 34: 263~273.

Bhagat, R. et al.(1985). Total Life Stress: A Multimethod Validation of the Construct and its Effects on Organizationally Valued Outcomes and Withdrawal Behaviors. *Journal of Applied Psychology,* 70: 202~214.

Blake, R. & Mouton, J.(1985). *The Managerial Grid III: The Key to Leadership Excellence.* Houston, TX: Gulf Publishing Company.

Blake, R. & McCanse, A.(1991). *Leadership Dilemmas-Grid Solutions.* Houston, TX: Gulf Publishing Company.

Blau, P.(1964). *Exchange and Power in Social Life.* New York: Wiley.

Boland, R. & Tenkasi, R.(1995). Perspective Making and Perspective Taking in Communities of Knowing. *Organization Science,* 6: 350~372.

Bolino, M. et al.(2004). The Other Side of the Story: Reexamining Prevailing Assumptions about Organizational Citizenship Behavior. *Human Resource Management Review,* 40: 229~246.

Boone, L. & Bowen, D.(1980). *The Great Writings in Management and Organizational Behavior.* Tulsa, OK: PennWell Books.

Boulding, K.(1956). General Systems Theory – The Skeleton of Science. *Management Science,* 2(3): 197~208.

Brown, J. & Duguid, P.(1991). Organizational Learning and Communityof-Practice: Toward a Unified View of Working, Learning, and Innovation. *Organization Science*, 2: 40~47.

Burns, T. & Stalker, G.(1961). *The Management of Innovation*. London: Tavistock Publications.

Burrell, G.(1988). Modernism, Postmodernism and Organizational Analysis 2: The Contribution of Michel Foucault. *Organizational Studies*, 9(2): 221~235.

Burt, R.(1992). *Structural Holes: The Social Structure of Competition*. Cambridge: Harvard University Press.

Caiden, G.(1969, 2009). Administrative Reform. New Brunswick: Aldine Transaction.

Caiden, N.(1998). Public Service Professionalism for Performance Measurement and Evaluation. *Public Service Professionalism*, 18: 35~52.

Cameron, K. & Quinn, R.(1999). *Diagnosing and Changing Organizational Culture*. New York: Addison Wesley Inc.

Canter, S., et al.(1973). *Personality Differences and Biological Variations*. NY: Pergamon.

Carroll, S. & Tosi, H.(1973). *Management by Objectives: Applications and Research*. NY: MacMillan.

Cattell, R.(1965). *The Scientific Analysis of Personality*. Baltimore, MD: Penguin.

Cattell, R.(1973). Personality Pinned Down. *Psychology Today*, July 1973: 40~46.

Chandler, A.(1962). *Strategy and Structure: Chapters in the History of the Industrial Enterprise*. Cambridge: MIT Press.

Cherrington, D.(1989). *Organizational Behavior*. Allyn & Bacon.

Cherry, L.(1978). On the Real Benefits of Eustress. *Psychology Today*: 60~70.

Clark, J.(1969). A Healthy Organization. In Bennis, W.(ed.). *The Planning of Change*. New York: Holt, Rinehart, and Winston.

Cohen, M., March, J. & Olsen, J.(1972). A Garbage Can Model of Organizational Choice. *Administrative Science Quarterly*, 17(1): 1~25.

Cohen, D. & Prusak, L.(2001). *In Good Company: How Social Capital Makes Organization Work*. Boston: Harvard Business School Press.

Clelland, I. & Finkelstein, S.(1990). *Structural Interdependence and Organizational Response to Technological Innovation*. Proceedings of Strategic Leadership in High Technology Organizations, Boulder, CO: 51~55.

Coleman, J.(1988). Social Capital in the Creation of Human Capital. *American*

Journal of Sociology, 94: 95~120.

Colquitt, J., Lepine, J., & Wesson, M.(2011). *Organizational Behavior: Improving Performance and Commitment in the Workplace*. Irwin: McGraw-Hill.

Conger, J. & Kanungo, R.(1998). *Charismatic Leadership in Organizations*. Thousand Oaks, CA: Sage Publications.

Cooper, R. & Burrell, G.(1988). Modernism, Postmodernism and Organizational Analysis: An Introduction. *Organizational Studies*, 9(1): 91~112.

Costello, T. & Zalkind, S.(1963). *Psychology in Administration*. Englewood Cliffs: Prentice-Hall.

Crozier, M.(1964). *The Bureaucratic Phenomenon*. Chicago: The University of Chicago Press.

Cummings, T. & Cooper, C.(1979). A Cybernetic Framework for Studying Occupational Stress. *Human Relations*, May 1979: 395~418.

Daft, R.(1983, 1992, 2004). *Organization Theory and Design*. Cincinnati: South-Western.

Davis, K. & Newstrom, J.(1989, 2002). *Organizational Behavior: Human Behavior at Work*. NY: McGraw-Hill.

Deal, T. & Kennedy, A.(1982). *Corporate Cultures: The Rites and Rituals of Corporate Life*. Readings, Mass.: Addison-Wesley Pub. Co.

Deci, E. & Ryan, R.(2002). *Handbook of Self-Determination Research*. Rochester, NY: University of Rochester Press.

Denhardt, R.(1984). *Theories of Public Organizations*. Monterey, CA: Brooks/Cole Publishing Co.

Denisi, A. et al.(1984). A Cognitive View of the Performance Appraisal Process: A Model and Research Propositions. *Organizational Behavior and Human Performance*, 33: 360~396.

Denison, D. & Mishra, A.(1995). Toward A Theory of Organizational Culture and Effectiveness. *Organization Science*, 6(2): 204-223.

Dierdorff, E. et al.(2011). The Power of 'We': Effects of Psychological Collectivism on Team Performance over Time. *Journal of Applied Psychology*, 96: 247~262.

Drucker, P.(1954). *The Practice of Management*. NY: Harper Collins.

Drucker, P.(1958). Business Objectives and Survival Needs: Notes on a Discipline of Business Enterprises. *Journal of Business*, 31: 81~90.

Drucker, P.(1997). Introduction: Toward the New Organization. In Hesselbein, F., et al.(1997). *The Organization of the Future*. San Francisco, CA:

Jossey Bass Inc.

Edosomwan, J.(1996). *Organizational Transformation and Process Reengineering*. London: Kogan Page.

Emery, F. & Trist, E.(1965). The Causal Texture of Organizational Environments. *Human Relations,* 18: 21~32.

Ettlie, J. & Resa, E.(1992). Organizational Integration and Process Innovation. *Academy of Management Journal,* 35(4): 795~827.

Evan, W. & Black, G.(1967). Innovation in Business Organization: Some Factors Associated with Success or Failure of Staff Proposals. *The Journal of Business*, University of Chicago Press: 519~530.

Fama, E.(1980). Agency Problems and the Theory of the Firm. *Journal of Political Economy,* 88: 288~305.

Fayol, H.(1949). General Principles of Management. In Fayol, H., *General and Industrial Management.* London: Pitman Publishing, Ltd.: 19~42.

Fiedler, F.(1965). Engineer the Job to Fit the Manager. *Harvard Business Review,* 43(5): 115~122.

Fredrickson, B.(2003). The Value of Positive Emotions. *American Scientist,* 91: 330~335.

Fredrickson, B. et al.(2003). What Good Are Positive Emotions in a Crisis? *Journal of Personality and Social Psychology,* 84(2): 365~376.

Freud, S.(1915, 1949). *The Unconscious.* In *Collected Papers of Sigmund Freud.* Translated by Riviere, J.: London: Hogarth Press.

Gagné, M. & Deci, E.(2005). Self-Determination Theory and Work Motivation. *Journal of Organization Behavior,* 26(4): 331~362.

Galbraith, J.(1973). *Designing Complex Organizations.* Reading, MA: Addition Wesley.

Galbraith, J.(1977). *Organization Design.* Reading, MA: Addition Wesley.

Galbraith, J.(1997). The Reconfigurable Organization. In Hesselbein, F. et al. (eds.), *The Organization of the Future.* San Francisco, CA: Jossey Bass Inc.

George, J. & Brief, A.(1992). Feeling Good - Doing Good: A Conceptual Analysis of the Mood at Work-Organizational Spontaneity Relationship. *Psychological Bulletin,* 112: 310~329.

George, J. & Jones, G.(2012). *Understanding and Managing Organizational Behavior.* Boston: Pearson.

Gerloff, E.(1985). *Organization Theory and Design: A Strategic Approach for*

Management. NY: McGraw-Hill.

Gilbert, D. & Silvera, D.(1996). Overhelping. *Journal of Personality and Social Psychology*, 70: 678~690.

Golembiewski, R.(1967). *Men, Management, and Morality*. NY: McGraw-Hill.

Golembiewski, R.(1972). *Renewing Organizations*. Ithaca, IL: Peacock.

Golembiewski, R.(1979). *Approaches to Planned Change*. New York: Marcel Dekker, Inc.

Golembiewski, R.(1985). Enriching the Theory and Practice of Team Building: Instrumentation for Diagnosis and Design Alternatives. In Warrick, D. (ed.). *Contemporary Organization Development*. Glenview, IL: Scott, Foresman & Co.: 98~113.

Gouldner, A.(1960). The Norm of Reciprocity: A Preliminary Statement. *American Sociological Review*, 25: 161~178.

Granovetter, M.(1985). Economic Action and Social Structure: The Problem of Embeddedness. *American Journal of Sociology*, 91: 481~510.

Greth, H. & Mills, C.(1946). *From Max Weber: Essays in Sociology*. Oxford University Press.

Gulick, L.(1937). Notes on the Theory of Organization. In Gulick, L. & Urwick, L. (eds.), *Papers on the Science of Administration*. NY: Institute of Public Administration: 3~13.

Hall, D. & Lawler, E.(1971). Job Pressures and Research Performance. *American Science*, 59: 64~73.

Hall, P.(1986). *Governing the Economy: The Politics of State Intervention in Britain and France*. NY: Oxford University Press.

Hall, P.(1992). The Movement from Keynesianism to Monetarism: Institutional Analysis and British Economic Policy in the 1970s. In Steinmo, et al.(eds.), *Structuring Politics: Historical Institutionalism in Comparative Analysis*. Cambridge: Cambridge University Press.

Hall, R.(1982, 2002). *Organizations: Structures, Processes, and Outcomes*. New Jersey: Prentice-Hall.

Hall, P. & Taylor, R.(1996). Political Science and the Three New Institutions. *Political Studies*, 44: 952~973.

Harrison, M.(1987). *Diagnosing Organizations: Methods, Models, and Processes*. Newbury Park, CA: Sage Publications.

Henderson, A. & Parsons, T.(1947, 1975). *The Theory of Social and Economic Organization*. Macmillan Publishing Co.: 328~341.

Herzberg, F.(1968). One More Time: How Do You Motivate Employees? *Harvard Business Review,* 46: 53–63).

Hesselbein, F., et al.(1997). *The Organization of the Future.* San Francisco, CA: Jossey Bass Inc.

Hofstede, G.(1984). *Culture's Consequences: International Differences in Work–Related Values.* Newbury Park: Sage Publications, Inc.

Hofstede, G. et al.(1990). Measuring Organizational Cultures: A Qualitative and Quantitative Study Across Twenty Cases. *Administrative Science Quarterly,* 35: 286~316.

Hodgetts, R.(1984). *Modern Human Relations at Work.* Dryden Press.

Hogue, K., McIntosh, W., Picou, J., Rigsby, S.(1981). *Model CETA and Private Sector Linkage System.* Occupational Research Division, Texas A & M University.

Homes, J.(1988). Paying Compliments: A Sex Preferential Politeness Strategy. *Journal of Pragmatics,* 12.

Hough, L., Eaton, N., Dunnette, M., Camp, J. & McCloy, R.(1990). Criteria–Related Validities of Personality Constructs and the Effect of Response Distortion on Those Validities. *Journal of Applied Psychology,* 75: 467~476.

House, R. & Mitchell, T.(1974). Path–Goal Theory of Leadership. *Journal of Contemporary Business,* Autumn: 81~97.

Jensen, M. & Meckling, W.(1976). Theory of the Firm: Managerial Behavior, Agency Costs, and Ownership Structure. *Journal of Financial Economics,* 3: 305~360.

Jensen, M.(1983). Organization Theory and Methodology. *The Accounting Review,* 8(2): 319~337.

Jones, G.(2010). *Organization Theory, Design, and Change.* Upper Saddle River, New Jersey: Pearson Education, Inc.

Kast, F. & Rosenzweig, J.(1979). *Organization and Management: A System and Contingency Approach.* 3d eds., NY: McGraw–Hill.

Katz, D.(1964). The Motivational Basis of Organizational Behavior. *Behavioral Science,* 9: 131~133.

Katz, D. & Kahn, R.(1966). Organization and the System Concept. *The Social Psychology of Organizations.* NY: John Wiley & Sons, Inc.: 14~29.

Katz, R.(1974). Skills of an Effective Administrator. *Harvard Business Review,* 52.

Kennedy, D.(2008). *Putting Our Differences to Work: The Fastest Way to Innovation, Leadership, and High Performance.* San Francisco: BK.

Krackhardt, D.(1992). The Strength of Strong Ties. In Nohria, N. & Eccles, R.(eds.). *Networks and Organizations: Structure, Form and Action.* 216~239. Boston: Harvard Business School Press.

Krasner, S.(1988). Sovereignty: An Institutional Perspective. *Comparative Political Studies,* 21(1): 66~94.

Krebs, V.(2008). Social Capital: the Key to Success for the 21st Century Organization. *IHRIM Journal,* 7(5): 38~42.

Krogh, G., Ichijo, K., & Nonaka, I.(2000). *Enabling Knowledge Creation.* NY: Oxford University Press.

Kubie, L.(1971). The Destructive Potential of Humor in Psychotherapy. *The American Journal of Psychiatry,* 127.

Landau, M.(1969). Redundancy, Rationality, and the Problem of Duplication and Overlap. *Public Administration Review,* July/August 1969.

Lawrence, P. & Dyer, D.(1984). *Renewing American Industry.* NY: Free Press.

Lawrence, P. & Lorsch, W.(1967). Differentiation and Integration in Complex Organization. *Administrative Science Quarterly,* June 1967.

Lawrence, P. & Lorsch, J.(1969). *Organization and Environment: Managing Differentiation and Integration.* Homewood, IL: Irwin.

Leavitt, H.(1964). Applied Organization Change in Industry: Structural, Technical, and Human Approaches. In Coopernet, W. et al.(eds). *New Perspective in Organization Research.* New York: John Wiley and Sons: 55~71.

Leifer, R.(1989). Understanding Organizational Transformation Using a Dissipative Structure Model. *Human Relations,* 42: 899~916.

Lewin, K., Lippitt, R. & White, R.(1939). Patterns of Aggressive Behavior in Experimentally Created 'Social Climates'. *Journal of Social Psychology,* 10: 271~299.

Lewin, K.(1947). Frontiers in Group Dynamics: Concept, Method and Reality in Social Science; Social Equilibria and Social Change. *Human Relation,* 1(1): 5~41.

Likert, R.(1961). *New Patterns of Management.* NY: McGraw-Hill.

Likert, R.(1967). *The Human Organization.* NY: McGraw-Hill.

Lin, N. & Burt, R.(2001). *Social Capital Theory and Research.* New York: Aldine De Gruyter.

Locke, E. & Latham, G.(2002). Building a Practically Useful Theory of Goal Setting and Task Motivation: A 35-year Odyssey. *American Psychologist*, Sep. 2002: 705~717.

Lorsch, J.(1970). Introduction to the Structural Design of Organizations. In Dalton, G., Lawrence, P. & Lorsch, J.(eds.). *Organization Structure and Design*. Homewood, Ill: Irwin & Dorsey.

Luftman, J. et al.(2004). *Managing the Information Technology Resource*. New York: Pearson Education, Inc.

Lundberg, C.(1985). Microinterventions for Team Development Toward Their Appreciation and Use. In Warrick, D.(ed.). *Contemporary Organization Development*. Glenview, IL: Scott, Foresman and Company: 114~122.

Luthans, F.(2002a). Positive Organizational Behavior: Developing and Managing Psychological Strengths. *Academy of Management Executive*, 16(1): 57~75.

Luthans, F.(2002b). The Need for and Meaning of Positive Organizational Behavior. *Journal of Organizational Behavior*, 23: 695~706.

Luthans, F. et al.(2007). Positive Psychological Capital: Measurement and Relationship with Performance and Satisfaction. *Personnel Psychology*, 60(3): 541~572.

Lyttle, J.(2007). The Judicious Use and Management of Humor in the Workplace. *Business Horizons*, 50(3): 239~245.

Magolis, B. et al.(1974). Job Stress: an Unlisted Occupational Hazard. *Journal of Occupational Medicine*: 659~661.

Magolis, B. & Kross, W.(1974). Occupational Stress Strain. In McClean, A.(ed.). *Occupational Stress*. Springfield, Il: Thomas.

Manz, Charles(1991). *Mastering Self-Leadership: Empowering Yourself for Personal Excellence*. Englewood Cliffs, NJ: Prentice Hall.

Manz, Charles & Sims Jr., Henry(1987). Leading Workers to Lead Themselves: The External Leadership of Self-Managing Work Teams. *Administrative Science Quarterly*, 32: 106~127.

Maples, M.(1988). Group Development: Extending Tuckman's Theory. *Journal for Specialists in Group Work*, Fall 1988: 17~23.

March, J. & Simon, H.(1958). *Organizations*. NY: John Wiley & Sons, Inc.

Markus, M. & Robey, D.(1988). Information Technology and Organizational Change: Causal Structure in Theory and Research. *Management Science*, 34: 583~594.

Martin, R.(1984). The Sense of Humor as a Moderator of Relation between Stressors and Moods. *Dissertation Abstracts International,* 45(5–A): 1346.

Maslow, A.(1943). A Theory of Motivation. *Psychology Review,* 50: 370~396.

Mayer, J., Roberts, D. & Barside, S.(2008). Human Abilities: Emotional Intelligence. *Annual Review of Psychology,* 59: 507~536.

Mayo, E.(1945). Hawthorne and the Western Electric Company. In Mayo, E., *The Social Problems of an Industrial Civilization.* Boston, Mass.: Harvard University: 69~84.

McColl–Kennedy, J. et al.(2002). Impact of Leadership Style and Emotions on Subordinate Performance. *Leadership Quarterly,* 13: 545~559.

McGrath, J.(1976). Stress and Behavior on Organizations. In Dunnette, M.(ed.). *Handbook of Industrial Organizational Psychology,* Chicago: Rand McNally: 1351~1395.

McGregor, D.(1960). *The Human Side of Enterprise.* NY: McGraw–Hill.

Meyer, J. & Rowan, B,(1977). Institutionalized Organizations: Formal Structure as Myth and Ceremony. *American Journal of Sociology,* 83: 340~363.

Miles, M.(1965). Planned Change and Organization Health: Figure and Ground. In Calson, R.(ed.). *Change Process in the Public Schools, Oregon.* The Center for the Advanced Study of Educational Administrations. University of Oregon.

Miles, R.(1980): *Macro Organizational Behavior.* Glenview, IL: Scott, Foresman and Company.

Miller, D.(1997). The Future Organization: A Chameleon in All Its Glory. In Hesselbein, F. et al. (eds.), *The Organization of the Future.* San Francisco, CA: Jossey Bass Inc.

Mintzberg, H.(1979). *The Structuring of Organizations.* Englewood Cliff, NJ: Prentice–Hall.

Mintzberg, H.(1980). *The Nature of Managerial Work.* Englewood Cliff, NJ: Prentice–Hall.

Mintzberg, H.(1983). *Structure in Fives: Designing Effective Organizations.* Englewood Cliff, NJ: Prentice–Hall

Misztal, B.(1996). *Trust in Modern Societies.* Cambridge, England: Polity Press.

Moe, T.(1984). The New Economics of Organization. *American Journal of Political Science,* 28(4): 739~777.

Mol, M. & Birkinshaw, J.(2008). *Giant Steps in Management: Creating Innovations That Change the Way We Work*. Harlow, England: Prentice Hall.

Mooney, J.(1930). The Scalar Principle. In Mooney, J. & A. Reiley, *The Principles of Organization*. Harper & Row, Publishers, Inc.

Moorhead, G. & Griffin, R.(2004). *Organizational Behavior: Managing People and Organizations*. NY: Houghton Mifflin Company.

Morgan, G.(1986). *Images of Organization*. Newbury Park: Sage Publications.

Mouzelis, N.(1968). *Organization and Bureaucracy: An Analysis of Modern Theories*. Chicago: Aldine.

Mueller, H.(2010). *The Transformational CIO: Leadership and Innovation Strategies for IT Executives in Rapidly Changing World*. John Wiley & Sons, Inc.

Myers, P., Hulks, S., & Wiggins, L.(2012). *Organizational Change: Perspectives on Theory and Practice*. Oxford: Oxford University Press.

Nahapiet, J. & Ghoshal, S.(1998). Social Capital, Intellectual Capital, and the Organizational Advantage. *Academy of Management Review*, 23(2): 242~265.

Nahavandi, A. & Malekzadeh, A.(1998). *Organizational Behavior: The Person-Organization Fit*. New Jersey: Prentice-Hall.

Newstrom, J. & Davis, K.(2002). *Organizational Behavior: Human Behavior at Work*. Boston: McGraw-Hill.

Nemetz, P. & Fry, L.(1988). Flexible Manufacturing Organizations: Implications for Strategy Formulation and Organizational Design. *Academy of Management Review*, 13: 627~638.

Nonaka, I.(1991). The Knowledge-Creating Company. *Harvard Business Review*, Nov-Dec.: 96~104.

Nonaka, I. & Takeuchi, H.(1995). *The Knowledge-Creating Company*. NY: Oxford University Press.

North, D.(1990). *Institutions, Institutional Change and Economic Performance*. Cambridge: Cambridge University Press.

Organ, D.(1988). *Organization Citizenship Behavior: The Good Soldier Syndrome*. Lexington, MA: Lexington Books.

Organ, D. & Bateman, T.(1991). *Organization Behavior*. Boston, MA: Richard D. Irwin, Inc.

Osborn, R. & Baughn, C.(1990). Forms of Interorganizational Governance for

Multinational Alliances. *Academy of Management Journal,* 33: 503~519.

Ostrom, E.(1996). *Institutional Rational Choice: An Assessment of the IAP Framework.* A Paper Presented at the 1996 Annual Meeting of American Political Science Association.

Ostrom, V.(1971). Public Choice: A Different Approach to the Study of Public Administration. *Public Administration Review,* 13(2).

Ostrom, V.(1973). *The Intellectual Crisis in American Public Administration Review.* Tuscaloosa: University of Alabama Press.

Ott, J., Parkes, S., & Simpson, R.(2008). *Classic Readings in Organizational Behavior.* US: Wadsworth.

Pablo, A.(1994). Determinants of Acquisition Integration Level: A Decision-Making Perspective. *Academy of Management Journal,* 37.

Parker, D. & Decotiis, T.(1983). Organizational Determinants of Job Stress. *Organizational Behavior and Human Performance,* 32: 160~177.

Perrow, C.(1979, 1986). *Complex Organizations: A Critical Essay.* 2nd, 3rd eds., New York: Random House.

Peterson, C. & Steen, T.(2002). Optimistic Explanatory Style. In Snyder, C. & Lopez, S.(eds.). *Handbook of Positive Psychology.* Oxford, UK: Oxford University Press: 244~256.

Peterson, S. & Luthans, F.(2003). The Positive Impact and Development of Hopeful Leaders. *Leadership and Organization Development Journal,* 24: 26~31.

Pfeffer, J.(1972). Size and Composition of Corporate Boards of Directors: The Organizations and Its Environment. *Administrative Science Quarterly,* 17: 218~228.

Pfeffer, J. & Salancik, G.(1978). *The External Control of Organizations: A Resource Dependence Perspective.* NY: Harper & Row.

Pillai, R. & Williams, E.(2004). Transformational Leadership, Self-Efficacy, Group Cohesiveness, Commitment and Performance. *Journal of Organizational Change Management,* 17(2): 144~159.

Podsakoff, P. & MacKenzie, S.(1997). The Impact of Organizational Citizenship Behavior and Sales Unit Effectiveness. *Journal of Marketing Research,* 31: 351~363.

Podsakoff, P. et al.(2000). Organizational Citizenship Behavior: A Critical Review of the Theoretical and Empirical Literature and Suggestions for Future Research. *Journal of Management,* 26: 513~563.

Pondy, L.(1967). Organizational Conflict: Concepts and Models. *Administrative Science Quarterly*, 2: 62~73.

Porter, L. & Lawler, E. III(1968). *Managerial Attitude and Human Performance.* Homewood, IL: Irwin Publishers.

Porter, L. & Steers, R.(1973). Organizational Work & Personal Factors in Employee Turnover and Absenteeism. *Psychological Bulletin*, Aug. 1973: 151~176.

Portes, A.(1998). Social Capital: Its Origins and Applications in Modern Sociology. *Annual Review of Sociology*, 24.

Prigogine, I. & Stengers, I.(1984). *Order out of Chaos: Man's New Dialogue with Nature.* NY: Bantam Books.

Pugh, D. et al.(1969). The Context of Organization Structures. *Administrative Science Quarterly*, 14: 91~114.

Pugh, D. et al.(1969). An Empirical Taxonomy of Structures of Work Organizations. *Administrative Science Quarterly*, 14: 119.

Putnam, R.(1993). The Prosperous Community: Social Capital and Public Life. *The American Prospect*, 3(Spring): 35~42.

Putnam, R.(1995). Turning In, Turning Out: The Strange Disappearance of Social Capital in America. *Political Science & Politics:* 664~683.

Putnam, R.(1995). Bowling Alone: America's Declining Social Capital. *Journal of Democracy*, 6(1): 65~78.

Quick, J. & Nelson, D.(2013). *Principles of Organizational Behavior: Realities and Challenges.* US: South-Western Cengage Learning.

Quick, J. C. & Quick, J. D.(1984). *Organizational Stress and Preventive Management*, NY: McGraw-Hill.

Quick, J. et al.(1997). *Preventive Stress Management in Organizations.* Washington, D.C.: American Psychological Association.

Quinn, R. & Kimberly, J.(1984). Paradox, Planning, and Perseverance: Guidelines for Managerial Practice. In Kimberly, J. & Quinn, R.(eds.). *Managing Organizational Transitions.* Homewood, IL: Dow Jones-Irwin.

Rahim, M.(1986). *Managing Conflict in Organizations.* New York: Praeger.

Randolph, W.(1985). *Understanding and Managing Organizational Behavior.* NY: McGraw-Hill.

Robbins, S.(1990). *Organizational Theory: Structure, Designs and Applications.* 3rd eds., Englewood Cliff, NJ: Prentice-Hall.

Robbins, S. & Judge, T.(2011). *Organizational Behavior.* 14th eds., Boston:

Prentice-Hall.

Roussel, P. & Saad, K. & Erickson, T.(1991). *Third Generation R & D.* Boston: Harvard Business School Press.

Ruble, T. & Thomas, K.(1976). Support for Two-Dimensional Model of Conflict Behavior. *Organizational Behavior and Human Performance,* 16: 143~155.

Ryan, R. & Deci, E.(2000). Self-Determination Theory and the Facilitation of Intrinsic Motivation, Social Development, and Well-being. *American Psychologist,* 55(1): 68~78.

Sashkin, M. et al.(1985). Organization Development Approaches: Analysis and Application. In Warrick, D.(1985). *Contemporary Organization Development: Current Thinking and Applications.* Glenview, IL: Scott, Foresman and Company: 264~280.

Salovey, P. & Mayer, J.(1990). Emotional Intelligence. *Imagination, Cognition, and Personality,* 9: 185~211.

Schein, E.(1980). *Organizational Psychology.* 3rd eds., Englewood Cliffs, NJ: Prentice-Hall.

Schermerhorn Jr., J., Hunt, J. & Osborn, R.(2005). *Organizational Behavior.* US: John Wiley & Sons, Inc.

Scott, R.(1987). *Organizations: Rational, Natural, and Open Systems.* New Jersey: Prentice-Hall.

Seligman, M.(1998). *Learned Optimism.* New York: Pocket Books.

Seligman, M.(2000). Positive Psychology. *American Psychologist,* 55: 5~14.

Selznick, P.(1948). Foundations of the Theory of Organization. *American Sociology Review,* 13: 25~35.

Selznick, P.(1948). *TVA and Grass Roots.* Berkeley: University of California Press.

Selznick, P.(1957). *Leadership in Administration.* NY: Harper & Row.

Senge, P.(1990). *The Fifth Discipline.* NY: Doubleday Currency.

Serageldin, I. & Grootaert, C.(2000). Defining Social Capital: An Integrating View. In Dasgupta, P. & Serageldin, I.(eds.). *Social Capital: A Multifaceted Perspective,* 40~58. Washington, D.C.: World Bank.

Shafritz, J. & Whitbeck, P.(1978). *Classics of Organization Theory.* Oak Park, IL: Moore Publishing.

Short, L.(1973). Planned Organization Change. *MSU Business Topics,* 1973: 53~61.

Simon, H.(1957). *Administrative Behavior: A Study of Decision-Making Process in Administrative Organization.* 2nd eds., NY: Free Press.

Snyder, C.(2002). Hope Theory: Rainbows in the Mind. *Psychological Inquiry,* 13: 249~275.

Stacy, R.(1996). *Strategic Management and Organizational Dynamics.* London: Pitman Publishing.

Stacy, R.(1992). *Managing Chaos: Dynamic Business Strategies in an Unpredictable World.* London: Kogan Page.

Stajkovic, A. & Luthans, F.(1998). Self-Efficacy and Work-related Performance: A Meta Analysis. *Psychological Bulletin,* 124: 240~261.

Steams, F.(1972). *Laughing.* Springfield, IL: Charles, C. Thomas.

Steers, R.(1984). *Introduction to Organization Behavior.* Glenview, Il: Scott, Foresman and Company.

Summer, C.(1980) *Strategic Behavior in Business and Government.* Boston: Little, Brown and Company.

Taylor, F.(1911). *The Principles of Scientific Management.* NY: Harper & Row.

Taylor, F.(1916). The Principles of Scientific Management. *Bulletin of Taylor Society,* Dec. 1916: 13~23.

Thelen, K. & Steinmo, S.(1992). Historical Institutionalism in Comparative Politics. In Steinmo, S., Thelen, K. & Longstreth, F. (eds.), *Structuring Politics: Historical Institutionalism in Comparative Politics.* Cambridge: Cambridge University Press.

Thomas, K.(1976). Conflict and Management. In D. Dunnette(ed.). *Handbook of Industrial Organizational Psychology.* Chicago: Rand McNally.

Thompson, J.(1967). *Organizations in Action.* NY: McGraw-Hill.

Tompkins, J.(2005). *Organization Theory and Public Management.* Belmont, CA: Thompson Wadsworth.

Tosi, H. & Carroll, S.(1976). *Management: Contingencies, Structure and Process.* Chicago: St. Clair Press.

Tosi, H.(1980). Retrospective Comment. In Boone, L. & Bowen, D.(eds.).(1980). *The Great Writings in Management and Organizational Behavior.* Tulsa, OK: PennWell Books.

Tuckman, B.(1965). Developmental Sequences in Small Groups. *Psychological Bulletin,* June 1965: 384~399.

Ulrich, D.(1997). Organizing Around Capabilities. In Hesselbein, F. et al.(eds.), *The Organization of the Future.* San Francisco, CA: Jossey Bass Inc.

Van de Vliert, E. & Kabanoff, B.(1990). Toward Theory-Based Measures of Conflict Management. *Academy of Management Journal,* 33(1): 199~209.

Van Dierendonck et al.(2004). Leadership Behavior and Subordinate Well-Being. *Journal of Occupational Health Psychology*, 9: 165~175.

Van Dyne et al.(1994). Organizational Citizenship Behavior: Construct Redefinition, Measurement and Validation. *Academy of Management Journal*, 37: 765~802.

Van Scotter, J. et al.(2000). Effects of Task Performance and Contextual Performance on Systemic Rewards. *Journal of Applied Psychology,* 85: 526~535.

Vroom, V.(1964). *Work and Motivation.* NY: Wiley, John & Sons.

Wagner, J. & Hollenbeck, J.(2005). *Organizational Behavior: Securing Competitive Advantage.* US: Thopmson.

Warrick, D.(1985). *Contemporary Organization Development: Current Thinking and Applications.* Glenview, IL: Scott, Foresman and Company.

Weick, K.(1979). *The Social Psychology of Organizing.* 2nd eds. Reading, MA: Addison-Wesley.

Weick, K. & Nesset, B.(1968). Preferences among Forms of Equity. *Organizational Behavior and Human Performance*, 3: 400~416.

Weisbord, M.(1976). Diagnostic of Organizations. *Group and Organization Studies*, 1(4).

Weisfeld, G.(1993). The Adaptive Value of Humor and Laughter. *Ethology and Sociology,* 14(2).

Westman, M. & Eden, E.(1997). Effects of a Respite from Work on Burnout: Vacation Relief and Fade-Out. *Journal of Applied Psychology*, 82: 516~527.

Wilkins, A. & Ouchi, W.(1983). Efficient Cultures: Exploring the Relationship between Culture and Organizational Performance. *Administrative Science Quarterly*, 28(3): 468~481.

Williams, J.(1978). *Human Behavior in Organizations.* South-Western Publish Company.

Williamson, O.(1975). *Markets and Hierarchies: Analysis and Antitrust Implications.* NY: Free Press.

Williamson, O.(1983). Organizational Innovation: The Transaction-Costs Approach. In Ronen, J.(ed.). *Entrepreneurship.* Lexington, Mass.: Heath:

101~134.

Williamson, O.(1985). *The Economic Institutions of Capitalism.* NY: Free Press.

Williamson, O.(1996). Economics and Organization: A Primer. *California Management Review,* 38(2): 131~146.

Woodward, J.(1958). Management and Technology. In Shafritz, J. & Whitbeck, P. (eds.)(1978). *Classics of Organization Theory.* Oak Park, IL: Moore Publishing.

Woodward, J.(1965). *Industrial Organization: Theory and Practice.* London: Oxford University Press.

Wooten, P.(1996). Humor: An Antidote for Stress. *Holist Nursing Practice,* 10(2).

Youssef, C. & Luthans, F.(2007). Positive Organizational Behavior in Workplace: The Impact of Hope, Optimism, and Resilience. *Journal of Management,* 33(5): 774~800.

Yukl, G. & Falbe, C.(1990). Influence Tactics and Objectives in Upward, Downward, and Lateral Influence Attempts. *Journal of Applied Psychology,* 75: 132~140.

Zuboff, S.(1988). *In the Age of the Smart Machine: the Future of Work and Power.* Oxford: Heinemann.

찾아보기

ㄱ

ㄴ

ㄷ

ㄹ

ㅈ

ㅊ

ㅋ

ㅌ

ㅍ

ㅎ

저자 약력

하미승(河美勝)

[학력]
건국대학교 법학과 법학사
서울대학교 행정대학원 행정학석사
미국 오하이오 주립대학교(Ohio State University) 행정학석사
미국 죠지아대학교(University of Georgia) 행정학박사

[주요 경력]
제19회 행정고등고시 합격, 행정자치부 국장(이사관)
행정고등고시 위원, 안전행정부 인사정책자문위원장
인사혁신처 고위공무원 역량평가위원
인사혁신처 인사정책자문위원
정부혁신위원회 위원, 국민권익위원회 정책평가위원장
중앙인사위원회 · 환경부 · 관세청 정책평가위원
감사원 행정심판위원
한국행정학회 · 한국정책학회 이사, 한국인사행정학회 회장
건국대학교 부총장, 행정대학원장
현재, 건국대학교 행정학과 교수

[주요 저서]
새 행정학(2012 공저)
새 행정학개론(2014 공저)
행정학의 주요이론(2005 공저)
행정정보체계론(1996)

[주요 논문]
정부조직 재설계 방안,
정부조직 · 인력규모의 결정요인 연구,
정부조직 진단, 양주시 경영진단,
정부조직 운영의 자율성 확대방안,
조직관리에 따른 서비스 및 성과평가 설문조사,
한국정부의 행정이념에 관한 공무원 인식 연구,
행정서비스 마케팅의 효과성 결정요인 연구,
공공부문 지식창출의 결정요인 연구,
공무원 교육훈련시스템 재설계,
Epistemology and Scope in Public Organization and Administrative Study,
Impact of Baby Boom on Career Success in Federal Civil Service,
Public–Private Pay Comparability 등 학술지 논문 및 보고서 80여편.

조직학 -철학과 새 이론 탐색-

2015년 1월 10일 1판 1쇄 발행
2017년 2월 20일 1판 2쇄 발행

저 자 하 미 승
발행인 김 광 식
조 판 아 람 기 획

07285
발행처 서울특별시 영등포구 선유로3길 10, 617호
도서출판 **탑 북 스**
등 록 2009.12.21 제 2016-000101 호
전 화 02)365-2223 팩스 02)365-2224

정가 34,000 원

ISBN 979-11-85647-36-4-93350